L'*Amour* comme *aban-don* de soi

Ouverture philosophique
Collection dirigée par Dominique Chateau,
Agnès Lontrade et Bruno Péquignot

Une collection d'ouvrages qui se propose d'accueillir des travaux originaux sans exclusive d'écoles ou de thématiques.

Il s'agit de favoriser la confrontation de recherches et des réflexions qu'elles soient le fait de philosophes "professionnels" ou non. On n'y confondra donc pas la philosophie avec une discipline académique ; elle est réputée être le fait de tous ceux qu'habite la passion de penser, qu'ils soient professeurs de philosophie, spécialistes des sciences humaines, sociales ou naturelles, ou... polisseurs de verres de lunettes astronomiques.

Dernières parutions

Boukari Aristide GNADA, *Le principe don en éthique sociale et théologie morale*, 2009.
Djibril SAMB, *Etude du lexique des stoïciens*, 2009.
François IMBERT, *Witold Gombrowicz ou les aventures de l'interhumain*, 2009.
Thamar ROSSI LEIDI, *Hegel et la liberté individuelle ou les apories de la liberté moderne*, 2009.
Catherine ANDRIEU, *L'éternité du mode fini dans l'Éthique de Spinoza*, 2009.
Ophir LEVY, *Penser l'humain à l'aune de la douleur*, 2009.
Arona MOREAU, *Le Biosiècle*, 2009.
André GUIGOT, *Le sens de la responsabilité*, 2009.
Francesca CARUANA, *Pierce et une introduction à la sémiotique de l'art*, 2009.
Jean-Marc LACHAUD et Olivier NEVEUX (Textes réunis par), *Changer l'art, Transformer la société*, 2009.
Olivier LAHBIB, *De Husserl à Fichte. Liberté et réflexivité dans le phénomène*, 2009.
Alfredo GOMEZ-MULLER (sous la direction de), *La reconnaissance : réponse à quels problèmes ?*, 2009.
François-Gabriel ROUSSEL, Madeleine JELIAZKOVA-ROUSSEL, *Dans le labyrinthe des réalités. La réalité du réel, au temps du virtuel*, 2009.
Evelyne BUISSIERE, *Giovanni Gentile et la fin de l'auto-conscience*, 2009.

Paul Dawalibi

L'*Amour* comme *aban-don* de soi

L'Harmattan

© L'HARMATTAN, 2009
5-7, rue de l'École-Polytechnique ; 75005 Paris

http://www.librairieharmattan.com
diffusion.harmattan@wanadoo.fr
harmattan1@wanadoo.fr

ISBN : 978-2-296-08663-0
EAN : 9782296086630

À mes parents,
À mon amour perdu...

« Il existe un lieu au plus profond de l'homme d'où rayonne la vie de l'amour ; en effet c'est du cœur « que provient la vie ». Mais nul ne peut apercevoir ce lieu; si loin que tu pénètres, l'origine recule dans le lointain et le mystère; pénètrerais-tu jusqu'au fond que l'origine serait encore pour ainsi dire quelques pas plus à l'intérieur: de même que ce qu'on nomme la source n'est que l'endroit où l'eau apparaît au jour. »

Søren Kierkegaard, *Vie et règne de l'amour.*

Introduction

En choisissant l'expression « L'*Amour* comme *aban-don* de soi » comme titre, nous voulons nous demander non seulement en quoi l'*Amour* serait l'objet du narcissisme ou de jouissance, mais surtout interroger la possibilité de son dévoilement comme fondement de la vérité de l'être, son origine.

Le terme vérité (*Alĕtheia*) est généralement traduit par « dévoilement du caché », « mouvement hors de (*a*-) l'oublié (*lĕtheia*) ». Avant de devenir un concept essentiel de la philosophie à partir des présocratiques, la notion de vérité comme *Alĕtheia* est liée à *mnĕmosunĕ* (mémoire), laquelle n'est pas tant la faculté de se souvenir qu'une « puissance » de *re-venir sur soi*, qui donne accès en même temps au passé, au présent et à l'avenir. La vérité, en ce sens, est une « puissance » qui donne accès au temps de l'ipséité, à son intimité même, à ce qui se perd en elle à travers le temps. La vérité comme accès à la perte de soi fait entrer l'ipséité dans un temps qui oblige à *l'aban-don* de soi, à ce qui ne dépend pas de soi. L'essence de l'ipséité est la vérité de son *aban-don* de soi ; son apparition se fait comme disparition.

Or, au même moment, une autre conception de la vérité s'impose, celle d'une subjectivité qui tient à des relations « choséiques », à des rapports de maîtrise et de force, de possession et d'appropriation. Il s'agit moins d'être éprouvé par la vérité que de la prouver et de la constituer comme *pouvoir* et comme *appropriation* de soi. Dans le cadre de cette conception se développe un savoir thématique, comme le savoir mathématique et économique, qui calcule et qui mesure toute chose, qui négocie et qui échange tout. La vérité devient calcul, obligation de se préoccuper de soi, de s'approprier et réassurer la présence à soi. La vérité, en ce sens, est réduite à une volonté de puissance qui veut ceci ou cela. Elle est un rapport au monde dans lequel elle s'assigne des buts. Mais plus encore, elle est l'essence de ce rapport, et l'essence même du soi-même. Le vouloir est l'ipséité comme substance, le sous-jacent qui gouverne « la grammaire de l'existence ». Il devient le premier et le dernier mot de la vie, « le caractère fondamental de l'étant », dit le commentaire de Heidegger. La vérité de la puissance est la puissance de la volonté, pouvoir et vouloir au service d'une affirmation de soi qui ne connaît pas de limites. Que veut, en effet, la vérité de la puissance et du vouloir ? Elle veut le triomphe de la vie, elle est la vie se posant et se voulant elle-même. De l'appropriation de soi, au sens le plus commun du terme, naît la prise de possession, et se constitue une manière d'être native qu'il faut concevoir comme constitution d'un « monde propre », comme « habitation » ou comme être « chez soi ». C'est de lui-même que le Moi propre prend possession ; c'est soi-même qu'il habite. Il est « chez soi » pour aménager une demeure pour soi. L'appropriation de soi, comme propriété et comme intimité, devient, selon cette vérité du pouvoir, une réalité « existentielle » et même « existentiale ». Mais qui peut garantir son triomphe ? Qui peut la protéger de sa propre mort ? L'homme du pouvoir peut-il être le maître d'œuvre de son propre devenir ? Ne rencontrera-t-il pas, lorsque la mort ou une inquiétante étrangeté intervient, la limite absolue de toute appropriation ? Le Moi propre affronte-t-il sa propre mort comme le jugement dernier brisant toute position de soi et de toute appartenance à soi ? La réalité du mourir bute-t-elle sur une dépossession qui excède toute stratégie de maîtrise et de possession de soi ? Cela mène-t-il à dire qu'il ne peut y avoir rapport avec soi comme mortel qu'en avouant simultanément que la mort demeure, dans le monde, la plus claire figure de « l'immaîtrisable » ? Une aporie s'impose ici. Les logiques de l'appropriation nous masqueraient-elles un fait plus primitif qu'elles ? Il ne semble pas que l'ipséité puisse avoir un sens unique et univoque.

Ma mort n'est pas ce qui me dépossédera, mais ce qui me dépossède aujourd'hui. Elle n'est pas seulement la limite absolue de toute présence au monde, elle dicte aussi une condition maîtresse de cette présence qui échappe à toute tentation d'appropriation et de possession. La mort devient-elle, en ce sens, une menace permanente qui pèse lourdement sur tout ce que nous « avons » ou prétendons « avoir » comme propriété ? L'appropriation de soi, malgré son rôle fondamental pour la fondation du pouvoir de soi, se manifeste, ici, comme indigence radicale. En revanche, la mort déterminera toujours le présent que le Moi investit pour lui rappeler et pour lui imposer une blessure originaire : il est l'être qui risque l'appropriation de soi et cela à chaque instant de sa vie. Le Moi propre doit-il mourir ? Est-il originairement *l'être-pour-la-mort* ?

Une pauvreté originaire apparaît comme étant la condition nécessaire d'être soi-même. Rien, dont le Moi propre a pu prendre possession, ne contribue à dire qu'il est, et qui il est, et rien ne s'offre à lui dont il puisse prendre possession. Car en fin de compte tout doit être perdu, tout est *déjà-perdu* dès le commencement de soi. La pauvreté originaire ouvre dans le monde un espace où possession et appropriation perdent tout poids. C'est toujours un bouleversement de l'ordre du monde et de l'appropriation qui se jouera en elle.

Notre travail portera essentiellement le souci de s'interroger sur la nature de cette pauvreté originaire se manifestant comme désappropriation de tout pouvoir propre, et de toute volonté de puissance, jusqu'à l'effondrement du Moi propre comme substance et comme projet ontologique. La pauvreté originaire se manifeste pour la conscience « appropriative » comme une altérité effrayante, comme un « désastre ». Il est question d'humilier la conscience prétentieuse, d'appauvrir tout pouvoir propre, d'affecter le soi selon une passivité originaire, et d'effacer le soi jusqu'à *l'aban-don* de soi à une altérité inquiétante.

De ce que l'homme a une histoire, de ce que son existence possède un devenir, il ne s'ensuit certainement pas que ce devenir soit voué à un inachèvement de soi ou bien à un achèvement de la mort en lui. L'achèvement ou l'inachèvement de soi comme projet ontologique ne peuvent déterminer totalement ce que nous sommes originairement. Ce que nous sommes ne vient pas de nous, ni de la vie comme espace et temps, mais d'une *altérité originaire* qui renverse les critères de l'être et le projet de son pouvoir être, face à un manque à être et à toute modalité partielle et déficiente de l'existence. Il s'agit donc d'une déchirure, d'une perte de soi : être livré à ce qui rend impossible toute possibilité de persévérer dans l'être, d'approprier son être. La pauvreté originaire, ici, exige un nouveau centre, une autre origine, une autre dimension : le *dif-férent* de soi-même, l'*Unheimlich*.

L'exigence, provoquée par la pauvreté originaire, montre au Moi ce qui se donne en lui sans lui. Une telle *donation* fait-elle perdre au Moi propre son intimité, son pouvoir et toute référence à soi ? Montre-t-elle dans l'intimité du Moi une altérité étrangement plus intime à soi que soi-même? Une telle altérité exprime-t-elle, en ce sens, la perte de l'exclusivité de l'appartenance de soi uniquement à soi-même, la perte de l'intimité avec soi-même et de l'identification de soi par soi-même ? Une perte qui brise le Moi dans son intimité même, l'inquiète et l'angoisse profondément, est-elle une perte d'autonomie ? Ce droit originel d'être soi-même le fondement de soi-même doit-il être perdu ou au moins mis en cause? Le Moi propre, en ce sens, est-il face à un *Autre* que soi-même au plus intime de lui-même ?

L'intimité étrangement *inquiétante* n'est plus une *auto-présentation* du Moi, mais une présentation de ce qui ne peut être représenté par lui. Une présentation de ce qui est non-représenté, non-identifié, non-substantialisé, non-approprié. Une telle présentation oblige et expose le Moi à sa fragilité originaire et à son ipséité gravement blessée : « J'ai donc été la cible de quelque chose comme un appel, comme une revendication », en vient-il à se dire. Ce qui est non-représenté en moi prend sa source non dans le *dépassé* pris dans un sens freudien, mais dans l'indépassable de la *dif-férence* originaire, entre la mêmeté appropriée et son altération blessée et brisée par une désappropriation originaire, par un effacement secret de soi qui brise l'ipséité sans lui donner la mort. L'effacement de soi, compris en ce sens, appelle-t-il l'intimité à son propre *aban-don* de soi, à une perte de soi insupportable et à un revirement ou bien à un renversement contre soi-même? Se tourner vers sa propre intimité, vers l'appel de l'inquiétante étrangeté en soi, n'est-il pas un retour contre soi-même ?

La première partie de notre travail se limitera à un essai de dévoiler la présence immédiate et étrangement inquiétante de l'appel originaire dans l'intimité du Moi. Ainsi y a-t-il un appel purement intérieur, à ce que je *m'aban-donne* seul ? C'est moi qui suis appelé, assurément, mais qui moi ? En moi n'y a-t-il que moi ? L'appel inquiétant de soi est-il une aliénation de soi ? A travers cette expérience originaire, le Moi devrait-il être rapporté à quelque chose qui le précéderait, à une sorte d'existence creuse destinée à se dévoiler et à se découvrir à travers l'épreuve de soi par un *Autre* ? Le retour à l'*indépassable* est-il, ici, l'objet d'un désir du Moi propre ou bien l'origine même de ce désir, son fondement ? Le fondement donne-t-il à désirer, est-il un don qui fait désirer, qui fait de l'ipséité un se *laisser-être-donné* autrement et en-deçà de ses limites ontologiques ? La relation entre le Moi et son origine, comme épreuve de soi ou bien comme *dif-férence* en soi, est-elle une découverte du passé et de ce qui est dépassé par le Moi ? Ou bien est-elle une découverte de la *dif-férence* indépassable entre l'ipséité et son origine ? A cette échelle, le Moi peut-il encore aboutir à son être directement, satisfaire le soi par lui-même, se suffire à soi-même, chercher son bonheur, le bien de soi ?

Combler soi-même est essentiel, mais ce qui est réduit au second degré c'est l'acte du *Je*, de soi-même. Le *Je* est comblé par l'*Autre*, autre que soi-même. Et l'*Autre* n'est que le comble de la perte de soi. Le Moi doit passer par l'*Autre* vers soi-même. Le retour à soi est conditionné par un *Autre*. Ce qui fait que l'initiative de la conscience est insuffisante pour attribuer au Moi une autonomie existentielle. Le solipsisme n'est-il pas retourné contre lui-même jusqu'au mourir de soi par un *Autre* ? L'incapacité du solipsisme de toute affirmation du Moi ne trahit-elle pas sa possibilité même? Et par le fait même ne mène-t-elle pas le Moi vers l'impossibilité de tout rapport immédiat entre le Soi et son origine ? Et s'il y a rapport, n'est ce pas un rapport d'horreur et de souffrance insupportable ? Le Moi solipsiste, narcissique, n'est-il pas la preuve d'une *impossibilité du principe* ? Faut-il donc que cesse d'être et d'agir le Moi vaniteux et égoïste ? Est-ce bien la recherche du désintéressement, de l'anéantissement de l'amour-propre, qui est le cœur de la solution ? Comment accède-t-on à la perte de soi, à la désappropriation de soi, qu'en réalité on ne peut jamais vouloir authentiquement et d'une manière intéressée ? S'agit-il ici de construire une théorie de l'amour ou bien une morale qui échappent aux calculs et aux pièges plus ou moins inconscients de l'égoïsme ?

Non, notre recherche poursuit une intention infiniment plus humble et plus pauvre, car elle trouve sa demeure dans l'amour-propre même, au cœur de ce *moi haïssable* selon les termes de Pascal. En réalité, il ne subsiste pas une solution, ni une morale suffisante permettant de continuer de vivre, lorsque de sa vie comme de sa mort ont été effacés les ultimes consolations de l'espoir. Car à quoi sert de vivre, si ma vie est insensée ? À quoi sert d'exister si mon existence n'est rien que vanité ? Que m'importe de persévérer dans mon être, si je n'y suis pour rien, pour personne, pas même pour moi ?

Le Moi seul ne suffirait pas comme preuve d'origine, car il est incapable d'être un autre que lui-même, de précéder soi-même, d'être un sens par lui-même et pour soi-même, et d'accepter la perte radicale de soi-même. Lorsqu'il n'est que lui-même, le Moi manque son être, n'est qu'une imitation de son être. Le Moi est double, divisé en lui-même, écartelé, déchiré. Il ne parvient pas à retrouver son unité originaire, sa *mienneté* donnée par un *Autre*. En partant de la seule considération du Moi propre, ce dualisme n'est pas fécond, il reste un fardeau lourd qui pèse sur la conscience de l'être. C'est pourquoi on trouve la conscience, souvent comme une conscience lente, impuissante, fatiguée de sa lenteur même, comme une conscience révoltée, en colère et pleine de haine. Elle cherche un changement, autre chose que ce qu'elle est vraiment : un sens à sa fragilité blessée, une sortie de soi. La conscience est malheureuse, mais son malheur émerge de son orgueil même. Elle n'est qu'elle-même et par elle-même.

La quête de la vérité de l'être, constituant en quelque sorte une réalité étrange, est à la mesure du mystère de l'existence, de l'*Homme*, du *Sujet*, du *Moi*, de moi. Tout au long de l'histoire de l'humanité, le Moi n'a cessé de surgir de façon imprévisible, anachronique, rompant la trame de l'être, en deçà du monde, libre vis-à-vis de son histoire, autre, unique. A peine né, il est déjà perdu. A peine exposé à l'être, il est déjà son opacité. Qu'est ce qu'exister en fin de compte ? Le fait d'exister suffit-il pour être un soi, pour être soi-même ? D'où est ce que j'émane ? Pourquoi mourir ainsi ? A quoi sert d'être ? Est-il toujours possible, ou sensé, de poser la question : *Qui suis-je* ? Que veut dire ce terme *Moi* ? Est-il vraiment personnel, intime, familier, propre ? Qui peut répondre ? Suffit-il de répondre pour être, pour supporter le mal de l'être ?

Kant parle de la nécessité de se concevoir soi-même selon une « double personnalité » (*zwifache Persönlichkeit*) et selon un « soi dédoublé » (*doppeltes Selbst*). Pour être vraiment moi, il faut que j'aie un double qui est encore moi et pourtant autre que moi. Je ne suis vraiment je, que si le *Je* est un autre : se dédoubler intérieurement, devenir un en deux et deux en un. L'autonomie ne peut se dire et se vivre que selon un étrange dédoublement intime. De quel sens de l'*Autre* s'agit-il ici ? Peut-on parler de l'*Autre* dans le Même, où l'*Autre* est-il en soi, « avant » soi, au sens où l'*Autre* est le vrai Sujet, le Soi absolu, alors que le Moi propre appartiendrait à la sphère superficielle de la conscience, elle-même attachée à maintenir la mêmeté de l'être ? Quel *Autre* détermine originairement le sujet comme Soi ? Si le Soi est l'absolument autre, il y aura nécessairement un clivage entre le Moi et le Soi, clivage qui, s'il est absolu, entraînerait un dédoublement du sujet. Pourtant si l'*Autre* est dans le Même, il faut bien qu'ils se rencontrent ! Le sujet n'est-il pas alors le résultat de la dialectique qui suppose rapport, combat, et aussi mélange ?

Le Moi propre, ou la *conscience de soi,* entretient avec l'*Autre* de la conscience un rapport de lutte et même de haine, ayant des prétentions à être tout, c'est-à-dire à la fois le tout du Moi et un Moi souverain de tout. Ce qui nous amène inévitablement à poser la problématique du Moi confronté à l'alternative : être ou ne pas être origine de soi face à l'*Autre* en soi. Souvent la relation entre les deux instances paraît conflictuelle, car il s'agit en fait de la lutte à mort entre le Moi et l'*Autre* en lui. Nous nous référons ici à la dialectique du « maître et de l'esclave » chez Hegel.

La question peut se ramener au terme de la dialectique suivante : être ou ne pas être ou bien être ou ne pas être par soi-même. Tout dépend d'une épreuve de soi maintenue et révélée à travers la crise du Moi dédoublé et en révolte ; à condition de ne pas réduire cette épreuve à une simple expérience personnelle ou à la rigueur familiale. C'est une épreuve profondément intime et individuelle, mais en même temps étrangère et humainement mystérieuse. Une épreuve de soi très intime, mais en même temps inconnue, puisqu'elle révèle des signes intérieurs, inconnus et mystérieux : *unheimlich*. Une double épreuve de soi clive le Moi entre le *narcissisme* ou l'amour de soi par soi-même et l'*aban-don de soi* ou l'amour de soi par l'*Autre* en soi-même.

La problématique que nous affirmons ici reflète la *dif-férence originaire* entre le Moi et l'*Autre* en soi. Une *dissymétrie originaire* s'impose et impose une altérité radicalement insoumise à l'*hégémonie* du Moi. Une altérité qui inquiète l'autonomie du Moi, le désarme de tout pouvoir propre, et de toute possibilité d'aimer soi-même par sa propre force, par la puissance de sa volonté. Elle clive l'unité du Moi et creuse en lui une étrangeté qui le dédouble. S'agit-il, en ce sens, du motif du « *double* » dans toutes ses gradations et spécifications ? C'est-à-dire de la mise en scène de deux Moi qui, du fait de leur apparence semblable, sont forcément tenus pour identiques de sorte qu'on ne sait plus à quoi s'en tenir quant au Moi propre, ou qu'on remplace le Moi étranger par le Moi propre ? Parle-t-on d'un « dédoublement du moi », d'une « division du moi », d'une « permutation du moi », du « retour permanent du même » dans le même sens que « le retour du même » selon Freud[1] ? Ou bien s'agit-il de ce qui est plus originaire, de ce qui survient lorsque ce couplage, ou la doublure des deux composantes du Moi : *intimité-étrangeté,* disparaît dans une affectivité inquiétante qui affecte le Moi et l'ouvre à l'étrangeté radicale de l'*Autre* ? Une telle ouverture épuise-t-elle l'ipséité en l'obligeant à perdre ce qui l' « ipséise » ?

Une étude de la figure du « double » et son rapport avec l'épreuve de soi comme *aban-don de soi* semble être nécessaire à ce stade-là. Le double selon Freud et selon la psychanalyse en général, le double selon la littérature, serviront de fil conducteur qui peut nous mettre sur le chemin vers l'*originaire*, vers l'*Insaisissable* et vers l'*Intolérable*.

Une obligation se dévoile comme disponibilité, comme vulnérabilité, comme impuissance originaire qui ouvre l'ipséité à de nouvelles possibilités. Elle expose le *Soi* à « se reprendre à l'aventure de l'existence pour être à l'infini » selon les termes de Levinas. L'intimité ne se donne, que lorsqu'elle rencontre une intériorité plus intime qu'elle-même à elle-même. D'où la parole de saint Augustin : « Ô toi qui es moi-même plus moi-même que moi! ». C'est à une intériorité plus originaire, à une intimité plus profonde qu'une autre intimité, que l'*Intolérable* fait signe.

La deuxième partie de notre travail, intitulée « Le Moi sous l'épreuve de la *dif-férence* », nous permettra de faire un pas de plus vers le retour originaire où, la mienneté s'expose à ce qui la précède et fonde son originalité, son début et sa fin, sa naissance et sa mort. Nous allons voir si la réception de l'être engendre l'accomplissement de la vérité originaire dans l'intimité de la mienneté, comme accomplissement de soi-même par un *Autre*. L'accomplissement, ici, est celui de la « perte » en soi, l'achèvement de ce qui par principe brise tout achèvement et toute clôture en soi. Recevoir l'être, c'est recevoir en même temps la perte de l'être. La *donation originaire* à soi devient une *donation de la perte* de soi : Je suis un *être-déjà-perdu*. C'est le fait qu'il y a quelque chose dans l'être à partir de quoi se fait la mienneté, est signe de l'*Impossible* en elle. La liberté du départ de soi est originairement limitée par le retour à soi, par la perte de soi. C'est le grand paradoxe: un être libre n'est déjà plus libre parce qu'il est déjà marqué par un *avant,* qui limite le point de départ de son jeu et impose ses conditions dès le départ. Le point de départ, le *passé* ou l'*avant* déchire la trame du présent infini. Il part de ce qui *a été-déjà-là*. Le point de départ de l'être se révèle comme *facticité*, comme *fragilité* et comme *pauvreté originaire*. Le retour du Moi sur soi n'est précisément pas le résultat d'une réflexion thématique, ou bien d'une décision subjective. La relation avec soi est une relation altérée par ce qui ne

---

[1] Freud S., *L'inquiétante étrangeté*, Paris, Gallimard, 1985, p. 236.

vient pas de soi. La relation avec soi devient une « épreuve de soi ». Comprendre l'ipséité à partir de sa *fragilité originaire* est le point de départ de la relation entre soi-même et l'*Autre* en soi. Cette relation dévoile que la réalité de l'être, sa vérité, est un mystère indéfini. Cela va donc ensemble : commencement de soi et épreuve de soi. L'épreuve de soi constitue le tragique de l'être et sa plénitude même. Etre et *aban-don* de l'être vont ensemble. Entre posséder son être et *l'aban-don* de son être il y a-t-il opposition, antinomie, ou bien paradoxe et épreuve de soi ? L'acte du surgissement de soi, à partir de l'épreuve de la perte de soi, s'adresse-t-il à un pur « ego transcendantal », ou bien à un « cogito ergo sum » ? Dans le surgissement de soi se lève la question d'une autre présence, celle qui fait du surgissement même de soi un acte de trahison de soi, une aliénation de soi.

Pour connaître l'entrelacs dans l'ipséité, du surgissement et de l'aliénation de soi, nous allons étudier tout d'abord la façon dont l'ipséité, dans l'intimité même du « chez soi », est hantée, percée, habitée et blessée par une « étrangeté inquiétante ». Cette dernière accueille le surgissement de soi dans un lieu *Unheimlich, non-familier*, un lieu qui, par essence, empêche toute appropriation de soi et aliène toute intimité avec soi-même. Où surgit l'ipséisation de soi, l'effacement de soi est-il déjà à l'œuvre ? Une inquiétante étrangeté s'institue comme possibilité même du « lieu secret » du soi, un *lieu* où l'ipséité commence ce qui a déjà commencé en elle, surgit du *lieu* où tout est déjà perdu en elle. Le soi arrive en retard pour commencer ce qui a déjà commencé en lui. Le *lieu* de bascule, lorsqu'il se produit, déporte l'acte de l'ipséisation de soi vers l'épreuve de ses limites même et de ses brisures. La cassure des limites du soi est ce qu'on appelle le « désastre de soi ». C'est une horreur inexpiable parce que le désastre est le sien sans jamais être le sien.

Peut-on, en ce sens, parler d'une altérité originaire qui, tout en brisant toute appropriation de soi-même, possibilise le surgissement de soi ? Est-ce une altérité originaire qui, dans son pouvoir de faire subir à l'ipséité une épreuve de perte de soi, la convoque par le même mouvement à l'épreuve de l'accouchement ou du re-commencement de soi ? Il suffit d'un instant pour qu'un revirement de soi renverse tout et ouvre une autre possibilité, un nouveau re-commencement de soi. Cet instant ne serait jamais pareil à celui qui a déjà commencé. Pendant un instant, un vieil appel surgit en soi pour saturer la blessure originaire, pour briser son assise et faire perdre au soi toute immobilité, toute identité, toute appropriation de soi, et toute substantialisation. Il n'appelle qu'à briser toute stagnation, tout désespoir final, pour combler toute blessure jusqu'à ses limites extrêmes. Vers où ? Vers la proximité de l' « Impossible ». L'appel originaire dévoile en soi une étrangeté intérieure rendant impossible la réponse, sans pouvoir effacer le risque de l'épreuve même de l' « Impossible ». Quel

« Impossible » ? L'appel originaire m'oblige à me redécouvrir comme promesse de surgissement de mon ipséité même. Cette promesse aggrave la blessure d'être, et par le fait même elle ouvre une nouvelle possibilité d'être selon l'ordre de l'« Impossible ». Quel ordre ? Un ordre qui constitue l'ipséisation de soi comme ce qui lui répond tout en creusant en lui une impossibilité de réponse. L'épreuve du surgissement de soi, à tous ses degrés, est une impossibilité de se détacher de l'instant même qui dévoile la vérité de l'être : *je suis un être manqué de mon origine*, je suis un *être-déjà-perdu*.

Le désespoir, pesant lui-même, en tant qu'il s'éprouve entre le vouloir mourir et son impossibilité, ex-pose le Moi souffrant à ce qui ne dépend plus de lui, ouvre une autre possibilité dans l'intimité même de l'ipséité blessée et esseulée. Il reconduit, que l'ipséité le veuille ou non, à l'absolue altérité qui demeure en elle dès sa naissance même. L'ipséité, éprouvée par le désastre de soi, découvre-t-elle son propre découvrant, son origine ? Contenant plus que son contenu, l'ipséité se découvre-t-elle comme accueil de soi par un autre que soi ? Nous essayerons de montrer, ici, que le désastre même de soi doit déjà porter le chemin de retour vers l'*Autre* en soi. Le désastre, comme mal d'être, est le médiateur entre l'ipséité esseulée par son impuissance, par sa souffrance partagée et clivée jusqu'au désespoir, et l'appel originaire de l'*Autre*, le découvrant de soi. Le désastre, menant l'ipséité vers ses propres limites, creuse en elle une blessure grave qui brise toute tentative d'appropriation de soi, laissant émerger en elle ce qui est plus intime à elle qu'elle-même. Le désastre de soi est plus originaire que toute décision, toute responsabilité, tout engagement, et toute élection. Cependant, ne faut-il pas que l'ipséité soit elle-même effacée pour que son élection se confirme et pour que la promesse se donne à l'excès de l'« Impossible » ? L'élection doit-elle se retourner contre elle-même pour confirmer la promesse même ? Doit-elle trahir elle-même ? Seule l'élection retournée contre elle-même fait mourir, et par le fait même donne vie à l'appel originaire ? Pour élire, l'appel exige-t-il la trahison de soi ?

Reste à nous demander comment pouvons devenir nous-mêmes si ce qu'on est vraiment ne dépend pas de nous, si l'origine de notre être vient d'un *Autre* ? Si nous ne sommes pas, faut-il aller chercher notre propre origine, la raison de notre être, à l'extérieur de nous-mêmes ? Qui est-ce qui produit en moi, à la limite de moi, ce qui ne vient pas de moi ? Qu'est-ce qui produit en moi une *expérience première* ou originaire de moi ? L'être que je porte, annoncé comme perte, comme autre, comme ce qui m'échappe, est-il encore mon être ? L'*Autre* qui ne peut être saisi par moi, comment peut-il encore arriver à moi, me saisir ? Le Moi peut-il être saisi par l'*Autre* sans se laisser écraser par lui ? Si *l'aban-don* de l'être appartient à la constitution même de l'être, et si l'être doit conserver son être pour être, quelle forme peut-elle établir la réconciliation entre le Moi et sa perte ? Comment puis-je rester un soi face à l'événement de la perte en moi ? Enfin, qu'est ce qui nous contraint à penser le Moi lui-même « hors sujet, hors Je et hors jeu » ?, c'est-à-dire à le penser comme *déjà-perdu*, en pensant ce qui est « plus originaire » que lui, et en quoi il s'origine par un *Autre*. L'*aban-don* de soi n'est-il possible que par un *avant-don* à soi ?

Dès lors la difficulté se redouble, car il s'agit d'une part de s'arracher à la présence oppressante de la négation narcissique, c'est-à-dire de se déposséder de l'appropriation de son être propre, de son être comme propriété ; et d'autre part de se déposséder sans s'encombrer de soi, sans se détacher de la possibilité originaire d'être soi autrement, par *l'Autre*. Mais le fait que l'être humain soit réellement déterminé dans sa propre intimité intérieure ne va-t-il pas à l'encontre même de son originalité, de sa propre volonté et de sa liberté même ? La liberté de l'homme ne serait-elle qu'illusoire ? Tel est le paradoxe du Moi double qui montre d'une part que l'égoïsme est la consistance de l'être, et marque d'autre part les limites de l'égoïsme et de son dépassement. Puisqu'il ne peut être appréhendé qu'à partir du point de vue d'une « subjectivité ipséique » et singularisée, il est toujours déjà vécu comme l'épreuve d'un effacement, l'effacement de la jouissance de soi et du pouvoir sur soi, un effacement qui donne paradoxalement le soi à lui-même. Le paradoxe souligne tout le dérisoire et toute la souffrance de cette ipséité qui apparaît à travers son effacement, sa disparition, sa perte même. Le paradoxe du Moi s'expose comme disparition de sa mêmeté à l'instant même de son apparition, au point de ne pas s'apparaître à soi-même, de ne pas s'approprier soi-même. Un double mouvement constitue la vérité paradoxale et originaire du Moi : d'une part, sa dépossession est radicale, arrachant toute propriété et à toute appropriation de son être ; d'autre part, sa désappropriation n'est pas une néantisation, mais l'effondrement et l'effacement de soi dans une épreuve *d'aban-don* du soi à l'*avant* originaire qui fait surgir une figure nouvelle du soi. En ce double mouvement, ce qui efface le Moi l'expose à un nouveau surgissement de soi. S'il est donné, l'acte de la perte de soi devient-il la donation d'une nouvelle figure du soi, une donation originaire à soi, un *devenir* un don originaire de soi ? Ainsi une réconciliation en soi s'impose-t-elle comme un « appel » originaire? Le double mouvement en soi ouvre-t-il la possibilité à la réconciliation avec soi-même ? L'épreuve de la perte de soi trouve-t-elle son sens ultime ? L'*avènement* de l'Amour devient-il possible quand l'ipséité est dépouillée de son orgueil et confrontée à sa nudité originaire : au *par-don* de sa pauvreté ? Est-ce que c'est par l'amour de soi-même que tout commence et le commencement est-il, ainsi, le *par-don* même de soi ? La fragilité qui fonde l'ipséité fait-elle aussi la force de l'Amour en elle ? En ce sens, L'ipséité fragilisée originairement s'affecte-t-elle par ce qui, d'une part, risque de faire éclater sa brisure et son effacement et, d'autre part, s'affecte-t-elle violemment par un risque d'éclater sa transfiguration et l'arrivage de l'*Amour* en elle ? La générosité de l'Amour double-t-elle le don de soi où l'ipséité se donne jusqu'à donner l'Amour même: « Aimer et n'être rien » ? L'ipséité doit-elle s'évider pour être remplie de l'Amour qui la comble de ce qui l'évide et l'efface ? Est-ce que c'est du même mouvement d'effacement de soi que l'Amour s'ipséise ?

PREMIÈRE PARTIE

L'ipséité transie par un Autre

CHAPITRE I

Du double Moi à l'Autre en moi

1- Le double et la crainte de mourir

La conscience de la mort

Les catégories du double sont nombreuses, ses figurations se retrouvent dans de nombreux mythes, systèmes philosophiques et métaphysiques, et dans toutes les civilisations d'une manière ou d'une autre, jusqu'aux plus primitives comme le *Khaa égyptien* et la *psuché* dans la « Grèce homérique ». Le motif du double a fait l'objet d'une étude approfondie chez Otto Rank dans son livre : *Don Juan et le double*[1]. Rank montre qu'au début le double était à l'origine une assurance contre la disparition du Moi, un « démenti énergique de la puissance de la mort », et il est probable que l'âme immortelle a été le premier double du corps. Cette assurance contre la disparition du Moi a évolué et a mené vers l'amour illimité de soi, celui du « narcissisme primaire ». Avec le dépassement de cette phase, le double se modifie, d'assurance de survie qu'il était, il devient « l'inquiétant (*unheimlich*) avant-coureur de la mort ».

L'ethnologie nous montre que partout les morts ont été ou sont l'objet de pratiques qui correspondent à des croyances concernant leur survie ou leur renaissance. C'est ce qui explique pourquoi aucun groupe archaïque, aussi primitif soit-il, n'abandonne ses morts sans rites[2]. L'immortalité suppose non pas l'ignorance de la mort, mais au contraire la connaissance de son événement. Il existe une conscience réaliste de la mort incluse dans le donné préhistorique et ethnologique de l'immortalité. On reconnaît que le mort n'est plus un vivant ordinaire puisqu'il est transporté, traité selon des rites spéciaux, enterré ou brûlé. Si la mort n'a pas d'être, elle est réelle cependant, elle arrive ; cette réalité trouvera par la suite son nom propre : la mort. Et par la suite sera reconnue comme loi inéluctable : « en même temps qu'il se prétendra immortel, l'homme se nommera mortel ». La même conscience qui nie, reconnaît la mort : elle la nie comme anéantissement, elle la reconnaît comme événement. L'indivision originaire entre la découverte de la mort et la croyance en l'immortalité, était toujours une source

---

1   Otto Rank, *Don Juan et le double*, Payot, Paris, 1973.
2   In Edgar Morin, *L'homme et la mort*, Essais, Éd. du Seuil, Paris, 1970.

d'angoisse et d'horreur. Elle reflète l'affection profonde de la mort sur la vie de l'homme. Selon Bacon, les pompes de la mort terrifient plus que la mort elle-même. Même l'enfant, même le primitif, même l'esclave, comme le dit Euripide, pensent à la mort et en ont horreur. L'horreur de la mort est capable de tout ; capable de conduire au suicide ou même à la folie. Emotion, douleur, terreur, angoisse, désespoir et horreur, sont des sentiments qui indiquent une certaine rupture ou perte, un mal radical qui tranche entre l'être et le non-être, le Moi et le non-Moi, la vie et la perte de la vie, l'aimé et son absence, l'homme et le cadavre en décomposition. Conscience enfin d'un vide, d'un néant, d'une facticité originaire, d'un souci et d'une inquiétude intolérable qui perce la plénitude individuelle et marque sa blessure temporelle. Et l'humain lui-même nous conduit à la mort. Révolté par une mort à laquelle il ne peut échapper, avide d'une immortalité qu'il ne peut réaliser, tel est la réalité du Moi qui tout en faisant l'ange, voit son corps se désagrège et pourrit comme une bête. On parle de cette nature qui vit de la mort de ses individus.

Le problème de la mort, remontant aux origines les plus profondes de l'homme, découle d'un sentiment profondément ancré dans l'existence humaine, à savoir les relations de l'individu avec son propre Moi, et la menace continuelle de sa propre perte. La première épreuve de la perte s'inaugure par l'événement de la naissance, alors que la dernière est, peut-être, celle de la mort comme une perte totale de son propre Moi. La conception gnoséologique de l'opposition entre le *moi* et le *non-moi* constitue la première reconnaissance consciente de cette séparation, représentée sous le problème primitif de l'identité[1]. Avec l'affirmation de l'identité, se manifeste la problématique de la mort. La conscience de la mort, n'est pas quelque chose d'inné, mais le produit d'une conscience qui saisit le réel. Ce n'est que par « expérience », comme dit voltaire, que l'homme sait qu'il doit mourir. La mort humaine est un acquis de l'individu. Mais quelle expérience ? Est-ce que celle de la mort ? Peut-on expérimenter la mort ? Que dire de la naissance ? Existe-t-il un rapport entre la naissance et la mort ? L'épreuve de la naissance n'est-elle pas le sol énigmatique de l'épreuve de la mort et celle de l'être ? C'est semble-t-il ce que Heidegger avait en vue quant il évoquait une co-appartenance de *l'être-pour-la-mort* et d'une existence native au sein de « l'enchaînement de la vie » (*Zusammenhang des Lebens*[2]). Il est reconnu au *Dasein d'être-pour-la-fin*. Si la tache pensante d'un vivant est de devenir « mortel », que signifie la naissance, en tant que commencement naturel, si non tout le contraire ?

---

1 In Otto Rank, *Le traumatisme de la naissance*, Paris, Payot, 1976, p. 131.
2 M. Heidegger, *L'Être et le Temps*, trad. Boehm et de Waelhens, Paris, Gallimard, 1964, p. 373, trad. fr. p. 258.

Heidegger ne manque pas de rappeler que la vie n'est pas « là » (*vorhanden*) comme une affaire à traiter. Le « plus inquiétant » est ailleurs. Le plus inquiétant est le *Dasein (l'être-là)* lui-même en tant qu'il peut en finir avec son être et avec l'être. Le naître est toujours d'abord et déjà un n'être pas authentique, et la naissance sera toujours lourde, elle aussi, d'un pouvoir ne pas être, d'une décision de fuite, de divertissement, et même de suicide. La naissance comme absence de quiétude, ouvre la possibilité à refuser l'être, la vie, et à se donner la mort : « ne pas naître voilà ce qui vaut mieux que tout[1] ». Entre naître et refuser la vie, entre l'impuissance face à la mort et le pouvoir mourir, la figure du « Double » vient imposer un clivage qui brise l'unicité du Moi et le conduit vers un lieu « non-familier ». Une épreuve de soi annonce le commencement de soi selon une double figure qui aliène et fait souffrir sans jamais finir.

Le problème de la mort, qui remonte à la plus haute antiquité, a trouvé chez certains poètes et écrivains, une expression profonde de son véritable sens qui, n'est pas autre chose que le problème du Moi face au sens de la vie en général et de sa propre existence en particulier. Ce problème, exprimé par plusieurs disciplines et sciences surtout humaines, trouve sa clarification dans la psychanalyse, la littérature et dans la philosophie tout particulièrement. Sans être capable de reprendre les études nombreuses faites à ce sujet là[2], nous nous limiterons à présenter quelques exemples sur la

---

1 Heidegger, *Introduction à la métaphysique*, trad. par G. Khan, Gallimard, 1967, p. 181.
2 Voir André R. (1991), Devant le miroir. « L'œil », dans *Etudes psychothérapiques*, 3, p. 185-193. Voir aussi Anzieu D., *Le Moi-peau*, Paris, Dunaud, 1985. Artaud A, *Le théâtre et son double*, coll. « Métamorphoses », Paris, Gallimard, 1938. Voir Beharriel F.J., Freud's « Double », Arthur Schnitzler, *in Journal of the American Psychoanalytic Association*, vol. 10, n. 4, p. 722-730. Bion (1976), Le jumeau imaginaire, in *Réflexion faite,* Paris, PUF, 1983. Voir aussi Bonfils B. (1989), Penser le double. Essai sur la dissociation psychique, in *Evolution psychiatrique*, 54, 1, p. 77-92. Celerier M.C., (1993), Le stade du miroir, *Topique*, n. 30, p. 127-146. Cournut J. (1977), *L'inquiétante étrangeté de l'interprétation*, Paris, Aubier, Montaigne, p. 147-152, in *Journée Confrontation*, 1976. David Ch. (1970), L'homme au double, in *Schumann,* coll. « Génies et réalité », Hachette. Dorey R. (1988), Le statut du sujet et l'épreuve de réalité dans l'expérience de l'inquiétante étrangeté, *in* L'inquiétante étrangeté, *Cahiers pour la recherche freudienne*, n.3, Paris, Centre de recherches et études freudiennes, p. 7-16. Voir Dostoïevski, *Le double*, Gallimard, coll. « Folio ». Freud S. (1911), Lettre à Jung du 13 octobre 1911, *in Correspondances S. Freud - C. Jung*, t.II, 1910-1914, Paris, Gallimard. Voir aussi Freud S. (1919), *L'inquiétante étrangeté et autres essais,* Paris, Gallimard, 1985, p. 163-210. Freud S. (1940), Le clivage

notion du *double*, ou sur l'étude de l'identité double du Moi, pour essayer de dévoiler, si c'est possible, un secret voilé depuis longtemps derrière cette dualité même : l'Autre étranger en soi tout en étant le plus intime à soi-même. Un tel essai a pour but de nous faire introduire, d'une façon claire et profonde, dans la problématique fondamentale du Moi vis-à-vis de son origine. Toutes ces disciplines ne sont que des essais plus ou moins clairs pour expliquer les origines d'un sentiment de crainte, d'angoisse et d'horreur, face au problème de la perte en générale et de la mort en particulier, dont le Moi se sent toute sa vie menacé. Musset s'exprime, en ce sens, en écrivant ces vers :

« Où tu vas, j'y serai toujours,
Jusques au dernier de tes jours,
Où j'irai m'asseoir sur ta pierre ».

Tentons de percevoir la nature des manifestations du Moi double et le sens qui en découle.

---

du moi dans le processus de défense, in *Nouvelle Revue de psychanalyse*, 1970, n. 2, p. 25-28. Frontisi-Ducroux F. (1992), Les Grecs, le double et les jumeaux, *Topique*, 50, Dunod. Green A. (1973), Le double et l'absent, in *La déliaison*, Paris, Les Belles Lettres, 1992, p. 43-67. Green A. Le double double : ceci et cela, in La *déliaison*, Paris, Les Belles Lettres, 1992, p. 299-311. Le double sous la direction de C. Couvreur, A. Fine, A. Le Guen, *Monographies de la Revue française de psychanalyse*, Paris, PUF, 1995. Green A. (1982), Le Moi mortel, immortel, in *Narcissisme de vie, narcissisme de mort*, Paris, Editions de Minuit, 1984. Kofman S. (1974), Le double e(s)t le diable, in *Revue française de psychanalyse*, 38 (1), p. 25-26. Voir Lecouteux C., *Histoire du double*, Paris, PUF. Macias M (1991), Double création, création du double, *Topique*, 50, Dunod. Voir aussi Neyraut-Sutterman M.-T., *Dostoïevski et Flaubert : écritures de l'épilepsie*, Paris, PUF, 1993. Rank Otto (1914), Don Juan et le double, in *Etudes psychanalytiques*, Paris, Petite Bibliothèque Payot, 1973, 187 (réimpression, 1932). Otto Rank, *Le traumatisme de la naissance*, Paris, Payot, 1976. Ritz J.-J. (1991), Clivage et jeu du double dans les représentations de la mort, *Topique*, 48, p. 275-293. Rosset Clément, *Le réel et son double*, Folio/Essais, Paris, Gallimard, 1976. Enfin voir Vermorel H., To be or not to be, *Revue française de psychanalyse*, 3, 1987.

A la recherche de ce qui le rend double

Dans presque tous les ouvrages d'E.T.A Hoffmann - l'un des écrivains classiques du « double » cité plusieurs fois par Freud lui-même - on trouve des allusions plus ou moins explicites à ce thème et son rapport profond avec la notion de l' « inquiétante étrangeté »[1]. Dans le tome II, chapitre III, des *Contes fantastiques* d'Hoffmann, intitulé « *l'histoire du reflet perdu »*, on découvre l'histoire d'un honnête bourgeois allemand du nom d'Erasme Sphiker, père de famille qui tombe amoureux d'une Giuleta « démoniaque ». Pour gagner son amour, Erasme tue son rival, et s'enfuit en laissant son reflet à sa bien-aimée, sur sa demande. Sa famille découvre l'absence de son reflet dans un miroir, elle le repousse et se moque de lui. Sur le conseil de sa femme, il part à la recherche de son reflet qu'il a abandonné au diable. Comme Peter Schlemihl, l'homme qui a vendu aussi son âme au diable, Sphiker perd son bonheur et s'approche de la folie. En effet, Peter Schlemihl dans *le conte d'Anderson* intitulé *L'ombre*, raconte l'histoire d'un savant dont l'ombre se sépare de lui. Au début le savant n'est nullement gêné par la perte de son ombre, exactement comme Schlemihl. Mais ce conte, écrit volontairement en opposition à l'histoire de Peter Schlemihl, relie le thème de la perte de l'ombre et ses graves conséquences à celui traité dans *L'Etudiant de Prague*. La raison est que dans *le conte d'Anderson,* il ne s'agit pas seulement d'une absence comme chez Chamisso, mais aussi d'une persécution par le Double devenu indépendant, qui s'oppose partout et toujours par son Moi, jusqu'à l'effet catastrophique amené par l'amour.

On trouve la perte de l'ombre aussi chez Lenau, dans sa poésie *Anna*, une jeune fille qui craint de perdre sa beauté en devenant mère. On pourrait aussi citer l'*Ombre*, une poésie de Moerike. Un comte, sur le point de partir pour la terre sainte, se fait jurer fidélité par sa femme. Mais sa femme a un amant, donc sa promesse était fausse. Elle va même jusqu'à tuer son mari en l'empoisonnant. Au même moment, cette femme infidèle meurt

---

[1] Dans Freud S., *L'inquiétante étrangeté*, Paris, Gallimard, 1985, p. 223-228, Freud disait de Hoffmann qu'il est un *maître inégalé de l'étrangement inquiétant* dans la « *création littéraire* » ou *Dichtung* selon le terme allemand, considéré surtout dans son *aspect de création, d'élaboration, d'inventions de fictions, d'un monde autre que le monde réel*. Son roman *Les élixirs du Diable*, déploie toute une *panoplie de motifs* auxquels on est tenté d'attribuer l'effet *d'inquiétante étrangeté* que provoque l'histoire.

aussi tandis que son ombre reste indélébile dans la salle. Ajoutons aussi le poème de R.L. Stevenson intitulé l'*Ombre* dans lequel une petite enfant se demande pourquoi son ombre existe. Hoffmann a encore traité le problème du Double dans d'autres ouvrages comme *La princesse Brambilla, Le cœur de pierre, Le choix d'une fiancée, l'Homme du sable.*

On constate aussi la folie destructrice d'un Double persécuteur dans *le Titan* par exemple, où Albano est poursuivi hors de ce temple de rêve où il s'est égaré, par tous les reflets de son Moi qui le poursuivent dans des miroirs. L'idée du reflet du Moi dans le miroir, qui terrifie Leibgeber (dans *Siebenkas*) également, s'intensifie dans *le Titan* jusqu'à devenir la douleur la plus horrible : Schoppe, une des figures les plus pathologiques de ce roman, ne peut regarder aucune partie de son corps sans être pris par l'angoisse de son Double. Il faut recouvrir les glaces comme chez l'étudiant Balduin. Finalement Schoppe meurt fou.

Négelien[1] a montré par de nombreux exemples que, les superstitions et les coutumes se rapportant au reflet ressemblent dans leurs principaux points à celles qui se rattachent à l'ombre, et dont le point commun essentiel n'est que les craintes de mort et de malheurs. En France, par exemple, il existe une croyance qui dit qu'on peut se voir dans une glace telle qu'on sera à l'heure de sa mort, si, dans la nuit de l'épiphanie on exécute une certaine cérémonie devant la glace. Qui se regarde la nuit dans une glace perd son reflet, c'est-à-dire son âme, ce qui nécessairement amène la mort[2]. Si dans un miroir quelqu'un voit encore à côté de sa figure celle d'un autre, il doit mourir bientôt. Laisser tomber ou casser une glace est un signe de mort en Allemagne. D'après Négelien, la croyance que la glace pourrait montrer les choses cachées, repose également sur la croyance à un Double[3].

Il est évident que dans toutes les coutumes, il s'agit d'un « avenir » caché duquel l'homme cherche à savoir si sa vie sera longue. A ces croyances, s'ajoutent les traditions mythologiques qui confèrent au miroir le même pouvoir fécondant qu'a l'ombre[4]. Ovide raconte que : questionné à la naissance de Narcisse pour savoir si une longue vie lui était réservée, le devin Tiresias aurait répondu : « Oui, s'il ne voyait pas lui-même ». Narcisse voit son reflet dans l'eau et devient tellement amoureux du beau garçon dont le reflet apparaît sur l'eau, qu'il en tombe malade d'amour[5]. D'après une tradition ultérieure, Narcisse se suicide après être tombé amoureux de son

---

1 Négelien, Julius Von, *Germanisch Mythologie*, Leipzig : Teubner, 1906. Cité par Otto Rank, *Don Juan et le double*, Paris, Payot, 1973, p. 76.
2 Dans Otto Rank, *Don Juan et le double, Ibid.*
3 In Otto Rank, *Ibid.*, p. 78.
4 Otto Rank, *Idem.*, p. 80.
5 Dubarry-Sodini, Christine, Paris, Hatier, 1994.

image. Nous trouvons aussi, chez Jean-Paul Richter[1], une telle abondance de formes du Double, qu'on pourrait presque retracer tout le développement de ce thème d'après ses romans qui conduit d'un double corporel, personnifié par deux figures semblables, aux manifestations d'abord tout à fait subjectives et finalement folles de scission de la personnalité. Pour Richter, nous ne sommes plus les mêmes après sept ans de mariage, puisque notre corps change et se renouvelle continuellement. Ce qui fait que le mariage est dissout obligatoirement au bout de ce laps de temps, à moins de vouloir continuer alors de vivre dans un « double adultère ». C'est ainsi que, paradoxalement, le temps introduit une distance de soi à soi-même : « [...] Je ne suis qu'une petite partie de moi-même. La désuétude de la lutte, la lassitude de tout devoir, le découragement, l'inconsistance et l'ennui ont produit ce résultat. J'avais 26 ans, j'en ai 38. Qu'ai-je fait de ces douze ans ? J'ai vécu, décru, déchu : voilà tout [2] ».

Mentionnons que chez Henri Heine[3] le motif du Double ne parait pas corporellement, mais plutôt sous une forme spiritualisée, comme par exemple dans *Radcliff* et aussi dans *Les nuits de Florence*. Dans *Allemagne, un conte d'hiver* (chapitre VI), le poète voit, dès qu'il s'assied la nuit à sa table pour écrire, un compagnon étrange. Interrogé, ce compagnon répond : « Je suis le fruit de tes pensées ».

Dans le *Horla* de Maupassant[4], le héros de l'histoire est hanté par un esprit invisible, le *Horla* qui vit en lui ou à côté de lui. Il essaye de lui échapper par tous les moyens possibles. Mais en vain. Il devient de plus en plus convaincu de l'existence d'un mystérieux inconnu par lequel il se sent *épié, observé, scruté, dominé, poursuivi*. A la fin, cette pensée de se débarrasser de ce tyran invisible l'obsède. Il arrive à brûler sa maison. Mais bientôt il doute que le *Horla* pour lequel tout cela à été fait, puisse être tué et il ne voit plus que le suicide comme dernière chance de salut. Dans un autre conte, *Lui*, qui est comme une esquisse du *Horla*, Maupassant parle d'un homme qui se sent constamment persécuté par *Lui*. Son persécuteur ne vit que dans sa peur, dans son angoisse, une angoisse de la solitude, d'être seul. Quand il aura quelqu'un près de lui l'autre ne viendra plus.

On peut faire allusion aussi à l'*Étrange cas du Dr Jekyll et de M. Hyde*, un récit de Robert Louis Stevenson, publié en 1886 sous le titre *The Strange Case of Doctor Jekyll and Mister Hyde*.

---

1 Otto Rank, *Ibid.*, p. 83.
2 Amiel, *Du journal intime*, éd. Complexe, 1987, p. 107.
3 Henri Heine, *Œuvres, Poèmes et chants*, Paris, Bibiopolis, 1910.
4 G. de Maupassant, *Le Horla*, Folio, Paris, Ed. Gallimard, 1986, p. 43.

Le docteur Jekyll, respectable savant londonien, protège pour une raison mystérieuse M. Hyde (nom qui signifie « cacher » en anglais). M. Hyde est un petit homme indéfinissablement contrefait, dont la seule vue attise la haine. Dépourvu de tout sens moral, il commet des actions monstrueuses, allant jusqu'à assassiner sans raison apparente un respectable lord croisé la nuit dans une rue. La vérité est inouïe : le docteur Jekyll a découvert une drogue qui lui permet de se transformer à volonté en M. Hyde. Il assouvit alors ses instincts pervers et sa violence sans porter atteinte à sa réputation de respectabilité. Mais peu à peu, il finit par rester prisonnier de son envers satanique et, incapable de réintégrer sa propre personnalité, il met fin à ses jours, laissant une confession écrite où il raconte sa tragique histoire.

Le poète Musset[1], dans *La nuit de décembre,* raconte que, depuis son enfance, un *double* le suit partout sous forme d'un ombre qui, lui ressemble comme un frère. Le poète cherche à découvrir son essence. Il l'appelle « mauvais destin », « ange gardien », ou sa propre image. Enfin l'apparition se fait connaître comme étant la solitude. La solitude représentée ici par Musset, comme par Maupassant, rejoint le sens donné par Nietzsche, où il s'agit de l'ennui dans la société de son propre Moi.

Dans le même sens, *Le journal* de Gide semble bien être le contraire d'une tentative d'introspection, car l'auteur de *Si le grain ne meurt* évoque beaucoup plus l'ennui de soi que, le plaisir d'un Narcisse penché sans cesse sur son image : « Parler de moi m'ennuie[2]... ». Dans le conte de J.-E. Poritzky intitulé *Une nuit*, le héros témoigne : « Je connais parfaitement la scission de la conscience. Tout le monde a déjà ressenti dans la vie, plus ou moins profondément, cette scission dans laquelle on voit son propre Moi vous passer comme une ombre devant les yeux dans toutes sortes de situations vécues. Nous avons aussi en nous la possibilité de nous voir parfois dans notre développement futur. Cette vision de notre moi futur est parfois si forte que nous croyons voir des personnages étrangers se détacher en chair et en os de nous, comme un enfant du corps de sa mère. Nous rencontrons dans l'avenir ces apparitions que nous avons pressenties et nous les saluons. Ceci est ma découverte mystérieuse[3] ». Qu'on compare ce que Hebel écrit dans son journal (le 3 juin 1847) à propos d'un rêve de sa femme qui, dans un miroir prévoit toute sa vie future : « Elle se voit d'abord toute

---

1 Alfred de Musset, *Œuvres Complètes*, Nouvelles éd., revue, corrigée et complétée de documents inédits... par Edmond Biré, Paris, Garnier frères, 2 vol., le tome 2 seul est daté : 1920.
2 Gide, *Si le grain ne meurt*, in *Souvenirs et Voyages*, Paris, Gallimard, Bibliothèque Pléiade, 2001, p. 233-235.
3 Otto Rank, *Ibid.*, p. 85.

jeune, ensuite vieillissant de plus en plus jusqu'à ce que, craignant de voir sa squelette, elle se détourne. » A la date du 15 décembre 1846, Hebel note aussi : « Quelqu'un qui se voit dans une glace crie au secours, croyant voir un étranger, parce qu'on lui a barbouillé la figure auparavant[1]. »

A sa toute dernière séance, trois jours avant sa mort, une patiente, Madame D..., dira à son analyste : « Voyez-vous, ce n'est pas moi qui suis malade, c'est l'autre (...) Il s'agit de quelque chose de léger, de tenu, une sensation à côté de moi. Comme c'est pénible d'avoir ainsi quelque chose à côté de soi[2]. »

La double perte

« Perdre moi-même! ». Perdre ce qui m'est intime, propre, de ce qui m'assure et me rend satisfait : « Je me dis qu'il n'est sans doute pas mauvais que s'écarte ainsi de nous, progressivement, une terre qu'on aurait sinon trop de mal à quitter – qu'on aurait trop de mal à quitter tout d'un coup[3] ». « Sans trop d'impolitesse, je voudrais prendre congé de moi-même. Je me suis décidément assez vu. » Gide et Amiel s'expriment dans le même sens : « Je vieillis, depuis quelque temps, d'une manière effroyable. Pensez-vous que je serais à même de donner ici la nuance exacte de ce sentiment, si je ne l'avais d'abord éprouvé moi-même[4] ? ». Le Moi éprouve sa propre perte dans les modifications mêmes de ses désirs et de sa pensée même: « Assurément les sentiments aussi vieillissent ; il est des modes jusque dans la façon de souffrir ou d'aimer [...] C'est ce faste ajouté qui vieillit et fait paraître désuète l'expression de la douleur[5]. » Pourtant, en dépit de ces réflexions, il est clair que la vieillesse elle-même, réfère moins à l'âge qu'à « une sorte de laisser-aller de la présence à soi, laquelle se voit tout d'un coup emplie par le flux du temps » ; un flux pur qui emporte Gide loin de lui-même[6]. Le sentiment de vieillissement, tout en étant de l'ordre de l'« intime », est comme l'ombre de plus en plus réel et vrai ; il vient chaque jour demander au Moi de perdre un peu plus de son intimité blessée et fatiguée : « Fatigué par plusieurs nuits d'insomnie, je me sens, par moment, à bouts de force, et

---

1 In Otto Rank, *Ibid.*, p. 88.
2 In Catherine Couvreur, Les "motifs" du double, Le Double, *Monographies de la revue française de psychanalyse,* Paris, PUf, 1995, p. 19-37.
3 Dans Eric Marty, *L'écriture du jour. Le Journal d'André Gide*, Seuil, 1985, p. 178.
4 Eric Marty, *L'écriture du jour, Ibid.*
5 *Ibid.*, p. 179-180.
6 *Idem.*

vieilli jusqu'au désespoir[1] ». Monotonie, répétition, dégoût, sont les impressions les plus fréquentes devant cette image remâchée de soi, *ressassement* qui dévoile l'ennui et le désespoir devant la vanité d'un Moi qui embarrasse. Gide considère que l'arrêt sur sa propre image est une aliénation totale : « C'est revenir à soi qui m'embarrasse, car, en vérité, je ne sais plus bien qui je suis ; ou si l'on préfère, je ne suis jamais ; je deviens […] Je sais bien que j'échappe sans cesse à l'image qu'on se fait de moi ; mais je n'y peux rien[2]. » Le sujet n'existe, selon Gide, que dans la temporalité, dans un devenir : « Je ne suis jamais ; je deviens […] toute notre vie s'emploie à tracer de nous-mêmes un ineffaçable portrait. Le terrible, c'est qu'on ne le sait pas[3] ». Gide faisait déclarer à André Walter : « Nous vivons pour manifester ; mais souvent, involontairement, inconsciemment, et pour des vérités que nous ne savons pas, car nous sommes ignorants de notre propre raison d'être[4] ». Montaigne et Goethe confirment à leur tour une mobilité propre qui fait découvrir au Moi un autre Moi avec lequel pas de coïncidence : « Il y a vraiment certains de ces états que je sais pourtant avoir été sincères, dans lesquels je ne peux plus rentrer[5] ». Gide ajoutait : « Je sens mille possibles en moi ; mais je ne peux me résigner à n'en vouloir être qu'un seul[6] ». Amiel, à son tour, fait l'expérience d'une *étrangeté de soi* à soi que crée l'écart temporel : « Il est clair que je suis plusieurs et non pas un. Mon nom est Légion, Protée, Anarchie[7] ». Je suis plusieurs et le temps expose cette pluralité à la perte de mon intimité, au vieillissement de mon pouvoir d'être, de l'être que je suis sans savoir qui *suis-je*, que *suis-je* et où *suis-je* !

Se perdre c'est *se-laisser-vieillir*. *Se-laisser-vieillir* c'est se détacher d'une image de soi métamorphosée par l'écart du temps où, le changement de soi s'installe. Vieillard, parce que n'ayant ni présent ni avenir. Pour Amiel un vieillard c'est quelqu'un qui ne cesse de vieillir. Ceci est plus difficile que mourir, puisque au lieu de renoncer une fois il s'agit d'une perte quotidienne, un amoindrissement sans finir du moins pas pour l'instant présent : *Il n'y a qu'une longue tristesse dans la caducité croissante.* Aussi, vieillir est une

---

1 *Idem.*
2 *André Gide et l'écriture de soi*, Actes du Colloque organisé à Paris les 2 et 3 mars 2001 par l'Association des amis d'André Gide, Textes réunis et présentés par Pierre Masson et Jean Claude, Presses Universitaires de Lyon, 2002, p. 167.
3 *Ibid.*, p. 168.
4 *Ibid.*, p. VII.
5 Eric Marty, *L'écriture du jour*, *Ibid.*, p. 149.
6 *Ibid.*
7 *Idem.*

expérience pénible pour l'homme qui a le sentiment de n'avoir rien fait de sa vie ; lorsqu'il n'y a plus d'espoir que du côté du passé : « Jamais un homme, je ne serai qu'un enfant vieilli[1] ». Max Scheler décrit l'expérience de la mort à travers l'expérience de vieillir. La notion de la mort, chez lui, apparaît comme point limite qu'on peut prévoir en suivant la trace de ce processus qu'est le vieillir. La structure de notre vie change sensiblement à chaque moment. La pression du passé s'accroît, tandis que les possibilités de l'avenir se rétrécissent. L'homme se sens de moins en moins en état de transformer le sens de sa vie par la formation de son avenir. En vieillissant, il ne perd pas seulement le sentiment de la liberté, mais, dans une certaine mesure, il perd cette liberté même et toute référence à soi comme référence de soi, comme « autonomie ».

Balzac, à l'âge de 22 ans, écrit à Madame de Berny, sa première amie : « Il est des êtres qui naissent malheureusement ; je suis de ce nombre. » Il ajoute : « plut au Ciel que je ne fusse jamais né ! » Et encore : « Je suis vieux de souffrances, et vous n'auriez jamais présumé mon âge d'après ma figure gaie. Je n'ai même pas eu de revers ; j'ai toujours été courbé sous un poids terrible[2] ». Kierkegaard note dans *Coupable ? Non coupable ?* : « Hélas pourquoi neuf mois dans le sein de ma mère ont-ils suffi à faire de moi un vieillard ? » Et ailleurs : « Dès ma plus tendre enfance, la flèche de la tristesse s'est implantée dans mon cœur[3]. »

A la découverte de son propre néant, qui grandit chaque jour, s'ajoute le déclin physiologique du corps et de l'intelligence : « Qu'il est triste de sentir son intelligence baisser avant d'avoir fait son œuvre, et le corps décliner[4] ».

Se-laisser-vieillir c'est expérimenter ce détachement de soi de tout ce qui lui appartient, et donc perdre l'intimité de soi avec soi-même, l'unité avec soi-même. *Se-laisse-vieillir* c'est se sentir hanter continuellement par une *inquiétante étrangeté* qui pousse le Moi à poser des questions sur l'origine de son Moi et sur son rapport avec le sens de l'existence. Plus profond que la question : « Qui suis-je ? » réside l'interrogation : « A quoi sert ma vie ? » : « Sentir fuir le sable dans la clepsydre de ma vie et s'écouler

---

[1] *André Gide et l'écriture de soi*, Actes du Colloque organisé à Paris les 2 et 3 mars 2001 par l'Association des amis d'André Gide, *Ibid.*, p. 169.
[2] Balzac, *Écrits sur le roman*, textes réunis par Vachon Stéphane, Paris, LGF, 2000, in Eric Marty, *L'écriture du jour*, *Ibid.*, p. 153-154.
[3] In Eric Marty, *L'écriture du jour*, *Ibid.*, p. 154-155. Voir Janiaud Joël, *Singularité et reponsabilité : Kierkeggard, S. Weil, Levinas*, Paris, H. Champion, 2006.
[4] *André Gide et l'écriture de soi*, Actes du Colloque organisé à Paris les 2 et 3 mars 2001 par l'Association des amis d'André Gide, *Ibid.* p. 170.

mes forces sans résultat ni utilité. Dégoût de moi-même ». Gide écrivait à sa mère : « L'examen de conscience constant, la vie intime et la solitude m'avaient donné l'habitude de me regarder sans cesse ; j'aimais me raconter dans mon journal et dans mes lettres, je m'intéressais énormément à moi-même. Maintenant j'ai complètement cessé d'écrire dans mon journal, et il m'est généralement très désagréable qu'on s'occupe de moi, je m'en occupe fort peu moi-même, je t'assure, quoique tu aies l'air d'en douter fort [1] ». Dans *Si le grain ne meurt*[2], Gide écrit :

« Je ne revois en moi qu'ombre, laideur, sournoiserie. *(début I)*
Lueur fugitive, encore incertaine, bien insuffisante à percer
L'épaisse nuit ou ma puérilité s'attardait. *(fin I)*
Autour de moi, en moi, rien que ténèbres. *(fin II)*
J'étais tout cuisiné par l'ombre. *(fin IV)* »

L'homme, selon Pascal, est devenu semblable aux vanités. A quelles vanités ? Aux temps qui glissent et s'écoulent à ses pieds. Il parle de vanités par comparaison à la Vérité, qui demeure toujours et ne défaille jamais : « Toutes ces réalités terrestres, éphémères, passagères…, tout ce qui se passe est appelé vanité…[3] ». « Qu'est ce votre vie ? Une vapeur qui apparaît pour peu du temps » (Jacques, IV, 15). Tout doit être sujet de crainte et de gémissements, car la vie de l'homme sur la terre n'est que tentation [Job, VII, 1]. Aussi est-il dit : « Tout le jour je marchais dans la tristesse » [Ps. 37, verset 7]. Pascal ajoute : « Entre nous, et l'enfer ou le ciel, il n'y a que la vie entre deux, qu'est la chose du monde la plus fragile[4] ». Selon lui, tout ce que je connais est que je dois bientôt mourir, et mourir seul. Tout est *fluence, tourbillon* ou chute menaçante dans ce monde. Tout est incertain, changeant, vacillant : les choses, les hommes, les institutions. Tout branle avec le temps. Tout le fondement de l'être craque et la terre s'ouvre jusqu'aux abîmes[5]. Pascal utilise le terme « écoulement » pour exprimer la réalité tragique de l'existence : « c'est une chose horrible de sentir s'écouler tout ce qu'on possède[6] ».

---

1 A Juliette Gide, vendredi [25 mars 1892], Correspondance avec sa mère 1880-1895, éd. Claude Martin, Gallimard, 1988, pp. 131-132.
2 André Gide, *Si le grain ne meurt, in Souvenirs et Voyages*, Paris, Gallimard, Bibliothèque Pléiade, 2001.
3 Pascal, *Pensées I*, Armand Colin, Paris, 1960, fr. 427, p. 262.
4 *Ibid.*
5 Pascal, *Pensées II, Ibid,* fr. 545, p. 56.
6 *Ibid.*, fr. 757, p. 151.

Selon saint Augustin tout est incertain dans une vie humaine, la mort seule est certaine. Mais la mort, c'est cette mort chaque jour, où la mort finale est cachée, mais elle n'est pas loin. (Sermons 154). La vie terrestre est une vie mortelle. La temporalité de cette vie est telle qu'aucune présence vraie ne peut s'y constituer. A chaque instant, le monde se ruine. L'instant meurt en naissant. Le passé dévore l'avenir, avant qu'une existence présente puisse se réaliser en durant[1]. « Je me reposais dans l'amertume », dit-il. Puis il découvre l'antinomie interne de son état : « Il y avait en moi en même temps un dégoût très grave de vivre et une peur de mourir[2]. » D'après Voltaire : « L'espèce humaine est la seule qui sache qu'elle doit mourir, et elle ne le sait que par l'expérience[3] ». Selon lui, il s'agit d'une expérience dont le contenu réel n'est pas seulement le fait de mourir, mais aussi la certitude de « devoir mourir ». Je possède non seulement la certitude qu'il faut mourir une fois, c'est-à-dire une fois atteint ce point limite de la mort naturelle, mais aussi l'évidence que je suis immédiatement devant la possibilité réelle de la mort, à chaque instant de ma vie, aujourd'hui et toujours. La mort est proche de moi et même plus proche de moi que moi-même. L'incertitude humaine, en face de la mort, ne correspond pas seulement à une lacune de la science biologique, ni seulement à l'ignorance de sa destinée qui le jette essentiellement face à la possibilité de la mort, de sa mort dans l'instant même de sa possibilité. Une telle ignorance est une épreuve de soi dans laquelle se constitue une *présence* à soi comme une *absence* de soi par la mort. La mort est la « présence absente[4] » de la présence à soi. Ça ne suffit pas que la mort soit une possibilité de présence proche de soi à chaque instant. La mort est beaucoup plus qu'une possibilité proche ; elle est la possibilité même de la présence à soi comme effacement de soi. Elle est la condition même de la présentification du soi par l'effacement de soi. Dans quel sens ? La mort rend possible l'ipséisation du soi sous le mode de l'effacement de soi. Elle n'est plus proche, ne vient pas de l'extérieur, n'est pas une étrangeté possible qui peut advenir un jour. La mort est l'intimité même de soi, ce qui est le plus intime en soi ; elle est le pouvoir même de l'ipséisation de soi. Tout en appartenant au for intérieur du Moi, elle absorbe sa mienneté en radicalisant sa fragilité, et en aggravant sa maladie originaire, sa blessure inguérissable, sa propre perte, le *secret de son secret* : «C'est la mort qui rend possible et finit par rendre secret le secret, par le rendre finalement irréductible dans sa possible inconsistance même,

---

1 Saint Augustin, *Confessions,* Livre XI, 21, Bibliothèque Augustinienne, 1982.
2 *Ibid.*
3 Voltaire, *Traité sur l'homme*, Dictionnaire philosophique, Paris, t. IV, p. 63.
4 *Idem.*

dans l'inconsistance en laquelle il consiste. Cette inconsistance même fait qu'entre le secret plein et le secret vide, si on peut dire, on ne peut pas distinguer[1]... » A une telle épreuve de soi, *désastreuse* et *effrayante*, qui s'éprouve comme effacement de soi incessable, infatigable et indiscutable, que reste-t-il du Moi, de chacun de nous ? De la déperdition radicale, en deçà de toute illusion, et dispensée de preuve et d'argument, que peut-il rester ? Qui peut répondre ? Une réponse suffira-t-elle pour faire sortir le Moi de la vanité de l'existence ? A quoi sert d'être ou de ne pas être si l'être selon la *Qohéleth* émerge de la vanité et s'enfonce dans la vanité : « Vanité des vanités, tout est vanité[2] ». « Dépouillement précoce, pénible épreuve. Après tant de malheurs, que vous reste-t-il ? » La vie elle-même paraît vide de sens, vide de vie, elle tombe dans le berceau de la vanité, elle tombe et fait tomber le Moi dans un monde vague de la possibilité sans possibilité d'en sortir. Est-ce le néant ?

La première question, insoluble, envahissante, à laquelle répond la Gnose, est celle de l'Etre, telle qu'elle s'est posée de tout temps aux philosophes : « Pourquoi y a-t-il quelque chose plutôt que rien ? » Que veux dire être ? Quel est le sens de l'être ? « Pourquoi moi ? », s'interroge Pascal. La question *être ou ne pas être* reste-t-elle fondamentale ? Il y a l'infini et c'est tout ? Ou peut être qu'il n'y a rien ? *Les faux dieux ressemblent au vrai* ; est-ce parce qu'ils sont tous nés de l'homme, formes de « l'éternel illusion » ? Comment connaître, parmi la multiplicité des gnoses, la différence entre l' « idole » et l' « icône » ? Est-ce que la vérité de l'être est une affaire de connaissance gnoséologique, où bien elle se révèle à travers l'épreuve de la perte de soi, où l'homme découvre la radicale nudité de son existence ? « Tous sont passés » ; quelle possibilité lui reste-t-il, une fois tout le reste est effondré, sinon le Moi face à sa vanité ? La vie une fois vécue, accomplie, on se demandait : A quoi bon ?

« Oui, à quoi rime cette petite promenade de monsieur un *Tel* dans le firmament du destin, ce stage de quelques décennies dans la vallée de la finitude ? Et pourquoi d'abord monsieur un *Tel* est-il né un jour plutôt que de rester éternellement inexistant ? Et pourquoi, étant né, doit-il un jour cesser d'être, sans qu'aucune explication lui soit fournit sur les raisons de cet absurde voyage circulaire ? Quelle est donc la finalité de tout cela ? Car on

---

1 J. Derrida, Séminaire « Répondre au secret », première séance, 13 novembre 1991, feuillet 1, inédit.
2 La Bible, Traduction selon les textes originaux hébreu et grec, Editions du Cerf, Paris, 1973, Qohéleth 1.2 *:* « Où tout est absolument vain, rien n'a de sens ». En hébreu l'expression traduite par *vanité des vanités* a la valeur d'un superlatif ; voir aussi Qohéleth 12.8 ; Psaume 62.10 et l'épître aux Romains 8.20.

ne peut parler de finalité quand l'existence finit par où elle a commencé, quand le futur est le passé lui-même, et quand l'*oméga* rejoint l'*alpha* dans un seul et unique non-être...[1] »

Quand le Moi regarde couler sa vie, son intimité, comme un blessé regarde couler son sang ; quand le Moi éprouve un irréductible écart entre soi et soi, que creuse indéfiniment le sentiment de tout perdre, pose t-il encore ces question : « Qui suis-je ? » « Que puis-je savoir ? » Et « que m'est-il permis d'espérer ? ». Au moment où la perte fonde et révèle le sens de sa vie, suffit-t-il au Moi de s'interroger pour continuer à vivre ? Et si la mort venait brusquement tout interrompre ?

> « Sois sage, ô ma douleur, et tiens-toi plus tranquille.
> Tu réclamais le Soir ; il descend ; le voici...
> Ma douleur, donne-moi la main ; viens par ici,
> Loin d'eux... »
>
> (Baudelaire, *Recueillement*)

Maintenant, tout visiteur confessera l'instabilité de « la triste vallée ». Il n'y a rien d'immobile, rien sauf les airs qui accablent la magique solitude[2]. Moi seul, moi seul, je vais connaître le néant : « Ecoutez, ma race, avant de souffler ma bougie – le compte que j'ai à vous rendre de ma vie – ici : névrose, ennui[3]. » *Enfin,* le Moi a su que cette mort, à qui il a adressé tant de cris, n'était autre que sa propre image, son propre mythe, et qu'en croyant la regarder il se fixait lui-même. Il a expérimenté que le mystère originaire n'était pas la mort, mais son angoisse devant la mort. Il faut donc renverser le regard, frapper aux portes *familières* du Moi avant de frapper aux portes *non-familières* de la mort. Car c'est dans le cœur du Moi où demeure le *secret du secret*, dans sa fragilité immortelle même.

L'épreuve de la perte de soi

La problématique du *Double* et son rapport avec la mort nous ramènent à une première constatation, c'est que le Moi cherche essentiellement la vie éternelle exprimée par un désir éternel à l'immortalité. Nous voici ramenés à la croyance primitive à l'immortalité de notre propre Moi. Il est impossible de ne pas être frappé par la force, et pourquoi pas par l'universalité de la

---

1 Jankélévitch, *La Mort*, Paris, Flammarion, 1977, p. 464.
2 Stéphane Mallarmé, *Œuvres complètes, La vallée de l'inquiétude*, nrf, Gallimard, 1945, p. 211.
3 Stéphane Mallarmé, *Œuvres complètes, Vie D'Igitur,* III, *Ibid.*, p. 439.

croyance en l'immortalité face à la violence de l'évènement de la mort. Cette immortalité, Frazer la définit, dans *La Croyance en l'immortalité et le passage dans la mort,* comme prolongation de la vie pour une période indéfinie, mais pas nécessairement éternelle. La mort est à première vue, une sorte de vie qui prolonge d'une façon ou d'une autre la vie individuelle. En même temps qu'il se prétendra « immortel », le Moi se nommera « mortel ». La même conscience qui nie, reconnaît la mort : elle la nie comme *anéantissement,* elle la reconnaît comme *événement.* Au cœur de cette division paradoxale, une indivision originaire se manifestait à fur et à mesure. D'où le rapport intrinsèque entre la notion du Double et le problème de la mort ; entre l'amour de soi-même, du narcissisme individuel, de l'appropriation de soi et l'angoisse de la mort comme perte de soi. Ce rapport, exprimé souvent par un sentiment de culpabilité, pousse le sujet concerné à refuser d'assumer sa responsabilité envers certaines situations ou actions de son Moi. Il se réfugie dans un autre Moi, un Double qui est personnifié par divers symboles comme : *l'ombre, le miroir, un autre, le Diable, la conscience,* etc. Le Moi ne manque pas de ressources pour éviter d'être confronté à la séparation, à l'altérité, à la perte de soi et à la mort. Les conditions les plus générales d'une position du Moi face au problème de la perte et de la mort manifestent, dans différentes formes d'expérience, le sentiment du Moi comme entravé, brisé, étouffé face à ce problème même. L'expérience de la perte de l'intimité de soi apparaît comme la destruction de la vie du Moi, son anéantissement ; comme un événement horrible, un *je ne sais quoi qui n'a de nom en aucune langue.*

    S. Morgenstern relate qu'une petite fille de quatre ans pleura vingt-quatre heures quand elle apprit que tous les êtres vivants devaient mourir. Sa mère ne put la calmer que par la promesse qu'elle, la petite fille, ne mourrait pas[1]. Même l'enfant, même le primitif, même le roi, l'héros, le maître et l'esclave pensent à la mort et en ont horreur. Une horreur qui ne témoigne que de la perte du Moi, de la perte de son individualité, de son intimité et du pouvoir sur son être. L'horreur de la mort c'est une expérience profonde et personnelle de la perte de sa propre individualité ; une perte continuelle qui a déjà commencé dès sa naissance même. L'expérience de la perte de sa propre individualité est, en quelque sorte, une expérience qui lie la conscience de la mort avec l'aspiration à l'immortalité. Une expérience paradoxale, donc déchirante, est vécue violemment depuis longtemps par le Moi vivant. L'intériorisation de la mort, dans laquelle engage l'aventure du mortel, ne cesse de prendre appui sur la réalité elle-même. Et cela pour la raison qu'il y aurait une connivence *essentielle* entre celui qui est interrogé, éprouvé,

---

1 S. Morgenstern, « La pensée magique chez l'enfant », *Revue française de psychanalyse,* 1937, p. 112.

menacé, hanté et même terrifié par la mort et celui qui la pense comme à l'indirect. Ce qui fait que penser la mort n'équivaut pas à faire choix d'une abstraction au détriment de cette réalité que sont la mort et les morts, mais c'est nécessairement l'éprouver comme un événement universel mais aussi et surtout personnel, familier et étranger, loin et proche, présent et absent en même temps.

L'événement de la mort ne cesse d'*advenir* sans jamais venir. Il est là, présent sans l'être vraiment, il arrive sans jamais arriver, il est un *secret* qui se dévoile comme ce qui cache son secret, qui porte un « je ne sais plus quoi », une impossibilité d'intimité et une non-familiarité. Selon J.Derrida, l'effet du secret ne peut opérer que dans la mesure où la mort, une figure de la mort, la possibilité au moins de la mort comme interruption absolue, rend le secret à la fois possible, possible et horriblement indécelable, impossible à présenter, laissant à la place du secret peut-être aussi vide qu'un tombeau, que ce cénotaphe qu'est au fond toujours un tombeau, c'est-à-dire une place vide pour la mort, pour le mort ou pour la mort qui ne l'habite jamais. La mort garde son propre secret, parce qu'on n'en revient pas et parce que rien n'exclut que ce secret ne soit rien, rien que la ligne inconsistante, le mystère sans mystère d'un passage sans au-delà, d'un pas au-delà qui ne conduise pas au-delà mais vers l'évanouissement même de tout secret possible.

Seulement, que signifie « l'épreuve de la mort », dès lors qu'elle ne peut se présenter que doublement éprouvée : comme épreuve de la fin de toute expérience et comme intériorisation de l'épreuve même dans une immanence étrange et toujours altérée par un secret grave, car il oblige l'ipséité au « désastre ». Mais en même temps elle est celle de l'autre, d'un autre qui meurt comme moi mais qui expérimente sa mort comme la sienne autrement que moi, autrement que la mienne, que ma mort. En première approche, l'expérience de la mort est en effet une confrontation paradoxale, double avec une fin qui a déjà commencé depuis ma naissance, une fin qui se présente déjà comme un commencement. Un commencement qui a commencé à finir, à faire venir en moi mon achèvement, à faire éclater en moi l'épreuve de ma perte, de l'absence de ma présence comme présence de mon absence en cours, à fur et à mesure. La seule épreuve qui soit mienne est celle d'une perte, mais d'une perte qui, pour être assumée comme telle, requiert elle aussi une certaine entrée dans la mort, un s'approfondir sur ce chemin qui s'en va dans l'instant même où il faut consentir à s'en distancier, à s'effacer et à effacer tout ce qui compte pour moi et tout ce qui peut être conté par moi.

L'expérience, qui dévoile ce qui est paradoxal au Moi, éclaire aussi son originalité. Plus le Moi expérimente la perte de son individualité, plus il découvre sa réalité individuelle, sa *mienneté originaire*. L'individualité qui cabre devant la mort est une individualité qui s'affirme contre la mort. C'est donc l'affirmation de l'individualité qui provoque la conscience de la mort et l'appel à l'immortalité. V. Egger doute qu'un adulte civilisé puisse voir la mort sans éprouver, d'une manière ou d'une autre, un sentiment particulièrement vif de son moi individuel. Il n'en demeure pas moins fondamental que l'affirmation inconditionnelle de l'individu est une nécessité primordiale. A ce genre d'expériences se lient directement celles qui se produisent dans les états où le Moi sentait le droit et la nécessité de défendre son propre Moi, où il parvenait à vaincre l'idée de la mort comme destruction totale du Moi. La mort peut, en ce sens, contenir la délivrance d'une force qui semble pouvoir exister indépendamment de la vie corporelle. Cependant la conscience entre dans une phase de lutte comme de négociation avec la mort et avec soi-même comme mortellement vivant.

Penser la mort ou bien la mort comme pensée

Depuis Socrate, les philosophes de l'esprit ont suivi la voie de défendre leur propre Moi en justifiant par des arguments l'espérance de survie. Leurs arguments se basent sur l'autonomie des actes spirituels par rapport au processus vital. C'est dans de tels actes que l'homme participe dans chaque vrai acte de connaissance, non pas uniquement à l'objet, mais en même temps à un acte *super vital* qui doit être inaccessible à la mort. Socrate est en effet « déjà mort ». S'il ne veut pas économiser la vie, ou ce qu'il en reste, c'est qu'en réalité il ne lui en reste plus de tout. Au passage de 64a, Socrate dit à Cébès : « Il y a des chances, que pour tous ceux qui, au sens droit du terme, s'attachent éventuellement à la philosophie, les autres hommes ne s'aperçoivent pas qu'ils n'ont, ces gens-là, d'autre occupation que de mourir et d'être morts[1]. » Il poursuit en disant : « Effectivement, on n'est pas loin d'être mort quand on ne fait aucun cas des plaisirs dont le corps est l'instrument[2] ». En 114d, il affirme que la mort lente est un beau risque à courir. Sinon : « Combien de fois, ô Criton, avons-nous désiré mourir ». Ne sachant si la mort est un bien ou un mal, un rien ou un tout, nous ne devons nous arracher qu'au bien de la vie qui, lui est certain. Socrate ne fait-il pas jurer à ses disciples à un moment qu'il ne restera pas ? Il n'a plus rien à perdre, il s'est libéré de cette dépendance de la vie, de l'horreur de la servitude. L'esclave est celui qui est englué dans la vie, dominé par les plaisirs et les peines ; il est celui qui, au dernier moment, aura peur, parce qu'il désirera désespérément rester, et c'est pourquoi il a peur de mourir. Il

---

1 Platon, *Apologie de Socrate, Criton-Phédon*, tr. Émile Chambry, Paris, GF-Flammarion, 1965, IX, p. 112.
2 *Ibid.*

semble bien entendu que l'esclave est celui qui ne risque rien, qui économise la vie pour qu'il en reste le plus possible. Socrate est indifférent à la vie, il est indifférent à la mort, qu'il soit néant ou immortalité. *Il a voulu mourir*, dit Nietzsche. *Mais il a voulu mourir parce qu'il ne peut rien contre la mort.* La conception de Socrate sur la mort doit aboutir à la doctrine platonicienne de la supériorité de la philosophie sur la mort. Elle procède d'une position qui a elle-même son origine dans une expérience vécue de l'autonomie de l'esprit personnel. Dans le ravissement philosophique, l'homme voit la mort physique au-dessous de soi-même, faible et impuissante. La philosophie même devient une anticipation de la mort, un acte personnel du mourir, la réalisation partielle de la mort physique avant son intervention fatale. Le philosophe platonicien actualise, dès cette vie, l'immortalité spirituelle. Le *Phédon,* par exemple, reflète la décision volontaire du mourir de Socrate. L'idée du corps, en tant que prison de l'âme, est, chez Platon, l'expression de l'acte philosophique même qui, en transcendant le corps, transforme le sentiment de la vie et de la mort. La victoire sur la mort est le résultat de cette activité intérieure qu'est la vraie philosophie.

Cependant, la réussite de cette activité se constitue dans la mesure où l'homme participe au monde des idées. Toute participation est une transformation du participant, et la connaissance est elle-même cette transformation du sujet humain. Ce qui fait que « philosopher c'est mourir », c'est quitter la caverne des ombres et des images pour un autre monde qui est vraiment existant, parce qu'éternellement présent. L'attitude platonicienne, vis-à-vis de la mort, n'est donc possible que si l'ontologie des idées est admise. Il est clair ici de voir les limites d'une telle théorie, où l'homme ne découvrait encore que le monde idéal de la pensée philosophique. L'homme ne saisissait que l'idée, mais n'était pas encore saisi lui-même par la manifestation spontanée d'une personne éternelle, existence primordiale de l'esprit.

A chaque étape nouvelle de l'individualité se manifeste un refus plus violent de la mort en tant que destruction de l'individualité, mais aussi, également, un enrichissement intellectuel qui se traduit par une adhésion et un dévouement plus grand à l'Universel. Toute conscience de soi entraîne une affirmation plus vive, à la fois de sa particularité comme de son universalité. L'intelligence est si confiante en sa propre force, qu'elle dédaigne à un certain moment cette mort qui échappe à tout savoir possible. Feuerbach raconte que Kant, à la fin de sa vie, répondait à des amis qui lui demandaient son avis sur la vie futur : « Je ne sais rien de précis ». Selon Feuerbach, pour vivre et mourir en homme probe et héroïque, on n'a pas besoin d'en savoir plus que Kant[1]. Se considérant comme participation à l'universel, l'acte intellectuel méprise la contingence et la particularité, c'est-à-dire ce qui meurt. L'esprit ne meurt pas, et la mort peut apparaître comme « un gain de la pensée ». Ce qui meurt c'est précisément ce qui n'est pas de l'essence de l'esprit. Toute mort est ainsi la victoire de l'universel sur le particulier. Elle est le triomphe de la liberté sur la détermination. La pensée est ainsi capable de se désintéresser de la mort, et c'est pourquoi Socrate est indifférent à sa mort. En mesurant la mort, on ne mesure que l'ignorance humaine : *Tu ne sais rien de la vie ; que peux-tu savoir de la mort* ? Face à l'horreur de la mort, Socrate lui oppose une indifférence. En ce sens, il nous faut donc nous interroger si la conscience peut-elle tout surmonter et dominer ?

Selon Epicure, « [...] la mort n'est rien par rapport à nous, puisque quand nous sommes, la mort n'est pas là, et que nous ne sommes plus là quand elle y est[2] ». Lucrèce disait dans le même sens : « Ne savez-vous point que la mort ne laissera pas subsister un autre vous-même qui puisse, vivant, vous pleurer, debout sur votre cadavre[3] ? ». La mort, ici, ne regarde pas la réalité sensible, puisque mort, l'homme est dans l'incapacité de la ressentir. Pour le stoïcisme, la mort appartient au tout ordonné du cosmos, au même titre que la naissance : « On te ramène à ton origine[4] ». Elle est une loi générale et inévitable. Il est des choses qui dépendent et d'autres qui ne dépendent pas de nous. La mort n'est pas à notre disposition. Mettons nous à sa disposition. Il faut s'abandonner à la mort, parce qu'il n'y a que l'abandon à la mort qui puisse mettre en déroute la mort. Ainsi la mort ne nous privera de rien.

Sénèque avait lui-même écrit au sujet de la mort : « Qu'est ce que la mort ? Une fin ou un passage ? Nous n'avons pas à craindre la fin, car finir n'est pas différent d'avoir commencé, et nous n'avons pas à craindre le

---

1 Ludwig Feuerbach, *Pensées sur la mort et sur l'immortalité*, éd. Pocket, Paris, 1997.
2 Épicure, *Lettre à Ménécée*, δ 125, voir *Maximes capitales*, II, éd. M. Conche, Épicure, *Lettres et Maximes*, Paris, 1992, respectivement p. 218 et 230.
3 Lucrèce, III, 898. « L'angoisse de la mort se constituerait donc par un dédoublement fictif de l'individu et son anéantissement anéantirait aussi la signification que la mort pourrait avoir pour nous. Voyez aussi Marc-Aurèle, In se ipsum : Qui craint la mort, craint ou l'absence de sensations, ou des sensations d'un ordre différent. Mais s'il n'y a plus de sensations, il se sentirait rien de mal, il serait un être vivant différent et ne cesserait pas de vivre ». Dans Paul Louis Landsberg, *Essai sur l'expérience de la mort suivi du problème moral du suicide,* Aux éditions Du Seuil, Paris, 1951, p. 74.
4 Sénèque, Epist. Ad Lucilium, IV. « *Ex quo natus es duceris.* ». *Ibid.*, p. 76.

passage, car jamais nous ne serons aussi à l'étroit[1] ». Il ajoute que l'homme parfait n'a pas à hésiter à mettre lui-même fin à ses jours lorsque son temps est arrivé. Dans son épître à *Lucilius* il déclare : « C'est pourquoi le sage vivra autant qu'il le doit, non pas autant qu'il peut[2]. » Le stoïcien, par un essai continuel de maîtriser ses passions par la force de la raison, par l'expérience de la méditation, et par la conviction que la mort n'est pas un mal en soi, cherche à décider librement de son vivre ou mourir. Il faut acquérir la mort pour pouvoir s'en libérer. Il faut apprendre à pouvoir mourir en empêchant toute nécessité de vivre dans la nécessité, car partout s'offrent les chemins de la liberté. Qui meurt sans peur et sans angoisse, montre toujours qu'il a accompli la tache humaine, qu'il a réalisée en lui-même la souveraineté de la raison selon l'ordre du *Cosmos*[3]. Et c'est là où le courage vient au lâche. Il y a un échange entre le héros et la mort. La mort, qui s'empare de la vie du héros, lui donne en échange gloire éternelle. La gloire sur la mort par la mort est un partage de satisfaction entre la mort et le mortel. Il vaut mieux mourir debout que de vivre à genoux, ou bien mieux risquer sa vie que de vivre malheureux, puisque le sens de la vie c'est le bonheur mérité. C'est pourquoi la vie risquée doit être préférée à la vie médiocre, et, par le fait même, la vie glorieuse à la vie médiocre.

La gloire est donc exaltation du Moi individuel, gloire sur la mort par l'immortalité du héros. C'est grâce à la vertu du héros, que les lois de la cité sont vraiment universelles. Grâce à cette universalité le héros est un individu libre. Fierté de l'inventeur : *Mon œuvre survivra ; c'est pour les générations futurs que je meurs*. La sagesse stoïcienne devient un exercice permanent de préparation à la mort, tout en visant la séparation totale entre la misère et la pourriture du corps et de l'esprit. En se détachant de tout ce qui ne dépend pas de la conscience, le stoïcisme affirme la conscience individuelle comme principe et comme réalité suprêmes. Affirmation absolue qui est une négation absolue. Une telle intériorisation de la mort est

---

1 *Ibid.*
2 Sénèque, *Lettres à Lucilius*, 70, Les Belles-lettres, t. III, livre VIII, p. 11.
3 Selon le successeur de Thalès, Anaximandre de Milet, les choses doivent disparaître dans la source même qui leur a donné naissance. C'est là une nécessité. Car elles doivent expier et être jugées pour les injustices, dans l'ordre du temps. La proposition d'Anaximandre complète ainsi l'intuition de Thalès, en insistant sur la nécessité du retour de toutes choses à leur source et à leur origine. D'où la nécessité d'un indéterminé, d'un être primaire conçu comme l'origine de toutes choses. De ce conflit entre la naissance et la mort, Héraclite disait que la manière propre de chaque devenir et de chaque disparition conçus comme deux pôles opposés, est comme la décomposition d'une seule et même force en deux activités qualitativement différentes, opposées et cherchant à s'unir.

en fait contemporaine de l'affirmation de l'esprit dans son auto conscience et la marque de l'ampleur de sa force négative. La négation, ou le scepticisme, comme le dit Hegel, exprime l'énergie même de l'esprit. La mort n'est rien : ce qui est détruit est insensible, ce qui est insensible n'existe pas. Après la mort, tout finit, même la mort, dit Sénèque. Selon Feuerbach la mort est un fantôme, une chimère, puisqu'elle n'existe que quand elle n'existe pas[1]. Non seulement ce rien est un rien, mais il ne concerne en rien l'homme. Lucrèce demande comment ne pas voir que dans la mort véritable il n'y aura pas d'autre soi-même qui, demeuré vivant, puisse déplorer sa propre perte ? La mort se dissout en elle-même ; en tant que concept, elle se brise avant même d'arriver à l'être. La mort est la mort de la mort, ajoute Feuerbach. Anéantie donc par l'entendement, méprisé par la vie, la mort n'existe pas.

Hegel, à son tour, reconnaît à la mort, dans la réception que l'esprit en fait l'autre de la vie qui est constitutif de la vie même car : « Ce n'est pas la vie qui s'épouvante devant la mort et se garde pure de la dévastation, mais celle qui la supporte et se conserve dans elle qui est la vie de l'esprit[2]. » Telle est la « puissance inouïe du négatif, l'énergie de penser, du Je pur[3] ». La pensée de la mort, selon Hegel, est la pensée la plus profonde qui soit et la maintenir est ce qu'il y a de plus difficile. Seule une pensée de la mort permet de guérir de l'obsession de la mort, en offrant, par l'effort d'une imagination volontaire de celle-ci, une présence de la pensée à elle-même faisant entrevoir l'*Etre* à travers cette présence. L'entendement répond à la crainte de la mort mais non au problème de la mort. Si la mort n'a pas de prise sur lui, il n'a pas de prise sur elle, dans ce sens qu'il ne peut la comprendre. Il ne peut que dissoudre le concept de mort : *ce qui est, est : ce qui n'est pas, n'est pas*.

Cela veut dire que les structures de l'entendement sont aveugles à la réalité de la négation, comme elles sont aveugles au devenir, où ce qui est, n'est plus, et ce qui n'est plus, devient. La mort n'est pas, donc elle n'existe pas : la mort n'est pas, donc elle ne devient pas. L'entendement, qui ne connaît que de l'être qui reste être et du non-être qui reste non-être, ne se voit et ne se sent concerné par la mort, qui existe sur une autre échelle. Et quand nous disons « entendement », c'est dans ce sens que Hegel l'emploie

---

1 Ludwig Feuerbach, *Pensées sur la mort et sur l'immortalité*, éd. Pocket, Paris, 1997.
2 F. Hegel, *Phénoménologie de l'Esprit*, Trad. De Jean Hyppolite, Aubier, Paris, 1941, 27/28. Voir Gwendoline Jarczyk, Au confluent de la mort, L'universel et le singulier dans la philosophie de Hegel, Ellipses, Paris, 2002, voir l'Introduction.
3 *Ibid.*

(*Verstandt*), pour l'opposer à la raison dialectique (*Vernunft*). Elle est un penser proche du réel « qui ne se perd pas en considérations unilatérales ou en des aspects formels de la réalité, mais pense et se meut dans le tout[1] ». C'est pourquoi il faut distinguer entre l'infini de l'entendement qui est la mauvaise infinitude et l'infini de la raison comme l'authentique infinitude.

Selon Hegel, le dépassement théorique du fini est impossible pour Kant parce qu'il ne prend pas en compte le véritable infini. Pour Hegel, l'inconséquence de Kant est de : « concéder, d'une part, que seul l'entendement connaît le phénoménal et de considérer, d'autre part, le connaître comme absolu, c'est-à-dire le connaître ne rien de plus, que c'est la limite (*Schranke*) naturelle, absolue du savoir humain[2] ». Hegel s'élève contre une pensée qui se considère à la fois comme radicalement finie et comme ne pouvant venir à bout de la finitude. Cette trop grande humilité qui « renonce à toute connaissance de l'être en soi et qui ne veut rien connaître de Dieu [...], c'est la réfutation de soi-même ; une semblable humilité est bien plutôt de l'orgueil[3] ». D'après Hegel, la vérité du fini est au-delà de lui-même ; sa vérité est son idéalité[4].

La clé de compréhension du procès de l'esprit et de la pensée de la mort réside dans le cheminement vers le savoir absolu où le fini a sa vérité par-delà lui-même. Hegel considère que le fini transfiguré est le véritable infini. Dire que fini et infini sont identiques, c'est proclamer l'infinitude du fini qui ne réside nulle part ailleurs que dans le caractère passager du fini. S'approfondissant, prenant conscience d'elle-même, la finitude parvient à se délivrer d'elle-même, à s'anéantir en tant que finitude. La manifestation de l'infini n'advient qu'à la condition que la réalité finie disparaisse afin de laisser apparaître son fondement, l'infini. Le fini « se renie pour se dépasser, car le supprimé est tout aussi absolu qu'il est supprimé ; il s'engendre dans son anéantissement[5]. » Or, à l'anéantissement du sujet qui traduit la contradiction qu'il éprouve comme inhérente à lui-même, la mort, en portant cet anéantissement à l'ultime comme venir-au-jour de l'esprit, se donne à connaître comme la résolution de cette contradiction. Car l'esprit ne gagne sa vérité qu'en tant qu'il se trouve lui-même dans le déchirement absolu ; déchirement de n'être absolument identique avec soi-même que comme « négativité absolue ».

---

1 Hegel, *Encyclopédie*, Paris, Vrin, 1967, p. 53.
2 *Ibid.*, p. 54.
3 Hegel, *Logique*, Paris, Vrin, 1967, p. 63.
4 In Alain Borel, *Hegel et le problème de la finitude*, Paris, Le Pensée Universelle, 1972, p. 217.
5 A. Borel, *Ibid.,* p. 131.

L'idée de l'impossibilité de penser le non-être remonte à Parménide. Il y a impossibilité chez lui à penser l'anéantissement dans l'acuité, où il s'annonce dans l'angoisse. Chez Aristote, où le devenir est mouvement, il y a une impossibilité de penser le changement de la mort. La *métabolè* est le retournement de l'être en néant et Aristote semble, en ce sens, admettre la possibilité de penser séparément le néant et l'être. Mais dans ses analyses, la corruption, le passage au néant sont toujours pensés en liaison avec la « génération ». Comme si Aristote se refusait à penser le néant pour lui-même. Le néant temporel est pensé chez lui dans la mesure où le présent est la mesure de l'être. Dans la mort, néant pur, sans fondement, ressentie avec l'acuité de ce néant, est plus grand dans la mort que dans l'idée de néant de l'être.

Le néant apparaît chez Aristote comme un moment de l'essence, comme négativité propre à l'être d'essence finie. Chez Aristote, en réalité, même la *métabolè* conserve la présence de l'altération ou de l'être, subsiste dans le néant, de telle manière que le néant n'est pas pensé comme néant pur. Ce qui est connaissable et naturel à la pensée, c'est le néant comme dissolution, l'anéantissement comme décomposition, où quelque chose subsiste même si les formes passent. Ce qui fait que l'enfantement est un devenir et non un saut du néant à l'être. Tout changement provoque par nature un mouvement, un déplacement, et c'est dans le temps que tout naît et périt. Pour cette raison le temps est considéré comme destructeur. Mais ces changements se produisent non par le temps mais dans le temps. Chez Aristote, dans le néant est maintenu l'être, de l'être en puissance. Tout se passe comme si l'homme n'était pas un simple étant qui périt, mais nous offrait l'événement même de finir, de périr[1].

Hegel pensait que le commencement ne peut pas d'abord être pensé comme déterminé. Il faut le prendre dans l'indétermination et dans son immédiateté. Ce qu'il faut au commencement, c'est un néant qui doit devenir quelque chose. « Rien n'est encore, et il faut que quelque chose soit. Le commencement, n'est pas le pur néant, mais un néant dont quelque chose doit sortir ; l'être est en même temps déjà contenu en lui[2]. » Le commencement est commencement de quelque chose, un commencement dans le monde et non pas un commencement de l'être en général. Dans le commencement il y a déjà l'être. Pareil à Aristote, il y a un néant, mais un néant qui attend l'être, qui demande l'être, qui va passer à l'être ; il est un commencement qui a la structure de quelque chose. Le commencement

---

1 Aristote, *Physique*, Flammarion, Paris, 1988, IV. 13, 222 b 17 sq.
2 Hegel, *Science de la logique*, trad. P.-J. Labarrière et G. Jarczyk, Paris, Aubier/Montaigne, 1972, p. 45. Quand Hegel fait commencer la *Science de la logique* par être et néant, ce néant n'est pas la même chose que la mort.

comporte le néant et l'être en même temps, il est leur unité non différencié. Chez Aristote, du mouvement des choses, il faut ainsi remonter au moteur immobile, alors que, de son côté, Hegel introduit le mouvement dans l'être et livre entièrement l'être au mouvement. « Il n'est pas une proposition d'Héraclite que je n'aie reprise dans ma logique[1] ».

Pour Hegel, on ne peut nommer aucune différence entre l'être et le néant. Il est impossible de trouver une différence parce que, s'il y avait une, l'être serait autre chose que l'être pur. La différence, apparaît donc, ici, comme ce qui les embrasse. C'est dans le devenir, qu'existe la différence et le devenir n'est possible qu'en raison de cette distinction. Le devenir c'est le monde phénoménal, la manifestation de l'être. Dans la pensée de l'être, ce néant est pensé, il n'est pas pur néant, anéantissement et inconnu de la mort, mais un moment de la pensée de l'être. La connaissance de l'être, où l'être se manifeste, appartient elle-même au train de l'être, à ce drame, ou à cette intrigue.

Chez Hegel, la manifestation de l'être à la conscience est un moment du déroulement de cet être, que Hegel appelle *Logique* : " La logique qui devient spéculative prend la place de la métaphysique que l'on traitait comme une science séparée d'elle[2]". Cependant, l'histoire de la pensée manifeste une scission entre la connaissance et l'être. C'est pourquoi il y a chez Hegel un cheminement de la conscience vers l'*Esprit* qui seulement à la fin aboutit au Savoir. Pour lui, la mort est ici entendue comme recueillement, comme rassemblement. Il y a une universalité de la personne qui a accomplit son destin : c'est une essence. Tout est accompli, tout est consommé au moment de notre mort. Il arrive ainsi que l'être mort, l'être universel, devienne un quelque chose qui est retourné en soi-même, un « être-pour-soi ». La façon dont la mort indique chez Hegel le fond obscur et voilé introduit le monde de l'apparence dans la pensée.

Néant de la mort chez Hegel et chez Aristote ; néant qui est déjà commencement comme le sont toutes les fins. Chez Hegel, le néant est d'une part d'ores et déjà être ; d'autre part, dans l'*Esprit* immédiat, la mort est le retour à l'*élémental* de la terre. Ainsi la mort est-elle pensée dans le monde comme un moment de la saisie de soi par soi ? Hegel vise toujours la mort

---

[1] Parménide, avec son inauguration de la philosophie, commence par la distinction entre être et non-être. Il a vu que le commencement est être, mais il n'a pas vu que le non-être *est* en quelque façon. Héraclite, contre cette abstraction simple, fit ressortir le concept total et plus élevé du devenir. Hegel, *Leçons sur l'histoire de la philosophie*, trad. P. Garniron, Paris, Vrin, 1971, t. I, p. 154.

[2] Hegel, *Encyclopédie des sciences philosophiques*, trad. B. Bourgeois, Paris, Vrin, 1970, p. 191.

dans une interprétation du comportement du survivant. Au moment de l'apparition du monde, la mort est intelligible. En ce sens, la mort peut être comprise comme l'achèvement de la vie, de son accomplissement, elle devient une nécessité du devenir du monde et de l'humanité. L'essentiel serait donc de reconnaître que la mort n'a pas à être tirée hors d'elle-même, pour être niée ou pour être surévaluée, mais qu'il lui faut être rejoint dans l'unicité et dans la complexité de l'événement qu'elle représente. Il est vrai qu'il n'y a de pensée que de la vie ; mais penser la vie, c'est penser la mort, parce que penser la vie dans sa reprise d'elle-même ne se peut que dans l'événement de la mort. Alexandre Kojève, dans son ouvrage *Introduction à la lecture de Hegel*, a dégagé l'importance de la mort dans la philosophie de Hegel. Selon lui, l'acceptation sans réserve du fait de la mort, ou de la finitude humaine consciente d'elle-même, est la source dernière de toute la pensée hégélienne. C'est pourquoi la sagesse antique ne peut qu'escamoter le problème de la mort, car, elle s'applique, selon Jankélévitch, à montrer le néant de notre mal pour n'avoir rien à guérir.

Il y a chez Hegel reconnaissance de la réalité de la mort. La raison dialectique (*Vernunft*) appréhende la mort comme quelque chose d' « effectif », qui arrive, joue un rôle dans le processus de la vie, quelque chose de « terrible » et de « déchirant ». La vie, ainsi, n'est pas une comédie, elle est un « drame tragique ». La vie de l'esprit n'est pas la vie qui s'effraie devant la mort et se garde pure de la dévastation, mais celle qui la supporte et se maintient en elle. La vie de l'esprit porte la violence de la mort comme nécessité. Mettre en jeu, risquer sa vie, consiste bien selon Hegel « à montrer qu'on n'est pas attaché à la vie[1] », à « extirper de soi tout être immédiat », mais cette vie, « simple être là naturel », « simple engluement », n'est pas précisément, une racine, un attachement. Ce qui se passe en effet dans ces tout premiers moments est que la conscience se défait de la vie car celle-ci ne la retient pas, elle n'apparaît que comme un tout « chosique[2] », auquel on dit adieu avant même de l'avoir rencontré. La pure conscience de soi est selon Hegel un fantôme avant d'avoir vécu, elle s'extirpe, donc, se dépouille de la vie, du tout de l'être. Ce qui fait que l'éradication ou l'extirpation ou même le déracinement de la conscience précède son enracinement. Les deux extrêmes, dit Hegel (la pure conscience et le tout de l'être, de la vie), dans leur unité morte, ne s'abandonnent pas, ni ne se reçoivent l'un l'autre et l'un de l'autre à travers la conscience, mais ils se concèdent l'un à l'autre seulement une liberté faite d'indifférence, comme celle des choses». Toute finitude demande sa négation. Toute particularité demande à s'universaliser.

---

1 Hegel, *Phénoménologie de l'Esprit, Ibid.,* « Maîtrise et Servitude ».
2 *Ibid.*

Tel est le mouvement de la dialectique, c'est-à-dire du réel. La mort est toujours défaite d'un particulier, victoire d'un universel. Cela est évident dans l'idée stoïcienne de la nécessité de la mort de l'être particulier pour l'achèvement de l'universel. Dans cette perspective, l'expérience de la mort voulue, décidée, serait un signe de pareille réversibilité. La mort est un dépassement vers l'universel, non seulement la mort subie, celle dont je puis éventuellement faire choix pour moi-même et pour les autres, mais aussi la mort donnée comme suicide et même comme meurtre. Le suicide comme le meurtre peut être l'indice de la réalité de l'esprit, l'indice de la proximité de la logique entre le fait de penser la mort et le fait de décider de sa mort et surtout de sa vie. C'est aussi un exercice qui apprend à mourir pour accéder à la nouvelle immortalité : le « soin » pris de la mort, l' « exercice » de la mort, le s'*exercer* à la mort dont parle Socrate dans le *Phédon* et la résolution du *Dasein* comme *être-pour-la-mort* chez Heidegger. C'est l'anticipation soucieuse de la mort, le soin à apporter au mourir, de donner ou de se donner la mort. La mort devient possible comme impossibilité dans laquelle s'inscrit la *Sorge* au sens que Heidegger lui confère dans *Sein und Zeit*. Car il s'agit bien là d'un *souci*, d'un *veiller-à*, d'une sollicitude pour la mort qui constitue le rapport à soi de ce qui, ici, dans l'existence, se rapporte à soi-même. Le Moi ne distingue, sépare, rassemble en lui-même que l'expérience du *souci du mourir*: se réveiller, s'éveiller et veiller sur sa mort, dans une responsabilité qui prend soin de sa mort et qui, par là, triomphe sur la mort et triomphe sur la vie. Or un triomphe garde en lui la trace d'une bataille, d'un *polemos* qui unit les adversaires, il rassemble les opposés, il rapproche les ennemis dans cet affrontement qui permet de s'*identifer-avec* l'autre, d'être *ex-posé* face à la figure de l'ennemi. Ainsi la mort est le ferment de la vie en marche. La vie exige intérieurement la mort comme son contraire, comme l'autre dont l'adjonction lui procure l'être. Aussi cet exercice de rassemblement entre la vie et la mort est l'exercice de la liberté par excellence, de la liberté comme responsabilité mais aussi comme pouvoir. Mais en fin de compte, ce qui unit les adversaires n'est-il pas encore une fois l'impossibilité de tout enracinement ? Toute conscience individuelle ne pense-t-elle pas avec indignation que le « devenir » pourrait fort bien se passer de sa mort ? Toute mort est une négation, certes, mais toute négation n'est pas une mort. C'est ce qui fait apparaître chez Feuerbach une conception qu'il exalte dans une vision de « l'Amour universel ». La mort existe avant tout pour assurer le règne de l'Amour humain : « Notre mort est l'acte suprême de notre amour » dit Feuerbach[1]. Ainsi il ajoute : « Adorez la mort, fiers mortels, humiliez-vous d'abord devant elle, et frissonnez de ses

---

1 Ludwig Feuerbach, *Pensées sur la mort et sur l'immortalité*, éd. Pocket, Paris, 1997, p. 41.

terreurs jusqu'à la moelle de vos os, tuez par là votre égoïsme ; ainsi vous sentirez dans vos âmes la sainte flamme de réconciliation, la lumière sacrée du savoir et de l'amour[1] ».

---

[1] *Ibid.*, p. 42. « Dieu est l'amour » écrit Feuerbach et l'amour est identifié au feu. Dieu, amour, consume, supprime toutes les créatures, immole à lui-même l'existence égoïste et naturelles de toutes les créatures. Le temps qui fait passer tout le fini, qui le met définitivement dans le passé, en le supprimant, n'est que l'exécuteur phénoménal de l'infini que seul agit véritablement. Contrairement à l'amour divin dans un sens hégélien qui se consume lui-même, qui s'unit à l'homme, s'identifie à lui par la mort du Christ, Feuerbach montre dans *les Pensée* que ce n'est pas Dieu lui-même qui meurt, mais c'est l'homme. S'il y a suppression de l'opposition entre l'homme et Dieu, celle-ci, n'est assurée que par la mort de l'homme. La définition de l'amour pour Feuerbach, se présente comme résolution de toute créature en Dieu, comme immolation par Dieu de toute existence à lui-même : « Tu te réjouis énormément d'être un non-Dieu […] Aie donc l'amabilité de reconnaître la mort comme étant non seulement la fin effective et vraie de ton existence mais aussi comme étant le fondement et le début vrai et effectif de celle-ci. Ton existence n'est, en effet, possible qu'à la condition de la mort. Quoique la mort apparaisse comme postérieure […] elle n'est pourtant pas, en vérité *a posteriori* mais bien plutôt *a priori* : ton existence présuppose ta mort, ta mort est la condition qui précède ton existence. De même que tu sors de l'existence par la mort, tu ne viens à l'existence que par la mort. » (*Pensées*, p. 65-66). Cf. aussi, Hegel, *Leçon sur la philosophie de la religion,* « le concept de la religion », trad. P. Garniron, Paris, PUF, 1996.

2- Le double et le narcissisme

Sa propre beauté

Freud a montré dans le mythe *des Parques*[1] comment l'homme dans son désir de compensation, remplace ce qui l'ennuie par un équivalent agréable et aussi différent que possible. Nous comprenons dans ce mythe pourquoi la déesse d'amour prend la place de la déesse de la mort. Cette transformation prend son origine dans une ancienne identité originale de ces deux figures, basée sur la notion que la mort est vaincue par une nouvelle création et se retrouve dans son sens le plus profond, dans l'image idéale de la mère. Une telle vérité montre bien, selon Rank, que la signification « mortelle » du Double tant également à être remplacée par une signification « amoureuse[2] ».

Le motif du Double, dont le sens principal selon Rank se rapporte à l'âme et à la mort, n'est pas étranger dans son essence véritable au narcissisme. C'est dans le roman d'Oscar Wilde, *Dorian Gray*, qu'apparaît clairement le parallélisme entre la crainte et la haine du Double, et l'amour narcissique de sa propre image. Sa propre beauté se manifeste à lui quand il voit pour la première fois la splendeur de son portrait. En même temps, la peur le saisit de vieillir et de devenir autre, crainte qui provoque immédiatement l'idée de la mort, car il ajoute : « Si je m'aperçois que je deviens vieux, je me tue[3]. » Le jeune Narcisse « tantôt il regardait la figure laide et vieillissante sur la toile, tantôt il regardait la figure jeune et belle qui lui souriait dans le miroir. De plus en plus il devenait amoureux de sa beauté[4] ». Dorian Gray partage l'incapacité d'aimer autre que lui-même avec presque tous les héros des contes, où ces héros ont un *Double*. *Dorian* confesse que cette faiblesse lui venait de son amour narcissique pour lui-même. Il dit : « Je désire pouvoir aimer mais, il me semble que j'ai perdu la passion et oublié le désir. Je me suis trop replié sur moi-même. Ma propre personne m'est devenue un fardeau. Je voudrais fuir, m'en aller, oublier[5]. » Il a compris qu'à force de trop songer à ce drame, il tomberait malade ou

---

1 Freud S., Das Motiv der Kästchenwahl, Imago, t. II, 1913, (Motif du choix des coffrets).
2 Otto Rank, *Don Juan et le double*, *Ibid.*, p. 83.
3 Oscar Wilde, *Le Portrait de Dorian Gray*, Livre de Poche, Stock, Paris, 1983, p. 72.
4 *Ibid.*, p. 76.
5 *Ibid.*, p. 85.

deviendrait fou. Il existe des péchés dont le souvenir, plus que l'accomplissement, fait le charme : « D'étranges triomphes qui flattent l'orgueil plus encore que la passion et suscitent dans l'esprit plus de joie que n'en reçurent ou n'en recevront jamais les sens. Mais ce péché-là n'était pas du nombre. Il se classait parmi les souvenirs qu'il faut chasser de sa pensée, endormir de pavots, étouffer vite, si l'on ne veut soi-même en être étouffé[1] ». L'apparition du Double qui a poussé sur le terrain de l'amour illimité de soi, celui du « narcissisme primaire », selon Freud, se fait dans un climat d' « inquiétante étrangeté », voir de menace imminente de morcellement, de l'émergence de l'image effrayante de la mort, où le double « garant d'immortalité » est susceptible de se transformer, lorsque le signe s'inverse, en « étrange avant-coureur de la mort ». Selon Rank le malheur du héros découle de sa nature égocentrique, de sa disposition au narcissisme. Ce malheur découle d'un mécanisme de défense où l'individu se sépare d'une partie de son Moi contre lequel il se défend, auquel il voudrait échapper : « Mais, le plus brave de nous a peur de son moi[2] ». En revanche, la disposition amoureuse, pour le Moi propre, n'est possible que parce que, en même temps, les sentiments de défense trouvent une issue dans la haine et dans la crainte du *Double*. Autrement dit, le *Narcisse* se trouve dans une situation équivoque vis-à-vis de son propre Moi : il s'aime mais contre cet amour exclusif il sent une révolte. Cette révolte se manifeste sous deux formes : d'abord par la crainte et le dégoût du propre reflet, ensuite par la perte de l'ombre ou de l'image. Le principal persécuteur est le propre Moi, personne autrefois la plus aimée et contre laquelle se dirige maintenant la défense.

Maupassant depuis sa jeunesse, luttait contre « l'ennemi intime » qu'il a mentionné clairement dans *le Horla*, dans *Lui* et dans d'autres contes, comme n'étant qu'une poignante autobiographie. Il a depuis longtemps reconnu une double vie en lui-même : « C'est que je porte en moi cette seconde âme qui est en même temps la force et toute la misère des écrivains. J'écris parce que je le connais trop et surtout parce que sans le pouvoir goûter, je le regarde en moi-même dans le miroir de ma pensée[3] ».

En poursuivant ce motif jusque dans ses manifestations les plus extrêmes, qu'il s'agisse d'un double en chair et en os ou d'une image séparée du Moi, devenue indépendante (*reflet, ombre, portrait*), nous constatons que l'identité profonde d'une personne est représentée ou manifestée sous deux formes distinctes, le plus souvent contradictoires. L'inconnu, vêtu de noir,

---

1 *Idem.*, p. 190.
2 *Ibid.*, p. 37.
3 Maupassant, *Sur l'eau,* 10 avril, Dans Sollier, *les phénomènes d'autoscopie*, Paris, Félix Alcan, 1913, p. 46.

qui nous ressemble comme un frère, et qui nous persécute cruellement, fut toujours la grande obsession de la conscience, surtout celle dite « romantique ». Le thème du double, image dans un miroir, reflet dans une *eau morte*, ombre émancipée ou révoltée, reflète un *Alter Ego*, un *autre soi-même* qui se détache de soi et asservit son ancien maître ; c'est le soi du moi, devenu indépendant et comme étranger au *Je*. Il nous faut donc nous interroger : comment expliquer cette dualité essentielle qui hante toute personne humaine ? Comment le même Moi peut être aimé et haï en même temps ?

L'éveil de la naissance ou la première expérience

L'enfant est, tôt ou tard, contraint d'abandonner sa croyance en sa toute puissance. Il doit quitter le monde *magique,* l' « état paradisiaque » du sein maternel, où ses désirs étaient satisfaits tout de suite, complètement et sans effort, pour accéder à un autre monde plus personnel et plus réel. Etant « jeté » dans le monde, par l'événement de la naissance, le nouveau né est arraché du sein maternel, de cet « état paradisiaque »*,* et livré à un monde où tout semble être différent et étranger. Il s'éveille et prend conscience de soi ; il est *déjà-là*. Il est déjà-là, et il n'a pas demandé d'exister. Son commencement n'est jamais le commencement tout court. En même temps qu'il est né, il est jeté au monde, et le monde se donne à lui comme plus ancien que lui. Il est déjà-là, et il n'a rien choisi : ni ses parents, ni son siècle, ni son sexe, ni son ascendance, ni son milieu, ni sa langue, ni la couleur de sa peau, ni même sa religion. Tout lui a été imposé[1] et il est tout entier un *être-déjà-là*, un *pré-Moi*. La naissance ne l'ouvre au monde qu'en l'exposant à une *pré-histoire*, à un *pré-Moi* qui le précède et l'identifie comme tel. Cette première expérience dans le monde livre le nouveau-né à sa première perte, et cela à travers son expérience, inconsciente pour le moment, d'un nouveau monde et d'un Moi autre. Un nouveau Moi vient d'être né, il était caché, dévoilé, et il est ramené maintenant à la lumière. Ainsi l'enfant sort du corps de sa mère et bientôt se met à jouer dans un monde lumineux, qui le laisse ignorer pour l'instant son destin et son étrangeté. Les premiers adversaires arrivent. Ce moment de la naissance est un moment de *choc*, de non repos et d'angoisse qui rompt, d'une manière violente, entre le Moi propre et le non-moi avant sa naissance. La naissance du nouveau-né signifie, pour Lucrèce, un choc et une terreur. Le Moi est auprès d'autres choses que lui-même, et face à un autre Moi que lui-même. C'est par ce choc que la vie et le monde

---

1 Voir à ce sujet Kierkegaard, *Œuvres complètes*, V, La répétition, Paris, Éd. de L'orante, 1972, p. 90.

apparaissent pour l'enfant, d'une manière ou d'une autre, comme révélation de menace, de douleur et d'étrangeté. C'est par la violence de la naissance, comme étant un mode impersonnel et anonyme, que l'enfant accède à son individualité, et son ipséité à une inquiétante étrangeté. Beckett notait en ce sens : « J'ai renoncé avant de naître, ce n'est pas possible autrement, *il fallait cependant que ça naisse, ce fut lui, j'étais dedans*, c'est comme ça que je vois la chose, c'est lui qui a crié, c'est lui qui a vu le jour (…) ce n'est pas possible autrement[1] ». Selon C. Romano, le « renoncement » avant de naître c'est l'impossibilité d'assumer en propre et en personne l'événement de la naissance : «La naissance est le *proto-événement* par lequel l'advenant a un destin avant d'avoir *son* destin[2] ». Kierkegaard écrit : « Je suis à bout de vivre, le monde me donne de la nausée ; il est fade et n'a ni sel ni sens. Le monde, qu'est-ce que cela veut dire ? Que signifie ce mot ? Qui m'as joué le tour de m'y jeter et de m'y laisser maintenant ? Qui suis-je ? Comment suis-je entré dans le monde ; pourquoi n'ai-je pas été consulté, pourquoi ne m'a-t-on pas mis au courant des us et coutumes…[3]?

Une souffrance originaire est donc indispensable à la maturation de la personnalité tiraillée entre une intimité perdue : Le non-moi intime, et une étrangeté donnée : Un Moi étranger entouré d'un monde étranger. Entre le non-moi narcissique et le Moi étranger ou l'*être-jeté* dans le monde comme un être *déjà-là*, une souffrance vient imposer un écart originaire, une *différence* profonde. Le *non-moi narcissique*, ou le Moi propre, ou le Moi intime, recherche sans cesse la *relation manquante*, c'est-à-dire qu'il est constamment en quête d'un substitut, quel qu'il soit. Mais ce substitut comme apaisement, n'est pas durable, il est voué à disparaître du fait que la tension réapparaît. Il lui faut sortir de nouveau de cette position douloureuse en cherchant un nouvel apaisement. C'est la quête d'un nouvel objet de satisfaction. Mais cette recherche est voué d'avance à l'échec, car il est impossible de reproduire à l'identique le premier temps de satisfaction. C'est pourquoi il faut repartir à la recherche d'un autre objet, d'autre chose, puis un autre encore, d'où la quête inexorable d'une satisfaction d'un manque perdu et jamais retrouvé. « Tout ce qui est en moi crie la contradiction » dit Kierkegaard[4]. La naissance est une expérience médiate qui ne m'est jamais présentée directement : je n'assiste pas à ma propre naissance. Il y a « non-donation en chair et en os » de ma propre naissance. Mais en même temps

---

1 Beckett, *Pour finir encore*, p. 26-27. Cité par Claude Romano, dans *L'événement et le temps*, Épiméthée/Puf, Paris, 1999, p. 275.
2 *Ibid.*
3 S. Kierkegaard, La répétition, *Œuvres complètes*, V, Paris, Éd. de L'orante, 1972, p. 67.
4 S. Kierkegaard, La répétition, *Œuvres complètes*, V, *Ibid.*, p. 79.

c'est une expérience indubitable dont je ne saurais douter que je suis né à un certain moment du temps, en un certain lieu. Une telle certitude de ma naissance se double d'une inadéquation foncière de l'expérience qui l'atteste. Husserl pose, ici, à l'évidence une finitude temporelle du moi comme naïf, c'est-à-dire comme inscrit dans le monde. Le Moi, en tant que moi naturel, ne remonte pas dans son souvenir au-delà de son enfance humaine. Fink note, dans le même sens : « La chaîne des souvenirs toujours plus reculés, puis articulés les uns aux autres, n'atteint jamais un « commencement » (*Anfang*) de la conscience. Cette chaîne n'est pas non plus infinie, mais s'interrompt en se perdant dans une impénétrable obscurité. Aucun sujet de connaissance, aussi idéalisé soit-il, dans la mesure où il possède cette connaissance, ne peut atteindre sa limite ; pour Dieu même (compris comme concept-limite), le passé n'est pas intégralement convertible en re-souvenirs[1]. »

La naissance n'appartient pas au Moi, elle lui échappe pour une très large part, elle ne lui est donc pas propre, *sienne*, familière, une possession. Jamais le Moi n'abolira ce manque, cette inadéquation et ce retard, car c'est le manque même de son ipséité, un retard sur soi, une « facticité originaire» selon les termes de Heidegger. Il est dès lors *dé-possédé*, exproprié de sa naissance. Et s'il ne la trouve pas, il se choisisse un double, c'est-à-dire un être aussi identique à lui-même que possible ; et en l'aimant, il ne cesse pas de s'aimer soi-même par soi-même, de donner à soi-même une origine. La question posée ainsi est la suivante : y a-t-il en nous une autre existence possible que celle qui relève de la biologie, de nos glandes, de notre sang, de notre hérédité, du milieu physique dans lequel nous sommes enracinés ? Certes, l'on peut dire que l'objet du besoin est celui qui satisfaits aux impératifs naturels de la survie du corps (la nourriture par exemple) mais il n'est jamais que cela.

A la différence de l'animal dont l'instinct règle le rapport à l'objet de besoin, il y a pour l'homme une autre prévalence qui polarise le rapport du sujet au monde. Tout objet prend valeur d'échange à l'intérieur d'une logique du don comme l'avait montré Marcel Mauss dans son essai d'ethnologie générale : qu'il s'agisse d'un objet que le sujet demande ou refuse, d'un objet qu'il lui est au contraire proposé ou refusé, ou d'un objet que l'on exige de lui, le sujet ne peut échapper à « l'obligation de donner et de rendre ». Dans ce réseau, et par-delà ses qualités intrinsèques, l'objet

---

1 E. Fink, « VERGEGENWÄRTIGUNG UND BILD. Beiträge zur Phänomenologie der Unwirklichkeit (1930) », in Studen zur Phänomenologie 1930-1939, Den Haag, M. Nijhoff, 1966, p. 38, trad. fr. Par D. Franck sous le titre « Re-présentation et image. Contributions à la phénoménologie de l'irréalit », in *De la phénoménologie*, Paris, Minuit, 1974, p. 52.

devient nécessairement synonyme d'objet donné ou refusé, et donc signe d'amour, de haine ou d'indifférence. Qu'est ce que cela veut-dire ? La signification subjective du manque et du don découle de la réalité des échanges : si je prends cet objet-ci ou si je te donne celui-là, puis-je réduire ce manque inlassable qui n'a cessé de me hanter depuis mon enfance ? Puis-je donner à moi-même une origine ? Puis-je aimer moi-même ? Suis-je aimable à tes yeux ? Est-ce ainsi que je peux trouver place auprès de toi, dans ton cœur, une place où je peux sentir moi-même comme une intimité sans étrangeté ? Dépourvue de premier instant, sans commencement possible, l'ipséité ne se déploie que depuis cette origine impossible à présenter ou à re-présenter par soi. L'ipséité signifie la *rature* de toute origine, la *rupture* avec toute intimité à soi, *la brisure* de tout pouvoir sur soi. A partir de cette vérité, le Moi propre prend conscience de son « désastre »: de sa pauvreté originaire. Et c'est ainsi que le drame de soi s'éclate, le « grand commencement » de l'« épreuve de soi ».

La naissance est un phénomène originaire, le lieu d'une espèce d'expérience cruciale, et non un phénomène parmi d'autres. Elle se détermine, toute entière, comme ce qu'elle exclut. Car naître, se séparer et venir dans le monde, c'est déjà mourir : le naître, comme venir au monde, et le mourir s'équivalent en ce sens. Leur point commun c'est l'épreuve même de la perte de soi, de l'effacement de sa propre intimité. Le soi surgit de la naissance comme « avant », comme « pré-soi ». Il se saisit de lui-même comme non origine de soi-même. Il est né sans jamais être l'origine de sa propre naissance. Il n'a pas choisi de naître. Sa naissance est expérience de non-maîtrise, expérience non de *choix*, mais qui lui *échoit*. Il subit une passivité foncière à l'égard de cet événement qu'il subit sans l'avoir voulu ni choisi. Il n'y a donc pas de volonté propre de naître en ce sens. Il reçoit sa naissance comme un donné préalable dans sa facticité même. La naissance, tout en étant la venue au monde, est aussi la venue en soi, comme la venue de soi par un autre, une venue à soi selon un écart originaire, selon une dépendance indépassable, selon un retard et une lenteur qui marque *déjà* une fatigue ontologique. Ainsi, une passivité originaire s'impose dès la naissance et par elle : *je ne suis moi-même et je ne peux l'être que selon un avant originaire, selon une étrangeté inquiétante plus intime à moi que moi-même.* Quelle est la nature ou bien le mode d'une telle *passivité originaire* inhérente à la donation de la vie ? N'y a-t-il pas une perte irréductible au don de la vie, le creusement consécutif d'un manque qui ne serait pas simplement un manque-à-récupérer, mais une perte pure ? Quelle est cette genèse passive du Moi ? Quelle activité tend à l'investir ? L'ancrage de la facticité de l'expérience de la naissance nous amène à souligner la passivité de la perte originaire de soi.

Le drame du Moi, c'est que aussi déterminé qu'il soit, il y a une marge où il doit inscrire lui-même l'histoire de son être propre. Car si l'enfant refuse d'être traité comme un *non-Moi*, s'il a conscience qu'il ne peut être responsable que d'une action qui émane de lui, comme sa création propre, et s'il réclame de pouvoir poser une action comme émanant de lui, comme sa création propre, l'enfant, par là même, témoigne qu'a le sentiment, le pressentiment tout au moins, d'une autre existence possible. Mais c'est tout ce qu'il en sait ; tout ce qu'il connaît pour le moment, il le connaît par sa prestation contre l'autre qui veut lui imposer son joug. Tandis qu'il n'a pas encore appris dans quelle direction il doit conquérir et atteindre son être propre, sa *mienneté,* où donc se situer son être propre, sa *mienneté* ? Comment la réalisera-t-il ? Si dès notre enfance nous percevons cette marge, où nous devons inscrire notre propre histoire, si nous nous sentons responsable d'une vie que pourtant nous n'avons pas choisie, dans quelle direction allons-nous la réaliser et nous réaliser nous-mêmes ?

Une *inflation* du Moi

L'enfant se croyant, par privilège de naissance, le maître du monde, a un sentiment de toute puissance et ne souffre pas que ses désirs ne soient pas satisfaits tout de suite et complètement. Le cordon ombilical qui n'est pas totalement rompu, reliait au Moi maternel le « moi-progéniture ». Ce « demi-détachement » fait toute l'angoisse de cet enfant qui joue à l'intérieur de chacun de nous, comme il fait tout le malheur de la mauvaise conscience. Selon Freud, l'enfant éprouve le grand plaisir fondamental de l'homme : « L'égoïsme, le narcissisme, et l'égocentrisme ». Cela signifie que tout son entourage doit être au service de ses plaisirs. Freud arrive même à la constatation qui décrit l'enfant comme un « pervers polymorphe[1] ». Il est pervers polymorphe en ce qu'il est disponible à acquérir n'importe quelle perversion au but de réaliser ces désirs. Selon Freud le petit enfant est « amoral[2] » ; chez lui, aucune « inhibition intérieure » ne s'oppose aux impulsions qui tendent vers le plaisir. L'amour exclusif de sa propre personne, aboutit à une « survalorisation » du Moi, que Karen Horney

---

1 In Racamier C. (1991), Souffrir et suivre dans les paradoxes, *Revue française de psychanalyse*, n .4, p. 893-906.
2 Neue Folge der Vorlesungen zur Einfuhrung in die Psychanalyse. Aus: Sigmund Freud gesammetlte werke, Band XV, S. Fischer Verlag Gmbh, Frankfurt am Main. *Nouvelles conférences sur la psychanalyse*, traduit de l'allemand par Anne Berman, Idées/Gallimard, Pris, 1936, p. 84.

qualifie aussi d' « inflation¹ » du Moi, ce qui veut dire que le Moi se donne une valeur supérieure et non conforme à sa valeur réelle. En conséquence, il s'aime et s'admire pour des valeurs qui n'ont pas de fondement suffisant, et il attend des autres, amour et admiration pour ces valeurs mêmes. Cette « survalorisation » peut s'exprimer tant sur le plan corporel comme sur le plan psychique.

Sur le plan corporel, le narcissique est amoureux de son propre corps : il attache une très grande importance à sa beauté corporelle et à sa santé physique. Il veut à tout prix plaire et gagner l'admiration des autres : « Je sais bien qu'il n'y a rien de plus beau que mon corps, et c'est un vrai péché, une infamie de ne pas me faire sculpter ou peindre. De pareilles beautés ne peuvent appartenir à personne en particulier ; c'est comme un musée qui est ouvert à tous les yeux². »

Sur le plan psychique, la *survalorisation* s'exprime par un sentiment exagéré de la valeur de l'intelligence et des aptitudes, un orgueil extrême, et corrélativement une tendance à dévaloriser autrui par rapport à soi-même. Tel est le cas de la jeune Marie Bashkirtseff, qui s'exprimait dans son journal : « J'aime la solitude devant une glace. C'est peut-être bête de se louer tellement ; mais les gens qui écrivent dépeignent toujours leur héroïne, et je suis mon héroïne à moi. Heureusement ou malheureusement, je m'estime un tel trésor que personne n'en est digne, et ceux qui osent lever les yeux sur ce trésor sont regardés par moi comme à peine dignes de pitié. Je m'estime une divinité. A peine pourrais-je traiter d'égal un roi³. »

Une telle « survalorisation » reflète pour nous trois traits essentiels chez l'enfant ou bien chez le Moi *enfantin*. Premièrement elle représente sa dépendance par rapport à ce monde extérieur ou étranger, en second lieu elle montre sa peur continuelle face à tout empêchement d'avoir ce qu'il désire, et enfin elle marque un manque incurable de l'absence de l'état originaire. Cela veut dire que derrière le comportement du Moi *enfantin*, se révèle plus profondément une exigence impérieuse d'être entouré par ce qui est autre que lui-même, ainsi que le besoin et le souci d'être satisfait et aimé continuellement, et enfin un manque insatiable d'être en rapport profond avec l'état primitif, originaire. Ces exigences fondatrices, du comportement du Moi, se trouvent menacées continuellement par les exigences de la vie et du monde réel. En termes psychanalytiques, il est souvent fait usage des

---

1 Dans Lou Andreas-Salomé, *L'amour du narcissisme, Textes psychanalytiques*, traduit de l'allemand par Isabelle Hildenbrand, Ed. Gallimard, Paris, 1980.
2 *Ibid.*
3 *Idem.*

mots : « complétude narcissique et blessure narcissique[1] ». En revanche, le Moi tend à un idéal de vie qui se révèle à travers sa recherche permanente de son bonheur narcissique, car le bonheur, à ce niveau, n'est que l'aboutissement des plaisirs. D'où le postulat suivant : « Toute personne cherche son plaisir et évite par le fait même son déplaisir[2] ». Le bonheur devient l'aboutissement des plaisirs, la « jouissance », car il n'y a pas de bonheur sans plaisirs. Désormais, dès son enfance et pour vivre heureux, le Moi se trouve souvent obligé à asservir tout son entourage pour le service de ses phantasmes et de ses plaisirs. Sinon la ruse, l'agressivité, la jalousie, la haine et d'autres sentiments ou comportements, semblent être nécessaire pour éliminer tout obstacle qui empêche le Moi narcissique de construire son royaume d'un bonheur utopique.

On ne peut légitimement parler de narcissisme, que lorsque la relation avec ce qui est autre que le Moi a été possible, et qu'elle a été refusée par le Moi au profit d'un amour de soi par soi-même. Ce qui est donc essentiel c'est ce mouvement de retrait et de fermeture sur soi du Moi narcissique, face à toute menace qui met sa jouissance narcissique en péril. Il est clair que, d'après notre analyse, le Moi ne tarde pas à faire preuve d'un égocentrisme plus ou moins radical, dont témoigne l'usage du mot *autrui*, c'est-à-dire qu'il définit l'autre sujet comme un autre Moi, un objet de satisfaction, une propriété du Moi et une possession. Je suis à la fois moi-même et une image de moi reflétée au miroir de l'autre, dans l'opinion et dans l'estime de l'autre. Je pense à ce que l'autre pensera, et je me représente, avec attendrissement, comme si j'étais lui, son envie et son admiration, celles du moins que je suis convaincu de mériter. Je suis cet autre, je suis non-moi, et l'autre est la fiction ou l'intermédiaire, par lequel je suis indirectement autorisé à dire tout ce que je ne puis dire moi-même. Je suis moi-même et dans le même acte, incompréhensiblement, je suis l'ami émerveillé qui me regarde, je suis le spectacle et le spectateur, l'acteur qui se sait acteur et contemple dans le temps même où il joue.

---

1 Le premier terme est utilisé pour désigner l'équilibre idéal du nourrisson en expansion vital dans un milieu de protection, le second pour désigner la rupture de cet équilibre par suite de frustrations. D'où le conflit entre le monde idéal représenté par le *Moi narcissique* en rapport avec le *Moi idéal* et le monde étranger et réel représenté à fur et à mesure pour l'enfant par la figure du double ou l'autre moi ou l'idéal du Moi en rapport avec le *Sur-moi*. Voir à ce sujet, Louis Corman, *Amour et Narcissisme, de l'Amour de Soi à l'Amour d'Autrui*, Ed. Jacques Grancher, Paris, 1993.

2 In Racamier C. (1991), Souffrir et suivre dans les paradoxes, *Revue française de psychanalyse*, n .4, p. 893-906

Dans certaines étrangetés du sentiment de personnalité et dans l'aliénation même du corps, le Moi éprouve le *pathos* d'un *objet-sujet* qui est à la fois *Je* et *Lui* pour lui-même. Ce n'est pas la souffrance proprement dite qui est le malheur de la conscience malheureuse : en soi, ce déchirement serait plutôt un gage de guérison. La souffrance n'est pas plus le malheur qu'elle n'est la *Maladie* ou le *Mal* au sens strict, mais elle en est la conséquence : « La souffrance est le symptôme de la malédiction d'alternative, qui nous condamne à l'existence mélangée[1] ».

La blessure narcissique

Selon Jean-Paul Sartre, c'est le souci premier de soi qui nous condamne au conflit. Sartre met en évidence le fait qu'un sujet considère systématiquement l'autre comme objet, et que, l'autre agissant de même, deux *ego* ne peuvent que s'affronter et s'entretuer. Si je veux passer avant les autres, je me heurte nécessairement à eux, car les autres voudront aussi passer avant moi. Il résume son point de vue dans *Huis-Clos* : « l'enfer, c'est les autres[2] ». Chez Sartre tout tourne à la puissance du regard : « Je ne suis rien que le regard qui te voit, que cette pensée incolore qui te pense[3] ». A chaque instant autrui me regarde, il est par principe celui qui me regarde et son regard même est un rapport concret et quotidien dont je fais à chaque instant l'expérience[4]. Pour Sartre, percevoir c'est regarder, et saisir un regard n'est pas appréhender un *objet-regard* dans le monde, mais c'est prendre conscience d'être regardé. Le regard, en ce sens, est pur renvoi à moi-même, un intermédiaire qui renvoie de moi à moi-même[5]. Il suffit qu'autrui me regarde pour que je sois ce que je suis non pour moi-même mais en tant que conscience pour l'autre. Le regard de l'autre n'est qu'une arme braquée sur moi : « ma transcendance transcendée[6] ». J'apprends mes possibilités du dehors et par l'autre en tant que regard qui m'annonce la mort de mes possibilités. Autrement dit, l'apparition de l'autre fait apparaître, dans la situation qui est la mienne, un aspect que je n'ai pas voulu, dont je ne suis

---

1 Jankélévitch, *L'innocence et la méchanceté*, chapitre III, Paris, Gallimard, 1986.
2 Jean-Paul Sartre, *Huis-Clos*, Paris, Gallimard, 1947, Folio, 1988, p. 92.
3 Jean-Paul Sartre, *Huis-Clos, Ibid.*, p. 90. Voir pour le même auteur, *L'être et le néant, Essai d'ontologie phénoménologique*, Tel/Gallimard, 1943, IV, Le regard, p. 298 ss.
4 Jean-Paul Sartre, *L'être et le néant, Ibid.*, p. 296.
5 *Idem.*, p. 298.
6 *Ibid.*, p. 302.

pas maître et qui m'échappe par principe puisqu'il est pour l'autre[1]. Avec le regard d'autrui la « situation[2] » m'échappe : je ne suis plus maître de la « situation ». Ainsi tout acte fait contre autrui peut, par principe, être pour autrui un instrument qui le servira contre moi. Etre vu me constitue comme un être sans défense pour une liberté qui n'est pas ma liberté : je suis en danger. Par principe, tout homme à le pouvoir de me nier. Alors j'essaye de chasser ce pouvoir de l'autre. Le moyen consiste à construire le fondement de mon être au détriment de la liberté d autrui. C'est en ce sens que nous pouvons nous considérer comme des « esclaves », en tant qu'apparaissant à autrui : « Je suis esclave dans la mesure où je suis dépendant dans mon être au sein d'une liberté qui n'est pas la mienne et qui est la condition même de mon être[3] ».

Du même coup, en tant que je suis l'instrument de possibilités qui ne sont pas mes possibilités, dont je ne fais qu'entrevoir la pure présence par delà mon être, et qui nient ma transcendance pour me constituer un moyen vers des fins que j'ignore, je suis en danger. Ce danger n'est pas un accident, mais la structure permanente de mon être pour autrui : « Par le regard d'autrui, je me *vis* comme figé au milieu du monde, comme en danger, comme irrémédiable. Mais je ne *sais* ni *qui* je suis, ni *quelle* est ma place dans le monde, ni quelle face ce monde où je suis tourne vers autrui[4]. » La présence à moi de l'autre comme regard n'est ni une connaissance, ni une projection de mon être, ni une forme d'unification ou catégorie. Elle « est » et sa présence m'échappe et m'aliène. Je m'échapperai à moi-même, je sentirai mon aliénation et mon écoulement vers un être même, je sentirai mon aliénation et mon écoulement vers un être que je pourrai seulement penser à vide comme méchant mais cependant je me sentirai être, tant que je vivrai à distance par la honte ou la peur. *Je suis malaise* et je ne réalise l'autre que par ce malaise et par le sentiment d'être en danger. Pour Sartre, l'essence des rapports entre les hommes n'est pas la « Communauté », c'est le « conflit ».

En revanche, si l'homme était bon de lui-même, pourquoi serait-il nécessaire de lui demander d'aimer son prochain ? Cette question, posée par Freud dans son *Introduction à la psychanalyse*, montre, selon lui, que l'apparition des tendances hostiles, des souhaits de morts dirigés contre autrui, et plus particulièrement contre des êtres chers, appartient essentiellement à la nature de l'homme. Freud cite Platon : « Les bons sont ceux qui se contentent de rêver ce que les autres, les méchants, font en

---

1 *Idem.*, p. 305.
2 *Ibid.*, p. 303.
3 *Ibid.*, p. 307.
4 *Idem.*

réalité¹. » La psychologie de l'enfant montre à quel point l'opposition aux autres est fondamentale. Elle est nécessaire à l'enfant pour prendre conscience de soi. Le Moi n'advient qu'en second et il dit *Tu* avant de dire *Je*. Lors de la crise des trois ans, l'enfant identifie l'autre dans son altérité de sujet, avant de s'identifier lui-même comme autre de cet autre que lui-même, affirmant et construisant sa personnalité individuelle contre tout ce qui prétend lui dicter la loi. Ce qui fait que le Moi « ne se pose qu'en s'opposant² ».

Alors que la pulsion du Moi trouve sa source dans les investissements d'objets de la libido, son but n'est autre, en dernière instance, que l'obtention d'une satisfaction qui demeure essentiellement d'ordre narcissique. Si bien que de l'amour pour l'autre est toujours attendue, certes le besoin d'être aimé par lui, aussi illusoirement que se soit, est primordial puisqu'il fournit d'avantages la satisfaction des plaisirs, auxquels le Moi ne parviendrait pas tout seul. Ici intervient nécessairement la notion d'*Eros* qui contraint Narcisse à désirer de l'*Autre* ce qu'il trouve ou même ce qu'il ne trouve pas en lui-même. A cet égard, le père et la mère comme objets de désir, naissent du retrait d'amour ou de haine de l'enfant pour lui-même. L'enfant crée les parents autant qu'il est créé par eux. L'amour pour l'autre, ici, présuppose l'autre ou ne l'identifie que comme « même » tout en se voulant une identité par passage dans l'autre. La seule expérience de *l'être-avec,* avec laquelle se fasse aussi l'expérience de *l'être-séparé,* comme l'aura noté Heidegger, c'est *l'être-auprès* d'autrui mort. En ce point Heidegger et Freud, dont la mesure de la proximité ne renvoie qu'à leur exclusion réciproque³, tracent des voient différentes. Si l'identification se marque, pour Freud, d'un retrait de la haine, le rapport à la mort d'autrui ne peut être donné que dans le retrait d'amour. Et c'est en faisant retour au fondement pulsionnel de la *socialité* que s'élabore cet autre rapport à l'autre, celui de *l'être-en-rapport-négatif-à-autrui* qui est constitutif, chez Hegel, de « l'identité ».

On trouve ce rapport de *non-rapport* dans *Au-delà du principe de plaisir*, dans la notion de *Bemächtigungstrieb* ou « pulsion de pouvoir ou de maîtrise et d'emprise⁴ ». Si l'identification établissait qu'il y a un rapport à

---

1 Voir Anna-Marie Spenle, *Psychologie du conflit*, Ed. Universitaires, 115, Paris 6, 1970, p. 25.
2 *Ibid.*, p. 29.
3 Comme l'ont remarqué J.-L. Nancy et Ph. Lacoue-Labarthe dans leur article « la panique politique », *Confrontation,* n. 2, Aubier, 1979.
4 Dans *L'éthique du don, Jacques Derrida et la pensée du don*, Colloque de Royaumont, décembre 1990. Essais réunis par Jean-Michel Rabaté et Michael Wetzel, Transition, Paris, 1992.

l'autre qui, tout en n'excluant pas la sexualité, n'est pas de nature sexuelle, il restait à penser un pulsionnel qui, pouvant s'unir secondairement à la sexualité, n'est pas de l'ordre de la pulsion sexuelle. La pulsion du pouvoir exerce son emprise sur un domaine plus vaste. Elle ne se confond ni avec la compulsion de répétition ni avec la pulsion de mort, mais elle permet de les définir et de décrire l'exercice sur le monde extérieur d'une *Destruktionstrieb*[1], cette pulsion de destruction dont parle Freud dans le texte de sa réponse à la question de Einstein : « Pourquoi la guerre ? », publiée en 1933. Qu'est ce qu'elle peut donner cette pulsion de pouvoir ou de maîtrise et d'emprise ? Et sur quel domaine exerce-t-elle son emprise ? Voyons si Hegel est-il capable de clarifier la nature de cette pulsion de pouvoir et d'identifier sa source et ses intentions.

Autre que la pulsion sexuelle : la pulsion du pouvoir

Pour Hegel les vivants sont dépendants les uns des autres. Le vivant doit s'alimenter, c'est-à-dire faire sienne une autre vie. Car dans chaque conscience de soi se trouve l'unité universelle de tous les mouvements de la vie. Cette unité, Hegel l'appelle le « Genre »[2], une unité universelle, en laquelle la négation est comme négation absolue, ou comme « autoconscience ». « L'auto conscience » n'atteint sa satisfaction que dans une autre « auto conscience[3] ». L'« auto conscience », étant genre, sa nécessité est *désir*. En tant qu'être de désir, le Moi vise à la totalité pour l'annihiler, en vue d'obtenir la satisfaction de son désir qui est de se réaliser comme *Genre*. Donc il va s'opposer au monde pour dominer le monde, pour être tout. Mais le problème du désir c'est qu'il ne connaît pas la satisfaction. Selon Hegel la satisfaction des consciences se réalise seulement au moment de la guerre. Telle est la vérité de l' « autoconscience » ; elle rend désormais possible, fut-ce sous mode encore formel, le procès de la reconnaissance

---

1 *Ibid.*
2 Hegel F., *La phénoménologie de l'Esprit*, Paris, Flammarion, 1991, p. 153.
3 L'unité de l'« autoconscience » avec soi-même n'est telle que de l'expérience de la conscience comme « savoir à propos d'un autre », grâce à quoi prend figure l'« autoconscience » comme « savoir de soi-même », l'unité avec soi qu'elle est justement le retour en soi-même à partir de l'être-autre. Sa structure originaire comporte donc un *ob-jet double* : celui tout d'abord « de la certitude sensible du percevoir », c'est-à-dire l'immédiat qui, parce que tel, a pour elle valeur de « négatif », tandis que l'autre *ob-jet* est elle-même en tant qu' «essence vraie », op-posée en première instance au premier *ob-jet*.

réciproque entre des consciences dont la dimension radicale se joue dans le combat portant sur *vie et mort*. Pour prouver qu'il n'est pas simple vie, le Moi doit risquer sa vie pour donner sens à sa vie. Il doit prouver qu'il est autre que sa vie, il est un plus[1]. Il risque sa vie par le désir.

Il n'en demeure pas moins remarquable que dans la relation de l'« autoconscience » qui désormais la relie à l'autre « auto conscience », seule capable de lui offrir sa propre satisfaction, s'ouvre *la relation double* qui ne peut qu'engendrer un *agir double*. Toute conscience de soi qui veut se faire « reconnaître » doit risquer la mort dans le combat qu'elle entreprend contre les autres consciences. Chacune ne peut affirmer sa propre universalité que si la conscience de l'autre la reconnaît telle. Les deux « autoconsciences » se présentent « l'une à l'autre comme être-pour-soi pur, c'est-à-dire comme « autoconscience ». Chacune ne se démontre à soi-même comme totalité (individualité) qu'en allant avec soi-même jusqu'à risquer sa vie, jusqu'à la mort[2] ». Sans risque de mort, la conscience individuelle ne pourrait s'affirmer. La peur de la mort, c'est la peur de la vie, et la peur de la vie c'est la peur de la mort. Vivre, c'est assumer le risque de mourir. Ainsi, l'être qui a risqué sa vie et échappé à la mort peut vivre humainement. C'est à son épreuve que l'individualité s'éprouve et se prouve comme *liberté*, comme *genre*.

Une telle épreuve nous permet de comprendre plus clairement la problématique de la dialectique du « maître et de l'esclave » chez Hegel. Le « maître » vit dans le général, dans la jouissance ; il est lui-même parce qu'il est à lui-même et rien qu'à lui-même. L'« esclave » est à la fois son appendice manuel, et l'appendice de la terre, de la mine. Il travaille pour servir le maître et assurer sa jouissance, il appartient au royaume des choses sous la domination du maître. Le « maître », lui, est au sommet de la généralité, il est dégagé de toute particularité ; sa figure recouvre l'universalité concrète. C'est pourquoi il ressemble au dieu, individu idéal et cosmique, « *cosmos individualisé*[3] ».

Au « maître », individu absolument reconnu, déifié en quelque sorte, est attribuée la suprême immortalité, mais aussi la suprême angoisse et malheur devant sa faillibilité face à sa perte quotidienne. Incapable de la refuser ou bien de l'arrêter, la perte humilie le « maître », l'individualise et l'identifie comme être de perte : *La garde qui veille aux barrières du Louvre ne protège pas les rois de la mort* et de la perte quotidienne de soi. La toute puissance du « maître » révèle la suprême infirmité de l'homme mortel, de *l'être-pour-la-perte*. Dans son vaste royaume le « maître » se trouve seul,

---

1 Hegel F., *La phénoménologie de l'Esprit, Ibid.*, p. 155.
2 *Idem.*, p. 159.
3 *Ibid.*, p. 161.

impuissant face à sa perte ; personne ne peut perdre à sa place, personne ne peut mourir à sa place. Il est intéressant de faire allusion ici au *sadisme néronien* qui fait périr et périr les autres, pour se venger de cette mort qui ne l'épargnera pas, pour mourir au moins le dernier. Le « maître » veut oublier sa réalité impuissance face à sa perte et face à sa dépendance, car oublier c'est toujours s'oublier.

A l'autre extrémité de l'échelle, il y a l'outil animé, l'esclave qui n'est même pas à lui-même sa propriété. Il a perdu son âme avec sa liberté, mais il a conservé son indépendance en niant la chose, en l'élaborant. Euripide écrit que même l'esclave pense à la mort[1]. La conscience de l'« esclave » a précisément éprouvé l'angoisse non au sujet de telle ou telle chose, non durant tel ou tel instant, mais au sujet de l'intégralité de son essence, car elle a ressenti la peur de la mort, le « maître absolu[2] ». La conscience servile, en éprouvant « la crainte de la mort », est descendue dans l'expérience la plus abyssale de la totalité de son essence, de la « négativité absolue ». A cette profondeur, la crainte de la mort n'est donc autre que l'expression d'un choix absolu de la vie, dans la conscience de sa nécessité absolue pour l'existence même de *l'être-pour-soi*.

Pour l'« esclave » ce monde est un monde dur qu'il peut seulement élaborer. Cette dure formation de l'homme par la peur, le service, le travail, est le moment crucial pour libérer la conscience de soi de sa dépendance : « En servant, elle supprime dans tous les moments singuliers son adhésion à l'être-là naturel, et en travaillant l'élimine[3]. » Face à cette réalité, le « maître » ne reste plus maître, il devient l'esclave de l'« esclave », et l'« esclave » devient maître du « maître ». Sans la discipline du service et de l'obéissance, la peur reste formelle et ne s'étant pas sur toute la réalité effective consciente de l'être-là. Mais désormais, même si la conscience servante a su échapper à la crainte formelle, intérieure et muette, dont seuls peuvent avoir raison le service et l'acte de cultiver, il n'en demeure pas moins que cette crainte absolue, grâce à laquelle pourtant ladite conscience « s'est trouvée dissoute intérieurement, a frémi dans soi-même de part en part[4] », n'a pas fait vaciller pour autant « tous les acquis de sa conscience naturelle », en sorte que sa liberté reste encore une liberté à l'intérieur de la

---

1 Dans *Maître et Serviteur*, de Tolstoï, le maître Brekhounov dit de Nikita, son serviteur : « Cela lui est égal de mourir, à lui. Que fut sa vie ? Il ne regrettera pas la mort. »
2 F. Hegel, *La phénoménologie de l'Esprit, Ibid.*, p. 164.
3 *Ibid.*
4 *Idem.*, p. 166.

servitude[1]. Le Moi qui pense, se découvre ainsi sa propre naïveté, celle de sa pensée qui « pense devant elle-même », comme on marche « devant soi[2] ». Il s'écoute penser et se surprend dogmatique, étranger à soi. Cela veut dire que le Moi est le Même devant cette altérité, se confond avec soi, incapable d'apostasie à l'égard de ce « soi » surprenant. La phénoménologie hégélienne – où la conscience de soi est la distinction de ce qui n'est pas distinct – exprime l'universalité du Même s'identifiant dans l'altérité des objets pensés et malgré l'opposition de soi à soi. La différence n'est pas une différence, le *je*, comme autre, n'est pas un Autre[3]. Toute jouissance, en ce sens, est transmutation de l'autre en Même. Le Moi vivait dans la conscience de la conscience, mais la conscience de la conscience ne peut être uniquement réflexion. Elle n'est pas savoir, mais jouissance, et, comme l'égoïsme même de la vie : « la vie est amour de la vie[4] », rapport avec des contenues qui ne sont pas mon être, mais plus nécessaire que mon être pour jouir. Ces contenus *font le prix de ma vie*.

Le Moi, « maître » ou « esclave », fantasme ses désirs infinis, insatisfaits, et cherche à les réaliser quel que soit le prix à payer. C'est ainsi que son désir déborde les limites de la réalité et ne trouve plus de place pour sa satisfaction. Le projet du désir du Moi semble être essentiellement impossible ou au moins difficilement possible. Ses désirs même, se transforment en un fardeau lourd qu'il sera obligé de porter toute sa vie. Etant incapable de porter seul ce fardeau, il ne cesse de l'imposer souvent aux épaules des autres. Ces derniers deviennent comme des esclaves qui ont le devoir de satisfaire le *Moi-maître* et d'assurer ses désirs et ses plaisirs. Le fait que chacun souhaite exercer sa puissance sur l'autre, engendre en somme une relation qui semble être fondamentalement insupportable et souvent déchirante. D'où proviennent ces affects, ces attachements, ces liens qui semblent objectivement enchaîner le Moi, ou l'opprimer, ou l'oppresser à tel point qu'à ses yeux, il n'est plus son propre maître ?

Le besoin de jouir est à l'origine de tout pouvoir

Le Moi, attaché à sa propre intégrité existentielle et à sa propre jouissance et satisfaction, peut aisément se saisir lui-même comme étant en situation de danger, puisqu'il peut d'une part, comme réflexivité vitale, se

---

1 *Ibid.*
2 Emmanuel Levinas, *Totalité et infini, Essai su l'extériorité*, Biblio/Essais, Paris, 1982, p. 25.
3 *Ibid.*
4 Emmanuel Levinas, *Totalité et infini, Essai su l'extériorité, Ibid.*, p. 115.

saisir lui-même et, d'autre part, comme réflexivité spéculaire, constituer l'autre (monde, conscience ou altérité) à l'« image » de lui-même après avoir opéré le renversement symétrique du réfléchissement. Se saisissant lui-même, comme fragile et menacé, il peut constituer inversement cet autre pôle (monde, conscience, ou altérité) comme une entité consciente et intentionnellement puissante et maléfique. C'est seulement en risquant sa vie que l' « autoconscience » atteste qu'elle est en véritable égalité à soi-même. Mais elle n'est que le double inverse de sa propre fragilité, c'est-à-dire la justification à la fois affective et spéculaire de son angoisse. Toute cette construction, l'angoisse de la mort, de la solitude et de l'ennui, n'est que le résultat d'une activité spéculaire en miroir qui s'effraie de l'image qu'elle suscite d'elle-même, au sens que cette image n'est issue que d'elle-même, et au sens ou cette image n'est en effet que le reflet de sa propre angoisse antérieure, c'est-à-dire de sa propre réflexivité en tant qu'elle se nie et se détruit déjà elle-même. Selon Levinas, l'identification du Même n'est pas le vide d'une tautologie, ni une opposition dialectique de l'Autre, mais le concret de l'égoïsme[1].

La réalité de la vie du Moi est essentiellement jouissance et par le fait même égoïsme au-delà de tout objet désiré, au-delà de l'être même, puisque le Moi risque son être pour jouir. Le Moi surgit d'une présence risquée qui s'occupe à réassurer la présence à soi et de soi comme égoïsme, comme se préoccuper de soi, s'approprier soi-même. Le Moi, essentiellement égoïste, négocie avec ce qui sans cesse l'arrache à lui-même. Moins identifié, qu'effort et lutte d'identification de soi. Ce qui montre que le Moi n'est rien d'autre que ce mouvement d'égoïsme et de pouvoir d'adhérer à soi. Dès lors, la mort n'apparaît pas au moment où on risque sa vie, ni au moment de la mort, mais elle est dès la naissance même : « Cette vie que nous consumons pour nous rapprocher de la mort, nous la consumons aussi pour nous échapper de la mort ; semblables en cela à des hommes qui arpenteraient un bateau dans le sens opposé à sa course[2]. »

« Homo homini lupus », la formule de Plaute et d'Erasme, reprise par Hobbes dans *le Léviathan*, illustre à merveille le concret de l'égoïsme. Si chaque être a un besoin essentiel de dominer l'autre et de se l'approprier pour se protéger, d'en faire l' « Anschluss », cela tient originairement, comme l'a bien vu Hobbes, à « l'égalité des potentialités des hommes[3] ». De cette égalité des aptitudes découle une égalité dans l'espoir d'atteindre nos fins. C'est pourquoi, si deux hommes désirent la même chose alors qu'il n'est pas possible qu'ils en jouissent tous les deux, ils deviennent ennemis et

---

1 Emmanuel Levinas, *Totalité et infini*, Ibid., p. 27.
2 Simmel, *Mélanges de philosophie relativiste*, Ibid., p. 170.
3 T. Hobbes, *Le Léviathan*, Traduction F. Tricaud, Paris, Sirey, 1971, p. 122.

dans leur poursuite de cette fin, chacun s'efforce de détruire ou de dominer l'autre. Il apparaît clairement que les Moi se trouvent dans une condition qui se nomme *guerre*, et cette guerre est guerre de chacun contre chacun. Pour ces raisons même l'homme devient *un loup pour l'homme*.

L'affirmation de la sublime individualité du roi est fondée sur la négation des autres individualités. L'universalité de la conscience du « maître » n'existe que parce que cette universalité est refusée aux autres consciences. L'histoire de l'affirmation de l'individualité s'effectue sur et par la plus brutale *désindividuation* d'autrui. La concurrence, la compétition et la guerre deviennent alors les règles les plus puissantes et les plus efficaces des sujets qui ne cherchent que leurs intérêts et leurs propres plaisirs. Des sujets égoïstes, transformés par le combat et par la guerre en des monstres, ne cherchent que la destruction et la mort mutuelle, sans comprendre que cette guerre mène l'existence de tous et de chacun à sa propre perte. La mort, la disparition ou l'humiliation, sont désirés pour les autres, mais c'est la peur de la mort en chacun qui est à l'œuvre dans ces conflits aussi banals qu'ils sont contingents et insensés. Dans le pur conflit c'est la haine qui est à l'œuvre et non l'amour. Et la haine à l'état pur est issue d'une vision purement empirique, matérialiste où la possession et la jouissance sont la seule fin. Enfin voilà ce qui reste : le règne ignoble de la haine où chacun cherche la mort des autres pour établir son pouvoir, en masquant son angoissante insignifiance. Conception et attitude aux termes desquelles l'autre ne saurait être qu'un obstacle et un concurrent dans le mouvement de l'existence vers les plaisirs, les intérêts et le pouvoir, mais surtout vers l'affirmation de soi contre sa propre impuissance et contre sa propre fragilité originaire. « Si le vivre de …, la jouissance, consiste également à se mettre en rapport avec autre chose, ce rapport ne se dessine pas sur le plan de l'être, entre, en plus, dans notre bonheur[1] ».

En somme, la similarité du désir semble être un facteur déterminant du conflit et de la notion du double. La similarité du désir, René Gérard[2] l'exprime par le terme : « mimétisme d'appropriation »: c'est à la vue de ce qu'autrui possède que mon propre désir s'éveille. Lorsqu'un enfant réclame un jouet quelconque, c'est bien souvent parce qu'il l'a vu dans les mains d'un de ses camarades. René Gérard, qui a théorisé ce « mimétisme du désir », parlait d'un « désir triangulaire », relation de deux sujets à un même objet. Par le canal de son désir, autrui me dicte le mien et canalise ainsi mon affectivité. La conséquence grave de ce phénomène explique l'aspect souvent conflictuel de nos rapports aux autres, puisqu'il débouche sur la

---

1 E. Levinas, *Totalité et Infini*, *Ibid.*, p. 115.
2 René Gérard, *Le sacrifice* (1923), Paris, Bibl. nat. de France, 2003.

« violence appropriative ». Comme il reflète, essentiellement, la dépendance du Moi narcissique par rapport à l'autre et son besoin de passer par l'autre pour réaliser ses désirs et ses plaisirs. L'incapacité du Moi de satisfaire ces plaisirs par lui-même, et sa dépendance continuelle par rapport à l'autre s'imposent ici.

A travers sa vie quotidienne, le Moi se sent désormais affecté d'un manque à cause d'un semblable, par le simple spectacle de la complétude qu'il montre. Alors que le Moi ne parvient jamais à trouver un objet qui puisse combler son désir, voici qu'un autre se présente comblé, qu'il le nargue par sa jouissance. A part que la jalousie, Lacan parle en ce sens d'*envie*, mot qui vient du latin *invidia* et dérive de *videre, regarder*. L'objet de l'envie s'avère fondamentalement décevant et inconsistant, car ce n'est pas l'objet qui est en cause mais la jouissance qu'il est supposé apporter à l'autre. Plus qu'un désir de posséder, c'est de la haine de l'autre en tant qu'il semble jouir qu'il s'agit. Haine qui porte sur la jouissance de l'autre, sa « jalouissance » selon le terme de Lacan[1]. Jalousie de la jouissance supposée chez l'autre, mais aussi jouissance de cette jalousie, dont on pressent qu'elle a une dimension mortifère. Il peut y avoir aussi une haine envers l'autre en tant qu'il jouirait, et cette haine est elle-même jouissance à laquelle le Moi envieux entend ne pas renoncer.

On constate, ici, un au-delà de l'objet d'échange, un surplus qui ne peut être éliminé ni maîtrisé. Au cœur même de l'objet désiré, il existe un vide qui fait la cause du désir jamais satisfait et qui est le rapport commun entre identification au semblable et haine envieuse, entre plaisir de posséder et jouissance de détruire. L'excès dans la possession d'un objet, la dérive dans laquelle le Moi semble emporté par une passion non-familière, va bien au-delà d'un simple manque biologique et plus profondément qu'une peur de mourir. Il y a dans l'objet que nous possédons et qui peut nous donner satisfaction, une part irréductible, étrangère, hostile. Il y a en nous comme dans la notion de l'autre, ce qui est autre, un noyau irréductible à toute connaissance, à toute possession qui s'appréhende non seulement comme étranger, mais aussi comme ennemi.

Ayant défini la jouissance, Lacan pose une différence fondamentale entre le plaisir et le désir. Le plaisir n'est pas le terme véritable du désir, c'est au contraire paradoxalement l'obstacle posé sur le chemin du véritable lieu d'attraction du sujet. Le plaisir c'est la moindre tension, c'est ce qui satisfait, ce qui arrête la quête, c'est un principe qui vise au confort, à ramener l'inconnu au connu, à faire cesser le désordre[2]. Hegel, dans le même sens,

---

1 J. Lacan, séminaire « Le désir et son interprétation », séance du 11 février 1959.
2 Dans N. Braunstein, *La jouissance, un concept lacanien*, Point hors ligne,

oppose la jouissance au désir. La jouissance pour lui, c'est ce qui est impossible de partager, ce qui est « subjectif », « particulier », alors que le désir résulte d'une reconnaissance réciproque, il est « universel ». Le particulier de la jouissance n'a de valeur que pour l'individu égocentrique, égoïste, et qui se passe, par principe, de la relation avec autrui. Cela veut dire que la conduite du Moi est entièrement tributaire de son amour propre, ou de son propre amour narcissique. L'amour-propre, La Rochefoucauld l'appelle aussi « principe de vie », et on pourrait le désigner aussi de différentes manières : « appétit de vie, intérêt personnel, vouloir vivre, narcissisme primitif... ». L'amour propre parle toutes sortes de langues, et joue toutes sortes de personnages, même celui du *désintéressé*. Derrière chacun de nos sentiments, en apparence généreux, se dissimule ce Moi dont Pascal disait qu'il est « haïssable ». Tous les milles tours et détours de *l'amour-propre* pour se rendre invisible à lui-même, évoquent le refoulement et les mécanismes subtils et complexes du psychisme. La façon dont l'amour-propre se transforme, pour mieux arriver à ses fins, s'appelle chez Freud « la sublimation ». La relation dernière du Moi est jouissance.

Cependant, bien que les Moi ne cessent d'être déçus et insatisfaits, rien ne les arrête dans leurs luttes pour réaliser leur projet d'être surestimés et aimés sans arrêt, de recommencer inlassablement la quête de jouissance. A travers toutes les formes du désir et du vouloir, le besoin de jouir infiniment et continuellement est à l'origine même de tout vouloir et de tout pouvoir. Chaque Moi est à la recherche de son propre mythe, de son vrai miroir, reflet exact de son propre Moi : « Etre comme Dieu c'est le vieux rêve de l'homme, sa tentation éternelle. Etre comme Dieu, c'est-à-dire être à soi-même son propre commencement, ne dépendre que de soi et, pour cela, s'évader de sa condition cosmique, de sa condition de créature liée à d'autres créatures [1] ». Selon Sartre, dès qu'un homme se saisit comme liberté et veut user de ce pouvoir, il pose lui-même la valeur et les règles de ses actes en tant que premier principe. Pour Sartre l'acte n'est pas à lui-même son propre but ; ce n'est pas non plus sa fin explicite qui représente son but et son sens profond ; mais l'acte a pour fonction de manifester la liberté absolue qui est l'être même de la personne. Ce projet, qui a pour fondement la liberté, est en rapport avec le projet d'être-Dieu qui apparaît comme la structure fondamentale de la réalité humaine[2].

Cela apparaît clair, *l'amour-propre* signifie que l'amour devient une

---

1992, p. 13.
1 Eloi Le Clerc, *Le cantique des créatures*, Paris, Desclée de Brouwer, 1988, p. 54.
2 J.-P. Sartre, *L'être et le néant, Ibid.*, p. 626-627.

propriété du Moi qui cherche à l'utiliser comme un moyen propre pour arriver à ses fins propres. Une formulation pervertie de la rencontre d'autrui pourrait consister à dire que l'amour-propre, comme réflexivité et jouissance, est structurellement amour de soi par soi-même comme narcissisme. *L'amour propre* serait ainsi rendu comme possible, comme possession, comme pouvoir, et comme jouissance. Le risque d'une telle formulation est d'aboutir à une injuste dépréciation de l'amour de soi et par le fait même de l'amour d'autrui qui ne serait qu'une médiation ou un moyen de jouissance. On prend l'exemple du *don juan* qui promet l'amour sans le donner, il l'utilise comme une propriété, un moyen de séduction pour atteindre à travers l'autre sa fin ultime : la jouissance. L'idée même de rendre l'amour une propriété du Moi, une sorte de jouissance, est une idée fondamentale pour notre travail, ce qui fait, qu'elle mérite une analyse profonde de notre part dans ce qui suivra.

Le Désir comme surcroît sur le besoin de jouissance

On comprend bien, dès lors, la prégnance de l'autre, la force et l'intensité de sa désirabilité pour soi. C'est de cette intensité spéculaire et concrète que va naître toute la vie affective surtout la haine et l'amour. C'est donc à la fois par chacune des consciences que l'autre devient l'objet privilégié de l'amour-propre et, par conséquent, la source de toute la vie affective et de toutes satisfactions. Ces satisfactions, qui sont des expressions du *Désir*, restent des accomplissements limités et morcelés qui ne sont pas en mesure de conférer la plénitude et le sens qu'une existence peut atteindre lorsqu'elle découvre le Désir intérieur selon un autre ordre que celui du manque et de la jouissance. Il ne s'agit pas des plaisirs réduits à leur dimension charnelle comme des modalités de la satisfaction des besoins, car ces plaisirs réduisent par là même le Désir originaire à n'être plus que la série des désirs qui, de temps à autre, sont susceptibles de donner au Moi du « plaisir ».

La jouissance est « puissance », elle n'est pas mon maintien dans l'être, mais déjà le dépassement de l'être. Par contre, il y a toujours un au-delà de la puissance et du pouvoir qui rend obsolète et vide la puissance ou la victoire déjà obtenue par la jouissance et qui relance indéfiniment le manque aussi acharné qu'interminable. Par ces satisfactions, toujours tenues comme insatisfaisantes que sont les plaisirs et les victoires, le Désir se réduit lui-même à une course vaine et à une lutte sans fin, qui produisent l'inquiétude et l'angoisse au cœur du Moi affecté. Plaisir, jouissance, victoire, profit, puissance, conquête, sont intrinsèquement liés dans une solidarité tournante et transforment le mouvement du Désir en une quête lourde, fatigante, insupportable, angoissante et vaine. Le Moi se plaît de ses besoins, ce qui lui manque, est source de plénitude et de pouvoir, mais aussi source d'une faim infinie, incessante de satisfaction. La jouissance est dépassement de l'être, sans jamais pouvoir dépasser la condition de l'être, sa facticité, sa pauvreté originaire.

La vie tout en étant la vie dépendante de quelque chose est aussi la vie indépendante de toute chose. La vie tout en étant jouissance est aussi un surplus, un surcroît sur la jouissance même, elle est Désir. La vie du Moi repose déjà sur le Désir. C'est ainsi que l'expérience de la satisfaction se renverse elle-même, par une volontaire ou involontaire perversion, fermée sur elle-même et ouverte à toute sorte de solipsisme, de sadisme, de masochisme, de violence, et d'autres penchants capables de détruire la mienneté et tout ceux qui l'entourent. Le plaisir, laissé à son statut possessif et narcissique, transforme la « mienneté » en un égoïsme excessif et aveugle, à la fois arrachée de ce qui est originaire en elle et confrontée perpétuellement à sa propre faim et à son propre manque jamais satisfait. Le manque, pris comme point de départ et comme fin en soi, est source de toute angoisse et de toute affection négative et destructive, comme la jalousie, la haine, la vanité, la honte, l'ennui, le suicide et d'autres. Les satisfactions de la possession et du pouvoir, du profit et de l'intérêt, du plaisir et de la jouissance, laissent la mienneté affectée morcelée, déchirée, malade et sa maladie est grave, car elle est lente et sa lenteur est infinie, vaine et obscure. Une lenteur qui ressemble à un suicide qui ne mène pas vert la mort, un suicide sans mourir, sans fin, sans fuite ni issue. Un suicide condamné à se répéter éternellement.

Se posant soi-même comme être insuffisant, hétéronome et morcelé, le Moi propre, narcissique, se saisit alors face à son insignifiance comme s'il s'agissait de sa mort toujours possible. Par la crainte de sa propre mort, sur l'angoissante et profonde affection de son rapport à sa faiblesse, à sa facticité insécurisante, le Moi narcissique fonde son rapport avec soi-même, avec l'autre sujet, et avec le monde extérieur et par conséquent fonde toute sa vie affective. Pour cela le Moi retourne aussi contre lui-même la violence qu'il adresse à l'autre. La violence contre soi, au cœur de la haine des autres, devient le remord, la culpabilité, jusqu'à la haine de soi-même. La haine est alors l'autodestruction de soi dans le milieu de la guerre contre soi et contre tout le monde, pour assurer sa propre jouissance et son propre pouvoir absolu. C'est ainsi que l'être *narcissique* se révèle à la pensée philosophique comme guerre et violence ; où la guerre ne l'affecte pas seulement comme le fait le plus évident, mais comme l'évidence même ou la vérité du réel : « Dure réalité, dure leçon des choses, la guerre se produit comme l'expérience pure de l'être pur, à l'instant même de sa fulgurance où brûlent les draperies de l'illusion[1]. » Selon Levinas, toute guerre se sert déjà d'armes qui se retournent contre celui qui les tient. Elle instaure un ordre à l'égard duquel personne ne peut prendre distance. Rien n'est dès lors extérieur. La guerre ne manifeste pas l'extériorité et l'autre comme autre ; elle détruit l'identité du Même[2]. En revanche, la mort n'a plus l'air de vouloir se laisser dépasser puisque l'on continue à mourir sans jamais finir, à mourir éternellement. C'est sur cet égoïsme ou amour-propre indépassable, insatiable, et horriblement indécelable que s'enlèvent tous les discours sur la mort, le souci ou l'angoisse qui les porte, l'éthique et la religion qui sont toujours, des « cultures de la mort[3] » comme le répète Derrida.

Il n'en demeure pas moins nécessaire de passer vers l'autre bord, vers un mode différent, vers « le secret du secret[4] » selon les termes de Derrida : « Il faut bien que dans la liberté, le moi conscient ou inconscient, le rapport à soi, la mienneté de l'existence (la *Jemeinigke*it du *Dasein*, etc...), le propre de la propriété, dans tout ce qu'on peut déterminer, en respectant les différences, sous cette série de rapport à soi, il faut bien qu'il y ait là non seulement une division mais une radicale non-identité à soi pour que le secret soit possible : le secret déterminé que je peux librement garder par-devers moi [...]. Mais aussi le secret qui, avant que je ne le partage avec tel ou tel ou avec personne, me partage radicalement, au point que ce qui ne dépend que de moi, ma liberté et ma responsabilité, ma capacité du secret, me vienne on ne sait d'où, d'un autre, d'un autre moi ou d'un autre non-moi, d'un non-soi, me « tombe dessus[5]... ».

---

1 Emmanuel Levinas, *Totalité et infini, Essai sur l'extériorité*, Biblio/Essais, Paris, 1987, p. 5.
2 *Ibid.,* p. 6.
3 J. Derrida, Séminaire « Répondre du secret », *Idem.*, IX, 13 : « Culture de la mort » reste d'ailleurs un pléonasme : la culture en général n'est que l'organisation de la mémoire, de la tradition, du rite, du symbolique, etc., comme ordre du deuil comme réappropriation possibilisante de l'impossible.
4 *Ibid.,* IX, 8-9.
5 J. Derrida, Séminaire « Répondre du secret », *Idem.*, IX, 8-9.

3- Le Moi double en crise

Le double qui attaque son propre fonctionnement

Dans son texte majeur sur le Double, l'*Unheimliche*, Freud, situe le double entre l'« angoisse d'anéantissement et l'angoisse de castration », entre « le narcissisme primaire et les stades d'évolutions ultérieurs du Moi » ; un témoin des potentialités du Moi face aux effets déstructurants, face aux pulsions de la mort. Freud a pu déclarer qu'au fond personne ne croit à sa propre mort, ou bien, chacun dans son inconscient est persuadé de sa propre immortalité. Le Soi peut enrober et même dissoudre l'idée de la mort, mais à son tour peut être rongé par elle. Le double était à l'origine une assurance contre la disparition du moi, « un démenti énergique de la puissance de la mort », et il est probable que l'âme immortelle a été le premier double du corps. Mais avec le dépassement de cette phase, le signe, dont est affecté le double, se modifie pour devenir, selon Freud : « l'inquiétant avant-coureur de la mort ». O. Rank constatait dans son étude sur le double, que « d'ange gardien de l'homme, lui assurant l'immortalité, le double est peu à peu devenu sa conscience persécutrice et martyrisante[1] ». C'est là, le paradoxe des effets de cette représentation, le Double qui semble ne pouvoir se donner que « comme un précipité instable, une cristallisation fragile, menacée à tout moment d'éclater en une efflorescence non maîtrisable[2] ». Pourquoi cette évolution ? Car le double affirme et révèle une division profonde dans le Moi, entre l'image que nous souhaiterions avoir de nous-mêmes, le « Moi idéal » et celle que nous renvoie notre « alter ego » méconnu : « Tout se passe comme si je n'étais pas moi. Ce n'est pas ma main qui agit. Ce double c'est le personnage que je voudrais être. Cet autre imaginaire a un pouvoir sur les choses que je n'ai pas[3] ». Selon Freud, l'homme primitif, de même que l'enfant, ont une nature éminemment portée au « narcissisme[4] ». Selon Fichte, l'homme ne peut percevoir la réalité qui l'entoure, autrement que comme un reflet ou une partie de son propre Moi. Freud a montré que c'est la mort, la nécessité inéluctable, qui s'oppose au narcissisme du primitif et l'oblige à abandonner une partie de sa toute-

---

1 Otto Rank, *Don Juan et le double*, éd. Payot, 1975, p. 95.
2 Catherine Couvreur, Les "motifs" du double, Le Double, *Monographies de la revue française de psychanalyse,* Paris, PUf, 1995, p. 19-37.
3 Enriquez M. (1976), Souviens-toi de l'Apocalypse, *Topique*, n.17, p. 35-70.
4 Freud S., *Totem et Tabou*, Animisme, magie et toute-puissance des pensées, 2ème partie, Petite Bibliothèque Payot, Paris, 1984.

puissance aux esprits. À cette notion de la mort qui s'impose à l'homme, qu'il essaye constamment de repousser, s'attachent les premières idées de l'âme immortelle.

Il apparaît d'après ce qu'on a présenté jusqu'à présent, que c'est le « narcissisme primitif », se sentant continuellement menacé par la perte inévitable du Moi, qui a créé comme toute première représentation de l'âme, une image plus ou moins exacte du Moi double, pour donner ainsi un démenti à la mort par un dédoublement du Moi sous plusieurs formes comme par exemple l'*ombre* ou *le reflet*. Par contre, cette création même a exposé le *clivage* du Moi, sa déchirure et sa blessure même, de l'extérieur vers l'intérieur de soi. On trouve là un fonctionnement du Moi qui attaque son propre fonctionnement. L'ennemi qui était toujours à l'extérieur du Moi, est devenu à l'intérieur même de lui, son double ; « le moi se clive, faute de pouvoir s'auto représenter représentant[1] ». L'homme croit d'abord à une vie éternelle sans mort, mais il est forcé d'admettre la mort qu'il a primitivement niée.

Le désirable, comme manque originaire d'être soi-même origine de soi-même, devient l'impossible pour le Moi. L'impossibilité d'être soi-même origine de soi-même n'est pas une cause d'absence mais absence de cause, destruction de la signification, perte de tout pouvoir sur soi-même. La perte de la possibilité de représentation, face à l'absence de l'origine, est la source de toute angoisse et de tout désespoir au sein du Moi, à donner un sens originaire à sa vie. Le *clivage* du Moi n'est plus seulement une angoisse de mort. C'est de sa subjectivité, de son pouvoir d'existence privée que le Moi est dépouillé. Et c'est pourquoi Socrate est considéré comme *déjà-mort*. Socrate a *voulu* mourir, dit Nietzsche. Mais il a voulu mourir parce qu'il ne peut rien contre la mort. Le clivage perce l'intimité du Moi, son autonomie et son pouvoir et le met à l'envers. La menace porte bien sur la capacité de

---

1 Jean-José Baranes, Double narcissique et clivage du moi. Le Double, *Monographies de la revue française de psychanalyse,* Paris, PUf, 1995, p. 39-53. Selon Freud, c'est le sujet qui est l'auteur de ce qu'il refuse. Il s'en trouve immédiatement divisé en une part structurée selon l'économie de ce qui a été rejeté, et une part inconsciente qui continue à faire valoir ses droits par les diverses voies du retour du refoulé. Cette division du sujet se déduit de l'hypothèse même de l'inconscient, car celui qui refuse est le même que celui qui souffre des conséquences de son refus. En d'autres termes, c'est le sujet et nul autre à sa place – qui se rend malade et c'est de lui et de nul autre que se soutiendra le désir d'en sortir. Le sujet est impliqué dans la souffrance dont il se plaint. Pas d'inconscient sans cette division du sujet qui lui est intrinsèque, pas d'inconscient qui ne soit lié pour Freud à un refus. Voir à ce sujet, Lacan par Franck Chaumon, *La loi, le sujet et la jouissance*, Michalon, Paris, 2004.

représentation et d'autoreprésentation du Moi ; elle porte sur son *décentrement*. On l'a bien compris, l'enjeu du Double et le risque majeur de qui en découle, fait découvrir au Moi sa propre faillibilité et la vanité sa vie : perdre le pouvoir de s'auto-représenter ou bien passer de l'autre côté du miroir. « Ou je m'intéresse à vous et je m'oublie entièrement, ou je vous nie et j'existe[1] ».

Le dédoublement même au sein du Moi manifeste, d'une certaine manière, une impuissance originaire au sein du Moi à *s'auto-donner* un sens à sa vie, non à cause de la certitude de la mort, mais face à la menace de ne pas exister chez soi. Pour cette raison, le Moi peut souffrir au-delà de la sphère de la douleur biologique et au-delà de la mort comme une mort naturellement biologique. Ainsi, Socrate est indifférent à la vie, il est indifférent à la mort, qu'il soit néant ou immortalité ; sa souffrance est beaucoup plus profonde. Sartre exprime cette exigence dans cette phrase : « La faim, c'est beaucoup plus que la faim ». Et, dans *Les Mains sales*, il fait dire par Hoederer, l'un des deux héros du drame, à l'un de ses gardes du corps : « Tu voulais ta bouffe, oui bien sûr, mais cela ne te suffisait pas, tu voulais aussi ta dignité d'homme. Tu ne voulais pas, à vingt ans, être réduit à ne penser qu'à ton ventre ». C'est là, en effet, une vérité certaine : le Moi n'est réductible ni à sa biologie, ni à sa mort physique, ni même pas à soi-même comme conscience de soi, ou présence à soi comme appropriation. Désormais le Moi s'expose à soi comme décentrement de soi, comme effacement de soi. Le Moi est blessé et sa blessure est grave.

Il est profondément blessé, et sa blessure est incontournable

La douleur, ici, devient souffrance originaire, une souffrance d'inexistence, ou bien une souffrance d'existence manquée de son origine, manquée d'autonomie et de pouvoir sur soi. Le Moi, ainsi, souffre d'une telle condition, où il se trouve dans une incertitude et dans une insuffisance menaçante, dans un manque d'être et dans un manque du sens radical de soi. Donner un sens à sa vie mortelle, impuissante et dure à sup-porter devient une affaire primordiale, beaucoup plus que désirer une vie immortelle. Autrement dit, l'exclamation de Dorian Gray, chez *Wilde* : « Si je m'aperçois que je vieillis, je me tue », ne pose-t-elle pas la problématique de l'ennui et du suicide, comme étant un choix personnel de terminer sa vie, d'aller vers sa propre mort ?

---

1 César et Sara Botella, La dynamique du double, Le Double, *Monographies de la revue française de psychanalyse,* Paris, PUf, 1995, p. 65-82.

Certainement, la crainte justifiée par l'idée que la mort est le mal ultime de l'humanité, prend ses racines dans le désir même de l'homme de conserver sa vie, qui est même un désir d'immortalité. Mais l'acte d'indifférence face à la mort et de suicide en particulier montre que cette explication est une condition nécessaire mais non suffisante. Speiss affirme que la terreur de l'homme devant la mort ne découle pas de l'amour naturel pour la vie, ce n'est pas un attachement à la vie terrestre, car l'homme la hait assez souvent. Non, c'est l'amour de l'homme pour sa propre personnalité qu'il possède en pleine conscience, c'est l'amour pour son propre Moi, pour le Moi central de son individualité qui l'enchaîne à la vie. Cet amour de soi-même est un élément inséparable de tout son être. En lui, l'instinct de la conservation trouve sa racine et son sol. C'est de lui que naît le désir profond et intense d'échapper à la mort, à l'anéantissement, et l'histoire de se réveiller à une nouvelle vie, à une nouvelle *ère* de l'évolution. L'idée de se perdre soi-même est insupportable à l'homme, c'est cette idée qui lui rend la mort si terrible. Qu'on donne à cet espoir-désir le nom de « vanité enfantine », « mégalomanie ridicule », qu'importe, il vit dans notre poitrine, il influence et dirige nos faits et gestes.

La crainte de la perte de soi parait à Merejkovski, dans *Tolstoï comme pédagogue*, comme le facteur le plus important pour comprendre le changement qui s'est produit dans la personnalité de Tolstoï, à la fin de sa vie, et qui l'a mené presque au suicide. Marejkowsky voit, comme explication de la crainte radicale de mourir, un grand amour pour sa vie qui se manifeste sous la forme d'un amour illimité pour son propre corps, pour son propre Moi. Marejkowsky ajoute à la page 15 : « Un éternel Narcisse, Tolstoï se réjouissait de voir son Moi se refléter dans les âmes enfantines… dans les enfants il n'aimait que lui-même, lui tout seul ». L'amour pour soi-même c'est le commencement et la fin de tout. L'amour ou la haine pour soi-même et seulement pour soi-même, voilà les principaux, les seuls axes tantôt ouverts, tantôt cachés autour desquels tout tourne dans les ouvrages de Tolstoï. C'est, encore et encore, le mythe antique de Narcisse, cet adolescent hellène qui, demeurant sourd aux appels de tendresse de la nymphe *Echo*, s'abîmait dans la contemplation amoureuse de sa propre image reflétée par le miroir de l'onde ? Pour cette raison, les dieux de l'Olympe le firent mourir. Narcisse et son destin tragique doivent nous faire réfléchir profondément. Voici qu'il dédaigne celle qui l'aime, qu'il n'a d'amour que pour lui-même, et *il périt*.

L'acte de suicide et sa condition même sont justifiés, en ce sens, comme étant un moyen de se séparer d'un Moi mauvais, décevant, détesté et même haï. Selon Schiller, les idées de fuite et d'évitement peuvent, dans des proportions fortes diverses, viser quatre cibles que le suicidaire voudrait atteindre : « Il veut vivre, cependant non plus comme il le fait, mais dans des conditions plus agréables, avec la reconnaissance et l'affection de son entourage social. Il voudrait ne plus souffrir. Il voudrait se venger du manque de soutien ou des réactions d'aversion de son entourage, et il voudrait ne plus être à charge de personne[1] ». Devant la situation qui s'est créée, le suicidaire a l'impression d'une impasse totale. Il est incertain, découragé : « Il ne croit pas en lui-même, se sent de trop, inutile, sans valeur. Il soufre d'un complexe d'infériorité, […] auquel s'ajoute l'impression qu'on ne le comprend pas, qu'on ne l'aime pas, qu'on ne tient pas compte de lui. […] Il voudrait avoir confiance, croire et aimer, car il est profondément déçu[2] ». Et sa déception est incontournable. Selon Rank, le personnage qui veut se suicider ne peut pas écarter par un suicide direct, la peur de la mort que provoque en lui le danger qui menace son narcissisme. Un individu, présentant une telle disposition narcissique, ne peut plus quitter une certaine phase à laquelle est arrivé son Moi. Une telle disposition le possède, le domine, et le mène là où il ne veut pas aller. Nous comprenons ainsi, pourquoi l'homme est lié profondément à son passé et pourquoi ce passé prend la forme d'un Double.

Le narcissisme comme impossibilité d'aimer

La violence et l'insécurité permanentes, dans lesquelles le Moi vit, relèvent avant tout d'une question de narcissisme, et sont le fait d'une crise d'origine : l'impossibilité d'être soi-même sa propre origine. Il s'agit du narcissisme au sens où, le Moi souffrait terriblement de ne pas avoir le pouvoir ou le sentiment d'exister par soi-même comme plénitude, en se sentant aimé et comblé, s'aime soi-même comme ultime sens de sa vie. Quand personne ne nous aime, on est bien obligé de s'aimer tout seul. Celui qui ne s'aime pas ne peut aimer personne, et celui qui n'aime personne est incapable de s'aimer vraiment lui-même[3].

Freud, inspiré du mythe de Narcisse, définit le *narcissisme* comme l'état de ceux qui sont amoureux de leur propre corps, et ne cherchent dans le monde environnant, comme dans un miroir, que des reflets d'eux-mêmes. Pour Karen Horney, Freud pense que la raison pour laquelle un narcissique

---

1 Dans Eugen Drevermann, *Le mensonge et le suicide, psychanalyse et morale*, tome III, Cerf, Paris, p. 22.
2 E. Ringel, *Der Selbstmord. Abschluss einer krankhaften psychischen Entwicklung*, Vienne-Dusseldorf, 1953. Dans Eugen Drevermann, *Le mensonge et le suicide, Ibid.*
3 Cf. Louis Corman, *Amour et Narcissisme, de l'Amour de Soi à l'Amour d'Autrui*, Ed. Jacques Grancher, Paris, 1993, p. 50.

n'aime pas les autres est qu'il s'aime trop lui-même, car il conçoit le narcissisme comme un *réservoir* qui se vide dans la mesure où le sujet aime les autres, c'est-à-dire leur fait don de sa libido. Mais objecte-t-elle, car selon elle, un narcissique est aussi isolé de lui-même que d'autrui, c'est pourquoi, dans la mesure même où il est narcissique, il est incapable de s'aimer lui-même, tout aussi bien que d'aimer autrui[1]. Il ne s'agit donc pas d'aimer, mais d'être aimé par un autre soi-même. Le narcissisme est une expression non de l'amour du Moi, mais de l'*aliénation* du Moi. Selon Lavelle : « Narcisse s'aliène à lui-même ; il est hors de soi, d'un seul coup étranger, et étrange à ses propres yeux... Lui qui vit, qu'a-t-il besoin de cette image de sa propre vie, qui est faite pour les autres et non pas pour lui[2] ? ».

Le narcissisme s'exprime, en général, comme un malaise d'une haine appelée « pulsion de mort », et d'un vide appelé « désêstre » par les lacaniens[3] et « désastre[4] » par M. Blanchot. Un vide angoissant, douloureux et destructif, provenant d'un manque d'amour. Le déploiement du narcissisme est destiné à masquer un vide ou bien une absence d'amour et une incapacité d'aimer. Julia Kristeva écrit : « Si le narcissisme est une défense contre le vide de la séparation, alors toute la machine d'imageries, de représentations, d'identifications et de projections qui l'accompagnent dans la voie de la consolidation du Moi et du sujet, est une conjuration de ce vide[5]. » A propos des objections fondamentales de la cure selon Freud, Kristeva ajoute : « L'effet de l'amour est le renouveau, notre renaissance[6] ». Pour elle l'état amoureux, qui est une dynamique, est la garantie suprême du renouveau.

Le Moi narcissique veut être aimé sans aimer en retour : il n'y a pas échange, ni gratuité, aucun don mutuel. Ce qui différencie le suicide du véritable sacrifice de soi, c'est son caractère totalement narcissique. C'est la peur de se voir définitivement privé d'amour, d'être absolument exclu de tout ce qui exige le sacrifice de soi. Le narcissique veut être aimé pour lui-même, jouir inconditionnellement et continuellement. Il cherche l'admiration et la louange, et la moindre critique est interprétée par lui comme le signe qu'on ne l'aime pas. Il ne pense qu'à lui-même, et il veut que les autres se comportent conformément à son désir et à ses besoins. De même il faut que les autres soient tous à lui et rien qu'à lui, sinon ce sont les crises de jalousie, de possession, de colère, de haine jusqu'à la vengeance même. C'est

---

1 *Ibid.*, p. 52.
2 *Ibid.*, p. 53.
3 *Idem.*
4 M. Blanchot, *L'Ecriture du désastre*, Paris, Gallimard, 1980, p. 108-109.
5 Julia Kristeva, *Histoires d'amour*, Denoël, 1983, p. 57.
6 *Ibid.*, p. 26.

pourquoi le meurtre, qui contredit si violemment en apparence « l'horreur de la mort », est un donné humain aussi universel qu'elle. Humain, parce que l'homme est le seul animal qui donne la mort à son semblable sans nécessité vitale, au-delà de la nécessité. Le meurtre c'est la satisfaction d'un désir de tuer que rien n'a pu arrêter. Ce n'est pas seulement la satisfaction d'un désir de tuer, mais aussi la satisfaction de tuer un homme, c'est-à-dire de s'affirmer par la destruction de quelqu'un[1].

Le narcissisme ou l'amour propre est l'amour de soi-même par soi-même et de toutes choses pour-soi ; il rend le Moi narcissique idolâtre de lui-même, et le rendrait, si l'occasion lui était donné, un tyran des autres, et en fin de compte de lui-même et surtout de lui-même. A la limite, l'affirmation absolue de son individualité, son appropriation, appelle la destruction absolue des autres. L'irruption de « la conscience de soi » c'est l'irruption du « désir de la reconnaissance », du prestige, de l'honneur, de la « volonté de puissance », de l'orgueil. Ce désir comme jouissance et comme orgueil, va se heurter, comme l'a bien expliqué Hegel dans sa dialectique du *maître et de l'esclave*, à celui des autres consciences de soi dans une lutte à mort. Le Moi narcissique ne se repose jamais hors de soi, et ne s'arrête dans les sujets étrangers que, *comme les abeilles sur les fleurs pour en tirer ce qui lui est propre*. Selon La Rochefoucauld, l'intérêt parle toutes sortes de langues, et joue toutes sortes de personnages, même celui du désintéressé. Pascal note: « Quand j'éprouve de la pitié, c'est simplement parce que j'imagine que je pourrais me trouver, moi, dans la situation de la victime. Si je défends la justice, c'est uniquement par crainte d'avoir, moi, à souffrir de l'injustice. Le courage ? Cherchons bien et nous trouverons la vanité ou le souci d'éviter la honte[2]. » Derrière chacun de nos sentiments, en apparence généreux, se dissimule ce *Moi* dont Pascal disait qu'il est *haïssable*. C'est pourquoi Narcisse meurt. Ce n'est pas son moi profond, son origine, que Narcisse contemple, c'est seulement son corps, un regard de surface sans origine, sans amour, juste image, son reflet dans le miroir. Ce qui fait que cette contemplation sans fond, illusoire, ne parvient pas à combler l'attente de ce jeune homme, son besoin d'être aimé. Ceci explique qu'il est anxieux de savoir si son corps a gardé son intégrité, s'il est immortel. Mais le cri de son origine le met face à sa vraie réalité : *je suis mortellement fragile, je suis impuissance et vanité*. Lorsque le Moi tentait, en ce sens, de se voir dans une glace, tout en cherchant son propre mythe comme reflet exact de son propre Moi, il ne rencontrait qu'un immense néant, qu'un visage de vanité, qu'un regard sans présence, ni sens. L'amour illusoire de soi rend Narcisse sourd aux appels de celle qui l'aime. Et *il en meurt*. En revanche, Dostoïevski,

---

1 Edgar Morin, *L'homme et la mort*, Essais, éd. Du Seuil, Paris, 1970, p. 79.
2 Pascal, *Pensées*, I, éd. Brunscvicg, 183.

dans L'*Idiot*, ne se contente pas de montrer, en la personne d'Hippolyte, qui est « phtisique » et se sait condamner à très brève échéance, le caractère sans espoir de l'échéance de l'existence humaine face à la maladie et à la mort. Il souligne, surtout, la façon outrageante et infamante avec laquelle la mort réduit à néant les rêves de gloire et de grandeur : « cette pire blessure narcissique qui puisse être infligée à l'homme[1] ».

Le Moi, ainsi, ne se préoccupe que de satisfaire ses besoins et ses plaisirs, de jouir. Il cherche à s'affirmer dans la possession et dans la domination. En ce sens, Levinas notait : « Dans tout mon effort, il y a comme une dévaluation de la notion d'être qui dans son obstination à être recèle violence et mal, ego et égoïsme[2]. » L'attitude du Moi ne cesse d'être une attitude *impérialiste* qui ne connaît pas de limite. Le Moi veut tout assimiler, dans le sens de digérer tout ce qui est devant lui. Par exemple j'assimile un repas, il devient ma propre chair, identique à moi, il cesse d'être ce corps étranger. Le Moi veut assimiler l'autre, le digérer, le réduire à soi, le ramener à soi-même. C'est la réduction de l'*autre* au *Même* selon les termes de Levinas, c'est-à-dire son assimilation par la compréhension. Comprendre autrui c'est prendre avec, saisir, dominer, réduire à une abstraction. Ma pensée assigne à autrui une place dans un schéma, ou dans un ensemble à l'intérieur de mon esprit et ainsi le vide de son altérité, en le limitant et le transformant en un objet de connaissance et de possession. La liberté du Moi, qui ne se soucie que de lui-même, s'égare dans l'*arbitraire* : tout lui est permis, même le meurtre et même le suicide en cas d'échec[3]. L'égoïsme, *conscience médiocre*, est lui-même à mi-chemin du paradis perdu et du paradis retrouvé. Il est contemporain : « De cet âge de la guerre et du fer où l'inimitié, le *Faustrecht*, la concurrence vitale, les instincts déchaînés règnent sans partage. L'égoïste, pour se préférer à l'autre, a dû prendre conscience de soi et du sien, et du non-soi corrélativement. Le Moi propriétaire et inquiet, tiraillé entre : « la coïncidence « secum » dans l'Etre compact et la communion « tecum » dans l'Amour, s'en tient à la côte mal taillée de l'Avoir ; la possession, qui n'est déjà plus *Esse* substantiel puisqu'elle est adjectif du sujet ou épithète de l'en-soi, n'est pas encore l'altérité bénie en qui l'amant s'oublie lui-même...[4] ».

---

1 F.M. Dostoievsky, *L'Idiot,* trad. G. et G. Arout, Paris, Ed. Du Livre de poche, 1972, t. I, p. 484.
2 Dans François Poirie, *Emmanuel Levinas*, Besançon, Editions La Manufacture, 1992, p. 96.
3 Emmanuel Levinas, *Totalité et Infini*, Paris, Poche, Biblio, 1961, p. 33.
4 Jankélévitch, *L'innocence et la méchanceté*, chapitre III, Paris, Gallimard, 1986.

Le seul moyen de vaincre la contingence est de se donner la mort

S'adorer soi-même, et n'avoir pas d'autre aimé que ce triste soi-même, et s'en délecter, c'est faire semblant d'aimer ; c'est se prendre soi-même pour un autre. Un amour qui, au lieu d'aller vers l'*Autre*, comme l'exige sa vocation originaire, reflue sur son point de départ. Un tel amour est à la lettre un *amour avorté*. Le mythe de Narcisse soutient la figure d'un sujet capté par sa propre image qui ne reçoit plus de son amour, la nymphe *Écho*, que l'écho de ses propres paroles. L'amour de soi, comme narcissisme, est ainsi lié à la mort et à la négation de l'autre. Si l'échec de l'image peut être étrangement inquiétant, son triomphe exclusif ne l'est pas moins. Narcisse montre l'impasse de la perfection glacée qu'offre le miroir. Rien, nul manque ne peut s'inscrire au dehors, le monde tout entier est devenu *Écho* : c'est la béatitude d'une plongée dans la mort. Le monde est saisi à l'image du Moi, et les relations avec les autres seront bâties sur leurs modèle, c'est-à-dire sur les différentes façons d'assentir ou de nier cette appréhension : « jalousie, érotomanie, persécution ». La « perfection » narcissique est cette modalité de domination imaginaire qui réduit le monde à la réplique du Moi, par quoi ce qui est connu est toujours ramené à une forme préalablement reconnue par le Moi comme son image : *un semblable que j'aime* « comme moi-même ». Il n'y a là aucune énigme. C'est le piège mortel de l'amour narcissique quand l'un et l'autre ne font qu'un, c'est la folie d'un monde où tout est déjà vu, d'un monde où toute surface d'espoir sera brisée d'avance, où tout « émerveillement » et toute « admiration » seront effacés pour toujours. Ainsi pense Hyppolite, *le suicide reste-t-il le seul acte qui soit encore en son pouvoir d'accomplir et de mener à terme* ?

En planifiant sa mort, Le Moi narcissique ne se sacrifie pas, il veut éviter plutôt qu'on le considère comme un simple élément du cycle matériel de la nature. Son suicide est une dernière manifestation d'humanité face à une mort cruelle, et il ne fait que traduire en vérité, le souhait désespéré de trouver un sens absolu dans l'amour d'un autre[1], dont la rigueur de son *surmoi* ne fait qu'intérioriser le manque. Le *surmoi* naît de la haine et de la jalousie, humilie le Moi jusqu'à lui faire détruire sa vie et celle des autres. Celui qui n'est jamais aimé ne peut s'aimer lui-même. Et s'il veut être aimé, il demande alors l'impossible : être semblable à un dieu. C'est à cette illusion qu'il se sacrifie. Car selon lui, le vrai but de la vie c'est de vaincre la souffrance, et de parvenir à la liberté et au pouvoir absolus. Cela n'est possible qu'en se tuant, car tuer la vie, c'est supprimer la terreur de la

---

1 Emmanuel Levinas, *Totalité et Infini, Ibid.*, t. I, p. 481-485.

souffrance dont elle est tissée. En se tuant, on devient « Dieu » et on prouve que Dieu n'existe pas, à condition de se tuer non par terreur mais pour *tuer la terreur*. Baechler exprime, ainsi, les principes métaphysiques de Kirillov : « La condition humaine est déchirée entre une contingence radicale et un besoin irrépressible d'absolu – le seul moyen de mettre en échec la contingence est de se donner la mort, car, se faisant, l'homme maître de la vie et de la mort – En une fraction de seconde, quand il accomplit son acte, l'homme échappe à la contingence et touche à l'absolu : il devient Dieu[1] ». Mais une telle logique n'est possiblement valable que, s'il n'existe aucune volonté positive qui arrache l'existence à sa contingence. Le suicide offre donc au narcissique son *chef-d'œuvre* : la vengeance absolue et toujours possible, l'affirmation de soi par négation de soi, qui ne dépend de rien que de soi réduit à rien. Ce qui signifie qu'en me suicidant, je me trouve dans la même position que si je me vengeais du monde entier, j'en suis le maître, le maître absolu, le maître du néant : « je me hais moi-même, donc je suis[2] ».

En fin de compte, tous ces essais inlassables, ne montrent pas que la volonté profonde chez l'homme, à diminuer la domination de la mort, émane chez lui d'une impuissance incurable de la dominer ? Une impuissance qui, de soi-même, n'arrivera jamais à éliminer l'horreur de l'homme face à la mort. Tout est dit sur la mort, tout ce qui est dit, tout ce qui peut être dit va apparaître à la conscience en crise comme sans aucun rapport avec la mort elle-même. Le concept de mort n'est pas la mort. *La mort n'est pas la mort*, et c'est cela le terrible, disait Maurice Blanchot. La mort s'éprouve ainsi comme impossible, comme nuit du non-pouvoir, comme souffrance insupportable. La souffrance, en ce sens, n'est souffrance que lorsqu'on ne peut plus la souffrir qu'au-delà de nos limites, que dans une nuit qui n'aura plus de fin, n'aura plus aucun nom que celui du « désastre », l'autre nom de l'impossible, de ce qui ne dépend plus de mon pouvoir, de ce qui m'oblige à mourir sans fin. Ainsi l'homme entre dans la lutte sérieuse de la vie.

La mort, qui ronge son propre concept, va saper les points d'appui de l'intellect, briser la volonté de la puissance, aliéner la conscience de soi. Elle va ronger la vie elle-même et la jeter face à la figure de la véritable crise de l'individualité et de l'ipséité même face à l' « Intolérable ». Jamais le Moi ne pourra vaincre la mort. S'il détruit quelqu'un de ses adversaires, il n'a détruit qu'un innocent. Il n'y a que des innocents ; et ses adversaires ne sont que les reflets de l'unique *ennemi* de l'homme que nul n'a de pouvoir sur lui. L'homme est encore assez fort, plus fort qu'il ne l'est en vérité. C'est

---

[1] Baechler, *Les Suicides, Ibid.*, p. 115-116.
[2] Voir Jean-Luc Marion, *Prolégomènes à la charité*, Paris, Ed. de la Différence, 1986, p. 26-27.

pourquoi la vie en lui doit commencer à douter de soi, et doit lui apprendre l'art d'humiliation et la blessure de l'effacement de tout pouvoir et de toute appropriation de soi. L'homme n'a pas vaincu, nul n'est vainqueur en ce monde. L'homme mûr acquis la sagesse au moment où il est déjà affaibli par les blessures de la vie, de sa propre fragilité grave. Et la gloire même de ce monde, désiré continuellement par le Moi *narcissique,* n'est qu'une blessure grave et gravement profonde.

Glorifier un homme, c'est bien l'insulter et se moquer de lui car nous aboutissons tous à la mort. Chaque lutte contre elle est perdue d'avance. Au cœur de l'« événement » de la mort, qui advient sans jamais venir, qui fait mourir sans jamais donner la mort, il y a de l'abîme, un gouffre y résiste au pouvoir sans pouvoir du Moi prétentieux et narcissique. Par ailleurs, découvrir la mort n'a pas ici le sens d'une expérience, d'une intuition, d'une évidence. La mort relève du « non-donné ». La question qui se pose, ici, est de savoir comment la mort, comme « non-donation », m'est-elle donnée ? A la mort, il ne sera en effet jamais rien répondu. De la mort, il ne sera jamais question. Dès lors, le « secret du secret » prend place. Et subitement le *narcissique* est abattu ; sa gloire porte la blessure de ce dernier cri fier mais désespéré. Que signifie donc découvrir la mort ? Découvrir la mort, c'est mourir. Quand est-ce que l'homme comprendra que le monde ne glorifie que ceux qui vont être *immolés* ?

Un abîme se creuse en permanence entre l'intime du Moi propre et une *inquiétante étrangeté* creusée en lui depuis longtemps. En état de crise, le Moi ne sait pas que se choisir soi-même, c'est se choisir contre soi-même. Le choix prend figure de séparation, la possession prend figure de perte, l'appropriation prend figure d'aliénation, la solitude devient étrangère à elle-même. Dans cette crise naît une nouvelle « conscience malheureuse », et son malheur est éternel, sans appui, sans support, sans repos, sans arrêt, sans refuge, sans fuite, sans vivre ni mourir. Dans l'ultime sommeil, la participation intellectuelle, la consolation du divertissement et de la jouissance, se dérobent et s'éclatent comme de la poussière. Que reste-il de ce Moi narcissique ? Gémissement, déchirement, agonie éternelle. Nous mourrons, et une mort transcendantale comprise comme transcendance par rapport à la vie est un non-sens, une illusion conceptuelle.

Que peut-on tirer de ces évidences et quelle est la clé de voûte de la problématique du Double, qui au fond représente une lutte atroce entre la jouissance de vivre et la crainte de mourir, entre l'amour narcissique de soi-même et la crainte de son écroulement, entre la vie elle-même et le non-sens qui en découle ? Comment la discordance qui gît au fond même de tout être humain, essentiellement intérieure, et qui est représentée ici par la problématique du *Double*, peut dévoiler le secret même de l'origine du Moi?

Ce secret ou cette énigme du Moi qui selon Héraclite : « ...ne parle pas, ne dissimule pas, il signifie [1] ». La violence de cette étrangeté intolérable et *infinissable* rend-t-elle la vérité impossible ? Suffit-t-il de dire qu'il n'y a rien à comprendre ? Qu'il n'y a pas de vérité, pas de mystère ? La perte, la haine, la vengeance et enfin le suicide sont-ils échéance ? Est-ce bien là le dernier mot du Moi ? En d'autres termes, comment vivre lorsque le Moi est pénétré par des idées permanentes, qui reflètent la vérité du monde et celle de la vie comme vanité ? Est-il vrai que : « le sort de l'homme et le sort de la bête sont identiques ; comme meurt l'un, ainsi meurt l'autre [...]. Tout vient de la poussière, tout s'en retourne à la poussière ?» (Qo 3, 19-20). Hégésias le Cyrénéen, quatre cents ans avant Jésus-Christ, essayait de persuader les gens de se suicider en masse, avec des arguments tels que : la vie est bouchée, on ne naît que pour mourir, et si on ne peut atteindre un certain niveau de bien-être, pourquoi vivre ? La gangrène de l'absurde qui s'attaque aux sources mêmes du « Je pense », brisant peut être même les raisons d'être du « Je suis » est-elle incurable ? La façade du « Que sais-je ? », s'ouvre-t-elle sur le vide d'un « Qui suis-je[2] ? », ou pire d'un « Je-ne-serai-rien ? »

Le Double, étant de nature subjective, nous mène à constater que derrière le conflit et le duel à l'intérieur du Moi double réside une problématique plus profonde et plus essentielle, qui cause et qui mène à ce conflit au tréfonds du Moi. Autrement dit, le véritable problème dépasse la constatation de la signification conflictuellement apparente du Double. L'expérience du Double, ainsi que l'affect de *l'inquiétante étrangeté*, ne sont pas seulement des figures multiples d'un « fantasmes inconscient », ni une fiction de l'imagination de la création littéraire, mais ils sont également figure de *l'être profilant dans le néant*, figure du paradoxe constitutif de l'identité du Moi, qui renverrait à quelque chose qui le *précéderait*. Une telle expérience ne se limite pas au niveau extérieur, physique et matériel ni au niveau psychique, inconscient, entre « refoulé » et « dépassé », ni non plus au niveau du royaume de l'imagination et de la propre création. Elle atteint le sens de l'existence même du Moi et de son origine.

Le Double s'inscrit, pour nous, comme figure de la *dif-férence* et du *paradoxe*. « Nous nous sommes menti, me dit-il, car nous sommes pris pour deux et non pour un. La vérité c'est que nous sommes deux et que nous ne faisons qu'un[3] ». Le Moi séparé ou en clivage avec lui-même est en

---

1 Diels-Kranz, *Die Fragmente der Vorsokratiker*, t.I, Héraclite, B 93, dans Paul Ricoeur, *De l'interprétation, Ibid.*, p. 27.
2 Micheline Tison-Braun, *L'introuvable origine*, Librairie Droz, Genève, 1981, p. 23.
3 Traduite de l'espagnol (Argentine) par Jean-Pierre Bernes, Maria Kodama Borges, 1993, Editions Gallimard, 1993, pour la traduction française.

recherche de l'*Autre* en lui-même. Pourtant cette recherche, non aiguillonnée par le manque du besoin, ni par le souvenir d'un bien perdu, se manifeste comme un désir insatiable, intolérable et infranchissable ; un désir d'une vérité autre, d'un Autre qui ne manque de rien.

La réduction du désir à la simple poursuite pulsionnelle d'un plaisir exprimé souvent par le terme *jouissance*, ne nous paraît pas rendre compte de la vérité du désir lui-même. Il nous semble qu'à situer le désir dans l'inconscient, la psychanalyse propose surtout de n'en rien dire qui soit directement observable et intelligible. L'attention de l'analyste est focalisée sur ce qu'il pense être les métamorphoses du désir ou les résistances opposées à son déploiement, ou à sa raisonnable maturation. Mais par cette orientation, la psychanalyse néglige le sujet qui désire, cet individu qui désire, ce Moi en première personne. Réveillé de son délire amoureux avec l'analyste, le sujet narcissique est livré à lui-même comme sujet, certes, mais comme déboussolé, « déstabilité-stabilisable ». Selon Kristeva, la nouvelle vie du sujet « guéri » commence par un nouveau vide : « L'image de l'homme qui ressort de l'amour transférentiel [...] est foncièrement scandaleuse car dépsychologisante, voire déshumanisante. L'homme [...] se trouve abandonné au profit de la recherche moins de sa vérité (optique ou se dissimule le fidéisme de certains psychanalystes) que de ses capacités d'innovation[1] ». La « renaissance » psychanalytique, quand elle existe, n'est en réalité que la naissance réelle du sujet, et cette naissance ouvre sur la contingence et sur l'empiricité elle-même. Le *patient*, plus ou moins « guéri », est jeté ou renvoyé ou situé au lieu même où nous avons laissé la conscience brisée et humiliée et terrifiée face à ses souffrances insupportables, intolérables et inguérissables, et face à l'horreur de la vie et au mal d'être. La cure psychanalytique, si elle a restauré le *patient* comme sujet, ne lui a fourni aucune indication quand à la meilleure voie pour libérer l'existence de la pesanteur de sa fragilité, de son impuissance et de sa perte quotidienne. Tout reste de nouveau à faire pour dépasser l'angoisse d'être indépassable parce qu'originaire. La prise de conscience du malheur d'exister devient grave lorsque l'existence se réduit à sa vanité et à son absentement dans le silence effrayant du gémissement. Le sujet « guéri », même en sortie de cure, ne sort pas de cette crise permanente, celle d'être sous la menace constante de la répétition du vide narcissique engendré par la perte incessante de ce qu'on aime. Jamais *l'objet perdu* ne sera récupéré, jamais ne sera cicatrisée la blessure narcissique. La cure psychanalytique, en ce sens, n'atteint, si on puisse dire, qu'un certain niveau d'existence et laisse hors de ses prises la réalité profonde de la personne, son ipséité[2].

---

1 Julia Kristeva, *Histoires d'amour*, Denoël, 1983, p. 26.
2 M. Delacroix, accroche également toute sa psychologie à l'*esprit* « fait

Il est possible et nécessaire maintenant d'aller plus loin. Nous allons essayer de comprendre pourquoi l'attitude ambivalente de l'amour-propre, du Moi affecté, est-elle déployée par le seul besoin de se sentir insubstituable, de se considérer comme une nécessité pour soi-même et pour les autres, d'être aimé ? Etre aimé, satisfait, pardonné, accepté dans son intégrité sans être humilié ni refusé, tel paraît être le souci du Moi en général. En revanche, celui-ci ne cesse de travestir ou de méconnaître, de rabaisser ou d'exalter l'« objet » de son désir, sa propre création, sa possession, la source première de sa jouissance.

Il nous faut donc nous interroger sur l'attitude ambivalente, conflictuelle et paradoxale du Moi affecté, vécue comme aliénation, et reposant précisément sur le libre renoncement à la vie et à la liberté dans leur sens originaire, et cela quand la nécessité le demande. Une telle attitude ambivalente du Moi double ou clivé doit nous conduire vers une compréhension plus profonde de la constitution même de l'ipséité, de ce qui est originaire en elle. Ce qui est en question, ici, est l'identité paradoxale du Moi qui, tout en s'acharnant à s'approprier son être, tente de se renoncer et de s'annihiler. Ce renoncement est lui-même un choix personnel, il est une des formes possibles de la volonté.

Tenter de répondre à ces questions nous permet de comprendre pourquoi le Moi se renonce et s'aliène. Pourquoi, tout en étant libre déploiement du plaisir et de la jouissance, la mienneté se constitue-t-elle comme dépendance et aliénation dans une ambivalence destructive et conflictuelle ?

---

premier » ou bien à l'*intelligence* selon ses propres termes : « Il y a un esprit humain, comment M. Pradines, qui est ni la vie, ni l'intelligence animale, ni la conscience sociale. » Cf. M. Pradine, *Langage et pensée*, Alcan, Paris, p. 87. Et c'est parce que l'homme n'est pas pur esprit que la psychologie a un objet. Cf. M. Pradines, *L'œuvre d'H. Delacroix*. RMM, janvier 1939, p. 109-146. Selon Delacroix, on ne peut ni épuiser la psychologie sans se heurter sans cesse à l'esprit, c'est-à-dire, au domaine des actes dont la personne est l'unité concrète, ni atteindre par la psychologie cet esprit qu'elle postule sans cesse. Par contre, la philosophie, appuyée sur la réflexion mais non seulement sur elle, nous introduit des sa première démarche dans ce domaine de l'esprit, et c'est pourquoi la psychologie reste essentiellement dépendante de la philosophie. Mais si la psychologie, ne peut se référer constamment à une réalité qui transcende et échappe à la démarche psychologique, la philosophie ne peut pas pour autant se désintéresser de la riche connaissance donnée par la psychologie.

CHAPITRE II

Un écart originaire entre le Moi et son origine

« J'étais devenu moi-même une grande question pour moi[1]. » Il y avait bien longtemps que l'homme disait « Moi » lorsqu'il s'est avisé de rechercher le sens originaire de ce mot. Une recherche portant sur le sens même de l'existence, nous permet de comprendre que la réponse n'est que l'épreuve même de soi, dans laquelle le Moi s'oblige à éprouver sa propre condition, son « mal d'être », son « désastre ». La gravité d'une telle recherche ne se mesure pas à l'abondance et à la facilité avec lesquelles on en parle, mais à ce qui, par elle, s'ouvre irrémédiablement. La recherche du « sens d'être » fait question, laisse en elle incessamment se croiser les plus graves épreuves de soi. Il s'agit ici de faire apparaître, à travers cette recherche de soi, un lieu fondamental, où l'épreuve de soi mène nécessairement à la retrouvaille de soi, à un accueil originaire de soi ; un lieu lourd des épreuves les plus décisives.

Quand nous atteignons le seuil de la souffrance dans l'épreuve, quand l'épreuve de soi devient insupportable, c'est la perception même de notre vie qui s'en trouve fondamentalement faussée. Quand il nous faut reconnaître notre face d'ombre, que découvrons-nous ? Nous découvrons notre égoïsme, notre avidité, notre jalousie, notre peur, notre dépendance, notre possessivité, notre agressivité. Mais nous apercevons aussi, soudain, que nous sommes seuls, et que notre solitude est gravement esseulée. Une solitude désemparée qui s'ouvre au jeu sans fin des signes alarmants: « personnalité en miettes », « dissémination », « clivage », « aliénation », « effacement ». L'ennui et le malaise s'expriment de diverses manières pour rendre compte de l'expérience de soi dans l'épreuve de la perte de soi. Le Moi semble non seulement avoir perdu son ancrage, mais aussi son être, le sentiment de présence à soi, à autrui et au monde. Un *absentement*, une *vanité*, un *pauvre trésor*[2], un *roi nu* selon le *conte d'Anderson*, voilà ce qu'est devenu le *maître de l'univers*. Ne l'avait-il pas toujours été ? Mais peut-être n'est-ce plus le même dénuement. Nous nous trouvons seul, face à un absentement de sens et face à un besoin inlassable de chercher plus loin et

---

[1] « *Factus eram ipse mihi magna quaestio* », Saint Augustin, *Confessions*, Bibliothèque Augustinienne, IV, 4, 1982.
[2] Claude Lévy-Strauss, *L'Homme nu : « Finale »*, Paris, Plon, 1971, p. 614.

de fouiller plus profondément non dans le *dépassé,* mais dans l'*indépassable* et dans l'*inconcevable,* à l'intérieur de nous-mêmes. L'ennemi de l'homme n'est plus à l'extérieur de lui, mais en lui, à l'intérieur de lui. Non seulement, comme il le fut toujours dans la dualité de la conscience de soi, donc consubstantiel à sa pensée même, mais plutôt substitué à celle-ci en un phénomène d'aliénation, de dépersonnalisation si radicales que toute base personnelle de jugement s'en trouve comme subtilisée. On ne dit plus : *qui suis-je ? Que sais-je ?* Mais : *A quoi sert de vivre ? Etre, ça sert à quoi ? Comment du reste, en ira-t-il autrement* ?

1- A quoi sert d'être, si l'être n'est plus « chez soi » ?

L'indépassable en moi

Pour Pascal, La Rochefoucauld et d'autres, il n'est action, ni sentiment humain, il n'est rien que la volonté puisse vouloir, ni l'âme éprouver, qui, d'avance, ne soit marqué par la tendance irréfragable du Moi, de l'*ego*, à tout ramener à soi, à n'aimer que soi et ne considérer que soi. « L'amour-propre est l'amour de soi-même, et de toute chose pour soi[1] », écrit La Rochefoucauld. Le fait est néanmoins que la plupart des hommes ignorent le caractère mensonger de leur être, ne savent pas que la conscience est une machine à forger des mensonges, et non l'instrument privilégié de la connaissance de soi. L'homme est incapable, par soi seul, d'une connaissance authentique de soi-même : « Dans le fond, ce vilain fond de l'homme, ce *figmentum malum,* n'est que couvert ; il n'est pas ôté[2] ».

L'Homme, tout homme, obéit consciemment ou inconsciemment - que ce soit pour son bonheur ou pour sa perte, pour sa gloire ou pour sa ruine - à la dure loi de l'amour-propre. De là s'ensuivent, depuis toujours, les passions indomptables dont se nourrit l'incessante folie des hommes. Car il n'est amour ni amitié qui soient véritablement authentiques et désintéressées : " nous ne pouvons rien aimer que par rapport à nous[3]". Là où l'*ego* subsiste, ne cessent d'être tissés dans la *psyché* humaine *les fils tortueux de l'amour-propre*. Des instincts suivent leur impulsion, ils se mesurent, ils rusent, ils se menacent jusqu'à ce que l'un d'entre eux l'emporte et que les masques tombent : il n'y a personne. Il n'y a personne que des amours-propres, de la vanité blessée, de la jalousie, de la possession et de la haine. C'est toujours le même jeu impersonnel qui se répète, une affreuse absence, une *présence effacée*. Et pourtant je suis-là malgré moi. Ma propre dépersonnalisation, ma propre disparition, refuser mon être, c'est impossible.

Une fois que le Moi pénètre l'angoisse, que ce soit l'angoisse du manque incurable d'être aimé, ou de l'incapacité de se satisfaire soi-même en étant l'origine de soi-même, ou l'impuissance de se défaire de soi, il

---

1 La Rochefoucauld, *Maximes,* 105, éd. De 1664, in *Œuvres complètes*, Paris, Gallimard, coll. "Bibliothèque de la Pléiade", 1964, p. 318.
2 Pascal, *Pensées*, I, fragment 208, Armand Colin, Paris, 1960, p. 162.
Expression de la Bible : Genèse, VIII, 21 : « Figmentum enim humani cordis malum est. » (Car le *fond* du cœur humain est mauvais). Voir n° 104 et 116.
3 La Rochefoucauld, *Maximes,* 81, éd. de 1678, in *Œuvres complètes, op. cit.*, p. 414.

s'individualise face à son destin. C'est le domaine où le Moi est insubstituable ; chacun doit prendre sur soi le fardeau de sa perte, jusqu'à sa pauvreté radicale inaugurée par la perte finale : la mort. Céline disait dans son livre *Voyage au bout de la nuit* : « Il y a un moment où on est tout seul quand on est arrivé au bout de tout ce qui peut nous arriver » et « Il n'y avait personne au bout de la route[1] ». Baudelaire s'exprime de la manière suivante: « Sentiment de solitude dès mon enfance. Malgré la famille, sentiment de destinée éternellement solitaire. » Pour Marcel Proust, la grande loi de notre vie est la solitude.

La mort, en tant qu'elle est, est toujours ma mort, ma perte. La mort est le domaine de l'individualité, de ce que Kierkegaard appelait « l'unique ». L'« unique » s'isole, s'individualise, s'unifie dans la pensée de la mort. La mort ne connaît aucune mesure. Ce qu'elle signifie c'est la possibilité de l'impossibilité absolue de l'existence[2]. Le manque incurable est la qualité radicale de la pauvreté du Moi, son *impuissance, un* caractère indépassable en soi; il détermine la mort dans son sens négatif, inquiétant et effrayant. Il révèle essentiellement la *dif-férence* radicale entre le Moi et son origine. Il dévoile que la misère et la pauvreté du Moi sont la détermination la plus foncière de son existence. Le Moi est, en lui-même, un manque, une perte originaire de son être, une impossibilité de toute possibilité de gagner son être, de persévérer dans son être, d'être soi-même origine de son être. C'est au cœur de la solitude, face à une pensée thématique insecourable qui joue avec le concept de mort comme s'il s'agissait d'un concept quelconque, que va s'éclater l'intolérable souffrance du Moi, sa dévastation.

L'expérience de dévastation du Moi dévoile sa défaillance, sa « facticité », sa pauvreté originaire, et l'expose comme déchirure entre espoir et désespoir, gain et perte, orgueil et humilité, voilement et dévoilement, être aimé et aimer, mourir et l'impossibilité de la mort. Se découvrant comme un *être-déjà-perdu*, dépassé par une perte dévorante de son être, c'est s'approfondir en soi, en prenant conscience de la pauvreté de sa propre conscience, de la nudité de sa *mienneté : je suis ma pauvreté, car la pauvreté est ma chair, ce qui caractérise mon intimité la plus profonde*. Ces leçons apprennent au Moi, en tant qu'*être-déjà-perdu*, que même s'il choisit le jour, il le choisit dans la nuit, même s'il combat pour le jour, il combat dans la nuit, car c'est par la nuit que *finissent les êtres, les pays et les choses*. Sous l'emprise constante de ce clivage de soi se brise toute intimité et toute référence à un « chez soi ». Le Moi se trouve gravement déçu, face à la lenteur de son être, ralentissant son arrivée à soi et l'exposant comme *être-*

---

1 Céline, *Voyage au bout de la nuit,* Paris, Folio, Gallimard, 1952, p. 29.
2 M. Heidegger, *Sein und Zeit, Ibid.*, p. 262.

déjà-perdu. Il doit se concevoir comme fin dernière de son être, et se voir dans son être le plus propre comme *être-pour-la-perte*. Ce qui caractérise la *mienneté* du Moi c'est sa perte même: j*e suis ma perte et personne ne peut perdre à ma place, car personne ne peut souffrir à ma place, personne ne peut mourir à ma place, personne ne peut comprendre ce que je sens.* Le Moi, à ce niveau, prend conscience de sa conscience clivée, humiliée, abaissée, esseulée déchue et déjetée.

L'intolérable de la souffrance aliène tout pouvoir propre

Dans l'état de la pauvreté radicale de l'existence, le malheur et la souffrance peuvent atteindre des degrés si extrêmes que le Moi désespère de ne jamais pouvoir réintégrer sa plénitude ancienne. Le sentiment de la perte est alors si intense, la souffrance elle-même est si corrosive et destructrice que le Moi affecté se réduit alors au pur désir de mourir. La mort apparaît phénoménologiquement comme la seule forme possible de la délivrance et comme la seule sortie possible hors de ce Moi souffrant, gémissant, terrifié par la vie. L'horreur de la vie se transforme, lui-même, par la marque du désespoir, en désir de mort. Il n'est pas question ici d'une réflexion métaphysique sur la mort nécessaire et sur l'insurmontable finitude de l'homme. Ce dont il est question ici, c'est une épreuve de soi pré-réflexive où l'affection, dans son ignorance et dans sa dépendance du manque et de jouissance, se saisit dans sa radicalité comme une ipséité percée gravement par une souffrance irréductible. Une souffrance qui brise l'ipséité et l'affecte jusqu'elle désire de mourir pour échapper au désespoir de la solitude, à la vanité de sa misère, à sa maladie inguérissable, à son impuissance ontologique, et à l'humiliation de son narcissisme et de sa volonté de puissance. La mort, envisagée comme délivrance, n'en est pas pour autant saisie comme un bien, ou comme la conclusion désirable d'un raisonnement philosophique. Elle est appelée au cœur de la souffrance et apparaît dans l'horreur comme le dernier choix, et la seule possibilité manifestant la dureté de la souffrance, impossible à surmonter autrement. Un dernier choix qui oblige, un choix qui éprouve la volonté, la liberté et la pensée. Ce qui se dessine est toujours la figure déchirante et injuste de la vie où, plusieurs choix s'ouvrent en réalité : le choix du suicide ou de la mort effective, le choix de combat perdu en avance pour maîtriser la vie, et par le fait même pour échapper à l'horreur de la souffrance ; ou bien le choix de résignation ou d'aliénation de l'existence en général. Le Moi affecté peut toujours faire un choix surtout au moment fort de sa souffrance et dans les moments obscurs ou violents. Mais face à l'intolérable de la souffrance, le Moi *clivé, brisé, étouffé*, possède-t-il toujours un pouvoir de choisir ?

La souffrance comme crise, comme tragédie, comme épreuve de soi, et surtout comme « désastre », n'est pas vécue comme un événement mondain qui vient affecter le Moi de l'extérieur, mais elle est le Moi lui-même fait tout entier souffrance : *une ipséité en épreuve de soi*. Le Moi, en ce sens, s'éprouve soi-même comme un *désastre intolérable*. L'intolérable, ici, est la qualité de la souffrance qui est un surcroît sur toute douleur physique et mesurable. Intolérable, insupportable, infinissable, intense, grave, terrifiante, tel est le visage de la souffrance sans visage. Une souffrance sans accès, sans fin, sans limite, sans mesure, a-temporelle qui comporte en elle-même une signification infinie au-delà de tout sens donné par soi. La souffrance a toujours une signification, parce qu'elle est inséparable de l'existence, de la vie humaine, du Moi qui souffre.

Il n'en reste pas moins que nous sommes en présence d'une interprétation de soi par une conscience souffrante, éprouvée. Une telle épreuve est le visage de l'existence, du Moi gravement affecté par son propre *désastre*. Il est impossible devant cette invasion obscure et violente de s'envelopper en soi, de rentrer dans son intimité, puisque cette invasion émane de son intimité même : une invasion intime, trop intime et par le fait même brisant toute intimité de soi et privant le soi de tout « chez soi ». L'intimité du Moi s'inverse en étrangeté. En elle est posé l'intolérable ; l'intolérable est la crise même et la crise c'est son ipséité même, ce qu'il est réellement : un *désastre*. L'épreuve de soi, étrangement intime, est la signification par laquelle le Moi souffrant est saisi comme approchant de la limite de ses limites, de l'avènement de l'*Impossible* comme signe du non possible, et de la destruction totale de toute puissance subjective.

L'épreuve de soi, par son excès, est une épreuve de mourir continuellement sans mourir définitivement, sans finir. C'est encore tôt, gravement tôt de mourir, et c'est tard horriblement tard de vivre. Car une simple menace de mort peut engendrer la peur ou l'angoisse sans jamais provoquer suffisamment le sentiment de l'horreur de *l'intolérable,* du *désastre ontologique*. Le vécu de l'*intolérable* transforme, dès lors, l'épreuve continue de la souffrance en épreuve de soi, qui est en surcroît permanent sur ses propres limites ontologiques. L'intolérable, ici, est un événement qui vient dépouiller le Moi de sa « subjectivité » même et le couvrir d'une étrangeté qui vient de l'autre bord, d'un ordre nouveau, celui de l'*Impossible*. Face à l'*intolérable*, le Moi s'accomplit comme un soi constitué par sa destitution, présent par sa disparition, approprié par sa désappropriation, exposé comme effacement de soi. Etre soi c'est être en rapport avec ce qui creuse en soi une rupture originaire. Etre soi, c'est être rapporté à soi comme *dif-férent* de soi. Une telle *dif-férence* est la condition de possibilité du surgissement de soi comme épreuve de soi, comme intériorité originaire. Si le « désastre » est l'« intolérable » même, et si l'« intolérable » est constitutif d'une inquiétante étrangeté en surcroît permanent sur toute intimité d'un « chez soi », c'est qu'ils impliquent tous les deux une conséquence dynamique selon une modalité nouvelle, selon un nouvel ordre autre que le possible, celui de l'« Impossible ». Le Moi terriblement affecté, en brisure de soi, est exposé par l'horreur de sa souffrance, de la spontanéité active de l'affection et de l'action, à un degré d'épreuve et d'être plus approfondie. Il entre dans une nouvelle modalité celle de la *dif-férence* originaire. Par elle, l'épreuve de soi, c'est-à-dire l'intolérable excès de la souffrance, doit ex-poser le Moi affecté vers une nouvelle voie, celle qui dépasse la logique de l'être comme possession de soi, comme amour-propre et comme projet ontologique. Le rapport du Moi avec soi est un enchaînement comme celui déjà d'une chaîne, d'un fardeau qui signifie un retard et une impuissance du soi à lui-même : une fragilité blessante et humiliante. Une fragilité qui oblige à l'épreuve de soi dans l'effacement de soi comme perte de soi, et tout cela sans fuite et sans consolation, sans arrêt et sans ralentissement. Une fragilité originairement et gravement première dans l'affaire de soi empêtrée et acculée à l'obligation d'être. Cette fragilité gravement blessante est le vrai nom de l'ipséité. Une ipséité qui s'ipséise selon une identité non identifiante, une identité d'autant plus fragile qu'elle ne supporte pas la pesanteur de l'identification, de la substantification et de l'appropriation. Une ipséité fragilement ipséisée, déjà fatiguée selon une fatigue accouchante, qui accouche l'ipséité dans sa fragilité même. L'ipséité n'est nulle part ailleurs que dans le mouvement d'accouchement de soi, pris dans une fatigue qui fragilise toujours-déjà l'ipséisation même de soi. En revanche, le statut dérivé même de l'ipséité lui advient comme absolument originaire. L'ipséité est originairement une fragilité blessée, et sa blessure est la gravité de sa fatigue et cela depuis sa naissance même.

Je suis fatigué, je n'en peux plus

L'existence, privée de son intimité, perd son caractère propre, privé, comme possession de soi et retourne à un fond obscur, étrangement inquiétant. C'est de son intimité, de son pouvoir d'existence privée que le Moi est dépouillé. Il est brisé, clivé, percé par ce qui est *Unheimlich* en lui. Rien dans ce monde là, aucun étant peut avoir cette autorité de lui assurer, et de donner sens à son être, car son affaire est intime et insubstituable. Aucun *alter ego* ne le peut non plus, puisqu'il est comme lui sous le règne de l'impuissance, de la vanité de la mort, mais avant tout sous le règne de cette inquiétante étrangeté qui brise son intimité et clive sa mienneté. Par principe, la vanité s'étend donc universellement[1]. Dans sa correspondance, Balzac disait : « On est si malheureux seul, si malheureux en société, si malheureux mort, si malheureux en vie. J'éprouve un vide, un ennui, un dégoût de tout. Je suis sans âme, ni cœur ; tout est mort. » Proust, en ce sens, ajoutait : « [...] Autrui ne peut être pour nous qu'une source de déceptions affectives et d'arrachement à nous-mêmes, à cet isolement des êtres les uns par rapport aux autres[2]. »

Réduit à un *mal d'être*, à une vanité ontologique, le Moi se borne à déployer imaginairement sa puissance et son pouvoir de domination et de possession pour but de réussir à être, à réaliser son projet d'être : sa plénitude. Le Moi cherche à se situer quelque part dans le monde. Il se laisse être transporté par la nécessité d'être quelqu'un, quelque part dans un temps et dans un lieu précis. Ce besoin originaire de stabilité mène le Moi à chercher une identité protégée du changement, de la perte, du souci, qui sont les sources de sa perturbation et du *mal d'être* qui le constituent et qui constituent sa misère. *Laissez moi tranquille, je veux être à l'aise, j'ai besoin de me reposer, j'ai besoin d'être coupé du monde, je suis fatigué, je ne peux plus...* ; ce sont des termes utilisés quotidiennement par le Moi souffrant, impuissant, et sa nature « ruisselle et suinte de finitude ». Il est fini, il est sa finitude même, et la perte est le berger de son être, sa perte même, et personne ne peut perdre à sa place. Vous vous précipitez à votre perte disait Pascal ; d'où le terme *écoulement*. J'en éprouve le besoin, et le besoin est la preuve de ma finitude, de cette condamnation éternelle. La profonde conscience de ma facticité, du *je suis* que je suis, me constituerait si intimement, si identiquement. Je connais mieux que personne que je suis fini, miséreux, faible et ma faiblesse n'est qu'impuissance insurmontable. C'est une maladie grave qui me constitue et qui persévère dans mon être, dans mon sang ; elle me contamine et elle me conditionne. Selon Pascal : « L'homme n'est qu'un roseau... Une vapeur, une goûte d'eau suffit pour le tuer[3] ». « Mon cœur mis à nu » disait Baudelaire dans son *Journal intime*.

Le besoin d'être chez soi, de fuir l'étrangeté de son être, d'être soi-même sans être un autre, n'a cessé d'être l'affaire primaire du Moi. Je suis face à un soi lourd à porter, dur à accepter tel qu'il est. Cette situation même engluée dans toute sorte d'insécurité, de non assurance, pousse le Moi à poser sérieusement et profondément des questions en rapport direct avec le

---

1 M. Heidegger, *Sein und Zeit, Ibid.*, p. 56.
2 Marcel Proust, *Un amour de Swann, suivi d'un « parcours proustien »*, Presses Pocket, Paris, 1993.
3 Pascal, *Pensées, Ibid.*, fr. 200, p. 347 ; cf. fr. 113, p. 348.

sens de sa vie, de son existence, de ce Moi mystérieux qui se trouve affecté dès son *accouchement*, et s'identifie comme affecté. Je me découvre affecté par une étrangeté au sein même de mon intimité sans pouvoir m'en éloigner, je ne puis être autrement, mon Moi est affecté intérieurement et cet état même est insubstituable. Selon Pascal *:* égaré, l'homme s'agite à tâtons, avec inquiétude et sans succès, dans des ténèbres impénétrables. Il ajoute *:* « Silence et nuit, voilà ce qui entoure l'incroyant, voilà le décor de l'existence humaine, entraînée par les courants du temps et des passions changeantes ». La nuit, en ce sens, est ce qui dépasse la capacité de compréhension de l'homme, son ignorance ; être seul face à sa vanité.

Le Moi solitaire ne se sent plus rien en commun. Il est seul dans l'irrationalité ; il n'a plus que lui-même face à l'*Autre* en lui-même. La rupture avec le monde extérieur renvoie à une nuit où, la solitude ferme toutes les portes et toutes les fenêtres. Tout renvoie donc le Moi solitaire à une solitude de plus en plus sans limite, sans fin, sans espace ni temps. Celui qui se sent étranger, arraché du monde, n'a plus que la solitude qui, malgré son étrangeté et son obscurité, reste un « chez soi », l'unique et le dernier lieu familier (*heimlich*).

Par contre, le monde, l'autre, l'affectent et le situent comme un Moi affecté. Il ne peut être que là et à travers le là qui l'affecte et qui l'identifie. Mais ce *là* qui l'identifie, en tant que Moi affecté, affecte la totalité de son ego, de son intimité et le renvoie face à sa vérité originaire : il est une ipséité fragile, jeté dans le monde, sans être l'origine de son être, de « ce qu'il est ». Selon Heidegger, le *Dasein* est jeté, il n'est pas amené par lui-même en son *là* : « Il n'a pas l'être-jeté derrière lui à la façon d'un événement déjà arrivé en fait et qui s'est ensuite détaché du *Dasein*, comme quelque chose qui a eu lieu avec lui ; au contraire comme souci, le *Dasein* est constamment, aussi longtemps qu'il est, son « qu' » il est[1] ». L'être du *Dasein* est le *souci*. Le *souci* réunit en lui *facticité* (être-jeté), existence (projection) et dévalement[2]. Sans être l'origine de son être, il a en elle son centre de gravité que la disposition lui révèle comme fardeau. Étant une existence jetée, le *Dasein* demeure constamment retranché en deçà de ses possibilités. Dans ces conditions, ne pas être l'origine de son être veut dire ne jamais être maître de l'être le plus propre de l'origine. Le *Dasein* est l'étant jeté comme soi-même[3].

Le *je suis* dans le monde est le mode d'être qui identifie le Moi et qui le destitue comme être en situation de *facticité*, comme distancié de son origine, comme un Moi seul face au monde, comme un Moi autre face à lui-

---

1 Heidegger, *Sein und Zeit, Ibid.*, δ 58, p. 283-284, tr. fr. Vezin, p.341.
2 *Ibid.*
3 *Idem.*

même, comme un *être-déjà-perdu*, comme un Moi qui a perdu son intimité, qui a perdu son *chez soi*[1]. Même la solitude est brisée et déchirée de son esseulement, de ce dernier lieu familier en elle. Le double Moi, ou bien le Moi double, caractérise la situation du Moi et son identité affectée. Il est un *là* sans existence, c'est-à-dire sans origine, sans référence à soi, sans support ni fondement, sans substance ni même essence, il est un *là* de perte, un *là déjà-perdu*, une perte déjà-là. Il est une présence sans présence, absenté de soi-même malgré soi, juste situé et appelé à *s'ek-stasier* comme un être clivé, effacé, divisé entre être ou ne pas être. Comment s'identifier ainsi ? Quel projet d'être peut-il encore résister à cette étrangeté qui couvre toute référence à soi et toute intimité propre ? Le seul projet qui s'impose, ici, est celui d'une *présence en perte de sa présence même*, d'un *être-là-déjà-perdu* ; un projet d'un être qui cherche le sens de sa situation affectée par un manque originaire sans jamais le trouver, ni le combler : un projet d'être *déjà-perdu* dès la naissance même de l'être. *Déjà-perdu* est le destin d'un Moi sans projet, d'un *pré-Moi*[2].

Il faut chercher un sens au *mal d'être*

Selon la logique de l'être, aucun étant ne peut être sans s'efforcer continuellement à être, à persévérer dans son être sans condition, ni limite, ni fin. Persévérer à être c'est une sorte de lutte atroce qui consiste à ce que le Moi soit à tout prix lui-même, un Moi propre, *d'être sur le mode du Je*. Le *Je* est « pour soi », se représente et se connaît aussi longtemps qu'il est. Mais en se connaissant, ou en se représentant, il se possède, se domine : « Cet impérialisme du Même est toute l'essence de la liberté[3] ». C'est pourquoi le désir d'être, l'amour-propre qui veut tout pour soi, est enraciné dans les déterminations instinctives de notre être. Le « pour soi », comme mode de l'être, indique un attachement à soi aussi radical qu'un *vouloir naïf de vivre*.

---

1 On fait allusion ici à Heidegger dans les *Concepts fondamentaux de la métaphysique,* p. 21, qui parlant sur la philosophie comme désir d'être toujours chez soi cite Novalis : « La philosophie est à proprement parler nostalgie, quelque chose qui pousse à être partout chez soi. » Dans *Écrits*, éd. Par J. Minor, Iéna, 1923, vol. 2, p. 179, fragment 21. Etre « chez soi », pour Heidegger, c'est être « tout entier » et à chaque moment hors de soi, en chemin, entraîné, retenu, balancé et reposé dans une pesanteur qui lui tire en lui détournant. Cet état même inquiétant est la *finitude*, le mode fondamental de *l'être-là*, du *Dasein. Ibid.,* p. 22-24.
2 Jean-Luc Marion, *Prolégomènes à la charité, Ibid.,* p. 56.
3 E. Lévinas, *Totalité et Infini, Ibid.,* p. 86.

Le désir, en ce sens, est profondément égoïste, d'un égoïsme qui est le mouvement même de l'être en tant qu'il veut être, être plus, être heureux, jouir. Ce *je* que je suis, m'appartient, est mien, ce que je suis et personne ne peut l'être à ma place : « Ce *je* qu'à chaque fois moi seul ai à être, sans qu'aucun autre, jamais, ne puisse m'en épargner le fardeau[1] ». Quel fardeau ? Est-ce le fardeau du *mal d'être*, de son appropriation ? Ou bien le fardeau d'*être* tout court, avant même de commencer à être, d'être assez vieux pour mourir ? Autrement dit, le fardeau de l'être émane-t-il de la pesanteur de son appropriation, ou bien de celle de sa perte, c'est-à-dire de l'impossibilité même de toute appropriation ?

En effet, être, pour le Moi, ne signifie pas simplement prolonger son effectivité, mais à rester ouvert essentiellement sur et par une possibilité, à se projeter dans l'avenir imprévisible, face à sa solitude exilée et à sa fragilité blessée et fatiguée. Etre signifie « s'inaugurer dans la possibilité[2] ». A chaque instant, le Moi se sépare de quelque chose, perd quelque chose, parce qu'à chaque instant il s'ouvre à une nouvelle possibilité d'être et à une nouvelle possibilité de perdre son être. Chaque particule de la vie, du Moi temporel, contient à la fois la mort et une possibilité autre que la mort. Persévérer dans l'être, c'est persévérer dans la possibilité même de donner sens à son être, de chercher le pourquoi du mourir, un sens à sa perte. Car ce qui est plus important que d'être, c'est de donner sens à son être, à son existence, à son *je suis mortel*, à *l'être-déjà-perdu* qu'il est.

Le Moi qui souffre, et qui ne cesse d'éprouver la vie comme essentiellement souffrance insupportable, ne cherche pas l'être simplement pour être, mais pour avoir un sens de plénitude à son être, à sa vie. S'inaugurer dans la possibilité et persévérer dans l'être, voilà deux notions qu'il est absolument impossible de replier l'une sur l'autre. Persévérer dans l'être c'est refermer le possible sur le réel déjà là. S'inaugurer dans la possibilité c'est s'ouvrir à une plénitude de sens qui dépasse le *déjà là* comme condition du réel. Celui qui peut assurer cette plénitude du sens de l'être c'est lui qu'il faut chercher. Mais quel sens encore ? Qu'est ce que je cherche encore si j'ai déjà perdu le *je* que je suis ? Je suis ce que je ne suis plus, je suis *déjà-perdu*. La possibilité possibilise, ici, le surcroît de la perte et l'effacement du sens même de l'être : « Les hommes voudraient échapper

---

1 Jean-Luc Marion, *Le phénomène érotique*, Paris, Grasset et Fasquelle, 2003, p. 89. Sur la notion du « fardeau », voir *Sein und Zeit*, δ 29 : « Fardeau » : ce qu'on a à porter ; l'homme est livré au Da-sein, il lui est remis. Porter : assumer la charge de son appartenance à l'être même. Sur Existence, fardeau et fatigue voir Kierkegaard, *L'Evangile des souffrances*, *Œuvres Complètes*, t. XIII.
2 *Ibid.*

à la mort, bizarre espèce. Et quelques-uns crient, mourir, mourir, parce qu'ils voudraient échapper à la vie. Quelle vie, je me tue, je me rends[1]. » La perte en moi fait que je suis un autre, autrement et à chaque instant différemment. Ce qui fait que mon trésor n'est plus là où est mon être, ni là où est le sens de mon être, mais là où s'exerce la perte de mon être, là où se localise la perte de ce qui est *mien* dans l'être : là où est le *non-sens* de mon être, là où je souffre et ma souffrance est intolérable et insupportable. Pour Levinas, être ou ne pas être, ce n'est probablement pas la bonne question ; car l'être n'est jamais contrairement à ce que disent tant de traditions rassurantes sa propre raison d'être[2]. Etre, pour Levinas, « c'est être vécu, c'est avoir un sens dans la vie[3] ». Nous savons que la même lutte reprend chaque matin et n'avons aucun goût pour l'utopie. Il ne s'agit donc pas de vanter et d'inventer des théories qui ne mènent nulle part, mais il s'agit de savoir exactement ce que l'on veut, par quel côté la vie, si pauvre et si misérable qu'on la sente, peut prendre un sens et comment notre Moi ne sera pas une horreur, une vanité interminable, mais une vérité d'un être *supporté*, aimé et *par-donné*.

Faut-il donc que cesse d'être et d'agir ce Moi vaniteux et égoïste ? Est-ce bien la recherche du désintéressement, de l'anéantissement de l'amour-propre, qui est le cœur de la solution ? Comment accède-t-on à cette perte, à cette désappropriation de soi qu'en réalité on ne peut jamais vouloir authentiquement et d'une manière désintéressée ? S'agit-il ici de construire une théorie de l'amour ou bien une morale qui échappe aux calculs et aux pièges plus ou moins inconscients de l'égoïsme ?

Non, notre recherche découvrira une intention infiniment plus humble et plus pauvre, car elle trouvera sa demeure dans l'amour-propre même, au cœur du *moi haïssable* selon les termes de Pascal. En réalité, il ne subsiste pas une solution, ni une morale suffisante pour pouvoir continuer de vivre lorsque de sa vie comme de sa mort ont été effacées, les ultimes et dernières consolations de l'espoir. A quoi sert de vivre, si ma vie est insensée ? À quoi sert d'exister si mon existence ne vaut rien que vanité ? Que m'importe de persévérer dans mon être, si je n'y suis pour rien, pour personne, pas même pour moi ? « Persévérer dans mon être me reste une vanité indigente [...] que signifierait une proposition comme « vouloir être » ou « vouloir préserver dans son être ? Rien sans doute, un non sens[4]. »

---

1 M. Blanchot, *La folie du jour*, Gallimard, Paris, 2002, p. 11.
2 Emmanuel Levinas, *Ethique et Infini*, Paris, Livre de Poche, Biblio-Essais, 1992, p. 121.
3 *Ibid.*
4 Jean-Luc Marion, *Prolégomènes à la charité, Ibid.*, p. 93.

Le Désir n'est pas le désir d'être ni le désir d'avoir un sens de l'être, mais le Désir de désirer l'horreur de l'être, de par-donner le mal de l'être et de le sup-porter. Car le *mal d'être* est mon horreur même, mon *désastre*, ma réalité même, ce que je suis originairement. C'est là où tout a déjà commencé et c'est là où tout doit re-commencer. Le *Je suis,* en ce sens, doit être précédé et fondé par un : *pardonne-moi de ne pas pouvoir te sup-porter et te par-donner dès ta naissance même.* Rien ne peut tenir, subsister, face à l'horreur de l'être, que cette conversion, ce renversement qui re-commence l'être dès l'horreur même qui le constitue et dès la face du mal qui *l'en-face, l'en-visage* cela et l'identifie. Ce n'est pas à nous de donner sens à l'être, car on ne peut donner ce qui ne nous appartient pas ; ça échappe à notre pouvoir parce que le sens ne se donne qu'au moment même de la perte de l'être de tout ce qui lui appartient, surtout de sa recherche du sens. Le sens demeure là où on ne le cherche pas et celui qui cherche un sens, à ce niveau, ne le trouvera jamais. Pourquoi ? Parce qu'il faut bien qu'au fond de la fragilité ultime qui nous brise on puisse chercher en nous une étincelle d'espoir qui ne vient pas de nous. Il faut cette fragilité originaire qui *clive* comme rapport de l'être avec ce qui rompt, ce dont il s'écarte et impose ainsi une *dif-férence* qui fait laisser arriver l'*Impossible par-delà* l'ultime perte.

2- Le manque incurable de l'*Autre*

Chercher un sens au *mal d'être* n'est plus le plus important pour moi

L'être est un projet illusoire de se conserver dans son être. *Le projet de l'être est un projet impossible.* Et c'est par cette impossibilité que la brisure s'oblige à une altérité inquiétante, à une autre possibilité, à ce qui rend possible l'*Impossible*. C'est sur le sol de l'*Impossible* que la rupture doit prendre lieu, un lieu sans espace, sans intimité et sans « chez soi ». Et il faut de la fragilité pour que la blessure ait lieu et pour que le lieu se clive et pour que le clivage ouvre l'ipséité sur la générosité originaire de ce qui ne vient pas de soi.

L'être humain est un être qui n'a pas été amené par soi-même à son être, et en même temps il se trouve dans l'impossibilité de continuer à être par lui-même. Il ne peut jamais sortir seul de cet état de *déjection, de déchéance, de pauvreté radicale, de vanité, et de facticité*. D'ailleurs, sa vocation n'est pas d'en sortir mais de s'*approfondir* dans cet état qu'il est. Le sens radical de son existence n'est pas ce qui lui semble *a priori* le plus important. Car le sens donné à son existence est une « présence, un rôle, une vocation et une fin ». Et c'est pourquoi le sens recherché par « soi » perd son importance pour soi : « Mais je retombe sous des fardeaux très lourds et je me trouve résorbé dans l'habitude qui me tient, et je pleure beaucoup, mais je suis beaucoup tenu. Tant alourdit le fardeau de l'habitude ! Ici je puis être, mais ne le veux pas ; là je veux être, mais ne le puis pas. Ici et là, misérable. *Miser utrobique*[1] ! »

Le renversement de la manière de voir, de voir autrement, de faire attention non à l'existence, ni au sens qui la fonde, mais au *non-sens* qui lui fait perdre toute possibilité, peut *trans-porter* le Moi « hors du possible qui le limite[2] ». Mais comment puis-je sup-porter le mal de mon être dans l'absence même de tout espoir, de toute consolation et de tout sens ? C'est en laissant le *Sens* lui-même se donner, s'offrir à mon existence et me *trans-porter* vers mon *fondement*. Donner sens à mon existence se fait par un *Autre* que moi, et cela au moment même de la remise en question de moi-même, au moment de la perte de tout sens venant de moi. Au moment où je me sens mal, où je deviens un *mal d'être* et où *rien* ne dépend plus de moi. C'est à la limite du comble de *sup-porter* le mal de soi, qu'autre chose que soi survient

---

1 Saint Augustin, *Confessions*, IX, 10, Bibliothèque Augustinienne, Paris, 1982.
2 Jean-Luc Marion, *Prolégomènes à la charité, Ibid.*, p. 52.

pour *laisser-être* cette fragilité propice à l'accouchement de soi. La question, posée ici par le Moi, ne cherche plus des réponses ; elle cherche ce qui est plus qu'un sens, ce qui ne dépend plus d'elle, un *sup-port*, un *aban-don* et un *par-don*. Seul un *par-don sup-porte* le malheur de soi et aime le mal de l'être. Seul le *par-don* ouvre la possibilité d'un sens qui ne vient pas de soi. Pourquoi ? Pour la simple raison que le *par-don* est autre chose qu'une volonté qui pardonne ; il est *dif-férent* d'un espoir qui réduit la violence de l'horreur de l'agonie et qui réserve une certaine consolation au moment de l'épreuve. Rien ne doit être réservé, pas de consolation, tout doit disparaître même le sens. Seule une pauvreté originaire *possibilise l'avènement de l'événement du par-don.*

L'essence de la raison ne consiste plus à assumer au Moi un fondement et des pouvoirs, mais à le mettre en question et à l'inviter à chercher autre chose qu'une réponse thématique, conceptuelle dans le sens contraire de la recherche de soi-même. Ce qui est primordial, en ce sens, ce n'est pas l'existence même : être ou ne pas être, ni le sens de l'être, mais de *sup-porter* cet état insupportable, l'étrangeté en soi qui lui *impose* ce qui ne vient pas de soi. Le *là*, comme situation affectant le Moi, ne relève donc pas d'abord de l'être, mais de ce qui est plus originaire, de l'origine de l'être, de l'*étranger-familier* en lui. Le besoin en soi de trouver un sens originaire à son existence, manifeste un manque inlassable en soi, qui creuse en soi toute velléité d'ajourner l'avènement de la pauvreté du *par-don*.
Tant que le besoin et le manque en soi ne sont pas réduits à rien, l'arrivage de ce qui est *déjà-là*, en soi, est freiné et la recherche est vaine. Le Moi cherche le sens de sa vie parce qu'il ne l'a pas, ne le sent pas, ne le voit pas, ne le touche pas. C'est pourquoi sa souffrance est insupportable et sa recherche est une perte de temps : parce qu'il ne cesse de rater l'arrivage de l'originaire en soi. Il cherche le sens ultime de son être parce que son absence l'habite et le hante ; il est l'*Intolérable* qui rend impossible toute fuite. Enfin, si le sens lui appartenait, il est sien, il ne songerait même pas à le réclamer ou à le proclamer. Justement, il y a en chacun de nous un appel, une relation originaire en nous avec ce qui est *dif-férent* de nous. Un tel appel doit jaillir non de soi mais de ce qui a été toujours en soi, de l'Autre « avant » soi. A ce moment, c'est lui qui apparaît, il est là, et il n'y a aucun besoin de le démontrer. Il est là depuis longtemps, avant même son temps. C'est dans l'exacte mesure et au moment où le Moi est en présence de l'Autre, qu'il devient une présence à soi-même, une mienneté désirante, un Moi altéré par l'Autre. Dès qu'il est privé de cette *Présence*, il devient une grande absence pour soi-même : *un néant d'être, un mal d'être, un être insensé, une mienneté esseulée, un désastre.*

Le Moi *est* ce qui se perd en lui, et selon les exigences de sa souffrance à cause de cette perte même, de la perte de ce manque incurable de l'Autre en lui. Tant que le manque de rencontrer le sens originaire de son existence, dans sa totalité et son intégralité, l'affecte et le fait gémir, tant que la perte en lui doit effectuer ce qui lui reste à perdre. Le manque, en ce sens, lui fait découvrir en soi l'origine de son *soi*, manifesté à travers les événements de sa vie. Mais aucun de ces événements ne lui appartiennent, ils ne viennent pas de lui. Tous viennent à lui, l'affectent et découvre son Moi à lui-même autrement et par l'Autre en lui, comme origine de sa perte et par le fait même comme origine de sa souffrance. Ces événements *adviennent* par un Autre, non de soi ; elles viennent le rendre insubstituable face à l'*Intolérable*.

Une « Présence » autre et autrement nous fait source et authenticité, et c'est dans cette direction qu'il faut faire converger nos recherches, pousser notre lutte contre tout sens et tout espoir qui ajourne et qui empêche l'arrivée de la pauvreté du *par-don*. Le Moi n'est soi-même que lorsqu'il est plus que lui-même par la perte de toute référence à soi. Il devient lui-même, dans la mesure où l'Autre apparaît comme signe de changement de tout projet de recherche en soi. Projet de décentration de sa conscience comme conscience manquante. L'Autre fait même entrer le Moi dans la crise même de l'incapacité de l'explicitation de ce mouvement de décentration. La crise, ici, émerge d'une prise de la conscience explicite d'une inadéquation existentielle et d'une indispensable décentration de la conscience de soi. Une décentration vers une nouvelle naissance transporte la conscience de soi vers une fin qui soit absolument désirable à toute autre fin. Ce que la crise rend manifeste c'est donc la référence du « Désir » à une modalité suprême, à ce qui comble la conscience par sa propre immolation, de sa propre pauvreté originaire.

La décentration de la conscience consiste en un retour du Moi sur lui-même, à un re-commencement à être autrement selon les exigences de l'arrivée de *l'*Autre en lui. Le re-commencement est un changement de la direction intentionnelle. Dans le jugement porté sur l'intolérable et sur la souffrance face à l'horreur de l'impuissance de l'être, le Moi se préoccupe de soi, et regarde sa facticité autrement selon les yeux de celui qui a percé son cœur, c'est-à-dire son intériorité. Par l'épreuve de soi, c'est-à-dire par le retour douloureux du Moi sur lui-même, dans le cœur de la souffrance et de l'horreur, nous pouvons déceler l'émergence de l'*Intolérable* comme figure de l'Autre originaire. Le « Désir » en est la seule source dynamique : *c'est moi qui existe, c'est moi qui souffre, c'est moi qui me révolte, désespère et m'aban-donne à ma propre re-naissance.* En revanche, le fondement du « Désir » réside dans la fragilité blessée, dans la conversion en soi pour découvrir l'Autre, le « Différent » qui, seul, possibilise l'accélération de la perte radical de la vie, de la mienneté souffrante et du « désastre » du : « je suis chez moi ». La conversion doit tenter, dans son effort le plus paradoxal, de se maintenir dans l'angoisse et la souffrance, afin de *se-laisser-être-donné* à soi par la perte radicale de soi, et cela selon la volonté de la pauvreté du *par-don* en elle. Le dernier effort, pour porter la fatigue et l'horreur de son être, va s'effectuer dans et par l'expérience vécue du mal de l'être comme *mal d'être*. L'ultime réponse au mal de l'être c'est le *mal d'être* lui-même. L'ultime remède à la souffrance de l'être c'est la souffrance d'être elle-même. Le sens de l'être ne vient pas d'un *ailleurs* de l'être, de ce qui s'impose à lui de l'extérieur, mais du fond de l'intimité de l'être, de sa pauvreté même, de ce qui est insupportable, inassumable et im-pardonnable en lui. Il faut chercher le sens de l'être là où se niche le *non-sens, le mal d'être*.

Etre selon une étrangeté originaire

Rien en moi n'assure mon Moi, rien de moi ne me donne mon *soi*, mais me livre à chercher ce qui est *dif-férent*, autre que moi. Le *décentrement* de ma conscience, comme centre de mon Moi, est le seul lieu de re-trouvaille. Cette découverte m'exile définitivement hors de mon intimité propre, où je ne serais jamais ce que j'étais et où, pourtant, l'étrangeté de l'*Autre* en moi restera toujours plus intime à moi que moi-même. Je me découvre, à ce niveau, comme autre que moi-même, lié à moi-même par une ouverture aussi grande que ma misère, aussi radicale que ma facticité, aussi sublime que l'horreur de mon être. Le propre du Moi c'est qu'il ne connaît pas soi-même ; le propre du Moi c'est son impuissance originaire. La conscience de soi n'émane plus d'une réflexivité thématique, et n'est plus une connaissance de soi, ou bien une maîtrise de soi, ni une recherche de ce qui est mieux pour soi. M. Blanchot demande : « Qui étais-je ? Répondre à cette question m'aurait jeté dans de grands soucis[1]. »

Une telle découverte, plus intime que soi-même et plus étrangère que l'*Autre* en soi-même, ne peut être découverte qu'au moment où le Moi accepte de risquer son être et de *s'aban-donner* à l'étrangeté de l'*Autre*. Le risque même le fait éprouver une violence qui sépare en lui le *Je* du *suis* pour l'identifier comme un *Je-autre*, comme un *Je* ouvert à un ordre *dif-férent* de celui du possible en lui, ouvert à l'ordre de la perte, à l'ordre de l'« Impossible » : *Ce qui est à l'intérieur de moi, n'est pas moi. Il y a au fond de moi ce qui n'est pas moi*. Certes, il reste vrai que je suis et que je suis même certainement moi-même, mais vu autrement, pensé différemment,

---

1   M. Blanchot, *La folie du jour*, Gallimard, Paris, 2002, p. 16.

éprouvé radicalement. C'est l'heure du soir, de « Minuit » qui selon Mallarmé est la seule heure grâce à quoi la conscience existera selon les lois de « l'anti-hasard ». Ainsi, « Minuit » *ou l*'« Intolérable » symbolise le commencement du Moi, le dépassement du Moi de l'ordre du possible en lui, le retour du Moi à son origine. Dans le drame de la conscience, « Minuit » vient en tête pour faire apparaître le « Je » comme opposition à lui-même, et à tout *logos* inefficace, qui n'a pas su *se rendre pur*. Un *Je* qui se distingue à fur et à mesure du *pauvre personnage, vision du moi*. Une vision illusoire masquée par l'amour-propre et l'orgueil du : « je pense, je suis ».

Le *Je suis* que je suis ne peut *m'ad-venir* que de l'Autre, *dif-férent* de moi, et en même temps très intime à moi. Il me manque et me définit par ce manque lui-même qui ne peut jamais être comblé par moi, sauf si le comble c'est la perte de *soi*. L'Autre, qui provoque un sentiment d'horreur de *l'Intolérable* en soi, marque une distance, un écart et une *dif-férence* originaire qui déstabilise la conscience et la fonde autrement par un Autre, plus intime à soi que soi-même parce qu'il est plus originaire. Le Moi ne peut aboutir à son être directement, satisfaire son *soi* par lui-même, se suffire à soi-même, chercher son bonheur, le bien de soi. Combler soi-même est essentiel, mais ce qui est réduit au second degré c'est l'acte du *Je*, de soi-même. Le *Je* est comblé par un Autre, autre que soi-même. Et l'Autre n'est que le comble de la perte de soi. Le Moi doit passer par l'Autre vers soi-même. Le retour à soi est conditionné par un Autre, car l'initiative de la conscience est insuffisante pour se réancrer au Moi.

Le solipsisme est contourné contre lui-même jusqu'au mourir de soi par un Autre. L'incapacité du solipsisme de toute découverte originaire du Moi, trahit sa possibilité même, et mène le Moi vers l'impossibilité de tout rapport immédiat entre le *soi* et son origine ; et s'il y a rapport, c'est un rapport d'horreur et de souffrance insupportable. « Le Moi solipsiste, narcissique, est une preuve d'une impossibilité du principe[1] ». Le Moi seul ne suffirait pas comme preuve d'origine, car il est incapable d'être un autre que lui-même, de précéder soi-même, d'être un sens par lui-même et pour soi-même, et d'accepter la perte radicale de soi-même. Le seuil de la conscience du *Je* atteint, en premier lieu, la limite ou la distance entre l'être et le non-être, ou entre être par soi-même et être par un Autre que soi-même. Lorsque le Moi n'est que lui-même, il manque son être, il n'est qu'une imitation de son être. Le Moi est *double*, divisé en lui-même, écartelé, déchiré. Il ne parvient pas seul à la re-trouvaille de son unité originaire, à sa mienneté donnée par un Autre. En partant de la seule considération du Moi

---

1 Jean-Luc Marion, *Le phénomène érotique, Ibid*, p. 52.

propre, ce dualisme n'est pas fécond, il reste un fardeau lourd qui pèse sur la conscience de l'être. Pour cette raison, on trouve la conscience souvent comme une conscience lente, impuissante, fatiguée de sa lenteur même, comme une conscience révoltée, en colère. Elle cherche un changement, autre chose que ce qu'elle est vraiment : un sens à sa fragilité blessée. La conscience est malheureuse et son malheur émerge de son orgueil même. Elle sera toute entière colère, elle le répand autour d'elle, elle n'arrivera à apprécier les autres que dans la mesure où ils entrent dans sa colère. Elle est toute colère, car elle n'est qu'elle-même et par elle-même.

Il nous faut retrouver le double, selon une autre vision, une autre manière de voir et un autre mode de con-naissance de ce qui fait le malheur du Moi, de sa *mienneté*. On ne résonne pas avec une force aveugle. Il faut se retirer, faire un pas non en avant, ni en arrière, mais faire un *pas manqué*. Un *pas manqué* n'est pas un faux pas, mais un pas perdu, c'est-à-dire un pas qui se tient sur le rivage, au bord de la tempête. Tout cela revient à un seul mot : *s'aban-donner* à cet état où, tout entier, le Moi se laisse devenir une perte en soi, une perte originaire où, seule l'éclatement de soi ouvre la fragilité à sa guérison, non de sa blessure, mais de son impatience face à sa blessure même. Se dire : *c'est moi, donc ça n'a pas d'importance ; je me retourne maintenant vers l'origine, car il n'y a de faute que de se détourner de son origine, et de conversion que de retourner vers l'originaire*. Tout cela ne peut jaillir que de ce *pas manqué*, de ce *pas* qui *se-laisse-être* retourné vers son origine, de le re-garder au lieu de se regarder. Un *pas manqué* envers soi-même est un *aban-don* constant et à chaque instant à l'*Intolérable* en soi, à l'arrivée de l'*Impossible*.

3- Une altérité étrange vient briser l'intimité du Moi propre

Le double est l'unité même de l'être

En se découvrant, le Moi se découvre comme une ipséité percée par un Autre : il s'agit du Moi face à celui qui est *dif-férent* de lui, l'étranger, qui vient remplir et faire éclater son intimité par ce qui l'altère. La découverte de l'Autre par le Moi se transforme en une découverte de soi-même comme un *être-par-l'Autre*. Ce dernier devient non sa propre découverte, mais le découvrant de son être : son origine. L'étrangeté intime le *dé-couvre* comme une intimité étrangement inquiétante. Le Moi se découvre comme un être de distance et de *dif-férence* avec l'Autre, son origine. Dans la découverte de soi-même par l'Autre se réalise un *re-vécu*, une vie expérimentée autrement, parce qu'elle est donnée par l'Autre et non par soi-même. La *dif-férence* originaire, dévoilée comme un écart entre soi-même et son origine, manifeste la vérité de son être et ce qui donne un sens à sa vie. La vérité déchirante et angoissante mène le Moi, le *pro-jette* dans une autre vision de la réalité de l'être dans sa globalité. Elle le *pro-jette* d'une position de puissance et de maîtrise de soi-même, vers une puissance autre qui vient d'abord déplacer le Moi face au miroir de sa réalité originaire. Un déplacement qui déchire le Moi de son monde narcissique, solipsiste et l'ouvre à un monde *altruiste*, *non-familier*. On parle d'une épreuve de soi originaire qui oblige le Moi à voir non une autre réalité que la sienne, mais sa réalité vu autrement par un *Autre* en soi. C'est toujours sa réalité intime vu de l'autre bord, d'un regard originaire qui dévoile ce qui est caché, depuis longtemps en soi. Il se découvre en écart avec son origine.

La *pro-jection* de la vérité originaire déchire l'unité du Moi avec ce qui est intime et propre en lui et l'ouvre au paradoxe du *double*. Le double provoque, d'une part, la division entre le Moi et son être, ses buts, ses idéaux, ses désirs, sa réalité intime ; d'autre part, provoque une unité originaire entre le Moi et l'Autre en lui : *Je suis un Moi coupé en deux tout en restant moi-même ; la dualité est l'unité même de mon être*. Etre, en ce sens, c'est être selon une *dif-férence* originaire qui sépare le Moi de son origine, selon la volonté d'un Autre que soi-même à l'intérieur de soi. En se *pro-jetant* dans le monde, comme projet de son être, le Moi se découvre comme un *être-jeté* par un Autre, comme un être sans projet propre. Par cette *pro-jection*, il se découvre comme un *être-de-perte*, un être qui a perdu, déjà, et cela dès sa naissance même, la possession de son être, ou le pouvoir d'être par lui-même le maître de son projet d'être. Il est un *être-de-perte,* un être *pro-jeté* par un Autre et selon ses conditions. La *pro-jection* de son être ne peut être actualisé que par l'Autre : son origine. Vérité blessante et humiliante, mais c'est bien la vérité de son être. En découvrant son être, il découvre *le découvreur* de son être, *l'*Autre, son origine : *Toi, l'Autre en moi, qu'y a-t-il entre toi et moi* ?

L'Autre n'est pas seulement celui qui donne au Moi son être, mais aussi celui qui lui donne la perte de son être. Recevoir le don d'être et sa perte est un seul et même mouvement. Le Moi ne gagne son existence qu'en la donnant, qu'en la perdant. Celui qui lui donne d'exister, lui donne par le fait même de perdre son existence, tout ce qu'il lui a été donné. Le don de l'Autre porte en soi sa propre perte. Il est un être *donné-donnant, reçu-perdu*. Il ne peut exister que comme un être de perte, celui qui n'existe qu'en perdant son existence même. De tout ce que l'Autre lui donne, il n'y a que *l'aban-don* de soi qui compte, puisqu'il ne lui donne que ce qui doit être perdu en lui. Le don de l'être c'est un don de perte, la seule offre offerte à soi par celui qui le précède et le fonde : son origine. Rien n'est aussi mortellement paradoxal, que cette offre offerte à soi sans soi. L'existence c'est un don perdu en avance. Etre c'est perdre, c'est être un *être-de-perte*, un *être-déjà-perdu* depuis sa naissance même, depuis son advenue à l'être.

En revanche, recevoir qui il est engendre l'accomplissement de l'Autre en lui, comme accomplissement de lui-même par un Autre. Cet accomplissement est l'accomplissement de la « perte » en lui. Recevoir, c'est perdre tout ce qui n'est pas reçu par l'Autre, pour devenir en même temps *l'être-par-l'Autre et l'être-pour-l'Autre*, et c'est ce qu'on appelle *l'être-pour-la-perte*. Dans la vie des hommes il y a beaucoup à perdre, et les hommes n'aiment pas perdre. Mais malgré eux, malgré tout, chaque instant de leur vie est une perte. L'expérience la plus intime aux hommes et la plus connue par eux c'est la *perte*. Qui ne sait pas ce que le terme « perdre » signifie ? On perd sans le savoir souvent, sans le vouloir souvent, sans l'aimer souvent. Perdre c'est humiliant souvent.

Je ne suis pas sûr de connaître, d'expérimenter, d'éprouver quelque chose de plus sombre et de plus étranger, de plus déchirant et de plus humiliant mais de plus réel durant toute ma vie. La puissance originaire et surtout involontaire, qui me prive de ma volonté de puissance sur mon être, se présente à travers une expérience intime avec moi-même comme hostile à moi-même, car elle ne demande que ma perte, mon *immolation* et mon humiliation.

Avant de trouver ce qui les unit ils doivent *dé-couvrir* ce qui les sépare

La force de la volonté de puissance, cette volonté propre qui s'oppose souvent à la volonté de l'*Autre*, éclate et se fait à elle-même obstacle. Le narcissique cherche à conserver son être et non à le perdre, à posséder le don originaire de son être en s'imposant comme le maître absolu de son être, comme l'origine de soi-même. *Moi seul je décide de mon être, car moi seul je suis le tout de mon être, le maître absolu*. Le Moi propre doit s'occuper et lutter pour réassumer l'appropriation de soi. Il est calcul, de se préoccuper de soi, de s'approprier. Il s'affronte et négocie avec ce qui sans cesse l'arrache à lui-même, avec le mouvement de l'*Intolérable* qui sans cesse le décentre et le clive de soi. Il est moins identité qu'effort et lutte d'identification de soi. Le Moi propre est réduit, en ce sens, au pouvoir de l'égoïsme qui l'oblige à la conservation de soi comme propriété à posséder et à protéger de toute perte. Refuser d'être *par* l'Autre, c'est être par soi-même à l'intérieur de soi-même, c'est se jeter dans un solipsisme où l'égoïsme règne : être par soi-même son propre accomplissement définitif, sa propre origine.

Il s'agit d'un moment crucial qui fonde toute la vie du Moi et le jette face à un choix radical : être par soi-même ou être par l'Autre, origine de soi-même ; aimer soi-même par soi-même ou bien aimer soi-même par l'*Autre* en soi. Il s'agit de voir le sens invisible, caché de la vie, là où tout commence selon un choix brisé par l'impossibilité de choisir, par le *non-sens*, par l'horreur de l'être et par le malheur d'être. Le Moi, face à cet appel de choisir, se trouve en crise, en épreuve de soi. Une crise d'être ou de ne pas être ; une crise d'être par soi-même ou par l'*Autre* en lui-même ; une crise d'être ou de ne pas être un être de perte ; une crise d'*égoïsme* ou d'*altruisme*. La beauté cachée de la pierre précieuse *(le don de soi)* demande sa manifestation à travers la fragilité de la fleur *(le Moi propre)*. C'est paradoxal, non ? Un paradoxe originaire vient rassembler dans l'intimité du Moi tout ce dont il est capable et non capable, possible et impossible, visible et invisible, authentique et inauthentique, don et possession. Le Moi est appelé à devenir capable dans son incapacité même, puissant dans son impuissance même, à rendre possible ce qui a demeuré toujours impossible, à se réconcilier avec l'horreur de l'être et avec le *non-sens* de toute une vie : *Le soir, les ombres des nuages sont de même nature que la rosée qui scintille sur la terre au lever du soleil.*

Le *pouvoir-atteindre-soi-même* doit accomplir un acte originel ; un choix contre soi-même qui fixe une limite à l'intérieur de sa propre impulsion : un *ne-pas-pouvoir-atteindre-soi-même* tout seul, c'est-à-dire sans *l'Autre*. Le Moi est appelé à accomplir sur lui-même en quelque sorte une humiliation de sa conscience de soi comme volonté de puissance pour la décentrer par l'*Autre*. Par cette humiliation le Moi parvient avec l'*Autre* à se manifester comme un *être-déjà-perdu*. Le choix est une expérience *d'abandon de soi*, un choix sans choix propre, une épreuve de soi qui unit la possession de soi avec le renoncement à soi, le pouvoir avec la perte humiliante, l'être avec sa perte, le *familier* avec le *non-familier*. De la déception originaire de soi-même doit surgir une *involontaire-volonté* à l'intérieur de soi-même. La lutte contre ce paradoxe cause un schisme au sein de la constitution de son être, et fait introduire la notion de l'*ennemi* dans son intimité même, où son être devient ennemi de tout ce qui le constitue : *Je me hais, donc je suis le maître sans paradoxe*. Haïr le paradoxe de son être, c'est refuser l'*Autre* comme origine ; refuser l'appel de l'Autre qui demande la perte de son être. Par contre, choisir à *s'aban-donner* à ce paradoxe originaire, qui constitue son être, cause une unité au sein même de son être et fait introduire la notion de l'Amour dans son intimité même : *Je m'aime, donc je m'abandonne au paradoxe de mon origine*.

La lutte et le refus, ici, consistent à se réfugier dans son égoïsme, défendre sa chair, sa propriété, satisfaire sa jouissance et assurer son pouvoir. D'où opposition avec lui-même, avec l'Autre en lui-même, et avec tout ce qui est hors de lui-même, c'est-à-dire aux autres et au monde. La lutte fait opposition et craie un schisme, un double dans l'unité même du Moi : *Moi et moi-même ne sommes pas un, mais deux en conflit et en guerre atroce où l'un de nous doit être éliminé*. Le Moi double impose une différence idolâtrique entre ce qui est intime et ce qui est étranger en lui-même ; l'un doit être idéalisé, l'autre est devenu l'ennemi, le démoniaque. L'Autre démoniaque, ce qu'il hait en soi, représente ce qui doit être éliminé en soi, rejeté absolument et à n'importe quel prix, caché, et même tué. L'Autre, celui qui doit être séparé du *Moi idéal,* absolu, seul créateur de valeur et de sens, le maître absolu de soi-même. L'Autre excite la répugnance, suscite le sentiment de honte qui doit être projeté du Moi à l'Autre en lui et à l'extérieur de lui, dans le monde. Haïr l'Autre en soi-même, haïr le monde hors de lui-même, c'est l'unique sentiment que le Moi égoïste et narcissique éprouve. Le Moi narcissique juge tout ce qui est autre, étranger, différent, peut-être parce qu'il n'y a que de la haine dans son cœur ; car *seul qui hait juge et condamne*. Face à ce qui est autre, étranger, sale, réfuté, le narcissique annonce son innocence. Ce qui est incapable de répondre aux exigences du Moi idéal, orgueilleux, doit être réfuté, anéantit. Et plus cette vision négative de l'étranger est radicale, plus elle est identifiée avec la mort comme seul lieu pour anéantir l'Autre, l'ennemi : extérioriser l'ennemi en le tuant ou bien intérioriser l'ennemi en se suicidant. Tuer l'Autre ou bien se tuer soi-même entrent dans un rapport indissociable.

L'échec ou la perte, pour le Moi idéal ou bien pour l'orgueilleux, signifie la perte du pouvoir sur son être, c'est-à-dire la perte de la totalité de son être. Une culpabilité infinie et insupportable s'annonce : « Ces maîtres du « sentir coupable », ces champions du repentir, arrivent en même temps à se faire d'eux-mêmes une opinion tout à fait prodigieuse, qu'ils sont toujours tout près du complexe homme-Dieu[1] ». Le Moi narcissique, face à sa déception, se voit attaché à sa naïve *toute-puissance* dans le sentiment poignant de son néant ; et il se sent coupable, absolument coupable : « Il me semble que la cause n'en est pas seulement une surcompensation, mais le fait que « pouvoir être coupable » correspond à un orgueil humain très considérable et déchiré en soi[2] ». Pour autant, la déchirure et la blessure narcissique, bien loin de devoir détruire la totalité de son être, peuvent même souvent lui être un moyen crucial de salut. Car, ainsi, le Moi tout entier prend d'avantage conscience de ses dimensions et de la réalité de son être qu'il n'eut été possible dans les moments faibles et dans la paix naïve. Entre le pouvoir et la perte, le Moi s'élève vers une intensité de vie accrue. Il prend de lui-même une conscience ouverte à ce qui le dépasse, à ce qui échappe à son *hégémonie*. C'est l'honneur des grands caractères d'être coupable disait Hegel. La défaite de la conscience apprend au Moi que l'humanité ne suit pas une ligne toute droite, mais évolue, dans l'alternance des ruptures consécutives et des déchirures mortelles, d'un retour sur elle-même, d'un retour à l'Autre en elle-même : *l'ennemi-ami*. L'ennemi, ici, n'est pas reconnu comme un égal à soi, ni reconnu en soi, mais comme le *dif-férent* de soi. A chaque fois que la conscience de soi cherche à le connaître, se trouve reconnue par lui, reconduit à sa nudité originaire.

Face au miroir, la conscience de soi découvre sa vanité et se découvre comme une conscience fragile et blessée. Elle est amenée à ne plus se reconnaître, à se renier en quelque sorte, en voulant se voir comme menacée, agressée ou charmée par une intimité originaire qui lui serait foncièrement étrangère. Ainsi une impuissance profonde s'inscrit dans la confrontation entre soi et une force plus puissante que soi. Dans cette épreuve, la conscience de soi s'éprouve elle-même dans sa passivité absolue à l'égard de soi, dans son impuissance à se changer elle-même. Elle

---

1 Lou Andreas-Salomé, *L'amour du narcissisme*, nrf, éd. Gallimard, Paris, 1980.
2 *Ibid.*

s'éprouve et fait l'expérience de soi comme irrémédiablement livrée à autre chose que soi pour devenir ce qu'elle est mais par un Autre et autrement. La conscience de soi est par essence souffrance, puisque dès son effectuation elle est chargée déjà et à jamais du poids de son impuissance, de son mal d'être. Livrée à soi comme livré à une impuissance intérieure de soi, autre, à laquelle la conscience se trouverait livré. Une impuissance naissante de l'impuissance constitutive de sa facticité originaire et interne. Ainsi naît la notion de l'« ennemi ». La conscience se fait refus d'elle-même. Dans ce refus surgit et se développe un vouloir, celui de briser cette structure, de rompre le lien qui attache le Moi à lui-même, le vouloir se défaire de soi. Un gémissement terrible accompagne ce refus, il fait goûter à la conscience le goût amer de la haine et du désespoir, de la peur et de l'angoisse. La consciente souffrante refuse cette passivité, décide de rompre avec cette relation conflictuelle et désastreuse. La notion de l'ennemi veut dire : vouloir se débarrasser de son Moi faible, ne plus vouloir être soi-même une fragilité blessée et affectée par une impuissance originaire.

En revanche, invoquer une scission interne qui provoquerait un clivage et un Moi double semble être insuffisante et impuissante. La confrontation avec une impuissance constitutive de soi peut dépasser le conflit et la confrontation même et mener le Moi à s'autodétruire. L'autodestruction de soi est l'essence même de la haine, du désespoir et surtout de l'orgueil. La destruction de soi-même parvient-elle à ses propres fins ? Selon Kierkegaard : « cette destruction d'elle-même qu'est le désespoir est impuissante et ne parvient pas à ses fins[1] ». Pour quelle raison ? Selon le même auteur : « Loin d'assombrir, elle tente d'éclairer au contraire ce qu'on laisse d'habitude dans une certaine pénombre, loin d'abattre, elle exalte, puisqu'elle considère toujours l'homme d'après l'exigence suprême que sa destinée lui fait : d'être un esprit...[2] »

L'Autre, l'ennemi, n'est ici que l'ami de l'enfance, l'origine du Moi. L'horreur, le souillé, l'ennemi, ce qui doit être rejeté, éliminé, tué, doit reprendre son rôle d'ami non seulement de l'enfance mais de toute sa vie puisqu'il est l'origine même de sa vie. C'est celui-là même que le sujet rencontre et tente de détruire et non une puissance étrangère, extérieure qui viendrait se confronter avec lui pour s'imposer à lui. La confrontation de la conscience de soi avec soi-même qui se détruit en se séparant de soi, ne se détruit pas elle-même ou de se connaître, ne détruit pas elle-même, mais elle détruit ce qui l'empêche d'être elle-même, ce qui l'empêche de découvrir un mode nouveau de soi-même tourné vers l'Autre. D'où le refus de la

---

1 S. Kierkegaard, *Traité du désespoir*, Idées/nrf, Paris, 1949, p. 73.
2 *Ibid.*

conscience n'est qu'une tentative d'échapper à cette vérité écrasante de soi. Elle se retranche de ce mouvement de clivage pour renier ce conflit causant toutes ses souffrances insupportables. Elle cherche à défendre son autonomie, son indépendance, son pouvoir sur soi et cela dans un mouvement d'opposition, de révolte, de lutte, de séparation et de coupure. D'où le terme « refoulement » chez Freud, « divertissement » chez Pascal et « inauthenticité » chez Heidegger. Le refoulement vise sans cesse à enterrer l'affect selon Freud, et la fonction intellectuelle représentée se sépare ici du processus affectif[1]. Tout semble se passer comme une tentative visant à se débarrasser de soi, à se séparer de l'impuissance originaire de soi, pour tenter de maîtriser soi-même et adhérer à toute sorte de jouissance et de maîtrise par le refoulement : « Ce qui supprime le besoin, c'est la satisfaction[2] ».

Le signe de la « découverture » de soi

La finitude et l'orgueil conservent quelque chose de ce sens premier, originaire, oublié et rejeté, comme étant ce qui est mort. Dans la conservation même réside la déchirure et la mutilation du Moi, dans sa lutte entre l'humilité et le pouvoir, entre l'Amour et la haine, entre la perte et la possession. Il va de soi que le retour sur lui-même en passant par l'Autre en soi-même apprend le Moi la *sagesse du serpent* qui manifester l'*Invisible* derrière le paradoxe de *l'ami-ennemi*. Avant de trouver ce qui les unit, ils doivent dé-couvrir ce qui les sépare. Pendant qu'ils semblent se diviser en Moi et non-Moi, le commencement et la fin trouveront enfin ce qui les unit et ce qui les fonde. Dans la mesure où il est *l'être-déjà-perdu*, le Moi propre est frappé originairement par une *étrangeté* qu'il ne peut jamais entièrement s'approprier et qui ouvre l'aventure toute entière au surcroît d'un sens dont il n'est pas l'origine. La terrible étrangeté appartient au secret même de l'Autre ; son *arrivage* précède toute propriété à soi et toute ipséité qui l'éprouve. C'est sur un mode de *dif-férence* originaire que *cela* arrive. Par l'Autre, la figure de *dif-férence,* la réconciliation entre le Moi et son être peut être établit. Ainsi la honte la plus ancienne, la plus originaire, celle que nous éprouvons chaque jour, dès notre enfance, doit rencontrer dans l'Autre la

---

1   S. Freud, « La négation », Résultats, idées problèmes, t. II, Paris, PUF, 1985, p. 136. G.W. XIV, p. 12.
2   S. Freud, « Pulsions et destins des pulsions », *Métapsychologie, Ibid.*, p. 14. M. Henry dans la *Généalogie de la psychanalyse* conteste en disant que : « loin de pouvoir s'expliquer par le désir, toute satisfaction est rendue impossible par lui ». D'où le paradoxe et la tension s'installent entre *Eros et plaisir* : « Eros contre le plaisir ! ». *Ibid.*, p. 383.

dernière intimité que les Moi puissent partager ensemble : *l'aban-don de soi.* L'origine du Moi doit être radicalement autre que lui-même ; elle le précède et le fonde selon une certaine *dif-férence* qui, seule est capable de fonder son origine comme autre que lui-même et par un Autre que soi-même. Or être originairement autre que soi-même suppose une brisure, une déchirure ou bien un distancement avec soi-même. Se distancier de soi-même, se *cliver,* c'est se laisser établir un rapport d'étrangeté avec soi-même. Une étrangeté qui ouvre en même temps un rapport d'intimité avec soi-même. Se distancier de soi-même, c'est *se-laisser-être-soi-même* selon une relation étrangement intime. Le paradoxe même entre l'étrangeté et l'intimité au sein de soi-même est le signe de la découverture de soi par l'*Autre*. En ce sens, le Moi se dédouble et se révèle dans le risque de la perte de son identité, partagée entre le Moi conscient qui se présente comme sommes de tous les Moi successifs, et leur perte, le Moi autre par un Autre. Autrement dit, la découverte de la *dif-férence* originaire pose une distance entre la prétention de la conscience réfléchissante et le mutisme d'une *nuit étrangement inquiétante*. Une telle révélation se présente comme une descente en soi, ou plus une descente vers l'origine de toute conscience de soi, vers *le passé de l'humanité*, ce passé absolu, *l'immémorial même*, ce que Blanchot nommait *l'effroyablement ancien*. L'expérience distingue le Moi en épreuve, ou bien le Moi souffrant du commun des hommes qui ne vivent que dans l'immédiat. Mais qui est cet Autre qui vient affecter la radicalité de mon identité, de mon moi et du monde qui m'appartient ? De quelle autorité l'Autre vient se prôner comme plus intime que mon intimité, plus originaire que ma propre origine ? L'énigme de l'Autre bloque-t-il l'intelligence, ou bien la provoque et l'ouvre à un autre sens ? Le surcroît d'un autre sens se manifeste-t-il, ici, comme surcroît du don, un don qui redouble le Moi par un Autre qui vient briser tout sens établit par lui ? Quel sens ? Un sens double qui mène vers le surcroît même du sens, vers la transgression même du sens par le *non-sens*.

Le surcroît, en ce sens, est-il un « remplissement » (*Die Erfüllung*) qui émane de la conscience du « Je transcendantal », ou bien celui qui dévoile une autre source qui fonde et précède la conscience du « Je transcendantal » ? Ce qui est surajouté est-il ce qui a été depuis toujours présent comme donné par un Autre ? Le surcroît, ici, signifie-t-il un dévoilement d'un Autre au sein même du Moi propre ? L'énigme ouvre-t-elle l'intimité du Moi à une étrangeté plus intime, à un Moi autre et autrement ? La démarche va-t-elle de soi à soi vers l'Autre que soi ? Le mouvement de *remplissement* n'est-il pas, en ce sens, une *inversion* de mouvement qui s'adresse au Moi et qui le transforme en un Moi vidé de soi ? Et n'est-ce pas, en ce sens, que ce mouvement même entraîne le Moi vers l'autre sens, vers un *Sens originaire* qui ex-pose le Moi à sa perte ? Parlons-nous d'un mouvement qui a déjà commencé en soi pour faire éclater *l'être-déjà-perdu* en soi ? Enfin quand nous parlons du mouvement de « remplissement » qui entraîne le Moi vers l'autre sens, vers un *Sens originaire*, savions nous de quoi nous parlons ? Oui, nous le savons, on parle d'une expérience qui sauvera la réflexion de sa vaine certitude narcissique et de sa propre vanité : « La vie, pour moi, perd tout sens, tout attrait, si je n'y puis progresser. Mais je dois accepter de ne plus trop chercher à m'instruire. Le progrès par instruction est le propre de la jeunesse ; à celui-là il est sans doute bon de savoir renoncer, pourvu que ce soit en faveur d'un autre progrès, plus profond, plus véritable ».

Que signifie une épreuve originaire de soi-même ou plutôt une épreuve sur soi-même ? L'image du Moi, reflétée par le *Je transcendantal* ou par la conscience de soi, doit trouver son décentrement par une autre réalité que soi, puisque donnée par un *Autre* que soi.

Toutes ces questions semblent représenter pour nous la problématique essentielle de l'ipséité en épreuve de soi, cherchant le *Sens* ultime de soi au cœur même du *non-sens*. Notre essai n'est pas une tentative de répondre à toutes ces questions posées, mais de ne plus répondre, puisque ni la réponse, ni même la question ne nous intéressent en premier lieu. Ce qui nous intéresse, pour le moment, c'est de s'ouvrir à d'autres « horizons » que ceux imposés par une vérité limitée souvent par la caricature arrogante du jugement du *Je transcendantal* et celle de la connaissance dite *thématique*. Que reste-t-il ? Une pure épreuve qui sera toujours déjà épreuve de soi. Car c'est dans l'épreuve et comme épreuve que le Moi s'ipséise ; dans l'affrontement contre soi faisant déjà un rapport à soi. L'affrontement contre soi est le dérangement de la présence à soi par un effacement de soi. Un affrontement qui trahit et sauve par le même éclatement ; tout en étant insaisissable, instaure toute exposition de soi en la rompant originairement, en la brisant et en l'effaçant malgré soi et en la conduisant à sa fragilité toujours blessée. Pourquoi ? Car sa blessure est grave, gravement inguérissable.

« Où vous cachez-vous ? Se cacher est interdit, c'est une faute...[1] »

---

1 M. Blanchot, *La folie du jour, Ibid.*, p. 23.

DEUXIÈME PARTIE

Le Moi sous l'épreuve de la *dif-férence*

CHAPITRE I

Le chemin de soi à soi passant par *l'Autre*

1- Le décentrement de la conscience

La pensée est-elle la seule référence qui affirme l'existence ?

La pensée humaine commence par un étonnement, un doute ou une angoisse, aussitôt transformée en interrogation sur le sens de l'existence : Ce qui existe existe-t-il vraiment ? Puis-je être sûr ? Puis-je être sûr d'exister moi-même ? Existe-t-il autre chose que moi ? Qui suis-je ? A quoi sert ma vie ? Qui peut m'aimer ? Et il appert que toute pensée doit être toute entière épreuve de soi, épreuve de la limite de la pensée elle-même. Or qu'est ce que la pensée sinon cela même, une *épreuve*, une *épreuve* sans limite, penser *l'épreuve* avec tant d'inquiétude ; une inquiétude étrangement bouleversante, causant souvent un clivage au sein de la pensée, au fond de son intimité même !

Tout en prenant comme point de départ la conscience pour comprendre l'Etre, Descartes a refusé tout ordre préconstitué de l'univers, pour n'accepter que l'ordre mis en œuvre par la pensée. Pour lui, au fond, la pensée se suffit en quelque sorte à elle-même, et l'emporte sur le réel, sur le fait de l'existence. La position du soi est une vérité qui se pose elle-même, elle ne peut être ni vérifiée ni déduite, elle est une position d'une existence et d'une opération de pensée : « Je suis, je pense ». Exister pour le sujet, c'est penser ; j'existe en tant que je pense, « je pense donc je suis ». Cette vérité se pose au niveau de la réflexion : « [...] De sorte qu'après y avoir bien pensé et avoir soigneusement examiné toute chose, enfin il faut conclure et tenir pour constant que la proposition, Je suis, j'existe, est nécessairement vraie toutes les fois que je la prononce, ou que je l'a conçois en mon esprit[1] ».

« Peut-on dire que Descartes est devenu, par là, le père de l'individualisme sceptique moderne, doutant de tout ce qui échappe au Moi et à sa volonté de domination ? » C'est la critique que Heidegger a adressé au sujet cartésien en qui il a décelé la source du nihilisme dissolvant tout

---

1 René Descartes, *Les Méditations métaphysiques*, *Méditation troisième*, Paris, PUF, 1961, p 53.

rapport à l'Etre afin d'asseoir la suprématie de la conscience[1]. La première référence à la position du soi, comme existant et pensant, ne suffit pas à caractériser la réflexion, car je ne peux pas douter de moi-même sans apercevoir que je doute. Que signifie cette aperception ? Une certitude, certes, mais une certitude privée de vérité ; comme Malebranche l'a bien compris contre Descartes, « cette saisie immédiate est seulement un sentiment et non une idée ; je sens seulement que j'existe et que je pense, telle est l'aperception[2] ». Selon Husserl, l'« Ego Cogito » est « apodictique », mais non pas nécessairement adéquat[3]. Ce qui rejoint, en un sens, la note de Foucault, qui disait que l'égologie cartésienne ne commence pas par l'ego, mais, par le « malin génie ». La fiction du « malin génie » fait allusion à mes propres opinions passées, qui font retour en moi : « Le long et familier usage qu'elles ont eu avec moi leur donnant droit d'occuper mon esprit contre mon gré, et de se rendre presque maîtresses de ma créance[4]. » L'*ego* commence, ici, par se découvrir étranger à lui-même, il se voit contester sa propre égoïté par ses anciennes opinions, qui s'emparent de lui malgré lui. L'égologie cartésienne prend donc son avant-point de départ dans l'anonymat de l'*ego*, d'un autre que soi.

Selon Kant, l'aperception cartésienne n'est pas une connaissance de soi, elle ne peut être transformée en intuition portant sur une âme substantielle. La critique décisive que Kant adresse à toute « psychologie rationnelle » a définitivement dissocié la réflexion de toute prétendue connaissance de soi. La connaissance n'est possible que si elle s'accorde avec les conditions formelles de l'expérience, c'est-à-dire d'après « l'intuition et les concepts ». La possibilité de toute connaissance dépend de la phénoménalité, et toute phénoménalité dépend des conditions formelles posées à tout phénomène. Autrement dit, la possibilité du phénomène ne

---

1 M. Heidegger, *Sein und Zeit*, Max Niemeyer Verlag, Tubingen, 1976, p. 46. Pour la traduction fr., *Etre et temps*, Paris, éd. Gallimard, nrf, 1986, p. 78. Voir aussi Jean -Luc Marion, *Réduction et donation*, L'ego et le Dasein, Epiméthée /PUF, Paris, 1989, p. 119-161.
2 Chez Malebranche, cette dualité deviendra une hétérogénéité de nature qui rendra impossible toute communication : « on ne peut comprendre comment une substance finie et créée pourrait agir sur une autre, et encore moins comment l'âme pourrait communiquer avec l'étendue ». Dans ces conditions, la sensation ne peut être considérée que comme un état de l'âme sans doute confus, mais qui est bien de l'ordre de la pensée. Malebranche, *Entretiens sur la métaphysique*, X, 4-7. Dans Paul Ricœur, *De l'interprétation, Ibid.*, p. 51.
3 Paul Ricœur, *De l'interprétation, Ibid.*, p. 52.
4 Descartes, Les *Méditations Métaphysiques*, PUF, Paris, 1961, I, p. 33.

résulte pas de sa propre phénoménalité, mais des conditions de l'expérience pour et par le sujet[1]. Les conditions formelles de la connaissance s'articulent ainsi, pour Kant, sur le pouvoir fini de connaître, non sur le pouvoir d'apparaître du phénomène. C'est que l'intuition et le concept déterminent par avance la possibilité d'apparaître pour tout phénomène[2].

Par ailleurs l'opposition entre réflexion et intuition, défendue par Kant contre Descartes, mène à réduire la réflexion à une unique dimension : « Les seules opérations canoniques de la pensée sont celles qui fondent l'objectivité de nos représentations[3] ». Face à la réduction de la réflexion à une simple critique, la réflexion est moins une justification de la science et du devoir, qu'une réappropriation de notre effort pour exister. L'épistémologie est une partie de cette tache plus vaste : recouvrez l'acte d'exister, la position du soi dans toutes l'épaisseur de ses œuvres.

L'originalité de la conception husserlienne est d'avoir cherché l'existence de la chose extérieure dans l'aspect sous lequel elle se présente dans la vie consciente, concrète ; tel est le fondement du point de départ de la phénoménologie[4]. A ce niveau, l'origine de l'idée même d'objet ne se réfère plus à l'*infini*[5], mais se trouve dans la vie concrète du sujet. Selon Levinas : « Le sujet n'est pas une substance obligée de recourir à un pont - la connaissance - pour arriver à l'objet ; mais dans sa présence en face de

---

1 Kant, *Critique de la raison pure*, Œuvres philosophiques I, Paris, Bibliothèque de la pléiade, 1985, respectivement A 218/B 265, A 220/B 267 et A 219/B 266.
2 Kant, *Critique de la raison pure*, *Ibid.*, A 158/B 197. Voir : « Les conditions a priori d'une expérience possible en général sont du même coup des conditions de possibilités des objets de l'expérience » (A 111). Voir aussi δ 17, B 136. Voir Jean-Luc Marion, *Étant donné, Essai d'une phénoménologie de la donation,* Épimétée/Puf, Paris, 1995, Livre IV, δ 19.
3 *Ibid.*
4 Selon « le principe de tous les principes », chaque intuition originairement donatrice est une source de droit de la connaissance, que tout ce qui s'offre originairement à nous dans l' « intuition », est à prendre tout simplement comme il se donne, mais aussi seulement à l'intérieur des bornes dans lesquelles il se donne là. » Husserl, *Idées directrices pour une phénoménologie*, I, trad. Paul Ricœur, Paris, Gallimard, 1950, δ 24, Hua. III, p. 52 ; trad. fr., p. 78 sq. Voir Jean-Luc Marion, *Étant donné, Ibid.*, p. 257.
5 L'infini, idée régulatrice, ne constitue plus le donné. La façon finie, temporelle, d'appréhender le réel appartient ainsi à l'objectivité ou à la réalité du réel. Le fini ne se réfère pas à l'infini. Dans la phénoménologie husserlienne on retrouve la façon kantienne de décrire le fini indépendamment de l'infini; Voir à ce sujet, Emmanuel Levinas, *Altérité et transcendance*, Fata Morgana, 1995, p. 84-87.

l'objet se trouve le secret de la subjectivité[1] ». Comme Descartes, Husserl pense que c'est la conscience entendue comme acte radical de penser par soi, qui constitue le fondement de toute démarche de connaissance. Après avoir écarté tout ce qui a un sens, je reste en présence de ce par quoi tout prend un sens, la « conscience pure[2] ». A la différence de Descartes, Husserl ne fait pas de la conscience une « substance », ni même un « je pense » au sens kantien. S'agissant de la relation *sujet-objet*, il ne suffit pas de dire que *sujet et objet* sont relatifs l'un à l'autre, c'est-à-dire qu'il n'y a pas de sujet sans objet ni d'objet sans sujet dans le sens kantien. Pour Husserl, un objet fait sens à partir de l'angle sous lequel je le vois. L'objet « spatialement » vécu ne se donne en sa totalité que sur le fond d'une « histoire ». Si l'objet qui nous fait face recèle une multiplicité de sens possibles selon notre position spatiale, affective ou historique, il ne faut point oublier que nous revêtons nous mêmes également une multiplicité de sens. D'ailleurs, l'intentionnalité, qui est un voir, donne forme pour autant qu'elle se forme. Il y a un « enchaînement » des vécus de conscience, une forme de « flux de conscience ». Husserl parle d'un « flux de sens », à propos de l'activité de sens qu'il s'efforce de ressaisir. Ce terme définit mieux qu'aucun autre ce qu'il faut entendre par la notion d'« intentionnalité », considérée traditionnellement comme étant l'apport original de la phénoménologie à la compréhension de la conscience[3]. Le mot « intentionnalité » ne signifie rien

---

1 Jean-François Lyotard, *La phénoménologie*, Paris, PUF, 7ᵉ éd., 1969.
2 Edmund Husserl, *Méditations cartésiennes,* trad. G. Peiffer et E. Levinas, Paris, Vrin, p. 27.
3 La vie de la conscience est décrite par Husserl comme une vie en présence de « l'être transcendant », c'est-à-dire extérieur. L'existence de la *conscience* consiste dans l'intentionnalité (*de in et tendere, tendre vers*). « C'est l'intentionnalité qui caractérise la conscience... et donne en même temps, le droit de désigner tout le courant de la conscience comme courant et unité de la conscience. Chaque acte de conscience est conscience de quelque chose : toute perception est perception de l'objet perçu, tout désir est désir de l'objet désiré, tout jugement est jugement d'un « état de choses » sur lequel on se prononce ; toute valorisation est valorisation d'un « état de valeurs », etc ». Ces états de conscience sont aussi appelés états intentionnels. L'« intentionnalité » est différente dans chacun de ces cas ; elle exprime uniquement ce fait très général que la « conscience » se transcende, qu'elle se dirige vers quelque chose qui n'est pas elle : par exemple *le propre de l'objet aimé consiste à être donné dans une intention d'amour*. Par contre, le terme qu'utilise Husserl, *Erlebnisse,* « états vécus », rapproche la conscience de la notion de vie et nous la fait considérer sous l'aspect riche et multiforme qui caractérise notre existence concrète. Selon Emmanuel Levinas, l'idée essentielle dans l'ouvrage husserlien de 1913 est que « l'être c'est le vécu »,

d'autre que cette particularité foncière et générale qu'a la conscience d'être conscience de quelque chose, de porter, en sa qualité de « cogito », son « cogitatum » en elle-même. L'« intentionnalité » caractérise la « conscience » en tant que phénomène premier et original dont l'objet et le sujet de la philosophie traditionnelle ne sont que des abstractions. Si l'« intentionnalité » peut se définir comme le fait que « toute conscience est conscience de quelque chose », il convient d'aller au-delà d'une interprétation disant que la conscience est tournée vers l'extérieur et non pas vers l'intérieur. Si la conscience est ainsi « extériorisation », c'est qu'elle ne cesse de viser l'objet qui lui fait face sous de multiples angles, au point de constituer autour de lui toute une stratification de sens étagés sur plusieurs niveaux.

Dès la première *Recherche*, la signification conquiert une évidence strictement autonome, parce que définitivement « idéelle et intentionnelle[1] ». Entreprenant de décrire la structuration progressive de la rationalité à partir des différents niveaux de sens déployés par la présence de l'homme au monde, Husserl a conféré un nouveau départ à la philosophie. « L'idéalisme universel et transcendantal » ne tente pas de penser l'être du monde ou de toute autre région, mais bien au contraire de ne pas le penser radicalement ; c'est-à-dire de ne pas le penser jusqu'au bout, ne le pensant pas dans son origine. Car avant de penser *l'a priori* de l'être il faut en assurer sa certitude. Et c'est la phénoménologie seule qui a ce pouvoir.

Si nous acceptons les objets comme quelque chose d'existant et de donné, sans nous demander quel sens a leurs existences, ce fait « d'être donné », nous restons dans l'attitude naturelle ou naïve. Ce qui nous fait dépasser cette attitude, c'est la « réduction phénoménologique » : « Donc il sera possible de dire : Moi, qui demeure dans l'attitude naturelle, je suis aussi et à tout instant moi transcendantal, mais je ne m'en rends compte qu'en effectuant la réduction phénoménologique[2] ». L'analyse de la pensée sera la seule référence qui affirme l'existence. Seule *l'épochè*, dans la « réduction phénoménologique » acquise en 1907, permet cette donation de l'étant comme absolument donné dans et à l'intuition pure d'un regard transcendantal.

Il faut aller bien au-delà de l'ontologie classique, bien au-delà des

---

et sa réalité en soi est toujours ce qu'elle est pour la vie, dans toute la richesse de ses modifications. Husserl Edmund, *Méditations cartésiennes*, trad. G. Peiffer et E. Levinas, Paris, Vrin. Voir aussi E. Levinas, *En découvrant l'existence avec Husserl et Heidegger*, Vrin, Paris, 2001, p. 11-76.
1   E. Levinas, *En découvrant l'existence avec Husserl et Heidegger, Ibid.*, p. 11-76.
2   *Ibid.*

sciences naturelles de l'étant, jusqu'au principe universel de la donation absolue d'un phénomène réduit en général. De l'être, il n'est plus question, parce que le monde n'est plus le lieu du jeu de l'être mais de « l'expérience ». *Seule l'expérience ouvre la réduction, fait monde.* Les ontologies ne s'élèvent pas plus à la phénoménologie par la *réduction* ; un autre monde apparaît. En Soi, l'ontologie n'est pas la phénoménologie, et réciproquement la phénoménologie ne serait être ontologie.

Dans la phénoménologie husserlienne il n'est plus question de l'ontologie, puisque sa préoccupation porte sur l'étant en tant que tel. La question prioritaire de Husserl n'est absolument pas la question sur le « caractère d'être de la conscience » ; ce qui le guide est bien plutôt la question suivante : « Comment en général la conscience peut-elle devenir l'objet possible d'une science absolue ? » Sa visée c'est l'idée d'une science absolue où la conscience doit être région d'une « science absolue ». Husserl ayant conquit « l'intentionnalité et la réduction », ne les emploie que pour les détourner, afin d'accomplir l'idéal philosophique d'une science absolue de et par la conscience. La phénoménologie remonte aux choses mêmes jusqu'à l'être de la conscience comme tel. Selon Husserl la phénoménalité des phénomènes s'interprète elle-même à son tour comme la donation d'une présence effective pour la conscience et en vertu d'une certitude. Selon Levinas : « La conscience pour Husserl c'est le phénomène même du sens. Elle ne pèse pas comme réalité, elle signifie par l'intention qu'elle contient[1] ». La conscience, dont la phénoménologie fournit l'analyse, n'est en aucune façon engagée dans la réalité, ni comprise par les choses ou par l'histoire. Elle n'est pas la conscience psychologique de l'homme, mais la conscience irréelle, pure, transcendantale[2].

La conscience, en ce sens, détermine la phénoménalité en réduisant tout phénomène à la certitude d'une présence effective, loin que la phénoménalité impose à la conscience, de se laisser elle-même déterminer par les conditions et les modes multiples de la donation. L'interprétation du mode d'être des phénomènes comme effectivité découle de l'effectivité qu'induit nécessairement la présence au présent de la conscience. Ce qui mène à dire que l'objectivité de l'objet transcendant ne peut que résulter des actes de la conscience immanente à soi, selon l'intentionnalité. Et c'est là que les phénomènes ne se donnent absolument qu'à l'absolu de l'intuition[3]. Au bout du compte, si Husserl sait tirer les bénéfices de l'invention de l'intentionnalité pour ce qui concerne les problèmes dans lesquels se sont

---

1 E. Levinas, *En découvrant l'existence avec Husserl et Heidegger, Ibid.*, p. 40-50
2 *Ibid.*
3 Jean-Luc Marion, *Réduction et donation, Ibid.*, p. 65-118.

empêtrées les théories de la connaissance (le solipsisme et le problème de la valeur objective de la représentation), il n'en reste pas moins d'un autre côté, qu'il reste malgré tout pris, précisément dans une théorie de la connaissance, pris dans le modèle de la présence à soi qui vaut pour les notions du sujet et d'objet. Il faut que la conscience absolue règne sans partage sur une présence pleine qui se révèle être la sienne propre. Il faut rétablir la « prééminence » de la conscience absolue, de la présence sur l'absence. Il faut que l'intentionnalité comme *pur écart de soi*, se révèle *pure présence à soi, pure immanence* en son absoluité. Ainsi, toute donation implique la pure immanence d'une présence à soi qui la supporte et l'endure. Une telle immanence est subjectivité, car il s'avère qu'une présence n'est vraiment et pleinement telle, qu'à être présence à soi en une maîtrise de soi, telle qu'elle se donne à soi-même dans une évidence apodictique.

Selon Heidegger, prisonnière du point de vue de la conscience, l'analyse de Husserl est demeurée limitée ; car, pour être une conscience, encore faut-il être. Selon Heidegger, l'enjeu des *Recherches* chez Husserl, surtout de la sixième, se fonde sur l'indication du sens de l'être comme mesure excessive de la donation. Cet élargissement de la présence dépasse l'extension de l'intuition et de la signification par la donation, pour dévoiler ce qui doit apparaître à travers la « libération du sol phénoménologique[1] ». « L'étant dans son être » est libéré par la donation elle-même de toutes limites des facultés, pour tenter sa chance « de jouer pleinement, tranquillement, et librement ». C'est cette révolution de la donation qui transforme « l'être au sens de la vérité en une vérité en personne à voir et à saisir[2] ».

L'être dans le monde comme fondement de toute connaissance

L'apparition achevée donne ce qui apparaît en personne ; la donation est le « remplissement » du donné. D'où le privilège donné par Heidegger à la « donation » sur « l'intuition catégoriale ». L'intuition catégoriale reste un besoin de la donation, loin que la donation ait besoin d'elle pour s'accomplir comme une donation de l'étant dans son étantité. « L'intuition catégoriale permet seulement de prendre mesure sans mesure de la donation. La donation sans limite élargit la présence au-delà de la métaphysique de la

---

1 *Ibid.*, p.61.
2 Respectivement *LU, VI*, § 39, t. 3, p. 123; *Introduction*, p. 5 ; enfin § 44, p.140 et § 45, p. 143. *Ibid.*, p. 6 ; Voir, Jean-Luc Marion, *Réduction et donation, Ibid.* p. 65-118.

présence même pour la mener face à l'abîme de l'abîme comme fascination surabondante[1] ». La phénoménologie, dans un sens heideggérien, devient radicalement « méthode », non certes méthode pour la science, mais bien méthode pour elle-même tournée vers ce dont il s'agit. La phénoménologie, ici, ne concerne plus la connaissance des phénomènes, mais la connaissance de leur mode d'exposition, donc ne vise plus la fondation des sciences, mais du principe ou de la pensée de la phénoménalité comme retour aux choses mêmes[2]. Une telle méthode distingue entre le « phénomène » et sa « phénoménalité », ou bien détermine la « phénoménalité du phénomène » comme tel. Etre revient à être donné, d'une donation qui ne se dévoile pleinement que dans l'intimité du jeu du phénomène face à lui-même. Le jeu phénoménologique mène l'« effectivité » à la découverte du possible : « Plus haute que la réalité s'érige la possibilité. La seule entente de la phénoménologie qui compte, c'est de s'emparer d'elle comme possibilité[3]. » Dans les cadres heideggériens de pensée, l'intentionnalité n'est plus décrite que comme un phénomène dérivé : ce sont les tonalités affectives et les comportements qui sont originaires. Autrement dit, l'intentionnalité, selon Heidegger, est révélée à elle-même dans la dissolution de ce qu'elle croyait être. Sur le plan ontologique, la transcendance husserlienne est radicalisée, parce que débarrassée du primat de la pure immanence, du présent vivant : la transcendance s'assume comme telle, c'est-à-dire comme rien d'étant mais aussi et plus largement comme rien de présent, comme rien d'une conscience, c'est-à-dire comme rien d'une présence à soi.

Interrogeant cette structure d'être, Heidegger a procédé à des analyses nouvelles de la notion de « présence » Il a conservé à la présence son sens ancien qui est d'être la « manifestation de l'être de l'existence », tel que le sujet peut en faire l'expérience, dès qu'il se met à être à son contact. Mais il a aussi relié ce sens avec l'aspect temporel de la présence, qui réside dans ce qui vient à être présent à un sujet qui vit ce qui lui est donné. Comment ? Selon Heidegger, Descartes a cherché, au moins dans certaines limites, à définir le « cogitare » de l'*ego*, mais le « sum », il n'a pas essayé de le dégager, il l'a laissé complètement en dehors du débat, bien que le « sum » est pour lui une position de départ tout aussi originale que le

---

1 Jean-Luc Marion, *Réduction et donation Ibid.*, p. 62.
2 Heidegger, *Prolegomena, Ibid.*, δ 13, GA, 20, p. 178. Voir δ 9, p. 118 ; δ 11, p. 147 ; δ 13, p. 159 ; δ 14, p.183. Voir Jean-Luc Marion, *Réduction et donation, Ibid.*, p. 78.
3 M. Heidegger, *Sein und Zeit*, Max Niemeyer Verlag, Tubingen, 1976, δ 7, p. 39. Pour la traduction fr., *Etre et Temps*, Paris, éd. Gallimard, nrf, 1986, p. 66. Voir Heidegger, *Grund probleme, Ibid.*, δ 14, GA, 20, p. 184. Voir J-L. Marion, *Réduction et donation, Idem.*, p. 118.

« cogito[1] ». Ce qui fait que la fixation au point de départ d'un *je* et d'un sujet immédiatement donné fait passer totalement à côté du *Dasein* en sa richesse phénoménale[2]. Pour Heidegger, c'est le « sens d'être du Je suis » qui demande à être interrogé, le « mode d'être » de l'être du *Je*. Car la choséité elle-même a d'abord besoin d'être validé dans sa « provenance ontologique » pour percer le dévoilement de ce qui se cache derrière l'être du sujet.

D'après Scheler, la personne ne doit jamais être pensée comme une chose ou comme une substance. « La personne n'a pas l'être substantiel d'une chose[3] ». Husserl réclame dans le même sens pour l'unité de la personne une constitution essentiellement autre que celle des choses de la nature. La personne se donne essentiellement comme ce qui accomplit des « actes intentionnels » qui se relient entre eux par l'unité du sens[4]. C'est pourquoi, selon Heidegger, « l'autocompréhension spontanée » ne prend pas son départ avec le sujet pensant, avec sa « réflexion » (c'est-à-dire la capacité du sujet de faire retour sur soi-même selon les règles de la philosophie moderne du sujet et de la conscience elle-même), mais avec le monde comme « réflexion *(Rückstrahlung)* ontologique » de la compréhension du monde sur l'explication du *Dasein*[5]. La primauté ontique

---

1 M. Heidegger, *Sein und Zeit, Ibid.*, p. 46. Pour la traduction fr., p. 78. Pour la *Gesamtausgabe*, Vittorio Klostermann, Francfort-sur-le-Main, 1977, GA 9, p. 29, trad. fr. *Critique*, 12, p. 7. Voir aussi sur ce sujet, *l'ego* et le *Dasein, in Réduction et donation* chez Jean-Luc Marion, *Ibid.*, p. 118-168.
2 M. Heidegger, *Sein und Zeit, Ibid.*, p. 46.
3 *Ibid.*, p. 48, trad. fr. p. 80.
4 *Idem.*
5 *Ibid.*, δ 16, trad. fr. p. 108-113. Heidegger veut réussir là où Descartes a échoué, il veut poser "la question ontologique du sum", tout en la libérant du piège dans lequel se sont enfermées les philosophies du sujet. Selon J-L. Marion, Descartes n'a d'autres privilège, dans la pensée de Heidegger, que celui de l'obstacle par excellence qui interdit l'accomplissement ontologique de la phénoménologie en la bloquant par l'*ego*, et en masquant ainsi le *Dasein*. En ce sens, détruire l'*ego* ouvre l'accès au *Dasein* (*Réduction Et donation*, p. 130). Le même problème est reproché à Dilthey et à Bergson : « la vie n'y est pas prise comme problème ontologique en tant que mode d'être déterminé » (*SuZ*, δ 46). Alors qu'avec Husserl et Scheler, le « personnalisme philosophique » a le mérite de reprocher que « la personne n'est pas une chose, n'est pas une substance, n'est pas un objet » (*SuZ*, δ 48), mais leur interprétation de la personne ne parvient pas à atteindre la dimension de la question de l'être du *Dasein*. (*SuZ,* δ 47). D'où la question critique : « Comment doit-on déterminer dans un sens ontologique le mode d'être de la personne ? » (*SuZ*, δ 48), montre que Husserl et Scheler sont

et ontologique du *Dasein* lui demeure masquée. La distinction entre « réflexion » et « réflecion » marque la différence fondamentale entre la « théorie du sujet » et sa transformation par Heidegger en « herméneutique de soi » dans son *analytique du Dasein*. L'être humain est là, ici et là, ouvert au monde, par sa disposition affective et par son intelligence. Ce n'est plus la connaissance qui explique *l'être-dans-le-monde*, c'est lui qui l'explique. Le fondement de la philosophie ce n'est plus le « cogito ergo sum » ; c'est le « Sum cogitans ». Je suis dans le monde, et étant dans le monde j'émets des possibilités, je suis pensant. C'est l'authenticité du Moi par rapport à lui-même qui lui ouvre à lui-même, et le monde extérieur s'ouvre à lui. Le Moi est dans le réel et il est vrai ; il est dans la vérité. Le « Je pense » devient non une fermeture, mais au contraire une ouverture. Le « Je pense » pense quelque chose et ce quelque chose c'est le monde.

Heidegger cherche, en ce sens, à rappeler que toute science, y compris anthropologique, se développe sur le préalable existentiel du *Dasein* et n'a de sens que par là. Si le *Dasein* n'est pas l'homme, il est le seul à pouvoir faire accéder l'homme à son humanité, c'est-à-dire hors de toute considération biologique ou animale. Il s'agit bien donc, de méthode d'approche du phénomène, mais de telle sorte que, loin d'être un processus d'objectivation, pas même une méthode phénoménologique, une description, mais une « herméneutique du Dasein » ou le laisser être l'autre comme *Dasein* passe par la capacité d'être soi-même ouvert au *Dasein* que nous sommes : « Le se-laisser-aller-dans est un tout autre chemin, une tout autre méthode que la méthode scientifique, si nous envisageons le mot « méthode » dans un sens étymologique de chemin vers... Nous devons alors prendre le chemin vers nous-mêmes. Mais ce n'est plus le chemin vers un moi isolé appréhendé pour lui-même ». Ce qui est déterminant pour *l'analytique du Dasein*, déclare Heidegger le 7 juillet 1966 dans le séminaire de *Zollikon*, « c'est la problématique de l'homme et de son pouvoir exister dans notre monde contemporain[1]. Ce que l'on nomme tendance (*Strebung*)

---

victimes d'une tradition anthropologique qui les précède, celle « antico-chrétienne » qui combine un double héritage philosophique et théologique exprimés par la définition métaphysique de l'homme comme « animal rational » et l'idée théologique que : « l'homme est créé à l'image et à la ressemblance de Dieu » (Gn 1, 26). (Voir Marlène Zarader, *La dette impensée, Heidegger et l'héritage hébraïque*, Paris, Ed. du Seuil, 1990. Voir aussi le second chapitre du cours d'ontologie de Heidegger de l'année 1923 : GA 63, p. 21-23. Voir Greisch Jean, *Ontologie et temporalité, Esquisse d'une interprétation intégrale de Sein und Zeit*, Paris, Epiméthée /PUF, 1994.

1 « Alors que Galilée accomplit le projet d'une nature entièrement explicable selon le système du mouvement de points de masse, il nous faut aujourd'hui réussir le projet de l'être au monde. Mais cela est infiniment plus difficile que

d'un point de vue psychologique, se joue du point de vue du *Dasein* dans le domaine du souci, d'un point de vue ontique dans celui du travail, travail entendu au sens le plus large ».

Dans les leçons du semestre d'été 1928, Heidegger montre comment s'était accompli pour lui le dépassement de la notion d' « intentionnalité » vers une structure de « transcendance » que *Etre et Temps* appelle « Etre-au-monde » *(In-der-Welt-Sein)*. Dans la conception de l'intentionnalité comme relation entre un sujet et un objet, ce qui, pour, Heidegger, demeure inexpliqué c'est la relation elle-même : « [...] on a essayé récemment de concevoir cette relation comme une relation d'être *(Seinsbeziehung)*[1] ». Mais le *genre d'être (Seinsart)* des étants, entre lesquels la relation doit agir, reste obscur. Plus originale que la relation *sujet-objet* est, pour Heidegger, l' « autotranscendance » de « l'Etre-au-monde », dans laquelle le *Dasein* s'ouvre au monde en deçà de toute connaissance et de toute subjectivité : « La connaissance se fonde par avance dans un *être-déjà-auprès-du-monde*[2] ». Et ce n'est qu'à partir de cette transcendance originelle que l'intentionnalité peut être compris quand à son mode d'être propre.

Le point essentiel ici est le phénomène « d'occultation » *(Verdecktheit)* : La vérité la plus profonde du *Dasein* est occultée. Le *Dasein* est « ontiquement » le plus proche, mais il est « ontologiquement » le plus loin. C'est en se tournant *(réverbération ontologique*[3]*)* vers la constitution fondamentale de la « quotidienneté » du *Dasein* que le mode d'accès à l'être du *Dasein* comme étant, comme un « animal naturellement ontologique[4] » qui puisse se montrer en lui-même. Car le *Dasein* se comprend à partir du monde en tant qu'étant, en tant qu'une chose parmi les choses, en tant qu'élément du monde. L'autocompréhension spontanée ne prend pas son départ avec le sujet (avec la réflexion, c'est-à-dire la capacité du sujet de faire retour sur soi-même selon la philosophie moderne du sujet et de la conscience). C'est ici que nous retrouvons une intuition fondamentale de

---

le projet galiléen, parce qu'il ne s'agit plus seulement de la nature inanimée, mais plus particulièrement de l'homme, et qu'il nous faut combattre la représentation anthropologique traditionnelle qui est des plus confuse » M. Heidegger, *Zollikoner Seminare, herausgegeben von Medard Boss*, Klostermann, 1987, p. 265. Pour Heidegger, la psychopathologie, et plus largement la psychologie et l'anthropologie, envisagent l'homme comme objet *(Gegenstand)*.

1 M. Heidegger, GA, b 26, p. 163-164.
2 M. Heidegger, *Sein und Zeit, Ibid.*, p. 61, trad. Fr. p. 95.
3 Greisch Jean, *Ontologie et temporalité, Esquisse d'une interprétation intégrale de Sein und Zeit, Ibid.*
4 M. Heidegger, *Sein und Zeit, Ibid.*, δ 15, trad. fr. p. 67-72.

« l'herméneutique de la facticité » qui s'intéresse au monde vécu, quotidien et temporel du *Dasein*. Le but de cette herméneutique est de révéler l'être de l'homme à partir de ses limites[1] ; à partir de l'impuissance originaire en lui qui marque ce qu'il n'est pas et ce qu'il a déjà perdu depuis longtemps, dès sa naissance même.

L'existence comme « facticité »

Heidegger distingue la « facticité » *(Faktizität)* du *Dasein* de la *(Tatsächlichkeit)*, « simple factualité » des étants intramondains[2]. C'est au début des *Ideen* que Husserl définit la « factualité » *(Tatsächlichkeit)* des objets de l'expérience. Husserl insiste sur la « contingence » *(Zufälligkeit)* comme caractère essentiel de la factualité. Pour Heidegger, la « contingence » n'est pas le caractère propre de la « facticité », mais c'est le « dévalement » *(Verfallenheit*[3]*)*. Le *Dasein* n'est pas simplement, comme chez Sartre, jeté dans le là d'une contingence donnée, mais il est et a à être son là, il est lui-même le *Da* de l'être : « *La facticité n'est pas la factualité du fait brut (Tatsächlichkeit des factum brutum) d'un [étant] disponible (Vorhanden), mais un caractère d'être du Dasein, compris dans son existence, même si c'est d'abord en le refoulant. Le que – das Dass – de la facticité n'est jamais trouvable dans un regarder*[4]. » La facticité appartient à la manière d'être propre au *Dasein*, l'existence, telle qu'elle s'oppose essentiellement aux deux autres manières d'être d'étants : la disponibilité *(Vorhandenheit)* et l'ustensilité *(Zuhandenheit)*. Ce qui intéresse Heidegger, en tant que marque de l'expérience facticielle, c'est la dialectique de « latence et de non-latence », ce double mouvement par lequel celui qui veut connaître tout en restant caché dans la connaissance est connu par une connaissance qui lui reste cachée[5]. La « facticité » est la condition de ce qui

---

1 *Ibid.,* δ 16, trad. fr. p. 108-113.
2 Cf. le cours du semestre d'été de 1923 à Freiburg: *Ontologie oder Hermeneutik der Faktizität*, GA, vol. 62. Voir *Sein und Zeit, Ibid.*, δ 15-16, surtout la note p. 72.
3 M. Heidegger, *Sein und Zeit, Ibid.*, δ 12, p. 56, voir δ 29, p. 134-136 et p. 140.
4 *Ibid.*, δ 29, p. 135, 20-24. Voir Jean-Luc Marion, *Étant donné, Essai d'une phénoménologie de la donation*, Épimétée/Puf, Paris, 1995, p. 203.
5 L'origine de l'acceptation heideggérienne du terme vient de saint Augustin qui écrit : « facticia est anima », l'âme humaine est factice, dans le sens qu'elle a été « faite » par Dieu. En latin, *facticius* s'oppose à *nativus*, et signifie « qui non sponte fit », ce qui n'est pas naturel, qui n'est pas venu à l'être par lui-même. Cf. article *facticius* dans le Thesaurus linguae latinae et

demeure caché dans son ouverture. La « facticité » désigne pour Heidegger le « caractère d'être » (*Seinscharakter*) et « l'é-motion » *(Bewegtheit)* propre de la vie[1]. Le « mouvement fondamental » *(Grundbewegung)* de la vie facticielle se prononce comme « Ruinanz, effondrement ou chute »selon la traduction latine *(ruina)*, ou bien le « dévalement » *(die Verfallenheit)* selon *Sein und Zeit*[2]. D'où le sens du mot *l'être-jeté (Geworfenheit)* du *Dasein*. Ainsi, la « facticité » revient en propre au *Dasein* : « L'existentialité est essentiellement déterminée à travers la facticité[3]. »

La problématique heideggérienne du *soi*, se rattache directement à la notion de « mienneté » *(Jemeinigkeit*[4]*)*, qui nous mène à aborder l'existence à la lumière de la question *qui ?* Le problème fondamental de l'exploration ontologique de l'ipséité que tente Heidegger est de rendre problématique l'équivalence initiale entre les notions du *Je* (ou du moi), du *sujet* et du *soi*. L'idée du *Je* se confond avec celle de l' « autoréflexion ». C'est le Moi des philosophes de la « réflexion », un *Je* qui se pense comme centre des actes qu'il pose. La définition du Moi qui est supposée ici est celle de la « mêmeté-permanence ». Le sujet est une substance qui se maintient identique à travers le changement. Selon Heidegger la réponse à la question : *qui ?* ne passe pas par le retour réflexif du Moi à lui-même ; elle passe par l'analyse phénoménologique et ontologique de *l'être-au-monde* dont *l'être-avec-autrui* est une dimension essentielle : « La tâche qui s'impose, c'est de porter à une évidence phénoménale cette coexistence dans la quotidienneté la plus immédiate et de donner une interprétation ontologique qui soit à la

---

l'article *facio* dans le dictionnaire étymologique de Ernout-Meillet. Heidegger analyse un passage du chapitre 23 du livre X des *Confessions* où Augustin questionne le rapport de l'homme à la vérité : « J'ai connu des hommes qui voulaient tromper autrui, mais personne qui voulait être trompé… voulant, sans être trompés, tromper eux-mêmes, ils aiment la vérité quand elle se décèle, ils la haïssent quand elle les décèle (cum se ipsa indicat… cum eos ipsos indicat). […] Ils ne veulent pas être dévoilés par elle, mais elle les dévoile tout de même, tout en restant pour eux dévoilée ». Voir Giorgio Agamben, Valeria Piazza, «L'ombre de l'amour », *Le concept d'amour chez Heidegger*, Rivages, Paris, 2003, p. 18-20.

1 M. Heidegger, *GA*, bd. 61, *Ibid.*, p. 99.
2 M. Heidegger, *Sein und Zeit, Ibid.*, δ 12, p. 56, voir δ 29, p. 134-136 et p. 140. Voir GA 61 pour le terme "ruinance", et le chapitre 10 de *L'arbre de la vie* de Jean Greisch.
3 M. Heidegger, *GA 61, Ibid.*, respectivement δ 39, p. 181, 4 ; δ 57, p. 276, 8-9 et δ 41, p. 192, 21-24.
4 M. Heidegger, *Sein und Zeit, Ibid..*, p. 41.

mesure[1] ». Il faut insister, ici, sur le caractère horizontal de *l'ek- stase* heideggérienne. Le néant est à l'horizon de l'être, sur le même plan que lui ; le néant est à même l'être, « est l'être », et l'expression « l'être est néant » a un sens si l'être n'est nulle part ailleurs que dans son événement même. La transcendance *ek-statique* horizontale n'est rendue pensable que par l'abandon de toute substantialité, au profit d'un « possible originaire », d'une pure puissance d'ouverture, d'un « projet » comme possibilité de soi-même. Le *Je* heideggérien peut ne pas être lui-même le *qui* du *Dasein* quotidien et dans ce cas là le *Je* de la quotidienneté devient un *autre*. Heidegger, à ce niveau, prend distance du « Cogito » cartésien et par le fait même du « cartésianisme » de la phénoménologie husserlienne décrite comme « phénomène formelle de la conscience », où la condition du *Dasein* est la tranquille possession de soi à travers la permanence d'un moi qui se maintient identique à travers le temps[2]. En ce sens, tout l'homme est ontologique, précisément parce que « dans ses soucis temporels, s'épelle la compréhension de l'être[3] ». D'où la nouveauté de l'ontologie contemporaine, surtout celle de Heidegger. La compréhension de l'être ne suppose pas une attitude théorique, mais tout le comportement humain.

Je ne possède pas ce que je suis, et la position du soi n'est pas donnée, elle est une tâche, *aufgegeben* et non *gegeben*, non pas « donnée » mais « ordonnée ». Selon P. Ricœur, le Moi doit recouvrir quelque chose qui a d'abord été perdu ; je rends propre ce qui a cessé d'être mien, mon propre par la « distraction » ou par le « divertissement ». L' « appropriation » signifie que la situation initiale d'où la réflexion procède est « l'oubli »; Je suis perdu, *égaré* parmi les objets et séparé du centre de mon existence, comme je suis séparé des autres et l'ennemi de tous[4]. La « facticité », ici, ne consiste pas à me laisser réduire à la « factualité » d'un fait, mais à m'exposer au fait, qui ne peut ainsi s'accomplir qu'en pesant sur moi. Son fait accompli m'arrive dessus, il est fait *pour* moi non *par* moi[5].

La philosophie réflexive retrouve, en ce sens, et peut être sauve l'idée que la source de la connaissance est elle-même *Eros, désir, passion, amour*, et qu'elle est par le fait même *aban-don*. Amour et *aban-don* sont, pour nous, les deux faces de la position de soi dans la première vérité : *« je*

---

1 M. Heidegger, *Sein und Zeit, Ibid.,* p. 116.
2 *Ibid.,* p. 117. Voir Greisch Jean, *Ontologie et temporalité, Esquisse d'une interprétation intégrale de Sein und Zeit, Ibid.,* p. 155-160.
3 E. Levinas, *Entre nous, Essais sur le penser à l'autre,* Paris, Grasset, 1991, p. 13-24. Voir aussi Jean Greisch, *Ontologie et temporalité, Ibid.,* p. 171.
4 Dans Paul Ricœur, *De l'interprétation, Ibid.,* p. 54.
5 Jean-Luc Marion, *Étant donné, Ibid.,* p. 207.

suis ». Une telle logique n'est plus une « logique formelle », mais une « logique transcendantale » ; elle s'établit au niveau des conditions de *possibilité* ; non des conditions de l'*objectivité* d'une nature, mais des conditions d'appropriation de notre être comme perte de l'être, c'est-à-dire comme dés*appropriation* de notre désir d'être. La « logique transcendantale », en ce sens, ne s'épuise pas dans *l'a priori* kantien[1]. Autrement dit, le lien entre la réflexion sur le « Je pense » et le « je suis » en tant qu'acte d'exister ouvre un nouveau champ d'expérience et une nouvelle vision de la réalité. Selon nous, et ce que nous essayerons de percevoir, c'est que ce qui rend possible l'appropriation du « Je pense, je suis », n'est ni un énoncé empirique, ni un énoncé rationnel, mais autre que l'un et l'autre, une expérience de perte, de désappropriation, un : *Je suis par un Autre, je suis par la perte* ; un : *je perds, donc je suis.*

L'énigme d'être

Aucune philosophie réflexive ne s'est autant approchée de l'inconscient freudien, que la phénoménologie de Husserl et de certains de ses disciples, principalement Merleau-Ponty et de Waelhens[2]. La

---

1 Dans la première édition de la Critique, Kant appelle transcendantal : «toute connaissance qui s'occupe, non pas précisément des objets, mais de nos concepts a priori des objets en général ». Dans la deuxième édition Kant reprend cette définition en soulignant le caractère subjectif du transcendantal : « J'appelle transcendantale toute connaissance qui s'occupe, non pas précisément des objets, mais de notre manière de connaître les objets, pour autant que cette connaissance est possible a priori ». On voit comment l'analyse critique, qui doit répondre à la question : « Comment des représentations sont-elles possibles à titre d'objet ? » ou bien « Comment des connaissances a priori sont-elles possibles ? », ne peut être qu'une « analyse transcendantale », c'est-à-dire une analyse de l'objet effectué du point de vue transcendantal. Mais selon Kant une « analyse transcendantale », tout en me dévoilant les « principes a priori de la connaissance » comme « disposition naturelle» de mon esprit, doit me conduire, d'une manière ou d'un autre, à prononcer sur eux de jugement de valeur. Cf. M. Heidegger, *Kant und das Problem der Metaphysik*, Frankfurt am Main, Klostermann, 1973; trad. fr. *Kant et le problème de la métaphysique*, par Alphonse De Waelhens, et Walter Biemel, Paris, Gallimard, 1953, p. 75-76. Dans le même sens, Levinas disait : « La *Critique de la Raison pure*, en découvrant l'activité transcendantale de l'esprit a rendu familière l'idée d'une activité spirituelle qui n'aboutit pas à un objet, même si dans la philosophie kantienne, cette idée révolutionnaire, s'atténuait du fait que l'activité en question constituait la condition de l'objet. » Dans E. Levinas, *Totalité et Infini, Ibid.*, p. 205.
2 Cf. Michel Henry, *Généalogie de la psychanalyse*, Épiméthée/Puf, 1985, IX,

phénoménologie commence par un déplacement méthodologique qui fait comprendre quelque chose du déplacement ou du décentrement du sens par rapport à la conscience (La réduction). Dans la mesure où la conscience croit savoir l'être-là du monde, elle croit aussi se savoir elle-même. D'où la réduction a quelque chose à voir avec la dépossession de la conscience immédiate, en tant qu'origine et lieu du sens[1]. C'est par une certaine *humiliation, une blessure* du savoir de la conscience immédiate, que la phénoménologie commence. Si le « cogito » est le point de départ, on n'a jamais fini d'atteindre le point de départ ; on n'en part pas, on y vient. Toute la phénoménologie est une marche vers un point de départ, vers le commencement, vers ce qui est originaire. Une telle humiliation, comme expérience d'une *non-originarité constitutive*, est selon Heidegger l'expérience originelle de la philosophie, le seul point de départ légitime de la pensée.

Certes, un noyau d'expérience originaire est présupposé par la phénoménologie : « Sans la présupposition d'un tel noyau la présence vivante de soi à soi-même (*die lebendige Selbstgegenwart*), il n'est pas de phénoménologie[2] ». Mais au-delà de ce noyau s'étend un horizon du « proprement non-expérimental » (*eigentlich nicht erfahren*), un horizon du « nécessairement co-visé » (*notwendig mitgemeint*)[3]. Un tel horizon peut, lui aussi, faire illusion sur lui-même ; et nul ne sait jusqu'à quel point. Dans cette *faille*, dans la *non-coïncidence,* dans l'*opacité* entre la certitude du *Je suis* et la possibilité de l'illusion sur soi, une certaine problématique d'une *inquiétante étrangeté* va pouvoir s'insérer.

La conscience est d'abord visée de l'autre, et non présence à soi, possession de soi. Toujours un sens en acte déborde, devance l'intentionnalité, le mouvement réflexif. L'impossibilité du savoir absolu hégélien, ou de la réflexion totale, donc la finitude de la réflexion, comme l'ont déduit Fink et de Waelhens[4] sont inscrites dans le primat de « l'irréfléchi » sur le « réfléchi », de l' « opéré » sur le « proféré », de « l'effectif » sur le « thématique », de l' « invisible » sur le « visible » : « Un mouvement qui se fait lui-même et qui pourtant ne se fait pas lui-même, mais fait le vide dans lequel il se meut : son vide est sa possibilité de

---

Le singe de l'homme : l'inconscient, p. 343-386.
1 L'inconscient pose beaucoup de problèmes à Husserl, en bonne logique, si on se refaire au fameux « principe des principes » dans *Ideen* I, δ 24, on constate que l'inconscient est un impensable absolu.
2 Paul Ricœur, *De l'interprétation, Ibid.*, p. 368.
3 *Ibid.*
4 *Ibid.*, p. 369.

mouvement.¹ » Or toute la découverte de Freud est contenue là : « Le psychique se définit par le sens et ce sens est dynamique et historique² ». Le Moi se signale mais ne se présente pas. Le Moi symbolise selon un sens très singulier que Freud a découvert à toutes nos manifestations conscientes et à nos rêves, et qui est l'essence de tout signe, sa définition originelle : « Il ne révèle qu'en cachant³. » La possibilité que le Moi soit d'abord *souci auprès des choses, appétition, désir et quête de satisfaction,* est de nouveau ouverte, dès lors que le psychique ne se définit plus par la conscience, ni le rapport effectivement vécu par la représentation.

A ce niveau intervient l'idée de la genèse passive du sens, dans la *quatrième Méditation cartésienne* de Husserl, et fait allusion à l'« inconscient » freudien. Selon Husserl « la construction par l'activité présuppose toujours et nécessairement comme couche inférieure une passivité qui reçoit l'objet et le trouve tout fait⁴ ». Autrement dit, la reconstruction d'une production active se heurte à une constitution préalable de la genèse passive. Qu'est ce que la genèse passive ? La synthèse passive c'est la chose toute faite, résidu des « apprentissages perceptifs » de l'enfance qui renvoient à une « histoire antérieure ». Grâce à ces renvois, il

---

1 M. Heidegger, *GA*, bd. 61, p. 131.
2 Vergote, « *L'intérêt philosophique de la psychanalyse freudienne* », Archives de Philosophie, janvier- février, 1958, p. 38.
3 E. Lévinas, *Totalité et Infini, Ibid.*, p. 192.
4 E.Husserl, *Cartesianische Meditationen*, Hua I, δ 61, trad. fr. par E. Levinas et G. Pfeiffer, Paris, Vrin, 1947. Selon Heidegger, « la construction transcendantale métapsychologique postule l'hypothèse de l'inconscient comme une invention (*erfunden*) pour gagner en sens et remplir les trouées du phénomène humain. Freud est soumis au postulat de la continuité des enchaînements de la causalité ; l'âme est traversée par l'explicabilité où se trouvent confondues explication (*Erklären*) et compréhension (*Verstehen*). Or ce postulat est celui là même de la science moderne de la nature ». Si *psychè* il y a, elle est au monde, jamais déterminée à partir d'une objectivation préalable, mais ouverte à ceci, qu'en son être il y va de l'être, rassemblée, portée devant elle-même (au monde), dans le souci. Et il n'y a pas d'autre méthode que *de se laisser-aller à laisser l'autre au monde*. Dans les Séminaires de Zollikon, le *Dasein* permet de penser l'homme hors de l'isolement de la subjectivité, permet de libérer l'humanité à elle-même, non comme autoposition de soi mais infiniment ouverte à la finitude en elle. M. Heidegger, *Zollikoner Seminare, herausgegeben von Medard Boss*, Klostermann, 1987, p. 218 et 260. Voir Francis Fischer, "Le Dasein confronté à la folie et à la psychiatrie. Les Séminaires de Zollikon : Heidegger/Boss, p. 43-53.

devient possible de remonter à *la* « fondation première », à *l'Urstiftung*[1]. C'est toujours une formule finale (*Zielform*) qui renvoie, par le moyen de sa genèse, à sa propre fondation : tout connu indique un « apprendre original[2] ». Une telle compréhension porte précisément sur notre existence, en tant que *fait brut (factum)* et *irrationnel (irrational)* : « mais il ne faut pas perdre du vue que ce fait lui-même, avec son irrationalité, est un concept structural à l'intérieur du système de l'a priori concret[3] ».

Une telle explication nous renvoie à la recherche d'une fondation originelle, où le sens s'accomplit sans le « Je transcendantal ». Mais comment est-il possible qu'un sens s'accomplit sans le « Je transcendantal »? Un sens dont son mode d'être n'est ni un « Je transcendantal », ni « chose du monde », ni « représentation ». Le mode d'être de l'Autre (origine en soi) ouvre la genèse du sens à la constitution originaire du *Je* comme étant un *Je* autre. Tout sens a finalement des dimensions altruistes, en tant que l'implicite ou l'invisible du visible est ce qu'un Autre peut expliciter, est ce qui renvoie à l'Autre. Le sens, dont parle la phénoménologie, est, en ce sens, plus vécu que représenté. C'est dans le désir et l'affect, le lieu de l'expérience vécue et de l'épreuve de soi, que le sens est le plus manifeste.

Le premier « existential » qui vient concrétiser la constitution du *là* est « l'affection » (*Befindlichkeit*) ou (*disposibilité* selon Vezin). En 1924, Heidegger utilise ce terme pour traduire le terme « affectio[4] » chez saint Augustin *(se trouver, se sentir)*. Pour Heidegger « l'affection » représente une dimension fondamentale du *je suis*. Loin d'être de simples « états d'âme » qui n'ont qu'un intérêt purement psychique, les « affections » ont un pouvoir de révélation ontologique fondamental[5]. C'est dans les affects que le *Dasein* se découvre livré et exposé à l'être qu'il s'agit de rendre compte. Or il apparaît que le désir, comme « mode d'être auprès des êtres », n'est humain que si la visée est non seulement désir de l'autre, mais « désir de l'autre désir ». Quel autre désir ? Pour nous, la constitution altruiste du désir révèle la vérité profonde de la nature humaine déchirée entre l'abandon à l'Autre originaire et la possession de l'autre sujet, entre l'expérience de la perte et la théorie freudienne de la libido.

---

1 *Ibid.* Voir à ce sujet l'article de Natalie Depraz, « Naître à soi-même », dans *Alter*, p. 81-105.
2 E. Husserl, *Cartesianische Meditationen*, Hua I, δ 61, *Ibid.*
3 *Ibid.*
4 Pour les diverses références, cf. Jean Greisch, *Ontologie et temporalité, Ibid.* p. 176.
5 M. Heidegger, *Sein und Zeit, Ibid.*, p. 134.

Le sujet qui exerce la « réduction » n'est pas un autre sujet que l'*ego,* mais le même ; en tant que méconnu, devient reconnu mais autrement et par l'Autre originaire en lui : *Où était le « Je » doit advenir l'« Autre ».* Ce qui fait que toute relation du Je avec soi-même ou bien avec l'autre sujet que lui, le *Tu*, n'est comprise et n'est authentique que par *l'ad-venue* de l'Autre originaire. L'Autre comme *Il*, comme origine de toute « intersubjectivité » et de tout sens de l'identité. L'*Autre,* comme origine de toute égoïté, donne au Moi la possibilité de toute ouverture au sens fondateur de toute existence. Comment ? En traçant avec lui un autre chemin que celui tracée par la conscience. Prendre un chemin différent c'est faire l'expérience de *l'aban-don de soi.* Plus que tout, ce qui est difficile à penser c'est l'idée d'une expérience qui se transforme en signification, en énigme, en mystère et en épreuve de soi.

C'est dans le jeu de *l'abandon-possession* et de l'*aimer-haïr* que nous allons essayer de découvrir quelque chose comme une instauration du *non-sens* comme sens originaire, *non-familier, unheimlich*. On peut partir de l'hypothèse d'après laquelle la source du désir du Moi n'émane pas d'un besoin quelconque, mais d'un appel originaire provenant de l'*Autre* ; un appel qui appelle le Moi à expérimenter l'épreuve fondamentale de l'*aban-don* de soi comme sens fondateur de toute *ipséité* et de toute *miennété*. Ce qui fait écart entre le désir et le besoin c'est l'appel originaire de l'*Autre* qui se révèle par le mouvement de descente du Moi dans *son propre sous-sol*, où il découvre ce qui a été *déjà-donné* et par le fait même ce qui a été *déjà-perdu.*

Si le « Je pense, je suis » est le fondement réflexif de toute proposition concernant l'homme, comment lui donner sens ? Ce qui est fondamental pour nous ce n'est pas le fait de penser l'existence et de l'assurer, ce n'est pas la question qui cherche une réponse formulée par un savoir thématique, mais de donner sens à l'existence et à tout acte de penser, et cela à partir de ce qui ne vient pas du sujet lui-même, mais de ce qui est originaire en lui, de l'Autre. Ce qui fonde l'existence ce n'est plus de penser l'être ou le non-être de l'homme, mais de découvrir le sens de sa vie, *l'énigme d'être* selon un mode différent. Une telle découverte ne peut être dévoilé, qu'à travers l'expérience même du Je face à sa fuite continuelle de son origine, de l'Autre. Ce qui est antérieur à toute question n'est pas à son tour, une question, ni une connaissance possédée, *a priori*, mais une épreuve de soi. La question *qui ?* vise l'Autre. La vérité de l'Autre diffère de tout contenu représenté. Elle est simplement signifiée par ce qui se manifeste en tant qu'absent de sa manifestation. La vérité de l'Autre apparaît tout en demeurant sous l'ordre de l'*Invisible,* un ordre qui ne surgit qu'à partir d'une obscurité et d'une passivité originaire. Le surgissement à partir d'une obscurité et d'une passivité originaire est ainsi une venue à partir d'une origine autre, à partir d'une plénitude qui pose une *dif-férence originaire* avec tout contenu représentatif. La *dif-férence* même, entre contenu représentatif et l'ordre de l'*Invisible,* revient à reconnaître une vérité douée d'un dynamisme autre que de celui de la perception. Cette vérité s'offre à moi dans son refus d'être contenu par moi. En ce sens elle ne saurait être comprise, c'est-à-dire englobée et représentée comme un objet de connaissance. Elle renvoie à une « con-naissance » d'une structure nouvelle. La vérité originaire dépasse ici mes pouvoirs en les mettant en épreuve, en blessant mon orgueil et mon égoïsme. Ce dépassement ne défie pas l'impuissance de mes pouvoirs, mais « mon pouvoir du pouvoir[1] » selon les termes de Levinas. Subjectivité qui n'est plus qu'une « pure épreuve », c'est-à-dire qu'elle n'est pas une expérience « mienne », ni même pas « mon » épreuve, mais « moi comme épreuve ».

Le mouvement du *Soi* surgissant de l'excès de ses propres limites

La percée de la vérité originaire ne se donne vraiment que dans son exercice qui oscillera entre deux manières de s'y rapporter : soit on s'installe dans la certitude de l'accomplissement de cette percée, soit dans l'inquiétude de son inachèvement intrinsèque. Dans les deux cas une obscurité non maîtrisable, non identifiable, s'impose et s'exprime durant le passage de l'attitude naturelle à l'attitude dite phénoménologique. Ce passage, accompagné et même porté par la lumière de l'obscurité étrangement inquiétante, n'est donné nulle part ailleurs que dans sa mise en œuvre en première personne. La mise en œuvre se fait dans un effort, dans un risque, et dans une épreuve de soi dont chacun doit faire l'épreuve.

La « réduction phénoménologique » ne s'identifie pas ainsi à une technique, et dès qu'elle le devient elle *déchoit* de sa propre essence[2]. Elle est, en ce sens, un passage risqué d'une technique naturelle à ce qui met en épreuve, inquiète, et excède l'intimité du Moi, son ipséité même. Le passage, ici, est le caractère de l'inachèvement de la « réduction phénoménologique », du débordement de ce qui la limite et la réduit à ce qui est technique et thématique en elle. Se porter sur le débordement de « sa limite », c'est porter la « réduction phénoménologique » vers ce qui, dans la pensée, précède toute thématisation et la décide selon l'obscurité d'une *donation originaire*, selon l'affection qui peut s'exprimer comme « admiration » ou bien comme

---

1 E. Levinas, *Totalité et Infini, Ibid.*, p. 217.
2 M. Heidegger, *Les problèmes fondamentaux de la phénoménologie*, trad. fr. J.-F. Courtine, Gallimard, Paris, 1985, p. 40.

« traumatisme ». Ces deux expressions, en leur radicalité, se provoquent l'une l'autre, le Moi est « tantôt exalté, tantôt humilié » dit Paul Ricœur[1]. C'est peut-être d'abord de son exaltation que le Moi doit mourir, comme trop plein de lui-même.

Toute posture de pensée est une posture de fuite et de refus ou bien de rencontre et d'admiration de l'événement originaire. Un événement qui mène à une « phénoménologie de l'excès » ou bien à la pratique excessive de la méthode phénoménologique. Husserl n'a cessé de répéter que la phénoménologie n'est pas une doctrine, et moins encore un dogme : il n'y a pas d'orthodoxie en la matière. La tache de l'excès consiste à ouvrir le champ phénoménologique sur ce qui éveille en lui l'énigme de l'étonnement.

La pratique excessive de la méthode phénoménologique mène à une « phénoménologie de l'excès », c'est-à-dire à une pratique de la phénoménologie ayant perdu tout sens de la « limite » sans perdre la « limite » de ce qui *peux* donner sens. En revanche, cette pratique se transforme en épreuve, une épreuve de la « limite ». Qu'est ce que l'épreuve de la limite ? Est-ce c'est le risque de son dépassement et de sa destruction ou bien c'est une épreuve de « déconstruction » selon les termes de Derrida ? Que signifie « Déconstruire la limite » ? Est-ce c'est faire re-commencer ce qui fait surgir de la limite son excès ? L'épreuve de la limite n'est-ce pas l'événement du surgissement du Soi à partir de l'excès de ses limites même ? Eprouver le Soi, n'est-ce pas faire surgir en lui ce qui excède son intimité, sa mienneté ? Mettre le Soi en épreuve n'est-ce pas l'inquiéter et le priver de tout « chez-soi » ?

Michel Henry parle « d'épreuve de la subjectivité[2] » ; E. Levinas parle de « traumatisme » et Derrida d'« endurance » de la limite pour exprimer le surgissement même de *Soi*. Une épreuve de soi en excès de toute limite d'expérience subjective. Si expérience il y a, le sujet n'en est plus l'acteur principal. Même chez Descartes, l'absoluité du « cogito » est relativisée, puisqu'elle trouve inscrite dans son intériorité l'idée de *l'infini* qui la confronte à sa propre finitude. Le Moi, dans sa passivité, est désigné

---

1 Paul Ricœur, *Soi-même comme un autre*, Paris, Le Seuil, 1990, p. 27.
2 M. Henry, *Phénoménologie matérielle*, *op. cit.*, p. 162-163 : « (…) Kafka s'exprime ainsi : « Chance dit-il que le sol sur lequel tu te tiens ne puisse être plus large que les deux pieds qui le couvrent. » Qu'il s'agisse d'une « chance » ou de l'insupportable fardeau de la vie acculée à soi, en tout cas l'intériorité radicale de la vie, intériorité en laquelle elle est ajustée point par point à elle-même, la construit du dedans comme cette épreuve qui est ce qu'elle est non pas dans l'identité extérieure de la chose dont nous disons qu'elle est la même – mais qui est ce qu'elle est en tant que cette épreuve ajustée point par point à soi, se sentant et s'éprouvant de cette façon. »

comme « moi rivé à soi ». Parler d'une épreuve suppose un rapport à soi où autre chose que soi surgit. Un surgissement étrangement inquiétant qui inquiète, perce, aliène et brise l'intimité de soi et déclenche un recommencement de l'épreuve de soi. S'éprouver soi-même n'est plus une affaire volontaire, personnelle, familière, intime, mais un s'obliger à se laisser être conduit vers un *lieu* sans lieu, sans mesure, ni limite ; un *lieu unheimlich* qui ne porte plus le *nom* de ce qu'on appelle un « chez-soi ». S'éprouver soi-même, c'est se *laisser-être-pris* là où on ne veut pas aller, *là* où tout devient étrangement inquiétant puisqu'une étrangeté intime et originaire s'impose. Dans ce *là*, une immanence à soi exige une *passivité* originaire d'une mienneté « acculée à elle-même ». Une mienneté, qui, pour être soi, doit s'aban-donner à la perte de son « être-soi » même ; à la perte non de sa mienneté, mais du « chez-soi » qui constitue sa référence première à soi, son refuge, le « mauvais infini » en elle. La perte, en ce sens, prive la mienneté de tout refuge et de toute référence à soi. L'épreuve de soi est ainsi l'épreuve de la perte qui prive la mienneté de toute intimité comme propriété et comme solipsisme, et la jette dans un état gravement insupportable et intolérable.

Nous essaierons de décrire comment, par l'épreuve de la perte de soi, de la perte de l'intimité de soi, la mienneté se *laisse-être-prise* selon les exigences d'un *aban-don* originaire à ce qui fait commencer en elle la *démesure*, la *non-limite* et le *surcroît* de ce qui a déjà commencé en elle depuis sa naissance. Autrement dit, se perdre c'est laisser *l'aban-don* de soi faire advenir l'arrivage de l'originaire en soi. Se perdre, en ce sens, c'est être originairement selon l'arrivage de l'événement de sa naissance, du recommencement du don originaire de soi. Seul l'arrivage de ce qui fait naître l'ipséité originairement, possibilise le *se-laisser-être-aban-donné* de soi. Ainsi, toute ressemblance tient en elle sa *dif-férence*, toute appropriation s'expose à une altération, tout pouvoir se brise, tout orgueil s'aliène et tout narcissisme s'étouffe sous le charme de sa propre beauté. Et puisque la limite d'un « chez soi » est par définition « non-familière », le paradoxe des frontières, ainsi produit, altérera en tout cas le pouvoir d'être soi et même la signification d'un « chez soi » ontologique. Levinas notait en ce sens : « Son immobilité, sa fixité de sujet tient non pas à la référence invariable à quelques coordonnées de l'espace idéal, mais à sa *stance*, à l'événement de sa position qui ne se réfère qu'à lui-même, qui est l'origine de la fixité en général – le commencement même de la notion du commencement. Le lieu, avant d'être un espace géométrique, avant d'être l'ambiance concrète du monde heideggérien, est une base[1] ».

---

1 E. Levinas, *De l'existence à l'existant, op. cit.*, p. 122.

Notre tâche est donc d'essayer de *laisser-se-manifester* au sein même d'un « chez soi » ou bien au sein même d'une intimité ontologique, une étrangeté altérant toute intimité et brisant toute référence à soi comme solipsisme, comme appropriation et comme pouvoir propre. En ce sens, notre travail se laisse donc lire comme un essai de description d'un mouvement d'altération de la mienneté au sein même de son intimité (de ce qui est propre en elle). Un essai qui tente de dévoiler l'originalité et l'originarité d'une mienneté dite *altérée* ou bien *aban-donnée*. La mienneté altérée ou bien *aban-donnée* est une mienneté qui *se-laisse-traverser* en elle l'étrangeté de l'événement originaire, c'est-à-dire se laisse prendre en son rythme premier et déjà re-commencer en elle son arrivage. Un arrivage comme un mouvement d'un courant, d'un *torrent* qui traverse l'intériorité de la mienneté tout en laissant en elle ses traces non identifiables qui refusent d'être nommées, des traces sans *nom*. Il s'agit de se rendre vulnérable, d'être affectée par une épreuve de soi comme perte de toutes références à soi, de se laisser être une mienneté *altérée*, une mienneté *aban-donnée*, une mienneté *déjà-perdu* dans l'anonymat de l'originaire, une mienneté blessée et sa blessure la rend gravement malade. Il s'agit de surprendre l'être et de le forcer à la non maîtrise, à la brisure de son projet d'appropriation selon les exigences d'une pauvreté dite originaire. Enfin, il s'agit de sur-prendre l'être en se laissant surprendre par lui ; de sup-porter l'être en se laissant être porté par lui et de par-donner le mal de l'être en *se laissant-être-aban-donné* à ce qui fait mal en lui.

« Dénudée » de la forme de l'égoïté, la mienneté s'ouvre plus radicalement à ce qui la dénude aussi du pouvoir de sa conscience. Dénudée, débordée, percée et blessée, la mienneté ne pourrait être prise qu'à partir de soi, ne peut être qu'assigné à un soi, à un soi altéré par une étrangeté intime, gravement intime. Ce n'est pas le soi qui cause un problème, ici ; c'est le mouvement de l'étrangeté en lui qui décide de son sort, de son intimité et même de son identité. L'énigme de la mienneté ne se manifesterait jamais tant qu'elle n'est pas mise en danger, à l'épreuve de la perte de tout, surtout de soi comme un « chez soi ». Débordée et déportée à la limite de ses pouvoirs, la mienneté assistera à sa propre défaite, à la brisure de toute lutte arrogante en elle. L'essence de la mienneté c'est son *aban-don* de sa propre substance, de son pouvoir être propre : c'est devenir une mienneté sans substance. C'est par le courant de *l'aban-don* de soi que le rapport entre la mienneté et ses limites s'expose à la violence de l'épreuve de soi. C'est en étant témoin de la brisure de ses propres limites que la mienneté s'ouvre à l'espace de sa *manifesteté*, ou bien à sa manifestation originaire. Seul ce qui se perd, se manifeste, se fait originairement. Seule une mienneté éprouvée et retournée contre ses propres limites et non contre elle-même, peut survivre. Il s'agit de reconduire la mienneté à un retournement qui ne saurait s'arrêter à aucune idole jusqu'à atteindre la *trans-figuration* de l'icône, son *arrivage événementiel*. Une reconduction retournée contre tout repos malgré la fatigue, contre toute fuite malgré l'horreur, contre tout désespoir malgré la violence de la perte. Une reconduction qui ne dort pas parce qu'elle est menée par un éveil originaire. Un pur mouvement car *déjà* se relancerait comme un re-commencement originaire. Ce devant quoi la conscience doit perdre tous ses pouvoirs propres ; ce devant quoi la conscience ne cesse d'être débordée, retardée et en même temps absorbée par ce qui se dérobe inéluctablement. Elle est prise dans un retard originaire et irréductible. Hélas ! Le temps du retour a changé et le retournement est étrangement autre, gravement autre. Et pourtant il faut bien retourner. Le retour doit se confronter avec l'étrangeté d'une « contamination » qui prive de tout, qui dénude, humilie et enfin tue ceux qui la regardent en face. Le *re-tournement* n'est gérable que si on l'inscrit sous le nom d'une pauvreté originaire qui *ne se lève qu'à la tombée de la nuit*.

2- Le Moi se découvre comme *déjà-perdu*

L'être est le poids du *Dasein*

Selon Heidegger, le propre du *Dasein* est de montrer que son propre être n'est pas celui des autres étants, car il est sur le mode du *Je*, sur le mode de la possibilité : « plus haut que l'effectivité, il y a la possibilité[1] ». Le *Dasein* précède l'être subsistant *(Vorhandenheit)*[2], comme la possibilité précède l'effectivité. Et cela contrairement à ce que disait Aristote dans le livre *Delta* de sa métaphysique : « être c'est préférable que d'être dans la potentialité ». Le mouvement dynamique de « désubstantialisation » va être accentué par Heidegger. Le *Dasein* qui n'est rien d'étant n'est lui-même que hors de lui-même, comme pur projet, comme possibilité. Le *Dasein* est en situation de *possibilité,* c'est-à-dire de capacité à demeurer sur le mode de possibilité, à ouvrir des possibilités contrairement à l'étant *subsistant* qui est en situation d'*effectivité*. Plus le *Dasein* ouvre des possibilités plus le monde

---

1 M. Heidegger, *Sein und Zeit, Ibid.*, δ 25-38.
2 Heidegger emploie les termes (*Zuhandenheit*) et (*Vorhandenheit*), *spectacle* pour nos yeux pour la chose étendue, et (*Existenz*), *existence* pour la chose pensante ou le *Dasein*. Tout étant à ce niveau-là n'est pas du même genre, et nous ne pouvons pas interroger sur chaque étant de la même façon car il y a différentes vérités et différents modes de vérité suivants les différents modes des étants. Ce qui fait que « l'être ensemble », quand cela s'applique aux choses matérielles, n'est pas la même chose que « l'être ensemble » quand cela s'applique aux choses de l'esprit. Selon Heidegger aucun être extérieur, aucun être étendu ne peut être avec un autre être : une pierre n'est pas avec une autre pierre. Seuls l'homme et l'homme sont *avec* parce qu'ils peuvent se saisir l'un l'autre avoir conscience l'un de l'autre, non nécessairement d'une manière réciproque, ni même de penser aux mêmes choses, mais bien plutôt que cette saisie réciproque suppose ce « être l'un avec l'autre ». En d'autres termes ce « être l'un avec l'autre » est différent du « être en même temps » des deux pierres et que ce n'est pas fondé sur une conscience, mais au contraire la conscience de l'un par l'autre est fondée sur ce « être l'un avec l'autre ». D'après Heidegger l'être humain est ouvert pour l'être humain parce qu'ils ne sont pas seulement *ensemble*, mais sont *avec*. C'est donc sur l'idée « d'être avec » *(mitsein)* que Heidegger insiste pour mettre en lumière la différence entre les étants et pour résoudre le problème de la vérité tout en admettant un ensemble commun. Ce qui est essentiel pour lui c'est d'établir l'opposition entre *Dasein* et étant *intra-mondain* ou subsistant. Voir *Sein und Zeit,* δ 25-26.

s'élargit. Le *Dasein* est le lieu où il y a possibilité, où le je ouvre tous les jeux possibles. C'est parce que le *Dasein* est là que le monde est là, il est ouvert. Le Moi comme *Dasein* devient lui-même un « Je suis possible[1] », sous le mode de la « mienneté » comme être dans le monde avec des étant dans le monde. L'expérience du *Dasein,* comme être dans le monde, c'est de *coexister* avec d'autres étants : « L'analyse a montré : l'être-avec est un constituant existential de l'être-au-monde ». « Le *Dasein* a le genre d'être de *l'être-en-compagnie[2]* ».

En revanche, le Moi n'est jamais égal à lui-même, car il est en écart avec lui-même et en retard par rapport à son origine. Etre en retard sur soi-même c'est être né, c'est être en retard par rapport à sa naissance : je ne suis pas l'origine de moi-même, cette origine qui *définit presque toutes les possibilités*. Le retard sur soi-même est une caractéristique fondamentale qui dévoile mon arrivée dans ce monde comme déjà en retard : je ne peux plus décider à exister ou pas, à jouer ou pas mon existence. Le Moi est *l'être-jeté (Geworfenheit[3])* dans le monde, son *être-là* est un fait accomplit, déjà fait et pas de retour en arrière : « *Dasein,* n'indique donc pas ce que nous sommes, mais *que* nous sommes, et sans « quid » : que nous ne sommes *rien,* par conséquent rien non plus qu'il y ait à savoir[4] ». La vérité, « je suis jeté (*werfen*) », caractérise la « facticité » du *Dasein*, son « factum[5] » : « Le concept de *facticité* inclut en lui *l'être-au-monde* d'un étant intramondain de telle sorte que cet étant puisse s'entendre comme pris dans son destin avec l'être de l'étant qui vient à sa rencontre à l'intérieur du monde qui est sien[6]. »

Le *Dasein* n'est jamais dans une position neutre, est toujours accordé à un certain état d'âme, car il est toujours en situation d'enjeu, d'instabilité, et le pouvoir choisir est le poids de son être. L'être est le poids du *Dasein*, un fardeau sur ses épaules. Le *Dasein* porte le fardeau[7] de son existence, il est l'étant qui n'est jamais tranquille, en souci, instable. Il cherche à fuir, à neutraliser ce qui l'affecte, ce qui l'angoisse, mais cela ne va pas de soi, car la tendance naturelle *(ontique, existentielle)* est plutôt une attitude de fuite, de dérobade et d'évitement : « La disponibilité découvre le *Dasein* dans son *être-jeté* et le fait d'abord et le plus souvent sous la forme du divertissement qui l'esquive[8] ». Selon Heidegger, et dès les

---

1   M. Heidegger, *Sein und Zeit*, *Ibid.*, δ 25-38.
2   2 *Ibid.*, p. 125.
3   M. Heidegger, *Sein und Zeit*, *Ibid.*, p. 114.
4   G. Granel, « Lacan et Heidegger », In *Études,* Galilée, 1995, p. 56.
5   *Idem.*
6   *Ibid.*, p. 56.
7   Heidegger, *Sein und Zeit, Ibid.*, δ 29.
8   *Ibid.*, p. 136 ; trad. fr. p. 180.

Prolégomènes, l'intentionnalité est identifiée au souci, d'une manière que là où il y a souci, il y a de l'intentionnalité. Heidegger utilise le terme *l'être-jeté (Geworfenheit)* pour exprimer la « facticité » de l'être livré sans défense, abandonné à ses affections[1]. La structure du souci désigne la compréhension de l'être dans le *Da (être-au-monde)* comme toujours référée à la rencontre des choses, et comprenant à partir de ces choses dans la vie quotidienne. Le mode d'existence, la manière d'être ou la vie quotidienne sont prisent pour la réalité même de la vie. Dans *Sein und Zeit* l'analyse se fait à partir de la vie quotidienne, à partir d'une existence « non-propre », « non-mienne ». Dans le temps quotidien l'unité du Moi n'apparaît que lorsque le temps de chaque vie est écoulé. Tant qu'il se rapporte à sa fin, le *Dasein* se rapporte à son *pouvoir d'être*. « Ainsi ce moment structurel du souci indique sans équivoque qu'il y a encore dans le *Dasein* un excédant, quelque chose qui, en tant que *pouvoir-être* de lui-même, n'est pas devenu encore effectif[2] ». Il y a donc, dans la structure du souci, une incessante « non-clôture » du *Dasein*. La « non-clôture » montre le manque de l'être, un manque qui appartient à l'être même, et ce manque c'est la mort. Le *Dasein* en tant que jeté dans l'être existe vers la fin. C'est le *Dasein*, en ce sens, qui configure (*ausbildet*[3]) le possible en tant que possible à travers le devancement de la résolution. « *L'être-pour-la-mort*, comme devancement dans la possibilité, *possibilise* pour la première fois cette possibilité et la libère en tant que telle[4]. »

Toute possibilité s'enracine, pour le *Dasein*, dans le projet fini d'un pouvoir-être. Le *Dasein* a à être, mais avoir *à-être* est aussi avoir *à-mourir*. La « facticité » est ainsi retrouvée. Le sens existential du souci défini comme « devancement » est conquis sur le fond d'une analyse critique de « l'excédant » (*Ausstand*) comme « ne pas être encore. » La constitution de la mort par le souci est à cet égard essentielle[5]. Si la non-totalité constitutive du *Dasein* réside dans un excédant du pouvoir-être, alors il n'y a d'achèvement du *Dasein* que dans et par la mort. La mort signifie l'achèvement ontique de l'inachèvement ontologique du *Dasein*. La question de la mort advient donc quand l'analyse existentiale découvre s'être fermé à la possibilité d'une acquisition du *Dasein* en totalité. Le *Dasein* est une structure ouverte et le reste de sa naissance à sa mort. Pouvoir être signifie, dès lors, ne pas être encore tout ce que l'on est, le seul achèvement envisageable du *Dasein* se réduisant à sa pure annulation de fait : ne plus

---

1 *Ibid.*, p. 135. Freud parle de la *détresse primitive* de l'enfant abandonné à l'attaque de ses impulsions.
2 *Idem.*, p. 176.
3 Heidegger, *Sein und Zeit*, *Ibid.*, p. 261.
4 *Ibid.*, p. 262.
5 *Ibid.*, δ 50, p. 246.

(pouvoir) être ce pouvoir-être. Selon Heidegger le *Dasein* possède en lui-même la possibilité de coïncider avec sa mort en tant qu'elle est la possibilité extrême de lui-même. Pour Heidegger, l'enjeu est de reconnaître une possibilité existentiale de l'être-tout existentiel du *Dasein* dont le souci est le titre ontologique. La mort, en ce sens, n'est plus un événement, mais une possibilité d'être. En elle le *Dasein* se précède, se dispose par avance en son pouvoir-être le plus propre puisqu'elle désigne son pouvoir-être insigne d'être-là-dans-le-monde. Exister signifie *être-jeté* dans la possibilité qui rend possible l'être du *Dasein*, et cette possibilité même est le mourir. Le mourir relève de *l'être-jeté* du *Dasein*. Mais *l'être-jeté* dans la mort angoisse le *Dasein*. Le *Dasein* s'angoisse donc de son pouvoir être constitutif qu'est la possibilité de l'impossibilité de son existence[1]. Pour être d'abord saisi dans la facticité, le mourir se donne selon le mode d'être du *Verfallen* : l'être pour la fin est esquivé, fui. Ainsi nous retrouvons encore le moment de la « déchéance ». L'ignorance de la mort qui caractérise la vie quotidienne est une modalité de *l'être-pour-la-mort*, une fuite qui atteste une relation avec une angoisse. Le *Dasein* meurt en fait, tant qu'il existe, mais sur le mode de la fuite, de la déchéance. On fuit la mort en se tenant auprès des choses et en s'interprétant à partir des choses de la vie quotidienne. Comment *l'être-pour-la-mort* se montre-t-il dans le quotidien ?

Une incessante *non-clôture* du *Dasein* : l'énigmatique

Selon Heidegger, le *Dasein* n'est pas « approprié » à lui-même (*Eigentlich*), il est d'abord abordé improprement selon le mode du « On » (*Das Man*), de « l'inauthenticité ». Car en ne faisant qu'un avec le « monde de préoccupation », c'est-à-dire en s'*immergeant* en même temps dans *l'être-avec* par rapport aux autres, le *Dasein* n'est pas lui-même[2]. La « déchéance » c'est le mouvement par lequel le *Dasein* tourne le dos à lui-même, à sa propre ipséité, pour s'abandonner au monde. Le *Dasein* trahit sa propre authenticité en succombant au monde[3], à la « dictature du On ». Qui donc assume l'être en tant « qu'être-en-compagnie quotidien » ?

Souvent ce n'est pas moi qui suis quand je pense ; c'est autrui, un autre, le « On », la tradition qui existe en moi et m'influence profondément, où le « On nivelle sa distature ». Le « On » est une détermination du *Dasein* « disqualifié et abstentifié ». Le « On » est là pour résoudre les problèmes du *Dasein*, pour le décharger de sa charge, pour le priver de son fardeau. Dans

---

1 *Ibid.*, p. 266.
2 M. Heidegger, *Sein und Zeit, Ibid.*, p. 125.
3 *Ibid.*, p. 176.

ce cas il n'y a pas de *Selbst*, et chacun est un autre et personne n'est soi-même[1]. Ce qui est *Selbst* est personne, et l'être est partout et nulle part. Le *Dasein* est la plupart du temps maîtrisé, dominé par la dictature du « On ». La plupart du temps je ne suis pas moi-même, mais le « On » en personne, et le « On » n'est jamais personne. C'est le domaine de l'« oubli », de la « distraction », de ce que Pascal appelait « divertissement ». Tout devient aussi bien que possible ; toute responsabilité disparaît et tout Moi s'efface devant le « On »[2]. L'authentique est aboli et la différence est un scandale, un ennemi, un danger pour le « On », pour l'identique. Il y a une affectivité spéciale qui caractérise cette fuite, l'angoisse réduite à la peur. L'angoisse devient peur. La mort devient cas de mort. On meurt, mais personne ne meurt. La mort est quelque chose qui peut se produire mais qui pour le moment n'est pas encore venue. Le « On » efface le caractère de toujours possible de la mort en lui donnant la réalité effective de l'objet. Heidegger voit dans le domaine du « On » la négation de la possibilité : « Les possibilités les plus propres sont effacées[3] ». Tout devient possible, mais alors d'une possibilité naïve, impuissante, non possibilisante[4]. D'un côté perte du possible authentique, de l'autre perte de soi dans le possible inauthentique. « La structure du On c'est l'irresponsabilité ».

Mais dans ce cas, qu'est ce qui pousse le Moi à se retirer du « On », et se livrer à la *différence originaire* qui ne mène qu'à l'angoisse et à la souffrance ? Est-ce que le pouvoir du *Dasein* est suffisamment pouvant pour pouvoir possibiliser la disponibilité et l'abandon à la mort comme possibilité de l'impossible ? Car selon Pascal : « Les hommes n'ayant pu guérir la mort, la misère, l'ignorance, ils se sont avisés, pour se rendre heureux, de n'y point penser[5] ». Le Moi orgueilleux se détourne de l'essentiel, dès qu'il se sente les exigences difficiles de la réalité, parce qu'il ne cherche que le « divertissement ». Selon Heidegger, se retirer du « On » peut être doublement escamoté, soit qu'on refuse de le voir, c'est-à-dire qu'on le nie, (*le rationalisme*), soit qu'on l'exalte en le rendant absolument opaque, (*l'irrationalisme*)[6]. Qu'est ce qui oblige le Moi à porter sur soi le fardeau de sa « facticité », de « choisir le choix » selon Kierkegaard, de sortir de la dispersion pour envisager sa réalité effrayante ? Et qu'est ce que vraiment sa réalité effrayante ?

---

1 *Ibid.*, p. 170.
2 *Idem.*, p. 172.
3 *Ibid.*, p. 178.
4 *Idem.*, p. 195.
5 Pascal, *Pensées*, I, Armand Collin, Paris, 1960, VIII, Divertissement, 131, p. 88.
6 M. Heidegger, *Sein und Zeit, Ibid.*, p. 136.

Le souci profond, selon Heidegger comme pour Kierkegaard, caractérise l'existence, précisément la temporalité elle-même, dans son essence. La fuite devant soi et devant le temps va permettre au Moi de saisir sa nature et la nature du temps : « Existentiellement, l'authenticité de l'être personnel est dissimulée, est étouffée dans l'état de déchéance, mais cette dissimulation n'est que la privation d'une découverte qui se révèle phénoménalement dans ce fait que la fuite de l'être humain est une fuite devant lui-même[1] ». C'est dans mes réactions de fuite et de dérobade que je devine ce qui m'arrive : « Si la tonalité ouvre, ce n'est pas en tournant ses regards sur *l'être-jeté*, c'est en se tournant vers lui pour s'en détourner[2] ». C'est ainsi que nous éprouvons le caractère « inexplorablement énigmatique[3] » de notre existence.

Les efforts du « On » pour recouvrir le Moi le découvrent, et le moment qui permettra au Moi de passer du « On » au « Je » sera le moment où le Moi prendra conscience de son désespoir, de son être vaniteux, de sa misère et de son malheur. Car le domaine du « On » est un domaine du « désespoir ». Ce qui est primaire ce n'est pas ce malaise même, mais sa source, c'est-à-dire le manque d'un sens radical à sa vie. C'est lorsque le Moi prend conscience de ce manque comme source de sa misère que l'angoisse apparaît. L'angoisse, ici, ce n'est pas le malaise en soi, mais le manque même qui est insatiable, insurmontable et insupportable. Pourquoi ? Parce que, pour nous, le Moi se découvre dans un écart originaire avec son origine, se découvre comme étant la conséquence de son origine et non le conséquent, la « donation » de son origine et non le « donataire ». Il se découvre déjà donné, en retard par rapport à son origine, à l'Autre en lui. Dans la *Stimmung* a lieu une ouverture qui devance toute connaissance et tout *Erlebnis*. Ce qui caractérise le « dévoilement », ici, ce n'est pas la pleine lumière de l'origine, mais précisément une « facticité » et une « opacité » irréductibles. Ouvert ne veut pas dire reconnu en tant que tel, mais se montre dans l'obscurité. Voilà dans sa *provenance* et dans sa direction, ce que *l'être-jeté (Geworfenheit)* est. L'ouverture du *Dasein* le livre à quelque chose auquel il ne peut pas se soustraire, mais qui pourtant lui échappe et reste inaccessible : « La disposibilité (*Befindlichkeit*) découvre le *Dasein* dans son *être-jeté* et le fait d'abord et le plus souvent sous la forme du divertissement qui l'esquive[4]. » A ce caractère d'être du *Dasein* appartient dès le début une sorte de « refoulement original » : *(abgedrängt)*, c'est-à-dire quelque chose

---

1 *Ibid.*, p. 184.
2 *Idem.*, p. 135.
3 *Ibid.*, p. 176.
4 M. Heidegger, *Sein und Zeit, Ibid.*, p. 136.

qui a été déplacé, repoussé, mais pas complètement effacé, et qui reste présent sous la forme de son retrait, comme dans le « refoulement »*(Verdrängung)* freudien et son rapport avec un sentiment angoissant provoquant une « inquiétante étrangeté[1] ».

Dans ce sentiment angoissant, les apparences se déchirent et dédoublent le Moi en un Moi donné par soi-même, dominant, et un Moi donné par un *Autre*, dominé. En ce sens, le monde environnant sombre dans l'insignifiance face à une déchirure originaire, insurmontable[2]. L'angoisse vient individualiser le Moi et le séparer de tout le reste, de tout ce qui l'entoure, car elle est indéterminée ; et de cette indétermination se découvre l'idée du néant : « Le rien de l'angoisse découvre le néant qui caractérise l'être humain dans son fond[3] ». Ici tout glisse, se bascule, plus rien n'est stable, mouvement sans arrêt[4]. L'affection ouvre le *Dasein* en son *être-jeté*, selon la guise d'un détournement qui l'esquive[5]. L'affection n'est réductible ni à un acte de perception, ni à une réflexion ; elle mène le *Dasein* face à ce qui s'empare de lui. L'affection est la condition de possibilité de « se diriger vers » *(Sichrichten auf)* des autres actes intentionnels. Dans l'affection que se réalise l'exposition plénière au monde[6]. Devant l'être du monde, le Moi s'angoisse au sujet de son *pouvoir-être* le plus personnel. « Le malaise de l'être humain l'amène devant son néant [...] qui appartient à la possibilité la plus propre de son pouvoir être[7] ». Ce qui m'atteint a le pouvoir de « m'émouvoir » *(Gerührtwerden)* selon une affection forte qui manifeste un choc plus ou moins traumatisant. En ce sens, l'affection est la condition de possibilité « existentiale » de toute émotion[8], et par le fait même de toute vulnérabilité.

Dans *Zein und Zeit* le *Dasein* est le fil conducteur de la question du sens de l'être comprise à partir de la temporalité. Dans les Séminaires de Zollikon, le *Dasein* permet de penser l'homme hors de l'isolement néfaste et réducteur de la subjectivité, permet donc de libérer l'humanité à elle-même,

---

1 *Zur Psychologie des Unheimlichen*, 1906, dans Freud S., *L'inquiétante étrangeté*, Paris, Gallimard, 1985.
2 M. Heidegger, *Sein und Zeit*, *Ibid.*, p. 343.
3 *Ibid.*, p. 300.
4 M. Heidegger, *Was ist Metaphysik?*, *Ibid.*, p. 18.
5 M. Heidegger, *Sein und Zeit*, *Ibid.*, p. 136.
6 *Ibid.*, p. 137.
7 M. Heidegger, *Sein und Zeit, Ibid.*, p. 276.
8 *Ibid.*, p. 137. Voir Michel Henry, *Généalogie de psychanalyse ou le commencement perdu*, Paris, PUF, 1989; voir aussi Jean-Luc Marion, *Questions cartésiennes, ch. V : « Le cogito s'affecte-t-il ? »*, Paris, Vrin, 1990, p. 153-188. Voir Jean Greisch, *Ontologie et temporalité, Ibid.*, p. 182.

non comme auto-position de soi mais infiniment ouverte à la finitude elle-même. La compréhension de l'être n'est plus dans le sens d'une compréhension de significations, mais « un se tenir dans » comme possibilité de toutes les significations et du *non-sens*. « La tenue » est celle de l'existence en tant qu'elle tient sur rien. Rien ne tient « la tenue », c'est pourquoi elle est libre pour ses possibilités, et c'est cela qu'il nous faut tenir, pour être *selbst*, soi-même. D'où l'idée fondamentale qui présente le paradoxe que le *Dasein* ne cesse de confronter : ce n'est pas en faisant un effort héroïque d'abstraction de ses états d'âme que le *Dasein* parvient à une idée adéquate de lui-même ; c'est en s'abandonnant qu'il parvient à se comprendre lui-même ainsi que son monde[1]. L'acte d'*aban-don,* pour nous, est fondamental pour pouvoir clarifier la problématique essentielle du Moi, celle de la perte de son être, de sa « facticité », et le pourquoi de sa mort.

Ce qui m'oblige autrement que mon choix

L'épreuve quotidienne du fardeau insupportable de notre vanité est à tel point intime et radicale en nous, que toute autre réalité devient une fuite et une illusion quelque part devant une telle expérience. *Je suis un être de perte, je suis ma perte, et l'épreuve de la perte en moi est une preuve que je suis mon existence même, ma vie et ma mort. Je suis parce que je perds : Je perds, donc je suis. La perte est l'origine de ma vie, de mon être ; elle me précède, comme elle est mon à-venir, comme venir à moi-même, mon devenir moi-même. Cette vérité même est ma vérité, elle seule me temporalise, m'individualise et identifie mon être.* Là où il n'y a pas de perte, il ne saurait non plus y avoir ni *être-là* ni *être-au-monde*, ni *être-avec-autrui*. C'est dans la perte que se réalise la *projection* de l'être dans le monde, sa réalité même. Car la perte est tout simplement l'expérience tout court du Moi comme *être-de-perte*, comme *être-déjà-perdu* dans le monde. Face à la réalité de la perte pas de fuite possible. Ici, la suprême épreuve de la conscience face à un autre centre prend place. Un *Cogito blessé* vient prendre la place du « Je pense, Je suis ». Le *Je* découvre, au sein même de « l'ego cogito », une étrangeté dont toutes les formes dérivées de l'*ego* même se recentrent sur un centre autre, tout à fait primitif, un Autre originaire. L'*ego* n'est pas maître en sa propre demeure ; l'homme qui savait déjà qu'il n'est ni le seigneur du cosmos, ni le seigneur des vivants, découvre qu'il n'est même pas le seigneur de son propre *psyché*. « Tu te comportes comme un monarque absolu, qui se contente des informations que lui donnent les hauts dignitaires de la cour et qui ne descend pas vers le peuple

---

1 Cf. Heidegger, *Les concepts fondamentaux de la métaphysique, Ibid.*, p. 94.

pour entendre sa voix. Rentre en toi-même, profondément et apprends d'abord à te connaître, alors tu comprendras pourquoi tu dois tomber malade, et peut être éviteras-tu de le devenir[1] ». L'expérience d'humiliation fait partie d'une histoire de la conscience de soi. « In te redi » disait saint Augustin ; Husserl répétait le même mot à la fin des *Méditations Cartésiennes*. Pour Freud, l'*Ego* centré sur son égoïsme doit expérimenter sa faiblesse et la blessure de son narcissisme ; la conscience du Moi doit porter la marque d'une blessure infligée à son amour propre. Une blessure qui n'est ni la finité d'une créature, ni le manque originaire d'un être qui doit apprendre à se gagner lui-même comme chez Kant ou Sartre, mais la finitude radicale qui fonde l'ipséité même. Une blessure constitutive telle que l'ipséité en tire sa possibilisation. La blessure originaire n'est pas un manque qu'il faut combler ou achever, mais le surplus inépuisable d'un pouvoir perdre soi-même sans jamais finir.

L'expérience du Moi se produit sous les espèces d'une vie intérieure, d'un « psychisme ». Le « psychisme », selon Levinas, constitue un « événement » dans l'être ; il concrétise une conjoncture de termes qui ne se définissaient pas d'emblée par le « psychisme » et dont la formulation abstraite recèle un paradoxe. Le rôle original du « psychisme » ne consiste pas à refléter seulement l'être. Il est déjà une manière d'être, la résistance à la totalité[2]. Le retour à la réalité profonde du Moi, à sa réalité effrayante, représentait la nécessité de la dépossession de la certitude immédiate, prétendue par le narcissisme et par l'égoïsme. La dépossession de la certitude de la conscience ouvre la possibilité au sens de précéder le « Je pense » et de le fonder. La dimension intérieure s'ouvre sur la poussée de la résistance qu'oppose un être à sa totalisation, il est le fait de la séparation radicale[3]. Kierkegaard affirmait à son tour que la « déchéance » est preuve d'une grandeur passée, preuve d'un infini pour lequel le désespoir est le premier moment du rythme de la grâce. Le désespoir le plus noir, la mélancolie dépressive la plus profonde ne font que manifester ce qu'est l'être même du Moi : un *être-déjà-perdu*.

L'angoisse, pour Kierkegaard comme pour Heidegger, est la possibilité même du passage de l'erreur à la vérité. C'est dans cette perspective qu'il nous faut lire la dialectique irrésolue du *eigentlich* et du *uneigentlich*, du *propre* et de l'*impropre* chez Heidegger. De par sa facticité, l'ouverture du *Dasein* est marquée par une « impropriété originelle ».

---

1 S. Freud, *Une difficulté de la psychanalyse*, G.W. XII, p.3-12 ; S.E. XVII, o. 137-144 ; tr.fr., in *Essais de psychanalyse appliquée*, p. 139-146. Dans Paul Ricœur, *De l'Interprétation, Ibid.*, p. 414.
2 E. Levinas, *Totalité et Infini, Ibid.*, p. 46.
3 *Ibid.*

L' « impropriété » est aussi originelle que la « propriété » selon Heidegger. Le *Dasein* est « cooriginairement » dans la vérité et dans la non-vérité, dans le propre et dans l'impropre : « Le *Dasein,* en tant que déchu (verfallen), est, de par sa constitution d'être, dans la non-vérité... » ; « Ouvert en son *Da*, le *Dasein* se tient cooriginairement dans la vérité et dans la non-vérité[1] ». Selon Heidegger : « L'errance *(die Irre)...* est une composante essentielle de l'ouverture du Dasein. L'errance domine l'homme en tant qu'elle le pousse à s'égarer. Mais par l'égarement, l'errance contribue aussi à faire naître cette possibilité que l'homme a le moyen de tirer de son existence à ne pas succomber à l'égarement[2] ».

Ce que nous essayerons de démontrer c'est que l'expression : *je perds, je suis* doit se substituer à celle du : *Je pense, je suis*. Dans quel sens ? Dans un sens où le sens originaire, dévoilé par l'expérience de la perte, précède toujours la pensée, la fonde, et donne au *Je* la possibilité d'exister authentiquement, selon la vérité originaire de son être. C'est précisément parce qu'il faut fonder l'existence du *Je* sur cette expérience originaire qu'on pose la question suivante : quelle expérience ? Expérience de quoi ? Expérience du sens originaire de l'existence de l'*ego* dont ce sens-là seul donne à penser et donne à exister, c'est-à-dire réconcilie la pensée avec le sens de l'existence qui la fonde ; comme il donne à *re-poser* la question de la vérité et de son opacité. Expérience de sens, en tant que le sens n'est tel qu'au terme de la *perte* sous une vision autre, celle de l'intériorité comme *aban-don* de soi. Un sens donné non par la conscience du *Je*, mais par l'expérience *d'aban-don de l'être-déjà-perdu* à ce qui vient avant lui, à l'*Autre* en lui. La perte sans l'acte *d'aban-don* est insupportable, incompréhensible et inhumaine. Seul l'*aban-don* peut dévoiler ce qui cache derrière la chair de la perte.

---

[1] M. Heidegger, *Sein und Zeit, Ibid.*, pp. 59,182,183,189,200,212,226,270, 272,281; *Was ist Metaphysik?*, *Ibid.*, p. 8; Vom *Wesen des Grundes*, in Wegmarken, Frankfurt am Main, Klostermann, 1967; trad.fr.: *Ce qui fait l'être-essentiel d'un fondement ou "raison"*, par Henry Corbin, in *Questions I*, Paris, Gallimard, 1968, p. 76; *Kant und das Problem der Metaphysik*, Frankfurt am Main, Klostermann, 1973; trad. fr. : *Kant et le problème de la métaphysique*, par Alphonse De Waehlens, et Walter Biemel, Paris, Gallimard, 1953, p. 276-277.

[2] M. Heidegger, Ga 9, *Wegmarken, "Wesen der Wahrheit"*, p. 197 ; trad. fr., *Questions I*, p. 187.

La mienneté comme signe de la *non-propriété*

Si la possibilité de la mort reste encore une possibilité, il s'agit d'une possibilité doublée qui ne s'ouvre comme possibilité que pour *sur-prendre* toute autre possibilité, comme un surcroît qui rend impossible toute possibilité tout en possibilisant un autre mode de possibilité. La mort, tout en privant l'être de tout donné, témoigne que la figure de la perte, comme *Rien*, porte en son intimité autre chose que le néant et autre chose que le solipsisme. Le Moi découvre, ainsi, que sa propre limite est illimitée et que sa propre mienneté est altérée. Autrement dit, nous comprenons la réalité du Moi, à travers le sens qui l'habite, de ce qui est autre en lui tout en étant plus intime que lui. Il se pose mais ne se possède point ; il ne comprend sa vérité originaire que dans et par une blessure humiliante mais toujours bénite parce qu'elle reflète ce qui est caché dans sa réalité même : « l'énigmatique ». Le Moi se trouve *déjà-donné* dans le monde par un *Autre,* comme un *être-déjà-perdu.*

Avoir à être c'est avoir à perdre son être, avoir à mourir. « Dès qu'un homme vient au monde, il est assez vieux pour mourir[1]. » Le *Dasein* a à être, mais avoir à être est aussi avoir à mourir. La mort comme fin est la possibilité de l'impossibilité de persévérer dans son être, de « s'approprier » son être. L'achèvement de la perte de l'être est la plénitude du don originaire en lui, le dévoilement de ce qui est Autre en lui et qui vient avant lui. Mourir c'est perdre tout ce qui est propre en soi, perdre même sa mienneté ontologique dans un sens heideggérien, comme tout le pouvoir propre qui accompagne le *Dasein* et le fonde. Pourquoi ? Pour la simple raison que la seule propriété est la perte de toute propriété, la perte de toute possibilité d'approprier son être, la perte de tout pouvoir sur soi. *Je suis par l'Autre*, et ma mienneté en est la preuve. Je suis *l'être-déjà-perdu* depuis le commencement de mon être, depuis son *éclatement.*

Le commencement de mon être s'effectue par une impuissance originaire, par une *dif-férence* qui distancie mon être de ce qui est propre en lui, de ce qui peut s'approprier en lui. La perte de mon être est plus originaire en moi que toute appropriation. Ce qui caractérise mon être ce n'est pas ce qui est propre en moi, ma mienneté ontologique, mais ce qui est autre que moi, ce qui est *dif-férent* de moi : une *ontologie altérée*, cela signifie que ma « mienneté » est déjà altérée par ce qui ne vient pas de moi. L'unicité du Moi c'est l'impossibilité de se dérober à l'Autre en soi. Il est impuissant, non-

---

1 Citation de *Der Ackermann aus Böhmen* (*Le Paysan de Bohême*); cité par Heidegger, dans *Sein und Zeit, Ibid,* δ 48, p. 245, trad. fr. p. 299.

pouvant, et cette impuissance est son origine même, ce qui constitue l'altération de sa mienneté. L'impuissance originaire de soi, de se dérober à l'Autre en soi, est le fondement de l'altérité constitutive de soi. L'impuissance n'est pas seulement la possibilité propre du *Dasein,* décrite par Heidegger comme possibilité de l'impossibilité, mais plutôt et aussi au sens d'une impossibilité de ne pas se rapporter à sa possibilité la plus propre selon un sens lévinasien. Plus originaire que le possible est l'impossible, plus originaire que la possibilité d'être est l'impossibilité de ne pas être. Là où le rapport du *Dasein* à sa possibilité propre est toujours en même temps rapport à la possibilité de ne plus être, et donc rapport au néant, le rapport à l'être tel que le décrit Levinas est compris ici comme impossibilité de la négation à la positivité de l'être. Levinas pense l'être sans néant, il le pense comme impossibilité de ne pas être.

La mort ontologique ne saurait mesurer toute la portée de la *mienneté,* qu'en se faisant une possibilité de l'avènement de l'événement originaire en elle. Par une telle possibilité, le Moi se fait soi-même par l'Autre en lui. La perte de ce qui est propre en lui, de sa propriété ontologique, est une nécessité qui dévoile l'importance de la mort dans son sens ontologique, mais en même temps elle dévoile son insuffisance à dévoiler, seule, le sens de la perte et par le fait même la vérité originaire de la « mienneté » *:* Ma « mienneté » n'est pas mienne, elle n'est pas *propre*, elle est le signe de la non-propriété en moi, de l'impossibilité de s'approprier l'être en moi. Elle est le signe de la présence d'une altérité originaire en moi, une présence que je ne peux jamais nier, ni m'en échapper. De fait, la critique du sens de l'être doit se présenter comme une critique de la « Jemeinigkeit », de la « mienneté ». Car c'est en elle que la compréhension du sens de l'être pourrait avoir lieu.

Sans nier, ni réduire l'importance de la thèse heideggérienne sur l'être, nous allons essayer de montrer que l'événement de la perte déborde la logique ontologique chez Heidegger. Autrement dit, la perte indique, pour nous, un sens qui surpasse et déborde le néant comme limite et la « mienneté ontologique » comme propriété et comme pouvoir. Pour quelle raison ? Pour la simple raison que la mort étant la fin de l'être, est aussi fin de son appropriation, de ce qui est propre en lui, fin de sa « mienneté ontologique », fin de son pouvoir de soi et sur soi et fin de son solipsisme. Mais un tel paradoxe indique-t-il une autre dimension de sens, un autre ordre de connaissance que celui où la perte est pensée dans l'alternative : *être ou ne pas être* ? La perte peut-elle trouver un sens *dif-férent* de la dialectique « être-néant » et « être-solipsisme » ? Autrement dit, le surgissement du paradoxe dans la compréhension même de la perte peut-il être une cause de rupture avec la logique de l'être, où le « conatus », où la persévérance dans l'être se *dé-fait* ? Pourquoi, ainsi, l'*être-pour-la-perte* ne regarde pas sa perte autrement ? Pourquoi la perte se montre-t-elle toujours comme l'ennemi premier du Moi ? Tous ces pertes ne montrent-t-elles pas l'autre face du jour ? Ces pertes ne sont-elles pas des cris et des coups à la porte de notre origine, à la porte de l'Autre qui n'a jamais fermé sa porte ? Ces pertes montrent au moins qu'il y a une porte vers l'intérieur, et c'est par là où le *retour* devient possible.

Rien n'échappe à la perte, mais elle-même n'échappe pas à ce qui la rend possible : non seulement parce qu'elle donne ce qui ne lui appartient pas, mais aussi parce qu'elle rend possible ce qui la rend possible.

3- Autrement que persévérer dans son être

L'être-soi du *Dasein*

« Cette distinction heideggérienne (la différence ontologique) est pour moi la chose la plus profonde de *Sein und Zeit*. Mais, chez Heidegger, il y a distinction, il n'y a pas séparation. L'exister est toujours saisi dans l'existant et, pour l'existant qu'est l'homme, le terme heideggérien de *Jemeinigkeit* exprime précisément le fait que l'exister est toujours possédé par quelqu'un[1]. »

Comment interpréter cette critique lévinassienne de la *mienneté* surtout que la notion de « séparation ontologique » vient ici se substituer à celle de « différence ontologique » au sens heideggérien ? Une telle critique signifie que l'être n'est pas l'être de l'étant, mais bien plutôt se refuse à lui. La signification ontologique de l'étant dans l'économie générale de l'être se trouve ainsi déduite. La séparation de l'exister et de l'existant radicalise ici la « facticité » du *Dasein*, et donne au fait « d'être » un caractère énigmatique. Levinas reproche à Heidegger de partir du fait qu'il y a un étant qui comprend l'être, le *Dasein*, sans interroger le procès de sa subjectivation. Or, à l'ouverture du *Dasein* au sens de l'être, il y a l'acte par lequel le *Dasein* s'empare de son être : « La question d'être est l'expérience même de l'être dans son étrangeté. Elle est donc une manière de l'assumer. C'est pourquoi la question de l'être : Qu'est ce que l'être ?, n'a jamais comporté de réponse[2]. » Il s'agit en effet de faire passer au premier plan ce que chez Heidegger est toujours dérivé : *l'être-soi* du *Dasein*. Pour Heidegger, l'étant que je suis est un *Dasein*, c'est-à-dire un étant qui comprend l'être, que « l'être-soi » est un « être-là ». Et c'est là où le sens de la « mienneté » prend racine : « *L'être-Là* est "toujours le *mien* » ; cela ne signifie ni « posé par moi », ni « isolé en un moi singulier », ni possédé par moi comme une propriété ou bien comme une intimité. C'est par son rapport essentiel à l'être en général que « l'être-Là » est lui-même. Tel est le sens de la phrase souvent citée par Heidegger : « A *l'être-Là* appartient l'intelligence de l'être[3]. » Plus loin Heidegger ajoute : « Nous questionnons au fond vers l'être. Mais comment ? Nous questionnons vers l'être de l'étant. Nous questionnant l'étant quand à son être[4]. » Le

---
1 Levinas, *Le temps et l'autre*, Quadrige/PUF, Paris, 1991, p. 24.
2 Levinas, *De l'existence à l'existant*, *Ibid.*, p. 141.
3 Heidegger, *Introduction à la métaphysique*, trad. G. Kahn, Paris, éd.Gallimard, "Tel", 1967, p. 40.
4 *Ibid.*, p. 44.

problème de Heidegger n'est pas celui de « l'être-soi », mais bien celui de l'être. Le *Dasein* est posé dans sa « Jemeinigkeit » comme une obligation à être. C'est parce que le *Dasein* est « Jemeinigkeit », qu'il est un « ich ». Ce qui fait que la « mienneté » du *Dasein*, signifie l'obéissance du *Dasein* à l'être.

Pour Levinas, il faut penser une « mienneté » plus mienne, où l'étant est pensé pour lui-même et non au service de la pensée de l'être, c'est-à-dire de la question portant sur la vérité de *l'Etre*. Cela n'a pas empêché Levinas d'élaborer la question de l'être, celle de l'évasion de l'être, de l'être comme « mien », comme question première[1]. Ce qui est important pour lui, c'est de savoir comment je suis moi-même, comment je suis un Moi. De *De l'évasion*, à *Autrement qu'être* en passant par *De l'existence à l'existant* et *Totalité et Infini*, la subjectivité ne cesse d'être un thème central chez Levinas. Comment saisir ce qui exige l'originarité de la subjectivité chez Levinas, sinon en suivant le mouvement de son « extinction » ?

L'interrogation lévinasienne sur la subjectivité ne commence pas avec le sujet, mais avec son absence ; elle procède d'une expérience de son « extinction ». La subjectivité tout en étant plus originaire que la question de l'être est cependant dérivée, puisqu'elle ne se constitue en aucune manière qu'en s'arrachant à un anonymat initial. C'est sur fond d' « il y a », et non sur le fond d'une mienneté originaire, que se pose la question de « l'être-soi ». Avec *l'* « il y a », il y va au contraire de Heidegger - pour qui le *Dasein* ne peut jamais se perdre, puisque la perte de soi est une modalité de son ipséité[2] – d'une perte absolue de l'ipséité : L' « il y a » n'est pas l' « en soi », mais le "sans soi[3]". Bergson disait au sujet de l'« il y a » lévinassien : « j'ai bien conscience, la nuit dans laquelle il nous plonge n'est pas totalement obscure, puisque je suis là pour en parler et, déjà, l'éclairer : par conséquent je suis encore là pour assister à ma propre dissolution dans cette nuit de *l'il y a*[4] ». Levinas ne méconnaît pas cette objection. Pour lui, si le terme d'expérience n'était pas inapplicable à une situation qui est l'exclusion absolue de la lumière, nous pourrions dire que la nuit est l'expérience de l' « il y a[5] ». Levinas reconnaît ici ce qu'affirmait Bergson, savoir que l'imagination de ma propre disparition, de ma dépersonnalisation, est impossible, parce que je suis toujours là pour y assister, ici pour me saisir moi-même comme objet

---

1 Voir à ce sujet l'article de Ciamarelli : « De l'évasion à l'exode », qui montre bien cela, dans *Revue philosophique de Louvain*, 1982.
2 Heidegger, *Problèmes fondamentaux de la phénoménologie*, trad. J.F. Courtine, Paris, Gallimard, 1985, p. 211.
3 Levinas, *Le temps et l'autre, Ibid.*, p. 27.
4 Levinas, *De l'existence à l'existant, Ibid.*, p. 93.
5 *Ibid.*, p. 94.

d'une pensée anonyme. Pour cette raison le procès de la subjectivation chez Levinas est clairement différent du projet heideggérien dans son accès au soi-même propre. Chez lui, c'est d'abord dans le refus d'être soi que « l'être-soi » s'accomplit. Etre soi, c'est ne pas vouloir l'être : « Dans la lassitude le mouvement par lequel l'existant s'empare de son existence par l'hésitation du refus[1]". C'est dans le refus d'être soi, que le Moi s'accomplit comme soi. Mais un tel accomplissement ne peut se faire par le simple refus, parce que dans la solitude, le Moi ne peut pas s'évader de soi, ne peut vouloir rien d'autre que soi, ne peut se défaire d'une volonté d'auto-possession, de s'approprier. Ce dont le *Dasein* a à répondre, c'est de soi-même, même et surtout de sa « facticité ». Mais cette réponse comme résolution, comme courage, ne le porte pas vers un autre étant, et donc pas vers autrui : « Dans le courage, en acceptant la mort, la volonté trouve son indépendance totale. Celui qui a accepté la mort se refuse jusqu'au bout à une volonté étrangère[2]. » J-L. Marion rejoint Levinas, en ce sens, en notant que la résolution se repère concrètement dans plusieurs phénomènes qui s'ordonnent à elle : « l'angoisse, la conscience de dette, et *l'être-pour-la-mort* (comme anticipation) ; et tous offrent un caractère commun : le néant d'altérité[3] ». Ainsi les trois phénomènes qui déterminent l'être du *Dasein,* comme « soin », dégagent la « résolution anticipatrice » comme une *extase* ouverte uniquement sur le rien. L'ipséité [*Selbstheit*] du *Dasein,* n'a affaire qu'à elle seule. Ce qui implique un nouveau solipsisme, non plus ontique (l'être-dans-le-monde en préserve), mais ontologique (la transcendance du *Dasein* l'assure).

Le *Dasein*, tout en ayant le projet de radicaliser la destruction du « sujet transcendantal » en abolissant la permanence de l' « ousia » et de la « res cogitans », maintient l'autarcie du *Soi* qui doit être compris à partir du pouvoir-être-soi-même propre ou authentique [*Selbstseinkönnen*], c'est-à-dire sur l'authenticité de l'être du *Dasein* compris comme « soin[4] ». En même temps le phénomène du pouvoir-être authentique ouvre le regard à la « constance du soi-même » [*Standigkeit des selbst*], au sens « d'avoir-conquis-sa-tenue », ou bien « d'auto-constance » [*Selbst-ständigkeit*] qui signifie la « résolution anticipatrice[5] ».

---

1 *Ibid.*, p. 32.
2 E. Lévinas, *Entre nous. Essais sur le penser-à-l'autre*, Paris, Grasset, 1991, p. 41.
3 Jean-Luc Marion, *Étant donné, op. cit.*, p. 358.
4 M. Heidegger, *Sein und Zeit*, δ 64, p. 322; tr. fr. p. 382
5 M. Heidegger, *Sein und Zeit*, δ 64, p. 323; tr. fr. p. 383. En ce sens, voir P. Ricœur, « Heidegger et la question du sujet », in *Le conflit des interprétations*, Paris, 1969, p. 222 sq. ; D. Janicaud, « L'analytique

Dans le fond Heidegger lutte jusqu'au bout pour assumer la vérité même de l'être comme *être-pour-la-mort*. Après sa conscience de sa misère, il s'agira pour le Moi de choisir soi-même, de décider. La décision vient traquer le divertissement, la vie factice, menteuse et orgueilleuse, l'anonymat du *On*, c'est-à-dire la désindividualisation. Il faut cesser de fuir l'idée de la possibilité de la mort, cesser de faire comme si « on » ne devait jamais mourir, comme s'il n'y avait pas de mort. La mort est là comme la vie, elle s'expose et s'impose à nous malgré nous et à chaque instant. Décider, en ce sens, c'est choisir d'être libre pour la mort. La « résolution anticipatrice » ou l'anticipation de la mort découvre au Moi le fait de son inauthenticité, de son impuissance face à sa condition, et l'amène devant la possibilité d'être soi-même par soi-même malgré sa misère : La possibilité du possible se fond dans la « résolution ». La possibilité du possible, c'est ce qui est *pu* par le *Dasein*, et ce que le *Dasein* peut ainsi pouvoir, c'est lui-même en tant que possible. Cela signifie que la possibilité a le mode d'être du *Dasein*, de sa liberté et librement d'être soi-même par soi-même, de devenir un projet d'être : « Seul le *Dasein* est à-venir (*zukünftig*) en un sens originaire[1]. » Seul le *Dasein* est à-venir et l'avenir du *Dasein* n'est que l'à-venir de la fin de ses possibilités, de la possibilité de l'impossible, de la mort. La vie authentique est celle qui à chaque instant se sait promise à la mort et l'accepte courageusement. Ce qui nous mène à dire que tout ce qui peut advenir au *Dasein* depuis un tel à-venir est déjà déterminé par la « luminosité » de son projet d'être, toute possibilité est déjà configurée à la mesure du projet qui emporte le *Dasein* en elle en le ramenant vers soi. Tout dépend du possible et le possible signifie *ce que je puis pouvoir*, ce que le *Dasein* peut ainsi pouvoir, en tant qu'il a pouvoir sur soi : « Volontarisme et solipsisme » sont solidaires. En conséquence, nous trouvons la nécessité de chercher une passivité radicale qui empêche tout vouloir, une passivité qui mène le sujet là où il n'a pas voulu y être. Car l'exigence de la neutralité du *Dasein* (sans éthique, ni visage, ni sexe) doit inclure aussi la « rémanence » du « sujet transcendantal » métaphysique.

---

existentiale et la question de la subjectivité », in J.-P. Cometti et D. Janicaud (éd.), *Etre et Temps de Martin Heidegger. Questions de méthode et voies de recherche*, Marseille, « sud », 1989, p. 51sq. ; et J. Derrida, « « Il faut bien manger »ou le calcul du sujet. Entretien (avec J.-L. Nancy) », in *Confrontation*, n. 20, Paris, 1989, p. 93, voir p. 99. Voir J.-L. Marion, *Étant donné, Ibid.*, p. 359.
1 Heidegger, *GA*, Bd. 24, p. 375, tr. fr. Cit., p. 319.

Une dimension de *non-présence* à soi

De l'interprétation de la « mienneté », comme passivité radicale, il résulte que Levinas ne récuse pas la notion de « mienneté », mais il tente au contraire de lui attribuer un autre lieu, où l'impossibilité de se dérober à l'autre constitue l'ipséité même. Dès lors, l'éthique lévinassienne sera à la fois portée par le souci de conduire à la défaite de la « mienneté » ou du propre, et par celui de s'assurer du propre au plan éthique. Le propre est donc bien repris au plan éthique, dans la responsabilité pour autrui. La constitution de l'étranger dans le propre, montre que le propre n'accède à soi qu'à partir de sa relation à l'autre. C'est la défaite de ma propre intentionnalité qui fait être l'altérité de l'Autre, qui constitue la possibilité de son advenu. Dit autrement, et en termes lévinasiens : L'Autre *donne* le Même, l'« l'Autrement qu'être » donne à être.

En découvrant l'être comme ce qui, essentiellement, se montre, Levinas ouvre la possibilité de la « dissimulation » de l'être. Manifestation et dissimulation s'expliquent par l'« emphase » comme « excession » d'une présence qui, en raison de son « excession » même, se fait, à la fois, présence à une conscience et présence qui surpasse la conscience, comme présence « anonyme[1] ». D'où la tension entre être et ne pas être. L'« excession » de la présence ne signifie pas d'abord le caractère étouffant de cette présence, mais la violence avec laquelle elle vient percer la conscience, menant la vie subjective au-delà de l'objet vu et de la présence de l'être : « La suprême présence du visage est inséparable de cette suprême et irréversible absence qui fonde l'éminence même de la visitation[2]. » La présence s'éclate et mène vers une signification nouvelle. On assiste bien à une « inversion[3] » du schéma husserlien de l'intentionnalité : au cœur de la conscience vient s'imposer une visée plus originaire, une visée sans intention, une visée qui n'est plus guère intentionnelle en ce qu'elle défait plutôt qu'elle ne synthétise et identifie, en ce qu'elle ne donne l'être que pour l'avoir paradoxalement mais originairement, et toujours déjà, fracturé, l'assignant ainsi à la plus primordiale des passivités.

Si la conscience égoïque se voit destituée de sa dignité transcendantale, ce n'est que cette dignité serait confiée à une autre intentionnalité, c'est que l'Autre en tant qu'Autre ne s'identifie pas et

---

1 Levinas, *De Dieu qui vient à l'idée, Ibid.*, p. 53.
2 Levinas, *En découvrant l'existence avec Husserl et Heidegger* (1949), Paris, Vrin, 2001, p. 199.
3 Levinas, *L'intrigue de l'infini*, Paris, Flammarion, 1994, p. 165-194.

n'identifie rien, mais paradoxalement féconde en altérant. Ce qui signifie que « l'emphase » éthique du propre, celle qui reconduit le Moi à une identité nouvelle, fait surgir une « Jemeinigkeit » proprement éthique. Le Moi, ici, est *en soi*, non pas *pour soi,* mais *pour l'autre*, « encombré et comme bouché par soi, étouffant sous soi-même, insuffisamment ouvert, astreint à se déprendre de soi, à respirer plus profondément, jusqu'au bout, à se déposséder jusqu'à se perdre*[1]*. » C'est dans le refus d'être soi, que le Moi s'accomplit comme soi.

Etre soi c'est être seul avec soi. La solitude, en ce sens, implique un écart comme « condition de possibilité » d'un rapport à soi, paradoxalement comme « non-rapport à soi » puisqu'il consiste en une rupture. L'intimité même de soi implique un « déphasage », une rupture par où le moi puisse se rapporter à soi comme « moi rivé à soi », ou encore comme « moi acculé à soi ». Le rapport du moi à soi est un enchaînement comme celui d'une chaîne, d'un fardeau qui signifie un retard et une impuissance du *soi* par rapport à lui-même. Une impuissance qui oblige à la solitude d'exister sans fuite.

En revanche, le *Moi-autre* ou le *Moi-pour-l'autre*, est d'une certaine façon voilé par un faux « Cogito » ou par le *Moi propre* qui cherche à préserver dans son être, dans un sens où Spinoza disait : « Toute chose en tant qu'elle est s'efforce de préserver dans son être ». Levinas parle du trouble que l'éthique cause à la tranquillité de persévérance dans l'être et dans l'égoïsme comme étape nécessaire, d'où l'interruption du « conatus essendi » la formule de l'essence de l'être chez Spinoza[2]. Persévérer dans son être c'est le désir d'un être qui a été enfant avant que d'être homme. Par là se découvre non seulement le caractère mystérieux du Moi, mais aussi le rapport de ce mystère étranger avec le sens de la vie elle-même. Le Moi se découvre comme *déjà-donné par un Autre*, comme *déjà-perdu*. Or qu'elle est ici la manière d'accéder au Moi ? Est-ce qu'on y accède en l'excédant, en le détruisant ? C'est par la perte de soi qu'on découvre le Moi. Il faut se demander quelle est la signification de cette perte ? Qu'est ce qui se trouve ici perdu ?

Le Moi n'est jamais celui qu'on possède, mais celui qu'on perd. Pour qu'il accède à son être originaire, il ne suffit pas que le Moi découvre l'inadéquation de la conscience qu'il prend de lui-même. Il faut encore qu'il découvre que exister, par quoi il s'approprie le sens de son existence, ne lui appartient pas, mais appartient au sens qui se fait en lui, appartient à la perte

---

[1] E. Levinas, *Autrement qu'être ou au-delà de l'essence, Ibid.*, p. 141.
[2] E. Levinas, *Altérité et transcendance*, Fata Morgana, Paris, 1995, p. 108.

qui le constitue. La conscience de soi se trouve en retard par rapport à son origine, déjà dépassée par l'Autre plus originaire qu'elle. Une telle découverte renvoie à un Autre que soi-même, à un nouveau décentrement, une nouvelle dépossession appelée : *aban-don*. Autrement dit, la venue en soi du Moi n'est possible qu'à partir d'un certain *aban-don* de soi. Le Moi n'est lui-même qu'à la condition de ne pas tenir à soi par tout son être, mais de reconnaître, dès le départ, une dimension de *non-présence* à soi.

Le bouleversement ou le dessaisissement de la conscience atteste l'impuissance du Moi à opérer entièrement et définitivement l'écart ou le retard de sa conscience par rapport à son origine. La conscience se trouve condamnée à cet écart, à ce retard originaire, menacée dans son intimité même, face à cet Autre en elle qui est toujours en retrait et qui se dérobe. L'Autre reste toujours *autre que soi-même*. Ce n'est pas de la conscience elle-même que procède l'origine du sens ; la conscience est plutôt appelée à *s'aban-donner* à un mouvement originaire en elle qui seul peut élever sa certitude vers un autre genre de *con-naissance*. Une *con-naissace* autre, donnée par l'expérience même de l'origine, où le seul moyen de *con-naître* reste centré sur l'acte de décentrement de la conscience. C'est en acceptant de se laisser décentrer par l'Autre, que la conscience s'ouvre au sens originaire qui donne possibilité à la *con-naissance* de soi-même par un Autre. La nature d'une telle acceptation est originaire, elle ne dépend pas d'une décision volontaire et rationnelle du Moi ; mais de *l'aban-don* à une volonté autre, à la volonté de l'Autre. L'Autre ne lui est pas un contraire extérieur, ni même pas un identique intérieur, mais un Autre qui lui est différent selon les critères d'une *dif-férence* originaire, étrangère, mais en même tant très intime et familière. S'aban-donner à l'Autre c'est se laisser découvrir soi-même comme un *être-déjà-perdu*. C'est découvrir l'origine de soi au cœur même du *dédoublement* de la conscience gravement affectée par l'Autre. Le soi-même qui est interpellé demeure, en ce qu'il est, indéterminé et vide. L'Autre, interpellant l'ipséité, se dérobe absolument à toute identification possible, il refuse toute tentation de le rendre familier[1].

---

1 Voir à ce sujet, Heidegger, *Sein und Zeit, Ibid.,* δ 57. Selon Heidegger, c'est le *Dasein* dans son étrangeté, *l'être-au-monde* originalement jeté comme *pas-chez-soi*, le « que » en sa nudité dans le rien du monde. Celui qui appelle n'a rien de familier pour le *nous-on* quotidien. Il est certain que l'appel n'est pas et n'est jamais prévu, ni préparé, ni intentionnellement effectué par nous-mêmes. « Ça » appelle, contre toute attente et même contre toute volonté. D'un autre côté, il ne fait pas de doute que l'appel ne vient pas d'un autre qui est au monde avec moi. L'appel provient *de* moi tout en me tombant dessus (*SuZ,* δ 57, p. 276, trad. fr. p. 332). Pour nous l'appel provenant de l'Autre en soi est plus originaire que la conscience de soi. L'appel de l'Autre en soi

Comment se manifeste l'indépassable et l'insatiable désir de s'abandonner et de se laisser être par l'Autre l'origine de soi-même, si l'Autre en soi n'est que la perte radicale de soi ? C'est la perte de soi, le décentrement de la conscience, et l'*aban-don* à une autre volonté, qu'il faut maintenant décrire.

L'*instituable* échappe au solipsisme

La mort ne connaît aucune mesure ; ce qu'elle signifie, c'est la possibilité de l'impossibilité absolue de l'existence[1]. C'est le caractère indépassable du manque en soi qui détermine la mort dans son sens négatif, inquiétant et effrayant. Ce manque incurable est la qualité radicale de la pauvreté du Moi, son *impuissance*. Ce qui est effrayant dans la mort même, c'est sa présence en soi comme possibilité première puisque dernière, qui précède toutes mes effectivités et les rendent possibles. Car si la mort a bien la possibilité et non l'effectivité, le fait qu'elle ne soit pas effectivement présente n'implique en rien qu'elle ne soit pas pour moi et à chaque instant de ma vie, de mon temps, de mon existence. Elle s'exerce sur moi comme une perte quotidienne qui possibilise ma fin, qui rend la possession de mon être un projet impossible. La mort est *là* et j'en suis le témoin.

La présence possible de la mort révèle essentiellement la *dif-férence* radicale entre le Moi et son origine. Elle détermine la facticité et la pauvreté du Moi ; elle est la détermination la plus foncière de l'existence. Le Moi est par lui-même un *mourant,* un témoin de sa propre mort, une perte originaire de son être, une impossibilité de toute possibilité de gagner son être, de persévérer dans son être, d'être soi-même origine de son être. La mort advient au moment où je suis encore là, toujours là, non pour la recevoir comme une possibilité qui vient de l'extérieur, mais pour être son propre témoin, son effectuation, la possibilité même de ma perte. Je suis ma propre mort. La mort est ce que je suis, tant que je suis *là* : seul face à ma perte. Elle constitue ce qui est propre en moi et par le fait même elle échappe à toute tentation d'appropriation de ma part, c'est-à-dire elle me prive de toute possibilité d'appropriation de soi. La mort constitue ma mienneté sans devenir mienne, elle constitue la possibilité que l'appropriation de ma mienneté devienne impossible. Elle possibilise la possibilité d'une mienneté

---

précède la conscience de soi du *Dasein* et le destitue de son pouvoir être le plus propre. L'Autre, pour nous, n'est pas la conscience morale ; il a pour rôle de destituer toute référence à soi comme appropriation de soi et de briser le pouvoir-être le plus propre du *Dasein*.

1 M. Heidegger, *Sein und Zeit, Ibid.*, p. 262.

impossible ; elle vide la mienneté de toute référence à soi, de toute possibilité d'approprier soi-même et la mène là où elle ne veut pas y aller, vers un *lieu étrangement inquiétant*. La mort représente un événement possible, dont sa possibilité est effectuée par ma présence même. Un événement qui annonce une présence étrangement inquiétante puisqu'elle est déjà-là mais jamais achevée, ni possédée. Une présence, qui tout en étant radicale, est sans « propre », n'est donc elle-même, qu'à être en un sens sans elle-même.

La présence de l'événement de la mort est une présence qui produit l'effacement de mon présent propre, du présent comme étant ma propriété ou bien une *intimité ontologique*. La mort ne peut jamais être donnée pleinement comme telle, ne peut se laisser devenir que par l'effacement de ma présence, comme une *ombre*, comme un *double* qui double ma présence par ce qui la maintient et l'affirme, d'une part, et par ce qui la *pro-jette* hors de son présent et l'efface, d'une autre part. Toute présence propre porte la possibilité de l'effacement de sa présence même, de ce qui est propre en elle, de toute référence à soi comme intimité et comme possession. La mort représente, en ce sens, la possibilité qui rend impossible toute appropriation de soi, rend possible la perte de soi, son effectuation même. La mort comme effacement ou comme présence manquée, non-achevée, prive la mienneté de toute référence à soi, de tout « chez-soi », de tout pouvoir sur soi, et l'isole dans une étrangeté gravement intime. Elle perce mon intimité et fonde ma mienneté selon un effacement originaire, selon une perte quotidienne de ce qui est propre et intime en moi. Tout en se *montrant* comme telle, la mort se montre comme une énigme « unheimlich » qui m'inquiète, me clive, me destitue de soi et m'impose sa *dif-férence*. En revanche, « la mort paraît bien avant que je disparaisse[1] » car elle est la possibilité même de ma disparition. Elle est même le témoin principal de ma disparition. Elle témoigne comme étant la possibilité même de ma disparition, comme la condition de possibilité de mon apparition en tant *qu'être-déjà-perdu* et cela dès l'instant même de ma naissance. Un double témoignage s'expose ici. La mort est le témoin de ma propre disparition et par le fait même je suis le témoin de l'apparition de la mort. C'est ma disparition qui possibilise l'apparition de la mort et c'est l'apparition de la mort qui possibilise ma disparition, mon effacement et la réalisation originaire de mon être comme une « mienneté ontologique » mais aussi et surtout comme une mienneté originaire. Cela affirme que l'expression heideggérienne sur la mort qui détermine le *Dasein* comme la « possibilité de l'impossibilité » est vraie, nécessaire mais non

---

1 Jean-Luc Marion, *Étant donné, Essai d'une phénoménologie de la donation*, Épiméthée/Puf, 1995, p. 85.

suffisante. Il lui manque le dépassement même de sa propre insuffisance. La mort tout en possibilisant la « possibilité de l'impossibilité », possibilise aussi « l'impossibilité de toute possibilité » comme l'a montré Levinas surtout dans *le Temps et l'autre*. La mort apparaît sans être en soi aucun étant, mais pure possibilité. Elle s'impose et s'expose à moi sans y être. La mort se donne et me donne à moi-même comme la possibilité par excellence. Elle est déjà-là et c'est pour cette raison même que je suis un *être-déjà-perdu*. La mort est ce qui fait disparaître en moi mon propre monde, ce qui m'appartient, pour faire apparaître en moi et pour moi un autre monde qui m'échappe et qui me destitue de toute appropriation et de tout pouvoir. Autrement dit, plus le Moi se verra comme un *être-déjà-perdu*, plus il se verra dans son union avec la réalité d'un monde qui est déjà-là, et sa présence est *non-familière*. Un monde qui reflète la réalité même de son être, comme étant une réalité autre et autrement, appartenant et participant à ce qui lui échappe et à ce qui altère et possibilise l'effacement de ce qui lui appartient, de ce qui est « sien », « familier », un « chez soi ».

Dans le monde je ne suis pas « chez moi », car rien ne m'appartient et tout échappe à ce que je suis, même ce que je suis. Je suis selon un *déjà manqué*, selon une *présence effacée*, selon une *intimité étrangement inquiétante*, selon une *mienneté altérée*. Je suis celui qui « est », et le « est » que je suis est ce qui est le plus étranger en moi, ce que je ne suis pas, l'énigme même de l'être que je suppose être sans jamais l'être. Je suis un *Moi-déjà-perdu*, je suis ma défaillance, ma « facticité », une *pauvreté originaire* ; c'est-à-dire je suis doublé par une déchirure qui altère ce que je suis et qui me clive en espoir et désespoir, gain et perte, orgueil et humilité, être aimé et aimer, intimité et étrangeté.

Se verra comme un *être-déjà-perdu*, c'est s'approfondir selon les exigences d'une épreuve de soi incessante, infatigable et insupportable. S'approfondir dans sa propre intériorité gémissante c'est prendre conscience de la pauvreté de sa conscience, de la nudité de sa mienneté : *je suis ma pauvreté, et ma pauvreté est gravement lourde selon une pesanteur insupportable par l'être*. Les épreuves quotidiennes apprennent au Moi, étant un *être-déjà-perdu*, que même s'il choisisse le jour, il le choisisse dans la nuit, même s'il combatte pour le jour, il combatte dans la nuit. Sous l'emprise constante de sa misère, comme *être-déjà-perdu*, le Moi, comme *pauvreté originaire*, est hanté par une mort quotidienne qui le force à la déprise et à l'effacement. Le Moi a pour caractère essentiel la perte de soi qui ne s'identifie pas avec « la finitude » *(Tatsächlichkeit)*, « simple factualité » des étants intramondains. [1]. La perte de soi pose sa *dif-*

---

[1] C'est au début des Ideen que Husserl définit la « factualité » *(Tatsächlichkeit)*

férence avec « la finitude » dans un sens métaphysique et classique du terme et impose un surcroît, une altération de soi. La perte, dans sa radicalité, constitue la fin dernière de l'être du Moi qui se découvre comme un *être-pour-la-perte*. Ce qui caractérise la « mienneté » du Moi c'est sa perte même : *je suis ma perte et personne ne peut perdre à ma place, car personne ne peut mourir à ma place.* Le Moi, à ce niveau, prend conscience de sa conscience esseulée, humiliée, abaissée et « déjetée[1] » *(Geworfenheit)* de l'existence. L'être est un projet illusoire de se conserver dans son être. *Le projet de l'être est un projet impossible,* mais l'être privé de tout projet en soi reste toujours possible selon un autre mode d'être. L'être humain est un être qui n'a pas été amené par soi-même à son être, et en même temps il se trouve dans l'impossibilité de continuer à être par soi-même. Il ne peut jamais sortir seul de cet état de « déjection », de « déchéance », de « pauvreté radicale », de « vanité » et de « facticité ». D'ailleurs sa vocation n'est pas d'en sortir, mais de *s'approfondir* dans cet état qu'il est, de s'ouvrir à ce qui est autre, à une possibilité autre et par un Autre. Comment ?

En tant qu'affection, l'angoisse révèle la structure fondamentale de la mort qui me hante et me force à la déprise. La mort n'est pas « le ver qui ronge le fruit » ; elle est, comme chez Rilke, le « noyau même de la vie » : *Vivre n'est jamais que vivre sa mort.* L'angoisse, et par conséquent la mort, sont le fondement le plus certain de l'individualité, sa vérité même. La mort, comme double possibilité, se donne au Moi aussi longtemps que sa vie, comme sa vie même, puisqu'elle aussi ne se donne que comme une double possibilité. Loin d'anéantir *l'être-déjà-perdu* auquel elle rend possible, la mort, comme la vie, lui donnent sa détermination ultime d'étant qui est déjà ce qu'il n'est pas, qu'il est déjà une *mienneté altérée*. D'autant plus qu'il est impossible de partager sa mort, de la mettre en commun, toute mort est solitaire, unique, personnelle : *étrangement intime* comme la vie. Par contre, tout en étant solitaire, la mort refuse tout solipsisme. Quand on meurt, on est

---

des objets de l'expérience. Husserl insiste sur la « contingence » *(Zufälligkeit)* comme caractère essentiel de la factualité. Pour Heidegger, la « contingence » n'est pas le caractère propre de la « facticité », mais c'est le « dévalement » *(Verfallenheit)*. Le Da*sein n*'est pas simplement, comme chez Sartre, jeté dans le là d'une « contingence » donnée, mais il est et a à être son là, il est lui-même le *Da* de l'être : « La facticité n'est pas la factualité du fait brut (Ta*tsächlichkeit des fa*ctum brutum) d'un [étant] disponible *(Vorhanden),* mais un caractère d'être du *Dasein,* compris dans son existence, même si c'est d'abord en le refoulant.
1   M. Heidegger, *Sein und Zeit, Ibid.*, p. 394.

seul à mourir, et cette unicité n'est pas un « solipsisme » mais une « altération ». Au moment de la mort, la mienneté s'altère, car elle s'efface selon les exigences de la perte originaire, de l'*aban-don* de soi.

La « mienneté » et le mouvement de son *altération*

Le terme même de soi – *Selbst* – indique que l'identité à soi-même reste portée par une différence à soi, par une altérité sans cesse renaissante en elle et constituant son origine même. L'exigence du décentrement de soi par l'Autre montre le dépassement de la vie à la conscience de soi, sa destitution, sa blessure originaire.

La *perte* est toujours agissante et profondément réelle, humaine. Toute trouvaille n'est que l'apprentissage de ce qui reste à perdre. Toute solution particulière n'est qu'une étape ; elle fait voir un élément essentiel. Un élément quoi qu'il s'agisse n'est jamais qu'une étape. Pour autant, la déchirure et la blessure narcissique de la conscience, bien loin de devoir détruire la totalité du sens de son être, peuvent même souvent lui être un moyen crucial de plénitude. Le Moi, tout entier, prend d'avantage conscience de ses dimensions et de la réalité de son être, qu'il n'eut été possible dans les moments faibles et dans la paix naïve. Entre le pouvoir et la perte, le Moi s'élève vers une intensité de vie accrue. Il prend de lui-même une conscience ouverte à ce qui la dépasse, à ce qui échappe à son « hégémonie ». La défaite de la conscience apprend au Moi que l'humanité ne suit pas une ligne toute droite, mais évolue, dans l'alternance des ruptures consécutives et des déchirures mortelles, d'un retour sur elle-même, d'un retour à l'Autre en elle-même.

Avant de se décentrer par l'Autre, la conscience de soi doit passer par une phase ou par une expérience de lutte et de révolte contre elle-même, contre son propre royaume. Pour échapper à la répétition indéfinie du « même », la conscience doit, comme le dit Hegel, se distinguer positivement de son contenu, c'est-à-dire de toutes perceptions et fantasmes extérieurs. La conscience hégélienne, progressant hors de soi, éprouve l'ivresse intellectuelle des « lumières » en attendant le retour à soi définitif sous les trois formes hiérarchisées de « l'art, de la religion et de la philosophie ». Contrairement à Kant, Hegel ne pense pas qu'il y ait un « être transcendant ». D'après lui, aucune réalité n'échappe à la « connaissance médiate ou conceptuelle ». L'« immédiat » est un ineffable, un non-savoir qui nous enferme dans des intuitions sensibles ou des émotions singulières. Or ce qui est singulier n'a pas de valeur et à la limite n'existe pas[1], car Hegel

---

1 Hegel, *Encyclopédie, Ibid.*, § 81. Voir M. Heidegger, *La « Phénoménologie*

le ramène à une loi abstraite de la nature : « telle la loi cyclique de la naissance et de la mort qui recompose les êtres vivants avec les mêmes matériaux[1] ». Toutes les connaissances, en ce sens, sont pour Hegel, sinon scientifiques, au moins conceptuelles, et manifestent des phases différentes du même mouvement dialectique de l'esprit qui surmonte l'opposition provisoire du concept et de la nature, pour aboutir au « Savoir absolu ». Telle est fond la philosophie de Hegel ou de l' « idéalisme absolu ». Le monde et toute son histoire résultent, selon cette doctrine, du résultat et du progrès interne de l' « Esprit » ou de la « Raison ». Et il n'y a pas de réalité transcendante à cet « Esprit ». Le mouvement est « dialectique [2] »: il a commencé par une séparation à l'intérieur de l'esprit, qui s'est opposé à lui-même ce qu'il y a de passif en lui, et a constitué ainsi la nature (*l'en-soi,* par opposition à la conscience ou *pour-soi*). Le progrès ou la « dialectique de l'histoire » consistera à faire disparaître l'opposition dans l'unité du « savoir-absolu ».

Par contre, pour Igitur[3] la synthèse ne s'est pas faite. Igitur n'a pas atteint le stade de l'esprit hors de soi. Pour lui l'alternative est autre, il ne pourrait échapper au mauvais infini qu'en faisant le saut du terrain « esthétique » à celui de « la grâce » selon Kierkegaard[4]. C'est ce qu'observe Claudel dans son commentaire d'Igitur. Claudel parle de « la nuit d'Igitur »

---

de l'Esprit » de Hegel, Paris, Gallimard, 1984, p. 129-131.
1 *Ibid.*
2 La *dialectique,* chez Hegel, est le *processus* par lequel la pensée se développe suivant ses propres lois, à savoir suivant le rythme ternaire de la *thèse, de l'antithèse et de la synthèse.* Ce processus de la pensée est lui-même conforme à la nature même de l'être, « en sorte que la dialectique est, d'une façon générale, la vraie et propre nature des conditions de l'entendement, des choses et de l'infini en général ». *Ibid.*, § 81. Elle consiste essentiellement à « reconnaître l'inséparabilité des contradictoires et à découvrir le principe de cette union dans une catégorie supérieure ». Dans Lalande, *Vocabulaire de la Philosophie*, au mot *Dialectique*.
3 Stéphane Mallarmé, *Œuvres complètes, Igitur ou la folie d'Elbehnon*, nrf, Gallimard, 1945, p. 423-456. Igitur est une sorte de conte très abstrait, écrit dans une prose très dense. Il comporte plusieurs fragments, d'écritures visiblement écrits à différentes époques, les plus anciennes remontant aux années 1867-1870. La grande partie a été composée pendant le séjour de l'auteur à Avignon. Le Héros est maître de soi, de ses actes, de son Idée. Il se sépare d'elle en une scission cartésienne, la prend, la fait évoluer, puis à la fin, quand il l'a amenée à son état de perfection, d'un coup la supprime. Alors le drame dans le même éclair surgit et s'efface. Le drame n'a lieu qu'un instant très court, le temps d'apparaître : il jette les dés.
4 Dans Mallarmé, *Accompagnements. Œuvres en prose*, Paris, Pléiade, p. 508.

comme d'un stade à dépasser par la foi ; cette nuit exprimée par Dante comme « silence de la lumière », ou comme « la nuit obscure » de l'âme selon saint Jean de la croix. Telle est en effet la faille du système hégélien, car certains esprits ne parviennent pas à s'intéresser objectivement au monde extérieur et à l'intégrer à leur personnalité psychique ou intérieure en raison d'une certaine forme d'affectivité. La résistance fréquente chez les artistes par exemple est aussi celle qui faisait écrire à Kierkegaard qu'il n'était pas un paragraphe dans le système du « Dr. Hegel ». En définitive, après la plus rude préparation de pensée, on voit que rien ne se passe. Après avoir usé toute une vie dans un effort de domination de soi-même de plus en plus complet et ardu, Igitur aboutit à la conclusion, désespérante, que le « Hasard » subsiste. Tout ce qu'il peut créer le « Héros », c'est l'impossibilité d'être, non le « Néant », mais l' « Absolu ».

Dire que le Moi est substitution, ce n'est donc pas énoncer l'universalité d'un principe, la « quiddité » d'un Moi, mais tout au contraire, c'est restituer à l'âme son égoïté ne supportant aucune généralisation. Or, le souci de penser le Moi comme singularité irréductible à tout concept implique le rejet de toute neutralité, et en particulier de la neutralité qui caractérise, pour Heidegger, la « mienneté ». La neutralité heideggérienne ne peut conduire selon Levinas, qu'a la dissolution de toute subjectivité. C'est pourquoi il associe volontiers la « neutralité de l'être » à « l'impersonnelle raison » de Hegel : « Nous avons la conviction d'avoir rompu avec la philosophie du Neutre : avec l'être de l'étant heideggérien dont l'œuvre critique de Blanchot a tant contribué à faire ressortir la neutralité impersonnelle, avec la raison impersonnelle de Hegel qui ne montre à la conscience personnelle que ses ruses (…). L'être de l'étant est un *Logos* qui n'est le verbe de personne[1] ». « Mienneté » et « neutralité » ne sauraient être compatibles pour Levinas qui pensait à défendre les droits de l'intériorité du sujet face à l'être. Le secret de la subjectivité c'est le privilège de son rapport à l' « illéité », à l' « Infini »: « La subjectivité est le partenaire de l'Enigme et de la transcendance qui dérange l'Etre[2] ». L' « Infini » se signale d'abord, par-delà la « différence ontologique », par le pouvoir de susciter l' « intériorité » telle que l'avait pensée Kierkegaard. C'est toute la différence entre le soi pensé comme réponse à l'appel de l'être chez Heidegger et le soi pensé comme réponse à l'appel de l'autre et de l'Infini. Le rapport avec « l'Autre – absolument autre – qui n'a pas de frontière avec le Même, ne s'expose pas à l'allergie qui afflige le Même dans une totalité et sur laquelle la dialectique hégélienne repose. L'Autre n'est pas pour la raison un scandale qui la met en mouvement dialectique, mais le premier enseignement

---

1 Levinas, *Totalité et Infini, Essai sur l'extériorité, Ibid.*, p. 274.
2 Levinas, *En découvrant l'existence avec Husserl et Heidegger, Ibid.*, p. 213.

raisonnable, la condition de tout enseignement[1]. » Le soi, en ce sens, ne cherche pas à être selon les exigences de l'être, ni à être un autre que soi, ni à devenir soi-même par ses propres moyens, mais à devenir soi-même par l'Autre. L'égoïté, ici, ne permet pas d'excéder la totalité. Selon Levinas, seule le permet l'altérité d'autrui, dans la mesure où elle ne se fonde pas sur l'égoïté, puisque l'autre c'est autrui donc un autre moi. La reconnaissance de soi, comme expérience d'un soi non originaire, met le Moi dans une crise profonde et le pousse à faire cette reconnaissance en sortant de son esseulement ontologique, pour être par un Autre, pour se décentrer par l'Autre, pour être affecté par l'Autre, pour être soi-même sans être l'origine de soi-même, pour découvrir sa mienneté originaire comme étant une *mienneté altérée* : « Il n'est plus question du Moi, mais de moi. Le sujet qui n'est plus un moi – mais que je suis moi – n'est pas susceptible de généralisation, n'est pas un sujet en général, ce qui revient à passer du Moi à moi qui suis moi et pas un autre[2]. » Un moi comme un soi radicalement dépris de soi parce qu'il est l'otage de l'autre. L'égoïsme ou la persévérance du moi dans son être, le « conatus », est le *« conatus »* de l'être même, dans le projet même de son identification, de son exister pour soi, du pouvoir sur soi, et du désir de persévérer dans son être, de *jouir* de soi : « Le pour soi de la conscience est ainsi le pouvoir même que l'être exerce sur lui-même, sa volonté, sa principauté[3]. » La contingence, c'est-à-dire l'irrationnel ne lui apparaît pas hors d'elle dans l'autre, mais en elle. Ce n'est pas la limitation par l'autre qui constitue la contingence, mais l'égoïsme, comme injustifié par lui-même.

En refusant d'accéder à une individualité en général, Levinas pense le moi comme « secret » non dans le sens kierkegaardien qui a le souci « d'aider un homme à se rapporter à Dieu en tant qu'individu, voilà le sérieux[4] », mais comme si l'autre n'avait rien à savoir, de ce que je suis pour moi-même. Il ne s'agit pas de transmettre à l'autre mon secret, parce que l'autre n'est pas un moi, et parce que mon secret est le signe de ma solitude en présence de l'infini et il ne peut se dire. L'autre n'a pas à savoir ce qu'il en est d'être seul « face » à l' « Infini ». C'est une identité nouvelle que le moi conquiert en répondant d'autrui. La « réduction » même est une « réduction » au sens phénoménologique. Par contre elle ne conduit pas à une subjectivité constituante se rapportant à elle-même de façon intentionnelle, à un « Je

---

1 Levinas, *Totalité et Infini, Ibid.*, p. 222.
2 Levinas, *Autrement qu'être ou au-delà de l'essence, Ibid.*, p. 16.
3 *Ibid.*, p. 129.
4 Kierkegaard, *La dialectique de la communication éthique et éthico-religieuse*, in *Œuvres complètes*, t. XIV, *op. cit.*, p. 374.

transcendantal », mais à une subjectivité dont l'identité se tient en deçà de toute intentionnalité. La relation avec autrui introduit en soi ce qui n'était pas en soi, elle met fin à la violence et à la contingence, et dans ce sens aussi, instaure la « Raison[1] ». La « Raison » qui ne tient plus son sens ultime de la « permanence de la primauté du Même ». L'idéal de la vérité ne repose plus sur la « suffisance » essentielle du Même, sur son identification d'ipséité, sur son égoïsme. « La philosophie ne se limite plus à être une égologie ».

Le désir en excès d'intentionnalité

Depuis Husserl, le caractère fondamental de l'« intentionnalité » consiste, pour la conscience en « la propriété d'être conscience de quelque chose[2] », de ce qui est étranger, « de ce qui ne la concerne pas ». La conscience est conscience d'autres choses que d'elle-même. « Les vécus de conscience » *(Erlebnisse)* ne concernent pas uniquement, ni même d'abord la conscience, mais, des objets transcendants et extérieurs à elle, tout en lui restant « immanents » ou « coextensifs ». Nous ne pensons qu'intentionnellement, parce que penser exige de reconduire les vécus de notre conscience à un objet intentionnel autre que la conscience. La conscience est « conscience de quelque chose » signifie qu'avant d'être conscience d'elle-même, elle est conscience d'autre chose que d'elle-même, ce qui fait qu'elle est toujours hors de soi, c'est-à-dire « aliénée[3] ». L'« intentionnalit », en ce sens, n'a pas pour objet l'immanence des vécus, mais bien l'objet transcendant. L'« intentionnalité » rend la conscience intentionnelle d'autre chose que de ses propres vécus, à savoir de l'objet lui-même. Ceci implique que la conscience vise, plus qu'elle ne vit, un objet autre qu'elle. Elle est une conscience d'un autre, conscience altérée par l'altérité même. Ce qui fait que, pour Husserl, l'objectivité de la pensée consiste dans le fait d'être valable pour tout le monde. Connaître objectivement serait donc constituer ma pensée de telle manière qu'elle contienne déjà une référence à la pensée des autres. Ce que je communique donc se constitue déjà en fonction des autres[4].

En revanche, pour Husserl « [...] c'est en moi seul que je (re-) connais l'autre, en moi qu'il se constitue-représenté en miroir

---

1 Levinas, *Totalité et Infini, Ibid.*, p. 223.
2 Husserl, *Ideen* I, δ 36, Husserliana III, La Haye, 1950, p. 81.
3 Dans Jean-Luc Marion, *Prolégomènes à la charité*, Ed. de la Différence, Paris, 1986, p. 97.
4 Levinas, *Totalité et Infini, Ibid.*, p. 231.

(*appräsentativgespigelt*), non pas comme l'original [1]». Autrui, qui rend possible cette communication, se constitue d'abord chez Husserl pour une « pensée monadique[2] ». Cela montre que l'autre est constitué par le Moi, dans sa conscience même. La base de l'objectivité se constitue dans un processus purement subjectif[3]. Ce qui fait que le désir relève indiscutablement des états de conscience, et désirer signifie d'abord éprouver des vécus de conscience. Je ne désire qu'à travers les vécus de ma conscience. Tout ce que je perçois et comprends, je l'éprouve d'abord et finalement dans ma conscience, et non hors d'elle. Selon Descartes : « on sait déjà assez que c'est l'âme qui sent, et non le corps[4] ». Tout ce que je désire, je le désire pour moi et par moi ; mon désir devient ma propre création, c'est-à-dire ma propriété. Le désir comble la conscience, parce qu'il en prend la mesure et se soumet à sa mesure ; il devient ma propre création, une « auto-idolâtrie[5] ». Le désir propre ouvre le Moi à son orgueil et l'identifie comme un Moi narcissique.

La purification du désir doit passer par le décentrement de la conscience de soi vers la conscience de l'Autre, du désir de soi vers le désir de l'Autre en soi et non l'objet à l'extérieur de soi. C'est en *s'aban-donnant* à l'Autre en soi que le désir se libère de toute dépendance et de tout besoin de possession pour se transformer en désir altéré par l'épreuve de la perte de soi, de la perte du *soi approprié*, de sa propriété même. Le décentrement de la conscience de soi en une conscience de l'Autre n'est pas une autre dépendance de l'Autre, ou bien un attachement à un modèle de ce qu'on voudrait être, où le désir *d'être-comme* et le désir *d'avoir* se mêleront. L'expérience de décentrement est une expérience de perte et non de gain, une expérience de perte de tout désir en rapport avec un besoin de satisfaction, de possession et de consommation. Une telle expérience, en ce sens, est un lieu qui purifie le désir de toute représentation, de tout intérêt, de tout calcul, de tout commerce et de tout échange. Son but, si j'ose dire, est de rendre le désir *indésirable, aban-donné*, un désir de *s'aban-donner* à l'Autre, l'origine de soi-même. L'expérience se fait dans le mouvement de dépassement, de creusement et d'intégration, à un chemin sans fin, dont rien ni personne ne détourne, fut-ce au prix des plus sévères douleurs. Ces douleurs de

---

1 Husserl, *Cartesianische Meditationen*, δ 62, Husserliana I, La Haye, 1963, p. 175, dans Jean-Luc Marion, *Ibid.*, p. 98.
2 Levinas, *Totalité et Infini, Ibid.*, p. 231.
3 *Ibid.*
4 R. Descartes, *Dioptrique*, IV, AT VI, 109, 6-7, dans Jean-Luc Marion, *Prolégomènes à la charité, Ibid.*, p. 95.
5 Baudelaire, *Fusées XI, Œuvres Complètes*, "Pléiade", éd. Le Dantec, Pichois, Paris, 1966, p. 1256.

dépassement éprouvent le monde transformé de plus en plus en *désert*, en *aridité éprouvante*, en *pure pauvreté*. Un dépassement de la possession du désir vers le désir *aban-donné* de telle sorte que l'expérience se passe dans une conception purement régressive de l'abandon de l'objet en tant qu'objet de consommation et de possession. Elle est l'épreuve même de la perte non de l'objet en soi mais de mon attachement à ce que cet objet peut offrir comme consolation et comme jouissance à mon désir propre, à mon narcissisme. Elle tire sa vérité originaire non des étants, ni du monde objectif, mais par une relation qui constitue un événement dont la réalité s'annonce dans la perte de soi à chaque instant de son temps, de sa vie même. Le désir, comme structure fondamentale du Moi, reste toujours une dynamique irrécusable et jamais à détruire qui cherche son origine. L'expérience de décentrement est une épreuve de *dessaisissement* de la conscience de soi en tant que centre et origine du sens de la vie du Moi. La conscience de soi, à ce niveau, doit être centrée elle-même par ce qui est plus originaire en elle, par l'Autre. Selon cette expérience, la « conscience de soi » se transforme en une conscience de « l'Autre en soi », une conscience de l'originaire en soi, une conscience de la perte en soi, une origine que le Moi ne dispose pas. La transformation de soi n'est pas un passage du Moi à l'Autre, mais une expérience *d'aban-don* de soi comme centre du Moi pour centrer soi-même par L'Autre, origine du Moi. A travers cette expérience, le Moi éprouve, approuve et s'approuve dans la réalité même. Une telle expérience concrète ne comporte aucune concession à l'irrationnel, mais elle fait retour à ce qui donne sens à la raison et la transforme en une intelligence de sens. Une intelligence de sens qui a pour vocation de *dé-couvrir* et de *dé-voiler* le sens même de la vie du Moi comme étant essentiellement un *être-de-perte,* et par le fait même de son rapport avec son origine. Un sens donné non par la conscience du *Je*, mais par l'expérience *d'aban-don de l'être-déjà-perdu* à ce qui est *dif-férent* de lui, à l'Autre en lui. Si le soi-même est une absolue coïncidence, une contraction, il est en même temps éclatement de l'effacement de soi. Selon Levinas: « Le soi-même ne repose pas en paix sous son identité[1] », mais cependant « son *in-quiétude* n'est pas scission dialectique[2] ». L'inquiétude se dévoile ici à partir de « l'érosion du vieillissement[3] ». Le vieillissement est la permanence d'une perte de soi et d'une inégalité par rapport à soi-même. Il se passe dans une inquiétude sans négativité, ne cessant de se perdre à jamais finir et sans jamais revenir. Le soi même de la conscience n'est donc pas à nouveau une conscience, mais un terme en « hypostase ». C'est de par cette « hypostase » qu'émerge

---

1 Levinas, *Autrement qu'être ou au-delà de l'essence, Ibid.*, p. 136.
2 *Ibid.*
3 *Idem.*

substantivement la personne comme une identité injustifiable par elle-même et en ce sens empirique ou contingente, mais résistant dans sa stance à l'érosion du temps et de l'histoire, c'est-à-dire frappée par la mort toujours violente et prématurée[1]. Pour Levinas, l' « hypostase » se présente ici comme réponse à l'appel de l'autre, comme « me voici ! », comme la *voix* qui fait entendre, non un sens, mais un cri d'une subjectivité malade, souffrante de son obligation éthique envers l'autre[2]. A travers ce cri, se présente l'ordre que l'infini a toujours déjà adressé au moi depuis longtemps, depuis l'origine. Quel ordre ? L'ordre du surplus inépuisable de l'infini, de l'intolérable qui déborde l'actuel de la conscience à travers l'expérience de la perte de soi comme référence première à soi. Le ruissellement de l'infini ne peut plus se dire en termes de conscience. Ce n'est l'impersonnel en moi que la raison instaurerait, mais un Moi-même capable d'une altérité. Cette capacité même est originaire, elle émane de mon origine, de l'Autre en moi, de l'*Infini* qui fonde mon intimité comme étant une *intimité inquiétante* ou bien comme une *mienneté altérée* par sa blessure originaire, par l'appel de son origine.

---

[1] *Ibid.*, p. 135. Le terme « hypostase » désignait pour Levinas : « 'l'événement par lequel l'acte exprimé par un verbe devenait un être désigné par un substantif », *Ibid.*, p. 141.
[2] *Ibid.*, p. 194.

CHAPITRE II

L'ipséité mise à l'épreuve

1- L'épreuve de la blessure originaire

Une étrangeté qui clive la puissance du Moi

Vivant continuellement sous la tension d'un paradoxe originaire, le Moi se clive et se trouve divisé entre l'amour de soi par soi-même (conserver son être) et l'amour de soi par l'Autre en soi (perdre son être). Un paradoxe, n'allant pas de soi, se dévoile comme mystère. L'Autre comme transcendant dans sa *dif-férence* et immanent dans sa présence face à la crise et à l'épreuve de la réalité du Moi, demeure un mystère qui hante la quête de l'existence du début à la fin, de la naissance jusqu'à la mort. La tension majeure existe entre le Moi et l'Autre, entre la réalité du Moi et l'autre réalité de l'Autre. Mais qu'est ce que la véritable réalité ? Celle du réel que la conscience transcende par la connaissance, ou bien celle du réel qui transcende la conscience elle-même dans sa relation originaire avec l'Autre ?

La tension situe l'ipséité sous l'épreuve du déchirement entre le désir d'être origine de soi-même et l'acte d'*aban-don* à l'Autre comme seul et unique origine de soi-même. Entre ce qu'il se doit à lui-même pour la réalisation de soi, pour la conservation de son être comme origine de sa propre existence, et ce qu'il doit à l'Autre de se tourner vers lui en le considérant comme seul origine de soi-même. Certes, l'égocentrisme se justifie essentiellement dans une égologie représentée par une conscience souveraine qui peut se référer à l'Autre comme un moyen qui aide à la constitution du Moi. De même que le Moi a besoin de nourritures et d'idées, il a besoin de l'Autre : le besoin réduit l'Autre à la mesure de notre appétit.

Par contre, l'épreuve d'étrangeté, qui hante l'intimité du Moi, montre que le mystère de l'Autre comme blessure originaire, ou bien comme appel qui interpelle le Moi et s'impose à lui dès sa naissance en tant qu'une réalité séparée, différente, est d'une *dif-férence* qui ne saurait être englobée dans l'intimité de la conscience du Moi. L'étrangeté de l'Autre inquiète, par sa transcendance, l'autonomie du Moi dans sa position de centre du monde. C'est ainsi que l'Autre décentre le Moi en le menant vers sa pure perte, vers sa vocation originaire. L'Autre n'a rien de commun avec le propre du Moi, avec sa propriété ; il ne se laisse pas penser dans une synthèse ; il y a là une impossibilité de comparaison, de synchronisation. Il n'y aura jamais de connaissance de la *dif-férence* avec l'Autre. La conscience de la réalité de l'Autre, incapable d'aboutir à un savoir, nous renvoie à *l'Impossible*, ou à un infini essentiellement indéfini, puisqu'il reflète la finitude infinie de l'intentionnalité de la conscience. Tout l'être du vouloir du Moi ne se joue plus ici à l'intérieur de soi comme solipsisme. La capacité du Moi ne contient pas son propre être. Le vouloir échappe au pouvoir et le pouvoir est, dans un certain sens, un acte manqué. Autrement dit, je ne suis pas entièrement ce que je veux faire et par le fait même ce que je veux être. Le vouloir se trouve ainsi tourné contre son pouvoir, il tient aux volontés étrangères et à un pouvoir qui ne vient pas de lui. La volonté a la trahison dans son essence. La volonté est : « susceptible d'être forcée et asservie comme volonté, pour devenir âme esclave. L'or et la menace ne la forcent pas seulement à vendre ses produits mais à se vendre. Ou encore, la volonté humaine n'est pas héroïque[1]. » La volonté se trouve ainsi clivé entre sa trahison et sa fidélité, entre son intimité et une étrangeté plus intime qu'elle-même. Ne pas pouvoir se dérober à cette étrangeté qui fonde son intimité voilà le vouloir du Moi.

Par ailleurs, s'il existe un vrai infini, il ne peut pas être un infini constitué par une conscience « égocentrique », c'est-à-dire à l'image du Moi propre. S'il existe un infini vrai, selon l'argumentation de Descartes dans sa *Méditation troisième* reprise par Levinas, « l'idée que j'en ai » ne peut pas « tirer son origine de moi seul ». Car « comment serait-t-il possible que je puisse connaître que je doute ou que je désire, c'est-à-dire qu'il me manque quelque chose et que je ne suis pas tout parfait, si je n'avais en moi aucune idée d'un être plus parfait que le mien, par la comparaison duquel je connaîtrais les défauts de ma nature[2] ? ». Par là, et depuis Descartes, se fait pensable une relation avec le plus, avec le « non-contenable », qui n'est pour autant moins que l'investissement de la pensée. Une relation avec ce qui est trop grand pour une réponse ; une pensée qui est plus qu'une pensée qu'on peut penser, plus qu'une pensée ne peut penser. Ce qui fait que l'idée de l'infini, enseignée par Descartes, rend possible la pensée de cette transcendance dans un sujet passif. C'est lui qui disait à Mersenne : « Je n'ai jamais traité de l'infini que pour me soumettre à lui, et non point pour déterminer ce qu'il est, ou ce qu'il n'est pas[3] ».

---

1 E. Levinas, *Totalité et Infini, Ibid.*, p. 254-255.
2 Descartes, *Méditations, Œuvres, op.cit.*, p. 184. Voir aussi, E. Levinas, *Totalité et Infini, Ibid.*, p. 231.
3 Descartes, Lettre du 28 janvier 1641, *Œuvres et Lettres*, Paris, Gallimard, Bibliothèque de la Pléiade, p. 1111.

Levinas, à son tour, transfère du même coup la relation de ma conscience avec l'infini de Dieu à autrui : « La relation avec l'infini dans la double structure de l'infini présent au fini, mais présent hors du fini, n'est-elle pas étrangère à la théorie ? Nous y avons vu la relation éthique[1] ». Pour lui, c'est la transcendance d'autrui dans l'ordre de la bonté qui nous ouvre à l'idée de l'infini. Dans autrui, en effet, l'infini, parce qu'il ne peut pas être thématisé comme objet d'une pensée finie, ne saurait être posé, ni atteint par le raisonnement, ni par l'intuition. Car l'infini n'est pas un objet de connaissance théorique, mais un sujet de compréhension, au double sens objectif et subjectif du terme dans un discours, où le Moi et l'autre répondent l'un de l'autre. Ce qui fait que la relation entre le Moi et autrui n'est pas une relation de l'ordre du besoin, mais de l'ordre du désir. Il s'agit pour Levinas d'une singularité « mise en nous »: la « mise » du démesuré dans le mesuré et le fini, par laquelle le Même subit sans jamais pouvoir investir l'Autre[2]. Il ne s'agit pas de se servir de cette signification pour chercher à trouver une nouvelle « preuve de l'existence de Dieu », car ce serait pour Levinas, en revenir à la positivité même[3]. Il s'agit de penser l'hétéronomie de l'Autre dans le Même, où l'Autre n'asservit pas le Même, mais l'éveille et le dégrise, dans un « dégrisement » qui est une pensée plus pensante que la pensée du Même, dans un éveil qui libère le Même de l' « hégémonie » du monde et de sa représentation. L'idée de l'infini se trouve dans la pensée, mais le *dans* fait ici éclater l'identité. Le *dans* implique à la fois l'intériorité et l'impossibilité de l'intériorité[4]. Ce plus dans le moins est réveil, « non-repos ». Le « non-repos » se considère comme « responsabilité » sans dérobade pour autrui.

Pour nous la relation de la conscience avec l'infini, c'est celle du Moi avec l'Autre comme origine de soi. L'origine du Moi c'est le tout Autre, c'est la *donation originaire* qui donne au Moi d'être un *être-déjà-perdu*, un être perdu en avance. La relation entre le Moi et son origine est découverte essentiellement par *l'épreuve de la perte* de soi qui fonde et possibilise toute relation avec le monde et avec autrui (l'alter ego). Avant de s'extérioriser par la responsabilité vers l'autre, avant de joindre toute éthique, nous voulons insister sur le rapport d'intériorisation entre soi et soi-même établi par l'Autre

---

1 Emmanuel Levinas, *Totalité et Infini*, Livre de poche, Coll. Biblio-Essais, Paris, 1990, p. 232.
2 Emmanuel Levinas, *Dieu, la Mort, et le Temps*, *Ibid*., p. 163.
3 Simone Weil disait, en ce sens, que *Dieu n'existe pas ; que ce n'est pas assez pour lui*, dans E. Levinas, *Ibid*.
4 Il faut donc penser que le *dans* chez Levinas, a déjà la structure du *in* de *l'in-fini,* à la fois *dans* le fini, et, en tant que *non-fini,* hors du fini, *Ibid*., p. 165.

en soi-même. Ce rapport comme acte de *s'approfondir* dans le *secret* ou dans le *mystère* à l'intérieur de soi sans venir de soi ; un surplus qui n'a cessé de percer la radicalité de l'identité par son étrangeté intime et son intimité étrange.

Un renversement qui fait découvrir au Moi un double abîme

L'essence de la tragédie d'Œdipe réside dans la passion impure à l'égard de la vérité, c'est-à-dire dans la colère et la haine de l'homme comme puissance de la « *non-vérité*[1] ». Le drame d'Œdipe consiste dans la défaite de sa prétention et la brisure de son orgueil selon une souffrance insupportable. Selon P. Ricœur, la tragédie n'est plus seulement la tragédie *d'Œdipe-enfant*, mais *d'Œdipe-Roi*[2]. La présomption d'Œdipe ce n'est plus le désir coupable de l'enfant, mais bien l'orgueil du roi. Sa faute n'est plus dans la sphère de « la libido », mais dans celle de « la conscience de soi ». La première maîtrise du Moi, qui n'est que prétention et orgueil, doit être brisée, et la figure d'où précède le vrai, l'originaire, ce n'est pas la sienne. Ce n'est qu'à travers l'épreuve de la souffrance et l'expérience de la perte, que le Moi puisse perdre sa première maîtrise et se décentrer par l'Autre comme origine de soi. La tragédie montre qu'Œdipe n'est pas le centre d'où la vérité procède.

Si le malheur est la note dominante de la tragédie *d'Œdipe à Colone*, au point de réfuter la culpabilité ancienne, ce malheur devient une dimension de l'agir lui-même, en tant qu'enduré d'une façon responsable. Qu'est ce que de son passé, Œdipe doit récuser ? D'abord la colère *(mokhthos)* et l'emportement *(thumos)*, dont l'excès l'avait conduit à se crever les yeux[3]. Œdipe, voyant la lumière du jour, mais aveugle sur lui-même, n'accèdera à la conscience de soi qu'en devenant lui-même le « voyant-aveugle » ; nuit des sens, nuit de l'entendement, nuit du vouloir, plus rien à voir, plus rien à aimer, plus rien dont on puisse prendre joie. Ainsi la leçon s'annonce : « Cesse d'être un maître, décoche durement Créon, la maîtrise que tu exerças toute ta vie ne t'es plus d'aucun secours[4] ». Selon P. Ricœur, *d'Œdipe à Colone* reste ce message : c'est le même homme souffrant qui se reconnaît

---

1 *Ibid.*
2 Sophocle ; « Œdipe roi » ; « Œdipe à Colone » ; « Antigone », trad. et commenté par Jacques Lacarriere, Paris, Éd. Du Félin, 1994. Voir Paul Ricœur, *De l'interprétation, Ibid.*, p.496-498.
3 Paul Ricœur, *Parcours de la reconnaissance*, Folio/Essais, Paris, Gallimard, 2004, p.132.
4 Sophocle, *Œdipe-Roi, Ibid.*, vers 356.

agissant[1]. Un tel avertissement nous atteint et blesse notre orgueil, notre conviction d'être très sages et très puissants, et cela, depuis notre enfance[2] ; il perce le mystère de notre naissance et son rapport avec le drame de la vérité du sens de notre vie. Le sens de la vie est capable de faire avancer la conscience vers une nouvelle compréhension d'elle-même, en éprouvant la douleur et l'expérience de la perte de toute maîtrise et de toute possession de soi, de l'autre et du monde. C'est par son échec même, que le Moi s'ouvre au mystère du sens, à *l'événement de la perte*. En acceptant le risque de perdre, de faire l'expérience de la perte de son intimité solipsiste, orgueilleuse et narcissique, l'ouverture à une étrangeté plus intime à soi-même devient possible. Une telle ouverture fait découvrir à soi-même un Autre, tout en le dressant face à une nouvelle expérience de soi-même. Le Moi, à ce niveau, prendra en charge de *re-trouver* et de *re-découvrir* l'unité perdue de soi-même qu'il a tant échappé, évité. La retrouvaille de l'autre de son *Je* en risquant que son *Je* soit un autre. Un autre *Je* dans les profondeurs du Moi se délivre pour livrer le Moi au mystère de l'Autre qui appel le Moi à une expérience autre. Une autre expérience fonde et donne sens à toute souffrance, perte, désespoir, vanité et mort.

L'identité du Moi s'ouvre à une *dif-férence* originaire face à l'Autre ; de reconnaissance du soi par l'Autre qui fonde l'origine radicale du « Je suis » comme étant un : *Je suis par un Autre* ou le *Je est un autre*. L'expression « Je est un autre » ne signifie pas que le *Je* va s'abîmer dans l'inconscient, dont le prix est de perdre la conscience, mais au contraire qu'il va *re-découvrir* ce qui lui a échappé depuis toujours, ou depuis sa naissance. La naissance, ici, n'est pas synonyme de l'existence, mais antérieure au monde. Elle est l'*événement* où le Moi entre en communication réelle et originaire avec l'Autre en lui-même. La naissance est l'*événement* de l'« advenue » de l'Autre à soi comme l'*Etranger* face à son intimité. Un nouveau chemin, où la violence de la naissance *expose* le Moi face à *l'inconnu, l'insaisissable, l'ineffable*. La naissance devient l'événement de l'*altération* de la mienneté du Moi. Une certitude profonde, intime et toujours étrange révèle que l'Autre n'est pas un *non-Je*, *néant muet*, une illusion, ou bien une auto-création. Le chemin ne cherche pas un autre *Je*, mais un *Je-autre* en passant par l'épreuve ou par l'expérience du face-à-face avec l'Autre, sans face visible ni connue, loin de toute pensée thématique.

Ce n'est pas le « Je pense » qui importe ici, ni le « Je suis » qui est primordiale, mais le *je suis par un Autre* qui vient donner au Moi un sens radical à sa vie. Le *je suis par un Autre* se libère de la domination de « l'ego transcendantal », car son fondement n'est pas une idée abstraite imposée à

---

1 Paul Ricœur, *Parcours de la reconnaissance, Ibid.*, p. 135.
2 Lévi-Strauss, *Anthropologie structurale*, Plon, Paris, 1958, Chapitre XI.

tout les *Je* d'une manière identique, mais c'est une expérience propre, personnelle, individuelle, intime et étrangère en même temps. Expérience bouleversante qui dépend fondamentalement du Moi comme *déjà-perdu*, mais pas seulement ni d'abord de lui. C'est l'expérience du Moi avec l'Autre, du Moi face à l'Autre en soi et du Moi par l'Autre. Une telle expérience mène le Moi vers le mystère de son origine, là où : « le vide s'installe au bord du néant ». Le Moi a naturellement horreur du vide vidé de sa conscience et de tout ce qui n'est pas sien. Le cheminement fait découvrir au Moi un double abîme. L'un est sa condition mortelle : un *être-déjà-perdu* ; l'autre découverte, essentiellement la plus dure, est celle du vide intérieur comme *écart,* ou *dif-férence* originaire entre le Moi et l'Autre en soi, son origine. Le vide, en ce sens, lui fait dépasser son infériorité intellectuelle, cette « maladie d'idéalité » selon Mallarmé, pour l'exposer face à une vérité plus dure et plus terrifiante celle de *l'écart et de la différence originaire*. Tout Moi qui expérimente ce chemin l'éprouve, l'envisage sans visage puisqu'il se révèle comme absence, comme rien du « déjà-vu », comme absence de toute présence visible, comme évidence terrifiante de ce qui est autre ; comme une *signifiance sans référence* au monde, à la connaissance, au Moi propre et à sa logique d'être et d'appropriation *: une présence autre s'installe.*

L'épreuve, ici, mène le *Je quotidien* ou le *Moi propre* à risquer sa tranquillité, sa sécurité, son autonomie, son intimité, que son égoïsme lui offre, pour s'aban-donner à une expérience étrangement angoissante qui lui ouvre au décentrement de sa conscience et à la perte radicale de son être propre et de son projet d'*appropriation*. La possibilité d'échec est grande, sans oublier que cette expérience ne dépend pas uniquement des capacités du Moi. Autrement dit, la possibilité de l'échec ne dépend pas essentiellement de l'ignorance du chemin, ni d'une imperfection du Moi, ni de la volonté, mais de la *confiance et de la patience*, c'est-à-dire du degré de *l'aban-don* du Moi et de son amour pour l'Autre. De cette « inquiétante étrangeté » plus ancienne que le Moi, de l'insatisfaction qui fonde l'ipséité du Moi et qui est la preuve de son irréductible dualité, émane une nécessité *d'aban-don* de soi qui, seul, permet au Moi de faire cette expérience tragique. La possibilité de l'échec émane essentiellement de l'orgueil et de l'impatience, seuls capables d'isoler le Moi propre dans son propre royaume solipsiste, sans origine.

Une nouvelle dimension vient s'adresser au Moi. Par sa manière de se dévoiler au Moi, elle s'annonce toujours comme un don originaire, comme un don en lui sans venir de lui. Une telle dimension vient percer la mienneté du Moi, altérer sa conscience, et l'ouvrir à ce qui est originaire en lui. Hélas, il devient possible à la conscience de comprendre pourquoi elle ne peut se fermer sur elle-même et achever son propre sens avec ses propres ressources. Une autre origine du « Cogito » se dévoile ; une origine qui ne lui est pas d'abord annoncée par la date de sa naissance, mais par *l'événement de la perte* en lui, par la présence d'un *Ultime* vers lequel pointent les *figures du Moi*. Le sens originaire de l'ipséité est le signe de ce qui ne lui appartient pas, le signe du *Tout-Autre*. Le *Tout-Autre* se médiatise en perçant la dureté de notre solipsisme et en ouvrant la possibilité d'exister au-delà de toute possession aliénée, de toute puissance démesurée et de toute prétention vaniteuse de pouvoir. C'est pourquoi il faut d'abord que meure l' « idole » afin que vive l' « icône ».

Une nouvelle voie, celle de la réconciliation non narcissique du Moi avec soi-même, est-elle ainsi ouverte ? Le Moi renonce-t-il à son point de vue, aime-t-il le tout en perdant la consolation prochaine de son narcissisme ? En perdant cette consolation du monde propre comme « idole », découvre-t-il l' « icône » ?

Cherchant à dégager le plus originaire, la conscience se radicalise en perdant ce qu'elle cherche au moment même où elle prétend se le donner, et par là se perd elle-même comme pouvoir constitutif et comme origine.

2- Le paradoxe originaire de l'ipséité

La perte comme condition de possibilité de tout rapport à soi

Le Moi propre prend conscience qu'il lui manque une origine, parce qu'il est incapable de combler son désir, de devenir l'absolument autre, l'Autre, sa propre origine. Parce qu'il ne peut pas et ne veut pas vivre cette étrange relation de *dif-férence* avec l'Autre, se réfugie dans l'abstraction, qui est la moins coûteuse pour lui. La relation avec l'être, qui se joue comme ontologie, consiste à neutraliser l'étant pour le comprendre ou pour le saisir. Elle n'est donc pas une relation avec l'autre comme tel, mais la réduction de l'Autre au Même selon les termes de Levinas. Le besoin comme la possession est passion de l'abstraction : Le Moi propre souffre pour rien, c'est-à-dire pour le néant de quelqu'un qu'il prend pour quelque chose ou pour un objet de possession. Ce qui fait que l'abstraction est un manque d'être. Telle est la définition de l'abstraction : se maintenir contre l'autre, malgré toute relation avec lui, pour assurer l'autarcie et le pouvoir du Moi propre. « La thématisation et la conceptualisation, d'ailleurs inséparables, ne sont pas paix avec l'Autre, mais suppression ou possession de l'Autre[1] ».

Le besoin, ce manque d'être, est au désir une réalité en creux qui empêche le Moi à désirer indéfiniment la vraie réalité, la vraie vie. Le besoin comme manque de possession, affirme l'Autre, et cela au sein d'une négation de son indépendance. La possession est la forme par excellence sous laquelle l'Autre devient une propriété du Moi propre. L'Autre, véritablement réel, est celui qui est autre que le propre du Moi, différent, tout en étant pour lui le plus intime et le plus originaire. Ce paradoxe dédoublé, qui se traduit par un dédoublement à l'intérieur du Moi, montre la déploration de soi par l'Autre, invisible mais toujours présent, étranger mais très intime au Moi. Il attire irrésistiblement son désir sans jamais vouloir l'assouvir. De par sa « facticité », l'ouverture du Moi est marquée par une opacité, et cette opacité est originaire car elle est marquée et fondée par un Autre que soi. L'ouverture porte dans son intimité même une étrangeté plus intime qu'elle-même. Le paradoxe, ici, impose une *dif-férence* originaire entre le Moi et l'Autre, son origine : il m'obsède sans mesure, jusqu'à la mise en question de mon *pour-soi* et même de mon *en-soi*. Quand je dis moi, je ne suis pas le cas particulier d'un concept du Moi, sa propriété, mais un Moi

---

1   E. Levinas, *Totalité et infini, Ibid.*, p. 37.

unique, sans possibilité de m'approprier mon être, ni de se faire remplacer. La *dif-férence* radicale entre le Moi propre et l'Autre, c'est que le Moi propre demeure une impuissance face à sa perte, un être de fuite mais sans pouvoir jamais fuir ; alors que l'Autre par son don demeure une fuite à toute tentative de possession de l'être et le signe de sa « facticité originaire ». La fuite fermée d'avance et le refus de voir en face sa réalité autrement, conduit le Moi malgré lui à sa perte, à une perte sans fuite, sans arrêt, sans consolation. Une perte de sa propre dépersonnalisation, une perte de sa propre disparition et paradoxalement une perte de toute appropriation de soi et de toute possession propre.

Refuser son être c'est impossible ; s'approprier son être c'est doublement impossible. Dans la perte de soi le Moi s'accomplit comme soi. Il n'y a de Moi que dans la perte de soi. La perte établit un « rapport originaire à soi » constituant toute ipséité. Il n'y a pas de soi que dans un « rapport originaire à soi » et ce rapport même n'est possible que comme perte de soi, comme épreuve de dépossession de soi. Le « rapport originaire à soi » ipséise le Moi et l'ex-pose comme un *Moi-déjà-perdu*. La perte est la condition de possibilité de toute ipséisation de soi, paradoxalement, elle impose une *dif-férence* originaire entre le Moi et ce qui l'ipséise. L'intimité même du Moi est percée par une altérité étrangement inquiétante. Une étrangeté par où le Moi puisse se rapporter à soi comme étant un *Moi-déjà-perdu*. Un retard originaire et une impuissance du Moi par rapport à lui-même oblige à la perte de soi sans possibilité de fuite, sans repos ni arrêt. L'ipséité est originairement et absolument première en sa perte. La perte vient hanter la « mienneté », comme propriété, et l'oblige à un exister *déjà-perdu*. En découvrant son impuissance, le Moi se découvre comme reconduit à la simplicité et à la nudité de sa pauvreté originaire, à sa mienneté originaire, à l'*être-déjà-perdu* qu'il n'a cessé de l'être depuis sa naissance même. En pleurant il pleure sur lui-même en découvrant ce qu'il était vraiment : un être de souci, de peur, d'angoisse, de désespoir, un *être-pour-la-mort*. Sa mort, en ce sens, est insensée puisqu'elle est le fruit d'une vie sans vie, d'une vie sans sens, d'une vie dépourvue de toute existence : « Qu'advient-il, d'un homme en contradiction avec lui-même et ne reconnaissant pas que, même coupable de triompher de tout, il ne peut pourtant se vaincre lui-même par ses propres forces ? Le moi victorieux ne devient-il pas bien pire que le moi corrompu dont il a triomphé[1] ? »

---

1 S. Kierkegaard, *Œuvres Complètes*, VI, Éd. L'orante, 1979, p. 119-120. Voir (Mt. 12, 29).

Ce que le Moi n'a cessé d'effacer à travers ses larmes et sa souffrance c'est l'image de son double, l'étrangeté de l'Autre insupportable et intolérable. Il est l'être de fuite sans fuite possible, déposé et exposé face à l'Autre en lui-même, qu'il n'a cessé de chercher en tant qu'objet de possession. Le fondement de sa recherche reste le besoin de satisfaction et le manque d'une volonté de puissance. Il se sent non aimé par l'Autre, et c'est pour cette raison qu'il cherche à le nier parce que l'amour de l'Autre pour lui doit répondre à ses besoins et à son autarcie. Il cherche à effacer le souvenir de son double, représenté par son reflet ou par son ombre, pour ne plus souffrir au présent et pour fuir sa réalité comme étant un *être-déjà-perdu*. Plus il fuit, plus il se découvre nu, incapable d'échapper à sa pesanteur d'être, à ce qui s'impose à lui et en lui comme un surcroît creusant à fond dans son intimité.

Se cacher est interdit ; fuir est impossible

L'identité à soi signifie que le Moi est pour lui-même une charge, un poids, une impuissance infinie, en n'éprouvant ainsi son identité que sous la forme d'un enchaînement et d'une souffrance. Selon Levinas : « L'existence est un absolu qui s'affirme sans se référer à rien d'autre. C'est l'identité. Mais dans cette référence à soi-même l'homme distingue une espèce de dualité. Son identité avec soi-même perd le caractère d'une forme logique et tautologique ; elle revêt, une forme dramatique. Dans l'identité du moi, l'identité de l'être révèle sa nature d'enchaînement car elle apparaît sous forme de souffrance et elle invite à l'évasion[1]. » Le refus de la souffrance, comme évasion, mène au refus de sa fécondité (la souffrance) qui consiste à révéler la réalité retrouvée du Moi, sa vocation originaire et le mystère de sa mienneté originaire. Le refus de la souffrance c'est le refus de voir ce mystère caché derrière sa dureté visible. Le Moi n'est pas mûre tant qu'il n'a pas souffert, car la souffrance seule amènerait sa maturation et dévoilerait la vérité de son ipséité. La souffrance, comme expérience de la perte de soi, est fondamentalement l'épreuve de la dé-propriation de soi selon laquelle, dans la brisure même de l'identité, ne saurait plus coïncider avec soi, ni accéder à la propriété (*Eigentlichkeit*) inaliénable d'un *Dasein*.

L'identité, en ce sens, n'est pas un manque de jouissance, ni l'objet d'un savoir, ni une volonté de puissance et de possession, car le Moi ne trouve jamais ce qu'il croit chercher, il se fait trouver par ce qu'il ne cherchait pas. « Dans ce combat inégal le moi qui crie de frayeur avant

---

1 Levinas, *De l'évasion* (1935), Montpellier, Fata Morgana, éd. Annotée par J. Rolland, 1982, p. 73.

d'être vaincu[1] », se sentira débordé par un « appel » dont il ne peut plus répondre tout seul, car l' « Infini » qui le hante n'est pas sa propre invention, ni son « auto-idolâtrie[2] ». L' « Infini » se dévoile comme *Celui* qui ne laisse pas d'ouvertures possibles, qui ne permet pas d'échapper[3] : « Le trou du néant – autrefois – l'unique sortie – est bouchée par l'être noué en nœud sans dénouement[4]. » M. Blanchot demande : « où vous cachez-vous ? Se cacher est interdit, c'est une faute, etc.[5] » L'impossibilité de sortie distancie le Moi de son être et de l'être en général. La perte de sens signifie la nécessité du dépassement du projet de l'être et la nécessité d'adhérer à sa propre perte. Le sens de l'être c'est sa perte même. L'éclatement de la rupture, du dépassement et de la déchirure, distancie l'ipséité de tout espace, de tout lieu, de tout être, et même de toute référence à soi. L'ipséité se trouve exilée de tout dehors pour s'approfondir dans sa *solitude partagée*, c'est-à-dire dans sa solitude séparée de son esseulement, séparée de son solipsisme ontologique. La *sans-sortie* et le *sans-dehors* s'éclatent en *intériorité approfondie* ou en *intériorité originaire*, ou encore en *in-stase extatique*, c'est-à-dire un s'approfondir dans une intimité partagée, habitée, hantée par une « inquiétante étrangeté » : une

---

1 Baudelaire, *Œuvres, Le Spleen de Paris, op. cit.*, p. 276.
2 Baudelaire, Fusées XI, *Œuvres complètes*, "Pléiade", éd. Le Dantec, Pichois, Paris, 1966, p. 1256.
3 On peut faire ici allusion à Levinas qui interprète la finitude de l'être chez Heidegger comme limite, comme si le néant venant du dehors limiter l'être. Pour Levinas, l'être est sans limites, c'est-à-dire qu'il n'a pas de dehors. Dans ce sens, l'être n'a pas de portes de sortie : « L'horreur est l'événement d'être qui retourne au sein de cette négation, comme si rien n'avait bougé ». « L'horreur est, en quelque sorte, un mouvement qui va dépouiller la conscience de sa « subjectivité » même ». (*De l'existence à l'existant, Ibid.*, p. 98). Pour Levinas, « L'horreur n'est en aucune façon une angoisse de mort » (*Ibid.*, p. 100). C'est dans la subjectivité, de son pouvoir d'existence privée que le sujet est dépouillé dans l'horreur. Il est dépersonnalisé. Elle est la participation à *l'il y a*. Le frôlement de *l'il y a* c'est l'horreur. (*Ibid.*, p. 100). Levinas, en ce sens, met au jour l'impossibilité du néant. Voir *Le temps et l'autre, Ibid.*, pp. 28-30. Voir aussi *De l'existence à l'existant, Ibid.*, p. 105. Sur ce sujet, Cf. Jean-Luc Nancy, *Le sens du monde*, Paris, Gallilée, 1993, pp. 13-17. Voir aussi pour le même auteur, *La pensée dérobée*, Paris, Gallilée, 2001, pp. 63-64. Pour Nancy, cette ouverture même comme « espacement », ouvre *l'être-jeté* au sens de son être : « *Etre-à-soi : être-jeté* – mais non pas simplement précipité dans un abîme, plutôt jeté à la fente qui l'ouvre lui-même... »
4 Levinas, *Sur Maurice Blanchot*, Montpellier, Fata Morgana, 1975, p. 63. Voir Françoise Collin, La peur. Emmanuel Levinas et Maurice Blanchot, dans Cahier de l'Herne, *Emmanuel Levinas*, 1991, p. 334-356.
5 M. Blanchot, *La folie du jour*, Gallimard, 2002, p. 23.

intimité altérée. En exil sur cette terre de douleur, le Moi, par son *aban-don*, partage avec l'Autre sa propre *intimité blessée*, sa « mienneté » *éperdue*. L'essence de ce partage est incommunicable, parce qu'elle ne se communique pas un contenu de pensée mais un désir : désir de n'être plus seul, désir d'être en relation de *dif-férence* avec l'Autre, c'est-à-dire avec l' « Infini » qui réside en toute ipséité. Telle est la profonde contradiction de cette *in-stase exstatique*, qui marque l'écart entre le Moi et l'Autre en soi, qui est un écart de *dif-férence* originaire, de *non-indifférence*, un écart infini de *Désir* à l'intérieur de soi.

La tache, ici, est la description phénoménologique du Désir lui-même. Il y a en fait contemporanéité entre le Désir et l'expérience du Moi : le Désir est le dynamisme de l'expérience même du *Moi éprouvé, divisé et souffrant* ; l'épreuve du soi est le sens même du Désir, son effectuation. Le Désir n'est pas séparable de l'épreuve du soi, au contraire il est éclairé et animé par elle.

Le Désir comme donation originaire de l'ipséité

L'expérience de la perte de soi est toujours action d'un désir étrange, et le désir est toujours désir en épreuve. Qu'est ce donc que désirer ? L'épreuve de soi ne peut être saisie que comme intériorité, comme désir originaire : un désir de l'Autre. Le Désir est le Moi lui-même comme mienneté désirante d'un Autre, autre qu'elle-même. On peut dire que le Désir est l'origine de l'ipséité, sa donation originaire. Ce qui signifie que la plus importante et la plus décisive caractéristique de l'ipséité, comme individualité, est en effet Désir, c'est-à-dire l'affectivité et non plus la raison thématique.

Le Moi est originairement Désir, une vie désirante, aimante. Il ne faut pas réduire le Désir, ici, à ses buts et à ses fins objectives, comme manque et comme jouissance. Il ne suffit pas de dire que le Moi se donne à lui-même comme manque. Ce concept nous paraît inadéquat et insuffisant. Tout en étant un aspect de la réalité du Moi, le manque reste une expression d'une vérité plus originaire et plus violente. Le Désir n'est pas un manque, ni une pulsion, mais il est l'ipséité même, le soi profond, l'intériorité même du Moi, sa « mienneté » originaire, sa vie, le signe de son originalité altérée. Le Désir est la possibilité, donnée dès l'origine, d'être affecté par ce qui est autre, par *l'Autre qui ne manque de rien ;* cet *Autre* qui est l' « Impossible » même : la blessure du soi.

A partir de ces notions nous voudrions insister sur ce qui nous paraît être leurs sens profond : l'antériorité originelle du Désir. Une telle antériorité est ce qui rend possible l'émergence de l'affectivité, de la vulnérabilité et de la passivité de la mienneté, de son individualité exprimée originairement comme étant un *Moi-déjà-perdu*. Le Désir est ce pouvoir originaire qui donne au Moi la possibilité de s'affecter soi-même par l'Autre en lui-même, d'être affecté originairement par une altérité immanente. Le Désir est une passion originaire habitant le Moi tout au long de sa vie, de son temps concret, de son expérience quotidienne, où le désiré ne le comble pas mais le creuse. L'essence du Désir est la perte même de soi comme propre ; elle est l'altération de soi. Désirer c'est être autrement par un autre, c'est perdre soi-même comme intimité ontologique, comme « appropriation ». Le Désir altère l'ipséité et la fonde par ce qui est *déjà-perdu* en elle: son intimité. Ainsi la vie affective se déploie comme Désir, ou bien comme passion originaire et temporelle dont la positivité vient de l'éloignement, de la séparation, de l'effacement de soi et de l'étrangeté de la perte, car, comme le dit Levinas : « elle se nourrit de sa faim[1] ». La perte n'est radical que si le désir n'est pas la possibilité d'anticiper le désirable, s'il ne le pense pas au préalable, s'il va vers lui à l'aventure, c'est-à-dire comme vers une altérité absolue, inanticipable, comme on va à la mort. Le désir est absolu si l'être désirant est mortel, et le Désiré invisible. « Le Désir est désir de l'absolument Autre[2] ».

Je n'ai pas un Désir, je suis mon Désir, je suis par mon Désir, je suis à force de désirer. Le Désir m'individualise et me donne à être une mienneté désirante. La mienneté désirante, contrairement à la mienneté ontologique esseulée par son égoïsme, est une mienneté altérée par une générosité donnante de soi. Une générosité révélée toujours-déjà au cœur même de la mienneté comme *Désir infini* ou bien comme désir de l'Infini. Le Désir de l'Infini est là mais pas encore, il constitue le surplus de la mienneté désirante, alors que son désir n'est pas un manque ontologique, ni à venir, ni un vide, ni un impossible, mais un *aban-don* de soi en épreuve de surcroît. On parle d'une mienneté altérée par ce qui la constitue déjà comme un don de soi, comme une *ipséité aban-donnée*. Le don de soi par l'Infini ipséise le Moi selon la donation originaire de la générosité de l'Amour. Le Moi s'ipséise comme « épreuve permanente de soi », comme « générosité qui s'oblige » au don de soi. Cette modalité nouvelle de l'Amour, ne se pose pas la liberté ni la volonté pour but, et cependant elle en exprime l'essence par excellence.

Le Désir profond en moi est comme le dirait saint Augustin « plus intime encore que mon intimité » (intimior intimo meo), c'est notre mode singulier d'être affecté par une présence infinie. Quand le désir ne se satisfait

---

[1] Emmanuel Levinas, *Totalité et Infini, Essai sur l'extériorité*, Biblio/Essai, Paris, 1982, p. 22.
[2] *Ibid.*, p. 23.

pas de connaître l'idée de l'infini, mais désire la purifier, l'intelligence de la douleur devient sagesse. Le Désir, en ce sens, n'est plus au service de l'être, ni de la connaissance, ni de l'intuition et du monde de représentation, mais au service d'une étrangeté intime en soi appelée : Amour ou bien une altérité originaire. Le Moi, en épreuve, désire *s'aban-donner* à l'Autre comme origine de toute connaissance, pour la simple raison qu'il est origine de toute existence. L'*aban-don* de soi-même ouvre les perspectives de la connaissance, non seulement en tant « qu'amour de la sagesse », mais en tant que « sagesse de l'Amour » : « Sois sage, O ma douleur, et tiens-toi plus tranquille ».

Dès lors, l'éclatement de l'épreuve de soi comme perte de soi, *transfigurée* par *l'aban-don* de soi, ouvre la possibilité d'un autre ordre, celui de l'Amour. L'amour non de la perte de soi qui cause une souffrance et une déchirure violente au sein de l'intimité avec soi, mais de *Celui* qui dévoile le sens originaire de la perte et de la souffrance comme conséquence : L'ordre de l'Amour transpose la perte de soi et l'ex-pose à son origine : au don de soi. Dans tout *aban-don*, il y a d'abord un « je suis là » pour l'Autre et par lui. Car *être-là* c'est exister, « ek-sister », se *pro-jeter* non en dehors de soi, d'abord, mais à l'intérieur de soi et en dehors de son solipsisme et de son esseulement ontologique. Se jeter en dedans de soi, c'est s'approfondir, s'aban-donner à l'Amour origine de soi. « Ek-sister », en ce sens, c'est *ex-poser l'être-déjà-perdu à sa mienneté désirante, à l'être-déjà-aimé* en lui. Et c'est là où tout change.

Le Désir, comme *aban-don de soi* à l'altérité originaire en soi, ouvre l'accès au paradoxe d'un « autre ordre », celui du mystère de l'Amour comme origine du Moi. Un ordre qui donne à voir l'altérité dans sa *dif-férence* originaire avec le Moi, car nulle ouverture à l'Amour, comme origine de soi, n'est possible sans passer par une *dif-férence* infinie ou bien un écart originaire. Le passage à un ordre nouveau expose le Moi à une souffrance et à une déchirure violente puisqu'il n'est que perte radicale de soi, mais toujours avec l'Amour, selon un autre mode d'être et de compréhension. La « mienneté » est percée par une souffrance violente mais aussi abondante et aimante. Comment?

L'aban-don est comme une épreuve de soi portée par un Désir infini qui trans-porte l'être *aban-donné* vers l'intimité de l'Autre comme altérité originaire, comme l'Amour. *L'être-aban-donné* pense avec passion, *s'aban-donne* sans y penser ou avant de penser, car l'acte *d'aban-don* n'est pas un acte calculé, ni un acte uniquement subjectif. Tout en étant seul face à sa perte, le Moi n'est plus esseulé, « Car tout se passe à peu près comme lorsque les lumières indécises disparaissent quand elles sont entourées des rayons du soleil ; de la même façon, les pièges de la rhétorique, la grandeur répandue de tous côtés les fait rentrer dans l'ombre[1] ». La nouveauté de l'épreuve de soi et de sa profondeur émane d'un double sens paradoxal et en même temps complémentaire de *profond et d'élevé :* l'humilité de la grandeur en rapport avec la grandeur de l'humilité « qui se remettent à sonner dans le silence du soir[2] ». Rien ne peut plus échapper à la paradoxale affection « unheimlich » qui devient l'origine de notre être et de notre vie, comme « l'enfant est le père de l'homme ». Le paradoxe, en ce sens, pauvrement ou humblement logique, bouleverse toute la personnalité et appelle le Moi vers un rapport profond, à une réconciliation intime avec soi-même et avec l'*Autre* en soi-même. L'épreuve de *l'aban-don* à la perte originaire en soi ne peut avoir lieu que contre et malgré la continuité de l'oubli et de la fuite de la vocation originaire du Moi. L'épreuve *de l'aban-don de soi* est la passion de ce Désir infini et profond à jamais inassouvi et toujours reporté à l'originaire. S'il veut retrouver sa *mienneté originaire* ou l'origine de son existence, *L'être-d'aban-don* ou *l'être-déjà-perdu* doit s'approfondir en se laissant être selon les conditions d'un autre ordre, selon les conditions de l'altérité originaire, de l'Amour.

La *dif-férence* originaire ou l'ordre de l'Amour ouvre la possibilité au Moi de se déposséder de ce sentiment de *fatigue et d'effroi* de la vanité de la vie et de l'impuissance de sa conscience. L'*aban-don* même est un *aban-don* à l'altérité originaire en soi, d'abord, et non au monde extérieur où se situe l'autre ou bien autrui (l'alter ego). Car *l'aban-don* au monde ou bien à autrui reste un acte intentionnel de la conscience du Moi et du « Je transcendantal » tant qu'il n'est pas purifié par l'épreuve de la perte originaire de soi, c'est-à-dire par l'*aban-don* à la volonté de son origine : l'*Amour*. Le désir du Moi ne peut être comblé et par le fait même purifié que par son aban-don à l'appel originaire de l'Amour : au don total de soi. Le Désir, comme Amour, est un désir insatiable, infini, car l'infinité du désir nécessite la présence d'un Autre capable de répondre infiniment à ce désir même. Le Désir en tant que Désir infini de l'Autre n'est pas un objet de connaissance, ni un manque de satisfaction, mais une expérience de perte et d'épreuve de don de soi sans fin. Et c'est bien faute de le sentir et d'être comblé par lui que le Moi désire le connaître, ou plutôt connaître les raisons de l'insatiabilité du désir. Il cherche donc à le comprendre parce qu'il ne peut pas le sentir ni le représenter. Il y a de la haine dans tout exercice de l'intelligence dépourvu d'épreuve de l'Amour. Sans l'Amour, le mal et la haine sont partout. La source de ce mal est unique, c'est l'orgueil. Le Moi narcissique voudrait bien planifier l'amour de l'Autre qui est seulement

---

1 V. Hugo, *William Shakespeare*, Ed. Flammarion, Paris, p. 87.
2 *Ibid.*, p. 117.

vivable et non pensable. La plus sûre façon de le rendre invivable, consiste à vouloir trop le penser ou le rendre un objet de connaissance. Un rapport amoureux ainsi pensé n'est plus de l'ordre de la vie, ni du temps, mais du fantasme. Ce qui doit être *retrouvé* ne peut pas être inventé, mais éprouvé dans la vie réelle où, l'Amour met le Moi dans l'obligation de la *non-indifférence* à son égard, et impose une *dif-férence* originaire.

Il n'est rien de plus tragique, en soi, que de se jouer la comédie de l'Amour, et d'essayer de le comprendre en jouant. Indifférent au fond, et pourtant passionné, tel est le Moi qui souffre de son indifférence par rapport à l'Amour, et de ne pas pouvoir accepter sa *dif-férence*. C'est la passion de la « mienneté », comme appropriation de soi, qui la conduit vers l'indifférence. Une passion désordonnée et égoïste et donc tragique doit mener nécessairement vers un sentiment d'angoisse et même de désespoir, source de toute vanité et signe d'une aussi complète indifférence à l'égard de soi-même, qu'à l'égard de l'Autre en soi-même et de l'autre comme « alter ego ». Avoir peur de la *dif-férence* et avoir en même temps une passion désordonnée comme *non-différence*, telle est la situation pervertie qui conduit le Moi à la plus totale indifférence comme manque de Désir et donc comme ennui et comme vanité. Le Moi se garde donc pour soi pour ne pas se donner à l'*Amour* comme *altérité originaire et* comme *dif-férence* : « Ah ! Ne puis-je savoir si j'aime ou si je hais[1] ». Pour haïr à mort, pour être effectivement jaloux, le Moi faudrait sacrifier sa perte et toute *dif-férence* avec son origine.

Par là, nous retrouvons ainsi la distinction entre Désir et besoin de posséder : « Le Désir est inassouvissable, non parce qu'il répond à une faim infinie, mais parce qu'il n'est pas appel de nourriture[2] ». Il est la production non d'un manque du fini, mais du surcroît de l'« Infini » qui échappe à toute représentation et à toute possession. Il est le *dif-férent* par excellence, selon une *dif-férence* originaire qui perce l'intimité du Moi et la met sous l'épreuve de l'*intolérable* et de l'*insupportable* ; une épreuve qui fait mal et qui demeure une situation ultime, une blessure inguérissable, un « traumatisme ».

---

1 V. Hugo, *William Shakespeare, Ibid.*, p. 117.
2 E. Levinas, *Totalité et Infini, Ibid.*, p. 60.

3- La souffrance d'une *dif-férence* inconsolable

« Pas de salut sans Amour ». Nul homme ne peut vivre sans amour, car son être dépend de l'objet qu'il aime. Il nous faut non pas renoncer à aimer mais changer notre manière d'aimer, voir nos objets d'amour comme le dit Spinoza ; voir à quoi et à qui notre cœur est attaché et demander pourquoi ? Nous avons en effet besoin d'un objet d'amour à cause de notre « facticité» prise dans un sens ontologique. Sinon nous n'existons pratiquement pas. Nous ne sommes rien si ce n'est par ce à quoi nous sommes attachés. Nous sommes tellement faillibles que nous avons besoin de tirer notre force d'être, ou notre possibilité d'être, d'autre chose que de notre être. La consistance de notre être, que nous ne possédons pas, nous la devons non à nous-mêmes, mais à ce qui est plus intime à nous que nous-mêmes, à la *dif-férence* originaire qui nous donne à être autrement et selon un autre mode, celui de l'*aban-don* de soi. La question qui se pose, à ce niveau, est la suivante : comment deviendrons-nous nous-mêmes si ce que nous sommes vraiment ne dépend pas de nous, si l'origine de notre être vient d'un Autre ? Sommes-nous obligés d'aller chercher notre origine, la raison de notre être dans la *dif-férence* avec nous-mêmes ? Qui est-ce qui produit en nous, à la limite de nous-mêmes, ce qui ne vient pas de nous ? Qu'est-ce qui produit en nous l' « expérience première » ou originaire de nous-mêmes ? De quoi tirons-nous notre force d'être, c'est-à-dire notre possibilité d'être ? Quelle est la nature de cette puissance qui rend possible ce qui nous constitue, ce qui nous donne à être, ce qui rend l'être possible ?

Comprendre l'être pose la question de la compréhension de l'Amour

Dans une lettre datée du premier février 1647, Descartes répond à trois questions posées par Chanut : « Ce que c'est l'amour; si la seule lumière naturelle nous enseigne à aimer Dieu ; et lequel des deux dérèglements et mauvais usages est le pire, de l'amour ou de la haine[1] ? »

Nous ne nous intéressons, ici, qu'à la première réponse fournie par Descartes à son correspondant. Il aborde la première question en opérant une distinction entre l'« amour » qui est purement « intellectuel », ou raisonnable, et celui qui est une « passion ». L'opération de Descartes semble présupposer une distinction métaphysique entre l'âme et le corps. « L'amour

---

1 Descartes, *Œuvres philosophiques*, Edition de F. Alquié, III, 1643-1650, Paris, Garnier, 1973 (1994), p. 709.

intellectuel » se fonde sur le jugement que l'âme porte sur un bien lui paraissant convenable et sur la volonté de se joindre à lui. Descartes est néanmoins conscient du caractère paradigmatique et exemplaire de sa définition de « l'amour intellectuel ». Voilà pourquoi il ajoute aussitôt : « Pendant que notre âme est jointe au corps, cet amour raisonnable est ordinairement accompagnée de l'autre, qu'on peut nommer sensuelle ou sensitive [...]. Pour l'ordinaire, ces deux amours se trouvent ensemble : car il y a une telle liaison entre l'une et l'autre, que, lorsque l'âme juge qu'un objet est digne d'elle, cela dispose incontinent le cœur aux mouvements qui excitent la passion d'amour, et lorsque le cœur se trouve ainsi disposé par d'autres causes, cela fait que l'âme imagine des qualités aimables en des objets, où elle ne verrait que des défauts en un autre temps[1] ». Les « dispositions du corps » sont une composante théorique indispensable pour la définition de l'amour. Pour expliquer l'union étroite entre l'âme et le corps dans l'expérience de l'amour, Descartes fait référence à l'enfance, c'est-à-dire à ce moment de notre vie où « l'âme est tellement attachée à la matière ». Ce premier attachement de l'âme à la matière du corps conditionne toute affirmation ultérieure de l'amour, aussi bien sensitif qu'intellectuel.

 L'argumentation cartésienne semble ouvrir la problématique de la définition de l'amour à de nouvelles questions, et multiplier les doutes et la difficulté quant à une définition possible de l'amour. La difficulté, à fournir un concept clair et distinct de l'amour, cache toute la richesse et toute l'authenticité de l'Amour en tant que « mystère » qui échappe à toute tentation thématique pour le définir et pour le comprendre. Descartes considère que l'amour est une « puissance » qui, par sa force « expérientielle » et son « occultation » conceptuelle, échappe à toute définition. Descartes paraît, ici, considérer l'amour, pris dans sa double acception, comme le seul concept capable d'unifier et de justifier aussi bien la distinction que l'union entre l'âme et le corps. Seul l'Amour peut nous aider à appréhender la signification complexe et étrange du Moi double. A travers l'Amour, le Moi devient à son tour difficile à saisir et à définir. L'Amour atteste le lien originaire, dévoilé au plus profond de notre être, entre la puissance et l'impuissance en nous. Notre puissance réside originairement dans notre impuissance. Il ne s'agit pas d'être puissant pour conquérir notre être, donc de se détacher de sa propre impuissance, mais de la rattacher sans cesse à l'Amour en nous. Comprendre notre être pose la question de la compréhension de l'Amour comme origine de la « luminosité » de l'être et de son « occultation ».

---

1 *Ibid.*, p. 711-712.

Heidegger, dans le δ 29 de *Sein und Zeit*, se réfère à Scheler qui cite Pascal et saint Augustin pour parler de l'amour[1]. Les deux citations affirment une sorte de primauté ontologique de l'amour pour accéder à la vérité. Heidegger ajoute : « Scheler le premier, a montré, en particulier dans l'essai *Liebe und Erkenntnis*, que les comportements intentionnels sont de différentes natures, et que, par exemple, l'amour et la haine fondent la connaissance[2] ». La connaissance de l'Amour est une soif qui, seule, peut « désaltérer en se donnant lui-même...à boire et pas seulement à voir[3] ». Se détourner de soi vers l'Amour, ce n'est pas le voir ni le revoir, c'est au contraire s'engager en direction de son propre mystère invisible pour l'intentionnalité. La connaissance de l'Amour ne se reproduit pas à une représentation. Dès qu'on interprète la connaissance de l'Amour, comme représentation et comme pensée mutilée, on est obligé de se référer à la finitude de notre pensée pour rendre compte de ses pensées « obscures ». La connaissance, que nous décrivons ici, n'appartient pas à l'ordre de la pensée thématique, mais à celui de l'affection, c'est-à-dire de l'affectivité où règne l'égoïsme du Moi.

La profondeur de la philosophie cartésienne du sensible consiste à affirmer le caractère de la sensation, relevant de l'ordre de l'utile et non du vrai. Il ne suffit pas de dire que la sensation manque de clarté et de distinction, car la sensibilité n'est pas une connaissance théorique inférieure liée « à des états affectifs ». Le raisonnement que fait Descartes au sujet du morceau de cire indique l'itinéraire où toute chose perd son identité. Dans les choses, la distinction de la forme est essentielle, ainsi que la dissolution de la forme dans la matière. Elle impose "une physique quantitative à la place du monde de la perception" selon les termes de Levinas. La distinction entre forme et matière ne caractérise pas toute expérience. L'Amour n'a pas de

---

1 M Heidegger, *Sein und Zeit, Ibid.*, p. 139. Cf. pour Pascal, *Pensée, Ibid.*, p. 185 : « Et de là vient qu'au lieu qu'en parlant des choses humaines on dit qu'il faut les connaître avant que de les aimer, ce qui a passé en proverbe, les saints au contraire disent en parlant des choses divines qu'il faut les aimer pour les connaître, et qu'on n'entre dans la vérité que par la charité, dont ils ont fait une de leurs plus utiles sentences ». Cf. à ce sujet, Augustin, *Œuvres* (Migne P.L. t. VIII). *Contra Faustum* I. 32 ch. 18 : « Non intratur in veritatem, nisi per charitatem. » (On n'entre pas dans la vérité si ce n'est par l'amour).
2 M Heidegger, *GA*, b. 26, p. 169. Voir aussi le cours de 1936 sur Nietzsche (*Der Wille zur Macht als Kunst*) où Heidegger distingue l'amour et la haine des autres sentiments, en les posant comme passion (*Leidenschaften*) face aux simples affects (*Affekte*) : L'amour et la haine, en tant que passions, sont toujours déjà présents en nous et traversent notre être dès l'origine.
3 Paul Ricœur, *Soi-même comme un autre*, Paris, Seuil, 1990.

forme qui s'y ajoute ; par contre il ne s'offre pas comme l'informe, comme matière à qui la forme manque et qui l'appelle. Les choses ont des formes visibles et représentées. Par là, elles sont enracinées dans « l'élémental », comme outils et comme objets de jouissance. Le sujet est « pour soi », il se représente et se connaît aussi longtemps qu'il est. Mais en se connaissant ou en se représentant, il se possède, se domine : « Cet impérialisme du Même est toute l'essence de la liberté[1] ».

Débordant la liberté de la représentation, l'Amour n'annonce pas l'échec de la liberté, mais la jouissance d'un monde représenté par le Moi et pour lui et qui, déjà, le contente. L'affection par l'Amour, comme altérité originaire, n'est pas une sensation pour quelque chose ; elle vient du « nulle part » de l'intériorité, et non de quelque part de l'espace de l'extériorité, celui du monde de la représentation. L'Amour se donne en échappant, tout en creusant et ouvrant un abîme dans la jouissance même comme égoïsme, comme possession et comme domination. Ce que cache le don de l'Amour, adressé vers moi, n'est pas un « quelque chose » susceptible de se dévoiler, mais une intériorité toujours renouvelée par son absence, un mystère « unheimlich » par excellence. La manière de se donner sans se révéler, en dehors de l'être et du monde représenté, doit être appelée : mystérieuse ; elle signifie un mystère qui appartient à un mode différent. Connaître l'Amour c'est être affecté par son mystère, être face à l'Infini qui révèle le *caché-manifesté* de l'origine de mon être.

Plus le Moi est humble (se met en question), pauvre, impuissant, plus l'« étonnement, l'émerveillement et l'admiration » sont grands. L' « étonnement » se manifeste sous le signe de l' « inattendu ». Il est, selon les termes de Descartes, « un arrivement subit et inopiné[2] » qui nous prend à revers, en défaut, déjouant nos prévisions et dénouant la trame de nos attentes. Une sorte de paradoxe vient subitement bouleverser tout ce qui est intime en nous en une étrangeté intime qui nous surprend, perce notre intimité et interdit par le fait même tout accès et toute compréhension thématique. Selon Kant : « l'étonnement (*Verwunderung*) est un choc (*Anstoss*) particulier de l'esprit qui résulte de l'incompatibilité d'une représentation et de la règle qu'elle donne avec les principes qui se trouvent déjà dans l'esprit comme fondement de toute prévision[3]. » Il est « l'affect

---

1 E. Levinas, *Totalité et Infini*, *Ibid.*, p. 86.
2 Descartes, *Les Passions de l'âme*, II, *Ibid.*, art. 72.
3 Kant, *Critique de la faculté de juger*, Ak., V, 365, tr. fr., in *Œuvres philosophiques*, t. II, Bibl. de la Pléiade, p. 1155. Voir Claude Romano, *L'événement et le temps,* La temporalité, Paris, Épithémée/Puf, 1999.

provoqué par la représentation d'une nouveauté qui dépasse l'attente[1]. » C'est, en ce sens, que la philosophie va distinguer, à partir de Descartes, entre « étonnement et admiration » : le premier surgit avec le défaut d'explication et s'éteint avec l'exhibition des causes ; la seconde, seule, demeure au-delà de l'étonnement : elle est « un étonnement qui ne cesse pas avec la disparition de la nouveauté[2]. » Dès lors, la force de l'admiration, selon Descartes, dépend de deux choses : de la nouveauté, et de ce que le mouvement, qu'elle cause, a dès son commencement toute sa force[3]. Selon C. Romano, la surprise ne provient plus ici d'un défaut dans l'expectative ou d'un saut dans l'explication. Le surprenant, c'est le monde lui-même dans *l'il y a* de l'événement, en tant qu'il ne contredit pas l'attente, mais la déborde originairement[4]. Si l'événement suscite la surprise, c'est en tant qu'il surpasse et suspend toute prise, c'est-à-dire tout pouvoir subjectif de compréhension. La surprise est le suspens de toute compréhension, c'est-à-dire de toute préhension totale sur le monde et le possible qu'il articule : elle nous met en face de l'incompréhensible pur dont elle est l'épreuve originaire[5].

C'est au moment où le Moi ne possède plus rien, que l'*Amour* devient tout pour lui, qu'il est exposé à l'expérience d'une étrangeté radicale où le tout et le rien se réconcilient pour s'ouvrir à un autre mode, celui de l'émerveillement et de l'admiration. Refuser l'appauvrissement de soi, en ce sens, c'est refuser l'Amour même. Il ne s'agit pas, en effet, dans cette rencontre émerveillée, d'identifier l'Amour en tant qu'Autre que moi, comme un autre moi identique à moi, et d'être indifféremment l'un et l'autre. Car la *non-différence* signifie surtout une profonde indifférence à l'Autre, un refus de sa différence et de son irréductible altérité en face de mon identité. Aimer l'Autre c'est être responsable de sa *dif-férence* avec moi, c'est s'engager dans le mystère de son invisibilité. La *dif-férence*, ici, nie toute indifférence envers l'Amour comme *Mystère*. Mais la compréhension de l'Amour ne demeure-t-elle pas impossible en ce sens ? Comprendre l'Amour, ainsi, n'est-ce pas le mal comprendre ?

---

1 Kant, *Critique de la faculté de juger*, Ak., V, 272, tr. fr. cit., II, p. 1045.
2 Aristote, *Métaphysique*, A, 2, 983 *a* 13-14.
3 Descartes, *Les Passions de l'âme*, II, *Ibid.*, art. 72.
4 Claude Romano, *L'événement et le temps*, La temporalité, *Ibid.*, p. 223-224.
5 *Ibid.*

Com-prendre mal l'Amour

Comprendre l'Amour, ce n'est pas tout à fait reconnaître que l'on n'y comprend rien, mais que l'on comprend mal comme on aime mal, parce qu'on est mal aimé, ou bien parce qu'on est aimé sans l'Amour, notre origine, et sans amour. Le Moi sans l'Amour est toujours sans amour, comme le prétentieux qui prétend comprendre la vérité alors qu'en vérité il comprend mal parce qu'il l'a mal compris, mal *com-pris*, il a pris mal sa convocation, il a pris sa vérité comme sienne, comme une possession.

Comprendre l'Amour, c'est le *com-prendre*, le prendre comme, le comparer à autre chose que ce qu'il est vraiment, le comparer à un objet de compréhension, à autre chose que lui-même. L'Amour se caractérise par sa *dif-férence* originaire avec tout ce qui est, tout « étant » et tout « être ». Sa caractéristique première c'est de s'esquiver à toute compréhension subjective, donc en quelque sorte objective et thématique. Comprendre l'Amour, c'est comprendre qu'il y a un *mal entendu* entre celui qui veut *com-prendre* l'Amour et l'Amour même. Celui qui prétend comprendre *l'*Amour ne sait plus où commencer et où finir. Le Moi prétentieux parce qu'orgueilleux se trouve troublé, perdu, face à l'esquive de l'Amour.

Toute tentative de comprendre l'Amour le rend incompréhensible, insaisissable et indéterminable, *autre, dif-férent. Com-prendre* l'Amour c'est le rater, c'est rendre sa rencontre impossible. L'Amour se montre autrement comme un Autre, le *tout-Autre,* à celui qui peut sup-porter sa *dif-férence* originaire. Ce dont on parle c'est de l'Amour qui ne peut pas, parce qu'il ne veut pas, être un objet de savoir. L'Amour aime et c'est par cet amour qu'il se montre, comme don de soi, à ceux qui ont entendu sa voix selon une *dif-férence* absolue. C'est là au moins que tout se passe, là où l'Amour passe. L'Amour est une vérité radicale d'aimer, puisque, pour nous, l'origine de la vérité n'est que l'Amour comme vérité originaire, comme origine de la *Vie* elle-même, de l'être. C'est en aimant que le Moi *s'aban-donne* à l'Amour et s'ouvre à la sagesse de l'Amour, comme vérité aimée et aimante. Aimer, c'est le seul enseignement ou témoignage valable non sur l'Amour mais avec lui. On ne peut pas parler de l'Amour sans le *co-naître*, sans naître avec lui, donc sans partager notre être et notre existence avec lui, sans être éprouvé radicalement par lui. Seul qui est né avec l'Amour peut témoigner de la vérité de l'Amour comme amour de la vérité, et comme preuve de sa propre vérité originaire comme étant un *être-déjà-aimé*. Le Moi, qui se découvre comme étant *l'être-déjà-aimé,* a le pouvoir non sur l'Amour mais de l'Amour. Personne ne peut témoigner de l'Amour sans le *co-naître*, sans naître avec lui, et naître avec l'Amour c'est être aimé par lui, c'est-à-dire *se-*

laisser-être-aimé par l'Amour. C'est en aimant l'Amour qu'on *s'aban-donne* à lui, et qu'on *se-laisse-être-aimé* par lui. Aimer, c'est se trouver confronter à l'Amour en personne, à sa volonté. La volonté de l'Amour c'est l'Amour même, le don radical de soi. Vivre, c'est aimer et aimer c'est donner sa vie dans l'impossibilité de la compréhension. Une fois *aban-donné*, le cœur du *Moi-déjà-aimé* se tient dans une attention passive à l'Amour avant de chercher à le comprendre, à le voir et à le toucher; il se contente de se laisser-être par l'Amour : un *aban-don* de soi. Avec l'Amour, la vérité du Moi ne peut plus parler la même langue, celle du monde, celle de l'amour-propre, celle du pouvoir de la compréhension. Non parce qu'elle a quelque chose d'autre à dire, mais parce que ce qu'elle a à dire n'est justement pas un quelque chose dit par quelqu'un, mais une épreuve *d'aban-don* et d' « admiration » d'un mystère incompréhensible.

L'« admiration », dans un sens cartésien, se caractérise fondamentalement par l'incapacité à comprendre. Admirer, c'est « reconnaître combien ce qu'on admire est au-delà de toute compréhension[1] ». L'admiration est considérée par Descartes comme « la première de toutes les passions[2] », pour la raison qu'elle constitue l'origine de tout sentiment et par le fait même qu'elle n'a pas de contraire[3]. La vérité n'enseigne pas « l'amour de la vérité », ni « la vérité de l'Amour » en quelque sorte, mais elle appelle quelqu'un à aimer la vérité de l'Amour, en l'admirant et en donnant sa vie pour elle. Elle n'est pas la porte-parole de l'Amour, mais la porte par où passe l'Amour pour « habiter » le cœur de celui qui crie son absence. Et pour le faire elle doit se vider de tout ce qui empêche l'Amour de passer à travers elle, de la percer et de la blesser profondément. Au moment où il s'ouvre à l'appel de l'Amour, le Moi devient *l'être-avec-l'Amour*, celui qui partage sa vie avec lui. Il devient la vérité de l'Amour, sa volonté dans le monde. En cherchant à connaître l'Amour, il se découvre comme *connaissance de soi* dans l'Amour et par lui. Il se découvre comme une *connaissance de soi* au plus intime de son être, où son intimité ne se manifeste qu'en étant amoureusement brisée par l'altérité originaire de l'Amour. La connaissance de l'Amour mène à la connaissance de soi, de sa *pauvreté originaire*, de sa « finitude existentielle », de sa « facticité ontologique », de son « mal d'être ». La « découverture » de soi comme *être-déjà-perdu* et par le fait même comme *être-déjà-aimé* n'est possible qu'avec l'*Amour*. En faisant con-naissance de soi par l'Amour en soi, le Moi échappe aux dilemmes de la confiance en soi et de la défiance de soi, où, on veut toujours se posséder selon la mesure de sa propre raison. Au

---

1 Descartes, *Les passions de l'âme, Ibid.*, II, art. 53.
2 *Ibid.*
3 *Idem.*

« trop-plein » de soi succède le « trop-vide » de soi : « le désastre de la mienneté » Dépris à ce point de moi-même par l'Amour, puis-je encore en répondre ? Le trop vide en moi, n'est ce pas la perte totale de moi, de mon identité, de ce que je suis ? Une telle réponse nécessite une autre lecture et un autre lecteur, car elle se voit d'un autre angle, celui de l'épreuve du *co-naître* avec l'Amour, de vivre avec lui selon les critères de l' « admiration » et de l'aban-don de soi. La réponse émane de la *compréhension de la compréhension* elle-même. Comprendre l'Amour, en ce sens, c'est vivre avec lui, partager avec lui le don de soi, s'aban-donner à sa volonté en l'admirant : *Où est cette raison qui est si près de moi, et si différente de moi* ? Au fond de moi ! L'intériorité est révélante comme le répète saint Augustin : « Vous êtes au-dedans de moi plus que moi-même ». De fait et de droit, le Moi n'est lui-même que par une altérité originaire plus intérieur à lui-même que le plus intime en lui ; plus lui que lui-même, et à jamais parce que depuis toujours. L'Amour se rapporte à soi de telle sorte que, sa présence en soi l'expose comme un être constitué autrement par un Autre, comme un être par l'Amour et jamais sans lui. Naître avec l'Amour c'est partager avec lui sa propre intimité : *je suis une mienneté partagée, une ipséité habitée par l'admiration de l'Amour, une identité altérée, un Moi-déjà-aimé*. Une telle épreuve et une telle déclaration nécessitent un passage de la vérité qui montre et démontre directement, à une vérité qui ne montre qu'autant qu'elle en *remontre* à celui qui la reçoit. La vérité "remontrante" *accuse inévitablement celui qui la récuse, comme d'abord celui qui s'en excuse*. Dès lors, le critère pour accéder à la vérité se modifie-t-il : « à l'évidence du découvrement se substitue l'amour de l'excès[1] » et par le fait même l'excès de l'Amour. « La vérité est aimée, de telle façon que ceux qui aiment autre chose qu'elle veulent que ce qu'ils aiment soit la vérité, et, parce qu'ils ne voudraient pas se tromper, ils ne veulent pas non plus être convaincus de se tromper, ainsi haïssent-ils la vérité, à cause de la chose qu'ils aiment en lieu et place de la vérité. Ils l'aiment en tant qu'elle éclaire, mais la haïssent en tant qu'elle retourne contre eux sa lumière (redarguens[2]) ». Il ne s'agit pas ici seulement de la requête d'aimer la vérité déjà vue, ni même de l'exigence d'aimer la vérité pour la supporter. L'exigence de l'Amour s'expose en soi comme *par-don* de soi, sans défaillir ni se condamner soi-même, mais être émerveillé par l'admiration de l'Amour à soi et en soi.

---

1 Jean-Luc Marion, *Le visible et le révélé*, Philosophie et Théologie, Ed. du Cerf, Paris, 2005, p. 176-177.
2 Saint Augustin, *Confessions*, X, 22, 34, éd. James J. O'Donnell, Oxford, 1992, t. I, p. 133. Dans Jean-Luc Marion, *Le visible et le révélé*, Philosophie et Théologie, Ed. du Cerf, Paris, 2005, p. 176-177.

La pauvreté derrière les frontières de l'orgueil

Le double phénomène narcissique exprime notre individualité faillible, ainsi que notre propre enracinement dans l'altérité originaire de l'Amour, auquel nous resterons incorporés comme la plante reste attachée à la terre, bien qu'elle s'en éloigne dans sa croissance vers la lumière et vers sa déchirure. En coupant le « placenta » ou le « cordon ombilical », l'enfant prend naissance. En se déchirant de sa mère, l'enfant accomplit en quelque sorte sa naissance, en tant que Moi seul, dans l'inconnu du monde, face à ce qui est étranger, différent de lui.

« C'est la faute du héros du miroir, de Narcisse ». Narcisse de la légende se regarde dans un miroir, c'est vrai ; mais ce miroir c'est l'eau, un miroir naturel, celui de la nature. Dans le miroir il n'y a pas que lui, mais autres choses que lui. La nature montre sa beauté, mais montre aussi sa faillibilité et sa fragilité. Dans le miroir, Narcisse voit sa beauté qui est pareille à la nature, un mélange de paradoxes : de violence et de douceur, de beauté et de laideur, de force et de faiblesse, de vie et de mort. C'est ce paradoxe même qui manifeste la gravité de la beauté du Moi narcissique.

Si le côté de l'ego de Narcisse n'y trouve pas son compte, il permet de comprendre et de voir l'autre face de la vérité du narcissisme qui ne nous est pas visible, puisqu'elle échappe au pouvoir du miroir sur le visible. La tendance à retrouver ou à chercher l'Amour dans le monde visible donne au monde un sens profond et symbolique. La volupté d'aller toujours plus loin que ses limites possibles, de ne pas être un obstacle à soi-même, en tant que Moi cherchant toujours la retrouvaille avec l'Autre, seul origine de soi, dévoile ce qui est caché, voilé, « unheimlich » depuis longtemps. Ce qu'il y a de plus intime et de plus étranger dans le Moi montrent partout les plus intimes rapports. Au fond le Moi doit sup-porter et aimer la lourdeur de sa réalité, et l'exposition de son être nu, pauvre, *éperdu*. C'est à lui seul l'exclusivité de porter le fardeau de sa beauté gravement blessée. L'humiliation de la conscience de soi et de la volonté de puissance consiste à devenir conscient qu'on n'est pas tout, mais aussi qu'on n'est pas rien, mais que le *rien* de l'Amour, sa pauvreté, est ce qu'on est originairement.

La vocation originaire reflète notre beauté, comme mystère double qui unit en lui le visible et l'invisible, l'être et son effacement. Il nous apprend à perdre notre être pour le recevoir originairement par l'Amour. La prétention à être tout s'ouvre à l'obligation de perdre tout. Le désir infantile doit se transformer en une humilité, au service de la volonté de l'Amour. A la lumière de cette vérité, tout le reste et tout ce qui suit du développement de l'être s'accomplit, s'y harmonise et se perd en même temps dans un autre temps et une autre vie et un autre monde qui portent les *traces* de l'avènement de l'Amour. Orienté tout à fait vers ce qui est originaire en lui, le Moi se caractérise dans le point décisif de son *aban-don* ; en cela il est capable d'être celui qui s'incline, qui *par-donne* et qui se sacrifie. Parce qu'en s'accomplissant comme altérité en surcroît par le don de l'Amour, le *Moi-déjà-aimé* parvient aux frontières de l'autre et du monde comme *être-pour-la-perte,* mais surtout comme *être-pour-l'Amour.*

Avec la possibilité de l'humiliation du Moi par son propre choix, a dû naître la possibilité de l'Amour qui, seul, a le pouvoir de le délivrer de sa honte, et lui permettre d'être libre de nouveau, et cela en le menant vers le lieu de son immolation, le lieu de sa vraie guérison, non de sa blessure originaire, mais où la blessure ne cherche plus sa propre guérison.

La pensée du Moi narcissique est une pensée de pouvoir et de gain, de lutte et de guerre contre soi-même et contre tout le monde. Selon cette logique, la perte est l'ennemi de l'être, elle est le signe qui montre son impuissance et la preuve de sa vanité. Le narcissisme, comme amour-propre, comme conservation et possession de l'être, apparaît comme une incontestable réalité, et la puissance de son fait est bien la "réfutation vivante" de tout détachement et de toute perte. L'être, lié à soi par l'amour-propre, est ainsi désigné comme la réalité même, "l'écrasante évidence des faits". Une telle évidence mène à l'affirmation de l'absence de toute possibilité réelle de détachement et de perte de l'être, et l'amour-propre est reconnu comme ce qui fait véritablement agir les hommes. Accepter « les hommes comme ils sont », devenir indifférent, telle est la décision fondatrice qui neutralise l'amour-propre et le rend inoffensive. Mais pourquoi une telle évidence règne-t-elle ? Comment penser son surgissement ? Une telle décision ne se comprend qu'à partir ou en vue de ce qu'elle rend possible : C'est comme une véritable « promesse de salut que fut accueillie cette doctrine de l'intérêt », écrit O. Hirschman[1].

Consentir à cette évidence, n'est pas l'unique attitude possible. Nous ne sommes pas inéluctablement captifs de l'amour-propre qui lie au donné. Le refus de consentir à la puissance du fait est le refus du gain et de la possession. Strictement, nous ne devons rien posséder. Seul un *aban-don* de soi peut rendre la volonté à sa fin véritable qui est l'Amour. Plus qu'une exigence éthique de libération, c'est le principe même de l'être qui demande ce détachement. Mais au nom de quoi peut-on refuser de consentir ? Et pourquoi donc faudrait-il consentir ? L'amour-propre n'est-il pas ainsi le

---

[1] O. Hirschman, *Les passions et les intérêts*, trad. P. Andler, Paris, Puf, p. 44. Voir aussi M. Bergamo, "Le pur amour face à la loi de l'échange", dans *La science des saints*, Grenoble, J. Million, 1992.

masque d'un désir de possession de soi, d'un désir de soi comme objet *possédable* et comme objet de satisfaction ? N'est-il pas un principe invoqué afin de jouir de soi ? L'élan d'insubordination vise à tout *dé-faire*. Comme renoncement sans trêve, il tend à une entière immolation, à une perte radicale du principe de l'être comme amour-propre. La marque de l'Amour est celle du « feu consumant qui embrase tout, qui dévore tout, qui anéantit tout » et rend possible le commencement de la fin. Le détachement radical qui ne se réduit pas à une simple protestation, est-il possible ? Peut-on vouloir contre ou hors l'initial rapport affirmatif de soi ? Si oui quelles sont les conséquences d'un tel détachement ? N'est-il pas dissolvant ?

    L'amour propre œuvre en tant que principe de la volonté, et pose le monde fondamental de rapport à toute réalité en tant que possession. Il pose l'appropriation comme seul rapport à toute réalité : « C'est l'amour-propre aveugle, effréné, insatiable, tyrannique, qui veut tout pour lui seul... » disait Fénelon[1]. L'appropriation est une "fureur d'acquérir". L'amour-propre ne se satisfait qu'en possédant. Il craint toujours de perdre, « avide et timide craint toujours de manquer, il s'accroche à tout[2] ». Le Moi, dans et par le plaisir, se comprend comme propriétaire, puisque tout ce que nous aimons, nous ne l'aimons que pour nous-mêmes. Le Moi propre, se propose lui-même comme fin, comme origine de soi. Que produit ici la possession ? Un rétrécissement, un attachement à l'appropriation de soi qui nous enferme et qui nous borne à ce que l'on possède ; être propriétaire c'est se définir par ce que l'on possède. L'appropriation qui attache à soi absolutise le particulier. L'amour-propre produit une clôture sur soi : un attachement foncier à soi-même. Reconnaître que l'appropriation est limitation, c'est désigner une identification par la propriété, ou encore comme l'explicite H. Delacroix que "le moi est la limitation[3]". La possession nous *dé-termine* et nous fixe dans les bornes étroites de l'amour-propre[4]. On peut donc dire que la possession est l'amour-propre de soi-même par soi-même. L'amour-propre ne peut, et ceci d'une constitutive impossibilité, se défaire de soi.

---

1 Fénelon, *Œuvres*. t. I, éd. De J. Lebrun, coll. Pléiade, 1982, p. 895-903.
2 *Ibid*.
3 H. Delacroix, *Les grands mystiques chrétiens*, Paris, Puf, 1938, p. 235.
4 Fénelon, *Ibid*., p. 657.

La *brisure* de l'orgueil

Refuser la volonté de l'Amour, c'est refuser à l'Amour son droit de révéler une autre volonté que la sienne. L'orgueilleux est celui qui voudrait s'approprier l'Amour selon sa propre volonté, une volonté qui veut tout avoir, tout savoir. L'amour-propre de l'orgueilleux c'est l'ennui de soi retourné contre toute altérité, contre l'Amour lui-même. C'est une façon perverse de s'ennuyer contre l'Amour qu'on voudrait devenir. Incapable de rendre l'Amour sien, il hait l'Amour en défigurant son vrai sens. Il essaye de nier le don de l'Amour en soi, en niant en quelque sorte toute possibilité de sa donation pour soi. Il lutte pour vider son être de toute possibilité d'exister, d'être un *être-par-l'Amour*. Son impuissance à vouloir aimer le mène à ne vouloir qu'une seule chose : vouloir l'impuissance de l'Amour en soi d'abord et dans le monde ensuite ; vouloir refuser son *avènement*.

Un orgueilleux manque surtout de s'absenter de lui-même, de se détacher de soi, de se désapproprier, pour s'aban-donner à la perte de soi. Etre orgueilleux c'est refuser le *décentrement* de soi, pour être à tout prix le centre de soi-même et l'origine de son propre être. L'orgueil expose le Moi à lui-même dans sa nudité face à sa vanité. Etre face à sa vanité expose le Moi à son narcissisme, ce miroir qui reflète l'ombre de sa vérité comme un *être-de-perte*, comme un *être-déjà-perdu* : *un je ne sais quoi qui ne peut s'arrêter à soi, qui n'a aucune consistance.*

Tout le drame consiste dans la résistance et dans la défaite d'une telle prétention. La première maîtrise du Moi, qui n'est que prétention et orgueil, doit être brisée, et la figure d'où précède le vrai, l'originaire, n'est plus la sienne. Ce n'est qu'à travers l'épreuve de la souffrance qui le destitue de soi, qui l'expose à son propre effacement et à sa désappropriation, qu'il puisse perdre sa première maîtrise et se décentrer par l'Autre en tant qu'altérité originaire qui brise les chaines entre le Moi et son orgueil.

Une telle épreuve, seule, est capable de faire avancer la conscience vers une nouvelle compréhension d'elle-même. Comment ? En éprouvant la perte de toute maîtrise et de toute possession de soi et de l'autre. C'est par son échec même, que le Moi s'ouvre au mystère du sens, à *l'événement de la perte*, à la pauvreté originaire. C'est en se *laissant-être-trans-porté* dans le risque de tout perdre pour briser son intimité solipsiste, orgueilleuse et narcissique, que l'ouverture à une étrangeté plus intime à soi-même soit possible. Une telle ouverture me fait découvrir moi-même autrement par un Autre, tout en me dressant face à une nouvelle épreuve. Le Moi, à ce niveau, prendra en charge de *re-trouver* et de *re-découvrir* l'unité perdue de son être qu'il a tant échappé, évité. La retrouvaille de l'Autre se passe dans le risque que le Moi soit un autre. Un autre se délivre pour livrer le Moi au mystère de l'Autre. La délivrance, ici, appelle le Moi à une expérience autre, celle qui fonde et donne sens à sa souffrance même face à la perte de soi. L'ipséité s'ouvre ainsi à la *dif-férence* originaire imposée par l'Amour dès la naissance même, dès l'instant du surgissement de soi. De la reconnaissance de soi par l'Amour se fonde l'origine radicale de l'ipséité qui s'ipséise comme : *Aimée par l'Amour, donc je suis*. Seule une déchirure, d'une telle nature, mènera le Moi blessé vers la pauvreté originaire de l'Amour, vers son *aban-don* à sa volonté. Une telle déchirure, malgré sa dureté, libère le Moi de toute dépendance mondaine et de toute dépendance de soi, et permet son retour au re-commencement de soi, à l'origine, à la vérité de son être comme étant un *être-déjà-perdu*. Pas de raccourci possible, pas de moyen court, pas de consolation mondaine pour se sauver. C'est la longueur et la lenteur de la perte, l'histoire authentique et unique du mourir du *Moi-aimé,* de sa pauvreté et de sa gravité qui donne sens radical à sa vie. L'histoire, en ce sens, se manifeste spécialement dans et par la temporalité dissolvante. Le temps est selon Fénelon : « négation de la permanence d'être ou défaillance de l'être[1] ». La durée de l'être n'est qu'une défaillance perpétuelle, un effacement de soi qui oblige à l'accouchement de soi comme brisure de soi, comme « désappropriation » et comme « désubstantialisation » de soi. La blessure originaire est dépossession, anti-possession. Vouloir mourir par amour, c'est la seule preuve de vouloir aimer par l'Amour. La passion de la pensée ne vit que par son mourir quotidien, par son *aban-don* à une volonté autre, à la volonté de l'Autre, celle de l'Amour. Une passion qui engendre au cœur même du *Moi-aimé* ces contradictions déchirantes, torturantes, angoissantes. Dans ces épreuves, il n'y a pas des étapes, ni des résultats, mais toute une vie au risque de tout perdre, une vie qui cherche sa perte, un *devenir* sa perte, un a-venir d'être autrement par une altérité originaire, par l'Amour. La vocation du *Moi-aimé* se dévoile comme une vie qui *s'aban-donne* jusqu'au bout à la réalité même de son être. Aimer, c'est accepter d'être une perte en mouvement, une perte qui vit de l'Amour qui l'accompagne, un *être-déjà-aimé* depuis son origine.

La vie du *Moi-aimé* est un mourir continuel, puisqu'elle est un *aban-don* continuel, un don de soi. Par son *aban-don* comme mourir par amour, le *Moi-aimé* se trans-figure comme pauvreté aimante : il vit en se donnant pour le monde et dans le monde. Il n'a plus besoin du monde car il n'appartient plus à la vérité du monde, mais à la vérité de l'origine du monde, à la

---

[1] Dans G. Poulet, *Etudes sur le temps humain, IV, Autour de l'instant*, chap. IV; Paris, Plon, 1968.

pauvreté de l'Amour. La vérité du monde, n'est qu'une image creuse, qu'une figure qui passe, et qui échappe quand on veut en jouir ; elle n'est « qu'une ombre fugitive qui disparaît ». L'Amour révèle le manque de ce que le monde prétendait fournir, c'est-à-dire un support, un sol stable, un lieu dépourvu de souci de perte. Qu'advient-il donc quand on sait qu'il n'est rien de tel ? Une prise de conscience de l'effondrement et de l'écoulement du sens, de ce que tout appui vient à manquer. Alors l'on ne peut plus prétendre se tenir de soi et en soi. C'est la prétention du monde à la stabilisation qui fonde la possibilité de toute fermeture sur soi et de toute possession.

La pauvreté de l'Amour est incompréhensible parce que c'est sa nature même qui échappe à toute conceptualisation, et à toute détermination mondaine. Elle pourrait être comprise plus tard, quand l'intelligence serait apte à comprendre actuellement ce que dans l'épreuve de la pauvreté peut échapper à toute connaissance théorique et à toute tentative de possession. La pauvreté, en nous, montre que notre être ne peut pas être réduit en l'état d'objet de savoir, ni de possession, précisément parce qu'il appartient à un autre mode de connaissance dont l'intelligence théorique ne saurait jamais appréhender toute seule. L'être du Moi demeure un mystère qui lui échappe, un être autre qui se manifeste autrement par l'Amour comme un *être-déjà-perdu* et en même temps comme un *être-déjà-aimé*. Se *re-centrer* par l'humilité comme *aban-don*, par la pauvreté aimante et par le *par-don*, signifie non pas la ruine de soi, mais la brisure de l'orgueil et le *dé-centrement* de l'amour-propre. Se *re-centrer* c'est la situation véritable du soi *accouché* ou *engendré* par l'Amour.

Aimer sans amour

La tentative la plus ancienne en l'homme, c'est de prétendre être l'origine de soi-même, c'est-à-dire prétendre être source d'amour pour soi-même et pour les autres, et cela en imitant l'Amour mais sans l'Amour et sans amour. L'Amour est non imitable, et, à chaque fois que les hommes l'imitent, ils le nient, mais ils le nient mal. Imiter l'Amour, c'est donner le don de l'Amour sans l'Amour et sans amour, donc donner mal l'Amour, mal aimer. C'est donner l'existence sans l'acte originaire d'exister, sans l'origine de toute existence qui seule rend possible ce qui donne l' « Impossible ».

Le mal fait par l'homme se trouve à l'intérieur de l'homme, là où ça lui fait mal, à chaque fois qu'il aime mal. Le mal que nous avons en nous, sort de nous et se propage dans le monde à cause de nous, comme étant la vérité du mal. Le mal se personnalise à travers nous. A cause de nous le mal se mondanise. C'est, en ce sens, qu'on peut transmettre la vérité du mal en aimant mal : le mal surcroît en nous. Le mal c'est d'aimer sans amour et sans l'Amour. Refuser l'Amour c'est présentifier le mal, être sa présence, sa vérité dans le monde : *Si je n'ai pas l'Amour, je suis la privation de sa présence*, l'être sans amour, l'être avec le mal. C'est pourquoi je suis mal aimé, je vis mal mon être, j'ai mal de ne pas être aimé, je présente mal mon être, je suis le mal de mon être, je présentifie le mal de l'être. L'être n'est pas le mal en soi, mais celui qui est malheureux ou mal-heureux, celui qui porte le mal sans s'identifier à lui. Dès lors il souffre, il cherche mal son bonheur. L'être sans amour représente le mal dans le monde. Le mal est la réalité de l'être manqué de l'Amour. Le mal est l'être mal aimé, l'être sans amour. Le mal n'est pas l'être, il est l'orgueil même de l'être humain.

L'impossibilité d'échapper à soi est l'impossibilité de mourir, d'anéantir son être, de refuser d'être une honte pour soi, d'aimer soi-même par soi-même. Le *ne pouvoir mourir* est un ne pouvoir être selon ma volonté de puissance. La privation comme impuissance est la conséquence de cet état où l'orgueilleux n'est plus que haine de soi, de l'Autre et de tout ; il est devenu un mal d'être, un être qui a mal, qui souffre sans vouloir cette souffrance même et sans pouvoir l'arrêter, ni la fuir. Sa souffrance se présente comme impossibilité de se défaire de soi, impossibilité de mourir, impossibilité du néant, impossibilité de possession, impossibilité d'être soi par soi, impossibilité de vivre sans pouvoir mourir, impossibilité d'exister sans par-donner. Il y a un mal plus grand que le néant, c'est l'impossibilité du néant, c'est l'orgueil même. Briser l'orgueil n'est possible qu'au moment où la domination de l'être devient impossible et quant l'orgueil lui-même devient impossible. L'« Impossible » est l'unique et le seul pouvoir qui brise l'orgueil du Moi, et c'est pourquoi il souffre. Souffrir c'est subir son être malgré soi, endurer sa vie, être sous le pouvoir de l'« Impossible ».

L'être n'est pas tout à fait le mal car au sein même de sa mienneté esseulée, surgit autre chose que soi, L'Autre en soi, l'origine de l'être, l'« Impossible ». La « mienneté » esseulée par le mal se montre comme n'étant pas seule ; elle est une *mienneté partagée*, une *mienneté altérée, brisée par un autre*. Tout en privant l'être de l'Amour, le mal montre l'impossibilité d'être sans amour. Seul le mal comme privation de l'Amour, rend possible le *re-commencement* de l'être avec l'Amour. Ce *re-commencement* consiste à ce que le Moi revient à l'originaire, à l'*avant* tout soi, celui qui advient comme le *pré-soi, le pré-donné* de toute expérience de soi. Le Moi se donne lui-même à lui-même par un Autre que lui-même. La donation originaire ouvre l'être à l'Autre en lui, à l'Autre que lui, dans son apparaître même comme un Moi par un autre, c'est-à-dire en tant qu'être affecté et fondé par un *avant*. On peut faire référence ici à la parabole de « l'enfant prodigue » dans la Bible, surtout du dernier verset: « […] ton frère que voici était mort et il est vivant, il était perdu et il est retrouvé » (Luc 15 :

11- 32). Pour donner l'Amour, il faut déjà l'avoir reçu en acceptant de *s'aban-donner* à sa volonté. Notre maladie d'impuissance et de misère nous empêche d'aimer sans l'Amour. On ne peut donner que ce qu'on a déjà reçu. Quand le Moi s'éveille, il découvre sa misère qui consiste à ne pas pouvoir être l'origine de soi-même, à ne pas pouvoir aimer soi-même par son propre pouvoir. Par le fait même, il reconnaît ce qui l'empêche d'être guéri non de sa misère, mais d'être réconcilié avec elle, de vivre avec elle, de la par-donner et de l'aimer de nouveau. La maladie du Moi, ce n'est pas sa misère, mais son orgueil. L'orgueilleux refuse de regarder la vérité originaire de son être, en conservant mal son - être sans vérité - ou bien selon la vérité du mensonge. Il sépare son être de sa vérité, c'est-à-dire de son origine. Il crée une autre vérité de son être, où il devient la seule vérité et origine de lui-même par le mensonge. Voir mal la vérité de son être c'est vivre mal une vérité qui fait mal, une vérité qui ment. Le mal-être, ou le mal d'être, ou bien l'être du mal reflète le manque incurable et le mal insurmontable, de ne pas pouvoir être, ou bien de ne pas pouvoir être aimé sans l'Amour. L'acte *d'aban-don* de soi à l'Amour, comme *un avant-don*, comme *par-don* est une expérience étrangère à tout ordre thématique et mathématique, à toute logique de possession et de domination, à tout intérêt et à tout gain. Etre capable de *s'aban-donner* à la volonté de l'Amour, suppose un *avant : le don originaire*. Le don de l'Amour prépare nos cœurs à son inspiration, à son appel, afin que nous l'aimions.

Les signes de la *non-vérité*

Le fondement du jugement c'est l'orgueil. Seul l'orgueilleux juge, car seul l'orgueilleux refuse toute *dif-férence* originaire entre son être et l'origine de son être et de tout autre être. L'orgueil - en tant que passion de domination et besoin d'assimilation de l'Autre sous prétexte de le connaître jusque dans son essence même - est la négation de ce qui est essentiel dans l'Autre : sa *dif-férence*. L'invention pervertie de l'Autre ne conduit pas à sa découverte, ni d'ailleurs à l'invention du Moi, mais à une aliénation du Moi dans l'illusion de posséder l'Autre en l'imitant. Comment ?

Un solipsiste orgueilleux reste résolument seul sans l'Amour, *silencieux comme la tombe et calme comme la mort*. Il se comporte par rapport aux autres étants comme un mort qui meurt de ne pas mourir. La conscience du solipsiste isole le Moi du tout et le jette dans le néant de lui-même, sans origine et sans amour. La *dif-férence* entre l'orgueilleux et son origine se transforme en haine. La tentative infinie et la plus ancienne en l'homme c'est de prétendre être l'origine de soi-même, c'est-à-dire prétendre être source d'amour pour soi-même et pour les autres, et cela en imitant l'Amour, mais sans l'Amour et sans amour. Se prétendre être originaire sans origine c'est prétendre être sa propre origine sans l'être vraiment, car il n'est pas donné au Moi d'être originaire, d'être sa propre origine, la condition de possibilité de sa naissance et de son surgissement originaire.

L'Amour est non imitable, et à chaque fois que les hommes l'imitent, le nient, mais ils le nient mal. L'imitation de l'*Amour* est une sorte de séduction qui promet l'Amour sans le donner, puisqu'elle ne l'a jamais reçu véritablement. Et si elle l'a reçu, elle l'a enterré, parce qu'elle a refusé de le donner selon la volonté de l'Amour. Le *Moi-mal-aimé* imite l'Amour en le falsifiant par la séduction. Cette dernière promet l'Amour, mais elle ne donne que son absence. L'imitation elle-même est une preuve de l'absence de l'Amour, en tant que refus du don de soi. C'est pareil en quelque sorte à l'imitation d'un objet bien déterminé par son image. L'objet n'est pas son image, et l'image représente l'objet dans son absence. L'image est la preuve de l'absence réelle de l'objet représenté.

Dans le même sens, l'imitation de l'Amour n'est que la preuve de sa propre inauthenticité, comme présence non réelle d'une réalité authentique mais absente. On peut représenter l'Amour dans son absence, on peut l'imiter et le falsifier, mais on ne peut jamais le donner sans sa présence et sans sa volonté. Personne ne peut donner l'Amour que l'Amour lui-même et le don de l'Amour commence par *l'aban-don* de soi comme *par-don* de soi. On imite mal l'Amour parce qu'on aime sans amour, on aime mal. En fin de compte on n'aime pas, non seulement parce qu'on ne sait pas qu'est ce que l'Amour, mais parce qu'on sait bien qu'on ne peut pas vivre sans amour. On vit mal parce qu'on vit dans l'absence de l'Amour. Le mal est une privation de l'Amour, et là où l'Amour est absent, le mal est bel et bien là pour l'imiter, mais aussi pour montrer ce qu'il n'est pas.

La vraie misère de l'humanité c'est d'aimer sans amour, c'est-à-dire aimer mal, aimer le mal, mal aimer, faire le mal. Mais pourquoi, mal aimer, est-ce c'est faire le mal ? Car personne ne peut imiter l'Amour que dans son absence, et l'absence de l'Amour c'est le mal présent, comme mal être et comme mal d'être, être sans origine. Imiter l'Amour c'est le mal présenter et c'est mal se représenter. Dès lors, là où le Moi représente le mal, le rend présent dans sa vie, dans son être. Le mal représenté par lui se trouve à l'intérieur de lui ; il lui fait du mal à chaque fois qu'il aime mal. Le mal, que nous avons en nous, sort de nous, et se propage dans le monde à cause de nous, comme une privation de l'Amour. Le mal se personnalise à travers nous, il devient réel et visible dans le monde à chaque fois qu'on aime mal.. A cause de nous, le mal se mondanise comme l'imitation de l'Amour. Le mal transmet non seulement l'absence de l'Amour mais aussi l'image de celui qui le transmet. C'est ce qui fait que nous pouvons transmettre le mal en aimant mal. Le mal croît là où l'imitation de l'Amour croît. Le mal, c'est d'aimer sans amour et sans l'Amour. Refuser l'Amour c'est représenter le mal, être sa présence, mal être, refuser le *par-don*.

Qu'est ce que l'orgueil ? Ce n'est rien, une illusion, une possibilité illusoire d'une impossibilité d'être sans origine, ou bien une impossibilité de pouvoir, qui devient un pouvoir possible mais illusoire car inventé. Que peut-il ? Quelle action, en ce sens, un rien peut-il exercer ? Comment un rien peut-il devenir possible ? Précisément il peut produire le mensonge. Il se produit, en possibilisant l' « Impossible » par le mensonge : *Etre sans exister, avoir sans rien donner, aimer sans l'Amour, etc…*

Mentir c'est vivre selon les critères du mensonge, choisir le mensonge comme la seule vérité possible : être soi-même son propre origine, mal être, mal agir, mal vivre, mal témoigner de la vérité, mal aimer. Rien de plus ambigu que le mensonge ; ce pouvoir est et n'est pas. Il a pour origine l'orgueil et la haine. La déchirure du Moi réside à ce niveau-là : être ou ne pas être, aimer ou haïr, témoigner de la vérité ou mentir, donner ou bien avoir, gagner ou bien perdre, faire sa volonté ou bien s'aban-donner à une volonté autre que la sienne, être le premier ou le dernier. Le menteur est sous le charme de son orgueil et de sa haine, captif d'eux. Il est sous le charme de son mensonge comme un pouvoir possibilisant l'impossibilité d'être sans l'Amour et d'être seul origine de son être. Le menteur est le *vertige* de l'orgueil, un *vertige* plein de haine. Face au mensonge, le menteur engendre le mal, comme seule origine de son être orgueilleux, comme mensonge originaire.

Par le mensonge, l'orgueilleux se sent lié à l'Amour et à la haine, et sent leur opposition ; il a le pouvoir d'aimer sans l'Amour. C'est avec l'orgueil que le mensonge prend place dans le cœur du Moi. C'est avec l'orgueil que l'histoire tragique du Moi commence. Le Moi est crevé, percé profondément dans son cœur même, par une maladie primitive, depuis longtemps, dès sa naissance même. Une fois le mensonge est accompli, la haine prend une nouvelle forme, car son objet n'est plus quelque chose d'indéterminé ; son néant est devenu quelque chose de réel : la *dif-férence* entre le Moi et son origine - cet écart originaire - est annulée par le mensonge. D'où le retard de la haine sur l'Amour semble être annulé. C'est là que la haine peut s'identifier, s'approprier l'Amour en l'imitant, en le représentant dans son absence, en devenant sa présence dans son absence, en aimant sans amour, en aimant mal, en aimant le mal, en aimant faire du mal à l'Amour même, en défigurant sa face par le mensonge.

Le mensonge devient *vertige* et attire le Moi vers une absence, vers un non-être, il l'éloigne de la vérité de son être, de son origine. Si profondément que le Moi se soit éloigné, peut encore s'éloigner plus profondément, et s'éloigne encore et encore. Le mal d'être progresse, et le mal devient l'origine du Moi orgueilleux. Le mal triomphe et le Moi ne se domine plus, il devient un spectateur qui regarde, et en même temps un acteur qui subit ses actes, qui participe aux conséquences les plus terribles que ses actes vont entraîner.

Plus radicalement, c'est la faute elle-même qui, assumée, avait suscité l'excès dans la punition d'Œdipe de lui-même. S'adressant au « coryphée » : « Je suis chargé d'un malheur, étranger, oui, j'en suis chargé malgré moi (*hekon*) ; que la divinité le sache, rien de tout cela n'a été voulu ». Et plus loin : « J'ai tué, j'ai ôté la vie, mais sans savoir (*anous*), ce que je faisais. Or selon la loi, je suis innocent : j'ignorais mon crime en le commettant[1]. » Mais, comme le dit P. Ricœur, ces confessions compliquent l'aveu mais n'abolissent pas l'initiative personnelle. En ce sens, le désaveu *d'Œdipe à Colone* n'abolit pas l'aveu *d'Œdipe roi* : « Aucune autre main que la mienne n'a frappé[2]. » Nous le comprenons, atteste Bernard Williams, parce que nous savons que dans l'histoire de toute vie, il y a le poids de ce qu'on a fait, et pas seulement de ce qu'on a fait intentionnellement[3].

Le Moi, par son orgueil, est jeté dans les bras noirs de la haine et le vertige du mensonge, dont la conséquence première c'est la perte de la présence de soi à soi-même. Etre, ici, c'est être par un autre, mais cet autre n'est qu'une illusion, un mensonge. Dès lors, se dévoile la radicalité de la misère du Moi : être un mensonge, une invention inexistante, sans origine, une vanité. Le mensonge est lié à la haine et la haine à l'orgueil. A quoi sert le mensonge ? A quoi sert de mentir ?

Le mensonge représente en effet le pouvoir de l'orgueilleux et son royaume, où il peut exercer son pouvoir inexistant, puisqu'il n'est qu'une illusion, un mensonge. Ce pouvoir reflète un manque incurable d'être aimé, et une impuissance d'être soi-même l'origine de son bonheur, l'origine de son être. Le mensonge est ce pouvoir qui émane du cœur de l'orgueilleux, pour le jeter dans un vertige qui lui fait perdre sa conscience, et toute référence à la réalité. Le menteur devient son propre mensonge, sa propre illusion, la victime de son propre crime. L'orgueilleux sera tout traversé du sentiment de l'horreur de l'inexistence, et pourtant il peut toujours refuser le don de l'existence, puisqu'il refuse toujours la volonté de l'Amour : le *pardon*. A qui ? A soi-même. Humilié et offensé par la perte en lui et malgré lui, il lutte en se révoltant contre l'Amour et contre sa propre impuissance. Il

---

1 Voir Paul Ricœur, *Parcours de la reconnaissance*, éd. Stock, 2004, p. 132-133.
2 *Ibid.*
3 Williams Bernard, *La Honte et la Nécessité, Ibid.*, p. 96.

sera dans un état de révolte, désespéré, dans un paradoxe insurmontable, puisque c'est contre son origine qu'il se révolte. Il veut désespérément être soi, pleinement soi, qu'il fait de soi une haine de soi, un mensonge. L'orgueilleux désire - par haine de l'existence, par haine de soi - être soi-même par son propre pouvoir, dans toute son horreur, et protester par ce tourment contre la vérité de l'être, contre l'Amour. Endurci par la haine, il ne veut pas avouer, ni s'abandonner, ni perdre, ni aimer et surtout pas soi-même : *J'ai honte de moi-même*. Semblable à une bête profondément blessée, sa misère est telle qu'il refuse tout, même soi-même : son ancienne « idole ». Il continue, tant que c'est possible, à nier toute possibilité de changement, par peur et par haine, puisque tout est devenu pour lui mensonge : *Je suis si mal, laissez moi m'anéantir, retourner au néant*. Ainsi l'orgueilleux serait-il toujours en état de monologue ?

Dans ce monologue même, il se cache à lui-même une vérité si terrible qu'il ne veut pas se la dire à lui-même, car se serait de nouveau, un nouveau combat, une nouvelle souffrance et une nouvelle défaite. C'est le poids insupportable de la haine qui anéantie le Moi orgueilleux ; il le mène vers la perte de son propre orgueil. Dans un tourbillon de folie, il nie tout, car il a peur de tout ; il nie soi-même parce qu'il a peur de lui-même, il a perdu confiance en lui-même, il a horreur de son être ; et c'est à ce moment que le menteur éprouve que la vérité du mensonge est un mensonge contre la vérité, contre l'Amour et surtout contre soi-même. Une telle épreuve est ce qu'on appelle l'« enfer ». L'« enfer » c'est la vérité du Moi éprouvée sans amour, c'est-à-dire sans origine, sans existence et sans *par-don*. L'« enfer » c'est l'épreuve du Moi qui ne meurt pas parce qu'il ne vit pas, parce qu'il est un mensonge d'être, un être sans origine, sans amour. L'« enfer » c'est l'expérience de l'orgueilleux qui n'aime personne, surtout pas lui-même, c'est l'absence absolue du don de l'Amour, du par-don. L'« enfer » c'est le refus absolu de *par-donner* à soi-même, au mal d'être qu'il est. L'« enfer » ce n'est pas le néant d'être, mais c'est l'être sans amour, un être vidé du don originaire de l'Amour et réduit à une illusion, dont le mensonge est le seul contenu. Enfin, l'« enfer » c'est l'épreuve de soi vidé de tout sauf de sa haine, vidé de toute présence de l'Amour. L'« enfer » c'est le refus du *pardon*, son absence. L'« enfer » c'est le Moi blessé par l'absence de l'Amour et sa blessure est, peut-être, éternelle.

Derrière le cri de haine et de désespoir ne réside-t-il pas un manque incurable d'être aimé ? Dans l'état de mal être où plus rien n'est vrai, même pas la vérité du mensonge, reste-t-il autre possibilité ? Reste-t-il une possibilité autre que l'« Impossible » ? Dans l'impossibilité de possibiliser l'Amour, émerge-t-il une possibilité autre ?

La *dif-férence* oblige

Par la force de l'absurde, le réel se fonde, pour l'orgueilleux, sur quelque chose qui, pour un *instant*, a rompu tous les liens avec le réel. Il y a un moyen de donner sens à cette situation et à cet état, où l'orgueilleux se trouve condamné et jeté dans le « néant » de son mensonge, dans le « solipsisme » de sa haine et dans le « désespoir » d'être aimé selon sa propre volonté. Selon Bernanos : « L'enfer, c'est de ne pas aimer », c'est désespérer. Refuser d'aimer, c'est refuser, par le fait même, d'être, c'est devenir un *je divisé, clivé, tourmenté* par un « mal d'être » insupportable et inconsolable. Refuser l'Amour, c'est devenir soi-même un enfer en soi, l'enfer en personne, l'enfer en chair et en os. On peut comprendre, ainsi, Jean-Paul Sartre quand il dit : « L'enfer, c'est les autres ». L'enfer, c'est les autres, car à chaque fois que je les regarde, sans amour, je souffre et j'éprouve mon impuissance, ma haine de soi et un désespoir qui s'intensifie jusqu'à l'éclatement d'un *enfer ontologique* qui contamine la totalité de mon être.

Mais Bernanos ajoute : « l'espérance c'est le désespoir surmonté ». On surmonte le désespoir de vivre, notre vanité immortelle, seulement, par l'Amour, car on n'aime que ce en quoi on poursuit quelque chose d'inaccessible, on n'aime que ce qu'on ne possède pas. Or la réalité, même celle des choses, et à plus forte raison celle des êtres, n'est vraiment réelle, que si elle ne nous appartient pas, parce qu'elle n'est pas à nous et qu'elle n'a jamais été. Espérer en l'autre, c'est être émerveillé par sa présence qui devient, par mon espoir même, plus qu'une présence, un *surcroît d'être*, une *ontologie saturée* par l'Amour, une présence salvifique. Par l'Amour qui espère en l'autre, l'homme n'est plus un « loup » pour l'homme, ni un « enfer », mais un espace de salut. Gabriel Marcel disait: « Le ciel, c'est les autres » ; si l'enfer, c'est de ne pas aimer l'autre et surtout soi-même, le ciel, c'est d'ouvrir son intimité souffrante et désespérante à l'accueil de l'Amour, à son *avènement salvifique*, à sa *demeure ontologique*.

L'Amour est donc passion, désir de l'Autre comme *dif-férent*, désir de la *dif-férence* de l'Autre et non de ce qui m'est identique en lui. La *dif-férence*, en ce sens, reste ce qui rend impossible toute identification et toute appropriation de l'Autre, et ce qui rend possible *l'aban-don* de soi à l'avènement de l'Amour. Désirer l'Autre c'est désirer sa *dif-férence* infinie puisque insurmontable. Désirer l'Amour c'est désirer sa *dif-férence* avec moi, ce que je ne possède pas. Ce qui fait que le désir, tant qu'il cherche l'infini dans l'Autre, échappe à toute tentative de possession ou de fusion possible. La recherche, ici, ne peut être purifiée de toute tentative de possession, que par la pauvreté même du Moi comme *aban-don* et comme *par-don*. L'épreuve de soi, comme *aban-don* et comme *par-don*, demeure la seule vérité qui puisse éveiller le Moi et l'amener vers la réalité de son être. Par-donner c'est apprendre à exister réellement et originairement. Seule l'épreuve du par-don a le pouvoir d'enseigner au Moi les signes de l'existence comme *aban-don* de soi à l'altérité originaire, à l'Amour. Eprouver le *par-don* c'est s'éprouver soi-même, et par le fait même dévoiler les signes de la vérité originaire de son être, comme signes de *par-don* et de don de soi, comme signes de *dif-férence* et de pauvreté, mais jamais d'indifférence et d'oubli de soi.

L'espérance de l'Amour, ou le désir de l'infini, impose à l'orgueilleux le respect, il l'oblige sans lui obliger, car l'obligation, en ce sens, est d'un autre ordre que celui de la force selon le monde. La *dif-férence* est infinie parce qu'elle est originaire, elle se montre comme *l'alpha et l'oméga* de toute relation du Moi avec soi-même et avec les autres. Elle impose et propose en même temps un renoncement à la toute puissance mondaine et à la vanité de la liberté pervertie du Moi solitaire, solipsiste, parce qu'orgueilleux.

Pour autant, la déchirure et la blessure narcissique, bien loin de se limiter à la seule destruction de la totalité de l'être, peuvent lui être un moyen crucial de salut. Le Moi tout entier prend d'avantage conscience de ses dimensions et de la réalité de son être qu'il n'eut été possible dans les moments faibles et dans la paix naïve. Entre le pouvoir et la perte, le Moi s'élève vers une intensité de vie accrue. Il prend de lui-même une conscience ouverte à ce qui le dépasse, à ce qui échappe à son *hégémonie* ; c'est l'honneur des grands caractères d'être coupable disait Hegel. La défaite de la conscience apprend au Moi que l'humanité ne suit pas une ligne toute droite, mais évolue dans l'alternance des ruptures consécutives et des déchirures mortelles, d'un retour sur elle-même, d'un retour à l' « Impossible » en elle-même : à *l'ennemi-ami*.

Par sa défaite, la conscience est placée face à sa facticité originaire, face à ses limites et face à ce qui dépasse ses limites. Avant de se décentrer par l' « Impossible », la conscience de soi doit passer par une phase ou par une expérience de lutte et de souffrance contre ce qui est mensonge et non originaire en elle. Pour échapper à la répétition indéfinie du Même, la conscience doit, comme le dit Hegel, se distinguer positivement de son contenu, c'est-à-dire de toutes les perceptions et les fantasmes extérieures. L'obligation de l'Amour, comme épreuve de soi, donne accès au chemin où passe ce que nous ne connaissons que du jour, là où notre souffrance est ce qui est le plus intime en nous. L'épreuve de la perte de soi est féconde et bénite à chaque fois qu'elle s'ouvre, malgré sa gravité, à l'altérité de l'Amour. Le « désastre » de l'Amour commence au moment où le Moi *s'aban-donne* à la *pauvreté originaire* de l'Amour qui mène nécessairement au *par-don*. La *dif-férence originaire* provoque le désir que l'*indifférence* étouffe. Dans l'Amour des choses et des êtres le Moi apprend à découvrir l'infini de l' « Impossible » inaccessible sans amour. L'Amour ouvre l'accès à l' « Infini », à l' « Impossible », à l' « Inconcevable », dans l'*instant* même où l'épreuve de la souffrance risque de dépasser les limites du Moi souffrant : « J'entends encore, comme si c'était aujourd'hui, Levinas me faire part de son étonnement que des penseurs aient pu s'imaginer que l'étonnement devant le fait que quelque chose soit, plutôt que rien, était le point de départ radical de la métaphysique. Puis il ajoutait qu'à ses yeux le fait que sur une terre aussi cruelle que la nôtre quelque chose comme le miracle de la bonté ait pu apparaître, était infiniment plus digne d'étonnement[1]. »

Déjà perdu

Etre riche, c'est posséder quelque chose dans le monde ; alors que toute richesse mondaine est une pauvreté ontique et même ontologique face à la perte de tout ce qui est *déjà-perdu* dès la naissance. Naître, c'est être un *être-déjà-perdu*, un être déjà mourant, un être en avance sur sa mort, en surcroît. Tout ce qui est a pour mode d'être la perte ; la perte est constitutive du tout mode d'être. Telle est l'essence de l'être, sa pauvreté originaire. *Déjà-perdu*, telle est la pauvreté originaire de l'être, la constitution de son être. En tout temps, à chaque instant, il se produit dans l'être une identité en mouvement, un changement permanent, une perte sans arrêt, sans perdre l'excès même sur la mort dans son sens ontologique. *Déjà-perdu*, telle est le fondement de la vie, le sens de l'existence, sa *mêmeté, sa mienneté même*. La perte, en nous, refuse toute possession car elle est en soi une *anti-possession*, elle refuse toute stagnation tant que le mouvement est sa nature.

D'Aristote à Philon et à Plotin, en passant par les Stoïciens, toute une philosophie « substantialiste » qui identifie l'absolu à l'immobile (ἀχίνητον). La majesté est dans le repos, son siège est un trône qui résiste à tout mouvement et à tout changement : craignez le tumulte et le mouvement, car le châtiment est « d'avoir voulu changer de place ». Sous une forme

---

1 Jean Greisch, Heidegger et Levinas interprètes de la facticité, in Emmanuel Levinas : *Positivité et transcendance*, suivi de *Levinas et la phénoménologie*, sous la direction de J.-L. Marion, Paris, PUF, 2000, p. 206.

différente, Fénelon écrivait dans *Le Gnostique* que l'homme vertueux n'est pas un homme traqué, et il ignore l'inquiétude ; « timor et tremor » lui sont également étrangers. Comment ne pas s'étonner dans ces conditions, que notre perte soit un *surcroît* sur notre parure ?

L'épreuve de la perte comme *aban-don* de soi à l'Amour détruit toute richesse, brise tout pouvoir, clive toute tranquillité stagnante et toute possession, sans recourir aux preuves de la raison démonstrative. L'épreuve de l'Amour en soi, comme pauvreté originaire, surpasse en nous tous les jeux de la raison, sans détruire le rôle principal de la raison. Surpasser les jeux de la raison, c'est surpasser les jeux de maîtrise et de possession de la raison suffisante. Une telle expérience n'abolit pas la rationalité, mais en la comprenant dans son essence comme volonté de vérité et d'Amour, l'amène à son achèvement et à la saturation de sa blessure narcissique. L'expérience comme épreuve de *l'aban-don* de soi fait éclater la figure du don de l'Amour à soi comme un don radicalement « pauvre » en orgueil et absolument « riche » en patience et en confiance. De même que l'attribut indestructible est le fait d'être destructible, par quoi la perte de soi est inconditionnelle, de même, tant que l'orgueil empêche de consentir à recevoir le don originaire, on est impuissant face à tout don de soi, face à toute perte. L'être ne doit pas être ce que le Moi peut s'approprier, en se déclarant le propriétaire. Cette exigence même expose le Moi à une autre modalité, en perdant tout ce qui est propre sous le règne de la volonté de puissance.

Passer de sa volonté à une autre volonté, celle de l'Amour, mène le Moi de l'évidence à l'obscurité, de la confiance en soi-même vers la confiance en l'Amour, de la sécurité vers l'insécurité, de la tranquillité vers l'angoisse du risque, du gain et de la possession vers la perte et *l'aban-don* de soi. C'est l'événement imprévu et absurde de la perte qui révèle la « mêmeté » du Moi, celle qui continue à perdre tous les jours du mois, toutes les heures de chaque jour, tous les instants de chaque heure. A chaque instant le Moi est *trans-percé* par le débordement de la perte en lui, de l'excès de la perte sur son propre être. Rien n'ouvre un dehors ; la perte remplit tout l'espace. Rien n'est plus encombrant que la perte de soi qui n'est plus un fardeau sur ses épaules qui l'écrase et le fatigue. Elle est le tout de son être et le tout de tout ce qui est différent de son être. Elle remplit son intimité et elle sature toute étrangeté et toute altérité. Elle est tout et rien en même temps. A chaque essai de la dépasser, il se retrouve dépassé par elle, il arrive toujours en retard et il se retrouve comme *être-déjà-perdu*. Il ne doit plus rien en attendre pour soi, car toute la pesanteur de son être et tout le désespoir de sa présence s'anéantissent dans l'absoluité de la perte. Il n'y a plus de place pour soi dans son intimité, il n'y a plus de surface disponible pour son identité, il n'y a plus de lieu possible pour poser sa demeure. La perte, en ce sens, prive le soi-même du « Même » qui l'identifie et l'expose comme un soi séparé même de son esseulement comme propriété. Je suis seul sans esseulement ; ma solitude ne m'appartient plus. Rien ne m'appartient ; surtout pas ma mort. Je suis immortel et c'est affreux. Je veux mourir, mais la mort ne veut plus de moi. Je suis malade et ma maladie est inguérissable. La perte demeure en moi par son extrême absence et son énorme présence. Etre constitué comme être et être destitué de mon être forment un seul acte, un seul soi, une seule réalité.

La tragédie, qui fait toute l'angoisse du Moi, réside dans son espoir d'alléger les sécheresses, de continuer à lutter pour s'approprier son être et affirmer sa maîtrise et sa jouissance. La tragédie de l'être, c'est que l'être est sans tragédie, et le pire c'est de croire qu'il en est le héros. Descartes dit bien que l'âme pense toujours. Mais il en est si peu convaincu, il a si peu de garanties qu'il lui faut inventer toute une « mnémotechnie artificielle[1] » pour combattre les étourderies de l'inconscient, combler les lacunes de l'oubli, déjouer les niches du malin génie blotti dans tous les intervalles, et restaurer ainsi sa propre confiance. Qui sait si demain succédera à aujourd'hui ? Si le temps ne nous jouera pas quelque tour pendable ? Notre être porte en soi une contradiction ironique : il n'est pas de vie sans mort, de gain sans perte, de don sans *aban-don* et tout est renversé soudainement : Il n'y a plus de mort sans vie, de perte sans gain, *d'aban-don* sans don. Ce qui est en jeu, ici, c'est le jeu lui-même. Celui qui joue devient l'objet même de son propre jeu ; il devient un jeu sans jeu, un jeu qui a perdu contrôle sur son propre jeu. Le jeu continue seul sans avoir besoin de quelqu'un pour jouer. Le jeu n'a plus besoin de joueurs, il n'a plus besoin de jouer, il n'a plus besoin d'une tragédie, il est devenu infini. Etre soi sans mêmeté, c'est la réalité de *l'être-déjà-perdu*, fatigué sans fatigue, passif sans passivité, souffrant sans souffrance, mourant sans jamais mourir.

Pascal et Kierkegaard ont fustigé la conscience, pour qu'elle ne piétine pas ; de la vouloir mendiante, tremblante et suppliante ; de lui dénier tout don inaliénable. Même Fénelon qui a tant fait pour calmer son inquiétude désapproprie la volonté jusqu'à l'extrême pointe de l'humilité et du dénuement. Toujours plus loin, toujours plus en avant ! Il ne faut pas dormir pendant que le monde est en agonie ! Celui qui s'installe, qui se complaît dans son honneur et sa sagesse, comprendra la vérité de son être le jour de la perte : *il étouffera dans la graisse et le luxe de sa perfection*. Loin que l'impossibilité d'échapper à soi ne soit que l'envers de la puissance par laquelle le sentiment s'empare de soi et cohère avec soi, l'impuissance comme pauvreté, anéantit, ici, le pouvoir d'être soi par soi censé se constituer en elle. La pauvreté originaire creuse une *dif-férence* originaire entre le Moi et le soi en lui, entre le Moi et son double.

---

1   Jankélévitch, *Les vertus et l'amour*, I, Flammarion, Paris, 1986, p. 17.

La perte qui n'est jamais assez pauvre se dérobe à toute limitation, à toute mesure, pour se dévoiler, non comme infinie, mais pour dévoiler la dimension de l' « Infini » en elle, ce qui est originaire en elle. La perte conduit à l'anéantissement de toute puissance, de toute activité autonome et de tout pouvoir subjectif, là où le Moi devient de moins en moins capable d'exercer une maîtrise sur soi, une possession de soi, une appropriation de son être. L'essentiel, ce n'est pas le surgissement du Moi, son *individuation*, ni son *dé-sindividuation*, mais l'éclatement de l' « Infini » en lui, son origine. La perte, en ce sens, n'est pas le signe de la naissance du soi ni de son anéantissement, mais le signe de l'avènement de l' « Infini » en lui, de son advenu, de son éclatement.

La perte du Moi ne témoigne pas de soi, mais de celui qui la fonde et qui la mène vers son achèvement, vers sa fin, vers le dépassement de ce qui n'est pas assez pauvre en elle. La perte du Moi n'est pas assez pauvre parce qu'elle manque son achèvement, elle arrive toujours en retard et rate sa fin. Son arrivage est manqué, elle porte toujours sa propre facticité. Le pouvoir de sa propre perte n'est pas un mouvement qui, se mouvant en soi-même, coïnciderait en chaque point de son être avec soi, mais un mouvement qui s'éprouve dans sa non-coïncidence avec soi-même, c'est-à-dire d'abord dans l'impossibilité de coïncider avec soi, mais ensuite dans l'impossibilité de rester dans un rapport de non-coïncidence avec soi-même. Le pouvoir de la perte est aussi un pouvoir contre elle, une perte tournée contre elle-même. Or, et là est le point essentiel, car il faut faire un pas de plus, un surcroît sur sa propre perte comme impossibilité de coïncider avec soi. L'obstacle que rencontre la perte dans l'épreuve qu'elle fait d'elle-même, ne lui vient d'ailleurs que d'elle-même. C'est au sein de la perte que surgit la matière qui résiste : « la fatigue et la lenteur ».

L'impossibilité même de fuir son être, de refuser l'être, et par le fait même, l'impossibilité de coïncider avec son être, imposent la perte. Le Moi ne prend en charge sa perte qu'en prenant à son égard une distance, mais une distance forcée. Cette distance forcée prive le Moi de se porter lui-même et par le fait même de se prendre soi-même sur soi. S'éprouvant lui-même, il s'absente en même temps de lui-même. Ainsi, être, pour le Moi, c'est par le fait même ne pas être. Ne pas être ce n'est pas le néant, mais une position de *dif-férence* par rapport à soi : « Le je recule par rapport à son objet et par rapport à soi, mais cette libération à l'égard de soi apparaît comme une tache infinie[1] ». La perte montre son impuissance, sa passivité mais aussi montre un pouvoir en acte dans son inactivité même, un attachement à soi. C'est ce qui fait que la perte n'est pas assez pauvre, elle n'est pas infinie, elle porte

---

[1] E. Levinas, *De l'existence à l'existant*, *Ibid.*, p. 143.

toujours les traces de la volonté de la puissance et de la conscience orgueilleuse et prétentieuse. La souffrance, ici, n'est pas une vraie souffrance, elle n'est pas une souffrance saturée par l'arrivage de l'Amour, car elle est encore le signe de l'éveil de la ruse et de l'orgueil. C'est une perte manquée, il lui manque la pauvreté de l'Amour, l'élan de la « folie », de l' « Infini », de l' « Impossible ». La pauvreté, comme signe de perte de soi, est la seule propriété du Moi. Parce qu'elle est radicale et globale, la perte révèle l'origine du Moi et sa vocation d'être *l'être-déjà-perdu,* la pauvreté de l'Amour, sa « folie » ; la perte ne saurait être comparée à aucune autre. Le caractère originaire de l'épreuve de la perte vient de ses propres lois, celles de l'Amour, où *l'être-déjà-perdu* n'y peut rien faire que de l'accepter et de *s'aban-donner* à la folie de sa *dé-mesure. L'aban-don de soi,* étant une épreuve d'amour, est le signe d'une faculté de libre consentement. Mais ce consentement doit être « émerveillé » par l'Amour pour advenir à sa liberté comme étant une liberté altérée par l' « admiration » qui change tout. Le Moi ne possède réellement rien d'autre que le pouvoir de perdre, un pouvoir d'impuissance originaire, un pouvoir qui seul mène vers la pauvreté de l'« Impossible ».

Par contre, le pouvoir sans amour devient désir d'autonomie radicale et lutte contre toute impuissance face à la perte. L'Amour transforme le pouvoir en désir *d'aban-don,* en une pauvreté saturée et portée par l'admiration de l' « Impossible », par un « événement » qui n'appartient pas au monde du possible.

Aussi longtemps que la pauvreté « saturée » par l'Amour me met véritablement à l'épreuve, elle m'apprend à la connaître comme sens ultime de ma vie, sans la représenter dans l'horizon de ma conscience comme une de ces connaissances qui m'indiffèrent. Le sage, en ce sens, n'est plus vu collectionneur d'honneurs, l'homme parfait, qui réunit en sa personne les excellences complémentaires, mais il est plutôt la simplicité d'un cœur aimé et disponible à l'Amour. L'assortiment des perfections futiles et brillantes paraît chose bien vaine et inessentielle, auprès de la pauvreté qui est richesse dans sa simple nudité jamais facile à atteindre. Pourquoi ?

Une question sans réponse

Découvrir l'Autre qui me tombe subitement, c'est une épreuve qui me soumet, malgré moi, à la présence absolue du *non-moi,* à son étrangeté non identifiable. Une étrangeté qui vient établir une *dif-férence* séparant le désir du besoin, c'est-à-dire séparant l'Amour de la jouissance, de la jalousie et de la haine : *Un étranger revenu, du temps très ancien, vient de me faire mal.* L'inquiétant étranger vient frapper au bon endroit, là où *l'incision en pleine chair* ne rate jamais son coup parce qu'elle *ré-ouvre* une ancienne cicatrice, une cicatrice originaire, une cicatrice de la *dif-férence*, la blessure de l'Amour. Le haineux ou le Moi narcissique, certes, est très passionné, mais il se trompe d'objet, car il ne sait pas et il ne veut pas savoir que son Moi n'existe qu'à travers un Autre et pour lui, un Autre oublié depuis longtemps qui revient toujours éprouver le Moi dans son intimité. La souffrance originaire, dont le Moi cherche à fuir par l'oubli, par le mensonge et par la haine, s'impose à lui comme un « Autre », indéfiniment inaccessible et non identifiable. L'Autre réellement autre que Moi et donc seul véritablement autre et seul capable de me poser la question : « qui es-tu ? », « Où vas-tu ? », « M'aimes-tu ? » Le Moi n'est pas l'Autre, tout au plus peut-il être un autre, un autre Moi mais pas l'Autre. Seul l'acte *d'aban-don de soi* permet à l'Autre son dévoilement, parce que la relation entre eux est d'un autre ordre, celui de l'Amour.

L'Amour n'est jamais l'objet d'un savoir, sauf pour le narcissique, parce qu'il est l'occasion d'un mystère. « Pourquoi ne suis-je que moi ? Je voudrais être lui[1] ». Ce cri est un cri d'une souffrance très profonde et jamais consolable. Rien ne ressemble autant à un cri de souffrance que le sentiment de la perte de l'intimité du Moi, son autonomie. Ce cri a son origine en-deçà du Moi. Il échappe à l'intimité du Moi et l'oblige à reconnaître que l'Autre existe fort bien sans lui en lui. Le Moi souffre parce qu'il est forcé de s'oublier, parce qu'il est mis par l'Autre hors du jeu, où son Moi joue habituellement le rôle principal de maître de la situation. Ces moments là montrent la nudité du Moi et sa contingence face au mystère de l'Autre. Quel « Mystère ? » Quand nous aimons, c'est-à-dire quand la présence de l'Autre en nous nous semble mystérieuse. Dès qu'il tombe amoureux de l'Autre (Fall in love), le Moi cesse immédiatement d'être une connaissance objective, pour se transfigurer en dignité de « Mystère ». Le « Mystère », en ce sens, est le mystère de l'Autre qui échappe à toute représentation. Seul l'Amour peut dévoiler ce mystère, car l'Amour est le « Mystère » par excellence qui seul dévoile le mystère de l'Amour. Le Moi, face au mystère de l'Autre, adopte d'abord un comportement de fuite et de retrait. Au lieu de faire face, il esquive : *Je ne peux pas être Moi, ni l'amant*. Le déni de soi-même aboutit au déni de l'Autre, c'est-à-dire sûrement au déni de l'Amour. Seul l'acte *d'aban-don* de soi peut révéler l'existence réelle d'un mystérieux rapport entre le Moi et l'Autre. D'où la nécessité de « l'apprentissage des signes[2] » de l'Amour. Des signes qui instaurent un rapport qui n'est plus à la mesure du Moi, ni à la mesure de son monde.

---

1 Gilles Deleuze, *Proust et les signes*, PUF, Paris, 1971, p. 7.
2 G. Deleuze, *Ibid.*, p. 8.

La souffrance causée par *l'aban-don* de soi est certes lourde à porter, mais elle est encore plus quand le poids du désespoir et de la fuite, pour être seul sans l'Amour, vient hanter la faillibilité du Moi pour l'asservir et l'isoler dans une condamnation sans fuite ni dérobade. Quand elle se réalise, la souffrance atteint profondément celui qui l'éprouve comme *la foudre,* et le met sous la lumière obscure de la vérité de l'Amour. Une souffrance qui, semblant venir de nulle part, creuse l'être jusqu'à atteindre l'éclatement du mal en lui et son étouffement. Eclater et étouffer le mal de l'être semble être l'épreuve même de la souffrance.

Le mal de l'être est, au fond, le « mal d'être » ; c'est la passion du mensonge que le Moi se fait par rapport à la vérité de son être, pour cacher l'impuissance de toute connaissance théorique consciente quand elle prétend comprendre l'Autre par ses propres moyens. L'insatiable besoin d'une connaissance ontologique de l'*Autre* aboutit inévitablement à un échec, puisque le Moi, incapable de sortir de son propre point de vue, même quand il fait enquêter objectivement l'Autre pour avoir un autre point de vue qui ne soit pas le sien, ramène toujours tout à lui : *le pauvre mortel*, aliéné par son « mal d'être ». Il essaye toujours de se mettre à la place de l'Autre, incapable qu'il est de lui céder la sienne. Dés lors, le mystère de l'Autre se déplace, dans son esprit, en direction d'une ontologie de l'Autre en lui. Réduit et constitué par sa propre conscience, l'Autre devient sa propre image, sa propriété.

L'Amour, quand on se borne à vouloir le connaître théoriquement sans lui reconnaître sa *dif-férence*, n'est-il pas comme déjà mort ? Le mystère de l'Amour est, en effet, analogue au mystère de la mort, l'un et l'autre, l'Amour et la mort, étant ce qui est absolument différent de notre Moi conscient pour qui la vie c'est, en priorité, la conscience de soi. D'où l'inexprimable horreur, qui n'a plus de noms dans aucune langue que celle de l'étrangeté merveilleuse et terrible en même temps, de ce qui n'est absolument pas moi. L'inexprimable horreur de cet *autre monde* qui n'est pas le sien, et la frustration radicale d'un Moi qui n'y est pas du tout identique à l'Autre. Le caractère infernal du « mal d'être » et de la haine est engendré par une telle frustration, parce que si « l'on est jaloux que de soi-même *»*, on est encore jaloux de ne pas être ce qu'on n'est pas : L'Autre, origine de soi-même. Le Moi finit d'ailleurs par confesser à lui-même d'abord, son véritable vice, comme responsable de sa propre damnation et de celle de l'Autre en lui, quand il reconnaît, au fond, que son « besoin de savoir » cache mal un désir insatisfait de pouvoir. La haine, en tant que passion et besoin d'assimilation de l'Amour sous prétexte de la connaître jusque dans son essence même, est la négation de ce qui est essentiel en soi : la *dif-férence originaire*. L'invention pervertie de l'Amour ne conduit pas à sa découverte, ni d'ailleurs à l'invention du Moi, mais à une aliénation du

Moi dans l'illusion de posséder l'Amour, c'est-à-dire au « mal d'être » ou à la haine de soi. Car l'Amour ne se manifeste, dans son étrangeté, que dans l'intimité du Moi. Il fait signe en direction d'autre chose que l'être identifiable, identique à lui-même ; à ce fait qu'il est autrement qu'être ou bien appropriation de l'être. Il est dans la mesure où il donne lieu à penser parce qu'il donne autre chose que la pensée. Et quand il donne lieu à penser à autre chose et autrement, il *symbolise*. Il symbolise quoi ? La pensée qui fait signe à autre chose qu'elle-même est à découvrir, car de tels signes indiquent un cheminement à faire vers une *vérité nouvelle,* une vérité où on risque soi-même, c'est-à-dire où on risque tout, même la pensée. Une vérité de dé-propriation dévoile ce qui est caché, en nous, depuis longtemps, depuis notre naissance même. Une *vérité nouvelle* montre que derrière la pensée de l'être se cache l'Autre, plus originaire que l'apparence de l'être et sa représentation. Elle transforme la « chôséité » de l'être, son apparence, sa visibilité en signification, en mystère en surcroît qui dépasse la banalité de l'être et sa propriété. Pour découvrir ce mystère, il faut apprendre les signes de sa découverture, de son dévoilement. Les signes montrent le chemin vers l'Autre, l'origine de toute chose et de tout être. Pour découvrir l'Autre, il faut faire l'expérience de sa présence en soi d'abord, où tout commence. La présence de l'Autre se manifeste à travers sa *dif-férence* originaire avec le Moi, tout en instaurant un chemin où la purification est radicale. Sur ce chemin, le danger en question ou le risque de soi est constitutif de l'ipséité elle-même. C'est pourquoi cette vérité nouvelle ou bien l'autre ordre ne va jamais non plus entièrement sans l'épreuve de souffrance, celle de se perdre, de *sup-porter* sa propre perte et de porter le mal d'être. Descendant de plus en plus vers ce qui est originaire, par la profondeur de l'épreuve de la souffrance, on atteint le mystère de l'Autre, le mystère de l'Amour : « Je souffrais, dit-il, jusqu'au fond de moi-même, jusque dans mon corps, dans mon cœur, bien plus que ne m'eut fait souffrir la peur de perdre la vie ». L'expérience de la souffrance fait pénétrer le Moi souffrant dans une profondeur de douleur particulière et réelle, loin de toute curiosité, comme si la réalité seule était profonde et donc originaire. L'intelligence de la curiosité ne pouvait rester que superficielle, car elle n'est rien à force de n'être personne, elle est de même nature que celle de la dictature du « On » dans un sens heideggérien.

L'expérience de la souffrance est un dialogue de voix réelles et intérieures entre le Moi propre et l'*altérité originaire* en soi, entre l'amour de soi-même, et l'amour de l'Autre en soi-même. Toutes les passions impures, comme la jalousie, la haine, l'envie, le ressentiment, se retournent d'abord contre elles-mêmes ; elles cherchent à sacrifier l'Autre et à le représenter comme l'étranger menaçant, comme un « bouc émissaire », au lieu de sacrifier leur propre impuissance à aimer vraiment. Le désir de connaître l'Autre comme soi-même, sans amour et sans reconnaissance de son essentielle altérité, le besoin de réduire l'Autre au Même par incapacité d'admettre sa différence, engage le Moi dans une poursuite à l'infini d'un objet insaisissable. D'où la nécessité de la purification du désir de tout ce qui n'émane pas de l'Autre, de l'Amour. Quand il n'est pas reconnu dans sa *différence*, l'Amour devient fatalement un objet de possession, et cet objet est le « mauvais infini » : « C'est que l'amour et la souffrance sont une seule et même chose, et que la valeur de l'amour est la somme de ce qu'il faut payer pour le goûter, à chaque fois qu'on l'obtient à bon compte, on se vole soi-même[1]. »

La souffrance est, donc, l'expression d'un *mystère* insaisissable de la *familiarité-étrangeté* de l'Autre ou de l'Amour. Elle ressemble à un couteau qui non seulement blesse, mais qui également brise et déchire, une à une, toutes les passions impures qui attachent le cœur à ses possessions et à ses idoles. Cela fait que la question de la connaissance de l'Amour ne se pose plus de la même façon, parce qu'elle n'est plus une question d'ordre logique ou de curiosité, ni même pas un besoin à combler par la possession, mais une *question sans réponse*, un désir sans objet et sans possession. L'Amour n'a pas à se justifier, il répond de lui-même dans l'évidence de la souffrance éprouvée par *l'être-aban-donné,* dans une *dif-férence* indéfinie et infinie. En ce sens, l'acte *d'aban-don* de soi n'est plus une perte imposée par la nécessité de son être comme *être-pour-la-mort* dans un sens ontologique, comme perte limitée par la mort et par le néant. L'acte *d'aban-don* de soi devient le signe d'un surcroît sur son être propre, un saut dans un autre ordre, celui de l'Amour. La perte du Moi devient un acte *d'aban-don* de soi à l'Amour lui-même dans un rapport de *dif-férence* toujours originaire.

---

[1] W. Faulkner, *Les palmiers sauvages*, tr. fr. de M. E. Coindreau, Paris, Gallimard, 1977, p. 53.

CHAPITRE III

Connaître l'Autre c'est l'aimer

1- *L'aban-don* est le commencement de l'Amour

L'aban-don de soi est la condition originaire de l'être

L'Amour n'est pas un objet de connaissance, Il ne peut être connu par le « Je transcendantal » comme un autre Moi, ou bien comme un objet représenté par la conscience. Il est *dif-férent*, car insaisissable, un mystère à découvrir et à se découvrir à travers lui. Il importe de souligner que la transcendance de l'Amour, par rapport au Moi qui en est séparé et qui le pense, mesure, si l'on peut dire, son infinitude même. L'Amour est l'absolument autre, sa découverte en moi est le découvrement de ce que je ne suis pas. Il échappe à toute tentation d'appropriation et à toute tentative de l'insérer dans un moment de la conscience de soi. Sa vérité n'est pas ce qu'il devient pour moi, car le but, à ce niveau, n'est pas de rendre le Moi conscient grâce à la médiation de l'Amour. La connaissance de l'Amour n'est pas une connaissance dialectique qui part du principe que deux consciences (de soi) ne peuvent d'abord que s'affronter dans un duel : c'est lui ou moi, tout pour moi rien pour lui. La conscience « a priori » exclut l'Amour comme autre pour le recréer comme un « autre moi ». Penser l'Amour dans sa transcendance, ce n'est donc pas penser un objet. De cette présence dans la pensée d'une idée dont l' « idéatum » déborde la capacité de la pensée, s'affirme la valeur du délire qui vient de l'« Infini », ou bien de la « pensée ailée », sans que pour autant le délire prenne ici un sens irrationaliste[1]. Il est par contre la fin de la pensée solitaire et mesurable ; il est le début d'une expérience du *nouveau* qui nous affecte et du *noumène* – déjà Désir[2].

---

1 Cette présence dans la pensée d'une idée dont l' « idéatum » déborde la capacité de la pensée, ne témoigne pas seulement, selon Levinas, de la théorie de « l'intellect actif » d'Aristote mais, très souvent, Platon, qui selon lui, la valeur du *délire* qui vient de Dieu, est *une rupture, d'essence divine, avec la coutume et la règle*. Dans Phèdre, 265 a. Voir aussi *Parménide,* 133 b – 135 c ; 141 e – 142 b. Cité par Levinas, dans *Totalité et Infini, Ibid.*, p. 41-42.
2 *Ibid.*, p. 42.

La connaissance de l'Amour est une expérience avec l'Autre en soi-même. C'est une expérience qui commence par la perte du Moi de ce qui est propre en lui pour accéder à l'*altérité originaire,* autre que lui. Connaître l'Amour c'est *co-naître,* c'est naître avec lui et pour lui. Naître avec l'Amour c'est faire naître son « admiration » en soi, l'admiration de sa *dif-férence.* L' « admiration », la première de toutes les passions selon Descartes, est ce détournement du Moi vers l'Autre et jamais contre lui : « L'admiration […] qui a pour objet une chose corporelle n'a cette chose pour objet qu'en tant qu'elle apparaît et qu'avec son caractère « nouveau », « rare », « extraordinaire » inattendu, sa seule apparition fait événement[1] ». L' « admiration », pour nous, est un acte *d'aban-don,* un *se donner* à l'Amour et un *se laisser être étonné* par lui. Admirer, c'est aimer et aimer c'est se laisser être, s'aban-donner à celui qu'on aime. Le fondement de toute connaissance est l'Amour comme acte *d'aban-don* de soi, comme *se laisser être par son admiration*. Connaître l'Autre c'est l'aimer.

La signification s'accomplirait avec l'apparition de ce qui échappe à l'apparaître, à ce qui ne peut être un objet de connaissance ou bien une représentation. Ce que l'on cherche, ici, c'est une signification antérieure et indépendante de tout contenu et de toute communication de contenu. Une signification qui peut se fixer par l'expérience du « Mystère » qui y induit un *non-statut* et signifie rupture avec la rationalité du fondement et le plan thématisable de l'ontologie. La signification précède notre appréhension, loin d'en résulter. Nous ne la prévoyons pas, elle nous prévient et nous détient dans un étonnement face à son surgissement imprévisible. Pour *co-naître* avec l'Amour, le Moi doit perdre non seulement sa place, mais son être même, sa propriété, sa « mienneté ontologique ». Le Moi est dénudé, exposé à ce qui le dépasse, exposé non à un monde représenté toujours à la mesure de la conscience, mais ouvert à l'Amour qu'il ne contient pas : « Il se trouve seulement dans sa peau, mais la peau n'est plus protection – elle est modalité de l'exposition sans protection[2] ».

L'aban-don de soi constitue la condition originaire de l'être, et cette condition même est telle que l'être n'est pas sans *aban-don*. Il ne *s'aban-donne* qu'en n'étant pas l'auteur principal, ni le sujet unique de cet *aban-don*. L'être ne peut achever sa plénitude que par sa propre perte, sa

---

1 R. Descartes, *Œuvres et lettres*, éd. de la Pléiade, Gallimard, Paris, 1949. *Les passions de l'âme*, Seconde partie, art. 53, p. 584-585. Voir D. Kambouchner, *L'homme des passions. Commentaires sur Descartes*, Paris, 1995, t.1, p. 295. Voir aussi J.-L. Marion, *Étant donné, Ibid.,* p. 281.
2 Emmanuel Levinas, *Dieu, la Mort et le Temps, Ibid.,* p. 181. Voir aussi Silvano Petrosino dans *La Vérité nomade*, Paris, La Découverte, 1984, pp. 44-48.

désappropriation, son *aban-don* à l' « Infini » qui le dépasse. La plénitude de l'être est la plénitude de la perte en lui, la plénitude de son *aban-don*. *L'abandon* de son être signifie que le Moi ne tient plus à lui-même, est indépendant de son Moi propre, de la propriété de son être. Le Moi n'est possible qu'à partir de sa propre perte et de son *aban-don* : « La voix déjà est un abandon[1] ». Le Moi est l'œuvre de *l'aban-don* plus que *l'aban-don* n'est son œuvre. Il est un pouvoir à s'aban-donner, mais en même temps il est impuissant face à l'œuvre de *l'aban-don* en lui : son pouvoir est le pouvoir de l'impuissance en lui. Il n'est que par son *aban-don*, alors que *l'aban-don* en lui n'est pas son œuvre, mais l'œuvre de son impuissance, de sa passivité originaire ; l'œuvre de l'Amour en lui. Autrement dit, le Moi est l'œuvre de sa propre dépossession, de la perte de toute possession en lui, de sa séparation de toute propriété, de tout ce qui est sien. Il s'agit de penser la « mienneté » comme perte de ce qui est propre en elle, de tout ce qui peut s'approprier en elle. La perte de soi, tout en étant ontologique, révèle un surcroît de sens, une générosité, un débordement. Tout en réduisant le pouvoir de l'être : sa propriété, elle l'ouvre à ce qui est originaire en lui, à sa gratuité originaire. La perte, ici, n'est pas un oubli de soi, ni une aliénation de l'ipséité, mais un acte qui transfigure l'ipséité et l'ouvre à ce qui dépasse en elle sa mienneté ontologique et sa volonté de puissance. L'essentiel, ici, n'est plus d'être, ou de ne pas être, de s'approprier l'être ou de le perdre, mais de voir dans sa propre perte ce qui ne se perd pas, puisqu'il émane d'une autre dimension que celle dite ontologique. Il émane de la dimension de la gratuité originaire, du don de l'Amour. *Aban-donner* l'être, c'est le donner gratuitement par amour. L'identité de l'être n'est plus identifiée par sa propriété, mais par le don de la gratuité originaire en elle. Elle est l'expression de l'Amour, sa *transfiguration* en elle. Le fait même d'exister se réfère à ce qui est *dif-férent* de soi. Le fait même d'être soi, se réfère à l'Autre en soi : à l'Amour origine de soi. Etre soi, pour le Moi, est de s'arracher à la position de l'être propre, de l'être comme propriété, et de se positionner autrement. Etre soi, c'est se positionner comme gratuité originaire, comme *offrande de soi*. L'être soi n'est ni une possession, ni une virilité, ni une fierté, mais *pauvreté, aban-don et gratuité*. *L'aban-don* de l'être n'est pas son anéantissement, mais sa *transfiguration*, l'accomplissement de la gratuité de l'Amour en lui. Intériorité sans dehors, mais aussi intériorité sans solipsisme, sans esseulement ontologique. On parle d'une intériorité partagée avec ce qui est plus intérieure qu'elle, plus intime que son intimité et plus pauvre que sa facticité. Une intériorité, à laquelle on n'accède qu'à partir d'un *Moi-aban-donné*, se dévoilera comme par le dépassement du subjectif en elle, du « Je transcendantal » et du Moi propre.

---

1 Jean-Luc Nancy, *L'impératif catégorique*, Paris, Flammarion, 1983, p. 143.

L'intériorité partagée

Le Moi propre se pose dans ou en face du monde ; sa position est présence à soi. Le sujet comme Moi propre est ce qui se tient, se possède, s'approprie, il est maître de lui-même comme de l'univers. Il est commencement de soi-même par soi-même, comme s'il était avant toute chose. Même s'il arrive tard, il est comme s'il était avant toute chose. Il peut savoir ce qui était avant lui. Le commencement, il est aussi achèvement : la fin de l'histoire comme le dit Levinas, est pleine possession de soi par soi, pleine présence à soi.

Par contre, l'épreuve de *l'aban-don* de soi nous fait découvrir celui qui a été déjà avant nous, l'*altérité originaire* en nous. Elle nous fait entrer de plus en plus au fond d'un ordre mystérieux, qui à chaque fois, nous fait découvrir ce qui est nouveau, ce qui est « unheimlich » en nous. Une telle épreuve surpasse en nous tous les jeux de la raison, sans détruire le rôle principal de la raison. Surpasser les jeux de la raison, c'est surpasser les jeux de maîtrise et de possession de la raison suffisante. L'épreuve de l'*aban-don de soi* dévoile une dimension inconcevable qui ne peut pas s'objectiver en un concept, ni faire l'objet d'une connaissance théorique, puisqu'elle ne peut être ni conçue, ni comprise - c'est-à-dire ni délimitée ni définie – et qu'elle est seulement sensible à l'intuition. Il est impossible d'entendre l'appel du mystère originaire en nous sans accepter d'être *l'être-pour-la-perte*, celui qui accepte son propre énucléation et sa propre humiliation. Répondre à l'appel originaire de l'*Amour*, c'est l'assumer, en assumant son propre dépérissement et sa propre perte. C'est la perte de l'être qui compte, à ce niveau, et non le gain de l'être. « L'identité, le moi authentique égal à lui-même est une illusion de la conscience et de son intelligence des idées, non des faits, une espèce d'illusion transcendantale à rajouter aux autres qui sont toutes des illusions de la raison[1] ». L'identité illusoire, apparente dans un temps abstrait, doit accepter sa perte pour laisser l'Autre imposer la *dif-férence originaire* au sein d'elle. La *dif-férence* montre que l'Autre est autre que moi et non un autre moi ; elle vient remplir le Moi non de lui-même mais d'un Autre, de l'Amour. Le Moi propre ne fait guère que représenter le fantôme du Moi, car son essence n'est pas une existence, mais une invention ou bien une prétention. La position du Moi est aussi sa déposition. Être soi-même, ce n'est pas persévérer dans la possession et dans l'appropriation de son être, mais dans la perte de son être propre, où l'égoïsme comme

---

1 Jacques Chabot, *L'autre et le moi chez Proust*, Paris, Honore Champion, 1999, p. 106.

l'égotisme n'est ni premier ni ultime. Levinas décrit l'émergence de l'Autre au sein du Moi, chez Proust, par les termes suivants : « Le moi chez Proust c'est déjà séparé de son état, dans l'intimité même où il se maintient normalement avec lui, comme le bâton immergé se brise tout en restant entier. La vraie émotion chez Proust est toujours l'émotion de l'émotion. Tout se passe comme si un autre moi-même doublait constamment le moi, dans une inégalable amitié, mais aussi dans une froide étrangeté que la vie s'efforce à surmonter. Le mystère chez Proust est le mystère de l'autre[1]. » Ce n'est pas l'événement intérieur qui compte, mais la façon dont le Moi s'en saisit et en est bouleversé, comme s'il le rencontrait chez un autre. C'est cette façon de saisir l'événement qui constitue l'événement même[2].

Le Moi n'est plus égal avec lui-même. Le rapport d'égalité doit reconnaître son inauthenticité, sa défaite, sa brisure, puisque s'il y a rapport, en ce sens, il doit être un rapport de *dif-férence* et d'écart au sein même du Moi avec l'Autre originaire, origine du Moi. La découverte de ce rapport ne se fait que par l'expérience de la perte du Moi de tout rapport d'égalité avec soi-même. Le Moi éprouve qu'il dépende dans son être même de l'Amour, tout en étant différent de lui. Le *différent* de lui est identique à un *avant-lui*. Ce n'est que dans ce renvoi à l'*avant*, à l'origine, que le Moi se découvre autrement, parce que c'est en lui, dans son origine même que se trouve le sens impérissable de son être. Le fondement ultime du sens de la vie du Moi est l'aboutissement et l'engagement à l'Amour. Le sens de la vie du Moi ne peut être atteint qu'à partir du retour à sa propre origine, à l'Amour. La réalité d'être donnée d'avance fonde la vérité du Moi et le sens de sa vie. Toute découverte, en ce sens, renvoie le Moi à l'origine, à l'originaire, vers l'Amour, *l'avant originaire*. Le renvoi à l'origine est une expérience originaire d'un Autre qui m'adresse un appel dès ma naissance. Il est un moment d'*aban-don*, un renvoi à l'origine du don, à celui qui donne originairement, à l'Amour qui apprend au Moi, comment *être avec*, comment vouloir avec l'Amour, comment être un *être-déjà-perdu* avec l'Amour. En ce sens, le Moi ne se pose pas mais se destitue au point de souffrir, de se perdre jusqu'à son immolation même, mais toujours avec l'Amour. Il ne s'agit là en rien d'un acte de réflexion sur soi, ni même une décision héroïque ; c'est une *passivité originaire* qui ne s'oppose même pas à l'activité car elle est *dif-férente* de la passivité qui ne serait que l'envers de l'acte. Le Moi renvoi à un passé qui ne fut jamais passé, à un passé immémorial qui est celui de l'affection originaire par l'Amour : un passé qui ne passe pas, car sa demeure

---

1 E. Levinas, *Noms propres*, Fata Morgana, 1976, « Marcel Proust, l'Autre dans Proust », p. 120.
2 *Ibid.*, p. 121.

précède l'écoulement du temps. L'affection originaire ou l'« appel » est, ici, plus originaire que le don de soi, parce qu'elle émane de l'Amour qui donne au *Moi-affecté* la possibilité de tout don de soi. Le renvoi est un choc pour la connaissance, car il n'est pas de l'ordre de la connaissance, mais de celui de l'expérience de la perte et de l'épreuve de l'effacement de soi, face à un « appel » qui a été laissé ou creusé en nous depuis l'origine. Un *appel* qui laisse ses traces dans les profondeurs du Moi et qui fait mal à force de pénétration : blessure bien plus profonde que l'intelligence, puisque la souffrance vient d'abord et l'intelligence vient après. Car si l'intelligence vient avant, elle est une intelligence contre la souffrance ou l'angoisse d'exister, extérieure à l'épreuve d'être qu'elle cherche à comprendre pour mieux la neutraliser. Mais l'intelligence, qui vient après elle, est une intelligence de la souffrance originaire, celle de notre origine. L'intelligence de la souffrance n'est pas une connaissance du point de vue stoïque sur la douleur. Nous devons accepter que notre intimité avec la souffrance nous rende intelligents, d'une certaine compréhension qui n'est plus seulement théorique mais *con-naissance*.

S'aban-donner, ou *se-laisser-être-donné* par l'*Amour*, est un autre ordre de compréhension, celui de la vie comme un don de l'Amour à soi et comme un don de soi à l'Amour. L'« appel » originaire n'est entendu qu'après que l'intelligence de la souffrance aura fait son œuvre, car l'origine du Moi c'est d'abord la souffrance retrouvée, l'expérience originaire de notre être comme *déjà-perdu*. La souffrance, en ce sens, se révèle comme la marque de l'a-vènement en nous de l'appel originaire de l'Amour. Par son *aban-don*, le *Moi-déjà-perdu* rend possible l'Amour, il devient par son *abandon* la volonté de l'Amour, sa face. Seul *l'être-déjà-perdu* peut franchir par son *aban-don*, par sa pauvreté radicale, le *seuil* de l'Amour. Il s'agit, là, d'une altération sans aliénation. Une altération qui se traduit en fission du noyau de l'intériorité du Moi propre par son assignation à répondre qui ne laisse aucun refuge, aucune possibilité de dérobade. C'est comme un *malgré-soi* qui est plus que soi-même, différent de ce qui est propre en soi tout en étant plus intime que soi.

Tout Moi est élu sans élection. L'élection, en ce sens, exclut toute élection propre ; elle jette le Moi dans une pauvreté originaire qui fait perdre en lui tout ce qui est propre, toute attente et par le fait même tout espoir. Il s'agit ici d'un arrachement à soi, d'une blessure qui perce l'intimité de la « mienneté ». Une dénonciation de soi qui échappe à tout : elle échappe au « je suis » que je suis, échappe au « Me voici » que je dois l'être, pour énoncer l'arrivage de l'Amour, son avènement en moi avant moi : « Te voilà ». Te voilà la perte que je suis. L'Amour, ici, vient d'un passé plus lointain que celui qui, à la portée du souvenir, s'aligne sur le présent. Il vient d'un passé qui a laissé sa trace, sa blessure comme signe et comme inauguration de mon commencement. Je suis arraché à mon commencement, à mon égalité à moi. L'Amour vient *dé-sacraliser* la responsabilité du Moi face à son élection, pour le jeter dans le feu de sa perte qui a déjà commencé avant son propre commencement. La pauvreté originaire de l'Amour vient sacrifier toute conscience de responsabilité, et par le fait même toute élection. L'excédence sur la responsabilité est la vie de l'Amour, est le : *Te voilà dans ma vie, je suis malade de ton amour.*

Franchir le seuil du propre

L'incapacité de l'orgueilleux à franchir le *seuil* de l'Amour s'achève dans son abandon non à l'Amour, mais de l'Amour. Cherchant l'Amour par sa propre force et selon sa propre volonté, il veut posséder et asservir l'Amour selon ses propres intérêts. L'incapacité de l'orgueilleux ne réside pas dans sa faiblesse, mais dans son orgueil même, dans sa volonté de puissance. Il se croit tout puissant, même face à l'Amour. D'où l'illusion d'une volonté qui veut tout et qui peut tout. Dans sa réalité même, dans le *là* de son expérience, le cri de la souffrance et de la défaillance montre vraiment ce que la volonté de l'orgueilleux est : malade et sa maladie est immortelle car il n'est jamais délivré. Seul l'Amour nous empêche d'être brisés par notre maladie d'impuissance.

Suivre le chemin du sens de la vie, qui se situe entre l'impuissance et l'orgueil, ne peut être possible que par l'Amour. *Con-naître* l'Amour, sans éprouver sa propre impuissance et sa propre humilité, fait orgueil ; éprouver sa propre impuissance sans l'Amour, mène au désespoir. Nous souhaitons connaître la vérité de notre être, mais nous ne trouvons en nous qu'incertitude et impuissance. L'origine de la vérité n'est pas dans le besoin d'être et de s'approprier, mais dans la vérité elle-même *dif-férente* de tout besoin, car elle est différente de l'être même. Elle serait dévoilée par une *dif-férence* qui n'est pas celle du monde représenté, ou celle d'une différence spatiale, ni celle de la pensée comme d'une différence conceptuelle et thématique. La *dif-férence* originaire est selon une différence plus différente que la différence qui, elle, n'est pas assez différente. C'est ainsi que, dans *l'aban-don*, à un niveau très humble, se dessine la *dif-férence*. Mais comment et dans quelle mesure il peut y avoir, en ce sens, une *dif-férence* de l'inégal, une différence de ce qui ne peut être pris ni compris ?

Le Moi n'a pas de pouvoir sur sa propre vie : « c'est par sa propre volonté que l'homme est mauvais[1] » (*Voluntate propria quisque malus est*).

---

1 Pascal, *Pensées*, I, *Ibid.*, fr. 210-451.

Selon Pascal l'homme n'est que « déguisement, que mensonge et hypocrisie, et en soi-même et à l'égard des autres[1]... » Selon saint Augustin, l'homme ne connaît naturellement que le mensonge. La volonté du Moi propre ne peut vouloir l'Amour sans le posséder. Pour cela, elle doit abandonner son amour propre et sa volonté de puissance. Seul l'acte de *l'aban-don* à la volonté de l'Amour donne au Moi la possibilité d'aimer comme un *se-laisser-être-aimé* par l'Amour qui, seul, voit la sincérité et *l'aban-don* du Moi et son intention à chaque fois qu'il aime : « Il y a des hommes qui veulent comprendre et ne peuvent pas, mais il y a des hommes qui ne veulent pas comprendre, c'est pourquoi ils ne comprennent pas[2] ».

Le Moi *s'aban-donne* parce qu'il a besoin de l'Amour, parce qu'il ne le mérite pas et parce qu'il est le *Seul* qui puisse lui donner l'essentiel à sa vie ; cet essentiel que le Moi seul est incapable de l'assurer. Le Moi s'abandonne à l'Amour parce qu'il sait qu'il n'a plus de possibilité pour sauver sa vie que par l'Amour. Ce savoir même est de l'ordre de l'humilité, de la patience et de la confiance. *S'aban-donner* c'est *avoir* conscience de son impuissance à aimer soi-même seul et à avoir de la *patience* envers sa propre impuissance et enfin à avoir de la *confiance* dans le risque même de perdre ce qu'il aime autre que l'Amour. Ce savoir même est un *avoir conscience* que seul l'Amour peut l'aimer et seul l'Amour décide comment et quand l'aimer. *S'aban-donner* à l'Amour c'est refuser toute tentation de le posséder, perdre toute volonté propre, et *se-laisser-être-donné* par lui. Posséder l'Amour c'est posséder sa propre perte, posséder la perte par excellence, puisque dans tous les cas l'Amour ne demande que le don de soi, la perte radicale de toute appropriation de soi.

L'Amour exige un choix radical : être avec lui en s'abandonnant à la perte de soi-même, ou bien être contre lui en refusant sa volonté, sans pouvoir refuser la perte en soi, puisque tout choix est impuissant face à l'universalité de la perte. Choisir l'Amour, c'est choisir d'aimer soi-même autrement par l'altérité originaire de l'Amour qui représente, en même temps, ce qui lui échappe toujours, et le place face à une *dif-férence* originaire avec lui. Le paradoxe, expérimenté par le Moi comme une *inquiétante étrangeté*, exige un changement radical dans sa vie. L'exigence appelle le Moi à choisir une autre modalité, en perdant tout ce qui est propre, contre la volonté de puissance[3]. Passer de sa volonté à une autre volonté,

---

1 *Ibid.*, fr. 606-155 ; 792-101.
2 Augustin, Ps. 35, n. 4.
3 J.M. Garrigues, Maxime le Confesseur, *La charité avenir de l'homme*, Paris, 1976. Voir Jean-Luc Marion, « Les deux volontés du Christ selon saint Maxime le Confesseur », *Résurrection*, 41, Paris, 1972 ; du même auteur, *Prolégomènes de la charité, Ibid.*, p. 83.

celle de l'Amour, mène le Moi de l'évidence à l'obscurité, de la confiance en soi-même vers la confiance en l'Amour, de la sécurité vers l'insécurité, de la tranquillité vers l'angoisse du risque, du gain et de la possession vers la perte et *l'aban-don de soi*. L'Amour tranche sur l'intentionnalité comme sur la liberté volontairement possessive. Aimer c'est s'aban-donner avant toute représentation et avant toute décision. Il y a là une échappée, une défaite, une défection de l'unité du « Je transcendantal », comme il y a, là, une défaite de l'intentionnalité originaire de tout acte. Comme s'il y avait ici quelque chose avant le commencement, un autre commencement: une *dif-férence originaire*. Cela veut dire remise en cause du sujet comme spontanéité : je ne suis pas à moi-même mon origine, mais j'ai toujours mon origine en moi. Je suis originairement par un Autre, et cet Autre c'est l'Amour en moi, celui qui constitue mon intériorité, ma « mienneté » et mon ipséité selon une *dif-férence originaire,* celle de l'Amour. On parle du combat de la passivité, « du combat qui s'annule en extrême patience et que le neutre ne réussit pas à indiquer. Combat pour ne pas nommer le combat[1]. »

Il faut *co-naître* avec l'Amour pour pouvoir sup-porter une exigence aussi étrangement inquiétante. La *con-naissance*, comme *aban-don* à la volonté de l'Amour, inaugure la réalité originaire de l'existence comme renouvellement de l'intériorité, la destitution de son esseulement et son ex-position dans une intériorité partagée, aimée. Exister, c'est être hors de soi à l'intérieur de soi, dans un lieu sans lieu spatial, ni esseulement. Une sortie de soi qui n'est pas, en premier lieu, une sortie hors de soi vers le monde, mais une sortie comme approfondissement, comme creuser plus profondément que sa propre intimité ontologique, que son esseulement. Sortir de soi, en ce sens, c'est s'ouvrir à une nouvelle percée qui mène le Moi vers un lieu originaire, où il découvre l'Autre au sein de sa *mienneté*.

---

1 M. Blanchot, *L'écriture du désastre*, Paris, Gallimard, 1980, p. 213.

2- La blessure qui perce l'esseulement de l'intimité

Etre (*en*) soi

Un ratage de soi-même se renverse en une perte radicale de soi comme *être raté*, puisqu'il ne peut être jamais approprié. La perte consiste, ici, à l'arrachement du Moi de toute possibilité de revenir sur lui-même, d'être par soi-même ; la perte de l'emprise de l'être sur lui. La présence à soi se transforme en une présence de soi à ce qui est autre en soi. Le Moi, en ce sens, ne perd pas sa « mienneté », mais ce qui est propre dans sa « mienneté », ce qui peut s'approprier en elle. La perte vient libérer la « mienneté » de tout ce qui peut être propre en elle, « heimlich », familier. On essaye de décrire ici un *Soi*, d'abord, sans monde extérieur, un *Soi* dont la venue en soi n'est pas une venue « chez soi » (comme pure intimité), ni un repli sur soi (comme pure immanence), ni même pas une venue au monde (comme intentionnalité), ni encore une venue face à l'autre que Moi (autrui comme transcendance). Le Soi, jeté hors de soi, n'est pas un soi rejeté, mais transformé autrement par l'Autre, par l'Amour son origine. On parle d'un *soi aban-donné*, c'est-à-dire donné à l'Amour sans mesure. L'acte de *l'aban-don* de soi se montre comme la perte du Moi de toute tentative de retour sur soi, de se replier sur son être comme acte d'esseulement, et comme se fermer dans une intériorité solipsiste.

La perte de soi, comme signe de *dif-férence* avec son origine, seule est mémorable. Elle révèle l'origine du Moi et sa vocation d'être *l'être-déjà-perdu-par-l'Amour*. Sa perte ne saurait être comparée à aucune autre et nul ne perd comme lui, comme nul ne souffre comme lui. Le caractère originaire de l'expérience de perte vient de ses lois à elle, celles de l'Amour, où *l'être-déjà-perdu* n'y peut rien faire que de l'accepter et de *s'aban-donner* à elle. La révélation du sens de la perte manifeste l'origine et le sens de l'*étrangeté inquiétante* que le Moi ressent continuellement. Une étrangeté qualifiée souvent de réalité et pourquoi pas de l'« inconscient » pour mieux faire oublier son origine, où tout sentiment douloureux est actuellement incompréhensible, ne nous aide pas à re-trouver ce que nous cherchons ici.

L'étrangeté, pour nous, est à l'origine, à la fois, de la souffrance et de la connaissance. En donnant à souffrir, elle donne à penser et à *co-naître* d'un même mouvement. Ce n'est pas parce que j'ai souffert que je suis devenu sage, comme si la souffrance étant le commencement de la sagesse. C'est en éprouvant la souffrance que me cause l'étrangeté de la *dif-férence originaire*, que j'apprends à la connaître et à me connaître autrement et authentiquement avec elle. Aussi longtemps qu'elle me met véritablement sous l'épreuve de l'Amour, l'inquiétante étrangeté m'apprend à la connaître sans la représenter dans l'horizon de ma conscience comme une de ses connaissances qui m'indiffèrent. La connaissance, en ce sens, est d'ordre d'expérience et d'épreuve « dans la glace ou le feu de la passion[1] ».

Pâtir, n'est pas seulement être passif au sens ordinaire du terme, c'est au contraire un autre mode de passivité, plus originaire, celui de *l'aban-don*, grâce auquel l'Amour s'impose à notre réflexion, jusque la décentrer de nous même et de notre monde dominé par le Moi propre. L'Amour s'impose à nous à travers ce que cette étrangeté peut nous faire subir malgré nous, mais en même tant avec nous. L'étrangeté déstabilisante, pour le Moi propre, c'est-à-dire pour une idée exclusive que nous avons de nous-mêmes dans notre réflexion égocentrique - être la seule origine de soi-même - peut nous frapper à l'improviste, en provenance de l'Amour. C'est l'*irruption* de l'étrangeté de l'Amour existant, non par nous, mais originairement en nous. Une telle *irruption* nous oblige à décentrer notre égocentrisme en nous rappelant que nous ne sommes pas origine de notre être, et à nous faire sortir du désert de notre conscience connaissante. Ce sentiment d'étrangeté, si douloureux et incompréhensible, ne peut être tracée par notre intelligence ni par un choix personnel, mais que la perte, la brusque et continuelle perte l'avait creusée en nous dès notre naissance. Nous avons l'intention de suivre les traces de ce mouvement d'étrangeté qui, à travers son opacité, expose le *Moi-souffrant* à une solitude *en-deçà* de tout solipsisme. La souffrance, en ce sens, est le fait même d'être fermé à tout dehors, d'être rivé à soi, et par le fait même d'être affecté par ce qui dans l'acte de l'esseulement même, une dimension de profondeur se dévoile et permet de concevoir une intériorité altérée : Au comble de l'intimité de soi, comme esseulement, une étrangeté intime vient renverser les règles du jeu et exposer le *soi* à ce qui l'altère et brise son esseulement même.

Pour pouvoir rendre plus clair ce mouvement d'étrangeté malgré son opacité originaire, pour devenir familier avec cette originarité de soi comme solitude, nous nous référons, ici, à E. Levinas et à M. Henry.

Selon Levinas : « Il y a dans la souffrance une absence de tout refuge. Elle est le fait d'être directement exposé à l'être. Toute l'acuité de la souffrance est dans cette impossibilité de recul[2] ». Le *Moi souffrant* est

---

1 Voir Saint Augustin, *Confession* VIII, n. 19-20 : sur *la volonté défaillante*.
Voir aussi Jean-Luc Marion, « La conversion de la volonté selon l'Action », (chez Blondel), *Revue philosophique*, 1987/1.
2 Levinas, *Le temps et l'autre*, Ibid., p. 56.

enfermé en lui-même, sans distance possible avec soi-même ; il est absolument esseulé. L'esseulement montre ce qui est absolu dans le Moi : son impuissance. Selon Levinas, le contenu de la souffrance se confond avec l'impossibilité de se détacher de la souffrance. Ainsi se constitue l'intériorité à soi de la souffrance, c'est-à-dire sa non référence à autre chose qu'elle-même. Le contenu de la souffrance, qui n'est autre que son impuissance à se défaire de soi, est par conséquent le soi qui se constitue au sein de cette impuissance. Il y a dans la souffrance une absence de tout refuge. C'est l'affirmation même de l'être. Elle ne se réfère qu'à soi-même, fermée sur tout le reste, sans fenêtre sur autre chose. La souffrance est, selon les termes de Levinas, « l'évènement où l'existant est arrivé à accomplir toute la solitude, c'est-à-dire toute l'intensité de son lien avec lui-même[1]. » Levinas, ici, rejoint M. Henry qui, selon lui, ce n'est jamais le contenu particulier d'un sentiment ou la tonalité affective propre qui peut rendre possible le sentiment de soi. Le Moi est le « se sentir soi-même », comme ce qui rend possible l'identité du sentiment et de son contenu, son essence, l'affectivité comme telle[2]. « L'auto-donation » de soi à soi par soi : telle est la définition du sentiment, de l'affect, pour Henry. Selon lui c'est dans « l'Urimpression », dans ce sentir originaire qui n'ouvre sur aucun senti autre que lui-même, dans son « auto-apparaître », c'est-à-dire dans son « auto-affectivité », que réside l'apparaître ou la donation de l'intentionnalité[3]. La subjectivité est affection de soi par soi

---

1 Levinas, *De l'évasion, Ibid.*, p. 92.
2 M. Henry, *L'essence de la manifestation*, Paris, PUF, 1990, p. 581.
3 Selon M. Henry, « l'impression » ne se donne pas elle-même mais est donnée « comme étant là maintenant » par une intentionnalité. Telle est l'ambiguïté profonde de la « conscience originaire » qui, prétendant montrer son origine, se donne elle-même. Dès lors, dès qu'il y a un « maintenant », il y a un « tout juste passé », puis un « passé » ; bref du temps. Mais qu'est-ce que le temps ? Selon Henry, le temps pensé comme la transcendance par excellence, est le contraire même de la réalité de l'immanence. En tant qu'elle est « affection de soi », l'immanence est habitée par un « mouvement » interne : elle est la venue en soi du Soi, la Vie, et non l'immobilité morte de la chose. L'« Urimpression » est irréalisée, puisque la conscience intentionnelle qui prétend la donner se substitue à elle. Ainsi, l'« impression » est perdue et l'immanence est irréalisée, c'est-à-dire condamnée au temps. C'est bien elle-même que l'intentionnalité mutile, se produisant comme intentionnalité dans son *automutilation*. M. Henry tente de dépasser les limites de l'intentionnalité husserlienne, qui selon Henry, est incapable de révéler l'« Immanence, la Vie, la Matière, l'Urimpression » même. Henry, en ce sens, tente d'accéder à la révélation de la *Vie* à elle-même par elle-même dans son absoluité, comme « présence pure ». Voir *Phénoménologie matérielle, op. cit.*, pp. 34 -38.

dans l'immanence absolue. L'affectivité est « l'essence » de l'ipséité, elle constitue le *soi*. Quelle est la nature de ce *soi* qui se constitue dans la souffrance ? Pour Henry, c'est un soi qui, pour venir à soi, n'a à surmonter aucune altérité à soi, puisqu'il est constitué par cette passivité radicale sans distance à l'égard de soi. L'impossibilité de la souffrance d'échapper à soi est « son jaillissement en soi-même, son *être-saisi-par-soi*, son adhérence à soi, la force en laquelle elle cohère avec soi[1] ». C'est ce que Henry appelle un *Soi*. Levinas rejoint Henry tout en affirmant que : « Le fond de cette position (la souffrance qui se réfère à elle-même) consiste dans une impuissance devant sa propre réalité qui constitue cependant cette réalité elle-même[2] ».

Il s'agit d'une altération et non d'une aliénation

La passivité de la souffrance isole le Moi de tout extérieur et le prive de tout intérieur (comme intimité avec soi ou bien comme étant chez soi), elle le jette face à sa « mienneté » dans sa nudité originaire, dans sa pauvreté sans masque, sans monde, sans fuite ni jeu. Le *Je* est séparé de tout même du « suis » qu'il est. Il est un *Je* tout court, une « subjectivité sans sujet » selon les termes de M. Blanchot[3]. C'est dans le refus d'être soi que le Moi s'accomplit comme soi. Etre soi, c'est être seul avec soi, alors que la solitude ne possibilise l'accomplissement de soi que comme rapport à soi, car il n'y a pas de soi que « dans un rapport à soi ». La solitude même indique un écart « comme condition de possibilité » d'un rapport à soi, qui paradoxalement est un « non-rapport-direct » à soi puisqu'il se constitue comme *rupture* ou bien comme *brisure* de tout rapport direct avec soi.

L'intimité du soi indique un « déphasage », une rupture par où le Moi puisse se rapporter à soi comme Moi « rivé à soi » ou encore comme Moi « acculé à soi ». Il est un Moi face à son double: le rien ; un rien qui ne donne rien. Il est une « mienneté » sans le *mien* qui la fonde, une ipséité sans *ipse*, une égoïté sans *ego*, un *Je* sans *jeu*. Un écart originaire s'impose entre le Moi et le soi. Le rapport du Moi à soi est un enchaînement qui clive le Moi et le jette face à un accomplissement de soi, soumit à un retard originaire et à une impuissance du soi, qui constituent ce rapport à soi. Tel est le paradoxe d'une intériorité qui ne constitue pas un refuge, ni un autre

---

1 M. Henry, *Incarnation, une philosophie de la chair*, Paris, Le Seuil, 2000, p. 89. Voir Monique Schneider, Le sujet en souffrance, dans *Michel Henry, L'épreuve de la vie*, La nuit surveillée/Cerf, Paris, 2001, p. 281-296.
2 Levinas, *De l'évasion, Ibid.*, p. 92.
3 M. Blanchot, *L'écriture du désastre, Ibid.*, p. 52. Blanchot utilise cette expression pour décrire la subjectivité chez Levinas.

monde, pas de sécurité ni intimité comme étant « chez soi ». Pas d'autre *Je*, mais un refus de tout accueillement et de tout lieu. Un rapport à soi qui oblige à l'épreuve de soi sans possibilité de fuite, sans consolation ni repos, sans accompagnement ni refuge. Pas de repos où se poser et se reposer : Le *Je souffrant* ou bien le *Je sans jeu*, est à la limite entre le tout et le rien, entre l'intimité et l'étrangeté, entre la haine et l'Amour. Il est soi sans pouvoir être à soi ni revenir chez soi. On parle d'une intimité sans lieu, ni frontières. On parle d'une ipséité qui, originairement, est épreuve de soi et absolument première en sa solitude. On parle d'un *Je* qui a les mains vides, pour ne pas dire : un *Je* sans mains. On ne le prive pas de ses mains, pour le moment, parce qu'il en aura besoin plus tard.

Il n'y a pas de « lieu » pour soi. Un soi du nulle part, privé même de son droit de dormir. Le *soi* est une interdiction de dormir, parce qu'il est privé de tout lieu, où il peut mettre sa tête pour pouvoir dormir : « Les renards ont des terriers et les oiseaux du ciel des nids ; le Fils de l'homme, lui, n'a pas où poser la tête » (Mt : 8, 20). La conscience qui garde toujours le pouvoir de dormir, garde toujours un espace habitable, un lieu de refuge, un coin pour *jouer*. « Ce que je vous dis, je le dis à tous : veillez » (Marc : 13, 37). A la veille se dévoile un Moi qui entend veiller sur sa « mienneté », ne plus la laisser se produire toute seule sans son origine. Veiller c'est *se-laisser-être* une « mienneté » qui ne dort pas, une « mienneté » selon une fatigue originaire sans repos. Veiller, se révèle au fond comme souffrir, comme *s'aban-donner* à une autre volonté qui oblige à l'épreuve de soi, comme refus de toute jouissance, de tout divertissement et de toute fuite. Etre soi, c'est veiller sur soi. Veiller sur soi, c'est aimer sa propre impuissance originaire, c'est porter la fatigue de sa mienneté, la *sup-porter*, et veiller sur elle pour assurer qu'elle ne dort pas.

La conscience, ici, ne saurait accomplir aucune prestation phénoménologique sans que, elle-même, au préalable se phénoménalise, apparaît. Cependant, elle ne saurait tenir sa phénoménalité de son propre pouvoir constituant. Il faut donc, si l'on veut mettre au jour l'apparaître de la subjectivité, partir de ce qui, dans le sujet, ne relève pas de l'intentionnalité, ne relève pas de sa volonté de puissance et de sa jouissance. Ce qui signifie opérer une réduction radicale de la composante intentionnelle de la conscience, au profit de sa composante non intentionnelle, du don originaire en elle, c'est-à-dire de son *aban-don* à un *avant* originaire qui fonde et donne la possibilité de tout don à soi et par le fait même de tout don de soi. Pour Levinas, la souffrance n'est pas un principe d'individuation comme chez M. Henry, pour la simple raison qu'elle tend à annuler tout écart dans l'affectivité. Ce qui signifie que « l'auto-affection » n'est pas la modalité selon laquelle l'affectivité peut donner naissance à un soi. « L'auto-affection » s'inverse en « insensibilité », en impossibilité de se sentir, de toute affection. Dans son « auto-affection » le Moi arrivé à la limite du possible, se trouve placé à côté de ses possibilités, il ne peut plus pouvoir[1]. Alors que M. Henry pense l'« Urimpression » comme « archi » et « auto donation » purement immanente de l'affectivité, Levinas l'interprète comme « sensibilité », comme l'écart primordial du « sentir » au « senti ». L'« Urimpression » est le premier écart à soi, et l'« impression » étouffe sous elle-même et se « débouche » d'elle-même. Levinas parle d'un recul premier par rapport à soi d'où provient le sujet. L'« Urimpression », comme « pure immanence[2] », selon Henry, est « transcendance » selon Levinas, puisqu'elle défait, altère et ouvre l'intentionnalité à la donation de l'Être.

Contrairement à J.-L. Marion qui trouve dans la souffrance chez Levinas un « principe d'individuation[3] », R. Calin rapproche la pensée lévinassienne de la souffrance de celle de Blanchot, qui y voit au contraire un « principe de désindividuation » : « L'extrême souffrance, physique, parle autrement : quand elle appelle la mort, c'est qu'elle est encore supportable, car elle espère, elle espère en la fin, et cet espoir signifie une alliance avec

---

1 Dans Rodolphe Calin, *Lévinas et l'exception du soi*, Epimétée/Puf, Paris, 2005 p. 103.
2 Naître, pour un *Soi*, c'est refuser toute séparation avec la Vie, sans sortie et pourtant cela implique une différence radicale entre le Soi et la Vie. Dans l'« auto-affection » de la Vie, le Moi *s'auto-affecte* par la Vie qui le jette en lui-même. Le Moi, ainsi, ne se pose pas, il est donné à lui-même par la Vie elle-même. Il est affecté par la donation originaire de la Vie qui lui donne à lui-même. Il est la donation de l'affection et non son pouvoir ; il est le donné de la passivité. L'affection comme passivité est l'intériorité qui engendre le Moi comme Soi donné par la Vie. La Vie est l'*avant* dans lequel je suis moi-même une ipséité engendrée selon une pure immanence. Saisir la subjectivité par l'événement de la naissance pose M. Henry, comme E. Levinas, face à une originarité paradoxale de la subjectivité : elle est originaire, alors qu'elle est précédée et donnée par un avant qui lui donne son originarité et par le fait même son originalité. Voir Michel Henry, *C'est Moi la Vérité, Ibid.,* p.135-139.
3 J.-L. Marion, « D'autrui à l'individu », in Emmanuel Levinas, *Positivité et transcendance*, suivi de *Levinas et la phénoménologie*, Paris, PUF, 2000, p. 290. Voir aussi du même auteur, *De surcroît*, Paris, PUF, 2001, p. 112. J.-L. Marion, qui voit dans la souffrance chez Levinas un principe d'individuation, relève ce paradoxe de la souffrance lorsqu'il affirme : « Dans la souffrance, l'exister perd son objectivité et son indifférence aux personnes – il devient le mien, insubstituable, inesquivable, individuant, donc (…) Pourtant, ajoute-t-il, cette individuation du *je* reste imparfaite ; ou plutôt, sa perfection ne s'accomplit qu'en se supprimant, puisque la souffrance m'abolit dans la mort ou, loin de l'individuer, … l'exister de l'existant s'aliène ».

l'avenir, une promesse du temps. L'homme reste maître de son destin, il reste libre d'en finir avec la souffrance : il l'a souffre et la supporte, la domine par cette fin qu'il appelle. Mais il est une souffrance qui perd tout à fait le temps : elle est cela, l'horreur d'une souffrance sans fin, que le temps ne peut plus racheter, qui a échappé au temps, pour laquelle il n'y a plus de recours ; c'est irrémédiable (...). La vérité de la souffrance (...) est de retirer à celui qui la souffre l'espace nécessaire pour la souffrance, ce peu de temps qui la lui rendrait possible[1] ».

En ce sens, l'impossibilité d'échapper à soi-même par la souffrance signifie que l'on est exposé à l'« il y a » qui est vigilance absolue et par le fait même souffrance. L'« il y a » ne peut être l'origine de l'individualité. L'« il y a » fait le milieu de la naissance de la subjectivité sans être l'origine qui donne la subjectivité. Je ne nais pas de l'« il y a », je nais contre l'« il y a ». Cela conduisait Levinas à affirmer que « cet exister, n'est pas un *en-soi*, il est absent de tout soi, un sans-soi[2]. « Le *moi est rivé à soi*, et n'est nulle part ailleurs que dans le mouvement qui le rive à lui-même, pris dans un retard originaire. Il naît de s'échapper à *l'il y a* ; il s'agit bien de s'accoucher soi-même. Pour autant, le Moi n'est pas un pur mouvement transcendant, un pur échappement à soi, une *conscience pure* au sens sartrien, mais, au contraire, il est « acculé à soi ». Le Moi, au comble de la passivité, s'empare de soi, il est privé de tout pouvoir, et d'abord du pouvoir de s'emparer de soi. D'où le détachement de l'« il y a » et l'impossibilité de s'y détacher totalement. Le détachement est en quelque sorte un faux détachement, car refuser l'être est impossible. Jean-Luc Marion exprime ce paradoxe même d'une subjectivité originaire à partir de sa propre dérivation : « Sans doute une autre possibilité lui reste ouverte : que le *je* se conçoive comme non originaire et dérivé, de telle sorte pourtant que le statut dérivé même lui advienne comme absolument originaire[3] ». Au comble de la passivité, le Moi ne se reconnaît plus, il est devenu étranger à lui-même, comme si la subjectivité de l'être n'était plus la sienne ; comme s'il n'y avait, de présence

---

[1] M. Blanchot, *L'entretien infini*, Paris, Gallimard, 1969, p. 257. Là où Henry dénonce une temporalisation transcendante de l'immanence de l'affectivité qui est pour autant qu'elle exclut le temps, Levinas parle d'une incapacité à penser radicalement le temps comme *diachronie*. Levinas assume le fait que l'impression diachronique, l'écart originaire, ne puisse résonner qu'en l'intentionnalité. Si Henry exige l'exclusion de l'intentionnalité du champ de la phénoménologie, Levinas, tente d'assurer sa présence comme étant débordée et altérée par l'Autre.

[2] Levinas, *Le temps et l'autre, Ibid.*, p. 27.

[3] In « Réponses à quelques questions », *Revue de métaphysique et de morale*, « A propos de *Réduction et donation* de J.-L. Marion », 1991/1.

à soi-même qui fut vraiment sienne que dans sa distance à l'égard de cette présence : « Il n'est plus que l'ombre de lui-même. » L'ombre, qui double le Moi, indique que le Moi est en relation avec soi : « le fait d'exister, comporte une relation par laquelle l'existant fait contrat avec l'existence. Il est dualité. L'existence manque essentiellement de simplicité[1]. » Levinas ajoute : « La relation avec soi est, comme dans le roman de Blanchot, *Animadab*, la relation avec un double enchaîné à moi, double visqueux, pesant, stupide mais avec lequel le moi est précisément parce qu'il est moi (...). Mon être se double d'un avoir : je suis encombré par moi-même. Et c'est cela, l'existence matérielle[2] ». Le *soi* pesant est en même temps le Moi devenu étranger à lui-même : « Tout se passe comme si un autre moi-même doublait, constamment le moi, dans une inégalable amitié, mais aussi dans une froide étrangeté que la vie s'efforce à surmonter[3] ». La relation avec soi-même représentée comme une relation avec un double nous l'avons déjà abordée suffisamment dans la première partie de ce travail. Nous voulons juste insister, pour le moment, sur la notion du « double » qui est une caractéristique fondamentale du Moi. Elle prend une place essentielle dans notre travail et cela par ce qu'elle est une clé essentielle qui nous aidera à dévoiler le secret « unheimlich », qui n'a cessé de paraître au sein du Moi comme une *inquiétante étrangeté*.

Loin que l'impossibilité d'échapper à soi ne soit que l'envers de la puissance, par laquelle le sentiment s'empare de soi et cohère avec soi, l'impuissance anéantit ici le pouvoir d'être soi par soi censé se constituer en elle. L'impuissance, ici, creuse une *dif-férence* originaire entre le Moi et le Soi en lui, entre le Moi et son double. La passivité qui « n'est jamais assez passive », selon les termes de Levinas, est pour nous une passivité qui se dérobe à toute limitation, à toute mesure, pour se dévoiler non seulement comme infinie, mais pour dévoiler la dimension de l' « Infini » en elle, ce qui est originaire en elle. Autrement dit, la passivité conduit, en ce sens, à l'anéantissement de toute puissance, de toute activité et de tout pouvoir, où le Moi devient de moins en moins capable d'exercer une maîtrise sur soi, une possession de soi et une appropriation de son double. Ce qui l'affecte, hante son intimité, perce sa « mienneté » et le déchire de ce qui lui est le plus cher, de sa chair, de ce qui est propre en lui, de ce qui caractérise sa propriété. L'essentiel, pour nous, ce n'est pas le surgissement du Moi, son *individuation*, ni son *dé-sindividuation* en premier lieu, mais l'éclatement de l' « Infini » en lui, de son origine. La passivité, en ce sens, n'est pas le signe

---

1 Levinas, *De l'existence à l'existant*, Ibid., p.37. Voir aussi R. Calin, Ibid., p. 105.
2 Levinas, *Le temps et l'autre*, Ibid., p. 37.
3 Levinas, *Noms propres*, Montpellier, Fata Morgana, 1976, p. 120.

de la naissance du soi ni de son anéantissement, mais le signe de l'*avènement* de l'« Infini » en lui, de son advenu, de son dévoilement. Pour arriver là, il nous manque encore une étape à affranchir, un *s'approfondir en soi,* faire un pas de plus vers le *plus bas* de soi pour dévoiler le dernier obstacle qui empêche la passivité d'être une passivité de l'« Infini » et qui explique pourquoi elle n'est pas assez passive. Il est nécessaire que le Moi s'inverse et se positionne comme « Me voici » dans un sens lévinassien, mais c'est insuffisant. Pourquoi ?

Te voilà

L'impuissance du Moi le jette face à une « passivité qui n'est jamais assez passive ». Une passivité infinie reste toujours une parole du Moi sur lui-même, sa propre position comme passivité finie et toujours subjective. Le passage vers une passivité infinie est nécessaire, mais pour s'ouvrir à son accomplissement, il lui manque une percée plus profonde, un s'approfondir dans ce qui précède toute passivité finie et la fonde. La passivité, en ce sens, ne témoigne pas de soi, mais de celui qui la fonde et qui la mène vers son achèvement, vers sa fin, vers le dépassement de ce qui n'est pas assez passive en elle : sa passivité même. La passivité du Moi n'est pas assez passive parce qu'elle manque son achèvement ; elle arrive toujours en retard et rate sa fin. Son arrivage est manqué, elle porte toujours sa propre « facticité », ce qui la rend toujours identique à sa passivité même. Cette identification, comme propriété, oblige la passivité à un ratage forcé du dernier pouvoir en elle qui annonce toujours le « Me voici » malgré soi. Autrement dit, le passage d'une passivité finie (identique à elle-même) vers l'infini de la passivité fonde la passivité elle-même sur ce qui ne vient pas d'elle-même, sur ce qui est infini en elle, sur ce qui est étrangement passif et *diffé-rent* en elle. La position « Me voici » doit être, pour nous, dépassée et remplacée par une autre position, par le : « Te voilà » ; par le : « Tu m'aimes, donc te voilà ». Comment ?

La passivité infinie, en moi, est le signe de ce qui ne vient pas de moi, de ce qui me décentre de tout, même de ma propre passivité finie et surtout d'elle. On ne parle plus d'une passivité non assez passive, mais d'une passivité originaire qui est un surcroît sur ma propre passivité. On parle d'une « passiveté » qui dépasse la lenteur de ma passivité ; elle dépasse même ce qui me destitue, m'oblige et me force à rater l'advenu de l'« Infini » en moi. Autrement dit, le pouvoir de ma propre passivité n'est pas un mouvement qui, se mouvant en soi-même, coïnciderait en chaque point de mon être avec soi, mais un mouvement qui s'éprouve dans ma non coïncidence avec moi-même, c'est-à-dire, d'abord, dans l'impossibilité de coïncider avec soi (comme le répète Levinas), mais ensuite, et selon nous, dans l'impossibilité de rester dans un rapport de non coïncidence avec soi-même. Le pouvoir de la passivité est aussi un pouvoir contre elle, une passivité renversée contre elle-même. Or, et là est le point essentiel, car il faudrait faire un pas de plus, un surcroît sur sa propre passivité comme impossibilité de coïncider avec soi. C'est dans la passivité elle-même qu'il faut déduire la matière qui l'appesantit et la rend non assez passive.

L'obstacle que rencontre la passivité, dans l'épreuve qu'elle fait d'elle-même, ne lui vient d'ailleurs que d'elle-même. Au sein de la passivité surgit la matière qui lui résiste : la fatigue et la lenteur. La fatigue manifeste que nous ne pouvons pas nous fuir, que notre présence à nous-mêmes est une présence à laquelle nous ne pouvons nous dérober, elle est aussi pourtant une désaffection permanente : « Si La fatigue est une condamnation à l'être, elle est aussi un raidissement, un dessèchement, une rupture avec les sources vives[1] ». Ces expressions soulignent, dans la fatigue, la perte en elle d'affection, la désaffection. La perte ne concerne pas d'abord, pour Levinas, le rapport du Moi avec le monde, mais celui du Moi à lui-même, et c'est pourquoi l'engourdissement de la fatigue est pour lui le signe que le Moi ne se rejoint pas dans l'instant où il est cependant engagé. Ce qui fait que l'épreuve de soi, ou bien l'affectivité, ne vient en soi qu'en s'écartant de soi, car le Moi arrive toujours en retard sur soi : *je suis lent et ma lenteur est le retard sur mon être*. L'effort est fatigue et peine avant de commencer, il révèle une condamnation. L'effort s'élance dans la fatigue et retombe sur elle[2]. La fatigue, pour Levinas, marque un retard sur soi et sur le présent. Se fatiguer c'est se fatiguer d'être, selon un retard apporté par l'existant à exister. Le retard constitue le présent ; le retard du présent sur lui-même est la fatigue même[3]. Ce qu'on essaye de montrer, ici, c'est que ce n'est pas parce que je suis fatigué que je suis en retard sur mon être, mais parce que je suis lent et ma lenteur est originaire, que le retard surgit et se transforme en fatigue. Ce n'est pas parce que je suis fatigué que la lenteur prend place. C'est parce que je suis lent, et c'est parce que cette lenteur même constitue mon *soi* comme « sans-soi », que je suis déjà fatigué dès l'instant même de mon départ de *soi*[4]. Je suis fatigué parce que je suis lent ; je suis fatigué de cette lenteur en moi, de cette impuissance originaire. Je suis lent et cette lenteur constitue l'impuissance de mon être, ma fatigue, mon retard, mon absence, ma dérivation et ma passivité. Il y a toujours déjà de la fatigue qui

---

1 Levinas, *De l'existence à l'existant, Ibid.*, p. 50.
2 *Ibid.*, p. 45.
3 *Ibid.*, p. 51.
4 J.-L. Chrétien, *De la fatigue*, Les éditions de Minuit, Paris, 1996, p. 23.

constitue le lieu et le sens même de l'origine de *l'être-déjà-fatigué* dès l'instant de sa naissance, dès son surgissement originaire. La fatigue manifeste, en ce sens, la charge lourde qu'impose notre existence, d'où l'expression : le « mal d'être » et cela dès notre naissance. La « fatigue du commencement fonde le tragique d'être[1] ». Selon J.-L. Chrétien : « Elle (la fatigue) a toujours déjà été là, nous avons toujours déjà été pris en elle, nous avons toujours déjà eu à la porter ou à la pâtir, avant toute expérience, si l'expérience du moins est expérience de la conscience. Car nous avons été fatigués avant que de dire je. On ne peut la saisir à même son surgissement, nous ne sommes jamais contemporains d'une fatigue inaugurale[2] ». « Au commencement est la fatigue[3]! »

L'impuissance de la passivité cache une volonté puissante et orgueilleuse

Ma passivité, en ce sens, n'est pas une passivité infinie, mais une passivité lente, finie, et c'est pourquoi elle n'est pas assez passive. Elle n'est pas infinie parce qu'elle est finie, impuissante, lente, subjective et surtout et toujours affective. L'insuffisance de la passivité ne vient pas de son infinité, mais de sa finitude. C'est parce qu'elle est finie, affectée par sa lenteur, toujours attachée à la lenteur de son impuissance originaire, qu'elle n'est pas encore assez passive, c'est-à-dire infinie. La fatigue, ici, marque la lenteur de la passivité elle-même non par rapport à soi mais par rapport à l' « Infini » en elle. La passivité n'est pas infinie parce qu'elle est toujours affectée par ce qui la constitue: sa lenteur et son retard sur elle-même. L'insuffisance de la passivité, qui n'est pas assez passive, ne montre pas qu'elle est infinie, mais qu'elle est finie, distanciée de ce qui est infini en elle. La distance même comme lenteur impose la fatigue et la fonde. Formulons la problématique de la passivité et de la fatigue d'une autre manière.

Selon Levinas, pour qu'il y ait une épreuve de soi, il faut en même temps qu'il y ait du « non-éprouvé » dans cette épreuve. Ce retard apporté par « l'existant à exister[4] », n'est pas un refus d'être, car ce refus est impossible pour Levinas, mais c'est de la fatigue qui suscite une rupture entre soi et soi. Du « il faut être[5] », ou de l'interdiction d'échapper à soi et de se fuir soi-même, la fatigue est l'impossible refus. L'impossibilité même de fuir son être, de refuser l'être, et par le fait même, l'impossibilité de coïncider

---

1 Levinas, *De l'existence à l'existant*, Ibid., p. 134.
2 J.-L. Chrétien, *De la fatigue, Ibid.*, p. 24
3 *Ibid.*, p. 130.
4 Levinas, *De l'existence à l'existant, Ibid.*, p. 51.
5 *Ibid.*, p. 41.

avec son être, imposent la fatigue comme un « mal d'être ». Elle forme une dimension de la condition humaine comme telle, où sont présents son rapport au temps et à la mort, à l'effort et au travail, au sens et au non-sens. L' « existant » ne prend en charge l'existence qu'en prenant à son égard une distance, mais une distance forcée par la fatigue. Cette distance forcée, qui se présente selon Levinas comme « passivité » et comme « désaffection », prive l' « existant » de se porter lui-même et par le fait même de se prendre soi-même sur soi. S'éprouvant lui-même, en même temps il s'absente de lui-même. Selon J.-L. Chrétien : « Se sentir fatigué, c'est d'abord voir le monde comme fatiguant, lourd, coûteux. Cela n'en finit pas avant que je n'en puisse plus. Je ne suis pas présent à ma fatigue comme telle, et la présence du monde est ce à quoi j'ai de plus en plus peine à être présent. Double absence, ou double absentement[1] ».

Etre, pour le Moi, c'est par le fait même ne pas être. Ne pas être ce n'est pas le néant, mais une position de soi entre l'être et le non être, une position de retard et de fatigue par rapport à soi : « Le je recule par rapport à son objet et par rapport à soi, mais cette libération à l'égard de soi apparaît comme une tache infinie[2] ». Le décalage de l'être sur lui-même, la position de soi, comme caractéristique même de la fatigue, constitue « le pouvoir de suspendre l'être par le sommeil et l'inconscience[3] ». A l'insomnie de l'être, le Moi, chez Levinas, n'est soi, qu'à la condition d'accepter de ne pas tenir en main la totalité de son être, qu'en lâchant prise sur son être par l'abandon même. Par la distance, qui le sépare de l'existence, l'existant peut accomplir, à tout instant, le mouvement de s'emparer de l'existence comme retard et comme fatigue. Dans ce retard sur soi s'ouvre une *dimension* de profondeur sous-jacente[4], une distance intérieure à dévoiler, dont le dévoilement est l'accomplissement de l'intériorité : « Dormir, c'est suspendre l'activité psychique et physique », c'est suspendre ce qui est lent en nous et ce qui cause la fatigue en nous et de nous. La fatigue n'est pas seulement une fatigue en soi, mais surtout une fatigue de soi. Je suis fatigué de porter sur moi ma propre lenteur, mon impuissance. Ce qui fait que dormir, n'est pas un relâchement de tout mon être, mais un acte de s'affirmer et d'affirmer ma propre souveraineté, en refusant la continuité de ma propre lenteur pour un laps de temps. Le sommeil comme possibilité de dormir est, d'abord, la condition de l'ipséité. Car dormir, c'est être une intériorité qui fait rupture entre le moi et le soi, un retirement qui rend possible l'ipséité. Ainsi l'intériorité se transforme de sommeil en éveil, en immanence, comme

---

1 J.-L. Chrétien, *De la fatigue, Ibid.,* p. 24.
2 Levinas, *De l'existence à l'existant, Ibid.,* p. 143.
3 *Ibid.,* p. 42-43.
4 *Ibid.,* p. 116.

maîtrise de soi, comme conscience. Le sommeil ne s'oppose pas à la veille, à la vigilance de la conscience, il l'a rend possible[1]. M. Ponty cite Sartre : « Sartre n'oppose pas le sommeil à veille comme passivité à activité. Ces notions se dédoublent, il y a activité et passivité dans la veille, et passivité et activité dans le sommeil. » Ce qui fait que de sommeil est un « pseudo-monde[2] ». Pour le premier Levinas, l'insomnie est connotée négativement comme menace de l' « il y a », et que, c'est pour le dernier Levinas qu'elle prend le sens d'une véritable vigilance de la conscience. Comme le dit encore Blanchot : « Le sommeil est une absence mienne : c'est moi et pas un autre, qui m'absente, qui dors : Je dors, c'est moi qui dors et nul autre[3]. » La fatigue montre mon impuissance, ma passivité, mais elle montre aussi un pouvoir en acte dans son inactivité même, un acte de maîtrise de soi dans sa passivité même, un attachement à soi comme égoïsme et comme fuite de porter le fardeau insupportable de l'être, une fatigue et un refus de soi. Cela fait que la passivité n'est pas assez passive, elle porte toujours les traces de la volonté de la puissance et de la conscience orgueilleuse et prétentieuse. La conscience orgueilleuse se ruse contre elle-même pour briser le retard originaire entre soi et soi. Raphaële George exprime dans son *Eloge de la fatigue* : « L'homme naît d'une fatigue muette à une conscience fatiguée (…) Oui, nous sommes nés à la fatigue[4] ». La conscience refuse de porter le fardeau de la finitude qui constitue l'être et cela en s'échappant à l'accablement sous soi-même, sous son propre poids. L'emprisonnement en soi appelle sa délivrance. Le repos, ici, n'est pas un vrai repos, et le dormir est un éveil de la ruse et de l'orgueil. Ce retournement vers l'intériorité est un retournement manqué. Il lui manque encore un s'approfondir dans la dernière phase, une intériorisation dans sa réalité originaire, dans sa perte finale, dans l'infini de sa passivité. Dans quel sens ?

Le sommeil rappelle à la pensée sa localisation, son exercice de *s'appuyer sur* ce qui peut la porter et la sup-porter, se poser sur, pour se reposer, pour être sans être, sans fardeau, sans lenteur, sans fatigue. Le sommeil dévoile le manque de la passivité de ce qui est infini en elle. Dans

---

1 Cf. Maurice-Merleau Ponty, *L'institution, la passivité*. Notes de cours au Collège de France (1954-1955), Belin 2003, surtout la partie de *la passivité*, p. 157- 294.
2 Cf. Maurice-Merleau Ponty, *L'institution, la passivité*. Notes de cours au Collège de France (1954-1955), Belin 2003, surtout la partie de *la passivité*, p. 157- 294.
3 Maurice Blanchot, *L'espace littéraire*, Paris, Gallimard, Folio/Essais, p. 357.
4 Raphaële George, *Eloge de la fatigue*, précédé de *Les nuits échangées*, Paris, 1985, p. 67. Voir J.-L. Chrétien, *De la fatigue, Ibid.*, p. 130-131.

le sommeil, autre que mon abandon au lieu, il a y aussi mon abandon de la vérité de mon être, de sa lenteur. Dans le sommeil je nie ce que je suis originairement, je fuis l'exigence et la dureté de la patience envers la lenteur de mon être. Dans le sommeil, il y a un acte de négation non de soi mais de ce qui est originaire en soi, l' « Infini » en soi. Le sommeil est un acte de trahison, d'orgueil, de non confiance et donc un manque d'amour. C'est un peu pareil, si c'est possible de faire une comparaison, à la négation de l'apôtre Pierre envers Jésus-Christ.

La négation de Pierre marque sa honte de la faiblesse de Jésus, une négation comme déception, comme non confiance, non patience, donc comme manque d'amour par rapport à la vérité du Christ, révélée comme impuissance et échec face à la mort. Pierre, en niant Jésus, ne nie pas sa vérité, mais refuse de s'appuyer sur elle, d'être porté par elle, d'avoir confiance que cette vérité impuissante et faible puisse le protéger, le porter et le sup-porter. La négation de Pierre montre, d'une part, la négation de tout rapport avec la vérité, et d'autre part, sa propre condamnation; elle dévoile la vérité de son cœur. Au moment de la veille, Pierre préfère dormir, fuir, mentir, et s'appuyer sur un autre sol que celui de la faiblesse et de l'impuissance de la vérité comme pauvreté de l'Amour. Il préfère s'appuyer sur un sol plus solide que celui de l'impuissance, sur un *lieu sûr* car : « Le lieu n'est pas un "quelque part" indifférent, mais une base, une condition. Il prend d'emblée la signification du chez soi. (…) C'est l'abandon au lieu qui fait surgir le lieu comme mon ici. L'ici, c'est tout lieu auquel je m'abandonne[1] ». Pierre a souci de soi, a peur de perdre la maîtrise de son être. Il voulait sauver sa tête et rester celui qui décide du sort de son être, de la nature du sol sur lequel s'appuie son être, de s'approprier son être, de le maîtriser, de le posséder et enfin de rester chez soi : je nie, donc je suis. Je suis le sol sur quoi mon être s'appui, je suis ma propre origine.

Par le sommeil, le Moi se ramasse, se positionne, s'individualise par rapport au monde, devient autre que le monde de la représentation, devient une vérité en soi. Par le sommeil, le Moi demeure en lui-même, vient à lui-même à partir de « l'événement de demeurer ». Il ne dépend ni du monde, ni de la vérité originaire. Il vient à lui-même par lui-même, devient une vérité pour soi ; il est sa propre vérité, une vérité propre : une « idole » ou bien le « faux infini ». La vérité de son être devient sa propriété, sa « mienneté » non représentée. Le *je* se recueille en demeurant chez soi : « La position est un repli dans le plein (…) sans aucune référence à l'espace objectif[2].» S'appuyer sur soi, en ce sens, c'est s'approfondir, « être en partance pour

---

1 Levinas, *De l'existence à l'existant, Ibid.*, p.119.
2 *Ibid.*, p. 118.

l'intérieur¹ » vers son intimité, sa « mienneté » esseulée. Pour nous, « être en partance pour l'*intérieur* », ce n'est donc pas, comme chez Husserl, ou chez Henry, être absolument proche de soi, mais franchir une distance étrangement intérieure, non entre soi et soi comme le disait Levinas, mais entre soi et la vérité de soi : entre le Même et l'Amour. La position par le sommeil est la production même de son propre sol, de son propre lieu, du lieu de son individuation par soi-même, c'est-à-dire de son esseulement pur. La position par le sommeil est une position qui s'oppose à la perte radicale de tout pouvoir sur soi ; elle réalise le rêve de l'« évasion² ». C'est ainsi qu'on comprend l'expression freudienne: « le rêve est le cri de l'inconscient. »

Être encombré et écrasé par sa propre puissance

Selon Levinas, la position est un « non-lieu », un « lieu en arrière du lieu » : « L'être emprisonné, ignorant sa prison est chez soi³ ». Pour lui, l'*ici*, comme refuge, signifie non seulement que le Moi a la possibilité de ne pas adhérer au monde, mais encore à soi. On peut ajouter que l'*ici*, comme refuge, peut signifier aussi que le Moi a la possibilité de retourner vers son esseulement, vers sa « mienneté ontologique » qu'il n'a jamais franchit définitivement. En fait, Levinas insiste que, si l'écart à soi du lieu interdit de le décrire comme pure immanence, il n'est pas non plus transcendance, sortie vers le monde en tant qu'« être-au-monde ». Levinas cite J. Wahl : « L'homme est toujours au-delà de lui-même. Mais cet au-delà de soi-même doit avoir conscience finalement que c'est lui-même qui est la source de cet

---

1 Levinas, *Totalité et Infini*, *Ibid*., p. 130.
2 « Tout ce que l'évasion voudrait et devrait refuser, se révèle comme constituant son tissu même, son *humus,* sa raison d'être. Et pourtant l'évasion demeure un symptôme significatif du malaise de la subjectivité renfermée dans l'immanence d'une existence anonyme. Toutefois le sol dans sa véritable délivrance, ne se situe qu'au delà du contexte ontologique entourant le besoin d'évasion. Cette délivrance est par essence liée à l'irruption éthique de l'altérité dans les limites ontologiques du même. Cette altérité absolue libère le sujet de la clôture *onto-ego-logique*, l'ouvre à l'extériorité, réalise le rêve de l'évasion. » Dans Fabio Ciaramelli, « De l'évasion à l'exode. Subjectivité et existence chez le jeune Levinas », *Revue philosophique de Louvain*, Tome 80 (Quatrième série, n. 48), nov. 1982, p. 577. Cf. aussi R. Duval, « Exode et altérité », in *Revue des sciences théologiques et philosophiques*, 1975, p. 221.
3 Levinas, *Totalité et Infini, Ibid.,* p. 25.

au-delà et ainsi la transcendance se recourbe vers l'immanence[1]. » Si la transcendance recourbe vers l'immanence, ce n'est pas une immanence absolue, comme chez Henry, mais une immanence altérée par une altérité, par l'autre, par autrui, selon Levinas. On comprend alors que le contact avec le lieu, qui suppose son altérité, soit déjà relation avec autrui. Dès lors, en découvrant l'individuation du Moi à partir du contact avec le lieu dans le sommeil, Levinas, n'envisage jamais le rapport à soi que comme supposant déjà un rapport avec un autre : « L'intimité que déjà la familiarité suppose – est une intimité avec quelqu'un[2] ». Dans le processus de subjectivation, Levinas vient à reconnaître la présence de l'autre au plus intime de soi-même. Etre en contact avec le lieu, c'est être en contact avec autrui, fonder une relation avec lui, être déjà avec lui. Etre en contact avec le lieu, c'est être de la sorte chez soi, mais en même temps être accueillit par l'autre. Mais si, dès la sensibilité et dès le sommeil, le Moi est pour l'autre, cet autre n'est pourtant que pressenti, il n'est pas encore visage, transcendance, mais le *tu* de la familiarité[3]. La présence de l'autre manque la transcendance, mais « inclut toutes les possibilités de la relation transcendante avec autrui[4]. »

De l'autre pressenti à l'autre présenté, de l'autre féminin au visage, la mise en question de l'égoïsme, par le visage, éveille en moi la responsabilité d'accéder à ma présence dernière, à tenir en main mon être, à posséder mon soi par relâchement de soi, à atteindre une individuation « pré-éthique ». L'homme, dit Levinas, est « simultanément dehors et dedans, il va au dehors à partir d'une intimité[5] », à partir d'un chez soi. Mon ici est toujours ailleurs qu'ici. Etre corps, selon Levinas, « c'est, d'une part, se tenir, être maître de soi, et, d'autre part, se tenir sur terre, être dans l'autre et par là, être encombré dans son corps[6]. » Levinas ajoute : « La vie atteste, dans sa peur profonde, cette intervention toujours possible du corps-maître en corps-esclave, de la santé en maladie[7] ». Dans son effort pour incorporer l'extériorité à sa propre substance, le Moi ne fait que s'enliser dans l'extériorité. Il fait son séjour dans le monde, il a malgré lui un dehors qui ne lui est pas propre, mais une présence anonyme, une absence à soi. Dans le séjour dans le monde, dans l'extériorisation de soi par le travail et par l'effort, dans l'acte de possession de l'objet travaillé, le Moi se découvre comme être fragile, celui qui manque son être et ne le domine pas. Je ne suis pas davantage présent à moi-même

---

1 Cité dans Levinas, *Hors sujet*, Montpellier, Fata Morgana, 1987, p. 110.
2 Levinas, *Totalité et Infini, Ibid.*, p. 128.
3 *Ibid.*, p. 129.
4 *Idem.*
5 *Ibid.*, p. 126.
6 *Ibid.*
7 *Idem.*, p. 138.

que dans le sommeil. Mes œuvres ne m'expriment pas davantage que mon corps endormi: « Par les œuvres seulement le moi n'arrive pas au dehors; s'en retire ou s'y congèle comme s'il n'en appelait pas à autrui et ne lui répondait pas, mais cherchait dans son activité le confort, l'intimité et le sommeil[1]. » Habiter, pour Levinas, c'est justement posséder son corps, et donc se posséder soi-même. Il ne s'agit pas, pour le Moi, d'être, mais de jouir, c'est-à-dire de posséder. L'être, selon Levinas, est transitif, et cette transitivité n'est plus ici le mouvement d'étant à être comme chez Heidegger, c'est-à-dire mouvement comme dynamisme de dépossession et d'expropriation; car l'étant, ici, va vers soi, jouit de soi: « L'être lui-même est un contenu qui fait le bonheur ou le malheur du moi[2]. » Se posséder, c'est donc déjà être encombré et écrasé par la possession même, dans l'impossibilité à se dégager de soi. Ce qui fait qu'au lieu même où se constitue la présence à soi du Moi, par la prise de possession de soi, le Moi se trouve dépossédé de soi. Toute possession est en même temps dépossession et par le fait même elle est impossibilité de s'arracher à soi.

Le Moi, en ce sens, est : « un rapport posé par dérivation qui se rapporte à lui-même et, se rapportant à lui-même, se rapporte à autre chose[3]. » Rapport à soi et rapport à l'Autre se renforcent mutuellement : « Il faut une rupture pour que le moi devienne lui-même[4] ». Il s'agit de la possibilité de se rapporter à soi-même par la possibilité de se rapporter à l'Autre. Vouloir être soi sans l'être devant l'Autre, c'est se manquer soi-même, car je suis un Moi posé par un Autre, donné par lui. Ce qui fait que la volonté d'être soi n'est pas un choix de soi. La volonté d'être soi par soi-même est une mauvaise manière d'être soi et une nouvelle manière de se vouloir, un mal être. La volonté, en ce sens, est une volonté de s'approprier soi-même, à vouloir avoir un Moi que l'on n'est pas, c'est-à-dire un Moi qui se serait posé lui-même. La volonté d'être soi par soi-même est une volonté qui rate son être, une volonté « non-voulante » et par le fait même « non-pouvante », impuissante, passive. Le Moi propre ne découvre la vérité sur lui-même que pour aussitôt s'en détourner. Il voulait se débarrasser de lui-même, il ne voulait pas être faible, impuissant, dépendant d'un Autre. Il refusait un Moi qui ne serait posé lui-même : « Tout comme si ce n'était pas l'orgueil qui accorde un tel poids à la faiblesse, tout comme si ce n'était pas parce qu'il veut s'enorgueillir de son moi qu'il ne peut souffrir cette

---

1 *Ibid.*, p. 150.
2 *Ibid.*, p. 85.
3 Kierkegaard, *La maladie à la mort*, trad. P.-H. Tisseau et E. M. Jacquet-Tisseau, Paris, Edition de l'Orante, 1971, t. XVI, p. 172.
4 *Ibid.*, p. 222.

conscience de sa faiblesse[1] ». La rupture avec la relation originaire avec l'Autre est impliquée dans cette capacité, dans l'orgueil même. Levinas disait à ce sujet : « On peut appeler athéisme cette séparation si complète que l'être séparé se maintient tout seul dans l'existence sans participer à l'Etre dont il est séparé – capable éventuellement d'y adhérer par la croyance. La rupture avec la participation est impliquée dans cette capacité. On vit en dehors de Dieu, chez soi, on est moi, égoïsme[2]. » La rupture de l'Autre est, selon Levinas, une exigence proprement ontologique, elle situe l'ontologie *en-deçà* de toute préoccupation éthique et même théologique. Si l'être est le mal, le bien ne peut resurgir que de l'étant, qui est autrui. Ce qui est essentiel, pour Levinas, c'est le fait d'ouvrir la possibilité de la transcendance, qui se situe par-delà la « différence ontologique ».

Re-poser le ratage par l'amour du mal

Le Moi ne veut pas être un soi faible, impuissant, dépendant d'un autre. Il cherche à fuir son soi par le sommeil, à se décharger du poids horrible de son être, ce poids insupportable qui le brise. Mais le sommeil ajourne cette décharge sans jamais la détruire, car au sommeil succédera un réveil qui la ramènera à soi. L'impossibilité d'échapper à soi est l'impossibilité de mourir, d'anéantir son être, de refuser d'être une honte pour soi. Ce ne pouvoir mourir est un ne pouvoir être autrement que contrairement à sa volonté de puissance, être une haine de soi, de l'Autre, de tout, un mal d'être, un être qui a mal, qui souffre sans vouloir cette souffrance même et sans pouvoir l'arrêter. Une souffrance qui se présente comme impossibilité de se défaire de soi. La souffrance est une impossibilité de mourir, une impossibilité du néant, une impossibilité de possession, une impossibilité d'être soi par soi, une impossibilité de vivre sans pouvoir mourir. La souffrance, en ce sens, est le signe de l' « Impossible ». L' « Impossible » est l'unique et le seul pouvoir, et c'est pourquoi le Moi souffre. Souffrir, c'est subir son être malgré soi, endurer sa vie, être sous le pouvoir de l' « Impossible ». Selon Levinas : « Le temps même de mourir ne peut pas se donner l'autre rive. Ce que cet instant à d'unique et de poignant tient au fait de ne pas pouvoir passer[3] ». Il y a un mal plus grand que le néant, c'est l'impossibilité du néant. A l'angoisse du néant, Levinas parle de « l'horreur » de l'être : « le désespoir tragique qu'il [l'être] comporte[4]. » La

---

1 *Ibid.*, p. 221.
2 Levinas, *Totalité et Infini, Ibid.*, p. 29.
3 Levinas, *Les imprévus de l'histoire*, Montpellier, Fata Morgana, 1994, p. 143.
4 Levinas, *De l'évasion, Ibid.*, p. 98.

force de la fatigue tient son pouvoir de ce qu'elle nie, de ce qu'elle attaque et de la puissance avec laquelle elle l'attaque. Elle attaque l'être et cela en refusant intégralement d'être ; elle tire son pouvoir de sa haine de soi, de son auto destruction, et c'est là où résident le mal de l'être et le « mal d'être ». Nietzsche parle de sa fatigue qui veut se dresser contre elle-même, une fatigue de la fatigue, une fatigue d'être toujours déjà fatigué, une fatigue où naît le non à ce qui fatigue: « Je ne savais plus comment m'en sortir et j'étais fatigué, épuisé, usé[1]. » La fatigue émane de l'être, mais le pouvoir de la fatigue vient du mal fait à l'être. Quelle est la source du « mal d'être » ? Ce n'est pas l'être lui-même, mais la conscience orgueilleuse elle-même : « Que de fatigue, quelle lourde fatigue dans le projet de dire non à la fatigue[2] ! » Que l'être soit le mal, une sortie de l'être vers le Bien, un passage du Mal au Bien par attraction des contraires n'est pas seulement insuffisant, mais c'est un passage mal passé qui passe mal. Car toute négation est déterminée par ce qu'elle nie et toute délivrance est mesurée par ce dont elle nous délivre. Le dépassement du mal est un mal encore, car le mal, ici, c'est l'être même, le mal d'être. Kierkegaard pose la question suivante : « Comment le fardeau peut-il être léger quand la souffrance est lourde[3] ? » Que l'être soit le mal c'est parce qu'il est un mal être, un être mal vécu, mal pardonné, mal aimé, un être qui souffre et sa souffrance est terrible. Aimer l'être, c'est le supporter, *sup-porter* le mal qu'il est, porter son fardeau, ne pas avoir honte de lui, avoir de la patience envers sa lenteur, sa passivité et son impuissance (porter sa croix). Selon Kierkegaard : « chacun doit porter son fardeau et nul ne doit en être dispensé, même pas l'indépendant qui doit porter le fardeau de la responsabilité, quand celui du devoir incomber à l'homme dépendant[4] ». Il ne s'agit pas ici de se faire pardonner une faute, mais de se faire pardonner soi-même, son être, d'aimer soi-même en *par-donnant* à soi-même, en *sup-portant* son propre fardeau d'être. Car en quoi consiste en effet la douceur, sinon à porter légèrement le lourd fardeau, comme l'impatience et la mauvaise humeur consistent à porter lourdement le léger fardeau. Le fardeau reste, ainsi, le même (le mal d'être), puisqu'il est la souffrance, la lourde souffrance[5] ; et cependant il devient léger. Comment le fardeau d'être peut-il être léger quand la souffrance est lourde, trop lourde ? Cela n'est possible que quand la domination de l'être devient impossible.

---

1 F. Nietzsche, *Œuvres philosophiques complètes*, Paris, 1967 sqq., t. XIII, p. 31.
2 *Ibid.*, t.V, p. 220-221.
3 S. Kierkegaard, *Œuvres Complètes*, t. XIII, L'évangile des souffrances, Paris, Éd. de L'orante, 1966, p. 225.
4 S. Kierkegaard, *Œuvres Complètes*, t. XIII, *Ibid.*, p. 226.
5 *Ibid.*, p. 229.

Le *mal d'être* comme *dynamisme* de conversion

L'être n'est pas tout à fait le mal, car au sein même de l'identité esseulée ressurgit autre chose que soi, l'Autre en soi, l'origine de l'être. L'être n'est pas pur, il est double et c'est pourquoi il n'est pas tout à fait le mal car il n'est pas identique à soi; il précède et échappe, par le fait même, à ce qui rend le mal sien. Le mal n'émane pas de la « mienneté » ; il perce la « mienneté » doublement. Il la perce pour la première fois pour la séparer de son origine, de l'Autre en elle. La deuxième percée du mal est plus profonde que la première, elle a pour rôle de déchirer le voile qui couvre ce qui est originaire dans la « mienneté », ce qui est *unheimlich*, *non-familier*, l'*Etranger*, l'*Autre*, l'*Infini*, l'*avant*, l'*Amour* en elle. La double percée du mal montre que la « mienneté » peut être séparée de son origine et, en même temps, montre ce qui demeure malgré la séparation, ce qui est infini, originaire et *dif-férent* en elle. La « mienneté », esseulée par le mal, se montre comme n'étant pas seule ; elle est une *mienneté partagée*, une *mienneté altérée*. C'est là où réside le mal dans l'être. L'être, qui n'est pas tout à fait le mal, s'ouvre, par la percée du mal en lui, à l'Autre, à l'avènement de l'Amour en lui, et c'est ce qui rend possible le *re-commencement* du Moi avec l'Amour : sa re-naissance.

Le *re-commencement* consiste, ici, à ce que le Moi revient à l'originaire, à l'*avant* tout soi, celui qui advient comme le *pré-soi*, *le pré-donné* de toute expérience de soi. Le Moi se donne lui-même à lui-même par un Autre que lui-même. Dans cette donation originaire, où l'être s'ouvre à l'Autre en lui, à l'Autre que lui, dans son apparaître comme un Moi par un autre, le Moi *est* en tant qu'être affecté et fondé par un *avant*. L'apparaître, ou la donation de l'affectivité, réside dans l'affection du Moi par l'*avant* originaire en lui, par son origine, par l'Amour comme *dif-férence* absolue. La réduction radicale ou originaire, en ce sens, n'est pas une « auto-affection », ni une affection de « l'être-là » dans le monde, ni une « dé-affection » ou bien une « dé-sindividuation », mais un *aban-don*, un retour en soi à ce qui est *dif-férent* de soi, et selon une immanence originaire et non subjective. L'être est donc comme affection de soi par l'Amour en soi dans l'immanence partagée avec lui, ou bien dans l'immanence originaire. On ne parle plus, ici, d'une « immanence absolue » comme « auto-affection », mais d'une immanence habitée par l'absolu, par l' « Infini », par l'Amour. L'immanence est jetée face au Mystère absolu, au plus intime d'elle-même. Elle n'est plus une immanence subjective, intime, mais un lieu d'étrangeté, une demeure où l' « Infini » demeure. Le Mystère absolu nous échappe et nous reste à jamais étranger, parce qu'il se manifeste dans sa *dif-férence*. Une telle *dif-férence*, qui est si difficile à penser du point de vue de la suffisante conscience que nous avons de nous-mêmes, est immédiatement sensible dans l'acte de l'*aban-don de soi*. Si bien que nous faisons confiance, en *s'aban-donnant* à l'Amour qui nous échappe intellectuellement, au moment même où il se montre à nous comme « appel », comme une réalité autre en nous affectant.

L'aban-don à l'Amour fonde, ainsi, sans raison logique, le dévoilement de l'« Infini », son advenu, celui qui nous frappe par son *étrangeté* et par sa *dif-férence*, et dont une affection violente reste à jamais la trace sensible dans notre être. La réalité de l'Amour ne peut révéler sa profondeur, c'est-à-dire sa *dif-férence* et son originalité, qu'à condition que nous ne la comprenions pas par nous-mêmes, mais par l'affection qu'elle produit sur nous et qu'elle nous fait éprouver sur elle. Là, se manifeste sa réalité la plus profonde et la plus originaire. Le mystère de l'Amour motive, d'abord, le désir du Moi, qu'il met en mouvement vers ce qui dans le désir même dépasse et transcende tout manque en lui, tout objet désiré et toute fatigue.

La transcendance n'est pas un état de supériorité, mais un mouvement de pénétration, une percée selon un autre mode, différent des objets de ce monde, plus profondément vers ce qui est *dif-férent*, autre, mystérieux, « unheimlich » dans l'immanence même du Moi. On parle, ici, d'une *transcendance immanente* ou bien d'une *immanence transcendante* ; d'une *in-stase extatique* ou bien d'une *ex-stase instatique*. L'existence, en ce sens, se centralise d'une manière qui ne peut être définit par aucun objet propre. Elle ne peut se révéler que par sa pénétration dans la *dif-férence* de l'Amour. La pénétration, e, ce sens, est l'épreuve de soi comme *aban-don* de soi à l'Amour, dans l'incompréhensible et dans l'affectif, c'est-à-dire dans l'épreuve même de la perte quotidienne de son intimité impuissance. *L'aban-don* est l'excès de notre existence sur le Moi propre, sur tout ce qui est connu, contrôlable, maîtrisable, approprié, et transformé en objet de possession.

La transcendance du Moi sur son être n'est pas un rapport de puissance, ni d'indifférence, ni un détachement, ni une libération, ni une sortie de soi dans le monde ou bien vers autrui, mais un rapport de *patience* et de *par-don* envers la « facticité » de son être, envers la lenteur et le mal de son être. Selon Jean de la croix : « L'âme qui brûle d'amour ne fatigue, ni ne se fatigue[1] ». On parle d'une transcendance qui mène le *Moi-déjà-perdu* vers sa pauvreté originaire, vers *l'être-déjà-aimé* en lui. La *passivité originaire*, comme *aban-don de soi* à l'Amour, fonde et possibilise toute transcendance, et par le fait même, tout re-commencement. Incompréhensible, dans

---

[1] San Juan de la Cruz, Obras, Madrid, 1973, p. 422. Cité par J.-L. Chrétien, *De la fatigue, Ibid.*, p. 153-154.

l'instant, elle se produit comme *privation*, comme perte, comme déchirure, comme souffrance, mais avant tout comme *patience* dans la fatigue même, comme *négation* de la fatigue, comme *anti-fatigue* et par le fait même comme *anti-sommeil*. Elle est le signe de la *dif-férence originaire* en nous face à notre origine, à ce qui est infini en nous. Elle pourra être comprise plus tard quand l'intelligence aura assimilé, si jamais elle en est capable, un autre ordre ; quand elle serait apte à comprendre actuellement ce que, dans l'actualité de la souffrance, peut échapper à toute connaissance théorique, à tout pouvoir ontologique et à toute fatigue envers le mal de l'être et envers le « mal d'être ». Car la fatigue, en fin de compte, c'est la fatigue d'être soi, et d'avoir à être soi malgré soi.

La *passivité originaire,* en nous, montre que notre « mienneté » ne peut pas être réduite en l'état d'objet de possession, précisément parce qu'elle appartient à un autre mode d'existence, dont l'intelligence théorique ne saurait jamais appréhender toute seule. La « mienneté » n'est pas un objet connaissable, maîtrisable, possédable, pour la simple raison qu'elle est un mystère en soi, précisément, parce que le Moi n'est plus propre, c'est-à-dire n'est pas et n'a jamais était l'origine de soi-même. Ici, la « mienneté » se découvre percée par une blessure originaire qui creuse en elle un schisme, un écart, une *dif-férence* entre l'ipséité et son esseulement, entre la passivité et son pouvoir, entre l'intimité et son étrangeté, entre la fatigue envers le « mal d'être » et la *patience*, entre la « honte de l'être » et le *par-don* de l'être. Le Moi n'est plus rivé à soi ; son intimité esseulée est brisée. Sa « mienneté » demeure un mystère qui lui échappe, un soi manifesté autrement par l'Autre, par l'Amour. L'*être-déjà-perdu* se découvre comme l'*être-déjà-aimé* : « Etre aimé veut dire se consumer. Aimer est : luire d'une huile inépuisable (*leuchten mit unerschöpflichen Öle*). Etre aimé c'est passer, aimer c'est durer[1] ».

La signification du Moi n'est pas l'inoffensive relation du savoir où tout s'égalise, mais une assignation du Moi par l'Amour. Assignation extrême, antérieure à tout engagement et à tout commencement. C'est cela ce que l'on nomme : *aban-don*, ou « passiveté » ou bien passivité originaire, relation antérieure à l'acte, relation qui n'est pas acte, ni position, ni limitation, mais une *dif-férence* dans la conscience même du Moi sans être posée par elle. Ici, il en va tout autrement : tout ce qui est dans la conscience n'est pas posé par elle. La *dif-férence* originaire traverse la conscience à contre-courant et se dévoile en elle comme *étrangeté,* pour signifier une hétéronomie, une dissymétrie, une inégalité, un Autre s'émergeant avant

---

[1] Reiner-Maria Rilke, *Werke*, Frankfort, 1982, t. V, p. 341 ; trad. fr. par M. Betz, Paris, 1980, p. 218.

toute conscience de la conscience. La *dif-férence* est humiliation, une blessure qui laisse le Moi sans parole. Le Moi n'est appelé à la *dif-férence* que dans la blessure de soi, dans son écrasement, dans sa tournure contre lui-même, dans son *aban-don* de soi. Une blessure selon laquelle le Moi s'affecte comme une *passivité originaire* qui ne se laisse pas définir en termes d'intentionnalité. Le subir, en ce sens, n'est plus une honte, ni fatigue, il échappe à toute passivité forcée, à toute obligation, pour devenir une *patience*, un *sup-porter*, un support pour porter la lenteur de l'être, sa condition factice même, son « mal d'être » privé de l'Amour : un lieu de *par-don* de soi. Mais comment une telle patience peut-elle percer la conscience ? Comment la conscience peut-elle supporter une telle souffrance inassurable, insurmontable, infinissable sans devenir folle ? Autrement dit, la violence de la souffrance, qui envahit la totalité de l'être, rendra-t-elle la vérité de l'être impossible ? Le Moi puisse-t-il non seulement accepter l'intolérable de sa souffrance mais renoncer de lui-même à ce qui est autre en soi-même ? Y renoncer sans violence, sans révolte, mais selon une *passiveté originaire* – ce qui ne serait pas une résignation ni un suicide, mais l'Amour. Il nous faut donc s'approfondir dans un ordre à la fois supposant et transcendant, par sa *dif-férence,* un Moi qui se porte au-delà du néant de la mort et du refus de l'être. Un tel ordre est celui où le Moi se pose en fonction de son *aban-don* à la pauvreté de l'Amour.

Kierkegaard demande : « Qu'est-ce qui rend l'homme fort plus fort que le monde entier, qu'est ce qui rend l'homme faible plus faible qu'un enfant ? Qu'est-ce qui rend l'homme inébranlable, plus ferme que le roc, qu'est ce qui le rend doux, plus souple que la cire ? – L'amour ! Qu'est-ce qui est plus vieux que tout ? L'amour. Qu'est-ce qui survit à tout ? L'amour. Qu'est-ce qui ne peut être pris, mais prend lui-même tout ? L'amour. Qu'est-ce qui subsiste quand tout nous trahit ? L'amour. Qu'est-ce qui console quand toute consolation défaille ? L'amour. Qu'est-ce qui dure quand tout change ? L'amour. Qu'est-ce qui demeure quand le partiel disparaît ? L'amour. Qu'est-ce qui témoigne quand la prophétie garde le silence ? L'amour. Qu'est-ce qui persiste quand la vision s'efface ? L'amour. Qu'est-ce qui donne l'explication quand le discours obscur prend fin ? L'amour. Qu'est-ce qui donne la vigueur au langage des anges ? L'amour. Qu'est-ce qui fait surabonder l'offrande de la veuve ? L'amour. Qu'est-ce qui emplit de sagesse le discours du simple ? L'amour. Qu'est-ce qui reste à jamais immuable quand tout change ? L'amour ; et celui-là seul est amour qui jamais ne devient autre[1]. »

---

1   S. Kierkegaard, *Œuvres Complètes*, t. VI, *Ibid.*, p. 55.

3- Seul l'Amour dévoile le mystère du Moi

Ce qui est *déjà-donné* à moi dès ma naissance

Le Moi, qui expie tout être, n'est pas un étant capable d'expier la *différence originaire* qui l'oblige par une expiation originaire, antérieure à l'initiative de sa volonté. Il doit tout à l'altérité de l'Amour qui altère son intimité, la *sup-porte*, la porte dans son impuissance. C'est dans son impuissance que le Moi préserve l'intégralité de la force originaire de l'Amour en lui. Comme si la « mienneté » était la gravité de l'emprise de l'Amour sur lui. L'Amour, comme *dif-férence originaire,* se glisse en lui avant sa volonté et avant sa liberté. Il s'est commis avec l'Amour avant de l'avoir choisi. Comme s'il y avait dans le Moi, toujours irréductible à la présence, un *avant* en deçà de tout passé, un *avant irreprésentable*. L'antériorité de l'Amour, par rapport à la volonté et par rapport à la liberté comme choix ou comme décision ou position, exige *l'aban-don* du soi. Étant originaire, l'Amour dévoile la vérité de l'être du soi : Je suis *l'être-déjà-perdu-par-l'Amour* dès mon origine même. L'Amour doit m'élire le premier, avant que je puisse le choisir. Le Moi est déjà affecté par l'Amour dès son surgissement même, dès sa naissance.

La *con-naissance* de l'Amour en soi, si intime et en même temps si différent, est de l'ordre de l'expérience vécue sous l'épreuve de la souffrance causée par la perte de son être dès sa naissance même. Le Moi, pour se connaître, doit accepter de se *laisser-être,* se laisser interpeller, voir inquiéter, être percé et brisé dans sa solitude même par l'advenu de l'Amour en lui. L'Amour confère une réalité autre à son être, à sa vie, à la solitude de son ipséité et au mal d'être qu'il est. Il confère un autre sens à son existence, une *destination étrangère* à sa propre vie, vécue dans l'*indifférence* à soi-même comme aux autres. Cette réalité autre échappe indéfiniment au Moi propre et manifeste ce qui est « unheimlich » en lui. L'approche de l'étrangeté de l'Amour, nous ouvre au mystère de notre être comme *être-pour-l'Amour,* comme *être-de-don*, comme *être d'aban-don*, comme un être qui existe par ce qu'il donne, un *être-déjà-perdu*. Ce qu'il donne est ce qui est *déjà-donné* en lui depuis sa naissance.

Perdre, c'est perdre tout ce qui est *propre* dans le Moi, ce qui lui appartient ou ce qui peut être approprié en lui, ce qui n'est originaire. Le Moi propre doit être perdu et le *Moi-aban-donné* ou le *Moi-pour-l'Amour* doit être manifesté. Il ne peut plus être identifié par ce qu'il possède, ni par ce qui lui appartient, le *sien*, mais par ce que lui a été déjà-donné gratuitement et originairement par l'Amour en lui. L'identification se fait par ce qui a été en lui sans lui, par un don originaire qui le fonde et le constitue en tant qu'*être-déjà-perdu*. Le Moi est par ce qui ne lui appartient pas, par ce qui n'est pas sien, par la perte en lui, par la gratuité originaire de l'Amour en lui. *S'aban-donner* à l'Amour, dans ces conditions, c'est accepter qu'il soit seul l'origine et le fondement de toute connaissance, et de toute existence. Ce qui fait que *exister* c'est autre que être, parce que être c'est persister dans son être même, s'approprier, alors qu'*exister* c'est *s'aban-donner* à une origine autre que soi-même, accepter le risque de perdre toute *auto-référence*, toute *auto-affection* et toute *auto-individuation*. Exister, c'est *re-donner* son être à la perte même qui le fonde depuis son origine. *S'aban-donner* c'est apparaître comme *l'être-d'aban-don, comme l'être-déjà-perdu*. L'origine du Moi est toujours là, et comme le Moi ne serait qu'une vanité sans cette origine, le retour à soi comme renvoie à l'Amour, à l'origine de soi, est ce qui, en premier lieu, le constitue comme *être-par-l'Amour*. La réalité : *être-perdu* par l'Amour fonde l'état du Moi. *Etre-déjà-perdu* signifie que le Moi ne tire pas le sens de son être de lui-même mais de l'Autre, de l'Amour son origine. La persévérance dans son propre être est une présence à soi enfermée sur soi-même, qui n'y est pour personne et donc pas même pour soi. Ce n'est pas toute pauvreté qui est impuissante, lente et déjà toujours fatiguée de soi, mais seulement la pauvreté qui émane de soi-même, de son propre esseulement, lorsqu'elle ne parvient plus à supporter elle-même. L'illusion de la présence à soi, dans l'autonomie de la conscience, comme conscience de soi, est surtout un déni d'existence, un refus d'exister originairement, selon son origine. Ce refus prépare l'advenue de l' « enfer » de l'être et dévoile son sens. L'enfer c'est soi-même, quand un Moi, enfermé dans sa conscience de soi, prend son Moi propre comme origine de soi-même, comme fardeau insupportable. C'est le désespoir absolu qui émerge, face à celui qui prétend être soi tout seul. Le Moi n'est que dans la mesure où il accepte le retour à sa propre origine, à l'altérité originaire. Le retour n'est pas arbitraire mais originaire, car il est l'expression de la dépendance du Moi de son origine. La dépendance du Moi se fonde justement sur le lien à l'origine, qui est la référence première à laquelle le Moi demeure attaché, et qu'il n'institue en aucune façon. Ce n'est donc pas la réflexion de la conscience réflexive sur le Moi subjectif, ni la sortie vers le monde, ni même pas la relation intersubjective, qui nous fera réaliser ce qu'est un Moi originairement. Je n'ai pas d'autre moyen de connaître mon identité que par un *aban-don* qui *re-commence* en moi la monstration de mon identité altérée par l'Amour, c'est-à-dire de reprendre à mon compte la honte de mon être ravagé par la perte de tout, en élargissant la surface de la patience en moi, comme *sup-porter* moi-même par le *par-don* de l'Amour donné à moi-même dès mon enfance.

La percée de la *patience*

L'élargissement de la *patience* offre au Moi un *sup-port* originaire qui *par-donne* sa propre impuissance insupportable et la porte avec générosité. Ce *sup-port* est le fondement aimant de sa finitude et de sa souffrance incessable : Je suis donc ma perte, car ma perte est déjà ce que je suis : un être-déjà-perdu. Refuser l'être, c'est impossible, le fuir c'est insensé, être soi par soi-même et être tout à soi, ne couvre pas la blessure de la perte de soi. Je suis *l'être-déjà-perdu* parce que je me retrouve par ma perte, comme déjà engagé malgré moi dans un ordre qui me reste étranger et incompréhensible. L'incompréhension de cet ordre ouvre mon intimité à ce qui est plus intime qu'elle, à la perte en elle.

La perte de soi, comme expérience originaire, précède l'expression de tout langage, de toute expérience du monde, et de tout face à face avec l'autre. Incompréhensible pour le moment, elle ne peut jamais être réduite à une connaissance thématique, ni à la subjectivité, ni même pas à l'intersubjectivité, mais ouvre les perspectives de l'expérience à ce qui vient avant elle, à une *pré-expérience*, à un *avant-don*. L'affection a été faite en nous par une réalité autre que nous. L'expérience originaire de la perte de soi, ne peut se faire qu'avec l'Amour. Je peux subir la perte de mon être, avoir honte de soi, souffrir malgré soi, avoir la « nausée », vivre l' « enfer » de mon esseulement, se suicider. Par contre, je peux prétendre trouver mille et une solutions pour donner sens à ma réalité déchue, mais toutes ces manières d'être viennent toujours en retard par rapport à ce que je suis vraiment, un *être-déjà-perdu*. Entre l'être et sa perte, la distance est infinie parce qu'elle est le signe de l' « Infini ». La distance pose un retard de l'être par rapport à sa condition d'être, à sa perte même. Elle est une distance de l' « Infini », sa *dif-férence*. Autrement dit, la distance entre le Moi et son soi montre son retard par rapport à son être, son impuissance et sa lenteur de récupérer ce retard même. Elle montre aussi sa passivité qui l'oblige à subir son être, à être soumis à un fardeau insupportable, à souffrir malgré soi, à endurer sa honte sans jamais finir. Autre chose que son être, cette distance même montre aussi une altérité originaire, l' « unheimlich » en soi. La distance en soi, n'est pas seulement une distance entre le Moi et son soi, mais aussi un « lieu » où demeure l' « Infini », l'Autre en soi, l'Amour.

Entre L'être et sa perte, l' « Infini » vient proposer sa demeure, *sup-porter* et porter le fardeau de l'être, sa perte même. Ce qui fait que la passivité du Moi, qui n'est jamais assez passive, n'est pas une passivité infinie, mais une passivité de l' « Infini » en lui, une *passivité altérée*. La passivité en soi est le signe de la présence de l' « Infini » en lui. Je suis passif par rapport à l'activité originaire en moi ; je suis fini par rapport à l' « Infini » à l'intérieur de moi. Ma perte est incessante parce qu'elle est un mouvement originaire qui porte mon être vers son origine. La perte en moi destitue mon être de toute fuite de soi, de tout arrêt, de toute insomnie et de toute stagnation et m'oblige de retourner vers mon origine, vers mon soi altéré par l'Amour : Je perds donc je suis altéré par l'Amour. Si je le veux ou pas, si je le sache ou non, la perte est mon être même, ma vie même, ce qui prépare en moi l'advenu de l'Amour, son avènement. L'expérience que nous éprouvons au cœur de la souffrance temporelle, de l'angoisse du manque d'être, ou de la vanité d'être nous apprend à *s'aban-donner*, à se donner à l'*Amour* qui témoigne en nous de nous, avec nous ou malgré nous, de ce qu'on est originairement : un *mystère*. Au temps où le Moi n'en est plus *à l'âge de croyance*, où il cherchait à partir d'un obscur ratage initial l'écart avec son origine, il n'a pas perdu ce pressentiment de quelque chose qui a eu lieu avant son temps au moins. Le Moi est en quête continuelle de l'*avant originaire*. L'*avant* échappe aux idées toutes faites, il appelle le Moi à vivre dans l'éblouissement de la surprise et de la découverte continue, car il lui ouvrirait le mystère de l'origine de son être. Le mouvement passionné de l' « admiration », de la souffrance, de la révolte et de l'*aban-don* - qui nous transporte autrement vers l'Autre que nous même - est le mouvement de la perte en nous de tout identique à nous. L'expérience de la perte, c'est l'appel de l'Amour, en nous, qui nous demande de porter notre être, de supporter sa lenteur et son impuissance, de ne pas avoir honte de soi, d'aimer notre finitude et d'avoir de la patience envers elle, de porter la croix du mal de notre être et de suivre l'Amour. Une telle expérience vient poser un écart, une différence originaire entre la réalité déchue, non aimée par soi ni par les autres, une réalité vécue sans amour, et celle *aban-donnée* à l'Amour en soi, une réalité aimée et *par-donnée* par lui. L'épreuve de la perte est un mouvement de réconciliation entre *l'être-déjà-perdu* et *l'être-déjà-aimé* en lui. L'Amour commence en soi, puis s'expose dans le monde comme amour de l'autre. Si je n'expérimente pas l'Amour de moi-même, je ne peux jamais l'expérimenter avec les autres que moi. Si je ne supporte pas ce qui est honteux en moi, si je n'ai pas de la patience envers ma lenteur et ma finitude, je ne réussirais jamais à le faire avec les autres. Mon exposition au monde doit être l'exposition de l'Amour en moi, son advenu pour moi. Je ne peux donner au monde que ce que j'ai déjà reçu. Aimer l'autre c'est lui donner l'Amour, lui donner à être autrement par l'Amour, lui apprendre la patience et l'amour envers son être. Et pour le faire il faut que tout commence par soi-même.

La découverture d'une autre face en moi

Combler l'abîme entre le Moi et l'*altérité originaire* en soi c'est impossible conceptuellement, mais c'est possible, autrement, par l'acte *d'aban-don*, ou par le don de soi à l'Amour : le comprenais maintenant que c'était justement cela admirer. La compréhension de notre réalité n'est pas de l'ordre du *jeu* et du *vrai* (dans notre savoir théorique sur la réalité), elle est de l'ordre du *sérieux* et de la *patience*, par notre *aban-don* à l'Amour, à travers la patience envers notre perte réelle et quotidienne. L'impossibilité de continuer le jeu n'arrête pas la vie, mais arrête le jeu, brise la nécessité de jouer le jeu des masques entre le vrai et le faux, entre le bien et le mal, entre l'intime et l'étranger, entre l'ami et l'ennemi. La brisure du jeu annonce l'instant précis où l'enfant prend fin et fait face à la notion même du sérieux, du recommencement comme retour à l'origine. Le retour à l'origine montre la constitution fondamentale du Moi comme renoncement à soi, comme un être d'aban-don de soi à l'Amour, origine de soi. Le rapport à soi exige la clarté de la nuit et non l'obscurité du jour. Car la clarté de la vérité de soi est une nuit en plein jour : « Ce qui vient maintenant est plus angoissant. Il y a infiltration de la nuit dans le jour[1]. »

Il y a une évidence qui s'impose, celle qui émane de la patience et qui vient s'installer comme un milieu de confiance et *d'aban-don* entre le Moi et l'Amour. Le milieu de patience et de gratuité est un milieu entre deux amoureux qui s'offrent le don de soi entre eux dans l'*instant* même du temps de la nuit qui passe. Le milieu dévoile une étrangeté qui altère l'intimité de l'« esseulement » et de la « mienneté ontologique » et les amène vers l'admiration de l'Amour : ce qui est mien est à toi. C'est la réalité actuelle du Moi, c'est-à-dire la certitude d'être soi dans la conscience présente qu'il a de lui-même qui est altéré. Le Moi n'est ni un *être*, ni un *non-être*, mais un *être-déjà-perdu*, un double don. Il est un don reçu par l'Amour, un don de l'Amour. Et puisque l'Amour est un don pur de soi, le Moi, comme don de l'Amour, a pour vocation de renverser le soi donné par l'Amour en un don de soi à l'Amour. Le Moi est un don de soi ; il existe à chaque fois qu'il se donne, à chaque fois qu'il donne ce qu'il a reçu : l'Amour même. La structure du Moi est une structure double du don : le don à soi par l'Amour et le don de soi à l'Amour ; c'est ce qu'on appelle *l'aban-don* de soi. Le Moi ne peut pas posséder soi-même, car il est un don *reçu-donné* originairement. L'assurance de soi-même, comme étant maître de ses souvenirs comme de

---

1 Levinas, *Du sacré au saint, Cinq nouvelles lectures talmudiques*, Paris, Ed. de Minuit, 1977, p. 168.

ses perceptions, est mise en doute, et le Moi, en toute connaissance de cause, ne peut plus dire « je pense donc je suis », mais je perds donc je suis par l'Amour. Le doute vient de la présence de l'Amour qui n'est ni tout à fait le même, *l'intime,* ni tout à fait un autre, l'*étranger*. Il vient importer le Moi vers un autre lieu, un lieu de *dif-férence* ou seul l'amour importe. Voilà les profondeurs en deçà du Moi conscient et de son être, dans son « exister[1] », disait Levinas, où s'enracine le doute d'être réellement soi et l'inquiétude de n'être pas au monde, comme tout le monde. La rencontre ne fait que restaurer ce qui est originaire à l'intérieur du Moi qui a oublié l'altérité originaire. Quand la réalité actuelle du Moi est ébranlée par une épreuve originaire et non par un doute cartésien, l'ouverture à l'Amour devint possible. Ainsi la contradiction de « la survivance et du néant », de « l'être ou du non-être » a lieu dans l'invention du Moi de son propre origine, où il croit avoir maîtrisé sa vie et posséder son être. La contradiction, que *l'aban-don* reconduit dans l'intériorité même du Moi qui doute de soi et du monde, mène vers une autre réalité, plus essentielle, en deçà de l'intimité de la conscience qui se croirait maîtresse d'elle-même en se faisant créatrice de son propre *monde* et de son propre *être*. La contradiction rend le Moi conscient de son impuissance insurmontable, face à la vérité de son être comme étant un *être-déjà-perdu*. Et qu'il ne suffit pas de jouer l'indifférent pour s'en distraire.

Dans l'épreuve *d'aban-don* de soi, comme patience envers soi-même, le Moi retrouve la réalité de son être comme *être-pour-l'Amour* qu'il ne peut jamais l'abolir. L'*aban-don,* comme patience, assure la continuité de l'être souffrant et garantit, du même coup, que sa souffrance n'est pas vaine ou bien une source de désespoir. La souffrance, comme perte de soi, demeure le moteur premier de la vie et sa vraie vocation. Elle nourrit le Moi de sa propre perte, suivant le sens de la parabole « si le grain ne meurt... ». Vraiment, je vous le déclare, « cette veuve pauvre a mis plus que tous les autres. Car tous ceux-là ont pris sur leur superflu pour mettre dans les offrandes ; mais elle, elle a pris sur sa misère pour mettre tout ce qu'elle avait pour vivre » (Luc 21, 3-4).

Dans sa rencontre avec l'Amour, la passion contradictoire *(heimlich-unheimlich)* s'exprime par la violence d'une situation de fait, où la réalité s'impose à nous, sans que nous puissions continuer à croire tranquillement que nous en disposons en pleine conscience, à notre guise. Une fois donné à lui-même par l'Autre que lui-même, le Moi est vu dans la pleine concrétude de la vie humaine comme appelé à l'existence, et comme venant de l'Amour et cheminant vers lui. Le sens de la vie du Moi n'est révélé que dans la

---

1 E. Levinas, *Le temps et l'autre*, PUF, Paris, 1985, p. 21sq.

relation du soi donné par l'Amour, et du don de soi à l'Amour. Cette relation double ne peut être constitutive du sens de la vie elle-même, que dans la *dif-férence* de l'Amour comme origine de tout don : *ce don qui est la nature même de l'Amour*. Une fois donné, il n'y a plus de Moi sans origine, sans l'Amour, il n'y a plus de Moi seul dans l'éloignement, mais un *Moi-avec-l'Amour* dans la *dif-férence*. Le rapport du Moi à soi doit être fondé sur l'Autre, sur l'Amour. Il y a un commencement à tout don d'existence, et ce commencement c'est l'Amour. Le Moi commence à devenir soi-même, au moment où il *s'aban-donne* au don de l'Amour, à son *avènement*, pour devenir *l'être-pour-l'Amour, l'être-par-donné* : le *Moi-aimé*.

Ce qui a commencé par devenir, qui n'a pas toujours été, a aussi une fin, et un jour ne sera plus : « On est toujours à la fois vivant et mourant, s'approchant de la mort, s'éloignant de la vie[1] ». Par son retour à son origine, le Moi découvre la double vérité de son être, celle qui rend possible un sens radical à sa vie. Faire retour vers sa propre origine devient en même temps un commencement de sa propre fin, comme un commencement de *mourir originairement*, de *mourir-avec-l'Amour*. Et ce n'est que là et dans le *là* de la vie quotidienne, dans le temps qui passe, que le *double don* prend sa véritable signification : ce d'où l'on vient et ce vers quoi l'on va. En *mourant-avec-l'Amour, l'être-pour-la-mort* trouve son origine ultime et le sens radical de son être. Seul le fait de donner sa vie, son soi, avec l'Amour, donne au Moi la possibilité de se réconcilier avec son origine. Par le *double don*, le commencement et la fin, la naissance et la mort, l'amour de soi et l'amour de l'Autre, se manifestent comme *signes* dans le temps de l'Amour, comme *évènements de l'avènement de l'Amour*. Ainsi, l'expérience *d'aban-don* du Moi se réconcilie avec l'expérience de son impuissance. Ici, se dévoile l'acte de l'*aban-don* comme passivité originaire et comme passion de sa facticité percée par un surcroît de la perte en lui. L'Amour, en ce sens, ne vient pas effacer la « facticité » du Moi, mais l'éclater, la trans-figurer et la trans-former en un temple où le *par-don* de soi propose sa demeure. Ce temple dédouble le don de l'être et laisse *co-habiter* en lui *l'être-déjà-perdu* avec *l'être-déjà-aimé*. Dès lors, le *Moi-aimé* est né.

Re-commencer avec *Celui* qui m'a fait

Le *Moi-aimé s'aban-donne* dans le risque de perdre tout, pour ne devenir rien qu'une offrande de soi à l'Amour. *L'aban-don*

---

[1] Hannah Arendt, *Le concept d'amour chez Augustin*, Rivages poche, Payot, 1999, Paris, p. 82.

est le commencement de soi par l'Amour, et l'advenue de l'Amour incitant le *Moi-aimé* à tout donner. *L'aban-don* n'est pas la fin de l'amour mais son commencement et son éclatement, où aimer n'était pas encore devenu habituel. Une telle expérience profonde de renouvellement est une expérience de « première fois », qui est à chaque fois unique par un inexplicable mystère qui ne laisse pas place à la répétition, ni au retour au « déjà vu ». Tout se passe comme si loin de restituer un souvenir du passé, ou bien un acte déjà fait, on renouvelle à chaque fois « la figure, la face et le don ». L'expérience *d'aban-don* est mouvante comme le temps, et son don continu est l'image même de son mouvement. L'image qui s'impose, à ce niveau, est le mouvement ininterrompu du don de soi, du mourir à soi pour rester fidèle au bien aimé, à l'Amour. Le moment fondateur du mouvement de *l'aban-don* est l'expérience de la perte, comme mourir pour l'Amour, comme appauvrissement de tout ce qui ne ressemble pas à *lui* et comme réconciliation avec son être comme étant un *être-déjà-perdu*. A ce moment, le Moi propre gagne l'occasion d'entrer dans le temps de l'Autre, le temps de l'Amour. Pour gagner le temps de l'Amour il faut *aban-donner* son propre temps, son propre être. *Aban-donner* son temps, son être, c'est tout perdre, perdre soi-même pour l'Amour et par lui. Ce qui fait qu'aimer c'est encore s'aimer soi-même dans l'Amour. Le *Moi-aimé* c'est celui qui aime sans possession ni attachement. Car l'Amour n'est pas une sensation d'attachement, mais un acte de détachement de toute illusion d'être soi par soi-même. Mais l'*aban-don* de soi est-il d'abord un *aban-don* à l'originaire, à l'Amour et à ses conditions ? Ou bien il est l'invention d'une nouvelle origine de soi-même ?

Le *Moi-aimé* n'est pas l'inventeur, ni même le créateur, mais le donataire de ce qui ne lui appartient pas. Son *aban-don* donne le don originaire de l'Amour à lui-même d'abord. L'acte de création et d'invention est un acte d'augmentation quantitative. Toute augmentation, dans ce monde-là, reste sous la domination de la perte, de la fatigue et de la mort, car elle est faite par un mortel. L'acte *d'aban-don* fait mourir tout ce qui est mortel pour devenir un évènement pur, un don de soi, une volonté originaire de l'Amour en soi. L'acte *d'aban-don* de soi à la volonté de l'Amour est la conséquence d'un long et dur cheminement de « décentration » et de perte de soi. S'il ne vient pas de soi, l'Amour s'apprend par l'acte *d'aban-don,* comme aimer l'Amour par la force de l'Amour. Aimer c'est un acte de renvoi de soi-même à l'origine de soi-même, à l'Amour, à « Celui qui m'a fait » selon l'expression augustinienne. Le « renvoi » découvre ce que voulait le désir dès sa naissance : l'Amour. Cette découverte dévoile la vérité du soi-même : parce que de l'amour, nous sommes face à l'amour à tout instant de la durée. Il ramène du « décentrement » de soi-même vers le

« recentrement » de soi sur l'Autre, sur l'Amour. Par contre, on peut objecter ici avec Nietzsche qui affirme que la volonté de puissance nie d'abord ce qui n'est pas immédiatement elle-même, pour paraître comme telle. Seule demeure la volonté qui se veut elle-même. Si la volonté de puissance constitue toute action du Moi propre, la liberté de donner se résorbe dans la nécessité d'affirmation de soi par soi, c'est-à-dire donner de moi-même pour mon propre profit : *je suis la source et la fin de ma donation, car je suis le seul maître de ma vie, l'origine de moi-même.* A chaque fois qu'il donne, le Moi propre donne de soi et il donne son soi, car il donne de ce qui lui appartient. Le pouvoir, le désir d'avoir, la volonté de puissance interdisent toute possibilité de don de soi et toute acceptation de perte sans raison d'un gain propre plus grand. L'acte de perdre accepte de sacrifier totalement son auteur s'il y a une raison suffisante dirigée par la volonté de puissance de l'orgueilleux ou du Moi propre.

Mais que dire de l'acte de perte qui prend le risque de tout perdre pour une raison non raisonnable selon la logique de la volonté de puissance ? Nous laissons cette question sans réponse pour le moment puisqu'on va reprendre la problématique du don de soi, et du don désintéressé dans le deuxième volume de notre travail. Nous nous limitons, ici, à conclure ce volume et à préparer le volume suivant, centrée essentiellement sur le *re-commencement* du Moi à être selon un nouvel ordre celui de l'Amour, à devenir un *Moi-aimé* : le pauvre, ou bien la pauvreté de l'Amour. Le propre, ou ce qui est « mien » doit être perdu pour s'ouvrir à l'Autre qui m'échappe. Entre le « propre » perdu et l'Autre qui s'échappe, le *Moi-aimé* se trouve seul face à la *dif-férence* radicale imposée par l'Amour lui-même, face à *l'entre-deux* qualifié de *vide* ou de pauvreté originaire. *L'entre-deux* est un lieu de purification du désir. Le vide, en ce sens, est pire que le néant, c'est l'expérience même de *l'événement de la perte*. Aimer, c'est expérimenter la volonté de l'Amour qui ne se révèle que comme volonté de perte, de perdre tout ce qui est cher au Moi puisque c'est sa chair même qu'il est entrain de perdre. Rapporté à la volonté de puissance, qui ne s'accomplit qu'en affirmant « l'éternel retour » du Même, ou du Moi propre, la perte devient la dénégation radicale. Elle nie l'affirmation parce qu'elle ne cesse d'ouvrir le Moi propre à la pauvreté originaire de l'Amour. L'expérience de *l'événement de la perte* est une expérience radicale et continue, où le Moi donne tout pour que l'Amour soit tout et partout.

L'Amour doit libérer le Moi de sa propre puissance qui est sa vraie impuissance et la source de sa fatigue ontologique, donc libérer la volonté de son pouvoir non pouvant parce que non voulant. L'Amour, en ce sens, précède la volonté du Moi pour la libérer de sa puissance impuissante, de sa fatigue et de sa lenteur. Le Moi devient *l'être-déjà-aimé* parce que l'Amour le précède, et le fonde comme *être-de-don*.

S'ouvrir à sa vocation, c'est recommencer à exister comme le commencement de l'Amour en soi, comme *l'ad-venu* du don originaire en soi. S'ouvrir à sa vocation, c'est *s'aban-donner* à l'Amour, où le désir et la volonté doivent être mis en mouvement par l'Amour et non par le Moi propre. Le *Moi-aimé* ne cherche et ne désire que l'Amour. Il désire à fond perdu, en pure perte, et sa quête passionnée en devient un exister par, pour et avec l'Amour. Aimer c'est exister selon une *dif-férence* par rapport à son origine, par rapport à l'Amour qui se manifeste dans l'absence de tout gain propre, de tout intérêt, de toute possession et même de tout effort volontaire. Ce qui nous mène à dire que le rapport *puissance-possibilité* appartient à une autre vérité.

Le pouvoir du vouloir du Moi doit émaner de l'Amour même, car l'origine de tout pouvoir c'est l'Amour. La puissance, ici, est une puissance aimante qui se manifeste uniquement par l'acte *d'aban-don*. Pour nous, l'acte *d'aban-don* de soi est la passion passive du Moi face à la puissance active de l'Amour. *S'aban-donner* c'est laisser l'Amour venir avant mon acte de don de soi pour possibiliser tout don en moi. Ce qui est crucial c'est le terme *avant* qui signifie l'origine. L'*avant* précède tout don de soi et le possibilise. Avant tout don de soi, l'*avant*, l'origine de tout don, vient possibiliser l'acte de perte de soi. Le *Moi-aimé* donne ce qui ne lui appartient pas, le don de l'origine en lui, c'est-à-dire le don de l'Amour en lui. Le Moi sans l'Amour est impuissant face à la perte de son être, en tant qu'il existe facticement, en tant *qu'être-déjà-perdu*, c'est-à-dire en étant en retard par rapport à son origine. Ce retard renverse la volonté de puissance du Moi en une impuissance radicale face à son origine, à laquelle il est toujours déjà livré. Pour autant que l'Amour précède et possibilise le don de soi, le Moi, en tant *qu'être-déjà-perdu*, éprouve que toute puissance sans amour est une impuissance, un effort déjà fatigué, et tout pouvoir authentique est essentiellement passivité et *aban-don*. Dans l'épreuve même de son impuissance, le Moi s'ouvre à *l'a-vènement* d'une puissance aimante qui fonde son être et ouvre l'abîme de sa perte. L'épreuve de *l'aban-don* de soi réconcilie le Moi avec l'expérience de son impuissance et avec le mal d'être. *L'aban-don* est ainsi l'épreuve la plus radicale de la possibilité de l'a-vènement de l'Amour comme origine de *l'être-déjà-perdu* dans sa radicalité. *L'aban-don,* en tant que puissance passive et aimante, laisse être non seulement le possible (*l'être-déjà-perdu*), mais aussi l'impossible (*l'être-déjà-aimé*) et, par le fait même, réconcilie le Moi avec son origine. Tout en éprouvant *l'être-pour-la-perte*, le Moi se découvre comme *l'être-pour-l'Amour.*

L'*aban-don* est une épreuve étrangère à tout ordre thématique et mathématique, car elle ne se compose pas « d'un nombre infini d'objets gagnés ou perdus en progression arithmétique ». Elle est de l'ordre de l'Amour, d'une passion d'obéissance à une autre volonté que la sienne, de l'ordre *d'aban-don* de soi à un autre centre que celui de « Je transcendantal », de la « conscience de soi » et de « la volonté de puissance ». La volonté propre rencontre son dénuement et son originalité dans son échec même, dans sa blessure et son insuffisance rationnelle. La surabondance du Moi réside dans sa défaillance et dans son humiliation.

Par l'acte *d'aban-don*, l'Amour vient décentrer l'impuissance du Moi et la recentrer sur la patience aimante. Une telle *re-centration* de l'impuissance du Moi sur la patience aimante demande un « grand commencement », un *re-commencement* à être autrement par l'Amour. Un tel *re-commencement* est la manifestation de la vérité du Moi et de l'exposition de sa « mienneté » face à l'épreuve de l'Amour comme étant une *mienneté partagée*[1] ou bien une *mienneté originaire*.

Recommencer à être nécessite un nouveau ordre, où le Moi apprend à recommencer tout sous l'ordre de l'Amour, apprend à voir tout comme manifestation de ce qui fait signe à ce qui apparaît autrement, à l'« Invisible ». Une pauvreté radicale, d'un autre ordre, vient poser sa *différence* avec la propriété de l'être et son pouvoir de représentation.

Le problème, pour nous, n'est plus l'évasion de l'être, mais sa conversion, le dégagement de l'être de sa propre emprise, de son autarcie, de son orgueil et de son égoïsme. C'est une manière d'échapper, non à l'être, mais à sa tyrannie. Une telle expérience nécessite un passage de la vérité qui montre et démontre directement à une vérité qui ne montre qu'autant qu'elle en *remonte* à celui qui la reçoit. Le critère pour accéder à la vérité se modifie-t-il : *à l'évidence du découvrement se substitue l'excès du recouvrement, le surcroît de l'aban-don et par le fait même l'avènement de*

---

1 Voir en ce sens, Ludwig Binswanger, *Grundformen und Erkenntnis menschlichen Daseins*, Munchen/Basel, 1962. Pour une présentation de cet ouvrage, cf. Michael Theunissen, *Der Andere. Suien zur Sozialontologie des Gegenwart*, Berlin, de Gruyter, 1977, p. 439-475. Cité par Jean Greisch, *Ontologie et temporalité*, PUF, 1994, p. 170. Selon Greisch, cet ouvrage présente différentes positions dialogiques contemporaines. Binswanger proclame la nécessité que l'analytique existentiale heideggérienne soit rectifiée et élargie à la lumière du principe dialogique, et complétée par une analytique anthropologique, dont le centre de gravité est formé par le phénomène de l'*éros*, qui est la source de toute relation à autrui.

l'*Amour*. Je ne peux répondre à l'avènement de l'*Amour* qu'en lui offrant « mon être ». Et je ne pourrais jamais justifier ce sacrifice, je devrais toujours s'approfondir à son sujet. Je serais toujours au secret, tenu au secret à ce sujet parce qu'il n'y a rien à dire, parce que se donner est autre chose que dire et parce que ce que je donne ne m'appartient pas.

TROISIÈME PARTIE

Ce qui survient autrement que le possible

« L'amour, ô doux enfants, n'est pas rien que l'Amour.
On l'adore partout sous mille noms divers.
Il est la Mort, il est la Force impérissable,
Et la Démence, et le Désir inguérissable.
Il est la plainte. Il est activité et calme,
Et violence... »

Sophocle (traduction de Marguerite Yourcenar)

La vérité de l'être présente, pour nous, un rapport de dissymétrie ou un clivage à l'intérieur de l'intimité de l'être ; elle n'est pas une séparation, ni une distinction entre l'être et l'étant, elle n'est pas une « différence ontologique » au sens heideggérien, mais une *dif-férence originaire* entre l'être et son origine. La problématique que nous avons soutenu, dans les deux premières parties de notre travail, se limite à *dé-couvrir* et à *dé-voiler* la nature de la vérité de l'être qui porte dans son intimité même une *dif-férence originaire*. Cette dernière constitue un rapport *dissymétrique* qui s'impose dès la naissance, et impose une altérité radicalement insoumise à l'être, comme projet, et au *Dasein* comme pouvoir et comme solipsisme. Il faut qu'une nouvelle figure du « soi » se dessine et se donne comme *abandon* de soi, et cela selon un paradoxe originaire qui manifeste, d'une part, l'expérience tragique de l'ipséité comme étant une fragilité blessée ou bien une pauvreté originaire et, d'autre part, l'épreuve de soi comme plénitude de transcendance ou comme avènement de soi selon un autre mode d'être. De là s'insère dans l'intimité de l'identité la possibilité de son contraire, l'altérité. Car s'il peut y avoir brisure de l'identité, comme intimité et comme propriété, c'est parce qu'elle n'est plus identique à la représentation qu'en a le sujet, et qu'il y a en ce dernier un principe d'altération, voire de trahison même.

On a tenté de dévoiler l'originalité et l'originarité d'une « mienneté » dite *altérée* ou bien *aban-donnée,* qui *se-laisse-traverser* par l'étrangeté de *l'événement originaire* qui, dès la naissance, investit l'intériorité de la « mienneté », perce son autonomie jusqu'à l'altérer en la dédoublant, la laissant divisée, blessée, traumatisée et émerveillée. La « mienneté » n'est plus une « mêmeté », ni une « égologie » pure et unifiée par son propre pouvoir. Elle est selon un autre mode d'être, une altération progressive de soi qui l'oblige à la destitution de tout solipsisme et de toute référence à soi. La référence du soi n'est plus, en ce sens, une référence à soi, ni au monde, ni à l'autre sujet, mais c'est une référence à une altérité originaire. Cette altérité est immanente, elle mène la « mienneté » vers une solitude sans esseulement, perçue comme inhérence ou comme immanence, qui porte dès sa constitution originaire la possibilité d'une transcendance comme altération de soi. Cette solitude altérée nous la nommons : *pauvreté originaire*.

On a essayé de décrire un *Soi*, d'abord, sans monde extérieur, un *Soi* dont la venue en soi n'est pas une venue « chez soi » (comme pure intimité), ni un repli sur soi (comme pure immanence), ni même pas une venue au monde (comme intentionnalité), ni encore une venue face à l'autre que Moi (autrui comme transcendance). L'œuvre de l'existence, d'être soi, se trouve marquée du sceau de *l'aban-don* de soi comme l'unique moyen d'être originairement par l'Amour. Telles sont, pour nous, les conditions de l'ipséisation, de l'existence de l'ipséité sous un mode originaire, dans lequel la perte de soi donne à l'ipséité la possibilité de son ipséisation, et l'ipséité donne à la perte, prise dans un sens ontologique, un surcroît de sens. L'*aban-don* de soi, ou la « passiveté », ou bien l'*immanence aban-donnée* est une relation antérieure au choix, elle n'est ni position, ni limitation, mais une *différence* dans la conscience même du Moi sans être posée par elle. La *différence* originaire traverse la conscience à contre-courant et se dévoile en elle comme étrangeté, pour signifier une hétéronomie, une dissymétrie, une inégalité, une altérité originaire s'émergeant avant toute conscience de la conscience. Je me reconnais appeler bien avant d'avoir conscience ou connaissance non seulement de la subjectivité, mais surtout de ce qui me donne l'appel et la possibilité de la réponse, non comme élection mais comme *aban-don* de soi à l'avènement de l'Amour. A cette première vérité, l'existence n'avoue qu'une épreuve de soi qui imprime la trace de l'Amour dès son surgissement. Elle s'efface au profit de la relation, du don de soi à l'Amour, elle *laisse-donner* forme à ce que nous y sommes originairement. Elle est ce que nous ne pouvons déduire ni de nous-mêmes, ni du monde extérieur, ni même de l'autre sujet ; et elle indique un surplus originaire. Ce que nous sommes ne vient pas de nous, ni de la vie elle-même comme « désir d'être », ou comme « projet d'être », ou comme « pouvoir d'être ». L'acte d'exister fait venir à nous une passivité originaire qui nous ne laisse jamais donner nous-mêmes qu'à partir d'elle. L'existence est prise dans la « passiveté » de l'Amour dès l'instant de son surgissement. Il y a existence dans la mesure où il y a *aban-don* de soi à l'*injonction* de la pauvreté de l'Amour. On parle d'une « donation » à laquelle on n'accède qu'à partir d'une ipséité *aban-donnée* qui se donne, se confirme, non point parce qu'elle possède, mais parce qu'elle *aban-donne* et *s'aban-donne* à l'Amour, elle s'assure de soi en se dépossédant de soi, en produisant un autre que soi. Elle fait, mais elle *fait l'événement sans se faire elle-même un événement*. C'est le fait qu'il y a quelque chose dans l'ipséité à partir de quoi se fait l'existence, est signe de l' « Impossible » en elle.

La pauvreté originaire de l'ipséité est le chemin du retour vers l'Autre en soi. Menant l'ipséité vers ses propres limites, elle se dévoile comme une blessure ontologique qui brise toute tentative d'appropriation de soi. Elle laisse émerger dans l'intimité de l'ipséité ce qui est plus intime à elle qu'elle-même. Elle est le fondement de l'altérité constitutive du soi ; elle ouvre les possibles, mais elle-même est sans possible. Rien n'échappe à la *pauvreté originaire*, mais elle-même n'échappe pas à ce qui la rend possible, non seulement parce qu'elle donne ce qui ne lui appartient pas, mais aussi parce qu'elle rend possible ce qui la rend possible : l' « Impossible ». Le fait même d'exister se réfère à ce qui est *dif-férent* de soi. L'essentiel, ici, n'est plus d'être, ou de ne pas être, de s'approprier l'être ou de le perdre, mais de voir dans sa propre perte ce qui ne se perd pas et ce qui ne se donne jamais par soi, puisqu'elle (la perte) émane d'une autre dimension que celle dite ontologique et même subjective. *L'aban-don* de l'être n'est pas son anéantissement, mais sa trans-figuration, l'accomplissement de l'*avènement* de l'Amour en lui. Ce n'est pas l'événement intérieur ou bien extérieur qui compte, mais la façon dont le Moi s'en saisit en chair et en os, et en est percé jusqu'à l'*aban-don* de soi. La façon de *s'aban-donner* ou de *se-laisser-donner* à l'événement constitue l'événement même. Un événement, auquel on n'accède qu'à partir d'un *Moi-aban-donné*, se dévoile comme par le dépassement du subjectif, du « Je transcendantal » et du Moi propre. Le Moi n'est plus égal avec lui-même. Le rapport d'égalité doit reconnaître son inauthenticité, sa défaite, sa brisure, puisque s'il y a rapport, en ce sens, il doit être un rapport de *dif-férence* et d'écart au sein même du Moi. Le *différent* de lui est identique à un *avant-lui*. Comme s'il y avait dans le Moi, toujours irréductible à la présence, un *avant* en deçà de tout passé, un *avant* irreprésentable. Ce n'est que dans ce renvoi à l'*avant*, à l'origine, que le Moi se découvre autrement, parce que c'est en lui, dans son origine même que se trouve le sens impérissable de son être. Le renvoi à l'origine est une expérience de l'altérité originaire, comme Amour, qui lui adresse un appel dès sa naissance. L'Amour, comme *pauvreté originaire*, se glisse en lui avant sa volonté et avant sa liberté. Il s'est commis avec l'Amour avant de l'avoir choisi. L'affection originaire ou l'*appel* est, ici, plus originaire que la perte de soi, parce qu'elle émane de l'Amour qui donne au *Moi-affecté* ou bien à *l'être-déjà-perdu* la possibilité de tout don de soi. L'épreuve de la perte, en ce sens, se révèle comme la marque de *l'a-vènement* en nous de *l'appel originaire* de l'Amour. Par son *aban-don*, le *Moi-déjà-perdu* rend possible l'Amour, il devient l'événement de l'Amour, son avènement. Seul *l'être-déjà-perdu* peut franchir par son *aban-don*, le *seuil* de l'Amour. Il s'agit là d'une altération sans aliénation. Une altération qui se traduit en fission du noyau de l'intériorité du *Moi-déjà-perdu* par son assignation à répondre qui ne laisse aucun refuge, aucune possibilité de dérobade. C'est comme un *malgré-soi* qui est plus que soi-même, différent de ce qui est propre en soi tout en étant plus intime que soi. L'altération vient établir la rencontre et la réconciliation entre l'*être-déjà-perdu* et l'*être-déjà-aimé*. Le but de ce travail c'est d'établir une relation *asymptotique* entre la facticité comme *être-pour-la-mort*, et l'Amour comme *aban-don de soi*.

L'essentiel, pour nous, ce n'est pas le surgissement du Moi, son *individuation*, ni son *dé-sindividuation* en premier lieu, mais l'éclatement de l'« Infini » en lui, le transcendant. Le passage d'une immanence finie (identique à elle-même) vers la transcendance de l'Amour fonde l'immanence elle-même sur ce qui ne vient pas d'elle-même, sur ce qui est infini en elle : l'« Impossible ». L'immanence *aban-donnée* est plus originaire que toute décision, toute responsabilité, tout engagement, et toute élection. Elle est déjà engagée avant tout engagement, élue sans élection, *déjà-donnée* avant toute donation, car il n'y a jamais eu de premier instant de l'engagement de soi comme pauvreté originaire. L'immanence *aban-donnée* manifeste phénoménalement l'absence de tout « Je » et de tout « Me ». Elle n'est ni le *Je constituant*, ni le *Dasein*, ni le « Me voici ».

Tout se passe comme si une différence théorique, mal perçue et même pervertie et donc mal présentée, bloquait et paralysait la gratuité du don, et par le fait même les hommes qui donnent et qui sont en quête de la recherche du sens de leur existence et de leur vie en général. Refusant toute idée d'inconditionnalité, le principe de la raison thématique s'impose et veut trouver à tout acte, à toute pensée, et à toute décision, des antécédents, des causes et des conditions en nombre infini. Selon ce principe, il faut qu'il y ait toujours un « mais » du don. Il faut limiter l'excès du don et de la générosité, les limiter par l'économie, la rentabilité, le travail, l'échange. Et d'abord et surtout par la raison ou par le principe de raison. Le don tend à être totalement « laïcisé », c'est-à-dire « comptabilisé » ; il devient un problème technique. Donner un prix sur un marché, c'est affirmer un monde contrôlé, strictement humain, fonctionnel. Pour toute perte, pour toute offense, pour toute faveur, il y a une réponse qui transforme le don symbolique en dette financière.

L'échange du don, comme intérêt et comme jouissance, n'a plus l'air de vouloir se laisser dépasser puisque l'on continue à donner/recevoir pour jouir sans jamais finir. C'est sur un tel égoïsme ou amour-propre indépassable, insatiable, et horriblement indécelable, que s'enlèvent les discours sur le don comme intérêt et échange, comme souci et angoisse, comme éthique et religion, qui sont toujours des « cultures de la mort », comme le répète Derrida.

Face à cette réalité, est-il encore possible de maintenir des biens, des activités, des gestes, un sens hors d'atteinte des intérêts des échangistes ? Tous les biens échangés sont-ils nécessairement économiques, purement matériels ? Faut-il admettre que ceux-ci peuvent tout soumettre à leur emprise ? C'est la raison d'être des hommes en société qui est ici en question. En ce sens, peut-on encore parler de la possibilité de l'existence du don pur ? Le don doit-il être désintéressé dans le vrai sens du terme ? Pourtant le commerce et l'argent, quelque soit la nature de leur pouvoir à assigner un prix à tout objet, ne pourront jamais combler ce qui reste insatiable en l'homme. La « veuve » de l'Évangile, celle qui a donné le moins a donné le plus selon les paroles du Christ. L'objet matériel ne constitue jamais à lui seul un don. Le don s'accompagne d'un « esprit de don », c'est-à-dire d'une intention du donateur qui ouvre sur une interprétation du receveur. Le don doit-il ouvrir sur une activité symbolique et garder sa part de mystère, de non explicite? C'est contre le système de la générosité calculée et non excessive, du don rentable, contre le « paradis économique » que le don, comme mystère, s'éveille et prend partie. Le don, s'il y en a, sera-t-il toujours sans bord, sans mesure, sans condition ? Surtout si la gratuité inconditionnée qui donne sans rien demander, semble être impossible, insupportable et inconcevable. S'abandonner radicalement, et donner tout inconditionnellement, est-il possible ? Au nom de quoi ou de qui les relations échangistes pourraient-elles être brisées ou dénoncées ? N'est-ce pas la condition humaine elle-même, dont ces relations procèdent et dont elles forment la trame, qui devrait être mise en question, bouleversée ? Notre but est de témoigner, à travers cette troisième partie, de la vérité du « don » comme mystère et d'assumer au moins sa possibilité. Le débat entre Derrida et Marion sur la nature du don et sur les conditions de sa « donabilité » nous sert comme repère essentiel pour clarifier notre problématique sur le don comme *aban-don* de soi, comme donation de l'Amour en soi.

CHAPITRE I

Et si le donné était soi-même ?

1- Le don face aux exigences des intérêts

Échange et réciprocité

Peut-on donner sans condition ? Peut-on perdre sans gagner ? Une chose telle qu'un don gratuit et sans conditions est-elle concevable ? Certainement pas, estime la « pensée utilitariste » : j'abandonne telle quantité de plaisir déterminé, ou tel « quantum » d'un bien donné si j'obtiens telle autre quantité d'un autre bien, ou d'un autre type de plaisir. Dans l'existence sociale rien ne s'obtient sans condition, tout procède d'un « donnant/donnant », on n'a rien sans rien d'équivalent, et il doit donc toujours y avoir au moins égalité des droits et des devoirs. On se réfère, ici, à la loi de calcul rationnel ou bien à la loi de la « conditionnalité généralisée[1] ».

Pour que le *Léviathan* « Etat » puisse mettre fin à la guerre de tous contre tous, où l'homme devient un loup pour l'homme, il faut que chacun s'engage contractuellement à lui obéir inconditionnellement. Le « contrat social » de Rousseau ne peut résoudre la quadrature du cercle politique que si tous les citoyens, lorsqu'ils votent pour leurs représentants, n'ont en tête que la volonté générale irréductible à la somme de leurs intérêts particuliers. Selon A. Caillé, un tel type de société est fondé sur le refoulement du don, en conformité avec le « principe de la raison » ou avec « l'axiomatique de l'intérêt[2] », où les hommes agissent selon leurs intérêts, et en vue de maximiser collectivement la satisfaction de l'intérêt public et collectif qu'ils s'assemblent[3]. Goudbout et Caillé ont essayé de montrer comment la logique

---

Alain Caillé, *Anthropologie du don, De l'idée d'inconditionnalité conditionnelle*, Desclée de Brouwer, Paris, 2000, pp. 93-120.

2   Alain Caillé, *Don, intérêt, et désintéressement*, La découverte, Paris, 1994, p. 20.

3   *Ibid.,* p. 22. A. Caillé, se réfère à l'Antiquité pour donner l'exemple du don par orgueil exprimé dans les termes suivants: « Evergétisme » : les dons des citoyens riches qui donnent en raison de montrer leur richesses et par le fait même pour garder leur statut social ; « Largus » : c'est les généreux qui donnent en abondance et par extension, en se référant à l'abondance et à la générosité des sources et des fleuves. « Auctor » : Celui qui donne des biens

du don infiltre toutes les sphères de l'existence sociale, y compris celles qui sont en apparence les plus exclusivement soumises aux seules exigences de « l'efficacité fonctionnelle ». Pour eux, seule la modernité accède au véritable esprit du don, puisque, seule, elle voit se développer, à l'échelle planétaire, les pratiques de don aux inconnus ; seule la modernité universalise véritablement le don. Selon Hannah Arendt, c'est dans l'espace public que don et générosité apparaissent au premier chef. En dehors de la sphère privée et du domaine des croyances individuelles, le don « s'est résorbé dans la logique de l'intérêt et de la contractualité, de l'intérêt calculé et de la fonctionnalité, où les fonctions accomplies importent plus que la personnalité de ceux qui les accomplissent[1] ».

La morale moderne, en ce sens, n'est pas une morale d'intention, mais celle du « résultat » et de l' « efficacité ». L' « Etat » devient comme une « caisse nationale » à laquelle chacun cotise obligatoirement, non par bonté, mais en vue de se prémunir soi-même contre les risques de maladie, d'accident, de chômage, de vieillesse et même de la mort. Mais suffit-il d'organiser l'étendue du don, d'en faire l'économie et d'assurer son efficacité au niveau social ? Est-il possible de le faire sans tomber dans des contradictions qui mettent en cause la valeur du don tout entier ? En se soumettant à l'échange de l'économie, le don ne tombe-t-il pas dans une effectivité qui le nie ? Que vaut le don que j'ai effectué ? Quelle est sa propre valeur ? Est-ce que je donne par bonté, par amour et par générosité ou bien par pur intérêt souvent narcissique ? Peu importe, « l'essentiel pour les morales conséquentialistes c'est l'utilitarisme[2] ». Le don ou sa perversion, qui est représenté par le système de la « largesse ostentatoire » exhumé par Starobinski, qui plonge ses racines dans l'imaginaire et la réalité des sociétés esclavagistes, place à son fondement l'orgueil sans mesure des donateurs et des grands de ce monde[3]. La voie du don, en ce sens, s'est révélée impraticable ; ce qui importe pour l'orgueilleux, c'est de devenir le meilleur, toujours plus haut, plus vite, plus puissant et plus riche et le plus important

---

pour augmenter la prospérité autour de lui en participant par son don à l'absolue spontanéité de la nature et de la vie. « Sparsio » : Les dons que l'on répand, en les faisant tomber d'en haut, comme les « sparsios » de Néron. A. Caillé cherche à montrer que ces dons radicalement asymétriques reproduisent un schisme et une rupture radicale entre les riches et les pauvres.
1 Alain Caillé, *Ibid.* Voir les références suivantes données par Caillé lui-même: Alain Caillé, 1986, ch. 2 ; Bidet, 1990 ; Goudbout – Caillé, 1992 ; Caillé, 1993; Akerloff, 1982 ; Reynaud, 1994 ; Zadjela, 1994 ; Hirschmann, 1980 ; Bell, 1979 ; Schaeffer, 1982.
2 Alain Caillé, *Don, intérêt, et désintéressement, Ibid.*, p. 15.
3 *Ibid*, p. 9. Voir Barbier, 1857, tome IV, p. 18-19 ; Starobinski, 1994, p. 39.

est de jouir de tout ce pouvoir propre. Selon Clastres, les sociétés modernes ont trouvé refuge dans un pur « objectivisme fonctionnel[1] ». Cet objectivisme économique suppose et produit l'échange. Mais l'échange doit être contrôlé, maîtrisé, systématisé pour l'insérer dans un système de mesure. Pourquoi ? Pour assurer l'égalité et par le fait même créer une justice dans l'effectif de l'échange. La mesure rend possible l'égalité et par conséquent l'échange. Le don s'identifie comme objet d'échange et il s'intègre dans une économie mesurable, donc commerciale. L'ordre, ici, impose l'échange et la mesure garantit l'égalité dans le champ du don. Ce qui fait que le don ne peut plus se penser qu'en se transposant en l'échange suivant les exigences proprement métaphysique de la rationalité[2]. Selon Michel Henry, le phénomène qui est à l'origine de l'économie est l'échange, dont le concept ne peut être formé indépendamment de celui de réciprocité, puisque dans l'échange chaque « échangiste » attend et reçoit de l'autre l'équivalent de ce qu'il lui donne. Sur l'échange repose toute l'économie marchande dont le capitalisme n'est qu'un mode. Les phénomènes économiques, plus généralement les phénomènes sociaux, suscitent à leur tour un réseau de lois qui semblent régir leur fonctionnement alors qu'elles n'en sont que l'expression idéale. Dès lors, dans le contrat qui accompagne toute forme d'échange, la réciprocité s'exhibe sous sa forme la plus dure[3].

Ce qui nous importe, ici, c'est de montrer que la place accordée à l'inconditionnalité par la « pensée conditionnaliste », n'est que le symétrique de la place faite par la pensée sociologique au registre de l'*utilitaire*, de l'*intérêt* ou de la *conditionnalité*. Selon A. Caillé, « la pensée conditionnaliste est réductionniste[4] ». Diderot notait, en ce sens : « On disserte, on examine, on sent peu et on raisonne beaucoup ; on mesure tout au niveau scrupuleux de la méthode, de la logique et même de la vérité […] C'est une belle chose que la science économique, mais elle nous abrutira[5] ».

---

1 Pierre Clastres, *Sociétés contre l'Etat*, Paris, Clastres, 1974.
2 Voir à ce sujet, Jean-Luc Marion, *Étant donné, Essai d'une phénoménologie de la donation*, Épiméthée/Puf, Paris, 1997. Descartes, *Discours de la Méthode*, AT VI, p. 61-62. Voir aussi A.A. Cournot, *Recherches sur les principes mathématiques de la théorie des richesses*, [1839], in Œuvres Complètes, t. VIII, éd. G. Jorland, Paris, 1980, p. 9-13. Anne Robert Turgot, *Réflexions sur la formation et la distribution des richesses*, Paris, GF, 1997, p. 175. Cité par Jean-Luc Marion, dans *Philosophie*, « La raison du don », Les éditions de Minuit, numéro 78, 1er juin 2003, p. 3-32.
3 Michel Henry, *Paroles du Christ*, Seuil, Paris, 2002, p. 46-47.
4 Alain Caillé, *Anthropologie du don, De l'idée d'inconditionnalité conditionnelle*, Desclée de Brouwer, Paris, 2000, p. 99.
5 Diderot, Salon de 1769, in *Œuvres complètes*, éd. H. Dieckmann-J. Varloot, T. 16, Paris, 1990, p. 657. Cité par Jean-Luc Marion, *Étant donné, Ibid.*, p. 8.

La « pensée conditionnaliste » nous permet de comprendre le système de circulation créé par l'échange de dons et l'évolution des mentalités et de la société qui conditionne la manière dont circulent les dons. Selon Marcel Mauss, trois obligations conditionnent le jeu du don dans les sociétés : « donner, recevoir et rendre ». Ne pas donner, c'est perdre du prestige et surtout couper les liens sociaux. Refuser de recevoir, c'est refuser l'alliance et la communion[1]. Le circuit du don n'est complet que s'il s'enchaîne sur l'obligation de rendre. Car dans la perception traditionnelle du don, « rendre », constitue le dynamique du processus et structure de façon décisive les liens sociaux : « [...] la prestation totale n'emporte pas seulement l'obligation de rendre les cadeaux reçus ; mais elle en suppose deux autres aussi importantes : obligation d'en faire, d'une part, obligation d'en recevoir, de l'autre[2] ». Par conséquent, le don ne contredit pas l'échange, il l'oblige et l'impose même. Mauss affirme : « Ce que donner veut dire : a consisté en une universalisation, une radicalisation et une intériorisation de l'impératif du don[3] ». Tout échange aura sa raison, et la raison de tout échange est l'exigence du don même. Dans cette perspective, le « don archaïque » peut-être considéré comme l'expression d'un « rapport de force », lié au pouvoir et au prestige de celui qui donne et de celui qui reçoit[4]. C'est là un pouvoir abusif qui l'apparente à l'arbitraire du tyran ou du prédateur. Ce pouvoir abusif peut discrètement et efficacement tout acquérir comme renverser beaucoup de valeurs. Shakespeare a dit à propos de ce pouvoir : « Voici de quoi rendre blanc le noir, beau le laid, juste le faux, noble le vil, jeune le vieux, vaillant le lâche. [...] ceci peut détourner de vous vos serviteurs, vos prêtres, et priver de secours celui qui, bien portant, suffoque. Cet esclave au teint jaune [l'or] noue et dénoue les sectes, fait bénir les maudits, aimer la lèpre blanche, promouvoir les voleurs. En leur accordant titres, déférence et crédit [...] C'est lui encore qui fait que la

---

1   Marcel Mauss, *Essai « sur le don »*, Paris, PUF, Quadrige, 1993, p. 142-279. *Essai sur le don*, d'abord paru dans *L'Année sociologique*, 1923-1924, puis repris dans *Sociologie et anthropologie*, Paris, 1950, puis 1995 pour la deuxième édition, respectivement p. 153, 197 et 161. Voir M. Mauss : « Ce système suppose 1/ l'obligation de donner ; 2/ l'obligation de recevoir ; 3/ l'obligation de rendre », in *L'obligation à rendre les présents*, Œuvres (éd. V. Karady), t.3, « Cohésion sociale et divisions de la sociologie », Paris, 1969, p. 45. dans Jean-Luc Marion, *Étant donné, Essai d'une phénoménologie de la donation*, Épimétée/Puf, Paris, 1995, p.109.
2   Marcel Mauss, *Essai « sur le don »*, *Ibid*.
3   Marcel Mauss, « Repères pour une histoire de la naissance de la grâce », *La Revue du Mauss* semestrielle, n. 1, 1993.
4   Bruno Karsenti, *« Marcel Mauss ». Le fait social total*, Paris, PUF, 1994, p. 34-35.

veuve harassée se remarie [...] Viens maudite poussière, putain commune à tous les hommes, qui met la brouille parmi la horde des nations[1]. » En somme, un tel pouvoir est capable de tout dissimuler et de tromper tout le monde. Il peut tout remplacer et donc prendre toutes les places. Les méfaits de l'argent n'ont pas disparu du fait de la réussite des technologies d'échange et de financement que la monnaie représente et rend possibles.

En ce début du vingt-et-unième siècle, le système marchand, dominé par le pouvoir d'argent, dicte sa loi. Une loi qui favorise les riches qui sont le moteur de la société de consommation : « Seuls ceux qui répondent le mieux aux critères de rentabilité vainquent[2] ». Ce qui caractérise notre société d'aujourd'hui, c'est d'abord l'accélération incroyable des échanges. La vitesse des échanges a une conséquence directe sur la problématique du don : elle « dépersonnalise » les objets en les détachant encore plus rapidement de leur signification symbolique et affective. Tout devient échangeable. Le monde, compris selon cette logique, est devenu le lieu de l'expression de la loi du plus fort et par le fait même du plus riche. Selon cette logique, le pauvre nécessiteux incapable de donner comme un riche, devient un indigent et un injuste. Le rapport social inégalitaire, fondé sur le « don fastueux » et radicalement *asymétrique*, crée et reproduit un abîme entre le donateur et le récepteur. Produire de la richesse, augmenter ses biens et ses possessions, devenir plus riche et avoir plus de pouvoir semble devenir un but indispensable[3]. Selon Péguy : « Ce monde moderne tout entier tendu à l'argent, tout à la tension de l'argent, cette tension à l'argent contaminant le monde chrétien même lui fait sacrifier sa foi et ses mœurs au maintien de sa paix économique et sociale[4] ». « L'argent est tout, domine tout dans le monde moderne[5] ». Selon Marx : « Rien qui ne devienne vénal, qui ne se fasse vendre ou acheter ! La circulation devient la grande cornue sociale où tout se précipite pour en sortir transformé en cristal monnaie. Rien ne résiste

---

1 Shakespeare, *Timon d'Athènes*, IV, 3, in *Tragédies*, trad. fr. de Jean Grosjean, Paris, Bouquins, 1995. Voir Marcel Hénaff, *Le prix de la vérité : le don, l'argent, la philosophie*, éd. du Seuil, Paris, 2002, Ouvertures 2. Voir aussi K. Marx, *Manuscrits de 1844*, in *Œuvres*, t. II, *Économie* 2, trad. fr. de M. Rubel, Paris, Gallimard, coll. « Bibliothèque de la Pléiade », 1968, p. 117-118.
2 Félix Moser, *(Se donner) : à quoi bon ?* Ed. de l'Hèbe, Grolley, 2004, p. 23.
3 Voir à ce sujet : M. Weber, *Économie et société*, Paris, Plon, 1971. Voir du même auteur, *Histoire économique* [1923], trad. fr. de C. Bouchindhomme, Paris, Gallimard, 1991.
4 C. Péguy, *Notre jeunesse*, in *Œuvres en prose* [1908 – 1914], Paris, Gallimard, coll. « Bibliothèque de la Pléiade », 1992, p. 604.
5 *Ibid.*, p. 631.

à cette alchimie, pas même les os des saints et encore moins les choses *sacro-saintes*, plus délicates, *res sacrosantae, extra commercium hominum*[1] ». Face à cette réalité, est-il encore possible de maintenir des biens, des activités, des gestes, un sens hors d'atteinte des intérêts des échangistes ? Tous les biens échangés sont-ils nécessairement économiques, purement matériels ? Faut-il admettre que ceux-ci peuvent tout soumettre à leur emprise ? Car c'est la raison d'être des hommes en société qui est ici en question.

Pourtant nous savons que le commerce et l'argent, quelque soit la nature de leur pouvoir à assigner un prix à tout objet, ne pourront jamais combler ce qui reste insatiable en l'homme. En revanche, la « veuve » selon la Bible, celle qui a donné le moins a donné le plus selon les paroles du Christ. L'objet matériel ne constitue jamais à lui seul un don : le don ne s'accompagne-t-il pas d'un « esprit de don », c'est-à-dire d'une intention du donateur qui ouvre sur une interprétation du receveur ? Le don doit ouvrir sur une activité symbolique. Laquelle ? Est-ce la justice ?

Le don et la justice

Aristote, dans *l'Ethique à Nicomaque*[2], lie la vertu à la raison, tout en expliquant qu'il n'y a pas de vertu sans une forme de prudence et de calcul. Selon Aristote, il n'y a pas de vertu qui ne soit accompagnée de raison, alors que la vertu comme sagesse, reste toujours supérieure à la prudence comme science[3]. En ce sens il n'y a pas de vertu sans justice et il n'y a pas de justice sans égalité. L'égalité définit la justice, donc l'échange : « Puisque l'injuste ne respecte pas l'égalité et que l'injuste se confond avec l'inégalité, il est évident qu'il y a une juste mesure concernant l'inégalité, cette juste moyenne c'est l'égalité[4] ». Pour devenir un homme juste il faut pratiquer la justice par le calcul qui assure l'égalité. Par exemple le commerce, pour Aristote, est nécessaire mais sans que cela puisse devenir une fin autonome, ou avoir comme but de s'enrichir. Car pour lui le commerce est une « technē » et comme tel, il doit rester soumis à l'action en

---

1 K. Marx, *Œuvres*, t. I, *Économie 1*, trad. fr. de M. Rubel, Paris, Gallimard, coll. Bibliothèque de la Pléiade, 1965, p. 674.
2 *Ibid.*
3 Aristote, *Ethique à Nicomaque*, Paris, GF-Flammarion, 1992, V, 1, p. 138. Dans la pratique, la sagesse a moins d'applications que la prudence. Mais elle exerce les plus hautes facultés de l'esprit. Ces deux aspects de la philosophie aristotélicienne sont conciliables.
4 *Ibid.*, V, 3, p. 141, 1-2.

vue d'une fin tournée vers le bien, et non vers la jouissance et le profit égoïste[1] : « La production a une fin autre qu'elle-même ; il n'en saurait être ainsi, pour l'action, la bonne pratique étant elle-même sa propre fin[2] ». La nature de la chose est définie par son utilité, c'est-à-dire par ce en vue de quoi elle a été produite. La primauté de l'usage, pour en situer le statut, est, selon Aristote, très précisément liée à la cause finale (*telos*) de cette chose. Voilà comment l'échange marchand, quand il s'oriente, non vers la justice, mais vers le seul profit, déstabilise la cité, pervertit et détruit les relations entre citoyens. « L'intérêt enfante l'intérêt » disait Basile le Grand[3], et « l'intérêt enfante la dette[4] ». Au point que tout don et contre-don deviennent action d'endetter et de se désendetter. On voit alors le donneur devenir créancier et le receveur devenir débiteur. Dans certaines circonstances, où l'obligation est impérative, celui qui s'avère incapable de « rendre » se trouve de fait en état d'esclavage et cela peut concerner un fils dont le père est mort sans régler sa dette.

La relation de don ne saurait en aucun cas être transformée en relation marchande. Un don ne peut être que rendu, parce qu'il est d'abord le signe de la relation et non un bien utilisable ; le garder et en tirer un profit, c'est rompre les liaisons sociales de la réciprocité. C'est transformer une relation d'interdépendance et de reconnaissance en relation de domination et d'exploitation. Ce n'est donc pas s'abstenir de rendre ce qui est reçu, c'est détourner ce qui est reçu pour l'approprier et pour le vendre ensuite. En ce sens, ce n'est pas le don qui engendre la dette c'est la dette qui défigure le don.

La justice, dans cette perspective du don, constitue la toile de fond de tout acte de donner et, par conséquent, de toute réflexion sur le don. Elle recouvre une réalité pratique et elle touche la vie quotidienne de tout un chacun. Selon G. Madinier, la justice est l'acte par lequel j'affirme la valeur de l'individualité, tant la mienne que celle d'autrui. Elle est la

---

1 Aristote, *Politique*, I, 1254 a 8, (trad. Tricot).
2 Aristote, *Éthique à Nicomaque, Ibid*., VI, 5, 1140 b.
3 « Homélie 2 sur le Psaume 14 », in *Riches et pauvres dans l'Église ancienne*, textes choisis et traduits par G. Hamman, Paris, Desclée de Brouwer, 1982, p. 98.
4 En latin, les termes qui désignent techniquement et juridiquement la dette sont « aes alienum ». Quand à « debere », il provient de « de-habeo » : tenir (*habere*) quelque chose qui est retiré (de) quelqu'un. Ce qui veut dire que l'on détient quelque chose qui est dû à autrui. Marcel Hénaff, *Le prix de la vérité, Ibid*., p. 273 et 301. Voir aussi É. Benveniste, *Le Vocabulaire des institutions indo-européennes*, t. I, ch. 16, « Prêt, emprunt et dette », p. 196-202.

reconnaissance et l'affirmation de mon prochain en tant qu'« autre[1] ». Pour Madinier, il y a dans la justice l'affirmation d'autrui comme un « lui », comme un être individuel, et l'affirmation que ce « lui » a une valeur. Affirmation qui est respect, mais aussi désir de consolider et d'affirmer cette individualité qui vaut pour elle-même[2]. Autrement dit, la justice est la reconnaissance de mon prochain comme autre, reconnaissance qui me portera à ne point lui nuire, d'une part, et, d'autre part, à vouloir que je lui trouve les meilleures conditions d'existence et de développement. Ceci mène Madinier à affirmer que la justice n'est pas l'amour des valeurs de l'individualité, mais la reconnaissance de leur nécessité et de leur rôle[3]. Cependant la justice ne fonde pas la vie sociale ; elle est une condition nécessaire mais insuffisante. Madinier insiste sur l'accroissement de la justice aux dépens de la charité.

Pour assurer une vie sociale toujours meilleure, l'accroissement de la justice doit s'accompagner d'une augmentation de l'amour. Car la justice n'est pas par elle-même un idéal ; elle n'est qu'un instrument au service de l'idéal[4]. Et l'idéal moral est l'« amour[5] », selon Madinier. La quête de la justice ne supprime pas la charité, mais elle la présuppose comme condition nécessaire pour appliquer les règles et les lois de la justice même. La charité est nécessaire à la justice, car, sans elle, grand est le risque de tomber dans une vision négative et minimaliste de l'exercice de la justice. Dans cette perspective, le don et l'amour, se révèlent les alliés de la justice comprise dans toute son ampleur. Mais suffit-il d'être juste pour donner, comme pour aimer ?

Plus que la justice, la charité ou l'amour paraît produire pour Madinier l'unité véritable de la société, parce que réalisant « l'unité réelle absolue et concrète ». L'amour unit sans détruire ce qu'il unit ; il n'est pas comme la finalité qui subordonne au tout les êtres individuels jusqu'à leur ôter leur être propre. L'amour, au contraire, produit les êtres particuliers auxquels il confère une valeur infinie et une existence à eux, afin de s'enchanter de leur présence et de leur bonheur[6]. Parce qu'il rend compte de l'être singulier, l'amour apparaît comme la catégorie suprême et l'expression même de l'intelligibilité : « Si nous voulons que le monde soit intelligible, il

---

1 *Gabriel Madinier, Ibid.*, p. 55.
2 *Ibid.*, p. 56.
3 Ici Madinier cite M. Gurvich dans son ouvrage : *L'idée de droit social*, p. 100. *Ibid.*, p. 57.
4 Madinier cite M. Gurvich dans son ouvrage : *L'idée de droit social*, p. 103. *Ibid.*, p. 63.
5 G. Madinier, *Ibid.*, p. 63.
6 *Ibid.*, p. 74.

faut le prendre comme une preuve d'amour¹. » La vision de Madinier n'est pas sentimentale, mais cherche à suivre la raison jusqu'au bout de son exigence fondamentale : « Rien ne paraît avoir été imprudent comme cette exagération de prudence qui interdit à la raison d'approfondir sa nature et d'achever son œuvre². »

Les méfaits de l'argent n'ont pas disparu du fait de la réussite des technologies d'échange et de financement que la monnaie représente et rend possibles. Le lien entre la raison et l'exagération de la prudence est, sans doute, ce qui explique pour nous l'incapacité humaine à en faire face à sa finitude comme « facticité » et comme perte. Tout se passe comme si une différence théorique restait mal perçue et même pervertie et donc mal présentée, bloquait et paralysait la gratuité du don, et par le fait même les hommes qui donnent et qui sont en quête de la recherche du sens de leur existence et de leur vie en général. Refusant toute idée d'inconditionnalité, le « principe de la raison thématique », impose et veut trouver en tout acte, à toute pensée, et à toute décision, des antécédents, des causes et des conditions en nombre infini. Selon ce principe, il faut qu'il y ait toujours un « mais » du don. Il faut limiter l'excès du don et de la générosité, les limiter par l'économie, la rentabilité, le travail, l'échange. Et d'abord et surtout par la raison ou par le « principe de raison ». Le don tend à être totalement « comptabilisé »; il devient un problème « technique ». Donner un prix sur un marché, c'est affirmer un monde contrôlé, strictement humain, fonctionnel. Pour toute perte, pour toute offense, pour toute faveur, il y a une réponse qui transforme le don symbolique en dette financière. Il faut savoir ce qu'on donne et rendre compte du fait qu'il faut aussi donner en conscience et « consciencieusement³. »

J.-L. Marion note, en ce sens : « le donateur donne le don à titre de cause efficiente, mobilisant une cause formelle et une cause matérielle (pour définir, réifier le don) suivant une cause finale (le bien du donataire et/ou la gloire du donateur) ; ces quatre causes permettent à la donation de satisfaire au principe de raison suffisante ; la réciprocité répète cette raison suffisante jusque dans une parfaite application du principe d'identité en ramenant le don à lui-même⁴.» Marion ajoute : « C'est ainsi que Leibniz pouvait définir la charité par dépendance envers la justice ; la justesse de la justice s'érige alors en vérité de la charité, qui manquerait comme telle de sagesse ». « La

---

1 *Idem.*
2 Brunschvicg, B. S. fr. Ph., 1910, *Les fonctions de la raison*, p. 127. Cité par G. Madinier, *Ibid.*, p. 74.
3 J. Derrida, *Donner le temps*, Paris, Galilée, 1991, p. 86.
4 J.-L. Marion, *Étant donné, Essai d'une phénoménologie de la donation*, *Ibid.*, p. 109.

justice est une charité ou habitude d'aimer conforme à la sagesse[1]. » Nous retrouvons cette logique même dans l'idée de la justice comme « égalité ». L'égalité et la réciprocité sont les catégories mêmes sous lesquelles devrait, de tout temps, dans l'humanité, se faire les échanges. Passant de l'échange des choses aux relations entre personnes, la justice a été toujours une « mesureuse » : elle adapte, elle proportionne, elle équilibre, elle établit des compensations[2]. Dans *La notion d'égalité sociale* M. Parodi a essayé de montrer que l'égalité, comprise en ce sens, était une sorte de catégorie nécessaire de la raison pratique que l'on retrouve en toute société. Pour lui, l'égalité, autre nom de la justice, est une condition essentielle de la société. Et cela parce qu'elle constitue l'exigence profonde de la raison[3].

Pierre Bourdieu, par exemple, disait que le désintéressement est subjectivement possible ; par exemple le désintéressement du savant, du poète et de l'amoureux, mais que plus ce désintéressement subjectif est affectif, plus il contribue à la satisfaction des intérêts objectifs. Le désintéressement, selon Bourdieu, devient rentable ; par nature il n'est plus un désintéressement réel. Derrière l'apparence de piété, de vertu, de désintéressement, se cachent des inserts subtils camouflés. La conduite du Moi est entièrement tributaire de son amour propre, ou de son propre amour narcissique. Cet amour-propre, la Rochefoucauld l'appelle aussi « principe de vie ». On pourrait le désigner aussi de différentes manières : « appétit de vie », « intérêt personnel », « vouloir vivre », « narcissisme primitif ». L'amour propre parle toutes sortes de langues, et joue toutes sortes de personnages, même celui du désintéressé.

Derrière chacun de nos sentiments, en apparence généreux, se dissimule le Moi dont Pascal disait qu'il est « haïssable ». Les milles tours et détours, qu'emprunte l'amour-propre pour se rendre invisible à lui-même, évoquent le refoulement et les mécanismes subtils et complexes du psychisme. La façon dont l'amour-propre se transforme, pour mieux arriver à ses fins, s'appelle chez Freud « la sublimation ». Pour être actif dans un champ, il est nécessaire de se prendre au jeu, d'être dans le jeu, devenir une partie du jeu. En ce sens, peut-on encore parler de la possibilité de l'existence du « don pur » ? Le don doit-il être désintéressé dans le vrai sens du terme ? Telle serait la question du don, celle qui annonce l'arrivée d'un nouveau sens, d'un autre ordre.

---

[1] *Ibid.*, p. 110. Voir Leibniz, *Textes et opuscules inédits*, éd. G. Grua, Paris, 1948, p. 605.
[2] Gabriel Madinier, *Conscience et Amour ; essai sur le « nous »*, Paris, PUF, 1938, p. 57.
[3] M. Parodi, *La notion d'égalité sociale*, p. 55, cité par Madinier, *Ibid.*, p. 58-59.

Le don face à la « jalouissance » de l'autre

Dans la première partie du premier volume, le deuxième chapitre en particulier, on a élaboré le concept de conscience de soi de la phénoménologie hegelienne qui exprime l'universalité du Même s'identifiant dans l'altérité des objets pensés malgré l'opposition de soi à soi : La différence n'est pas une différence, le *je*, comme autre, n'est pas un Autre[1]. Toute jouissance, en ce sens, est transmutation de l'autre en Même. Le Moi vivait dans la conscience de la conscience, mais la conscience de la conscience ne peut être uniquement réflexion. Elle n'est pas savoir, mais jouissance : « la vie est amour de la vie[2] », rapport avec des contenues qui ne sont pas mon être, mais plus nécessaire que mon être pour jouir. Ces contenues font le prix de ma vie. Le Moi, « maître » ou « esclave », phantasme ses désirs infinis, insatisfaits, et cherche à les réaliser quel que soit le prix à payer. C'est ainsi que son désir déborde les limites de la réalité et ne trouve plus de place pour sa satisfaction. Le projet du désir du Moi, semble être essentiellement impossible ou au moins difficilement possible. ses désirs même, se transforment en un fardeau lourd qu'il sera obligé de porter toute sa vie. Etant incapable de porter seul ce fardeau, il ne cesse de l'imposer souvent aux épaules des autres. Ces derniers deviennent comme des esclaves qui ont le devoir de satisfaire le Moi-maître et d'assurer ses désirs et ses plaisirs. Le fait que chacun souhaite exercer sa puissance sur l'autre, engendre en somme une relation qui semble être fondamentalement insupportable et souvent déchirante[3].

Le Moi attaché à sa propre intégrité existentielle et à sa propre jouissance et satisfaction, peut aisément se saisir lui-même comme étant en situation de manque et de dépendance, puisqu'il peut d'une part, comme réflexivité, se saisir lui-même comme position vitale et, d'autre part, comme réflexivité spéculaire, constituer l'autre (autre conscience, monde autre, pure altérité) à l'« image » de lui-même après avoir opéré le renversement symétrique du réfléchissement. Se saisissant lui-même comme fragile et menacé, il peut constituer inversement cet autre pôle (monde, conscience, ou altérité) comme une entité consciente et intentionnellement puissante et maléfique. En effet, c'est seulement en risquant sa vie que

---

1 Emmanuel Levinas, *Totalité et Infini*, *Ibid.*, p. 114.
2 *Ibid.*, p. 115.
3 Voir le deuxième chapitre de la première partie concernant la *conscience de soi* chez Hegel et son rapport avec la jouissance et avec l'amour de soi comme narcissisme.

l' « autoconscience » atteste qu'elle est en véritable égalité à soi-même. Mais elle n'est que le double inverse de sa propre fragilité, c'est-à-dire la justification à la fois affective et spéculaire de son angoisse. Toute cette construction, l'angoisse de la mort, ou bien de la solitude, du manque et de l'ennui, n'est que le résultat d'une activité spéculaire en miroir qui s'effraie de l'image qu'elle suscite d'elle-même, au sens que cette image n'est issue que d'elle-même, et au sens où cette image n'est en effet que le reflet de sa propre angoisse antérieure, c'est-à-dire de sa propre réflexivité en tant qu'elle se nie et se détruit déjà elle-même.

Selon Levinas, l'identification du Même n'est pas le vide d'une tautologie, ni une opposition dialectique de l'Autre, mais le concret de l'égoïsme[1]. La réalité de la vie du Moi est essentiellement jouissance et par le fait même égoïsme au-delà de tout objet désiré, au-delà de l'être même, puisque le Moi risque son être pour jouir. Le Moi surgit de cette présence risquée qui s'occupe à réassurer la présence à soi et de soi comme égoïsme, comme se préoccuper de soi, s'approprier soi-même. Dès lors, le Moi essentiellement égoïste négocie avec ce qui sans cesse l'arrache à lui-même. Moins identifié, qu'effort et lutte d'identification de soi. Ce qui montre que le Moi n'est rien d'autre qu'un mouvement d'égoïsme et de pouvoir d'adhérer à soi.

Dans la première partie nous avons relaté le phénomène de l'homme devenant un loup pour l'homme, où l'égalité des possibilités est éliminée au profit de la loi du plus fort, de celui qui arrive à éliminer l'autre pour rester le seul maître. Nous avons vu que la conséquence grave de ce phénomène d'élimination du moins fort, débouche sur la « violence appropriative » qui culmine dans ce que Lacan appelle la « jalouissance » qui se repaît de la haine envers l'autre. La rivalité causée par cette haine jalouissante peut s'exaspérer à un degré extrême qui pervertit la notion du don. Selon M. Mauss : « Dans certains *potlatch*[2], on doit dépenser tout ce que l'on a et ne rien garder. C'est à qui sera le plus riche et aussi le plus follement dépensier.

---

1 Emmanuel Levinas, *Totalité et Infini, Ibid.*, p. 27.
2 Ce terme d'origine *chinook* désigne une cérémonie durant laquelle un chef, au nom de son clan, donne une fête en l'honneur d'un autre chef, qu'il traite à la fois comme un partenaire digne de la plus haute estime et comme un rival. Cf. M. Mauss, *Essai sur le don, Ibid.*, p. 200. Voir H. G. Barnett, « The nature of the potlatch », *American Anthropologist*, n. 40, 1938 ; H. Codere, *Fighting with Property. A study of Kwakiutls Potlatching and Warefare*, 1792-1930, New York, J. J. Augustin, 1950. Voir aussi Marie Mauzée, Boas, les Kwakiutl et le potlatch : éléments pour une réévaluation », *L'Homme*, vol. XXVI, n. 4, 1986.

Le principe de l'antagonisme et de rivalité fonde tout. [...] Dans un certain nombre de cas, il ne s'agit même pas de donner et de rendre, mais de détruire, afin de ne pas vouloir même avoir l'air de désirer qu'on vous rende. On brûle des maisons, des milliers de couvertures ; on brise les cuivres les plus chers, on les jette à l'eau, pour écraser, pour « aplatir » son rival[1] ».

On constate, ici, un au-delà de l'objet d'échange, un surplus qui ne peut être éliminé ni maîtrisé. Au cœur même de l'objet désiré, il existe un vide qui fait la cause du désir jamais satisfait et qui est le rapport commun entre identification au semblable et haine envieuse, entre plaisir de posséder et jouissance de détruire. Cette sorte d'excès dans la possession, la dérive, dans laquelle le Moi semble emporté par une passion non-familière, va bien au-delà d'un simple manque biologique, ou bien d'une nécessité sociologique et plus profondément qu'une peur de mourir. Il y a dans l'objet que nous connaissons et qui peut nous donner satisfaction, une part irréductible, étrangère, hostile. Il y a en nous, comme dans l'autre, ce qui est autre, un noyau irréductible à toute connaissance, à toute possession qui s'appréhende non seulement comme étranger, mais aussi comme ennemi. C'est ce qui a mené M. Mauss à dire : « Il y a là un énorme ensemble de faits. Et ils sont très complexes[2]. » Ce qu'il mettait en évidence, ce n'étaient pas de simples formes de politesse ou des attitudes de générosité réciproque, mais bien des pratiques où se constitue et se manifeste, de manière fondamentale, le lien social comme tel.

Bien que les Moi ne cessent d'être déçus et insatisfaits, rien ne les arrête dans leurs luttes pour réaliser leur projet d'être surestimé et aimé sans arrêt, de recommencer inlassablement la quête de jouissance. A travers toutes les formes du désir et du vouloir, le besoin de jouir infiniment et continuellement est à l'origine même de tout vouloir et de tout pouvoir. Une formulation pervertie de la rencontre d'autrui pourrait consister à dire que l'amour-propre, comme réflexivité et jouissance, est structurellement amour de soi par soi-même, comme narcissisme et comme appropriation de soi. Le don serait ainsi rendu comme possible, comme possession, comme pouvoir, comme jouissance et enfin comme échange. Le risque d'une telle formulation est d'aboutir à une injuste dépréciation du don et par le fait même d'autrui qui ne serait qu'une médiation ou un moyen de jouissance, comme une propriété, un moyen de séduction pour atteindre à travers lui sa fin ultime : la jouissance.

---

1 M. Mauss, *Essai sur le don, Ibid.*, p. 200-202. Voir G. Bataille, *La Part maudite*, Paris, éd. De Minuit, 1949.
2 M. Mauss, *op. cit.*, p. 147.

On comprend bien, dès lors, la prégnance de l'autre, la force et l'intensité de sa désirabilité pour moi. C'est de cette intensité spéculaire et concrète que va naître toutes les obligations et les exigences sociales des échanges entre les individus. Mauss pose la question suivante : « pourquoi donner, recevoir, rendre, relèvent-ils de l'obligation ? Qu'est ce qui fait, demande-t-il, « le caractère volontaire, pour ainsi dire, apparemment libre et gratuit, et cependant contraint et intéressé, de ces prestations[1] » ? A cela, il répond par des constats, comme celui-ci : « Refuser de donner, négliger d'inviter, comme refuser de prendre, équivaut à déclarer la guerre, c'est refuser l'alliance et la communication[2]. ». C'est donc à la fois par chacune des consciences et par l'autre qu'elle-même que, l'autre devient l'objet privilégié de l'amour-propre et, par conséquent, la source de tous les échanges et de toutes satisfactions. Tout bien, lancé dans le mouvement des dons, est compris comme une partie de l'être du donneur. Lequel sera satisfait quand il aura reçu à son tour un don qui réponde au sien ; non pas de n'importe qui, mais précisément de celui à qui il a donné ; après avoir donné quelque chose de soi, il lui faut recevoir quelque chose de l'autre. L'avantage doit retourner à celui qui l'a rendu possible dans la série considérée. Chaque ligne de don est personnelle parce qu'elle est toujours une relation mutuelle fondée sur des intérêts et des calculs. Le réseau de ces relations mutuelles fait la totalité du lien social qui est essentiellement pour nous un lien conflictuel. Ainsi il faut se demander : avant le geste de retour, qu'est ce qui a nécessité le geste initial ? On sait, dès lors, pourquoi donner et pourquoi il s'agit d'une obligation. Le don, en ce sens, permet de se risquer vers l'autre en obligeant l'autre à se risquer vers soi. Il joue la sortie de soi sous condition de réciprocité. On comprend alors d'autant mieux qu'il ne s'agit pas ici de générosité charitable.

La jouissance est « puissance », elle n'est pas son maintien dans l'être, mais déjà le dépassement de l'être. Mais Il y a toujours un au-delà de la puissance et du pouvoir qui rend obsolète et vide la puissance ou la victoire déjà obtenue par la jouissance, et qui relance indéfiniment le manque aussi acharné qu'interminable. Par ces satisfactions, toujours tenues comme insatisfaisantes que sont les plaisirs et les victoires, le Désir se réduit lui-même à une course vaine et à une lutte sans fin qui produisent l'inquiétude et l'angoisse au cœur du Moi affecté. Plaisir, profit, intérêt, échange, puissance, conquête et jouissance, sont intrinsèquement liés dans une solidarité tournante et transforment le mouvement du Désir en une quête lourde, fatigante, insupportable, angoissante et vaine. Le Moi se plaît de ses

---

1 M. Mauss, *Essai sur le don, Ibid.*, p. 147.
2 *Ibid.*, p. 162.

besoins. Ce qui lui manque est source de plénitude et de pouvoir, mais aussi source d'une faim infinie, incessante et fatigante. La vie tout en étant la vie dépendante de quelque chose, elle est aussi la vie indépendante de toute chose. La vie tout en étant jouissance, elle est aussi un surplus, un surcroît sur la jouissance même ; elle est Désir. La vie du Moi repose déjà sur le Désir. L'expérience de la satisfaction se renverse elle-même, par une volontaire ou involontaire perversion, fermée sur elle-même et ouverte à toute sorte de solipsisme, de sadisme, de masochisme, de crime, et d'autres penchants capables de détruire à chaque instant l'individu qui donne et tout ceux qui l'entourent. Par conséquent, l'échange du don, comme intérêt et comme jouissance, n'a plus l'air de vouloir se laisser dépasser puisque l'on continue à donner/recevoir pour jouir sans jamais finir. C'est sur cet égoïsme ou amour-propre indépassable, insatiable, et horriblement indécelable que s'enlèvent les discours sur le don comme intérêt et échange, comme souci et angoisse, comme éthique et religion, qui sont toujours des « cultures de la mort[1] » comme le répète Derrida.

L'acte de donner constitue un moyen d'expression, un langage code, et ouvre à une relation humaine nécessaire ; il nourrit un lien, il représente le petit plus qui ajoute quelque chose dans la vie[2]. Ceci montre que le système de références doit comporter une part de *non-dit*. Un don doit garder sa part de mystère, de non explicite. Il existe un lien profond entre l'objet du don, et les personnes qui le donnent et le reçoivent, car l'acte de donner éveille des attentes, en particulier de type relationnel. Parler d'attente, signifie prendre un risque de surprendre aimablement ou de décevoir. Pour être perçu d'une façon adéquate, le don doit être interprété comme signe. Donner, c'est donner à ce qu'il y a en nous d'individuel une certaine signification. Le propre de l'individuel est précisément d'être « possibilité de signe[3] ». En tant que signe, le don renvoie à une réalité qui, à la fois, englobe et dépasse l'objet qu'il représente.

C'est contre le système de la générosité calculée et non excessive, du don rentable, contre un « paradis économique » que l' « Impossible », selon Derrida, s'éveille et prend partie. Le don, s'il y en a, sera toujours sans

---

1 J. Derrida, Séminaire « Répondre du secret », *Idem.*, IX, 13 : « Culture de la mort » reste d'ailleurs un pléonasme : la culture en général n'est que l'organisation de la mémoire, de la tradition, du rite, du symbolique, etc., comme ordre du deuil comme réappropriation possible de l'impossible.
2 Jacques Derrida, *Donner le temps, tome 1 : la fausse monnaie*, Paris, Galilée, 1991, p. 70.
3 Gabriel Madinier, *Conscience et Amour ; essai sur le « nous »*, Paris, PUF, 1938, p. 55.

bord, sans mesure, sans condition. Le don devrait déborder le bord, vers la démesure et l'excès. S'il n'est pas gratuit, le don n'en est pas un, il n'existe pas. Selon Derrida : « Pour qu'il est don, il faut qu'il n'y ait pas réciprocité[1] », car le don disparaît dès que la réciprocité le transforme en un échange et par le fait même le fait entrer dans une économie. Au don succéderont le contre-don, la dette, et le remboursement. Dans le même sens, Marion notait: « Sitôt que l'économie s'empare de la donation, elle en fait l'économie ; dès qu'elle investit la donation, elle lui substitue le calcul, l'intérêt, l'utilité, voire l'équité, etc.[2] »

Le don inconditionné, qui donne sans rien demander, jugé impossible, insupportable et inconcevable, notre but est d'en témoigner et d'assumer au moins sa possibilité. Mais est-il possible de s'abandonner radicalement et de tout donner inconditionnellement ? Au nom de quoi ou de qui les relations « échangistes » pourraient-elles être brisées ou dénoncées ? N'est-ce pas la condition humaine elle-même, dont ces relations procèdent et dont elles forment la trame, qui devrait être mise en question, bouleversée ? Est-il vrai, comme le disait Max Scheler contre Nietzsche, que la possibilité même de donner infiniment, sans aucune attente de retour, est dans le registre de l' « agapè » ?

---

1 J. Derrida, *Donner le temps, tome 1 : la fausse monnaie*, Paris, Galilée, 1991, p. 24.
2 Jean-Luc Marion, *Étant donné, essai sur une phénoménologie de la donation*, Épiméthée/Puf, Paris, 1995, p. 110.

2- Le don de l'Amour ignore le *contre-don*

Le *don* sans prix

Selon Alain Caillé, le don est une prestation de biens ou de services effectués sans garantie de retour, en vue de créer, nourrir ou recréer du lien social entre des personnes. La personne qui donne ne cherche pas une réciprocité immédiate : elle quitte la logique du « donnant-donnant [1] ». La nature du don, quel qu'il soit, ne peut être inclut dans la logique du calcul. Le don est le fruit concret de la générosité ; il réside dans la capacité d'être libéré du besoin de sécurité. Celui-ci insiste sur l'idée de sincérité et de spontanéité liées aux sentiments et à l'émotion. Il implique un geste d'abandon gratuit. Mais les dons, en ce sens, sont-ils totalement des actes libres et gratuits?

L'obligation sociale, qui se jouait autour des verbes : « donner, recevoir et rendre », structure toujours la vie en société, mais de façon moins contraignante. Le don traditionnel manifeste la capacité de pouvoir exprimer ce que nous ne pouvons pas dire par des mots, et signifie la situation de l'autre par rapport à nous ; mais il complète à nos jours des actes généreux moins conventionnels qui comportent une dimension éthique et charitable. Ces actes visent le bien d'autrui[2]. L'originalité du don, purement altruiste, réside dans sa démarcation avec l'échange. Il désigne un geste qui consiste à se tourner entièrement vers autrui. Pour qu'il y ait don, il faut qu'il n'y ait pas de réciprocité, de retour, d'échange, de contre don, ni de dette[3]. Il est important de remonter à la source du don pour comprendre ce qui se dévoile comme signe originaire.

Sénèque raconte : « Un jour que les présents étaient offerts à Socrate par ses élèves, chacun lui apportant à proportion de ses moyens, Eschine, qui était pauvre, lui dit : « Je n'ai rien à t'offrir qui soit digne de toi, et c'est ainsi que j'ai compris que j'étais démuni. C'est pourquoi je t'offre la seule chose que je possède : moi-même. Ce présent, tel qu'il est, je te demande de l'accepter et de te souvenir que, si les autres t'ont donné beaucoup, ils ont néanmoins gardé une grande partie pour eux-mêmes. » A quoi Socrate

---

1 Alain Caillé, *Intérêt et désintéressement. Bourdieu, Mauss, Platon et quelques autres*, Paris, Editions La Découverte/Mauss, 1994, p. 236.
2 *Ibid.*
3 Jacques Derrida, *Donner le temps, tome 1 : la fausse monnaie*, Paris, Galilée, 1991, p. 24-26.

répondit : « Comment cela ne serait-il pas un grand présent, à moins que tu ne te reconnaisse de peu de valeur ? C'est pourquoi je veillerai à te rendre à toi-même un homme meilleur que celui que j'ai reçu[1]. »

Luc Boltanski, dans *L'amour et la justice comme compétences*[2], distingue trois formes d'amour. La « philia » et l'« Eros » sont cantonnés dans une logique de calcul, de la réciprocité, de l'anticipation, de la domination et de l'utilité[3]. L'« amitié » est basée sur un échange réciproque. Elle présuppose une présence, une rencontre interpersonnelle forte. L'« amour érotique », quand à lui, révèle avant tout, un désir attiré par le beau. Il se caractérise principalement par le fait qu'il prend sa source dans la qualité et la valeur de l'être aimé ou de l'objet désiré. L'« agapè », seule, comme modèle chrétien, peut fournir des relations raisonnables avec les autres dans le silence des équivalences, et dans lesquelles l'amour entre les hommes se donne de manières pure et unilatérale comme l'amour de Dieu leur a été donné. Le don, comme grâce divine, désigne une offre que Dieu fait aux hommes sans condition préalable, il leur ouvre la possibilité d'aimer gratuitement et totalement à leur tour. Le don qui incite l'engagement de Dieu et la réponse de l'homme nécessite un dépouillement total de soi. Pour Derrida, ce qui est donné avec le christianisme, ce n'est pas quelque chose, mais la bonté même, la bonté donatrice, le donner ou la donation du don[4] : « avec le christianisme, et avec le christianisme seulement, est donnée la possibilité d'une responsabilité, et celle tout autant de l'identité, de l'altérité et de la singularité[5] ». Pour quelle raison ? Pour la simple raison que l'« agapè », définie par le don, n'attend pas de retour. Le don de l'« agapè » ignore le « contre-don et le calcul[6] », il ne se paye ni ne se restitue, étant absolument précieux, c'est-à-dire sans prix et hors de prix. Le don n'est pas un « quantum » fini et remboursable, mais l'élément *inappréciable,*

---

1 Sénèque, *De Beneficiis*, I, 8, 1-2, trad. fr. par Marcel Hénaff dans *Le prix de la vérité, Ibid.*, p. 137.
2 Luc Boltanski, *L'amour et la justice comme compétences*, Paris, 1990, p. 161-191. Scheler a tenté dans *Nature et formes de la sympathie* de distinguer cinq étapes de l'amour : « la fusion affective » où des êtres s'identifient dans une commune émotion ; « la reproduction affective » qui est déjà plus intellectuelle ; « la participation affective » qui nous fait discerner à côté de notre moi la réalité et la valeur du moi d'autrui ; « l'amour de l'humanité » considérée dans son ensemble ; et enfin « l'amour de la personne spirituelle et de Dieu ».
3 *Ibid.*, p. 142.
4 Donner la mort ; in *l'Ethique du don ; Jacques Derrida et la pensée du don*, A.M. Metaille, Paris, 1992, p. 45.
5 *Ibid.,* p. 68.
6 *Idem.*, p. 173.

inestimable et inchiffrable. L' « agapè » se déploie de façon spontanée dans le présent, et se porte sur le prochain quel qu'il soit, indépendamment de ses qualités et de ses défauts. L'amour désintéressé quitte l'amour de préférence, pour entrer dans la dynamique d'un amour qui ne fait « acception de personne », sans sélection. Dans ce dynamique de générosité où la réciprocité perd sa pertinence, il y a un engagement de soi dans la chose donnée, car le don est le donneur lui-même. Par contre, dans l'achat et la vente, l'exécution des engagements est requise ; la relation se clôt avec le paiement et la réception du produit.

    Le don désintéressé ne se présente pas comme le résultat de la volonté et de la justice humaine. Il n'a pas de valeur, ni petite, ni grande, étant lui-même la source des valeurs et ce qui donne aux valeurs leur valeur. Si tous donnent tout à tous continuellement et sans rien réserver ni préserver ni conserver, l' « avoir » s'écoulera et nulle part il ne se fixera. La donation, à sens unique, empêche l'avoir de ne jamais se déposer, de ne jamais se reconstituer sous forme de possession. La donation devient l' « Impossible » à partir du moment où il n'y a plus rien à donner. Le don de l'Amour est le don qui donne le rien de l'avoir et le tout de la perte, il est le don de la perte de tout. L'absolu du don attire, il nous renvoie sans détour, à la source unique du don, à l'Amour. Il dévoile l'Amour originaire qui ne peut être qu'un amour sans mesure. Celui qui donne, se donne, et celui qui se donne, il est donné par la générosité, sans mesure, de l'Amour lui-même, qui, par principe, ne s'économise pas. Ceux et celles qui « se donnent radicalement », ne comptent pas leur peine, ni leur perte, ni leur souffrance, ni leur dépense d'énergie. Leur figure renvoie à la pauvreté de l'humanité elle-même. Le don d'amour devient impossible pour celui qui refuse qu'on lui donne sans raison. Il faut donner non seulement aux proches, mais aussi aux étrangers. Cette universalité radicalise le don de façon toujours inconditionnelle en différent l'espoir de retour, et en intériorisant le don en le dévoilant par la discrétion.

    Le don de l'Amour nécessite la justice, mais il va au-delà des limites des lois et des devoirs. Seul l'Amour désintéressé donne à la justice toute son efficacité. Il la précède, la fonde et la transforme en une générosité et en une gratuité sans mesure et sans conditions. *S'aban-donner* sous le signe de l'inconditionné, soumet la nature humaine, et notamment ceux qui cherchent la sagesse de l'Amour, à la dure épreuve de l'impossibilité d'une justice fondée sur une égalité de droits calculés. Pourquoi ? Car cette sagesse n'est pas mesurable en argent, et aucune marque de considération ne saurait non plus entrer en balance avec le don de soi. Flaubert disait, en ce sens : «Mon service reste indéfini et par conséquent impayable[1] ». Dire qu'il s'agit d'un

---

1   Flaubert, Lettre à Georges Sand, 4 décembre 1872, in *Correspondance*, Paris,

service, c'est dire qu'il s'agit d'un don, car le service, ici, communique quelque chose qui reste sans prix ou hors de prix. Pourtant c'est la réciprocité qui fonde le plus souvent de telles relations, en même temps qu'elle les justifie et assure leur solidité. Plus le rôle de la réciprocité grandit, plus les relations acquièrent un caractère durable, affectif, qui les rend naturelles, bienfaisantes, humaines. N'est-il pas naturel, humain, d'aimer ceux qui vous aiment ? Lors même que le lien, s'étendant à une communauté plus vaste, perd de son intensité, revêtant la forme de la simple bienveillance, de la solidarité, de la collaboration, c'est encore la réciprocité qui assure la cohérence du groupe qu'il façonne. Affectivité et réciprocité vont ensemble au point que l'absence de la seconde affecte profondément la première. Selon la nécessité de cette réciprocité, « un amour qui aime sans retour engendre le malheur[1] ». Une affectivité dépourvue de toute réciprocité aliène le Moi affecté en effaçant en lui tout espace de bonheur, de jouissance et de satisfaction.

Caillé définit le mot « don » comme : « toute prestation de bien ou de service, sans garantie de retour, en vue de créer, nourrir ou recréer le lien social entre les personnes[2] ». Cette définition fait apparaître une dimension de la valeur des biens qu'ignorent les économistes. Dans le don, ainsi caractérisé, l'aspect fondamental est que le lien humain importe plus que le bien matériel face à la dimension économiste des biens qui valent. Ne pas attendre de retour déterminé, ne signifie pas ne rien attendre du tout, mais c'est accepter comme le dit Derrida la « différence ». Le don, en ce sens, existe comme acceptation de la possibilité d'un défaut de la réciprocité, et que cette acceptation constitue le signe suffisamment dénué d'équivoque de la générosité et du désintéressement. C'est ce que Caillé appelle une définition modeste du don, parce qu'elle ne fait pas du désintéressement « la condition sine qua non du don et de la générosité[3] ». Les relations humaines s'y manifestent de nouveau comme des relations réelles, vraies, assurées d'elles-mêmes, puisant en elles leur élan. On découvre qu'on reçoit différemment et autrement à chaque fois que l'on donne. Dans l'épreuve vécue de cette réciprocité, un tiers s'exalte : l'Amour. Rendue à son origine et à son fondement, la réciprocité acquiert toute sa force et toute sa gratuité. C'est lorsque la réciprocité est rendue à l'Amour et à sa certitude qu'il devient naturel d'aimer, au moins ceux qui vous aiment, au plus vos ennemis. L'émergence d'un mouvement de confiance et d'un élan coopératif

---

L. Conard, 1926-1954, vol. 6, p. 454-456.
1 Michel Henry, *Paroles du Christ*, Paris, Seuil, 2002.
2 Alain Caillé, *Don, intérêt, et désintéressement, Ibid.*, p. 236.
3 *Ibid.*, p. 238.

sont impossibles, aussi longtemps qu'on demeure dans la sphère du calcul dit rationnel. L'important n'est pas en soi de donner, mais d'enclencher ou de continuer une procédure de reconnaissance réciproque, de naître avec l'autre, qui ne vise plus un individu comme tel, mais ce qu'il représente. Cela n'a rien à voir avec un acte de générosité supposant de la part du donateur une attitude de renoncement moral. L'intérêt personnel, voir égoïste, n'est susceptible d'être pleinement sacrifié, qu'à courir le risque de se sacrifier. Il convient de penser la logique égoïste comme appartenant à un mode différent par rapport à celui du don.

Selon Jankélévitch, il n'y a pas d'autre impératif que celui du don ; d'abord donnez tout ce que vous avez, sans arrière pensée et sans réserve, pour mobiliser et dégeler la « substantialité statique de l'avoir », et substituer à « *l'Autos propriétaire*», la « circulation dynamique transitive et intentionnelle de l'oblation[1] ». Or si tous donnent à tous, chacun possèdera en fin quelque chose, bien que celui qui possède quelque chose, ne possède pas pour garder mais pour redonner ce qu'il a reçu. Qui a donné recevra, et qui a reçu donnera à son tour. Il n'y a pas face à face une classe de donateurs et une classe de « consommateurs-conservateurs »: il ne devait y avoir qu'une seule humanité donatrice, tour à tour riche et pauvre, et incapable de rien garder ni capitaliser ; la fonction universelle de l'homme est de donner à l'infini, de rendre sans cesse ce qui sans cesse il reçoit[2]. Mais qu'est ce que vraiment donner, si ni l'explication économique ni l'interprétation morale ne sont pertinentes ? Qu'est ce qui en constitue l'énigme ?

Le don est d'une autre nature

L'examen des tentatives menées par Bourdieu et Boltanski, pour penser le don en échappant à la logique de la calculabilité et de l'équivalence, permet de mieux apprécier la force et l'originalité de la reformulation du problème par Jacques Derrida. En schématisant, Bourdieu pose que le seul objectif intrinsèquement désirable, est celui de la gratuité, mais que cet objectif est inaccessible, puisqu'il est en fait impossible de s'extraire de l'univers du calcul. Boltanski, à son tour, admet qu'il existe un au-delà du calcul et que celui-ci est non seulement possible mais réel.

A la différence de Bourdieu, Derrida, estime non pas que le don est impossible, mais qu'il est « l'Impossible ». Dans *Donner le temps*, il soulève la question des rapports qu'entretient le don avec la « donation »

---

1 Jankélévitch, *Les vertus et l'amour*, II, *Ibid.*, ch. VI, VII.
2 *Ibid.*

husserlienne ou avec le « es gibt » *(est gibt sein, es gibt Zeit)* heideggérien[1]. Pour bien entendre l'affirmation de la « coextensivité » affirmée entre « don, oubli, afférence et temporalité », « le don n'est un don, il ne donne que dans la mesure où il donne le temps[2] ».

Selon Derrida, dès qu'il y a loi, il y a partage : « dès qu'il y a *nomie*, il y a économie[3] ». Outre les valeurs de loi, de distribution et de partage, l'économie implique l'idée d'échange, de circulation, de retour. Or le don, s'il y en a, se rapporterait sans doute à l'économie. On ne peut pas parler de don sans parler de son rapport à l'économie, cela va de soi. Mais le don, ajoute Derrida, s'il y en a, n'est ce pas aussi cela même qui interrompt l'économie ? Cela même qui, suspendant le calcul économique, ne donne plus lieu à échange ? Cela même qui ouvre le cercle pour défier la réciprocité ou la symétrie, la commune mesure, et pour détourner le retour en vue du sans-retour[4] ? Pour qu'il y ait don, il faut « qu'il n'y ait pas de réciprocité, de retour, d'échange, de contre-don ni de dette ». Mais comment dans ces conditions concevoir le don comme tel, comme perdu, éperdu, comme perte sans retour ? Si la figure du cercle est essentielle à l'économique, le don doit rester « anéconomique[5] ». Non qu'il demeure étranger au cercle, mais il doit garder avec le cercle un rapport d'étrangeté, un « rapport sans rapport » de *familière étrangeté*. Plus encore, il faut que le donataire ne rende pas, ne rembourse pas, n'entre pas dans la logique de la réciprocité, ne reconnaisse pas le don comme tel. L'inconnaissance du don, c'est-à-dire la non-considération du donataire dans la description de la donation, remplit, selon J.-L. Marion au moins deux fonctions irremplaçables : « permettre au donataire d'en supporter l'excès – car un don même méconnu reste bien donné -, permettre au don de ne pas dépendre du donataire – car un don méprisé reste un don parfaitement donné[6] ».

S'il n'y a pas de don, il n'y a pas de don conclut Derrida, mais s'il y a don, gardé, regardé comme don par l'autre, il n'y a pas de don non plus[7]. Pour qu'il y est don, « événement de don », il faut que quelqu'« un » donne quelque « chose » à quelqu'un d'autre, sans quoi « donner » ne voudra rien dire. Il ne peut être don comme don qu'en n'étant pas présent comme don. Ni à l'« un » ni à l'« autre ». Aussi longtemps que demeure le donateur, le

---

1 Jacques Derrida, *Donner le temps*, Paris, Galilée, 1991, p. 34.
2 *Ibid.*, p. 59.
3 *Ibid.*, p. 17.
4 *Idem.*, p. 18.
5 *Ibid.*, p. 19.
6 J.-L. Marion, *Étant donné, Essai sur une phénoménologie de la donation, Ibid.*, p. 111-112.
7 Jacques Derrida, *Donner le temps, Idem.*, p. 28.

don reste inaccessible, il n'apparaît que par la disparition du donateur. Bref, la disparition du donataire doit mener à la disparition du donateur. Un don n'est possible, il ne peut y avoir don, selon Derrida, qu'à l'instant où une « effraction » se produit dans le cercle : à l'instant où toute circulation est interrompue et à la condition de cet instant[1]. Cette condition concerne le temps mais ne lui appartient pas, elle n'en relève pas : « Il n'y aurait don qu'à l'instant où l'instant paradoxal de la décision déchire le temps[2] ». Un instant d'oubli radical et absolu qui absout, qui délie absolument, infiniment. Il ne s'agit donc pas de condition au sens ou l'on pose des conditions, car oubli et don, s'il y en a, sont en ce sens inconditionnels[3], mais au sens où l'oubli serait dans la condition du don et le don dans la condition de l'oubli : « le don comme don devrait ne pas apparaître comme don : ni au donataire, ni au donateur[4] ». L'oubli et le don seraient ainsi l'un et l'autre dans la condition de l'autre, sur « la voie qui ne mène nulle part[5] ». C'est ce qui a justement rapport à l'« oubli » que Heidegger ne nomme pas comme une catégorie psychologique ou psychanalytique, mais comme la condition de l'être et de la vérité de l'être. L'« oubli » joue un rôle essentiel qui l'accorde au mouvement même de l'histoire et de la vérité de l'être, de l'être (*Sein*) qui n'est rien puisqu'il n'est pas l'étant (*Seiendes*), c'est-à-dire l'étant présent.

Le mouvement qui consistait à interroger sur la question de l'être dans l'horizon transcendantal du temps a été entraîné vers un autre tournant (*Kehre*) celui de l'« Ereignis » qui signifie couramment l'« événement ». Il ne s'agit pas, selon Derrida, de subordonner la question de l'être à celle de

---

1 *Ibid.*, p. 21.
2 *Idem*. Ici Derrida se réfère à l'instant paradoxal de la décision chez Kierkegaard qui est la folie.
3 *Ibid.*, p. 31. Voir l'inconditionnalité évoquée par Lewis Hyde dans *The Gift, Imagination and the erotic Life of Property*, Vintage Books, 1979, p. 69.
4 *Ibid.*, p. 26. Sur la problématique du don chez Derrida, voir, *L'écriture et la différence*, Paris, Le Seuil, 1967, p. 127 sq. , 133, 151, 219, 395 sq., 423 sq. ; *De la gammatologie*, Paris, Minuit, 1967, p. 157 sq. ; *La dissémination*, Paris, Le Seuil, 1972, p. 150 ; *Marge – de la philosophie*, Paris, Minuit, 1972, p. 27sq. ; *Eperons, Les styles de Nietzsche*, 1972, Flammarion, 1978, p. 89 sq. ; *Economimesis*, in *Mimesis – des articulations*, Paris, Aubier-Flammarion, 1975, p. 71 ; *Glas*, Paris, Galilée, p. 269 sq. et passim ; et *La vérité en peinture*, Paris, Flammarion, 1978, p. 32, 57, 313, 320, 333, 398 et *passim*.
5 Cf. Les *Beiträge zur Philosophie (Vom Ereignis)*, GA 65, chap. VIII. Voir Jean Greisch sur la traduction du δ 267 dans le premier numéro de la nouvelle revue du Collège International de Philosophie, *Rue Descartes*, 1. « Des Grecs », Albin Michel, 1991, p. 213 sq. Cité par Derrida, *Donner le temps*, *Idem.*, p. 33-34. Voir aussi, Jean-Luc Marion, *Étant donné, Essai d'une phénoménologie de la donation*, Épiméteé/Puf, Paris, 1997, p. 56-60.

l' « Ereignis », mais de les conditionner autrement l'un par l'autre, l'un avec l'autre. L'être, dit parfois Heidegger, est l' « Ereignis ». Et c'est au cours de ce mouvement que l'être (*Sein*), qui n'est pas un étant présent, s'annonce à partir du don. Selon Marion, Heidegger ne reconnaît la donation, au-delà ou hors de l'être, que pour la méconnaître immédiatement, qu'en supposant qu'elle ne se donne encore qu'en deçà de l'« Ereignis », et sous son égide : « Le don de la présence revient à l'avènement (*Eigentum des Ereignes*). L'être disparaît dans l'avènement (*verschwindet im Ereignis*) [1] ».

Dès lors, si le don ne relève pas, même à titre d'exception, de l'échange ou de la réciprocité, ni d'aucune condition économique, sans cause ni origine connue, sans aucun horizon, pourrions-nous encore le penser autrement, sous un autre horizon ? Cela se joue autour de l'expression allemande « es gibt », autour de l'être et du temps : « es gibt Sein » et « es gibt Zeit » ; « il y a l'être », « il y a le temps » selon la traduction de Derrida. L'énigme se concentre sur le « il » ou le « es », le « ça » de « ça donne » qui n'est pas une chose, et dans ce don qui donne mais sans rien donner et sans que personne ne donne rien - rien que l'être et le temps - qui ne sont rien : « [...] au donner (*Geben*) en tant qu'envoi (*Schicken*), appartient la retenue en soi [...], bref : un retrait[2] ». L'être se retire de l'étant parce qu'il le donne. Heidegger insiste sur le fait que : la donation du « cela donne » ne peut se comprendre qu'à partir du « cela énigmatique[3] ». Cette énigme indéterminée et anonyme se converge et porte le nom d'« Ereignis », s'atteste comme avènement. C'est ce qui a mené Marion à s'interroger sur la nature phénoménologique du « recouvrement » du « cela donne » par l' « Ereignis[4] ». Ce qui importe, pour Derrida, c'est de rappeler que l'oubli, s'il est constitutif du don, n'est pas une catégorie de la « psychè ». Il ne peut être sans rapport avec l'« oubli de l'être » au sens où Blanchot disait que

---

1   Jean-Luc Marion, *Étant donné, Essai d'une phénoménologie de la donation, Ibid.*, p. 56-60. dans *Zeit und Sein*, p. 22 ; tr. fr., p. 44.
2   Heidegger, *Zeit und Sein*, p. 23 ; tr. fr. P. 44. Voir Jean-Luc Marion, *Étant donné, Essai d'une phénoménologie de la donation, Ibid.*, p. 56.
3   Heidegger, *Zeit und Sein*, p. 17 ; tr. fr. p. 36.
4   Jean-Luc Marion, *Étant donné, Essai d'une phénoménologie de la donation, Ibid.*, p. 57-60. Selon Marion, Heidegger et Husserl recourent de fait à la donation et en avouent la fonction de principe ultime. Mais Husserl, en parvenant à l'*objectité*, laisse échapper la donation, tandis que Heidegger, en assignant l'*étantité* au compte de l'*Ereignis*, l'abandonne. Ce qui fait que rien ne se donne que comme objet ou étant, et cela impose en avance au *donné phénoménal* de ne se donner que selon deux modalités particulières de la manifestation. Marion essaye de libérer la donation de tout horizon pour pouvoir la définir en elle-même et à partir d'elle seule.

« l'oubli est un autre nom de l'être[1] ». Derrida s'interroge sur les conditions d'un don absolument épuré, protégé contre son « propre venin », un « don sans don », débarrassé de tout risque de contamination par autre chose que lui-même, un don qui s'annule à chaque fois qu'il y a « restitution » ou « contre-don », à chaque fois qu'il y a sujet et objet. C'est l'entrée même du don dans la visibilité qui l'objectivise et l'adapte à l'échange économique. Que signifie cet abandon de la visibilité ?

La vérité du don équivaut au « non-don » ou à la « non-vérité » du don. Par conséquent, le don est « non pas impossible, mais l'impossible[2] », « la figure même de l'impossible[3] ». C'est ce qui mène Derrida à dire que *l'Essai sur le don*, de Marcel Mauss, parle de tout sauf du don : « il traite de l'économie, de l'échange, du contrat (*do ut des*), de la surenchère, du sacrifice, du don et du contre-don, bref de tout ce qui, dans la chose même, pousse au don *et* à annuler le don[4]. » Le don ne se produit en général qu'en provoquant une non-identité avec soi-même, puis en déclenchant une inégalité sans fin, sans arrêt ni fatigue comme une perte en surcroît de soi-même. Le don impose une nouvelle signification de l'identité et par le fait même de la possibilité. La possibilité ne consiste pas en l'identité de soi avec soi, mais dans le surcroît de soi sur soi, dans l'altération de soi par l'avènement d'un secret, de l'Autre. Pour Derrida, il n'y a pas une présence pure, que la présence soit toujours différée, mais que l'écart lui-même ne puisse jamais être donné pleinement comme tel, ne puisse se laisser devenir que dans sa « trace », comme un « remords », un « fantôme » qui hante la présence en la forçant à la déprise. La « trace », étant radicale, est sans « propre », elle est elle-même comme « effacement » : « la trace est la trace de l'effacement de la trace[5] ». Le don a « comme tel » l'impossible et cette impossibilité vient hanter la subjectivité elle-même qui étant pure faiblesse qui puise sa force de son dénuement. La pure présence à soi est contradictoire selon le paradoxe de l'impossible qui rend possible la pure présence à soi comme étant impossible, désappropriée originairement. Ma présence n'est telle qu'à la condition de n'être pas ma propriété, et plus

---

1 Derrida, *Donner le temps, Ibid.*, p. 38.
2 *Ibid.*, p. 19.
3 *Ibid.*
4 Derrida, *Donner le temps, Ibid.*, p. 39. Voir L. Hyde, qui dans *The Gift*, note que l'*Essai* de Mauss a été « le point de départ » pour tous les travaux sur l'échange en ce demi-siècle. Voir à ce sujet, Marshall Sahlins, *Stone Age Economics*, New York, 1972, surtout le chapitre « The Spirit of the Gift".
5 Cf. Derrida, *Grammatologie*, Paris, Minuit, 1967, p. 103. Voir aussi pour le même auteur « ousia et grammè » in *Marges – de la philosophie*, Paris, Minuit, 1972, p. 75-76.

radicalement, de m'avoir déjà « désapproprié » de moi-même. L'événement de la présence à soi n'est possible que dans l'impossibilité de son accomplissement. La « déconstruction » derridienne manifeste l'impossibilité de la « réduction phénoménologique » comme accès à la pleine présence à soi de la conscience constituante. Donner accès au sens tout en creusant un écart d'avec sa pleine présence.

Tel n'est pourtant pas le résultat obligé de l'argumentation. Une autre lecture du dilemme reste ouverte selon J.-L. Marion, car, que peut-on encore entreprendre, si les conditions de possibilité du don désignent simultanément les conditions de l'impossibilité du don ? Si les conditions d'impossibilité prouvent seulement que ce qui fut étudié ne méritait pas le titre de don et que, si don il doit jamais y avoir, il aura nécessairement d'autres conditions de possibilité que celles de son impossibilité. Car l'incompatibilité entre le don pensé selon la donation et la présence pensée selon la subsistance ne signifie pas nécessairement que le don ne peut absolument ni se penser ni apparaître. Selon Marion, si le don n'est pas présent, donc n'apparaît jamais dans la présence, on peut sans doute, en conclure qu'il n'est pas ; mais on peut aussi en inférer qu'il n'a ni à être, ni à subsister selon la présence pour se donner. Autrement dit, le don se donne dans la mesure stricte où il renonce à être, où il s'excepte de la présence, où il se défait de soi en défaisant en lui la subsistance. Pourquoi ? Car faire un présent n'équivaut par définition pas toujours, ni même presque jamais, à produire une présence. Ainsi la question de « la donation » ne se clôt pas quand la présence contredit le don, mais s'ouvre au contraire sur la possibilité du « présent sans présence » – hors d'être. Que manque-t-il alors ? De renoncer à l'horizon économique de l'échange, pour interpréter le don à partir de l'horizon de la « donation » elle-même. Réduire le don à la « donation » et la « donation » à elle-même signifie : « penser le don abstraction faite de la triple transcendance qui l'affecte jusqu'ici – par les mises entre parenthèses successives de la transcendance du donataire, de la transcendance du donateur et enfin de la transcendance de l'objet échangé[1] ». Comment atteindre cette fin ? Selon Marion, « il faut, premièrement, décrire le phénomène réduit à sa donation, dernier horizon de la phénoménalité. Deuxièmement redéfinir le don contre son interprétation économique, à partir de la pure donation. Ensuite déterminer les caractères du phénomène comme un strict donné, selon la contingence et l'incidence qui en font un événement. Enfin distinguer les degrés de donation du donné, jusqu'à libérer le « phénomène saturé » suivant les quatre types de paradoxe qui le déclinent : « l'événement, l'idole, la chair et l'icône du visage ». Il devient alors possible d'esquisser ce qui vient après le « sujet », à savoir celui qui se

---

1   J.-L. Marion, *Étant donné, Ibid.*, p. 122.

reçoit aussi lui-même lorsqu'il reçoit le donné – « l'adonné. » Marion n'a pas hésité à travers ce travail à mener la phénoménologie jusqu'aux limites de sa plus hautes possibilités. Il propose une phénoménologie radicale de la « donation saturée », celle qui rend possible tout impossible imposé par la modernité et par « l'onto-théologie ». Marion parle, si j'ose dire, d'un « possible événementiel », ou bien d'un impossible donné sans être, qui nous tombe dessus par-delà la compréhension.

Par contre, la « déconstruction » selon Derrida, n'annule pas l'événement de la présence, mais l'identifie en effaçant et en brisant en lui toute substantialisation. L'appropriation absolue est l'expropriation absolue, et l'expropriation est déjà réappropriation[1]. L'appropriation à soi et de soi ne peut jamais être accomplie et l'impropriété est originaire. Il s'agit d'une présence faible, fragile, qui défait toute force de substantialisation et tout pouvoir d'appropriation de soi. L'impossibilité émane de la fragilité même, de l'impuissance originaire de substantialisation et d'appropriation de soi.

La fragilité, ici, efface le pouvoir de la présence. La présence devient comme habitée par la tension de l'apparaître sur le fond de disparaître. La fragilité est menaçante, elle est ce qui menace la présence en la livrant à sa disparition à l'instant même de son apparition. La pure présence en tant que pure « instantanéité », est déjà perdue, effacée. La présence est déjà habitée par un retard originaire, et la vie porte déjà l'intimité de la mort. La vie tout en étant déjà morte, elle est une vie qui surgit à sa propre mort, c'est de ce qui est mortel en elle qu'elle se ressource pour vivre, c'est de sa pure fragilité qui puise la force de son dénouement.

La « déconstruction » de la présence derridienne n'est pas une absence, mais un absentement, n'est pas un rien, ni un néant mais un effacement. Et dès lors, il y a présence qui vient toujours en retard par rapport à la visibilité et à la substance. La présence est présente comme retirement de l'apparaître et comme effacement de la substance. Mais quelle est la nature de cette présence ? Elle est une invisibilité absolument radicale, à la différence du caché qui est au fond encore un mode de la visibilité, à la différence de la déclinaison de la visibilité. Et pourtant je suis-là, se refusant à la visibilité, ailleurs que dans la visibilité. Selon R. Bernet : « La pensée de la « différance » conteste la philosophie de la présence au nom non pas de l'absence, de l'essence et du fait, du temps et de l'espace, de l'esprit et de la chair, du sens et du signe, de la perception et de l'imagination, de la parole et de l'écriture. L'analyse précise de chacune de ces multiples figures de la « différance » confirme que celle-ci ne se laisserait pas ramener à la forme d'une relation d'opposition duelle qui, à son tour, se prêterait à une opération

---

1 Derrida, *Glas*, Paris, Galilée, 1974, p. 188.

de « réduction » dérivant un de ces termes à partir de l'autre[1] ». Que serait un don sans être, sans exister, sans vouloir, sans intention de donner ? En fin de compte, même si le don est un autre nom de l'impossible, nous le pensons pourtant, nous le nommons et nous le désirons. Nous en avons l'intention. En ce sens : « on ne peut penser, désirer et dire que l'impossible, à la mesure sans mesure de l'impossible[2] ». D'où vient la loi qui oblige à donner tout ? Autrement dit, à répondre encore d'un don qui appelle au-delà de toute responsabilité et de toute compréhension ; d'un don, qui par définition, ne peut pas se trouver là où on le cherche : « Désirer, désirer penser l'impossible, désirer, désirer donner l'impossible, c'est évidemment la folie[3] ». Toutes ces questions concernant une certaine folie du don, qui est d'abord la folie de la dissémination du sens « don ». En fin, le don, n'est ce pas justement la « folie du jour[4] » ?

« Pas de don sans la venue d'un événement, pas d'événement sans la surprise du don[5] » note Derrida. Quelque chose, donc, arrive, un événement a lieu. Un tel événement, événement de condition et condition d'événement, doit rester d'une certaine manière imprévisible. Un événement donne l'« impossible » et l'« impossible » n'est jamais donné, il est toujours différé. Un événement qui advient sans jamais venir, il est toujours *à venir*, un désir sans objet désiré et sans sujet désirant. Un événement possible et sa possibilité est toujours *à venir*. Le don, comme l'événement, comme événement, doit rester imprévisible, mais le rester sans se garder, c'est-à-dire au-delà de son horizon d'anticipation : ce qui paraît déjà pour Derrida phénoménologiquement impossible[6]. L'impossibilité, en ce sens, n'est pas

---

1 R.Bernet, *La vie du sujet*, Paris, PUF, 1994, p. 270.
2 Derrida, *Donner le temps, Ibid.,* p. 45. Sur la modalité singulière de « l'impossible » chez Derrida, Cf. *Psychè, Inventions de l'autre*, Galilée, 1987, p. 26-59 ; voir aussi, *Mémoires – pour Paul de Man*, Galilée, 1988, p. 54 sq. ; et *L'autre cap*, Minuit, 1991, p. 46 sq.
3 *Idem.,* p. 52. C'est *logos* et *nomos*, que la folie du don met en crise, mais peut-être aussi *topos*. Mauss n'est pas insensible à cette folie. Son Essai sur le don, notait Derrida, se termine par où il aurait dû commencer, si bien qu'on ne sait plus, comme dans *La folie du jour* de Blanchot, (Fata Morgana, 1973, surtout p. 132 sq. et p. 166 sq.) selon quelle figure impossible une interminable fin s'inclut elle-même dans un commencement indéterminable ? Il faudrait tout recommencer. Derrida, *Donner le temps, Ibid.,* p. 78.
4 Derrida, *Parages, Ibid.,* p. 234 sq., 278 sq.
5 Derrida, *Donner le temps, Ibid.,* p. 152 : L'événement, c'est en somme ce qui pousse le « je » à se demander : « qu'est ce qui m'arrive ?, « Qu'est ce qui vient d'arriver ? » et « Qu'est ce qu'un événement ? ».
6 Derrida insiste sur l'impossibilité pour le don « d'exister » *en tant que tel*, d'être « présent » ou de faire une « apparition » en tant que tel, d'être

une fin mais un commencement, car l'impossibilité commence toujours par l'« impossible », elle est l'expression de l'« impossible », son avènement. L'événement et le don doivent être désintéressés ; ils doivent perturber l'ordre des causalités : en un instant. Le don et l'événement n'obéissent à rien, sinon à des principes de désordre, c'est-à-dire à des principes sans principes[1], à des principes que seul l'« impossible » peut définir. N'ayant aucun présupposé, le don donne absolument et librement ; comme il advient toujours inespéré et à l'improviste, de surcroît et sans peser sur un bilan, jamais on ne peut le refuser, ni le décliner puisqu'il se donne sans prix, sans salaire, sans exigence ni condition[2]. C'est le paradoxe de donner sans intention, de donner sans savoir ni vouloir donner, qui engage le secret qui se cache en une « événementialité donatrice[3] ». Le secret de ce dont on ne peut

---

identifiable en tant que tel, de faire l'objet d'aucune « phénoménologie » en un sens rigoureux, mais jamais il n'en conclut qu'il n'y a absolument aucun don. Au contraire, le don surgit précisément dans ou par « l'expérience de cette impossibilité ». Dès lors, le point de désaccord précis entre Derrida et Marion Selon Caputo, n'est pas que Derrida pense qu'il n'y a pas de don mais plutôt qu'il considère qu'il n'y a pas de phénoménologie du don, pas en tant que tel : la chose même qui rendrait le don possible rend son apparition impossible. Pour Derrida, s'il existait une phénoménologie du don, elle pourrait être décrite comme une phénoménologie de l'inapparent, de ce qui *n'apparaît pas*, une phénoménologie de ce qui *n'est pas donné*, c'est-à-dire un don sans présence et *sans* sa donation et non le don *dans* sa donation comme c'est le cas selon la phénoménologie de l'inapparent chez Marion. Selon Marion, l'absence même d'apparition du don constitue un événement phénoménologique. Pour lui, tout don est un donné et doit être pensé en tant que « donation ». Pour Marion, une phénoménologie de l'inapparent semble signifier « l'apparaître de l'invisible dans le visible ». En ce sens, le don visible est saturé par « l'hyper-présence » ou « l'hyper-donation » de l'être-donné de sa donation illimitée et invisible. Voir "On the Gift : a discussion between Jacques Derrida and Jean-Luc Marion, moderated by Richard Kearney", (dans *God, the Gift and the postmodernisme*, John D. Caputo et Michael J. Scanlon éd., Indiana University Press, 1999). Voir aussi, John D. Caputo, *Philosophie*, « Apôtres de l'impossible : sur Dieu et le don chez Derrida et Marion », Les éditions de Minuit, numéro 78, 1er juin 2003, pp. 33-51.

1 Derrida, *Donner le temps, Ibid.*, p. 156-157.
2 Cité par Jean-Luc Marion, dans *Philosophie*, « La raison du don », Les éditions de Minuit, numéro 78, 1er juin 2003, p. 32.
3 Derrida, *Donner le temps, Ibid* : « Il y faut du hasard, de la rencontre, de l'involontaire, voire de l'inconscience ou du désordre, et il y faut de la liberté intentionnelle, et que ces deux conditions s'accordent – miraculeusement, gracieusement – l'une à l'autre ».

pas parler, mais qu'on ne peut plus taire ; un secret qui reste à jamais inviolable ; un secret comme la surprise qui nomme cet instant de folie qui déchire le temps et interrompt tout calcul[1]. Un secret qui signifie autre chose que l'impossibilité du don, il signifie la possibilité d'un don qui émerge de l'« *impossible* », uniquement de l'« impossible ». Ce qui intéresse Derrida, c'est l'expérience du désir de l'« impossible », c'est-à-dire de l'« impossible » en tant que condition du désir : « nous continuons à désirer, à rêver, *par* l'impossible[2]. » Kierkegaard disait, en ce sens, que ce n'est pas le chemin qui est impossible, mais c'est l'impossible qui est le chemin.

Quel « impossible » ? Celui qui passe à travers le regard muet, sans défense, sans rien, démuni de tout, du pauvre. Le pauvre qu'on rencontre, bien sûr : « Nous fîmes la rencontre d'un pauvre qui nous tendit sa casquette en tremblant. – Je ne connais rien de plus inquiétant que l'éloquence muette de ces yeux suppliants, qui contiennent à la fois, pour l'homme sensible qui

---

1 Derrida dans *Sauf le nom* (Paris, Galilée, 1993), examine la signification que présente la théologie mystique même au-delà de son cadre religieux. En égard à cette *religion sans religion*, Derrida se présente en défenseur de foi, comme en témoigne *Mémoires d'aveugle* qui débute et s'achève sur un « il faut croire ». Voir à ce sujet, le commentaire de John D. Caputo, *The Prayers ans Tears of Jacques Derrida : Religion without Religion*, Bloomington : Indiana University Press, 1997. pp. 308-329. Selon Caputo, Derrida, n'est pas un savant critique de la religion mais l'amant d'une religion *sans* religion. Avec Augustin, Derrida présume qu'on aime Dieu ; il cherche à comprendre ce qu'on aime quand on aime Dieu. Ainsi Derrida demande avec Augustin : *quid ergo amo cum Deum meun amo* : « qu'est-ce que j'aime quand j'aime mon Dieu ? » (*Circon.*, 117). Marion et Derrida sont d'accord pour considérer l' «intention » et le « concept » comme une flèche orientée vers le cœur de Dieu et dont celui-ci doit être « protégé » (Sauf le nom, 91-92) ou « sauvegardé ». Le nom de Dieu pour Derrida n'est pas le nom de « l'excès ou du surplus de donation » comme chez Marion, mais le nom de ce qui n'est jamais donné, l'excès de ce qui est toujours offert et promis comme une promesse qui ouvre toujours le futur, par delà l'horizon de la prévisibilité et de la possibilité. Une promesse qui signifie un impossible futur toujours à venir. Le nom de Dieu signifie pour Derrida, quelque chose qui n'est pas simplement *présent* ou absent, ni simplement *donné* ou non, mais quelque chose qui *vient*. Du point de vue de Derrida, la *destruction* n'attaque pas le nom de Dieu ni la théologie mystique, ni le don, mais essaie de les sauvegarder. Voir : " On the Gift : a discussion between Jacques Derrida and Jean-Luc Marion, moderated by Richard Kearney", (dans *God, the Gift and the postmodernisme*, John D. Caputo et Michael J. Scanlon éd., Indiana University Press, 1999).

2 On the Gift : a discussion between Jacques Derrida and Jean-Luc Marion, *Ibid.*

sait y lire, tant d'humilité, tant de reproches. Il y trouve quelque chose approchant cette profondeur de sentiment compliqué, dans les yeux larmoyants des chiens qu'on fouette[1]. »

L'*impossible* de la pauvreté ne produit rien d'autre que le silence qui n'a rien à dire parce qu'il n'a rien à garder. Le pauvre est l'« impossible » même, un impossible qui donne tout à partir de rien, un impossible qui donne sa pauvreté même, le tout qu'il possède : le rien qu'il est. Comment comprendre que l'« impossible » donne tout à partir du rien ? Comment donner si on n'a rien à donner et si on ne donne que rien ? Est-ce que donner le rien veut dire nécessairement ne rien donner ? La pauvreté ne donne pleinement qu'en abandonnant tout ce qui peut être donné, donc en s'en retirant, en faisant voile, en donnant le rien. La pauvreté a seul en propre de se retirer au moment même où elle livre et délivre ce qui ne lui appartient pas. Elle donne et *s'aban-donne* à ce qu'elle donne. Une pauvreté qui ne donne que sa nudité, ce qu'elle ne possède pas, le rien qui la constitue : sa folie même. Au secret, ou à l'« impossible », en tant que pauvreté, appartient la perte de soi comme la perte en moi, ce qui se perd en moi sans moi ; ce qui se perd en moi est un surcroît sur moi. Le secret se retire de l'étant, se retire de sa donation même parce qu'il la donne, sous forme d'offrande et à partir de rien. Jean-Luc Marion souligne que la donation donne et se donne, elle se confirme, non point parce qu'elle possède, mais parce qu'elle abandonne et s'abandonne, ne se retient pas et ne retient pas ; elle se parfait en ce qu'elle se défait d'elle-même par et pour un donné ; elle s'assure de soi en se dépossédant de soi, en produisant un autre que soi en quoi elle disparaît, le donné[2]. Elle advient et s'accomplit, arrive et passe, s'avance et se retire, surgit et s'engloutit. Elle ne subsiste pas, ne persiste pas, ne se montre pas, ne se fait pas voir. Elle fait, mais elle fait l'événement sans se faire elle-même un événement[3]. Bref, il suffit de dénier la donation pour la confirmer. Il suffit que le pauvre donne sa pauvreté pour que le rien se manifeste. Il suffit que le pauvre ne se fasse pas lui-même, pour que sa visibilité expose le surgissement du l'énigme, du mystère ou du secret par lequel il provient : l'« impossible ». La provenance de l'« impossible » doit imposer la « dissymétrie anti-narcissique » qui la rend si paradoxale, alors que le « seul à seul » du secret, à jamais sans témoin, brise toute

---

1 Baudelaire, peintre de la vie moderne, « La fausse monnaie » (I), *Poétique du tabac*. Dans J. Derrida, *Donner le temps*, Ibid., chap. 3. L'intérêt de la *fausse monnaie*, tient selon Derrida, à l'énigme construite de cette crypte qui donne à lire ce qui restera éternellement illisible, absolument indéchiffrable.
2 Jean-Luc Marion, *Étant donné, Essai d'une phénoménologie de la donation*, Ibid., p. 88-89.
3 *Ibid.*, p. 90.

réappropriation de soi[1]. Dès lors, le Moi entre dans la phase d'une épreuve radicale de soi, cette épreuve paradoxale dont Derrida l'a décrit comme la « structure alter-égologique[2] » ou bien « expérience d'ex-timité de soi » proche de celle de la psychanalyse qui fait entrer le Moi dans une temporalité de « l'après coup » ou de « contretemps », à l'étrange répétition de ce qui reste imprédictible[3], où « je suis seul avec moi, un moi est seul avec lui-même[4] ». Seul, mais sa solitude refuse tout esseulement solipsiste et ontologique ; une solitude *dif-férente,* qui s'épuise sous la pression d'une altérité étrange qui la désapproprie de toute identité, de toute intimité et de toute référence à soi comme étant « chez soi ». Une altérité originaire se manifeste comme pouvoir de tout donner sans rien donner ; un pouvoir dont sa pauvreté brise toute maîtrise et toute possession de soi. Un pouvoir qui vient proposer/imposer du secret, un secret étrangement inquiétant et gravement insupportable : « L'intransmissibilité de la plus haute passion[5] », secret de rien qui n'est pas rien. Dès lors, la blessure originaire glisse du côté du secret et laisse accomplir le « désastre » en soi qui fait trembler *les sécurités les mieux protégées.*

Donner à fond perdu

Se demander en quoi pourrait bien consister un vrai don, un don sans don, un don sans nom, c'est se demander comment il serait possible de disjoindre une fois pour toutes l'amour et la haine, la vie et la mort, la perte et la possession, l'orgueil et l'humilité, la visibilité et l'invisible, la puissance et la fragilité dans le concept du don à travers la figure de la pauvreté.

Dans le livre X de la République, Platon affirmait que le bonheur n'est accessible qu'à ceux qui ne le cherchent pas. Dans le livre VII, ajoute : « N'est digne d'être roi que celui qui ne veut absolument pas l'être ». La valeur du don, au-delà de toute utilité et de valeur même, c'est le fait qu'il symbolise une dimension de donation, qu'il affirme une participation à l'inconditionné, la vie même comme perte, comme humilité, comme pauvreté, comme condition du *déjà-perdu* depuis l'origine même. Un don qui n'est ni prêt, ni vente, ni location, et qui n'est jamais rémunéré, et qui ne suppose ni contrats, ni conditions d'échanges, est le signe de la

---

1 J. Derrida, Séminaire « Répondre du secret », *Ibid.*, VIII, 8.
2 *Ibid.*, X, 10.
3 *Idem.*, VII, 1.
4 *Ibid.*, X, 10.
5 J. Derrida, *Donner la mort, Ibid.*, p. 113.

donation originaire de *l'avant,* de l'origine de l'être, de l'« impossible » en lui qui se donne lui-même et tout entier : « Aimez vos ennemis, faites du bien et prêtez sans espérer en retour[1] ».

Le don, pris en ce sens, transcende en quelque sorte le « principe d'identité » et le « principe de conservation ». Consumant, et du même coup exaltant l'ipséité, il enrichit l'être en amoindrissant et en appauvrissant l'avoir de cet être. Ce que l'« impossible » a donné, inexplicablement, radicalement et paradoxalement, il le donne toujours sans finir ; plus il donne, plus il donne encore, plus il donne cet infini qui est là mais pas encore, *à venir.* Dans le don suprême de l'*Impossible* se dévoile l'acte *d'aban-don* comme acte d'appauvrissement, acte qui se retire tout en s'offrant : la donation, se reflue vers son origine, elle termine en débutant, elle finit en commencent. La donation inaugure un ordre nouveau qui a son sens en lui-même. Le premier mouvement est aussi le dernier. Un ordre qui donne *l'à-venir* de la fin déjà comme *l'aban-don* au commencement. A cet égard, le don de l'« impossible » serait plutôt une violence qui défait une certaine justice, celle de la réciprocité, pour en instaurer une autre qui la contredira : *l'aban-don* comme don de soi, un *aban-don* de soi à l'Amour. C'est ce bouleversement même qu'opère *l'aban-don* à l'impossible. *L'aban-don* de soi ne peut *sur-vivre* que dans le registre de l'inconditionnalité, il est l'aliment spécifique de la confiance, qui ne peut pas s'engager sans une dimension de pari inconditionnel, sans un saut dans l'inconnu de la nuit obscure de l'Amour. On a confiance ou on ne l'a pas, on aime ou on n'aime pas, et malheur aux tièdes.

C'est la question du sens du don originaire, de son *appropriation* ou de sa *donabilité,* qui est en jeu. C'est moins le fait de recevoir, que le fait d'avoir soi-même à donner à son tour l'« impossible » en soi. La nécessité de consentir à l'existence est égale à la capacité de pouvoir soi-même recevoir avec humilité si l'on veut donner soi-même le don de l'« impossible ». Tant que l'orgueil empêche de consentir à recevoir le don originaire de l'Amour, le Moi est impuissant face à la perte de soi et à tout *aban-don* de son être. L'existence ne peut jamais être ce que le Moi pourrait s'approprier, en se déclarant le propriétaire. Le don de l'« impossible » n'est pas reçu comme une possession à retenir, ni même pas une dette à rembourser, mais comme une vocation intime, personnelle et originelle qui s'étend en nous et souvent malgré nous et même contre nous. Une telle capacité de dépossession implique que le Moi ne possède rien dont il ne puisse disposer librement. Ainsi, ce qui est absolu en lui, c'est précisément la capacité de se donner, de *s'aban-donner,* de devenir la pauvreté de l'« impossible ». La capacité de se donner ne forme pas un pouvoir propre, mais elle fait signe en soi d'une

---

1 Luc, 6, 32-34.

impuissance originaire face au pouvoir de l'« impossible » en soi. Le Moi ne possède réellement que le pouvoir de sa fragilité originaire qui possibilise en lui le : je *m'aban-donne* malgré moi à l'« impossible ». Le pouvoir du Moi émane de son impuissance et de son humilité face à la vérité originaire de son être. L'impuissance du Moi face à sa perte n'est pas un signe de vanité de son être, mais un signe de l'avènement de l' « impossible » en lui. La vérité paradoxale de l'« impossible » est qu'on ne possède que ce qu'on perd ; la seule possession de l'être, c'est sa propre perte. La présence à soi m'oblige à un retard originaire et par le fait même à une impuissance qui m'expose à moi-même comme un soi désapproprié, effacé, effondré, défecté gravement. Je suis originairement moi-même. Il n'y a de *Soi* qu'en tant que *soi-déjà-perdu*. Le Moi n'est qu'une perte de soi et cette perte même se diffère sans cesse et le donne à soi-même comme un *Moi altéré* par ce qui brise en lui toute appropriation de soi, toute possession, toute autonomie et tout pouvoir sur soi. La perte libère de la possession, nécessairement illusoire, pour ouvrir le Moi à l'*originaire* véritable qui, seul, peut donner, par surcroît, toute la vérité de l'être. On ne peut posséder quoi que ce soit sans passer par l'« impossible » de toute possession. Et passer par là, c'est *se-laisser-être-donné* par l'« impossible » en nous, *se-laisser-être-donné* sans mesure et sans condition. Le Moi *ex-posé*, par son *aban-don* à l'*Impossible*, *se-laisser-donner* naissance en lui au *Moi-aban-donné* ou bien au *Moi-déjà-aimé*. Dès que nous sentons cette obéissance de tout notre être, nous recevrons l'« impossible », et l'« impossible » ici c'est l'Amour.

L'obéissance, comme acte d'humilité et *d'aban-don,* est comme la condition qui possibilise l'*a-vènement* de l'Amour et sa demeure dans le cœur du *Moi-aimé*. L'Amour ne peut être reçu par moi qu'en ayant laissé-donné en moi ma chair et tout ce qui m'est le plus cher : « Ouvrez donc votre cœur, ouvrez le sans mesure afin que l'Amour y entre sans mesure comme un torrent[1] ». *L'a-vènement* de l'Amour suppose le don inconditionné de soi, c'est-à-dire l'acceptation inconditionnée de sa propre perte. La perte de soi ou l'appauvrissement de soi prépare toujours *l'a-vènement* de l'Amour qui transcende et échappe à tout principe qui le réduirait à être objet du désir humain. L'Amour reçoit ce qu'on lui donne à fond perdu ; un fond qu'il faut perdre sans calcul et sans retour : « Il faut savoir mourir inconditionnellement [2]». Mais il faut bien du sujet, car il faut bien manger disait Derrida. Il faut bien de la fragilité et du retard pour que la perte ouvre

---

1 Fénelon, *Instructions et avis sur divers points de la morale et de la perfection chrétienne*, XXXIV, Œuvres I, éd. Martin, p. 364. Voir Denise Leduc-Fayette, *Fénelon et l'amour de Dieu,* Paris, PUF, 1996, p. 29.
2 G. Thibon, *Le Voile et le masque*, Paris, Fayard, 1985, p. 23.

les dimensions de l'humilité et de *l'aban-don* en soi. Un *aban-don* qui clive comme rapport avec ce qu'il rompt, ce dont il s'écarte et impose une *dif-férence* originaire. Le chemin de donation, du don, nous rappelle et nous appelle à un don de soi inconditionnel, face à la vérité incarnée à travers le visage des pauvres dans ce monde et de ce monde et dont j'en suis le premier témoin. Le don est un appel non seulement de responsabilité envers le monde tout entier, mais aussi d'offrande de soi pour le salut du monde, au nom de l'Amour origine de tout ce qui est. Le don ne peut être que total, radical, désintéressé ; il met toute possibilité de don relatif, intéressé, entre guillemet. Mais ce qui paraît abolition et perte de soi, peut-il rendre possible la plénitude du don ?

Accéder à la plénitude du don, c'est passer d'un mode d'être où l'être est centré sur lui-même, soucieux d'exister pour soi et par soi, à un autre mode où l'être est décentré de lui-même pour être recentré par l'Amour, son origine. Le recentrement de soi-même sur l'Amour rend possible la plénitude du don, comme la plénitude de la donation, et cela par le recentrement de la perte elle-même et de son appauvrissement sur l'Amour. Le recentrement apparaît, contrairement à ce qu'on pourrait penser, comme la plénitude authentique de la subjectivité, où le sujet est le centre de son existence. Car le sujet surgit d'une présence obligée qui s'occupe à réassurer la présence de soi : Il est *calcul*, il est effort de se préoccuper « de soi », de s'approprier.

Selon Derrida, le sujet négocie avec ce qui sans cesse l'arrache à lui-même, avec ce mouvement radical de transcendance qui sans cesse le décentre. Le sujet est moins d'identité qu'effort et exigence d'identification de soi. Le sujet n'est rien d'autre que ce mouvement égoïste d'adhérer à soi. En ce sens, le sujet est le contraire du don. Le sujet est tout aussi bien le don qui le dérobe à lui-même. Le sujet n'est rien d'autre que la double contrainte entre transcendance et immanence, entre posséder soi-même et perdre le *même* qu'il est, entre appropriation et désappropriation, entre visibilité et invisibilité, puissance et impuissance, orgueil et humilité et enfin et le plus important entre haine et amour. Il ne faut pas finir avec le sujet, mais « il faut bien le sujet » pour réassurer sans cesse la frontière, la limite de soi et la *dif-férence* originaire. C'est avec le vertige et la *nausée* de la double contrainte, qu'il faut rompre. Le paradoxe qui hante le sujet est le déchirement de la présence de soi par un écart à soi, par une *dif-férence* originaire qui brise, déchire, clive, change, et *re-commence* tout. Une *dif-férence* éprouvante qui trahit et sauve par le même mouvement. Une *dif-férence* qui donne en ne donnant rien, parce qu'elle ne donne que la perte de toute appropriation de soi. Une *dif-férence* qui se refuse à tout statut d'« identification », de « substantification » et de « localisation ». La *dif-férence* signifie une épreuve *d'aban-don* de soi, par laquelle le *Moi-aban-donné se-laisse-donner* à soi-même la plénitude de l'Amour : l' « impossible ». Plus le Moi *s'aban-donne* et se laisse être donné à l'Amour, plus la possibilité de la plénitude de son être sera possible par l'« impossible » lui-même. Ceci dévoile un mode d'être où l'être atteint sa plénitude par l'achèvement de son appauvrissement, c'est-à-dire par l'avènement de la perte originaire de l'« impossible » en lui. Le mode d'être du *Moi-aban-donné* c'est sa perte même, et sa plénitude c'est la pauvreté de l'Amour. Plus le Moi *s'aban-donne*, il se laisse-être-donné à l'Amour, plus il devient saturé par de la demeure appauvrissante de l'« impossible » en lui. La plénitude de l'être c'est le renoncement d'être, c'est la plénitude de la donation du don de l'« impossible » en lui. La perte de l'être en tant que se *laisser-être-donné* par l'Amour est le signe et l'achèvement de sa plénitude. La plénitude est la doublure même de l'identité de l'être partagée entre *l'être-déjà-perdu* et *l'être-déjà-aimé*. Jean de la Croix disait en ce sens: « Pour parvenir à goûter tout / N'aie de goût pour rien. / Pour parvenir à savoir tout / Ne cherche à savoir rien de rien. / Pour parvenir à posséder tout / Ne cherche à posséder rien de rien. / Pour parvenir à être tout / Ne cherche à être rien de rien[1] ». Celui qui perd son être le retrouvera ; celui qui *s'aban-donne* à l'Autre que soi en tant qu'impossible en soi, se découvre comme être de don de soi, comme être avec l'Amour. Pas de soi sans le don de soi, et pas de don de soi sans l'Amour, car seul l'Amour rend possible le don de soi, le don de l'« impossible » à soi.

Ici, le Moi n'est plus le « Moi haïssable » de Pascal, la courbure égocentrique et narcissique de l'être sur lui-même, mais un Moi décentré de soi-même par l'Amour. Il devient un Moi *excentré*, libéré de toute volonté de possession et de tout désir impur de domination ; il devient une demeure vidée de soi, altérée par l'« impossible », se laissant habiter par son avènement. Chacun est appelé à se vider de son solipsisme, pour être habité par la demeure de l'Amour. La nature de l'Amour oblige à la désappropriation de l'*ego*, celui qui ne fonde plus la certitude de son existence sur un pouvoir autonome et sur la pensée thématique, mais sur l'Amour, sur le don de soi. L'*ego* ne sort du doute radical que par un acte d'amour. L'Amour déporte l'*ego* hors de son « propre lieu ». Il doit donc mourir à lui-même, se décentrer, se désapproprier, s'éprouver l'« impossible » et se localiser là où il n'est plus « chez soi ». L'*ego* trouve son accomplissement dans l'aveu de son insuffisance et dans son *aban-don* de soi. Le don de soi ne sera la possibilité de *sur-prendre* que pour autant qu'il soit originairement *sur-pris* lui-même et pris là où il ne veut pas y aller. Le paradoxe est que la plénitude, comprise en ce sens, est le contraire du

---

[1] Jean de la Croix, *Œuvres complètes, Les écrits spirituels*, Paris, Cerf, 2004, p. 259.

plein quantitatif qui se réfère toujours au monde et à sa représentation. Les représentations mondaines du plein et du vide sont en un sens aussi inadéquats l'un que l'autre. Le paradoxe renvoie à un autre mode, où l'Amour consiste, en quelque sorte, à n'être rien qui puisse être possédé ou conservé pour soi. Ce mode *dif-férent* dévoile la plénitude originelle de soi, laquelle réside dans la possibilité de s'ouvrir à autre chose que soi, d'être sur un autre mode que celui d'une *immanence autarcique*, en étant radicalement et à chaque instant pour l'Amour et avec lui. La plénitude originaire de soi s'exprime essentiellement par sa pauvreté même. La plénitude de soi c'est la plénitude de son *aban-don* à la pauvreté de l'Amour. Elle ne se réalise pas par l'autonomie et par la possession de soi, mais par l'abandon de l'autonomie et de toute volonté de puissance et de possession. Mais par son *aban-don* radical, le Moi peut-il encore exister ? Ce nouveau mode d'être conduit-il à anéantir la singularité propre du Moi ? Quant à l'être, puisque la propriété nous fait exister en tant que Moi propre, le détachement soustrait-il le s*oi-même* ?

Justement, l'être singulier est détaché non de son origine mais de l'oubli de son origine. Seul l'Amour peut donner à l'être son individualité, en sorte que tout être qui *s'aban-donne* à son origine devient un être originel, unique, inimitable, irremplaçable de présence, de connaissance, un mystère en soi, et tout cela sans le savoir. La disparition de l'autonomie de l'être ne signifie pas la disparition de son individualité, mais au contraire sa *transfiguration* et sa *trans-formation*. Jean-Luc Marion utilise le terme « *adonné* » à la donation qui le traverse, pour désigner une « subjectivité » qui n'est plus le « sujet transcendantal », mais l'être constitué par un « appel » qui le précède[1]. Il y a chez Marion une ultime réduction qui mène vers une « sur-donation », une « donation saturée », qui déborde ma visée, le regard de mon intuition comme le pouvoir de ma volonté. Le même mouvement qui donne, prive, brise et sature la donation. Une donation dont la saturation non seulement ne dépend pas de moi mais aussi elle se donne en me privant de mon regard, de mon pouvoir de donner la saturation. Une saturation qui donne dans le refus même de toute appropriation. Une « donne » qui se donne non dans le refus de donner, mais dans le refus de garder ce qui est donné, de rendre propre la donation. Ce n'est plus l'autonomie du Moi qui l'individualise, mais c'est son *aban-don* à son origine, à l'*avant*, à l'Amour. La plénitude de l'être devient possible par l'abandon de l'être de toute autonomie. C'est par son dénuement que le Moi trouve le *repos-sans-repos*, car, ne convoitant rien, rien ne le tire péniblement vers en haut et rien ne l'opprime vers en bas, parce qu'il est décentré de soi et recentré par la

---

[1] Jean-Luc Marion, *Etant donné*, Paris, PUF, 1997, p. 369-373.

demeure de l'Amour en lui. La vocation du Moi, comme *aban-don* de soi à l'Amour, culmine jusqu'à l'infini, jusqu'à la fin de sa vie, jusqu'à sa mort. On ne peut savoir à quoi engage une telle vocation, tant que notre être n'a pas éprouvé cet autre mode d'être, qui ne demande que la perte de soi, mais toujours avec l'Amour. En ce lieu unique, où la perte de soi rencontre son origine et le sens de son impuissance, l'engagement véritable est confirmé par un sceau d'épreuve et de perte de soi. L'Amour et la pauvreté dévoilent ensemble la vocation originaire du *Moi double*. Donner l'Amour à soi-même suppose déjà le don de soi à l'Amour. Cet événement, transportant la demeure de l'Amour en soi, donne *l'ek-sistence* à l'être, celle qui l'excentre et le décentre de soi-même pour le recentrer sur la pauvreté de l'Amour.

La pauvreté, en ce sens, *donne* dans le refus et dans l'impossibilité de garder ce qui se donne. En revanche, il n'y a pas « manque de générosité », mais paradoxalement il y a une générosité du manque, une saturation même de ce qui manque son appropriation, une générosité de pauvreté, une générosité pauvre, par ce que quand elle donne, elle donne tout, elle se donne mais elle donne plus qu'elle même. On parle d'une générosité risquée de soi.

L'enjeu ici, est l'épreuve du don lui-même, de sa générosité risquée même, d'un risque de soi saturé. Il n'y a pas de don sans générosité et la générosité du don impose l'arrivage de la saturation de la pauvreté originaire de l'Amour. Ce n'est que dans le risque de la générosité du don, que la présence se donne par ce qui la donne en l'effaçant, en la livrant à son *désastre*.

CHAPITRE II

Une pauvreté qui rend possible l'avènement de la vérité originaire

I- Un autre mode de *soi* : la pauvreté "remontrante"

Le lieu du *dévoilement*

Ni la pauvreté originaire, ni l'Amour ne peuvent avoir de place dans aucun cadre d'objectivation et de savoir thématique. L'Amour appartient à une expérience de pauvreté originaire, éprouvée par le Moi, pour témoigner ensemble de la naissance d'une nouvelle histoire d'amour, d'un *recommencement* selon la *vérité* originaire de l'être. Une histoire qui appartient à un autre ordre, différent de celui de la connaissance thématique, différent de celui reconstitué par les historiens. Elle appartient à l'ordre « de ces choses qui nous prennent à la gorge », selon les termes de Pascal, et de ces choses qui nous rabaissent vers une obscurité qui n'est pas une lumière scientifique.

L'intelligence de la pauvreté originaire n'est pas une connaissance théorique portant sur la pauvreté, mais nous devons accepter que notre intimité avec la pauvreté nous rende intelligents, d'une certaine compréhension qui n'est plus seulement théorique mais *co-naissance,* c'est-à-dire *naître-avec* l'Amour, naître en aimant. *S'aban-donner*, ou *naître-avec*, est un autre ordre de compréhension, celui de la vie comme un don de l'Amour et comme un don de soi à *l'Amour.* L'expérience de *naître avec* est à l'origine, à la fois de la pauvreté et de la connaissance. En donnant la pauvreté, elle donne à penser, elle donne à *co-naître* d'un même mouvement. Celui qui refuse la pauvreté de l'Amour ne peux pas aimer et ne peux même pas parler de l'Amour d'une manière authentique. C'est par ce que je suis devenu la pauvreté de l'Amour que je suis devenu ensuite sa sagesse, comme si la pauvreté de l'Amour étant le commencement de la sagesse. En éprouvant la pauvreté comme *naître-avec-l'Amour,* j'apprends à la connaître et à me connaître autrement et authentiquement avec elle. Aussi longtemps que la pauvreté me met véritablement sous l'épreuve de l'Amour, aussi m'apprend à la *con-naître,* sans la représenter dans l'horizon de ma conscience comme une de ses connaissances qui m'indiffèrent. Par la pauvreté, la vérité du Moi s'ouvre à l'appel de l'Amour, un appel à mourir, un appel de perte, un appel de vie, un *aban-don* de soi. A travers la pauvreté de l'Amour, le Moi atteindra l'origine de la vérité de son existence et le sens de sa vie : sa vocation originaire. L'authenticité du Moi demeure dans sa blessure, et dans son humilité face à l'Amour. Le « connais-toi toi-même » par toi-même doit converger vers le : *aimes-toi toi-même par l'Amour lui-même*. Seul l'Amour a le pouvoir sur la connaissance, car seul l'Amour a le pouvoir sur la vérité de l'être, il est l'unique sens de sa vie, son origine même, sa perte. Le Moi trouve son accomplissement dans l'aveu de son insuffisance : « Pour être un vrai philosophe, il ne faut que connaître qu'on ne l'est pas; il ne faut que vouloir savoir ce qu'on est, et qu'être étonné de ne le savoir pas[1] ». Le fondement ultime du sens de la vie du Moi est l'aboutissement et l'engagement à l'Amour. Le sens de la vie du Moi ne peut être atteint qu'à partir du retour à sa propre origine. La réalité d'être donné à soi comme accouchement de soi par l'Amour altère l'ipséité, et la prive de son autonomie et de son pouvoir sur soi. En ce sens, se dévoile la vocation du Moi, la vérité de son être, comme l'autre face de l'Amour. Il se voit d'un autre angle, celui de l'expérience du *co-naître* avec l'Amour, celui de la « compréhension de la compréhension » elle-même, c'est-à-dire de l'amour de l'Amour lui-même : « Je suis nécessité à croire ce qui me surmonte ; Je préfère, sans hésiter, la raison de l'amour à la mienne ; et le meilleur usage que je puisse faire de ma faible lumière est de la sacrifier à son autorité[2] ». C'est le point de vue augustino-pascalien selon lequel la raison n'est jamais elle-même que lorsqu'elle accepte de reconnaître ses limites et de s'ouvrir à la dimension verticale de la transcendance.

     Nul autre que moi peut dire qui suis-je, et moi je n'en sais rien. Et je ne peux rien en savoir tout seul. Sur le chemin de la perte il n'y a que moi seul, en tant que *je suis seul face* à *ma perte,* car je suis celui qui porte sa propre perte, je suis ma propre perte, ma propre pauvreté, mais en même temps je ne suis rien de tout cela. On ne passe qu'un à la fois, et on ne passe qu'à condition d'être seul sans guide ni compagnon. Le Moi, en chemin, emporte avec lui son mourir, comme le mystère profond et originaire de sa propre perte, dont seul la mort a le droit de savoir : « Qui es-tu ? Je l'ignore ; si tu es, je l'ignore aussi ; et pourtant tu es mon espérance, ma joie et ma fierté ». Le *Moi-aimé* sait qu'il n'est que perte, pauvreté, comme Kierkegaard sait qu'il n'est pas l' »Unique » et comme Nietzsche sait qu'il n'est pas le « Surhomme ».

---

1 Fénelon, *Lettres sur la métaphysique et la religion*, VI, *Œuvres*, I, éd. Martin, 3 vol, p. 161.
2 *Ibid.*, p. 150.

Le *Moi-aimé* s'expose comme étant la pauvreté de l'Amour ; cette pauvreté qui n'est comparable avec aucun étant. Il n'est pas au dessus des autres hommes, ni au-dessus du monde, mais il est différent, d'une *dif-férence* originaire qui appartient à l'Amour seul de dévoiler sa nature. Il est différent, parce qu'il est pauvre et sa pauvreté est non comparable avec le monde, puisqu'elle n'appartient pas au monde. Ce n'est pas sa supériorité par rapport aux autres étants qui le rend unique et différent, ni même pas son infériorité par rapport à eux. La *dif-férence* originaire et absolue échappe à toute comparaison entre les étants, donc à toute infériorité et à toute supériorité, et par le fait même à tout jugement. Celui qui aime ne juge pas, car celui qui aime accepte à *s'aban-donner* à la *dif-férence* originaire qui fonde tout rapport entre les étants. Aimer c'est perdre tout pouvoir de jugement, toute logique de comparaison, toute tentative de possession et de définition. La volonté de l'Amour appelle à tout donner, à perdre tout ce qui n'est pas don de soi, pauvreté radicale. Etre émerveillé par l'Amour, c'est l'admirer et se laisser être admiré et aimé par lui ; c'est accepter de tout risquer face à sa pauvreté originaire. Amour et pauvreté vont toujours ensemble : « Quelle jouissance de se lancer ainsi sur une eau agitée ! » Là où se trouve la pauvreté, l'Amour plonge la nudité de ses racines puisque l'Amour est ce qui est le plus profond dans la pauvreté. On ne parle pas d'une pauvreté de ceci ou de cela, c'est-à-dire celle d'un avoir ou d'un pouvoir, mais une sorte d'une plénitude vide de tout ce qui est déjà vu et touché, et un vide plein de ce qui est autre, du *tout-Autre*, de l'Amour même. La contradiction littérale des termes de « vide » et du « plein » renvoie à un plan où l'Amour consiste à n'être rien qui puisse être possédé, se conserver pour soi. Cela définit la pauvreté comme capacité de s'ouvrir à autre chose que soi, d'être sur un autre mode que celui de la richesse et de la pauvreté du monde, d'être une *pauvreté émerveillée* qui donne de soi tout ce qu'elle reçoit de l'Amour, de son admiration. Une telle plénitude est autre chose que le plein et le vide, car sa référence n'est plus le monde de représentation, mais l'Amour. Le *Moi-aimé* réjouit de sa pauvreté : « je me sens si pauvre, si riche, si riche en pauvreté ». Si le *Moi-aimé* se réjouit de si peu de chose, ce n'est que par ce qu'il est lui-même riche d'une pauvreté qui ne cherche pas la satiété, mais l'admiration de son bien-aimé, de l'Amour. Le pain quotidien et mondain ne rassasie pas sa pauvreté, ne le vivifie pas, seul la bénédiction de l'Amour est la raison de sa vie et la richesse de sa pauvreté : *ma vie demande plus que la nourriture quotidienne donnée par le monde*. Pour quelle raison ? « Parce que la vie est plus que la nourriture[1] ». Le *trop-vide* de soi n'est pas une simple négation de la liberté et de l'ipséité, mais au contraire rend possible une modalité nouvelle de la liberté et de l'ipséité :

---

1 S. Kierkegaard, *Œuvres complètes*, t. XV, Paris, Éd. de L'orante, 1981, p. 15.

« Une liberté qui rompt avec l'initiative[1] ». Le *Moi-aimé* vit dans la « disponibilité » à l'appel de l'Amour, un appel à la sanctification qui ne peut devenir sa nourriture qu'en devenant lui-même la nourriture du monde, le pain quotidien de l'Amour pour le monde. Ce pain quotidien, l'oiseau l'ignore ; hélas ! le *Moi-aimé* est plus pauvre que l'oiseau. Il est plus pauvre que celui qui prie pour obtenir son pain quotidien. Sa prière ne consiste pas à obtenir son pain quotidien mais à devenir le pain quotidien du monde, le pain de ceux qui malgré leur prière n'on rien à manger. Aimer c'est vivre pour donner son pain quotidien au monde, devenir soi-même la donation de l'*Amour* qui seul vivifie le monde et assure sa vraie nourriture. Seule une rupture avec le pouvoir de soi comme « souci » pour soi, peut assurer l'impuissance aimante de la pauvreté du *Moi-aimé*, vue comme un acte *d'aba-ndon* de soi à l'Amour dans le monde. Seul un acte *d'aban-don* de soi peut réconcilier le Moi avec la vérité de son être, en lui donnant son vrai « je » comme : je suis la pauvreté de l'Amour, mon ipséité est percée par lui, mélangée avec lui. L'Amour produit en moi mon unicité, ma radicalité, mon intégralité. Je suis radicalement moi-même et moi-même je suis un surcroît sur moi-même, autre chose qu'une *mêmeté esseulée* : je suis une *mêmeté aimée, altérée, re-commencée* par l'Amour ; car le *moi* ou le *me*, c'est moi et pas un autre, c'est moi, mais non pas seul : Je suis l'Amour en moi.

Le « je suis » en moi n'est plus seulement un « me voici », mais d'abord un « Te voilà » : Te voilà en moi et par le fait même : me voici en toi. L'expression « Te voilà en moi » ouvre la possibilité du « me voici en Toi » et par le fait même ouvre la possibilité du « Te voilà dans l'autre » et du « Te voilà dans le monde ». La présence de l'Amour m'excède, non pas jusqu'à me désindividualiser, mais, au contraire, jusqu'à m'individuer par son surcroît même sur moi-même et en moi-même, émergeant ainsi mon intimité comme partagée par une altérité originaire.

Le *Moi-aimé* reçoit, à partir de son *aban-don* à la pauvreté de l'Amour, l'Amour même, comme pauvreté originaire de soi, comme un soi vidé de tout pouvoir de soi et sur soi. En rompant avec le pouvoir-être, le *Moi-aimé* ne rompt pas avec son être, mais le sépare de tout pouvoir d'être sans l'Amour. La vrai « mêmeté » est celle par laquelle le Moi peut être soi, tout en étant indépendant à l'égard de soi, c'est-à-dire, où le soi renonce à exercer son être comme pouvoir ou comme référence première, ou comme origine. L'Amour pose un écart, une distance, une *dif-férence* originaire entre l'être et son pouvoir, entre le Moi et le propre, entre la « mienneté » ontologique et la « mienneté » altérée par l'Amour.

---

[1] Levinas, *Autrement qu'être ou au-delà de l'essence*, La Haye, Nijhoff, 1974, p. 146.

Je suis un *soi* identifié par l'Amour

L'ipséité s'affranchit de toute dépendance à la notion du pouvoir, dans la mesure où elle accède à elle-même par la seule rentrée en soi-même, celle de l'Amour. *S'aban-donner* à l'Amour sans retour, sans recul, sans révolte, sans décision, sans calcul, sans intérêt, sans référence à soi. Le centre de l'être, son fondement, ce n'est plus le pouvoir, ni la substance, ni la jouissance, mais l'Amour, comme pauvreté, comme perte de l'être, comme don de soi. Il y va donc d'une altération du Moi par l'Amour, et d'une identification du Moi dans l'Amour, c'est-à-dire d'une reprise de soi comme un étant un *soi altéré*, comme *être-par-l'Amour*. Altérité et identité ne s'opposent plus, mais s'unissent selon une *dif-férence* originaire dont le centre est l'*aban-don* de soi. Etre soi, c'est être repris dans l'Amour, c'est-à-dire *re-prendre* la lenteur de son être, sa facticité, sa propre perte, pour être à l'infini une patience envers soi, un *être-déjà-perdu* à l'infini, une perte de soi sans fin et sans fatigue, un excès de générosité originaire. Dans l'offrande de soi, le Moi perd tout ce qui ne se perd pas en lui, pour devenir une saturation de perte, une perte saturée par la générosité de l'Amour. Dans l'espace de l'offrande de soi, le Moi *s'ex-stasie* dans l'Amour et perd tout contrôle sur soi, tout pouvoir sur son offrande même, et il se lance dans un mouvement infini dans la pauvreté de l'Amour, dans une réjouissance infinie de la perte de soi sans mesure.

Si ce dont il se réjouit n'était rien de ce monde, et s'il était pourtant plein d'une pauvreté différente de celle du monde, cela montrerait que *l'être-déjà-aimé* ou bien le *Moi-aimé*, est devenu pauvre, autrement, et le centre de sa pauvreté échappe au monde et à sa compréhension de la pauvreté. Car celui dont la pauvreté dépend de *causes déterminées*, n'est pas le *Moi-aimé* parce que sa pauvreté ne dépend pas seulement de lui, mais aussi du jugement du monde par rapport à sa pauvreté. Le pauvre de ce monde est pauvre par rapport aux riches de ce monde et il dépend toujours du pain quotidien que le monde lui fournit. Les pauvres de ce monde ne seraient jamais inconditionnellement pauvres. Seul peut être inconditionnellement pauvre celui qui n'est pas lui-même sa pauvreté, celui dont sa pauvreté ne dépend pas du monde ni de soi-même, car elle ne dépend que du *rien* qui échappe au monde et à soi; ce *rien* qui est le signe de *dif-férence* du *Moi-aimé* avec le monde et même avec soi. La pauvreté du *Moi-aimé* doit être inexplicable, incompréhensible, inconditionnée, incontrôlable par le monde et même par soi-même. C'est comme l'aveugle-né à qui l'on demandait qui lui avait donné la vue dans (Jn 9, 25) et qui répondrait : « je ne sais, mais je sais une chose : j'étais aveugle, et je vois. » Je ne sais, mais je sais une chose, j'étais mort, et je vis. De quoi donc ? De *l'aban-don de soi* à l'Amour. Le *Moi-aimé*, en ce sens, est en retard par rapport à sa pauvreté, et ce retard même révèle l'incompréhensible de l'Amour dans sa vie. La pauvreté, incompréhensible pour le *Moi-aimé*, a son fondement dans l'origine même du Moi dans l'Amour. Sa pauvreté c'est la pauvreté de l'Amour, et c'est sa pauvreté par rapport à l'Amour. Ce qui caractérise le *Moi-aimé* c'est sa pauvreté, non par rapport au monde ni par rapport à soi, mais par rapport à l'Amour, dévoilée à travers une *dif-férence* originaire. Cette *dif-férence* même est une *dif-férence* de pauvreté.

La relation originaire entre le *Moi-aimé* et l'Amour est une relation de pauvreté mutuelle : l'Amour est la pauvreté du *Moi-aimé* et le *Moi-aimé* est la pauvreté de l'Amour. Comment ? L'*Amour* est la pauvreté du *Moi-aimé* car il n'a plus rien que la pauvreté de l'Amour dont le don de soi est son pain quotidien. Le *Moi-aimé* est la pauvreté de l'Amour car il n'a plus rien à donner à l'Amour que la pauvreté de l'Amour en lui : il rend à l'Amour ce qui lui appartient, et ce qui appartient à l'Amour c'est sa pauvreté même. Ce rapport de pauvreté mutuelle est destructeur de toute identification du Moi par lui-même, puisqu'il est un rapport de *dif-férence* originaire avec soi-même. L'Amour est, pour le *Moi-aimé,* sa pauvreté même, son identité non identifié par soi. Le *Moi-aimé* ne peut plus vivre sans la pauvreté de l'Amour, et, en même temps, il doit perdre cette pauvreté même pour devenir plein en pauvreté, c'est-à-dire devenir le don de sa propre pauvreté. Comment le *Moi-aimé* devient le don de sa propre pauvreté, si sa pauvreté même n'est que la pauvreté de l'Amour en lui ? Ici, s'ouvre tout l'infini de la perte de soi. C'est là qu'est le paradoxe : La pauvreté infinie qui s'ouvre à moi n'est pas ma pauvreté, car elle signifie que je suis *pris* dans la pauvreté de l'Amour, voué à la pauvreté de l'Amour. Et pourtant, si la perte est bien la mienne, car c'est moi qui perd, alors il faut que la pauvreté, dans laquelle ma perte s'accomplit, soit aussi ma pauvreté. Comment la pauvreté de l'Amour devient-elle ma pauvreté ?

Par son *aban-don* à l'Amour, le *Moi-aimé* naît dans une intériorité de *pauvreté originaire*. Par son *aban-don* de soi, il ne fait plus *rien* et pourtant il fait la volonté de l'Amour ; il n'est plus *rien* et pourtant il est la donation de l'Amour ; il n'a plus *rien* et pourtant il a la pauvreté de l'Amour dans toute sa splendeur. Par son *aban-don* de soi, il devient la pauvreté de l'Amour qui ne se laisse pas expliquer par quelque chose autre qu'elle-même. Comment ? Par le fait que le *Moi-aimé* s'enfonce dans la pauvreté de l'Amour, il se laisse sacrifier en lui tout ce qui est différent de l'Amour pour devenir sa pauvreté même. La pauvreté et l'Amour [ces deux déterminations] sont originaires, ils doivent être liés l'un à l'autre, il faut les voir dans leur unité. Une unité qui refuse toute identification, toute représentation et toute appropriation, s'ouvre à la *dif-férence* originaire qui la fonde. Ce n'est pas leur relation qui fait leur unité, mais c'est l'étonnant pouvoir de l'impuissance de leur abandon mutuel. L'Amour se donne, donne sa pauvreté au Moi propre qui reste encore riche et dépendant de son être, pour le vider de la vanité du fardeau de ses pouvoirs d'être ; *Il* le mène vers l'appauvrissement de soi. Le don de l'Amour appauvrit sa donation même, lui donne la plénitude de sa pauvreté originaire. La donation de l'Amour est l'Amour même comme pauvreté saturée. La voix de l'Amour qui se fait entendre par les hommes souillés, en détresse, seuls, riches en monde et pauvres en amour, vient répondre au cri de leur cœur pauvre, brisé. Seul un cœur pauvre et brisé peut être disponible à l'appel de l'Amour, à sa donation. Ceux qui entendent sa voix s'enfoncent dans sa pauvreté pour expérimenter un autre mode de perte et d'appauvrissement radical. La perte, ici, est de se *laisser-mourir* en soi toute volonté de puissance, toute pensée impuissante et *non voulante* et d'aimer la pauvreté de l'Amour.

Le commandement premier de l'Amour c'est d'aimer en premier et non de comprendre, de se donner et non de posséder, de perdre soi-même et non de persévérer dans son être. Le commandement de l'Amour mène le *Moi-aimé* à *s'aban-donner* à la pauvreté originaire qui le rend plus démuni que l'oiseau qui n'a pas souci de quoi manger aujourd'hui, car il a souci de quoi donner à manger au monde. Le souci du *Moi-aimé* est plus pauvre que la sagesse de la justice morale et même plus vulnérable que la bonté de la responsabilité éthique. Le *Moi-aimé,* en ce sens, risque son pain quotidien, son droit à la vie par amour, car son souci ne s'intéresse plus à la perte de son être, à sa propre pauvreté, mais à la perte de l'Amour, à sa pauvreté. Le souci du *Moi-aimé* c'est l'Amour même. Son souci dépasse la perte de la richesse de ce monde, dépasse la vie elle-même, dépasse le soi-même et l'autre que soi-même (autrui), car il n'appartient plus à la vie, il n'est plus sous la domination et le pouvoir de la nécessité de son être dans le monde. Chaque instant, oui, à chaque instant, le *Moi-aimé s'aban-donne* à la pauvreté de l'Amour en *se-laissant-être* le pain quotidien de l'Amour donné aux plus démunis de ce monde.

Le *Moi-aimé* ne dépend plus du monde, mais c'est le monde qui dépend de l'Amour en lui, il sait que seul l'Amour vaut la peine de vivre pour lui et avec lui, seul il est digne qu'on y sanctifie sa vie. Rien ne change si on dit du *Moi-aimé* qu'il est pauvre, ou bien qu'il est riche, car pauvreté et richesse sont des calculs faits par les hommes. Celui qui fait des calculs n'aime pas, car il dépend toujours de la logique du monde qui calcule, qui compare, qui juge et qui lutte contre la vérité de la perte qui échappe au monde et à son raisonnement. Le *Moi-aimé* ne cherche ni la pauvreté, ni la richesse, il est *déjà-pauvre*, gravement pauvre comme l'Amour et depuis sa naissance, car il est la donation originaire de l'Amour. Il n'a plus le souci des petites choses qu'il ne cherche pas, et il n'a non plus celui des grandes, car il appartient à un mode d'être qui ignore le calcul des petites comme des grandes choses. Il laisse à l'Amour le soin de la nourriture, et de toutes ces choses mondaines. Celui qui décide de sa richesse et même de sa pauvreté sacrifie l'Amour, car sa nature réfute toute richesse mondaine qui cherche le pouvoir, le gain et la puissance.

Le *Moi-aimé* sait que l'Amour est le seul commandement et l'unique chemin. Et c'est là où commence le savoir. Il est difficile, même impossible de suivre ce chemin sans une passivité originaire qui s'exprime par l'épreuve de *l'aban-don* de soi et d'admiration à l'Amour : heureuse faute, bénite perte, généreuse finitude, étonnante facticité, mystérieuse impuissance. En tout risque et échec, aimer est ce qui importe, sinon le cœur alourdi par l'impuissance, l'insatisfaction et la gravité de la fatigue de soi, succombe malgré soi à la malédiction du désespoir et de la haine. Le Moi sans l'Amour est incapable de porter le fardeau de son impuissance et de supporter la vanité de la loi de ce monde basée sur la raison du plus fort. La loi de ce monde est vanité parce que dans ce monde le pauvre doit être immolé le premier. L'Amour nous apprend le moyen le plus humble et le plus humain pour éviter ce qui constitue la vanité de l'être mondain : sa propriété, ce qui se possède en lui. Quand le fardeau de la perte se transforme en *aban-don* de soi, l'impuissance face à la perte de soi se transforme en *passiveté aimante*, en admiration et en sanctification. Le *Moi-aimé* acquiert l'épreuve de la perte de soi comme la vérité la plus intime, non plus parce que c'est son être qui est en jeu, mais parce que c'est l'Amour qui risque de ne pas être donné au monde. Refuser sa propre perte, c'est refuser de donner l'Amour à ceux qui crient son absence, et j'en suis le premier. Plus il est amoureux, plus le *Moi-aimé s'aban-donne*, plus il devient celui qui n'a rien à gagner que la perte, et il n'a rien à donner qu'un *avant* qui fonde tout *aban-don* en lui. Il n'a pas à décider de perdre ou pas, de donner ou pas, mais à *s'aban-donner* à ce qui se perd en lui comme signe du don originaire *en lui/sans lui*. Le *Moi-aimé* ignore de quoi vivre le lendemain, il ignore même de quoi vivre aujourd'hui, et c'est pourquoi il perd tout pouvoir, même le pouvoir de son *aban-don* de soi. Son pouvoir ne dépasse pas l'instant même de son *aban-don*, il vient toujours en retard pour apprendre ce qui échappe à ses possibilités. Il est conscient de son impuissance et sa conscience émane de l'admiration même de l'Amour en lui. Il est impuissant face à la puissance de l'Amour en lui, car l'origine de son impuissance c'est la puissance de l'Amour même. De ce point de vue, son *aban-don* n'est pas la décision de se donner soi-même, mais une impuissance aimante face au don de l'Amour, *une passiveté amoureuse*. La nécessité de consentir à la pauvreté est, ici, égale à la capacité de pouvoir soi-même recevoir avec humilité et passivité aimante l'*avant* qui rend possible tout don de soi et toute pauvreté originaire.

On n'est jamais pauvre tant qu'on le sait

L'Amour n'a pas, comme la médecine et la grammaire, ses professeurs et ses élèves, il advient dans l'instant de la perte insupportable et dans la gravité de l'effacement de soi, pour *sup-porter* la fragilité du Moi souffrant et pour porter *avec* lui le fardeau de son impuissance.

« Sophia, dit Socrate à Agathon, ne s'écoule pas comme l'eau du vase le plus plein dans le vase le plus vide[1] ». Ce que Socrate apprend, c'est la science de son ignorance. Ce n'est pas l'enseignement qui nous infuse la notion, c'est l'interrogation qui éveille, comme un songe « l'opinion vraie » endormie. Ce savoir n'est pas une notion comme les autres notions ; savoir qu'on ne sait rien, voilà la vérité qui n'est point apprise, mais comprise dans le silence du cœur souffrant et impuissant. « Sophia », la sage, renie l'idéal pédant de la compétence, et accepte d'être humble et ignorante, selon un autre mode de connaissance celui de l'épreuve de *l'aban-don*, du don de soi, de l'épreuve de la perte. Bien au-delà des prévisions ou des assurances, on est forcé de se demander avec plus d'inquiétude et d'humilité ce qui arrive, ce qui se passe quand toute connaissance claire et thématique, peut, subitement, glisser du côté du secret gravement obscur. Selon Bergson : « on apprend à nager en se jetant à l'eau. On devient forgeron en forgeant[2] ». Selon Alain, on apprend en essayant, non en le pensant.

La certitude, selon Renouvier, se forme dans l'exercice même de la pensée en acte, c'est-à-dire dans la libre option d'une « philo-sophie » qui se propose en s'exposant, l'expérience poétique ne se comprend, qu'en la refaisant. Schopenhauer répète après Sénèque : « on n'apprend pas à vouloir ». Les mêmes raisons qui font qu'on n'apprend pas à vouloir obligent Kant à dire qu'on ne commande pas d'aimer. D'après Fichte : « la sagesse ne s'apprend pas ». Selon Nietzsche, la philosophie ne s'enseigne ni s'apprend pas plus que l'existence : Il est difficile d'apprendre ce qu'est un philosophe, parce que c'est impossible à enseigner[3]. L'événement du secret, quel qu'il soit, apporte toujours, quand il arrive, une nouveauté et un imprévu. Nous serons toujours surpris par l'inattendu de l'événement le plus attendu. Sans savoir la date, ni le lieu, ni les modalités, ni le comment, sans pourquoi, l'événement de la pauvreté de l'Amour arrive subitement, et au moment où on s'y attendait le moins ! Si le cœur est riche et prétentieux, il

---

1 Platon, *Banquet*, Paris, Flammarion, 1964, 175C
2 Bergson, *Evolution créatrice, Ibid.*, p. 193-194.
3 Nietzsche, *Par delà le bien et le mal*, Union générale d'éditions, Paris, 1973, aph. 213.

ne se passera rien, car c'est au fond de la pauvreté que l'Amour ira nous chercher ; mais on n'est jamais au fond tant qu'on le sait. Le cœur souffre sa peine et l'*aban-don* de soi, dans « l'horreur de la nuit », disait Pascal, parlant d'une autre ténèbre et d'une autre solitude. L'épreuve qui appauvrit le Moi de ses intérêts, de ses affaires, de ses calculs, de son savoir prétentieux et de sa pauvreté propre, purifie son cœur souffrant et rend possible l'avènement de la *dé-mesure* de l'Amour dans sa vie. Ce sont précisément ces effets qui se produisent aux frontières, à la limite de soi et au-delà de son pouvoir de faire événement et sa capacité d'abriter de manière indécidable et effective une épreuve de l'« impossible » de l'Amour.

Descartes disait que l'image mentale de la flamme est d'un autre ordre que la flamme elle-même. La flamme de l'épreuve de la perte de soi est incommensurable à la pureté qu'elle est censée restaurer. C'est le mystère de la perte utile, inutile ; de *l'aban-don* absurde et pourtant fécond ; mystère qui lui-même se confond avec le scandale de l'injustice mondaine. Le scandale éclate quand la limite de notre résistance se trouve violemment dépassée.

La patience comme admiration de la donation originaire de l'Amour

L'advenue de la pauvreté de l'Amour devient possible quand le Moi est désarmé de son orgueil et jeté face à sa nudité originaire : l'impuissance. L'Amour ne cherche pas des héros bien entraînés ou bien exercés à la guerre et à la lutte, mais capable de *s'aban-donner* à ce qui est le plus originaire en eux : à la pauvreté *de* l'Amour. L'Amour ne cherche pas des maîtres de la parole sur l'amour. Ces maîtres demandent, selon leur célébrité, un prix trop cher pour *donner* cette parole et pour la répéter avec éloquence. C'est dans la patience, qui endure la lenteur de l'être et son impuissance, que s'ouvre tout l'infini de l'Amour. La patience ne signifie pas ici une « passivité non pas assez passive », ni même une attente dans l'espoir d'obtenir ce qu'on n'a pas encore, non plus un acte héroïque où veiller et lutter seront l'œuvre d'un sentiment de responsabilité et le signe de la volonté de puissance du « Surhomme ». La pauvreté du Moi devient ici l'œuvre même de la patience comme admiration de l'effacement de soi par l'Amour et pour lui. Dans la pauvreté, comme *non-coïncidence* avec soi, dans la fatigue même de soi, c'est la patience qui se loge. La pauvreté du Moi expose le soi à sa blessure originaire, le rend vulnérable, affecté par ce qui le dépasse et le *pré-face*. Sa face ne s'expose plus comme fatigue de soi, mais comme patience envers soi, comme admiration de la donation de l'Amour en soi, comme support de sa propre lenteur et de sa sublime finitude. Cette lenteur, malgré soi, mesure sa participation non intentionnelle à ce qui le précède, à l'*avant* qui expose son être comme patience envers soi-même, comme amour de l'*ennemi* en soi, comme *par-donner* sa propre impuissance, comme destruction de tout pouvoir de son être et de tout pouvoir sur lui. Mon vrai ennemi c'est mon impuissance même, le mal de mon être, ma blessure grave. Là où mon ennemi loge, l'Amour m'impose la patience et le *par-don*. La patience m'apprend l'art d'endurer mon être, de laisser percer mon être d'une durée infinie d'émerveillement. Une durée qui porte l'« infini », qui dure infiniment sans avoir cure du temps qui passe et qui manque l'achèvement de mon être, mon pouvoir d'être. Patienter c'est être pris dans la durée de l'infini, dans la démesure de ma propre perte, dans la durée infinie de la pauvreté de l'Amour. Patienter, c'est être pour un avenir sans venir, c'est être pour un présent qui ne s'achève jamais, c'est être pour un passé qui ne passe plus. Patienter c'est être sans avenir pour soi, c'est demeurer dans ce qui advient comme achèvement de l'infini inachèvement de soi. Patienter, c'est endurer la démesure de la pauvreté de l'Amour en moi. Patience sans patience, patience de ce qui ne peut être terme et qui toujours renvoie à la démesure de la pauvreté de l'Amour en moi. « Toujours de la durée : longueur du temps qui n'est pas la longueur du fleuve qui s'écoule[1] » selon les termes de Levinas.

Patience sans attente, puisque l'advenu de l'Amour a déjà commencé depuis toujours, avant tout jour. Patience qui rend impossible toute attente, car elle est un surcroît sur tout objet attendu, elle patiente en attendant rien, car il n'y a plus rien à attendre. La patience n'attend plus rien car elle attend le *Rien*, la pauvreté originaire, celle de l'Amour qui demande la perte totale de tout, tout et enfin tout. La patience n'attend plus rien car elle ignore non seulement ce qu'elle attend, mais elle ignore qu'elle est patience. La patience est une patience contre soi-même sans jamais être un oubli de soi-même. La patience *s'aban-donne* à sa propre perte tout en étant un support envers elle, son effectuation même. La perte de l'être, sans l'Amour, devient un fardeau qui fait de l'être un monstre, un mal d'être, une horreur. La perte, comme signe de don originaire, ouvre l'être sur sa transfiguration, sur le sens de l' « offrande » en lui comme un surcroît sur sa propre limitation, un surcroît sur l'*espace* ou bien sur l'*horizon* même de ses possibilités. La perte de soi, surabondante, est la durée de la patience. La patience ouvre sans cesse la distance qui la sépare de tout, surtout de soi-même ; elle ouvre la dimension même de la *dif-férence* originaire entre l'être et sa pauvreté originaire, entre l'être et sa perte, entre l'être et sa blessure originaire.

---

[1] Levinas, *Dieu, la mort et le temps*, *Ibid.*, p. 132.

Une pauvreté *en soi* sans oubli de soi

La pauvreté, sans *faim* et sans *fin,* est une pauvreté sans oubli. L'oubli de l'être ne mène pas à libérer l'être du mal en lui, mais à libérer le mal de l'être. On oublie l'être, mais on gagne le mal. Sacrifier l'être en l'oubliant c'est un acte violent qui manque de patience, qui manque d'amour car il manque l'Amour. Le don sans l'être est le don sans amour. L'amour demande de *sup-porter* le mal de l'être, de le *par-donner*, de lui donner ce qu'il a toujours cherché : être aimé sans être jugé, sans avoir honte ni horreur de lui, l'accepter tel qu'il, malgré son mal et sa dureté.

C'est en *par-donnant* à l'être son mal, qu'on remplace le mal par l'Amour manqué en lui. Si l'être a mal, ce n'est pas parce qu'il est le mal, mais parce qu'il souffre du surcroît du mal en lui et, par le fait même, du surcroît de l'absence de l'Amour envers lui. Oublier l'être, c'est faire mal à l'origine de l'être, à l'Amour même. La vulnérabilité s'apprend comme patience envers le mal causé par mon être. L'être est mal compris, parce qu'il est mal pris, mal porté, mal *sup-porté*, mal accepté et mal aimé. Il est pris comme un fardeau qui fait mal, il est pris comme une honte qui humilie et qui montre ce qu'on est originairement: une pure perte, une pure violence. L'être en moi est le signe de l'Amour en moi, il est la trace originaire de l'« infini » comme Amour dans ma pauvreté sans mesure. Aimer l'être en moi, comme pauvreté de l'Amour en moi, est la seule possibilité qui possibilise la percée du don dans l'éthique comme offrande de l'Amour même, comme *par-don*. Une éthique sans la pauvreté de l'être est une éthique sans l'Amour, une éthique arrogante comme signe de l'absence de l'Amour, et par le fait même elle devient un signe du mal comme privation de l'Amour, un signe de son absence. Une éthique sans l'Amour est impuissante face au meurtre, car elle est impuissante face à la violence de l'ennemi (le mal de l'être en soi) et c'est pourquoi elle est une passivité qui n'est pas « assez passive ». Elle n'a pas éprouvé l'expérience du *par-don* de l'ennemi en soi, le *par-don* de « l'horreur de l'être », de son « mal d'être ». Sans l'Amour l'éthique reste finie sans *Infini* et c'est pourquoi elle n'est pas assez passive, car elle n'est pas assez brûlée et purifiée par l'Amour. L'*Infini* est *l'Amour,* l'amour du mal de l'être en nous. L'éthique, qui n'a pas été *purifiée* par l'Amour ne peut empêcher le meurtre, et par le fait même ne peut *par-donner* à la violence de son bourreau. Le don est le don de l'Amour en soi, comme *par-don* du mal en soi. Il s'expose de soi, déjà comme *pardon*. Seul le *par-don* de l'ennemi en soi rend possible l'advenu de l'Amour, ensuite, il rend possible sa transfiguration dans le monde à travers l'éthique, mais aussi à travers son surcroît sur l'éthique même.

Aimer, c'est apprendre à porter le mal de soi, d'abord, et lui substituer l'Amour comme *par-don* de soi. Aimer, c'est *par-donner* à soi-même d'abord par le don de l'Amour même. L'Amour commence en soi comme *par-don*. Se perdre soi-même n'est pas un renoncement à soi, ni un oubli de soi, ni un oubli de sa souffrance, mais c'est une manière de rester soi-même, en transfigurant le soi par l'Amour, en devenant un *par-don* originaire, une offrande d'amour. La patience, contrairement à ce que pense Blanchot, ne détruit pas le rapport à soi, et ne revient pas à se dissoudre dans l'impersonnel. Ce n'est pas non plus une déprise de soi comme oubli de soi pour s'identifier par l'exigence de l'autre à travers la relation intersubjective, ou bien celle de l'éthique comme chez Levinas. Le *Moi-aimé* ne s'identifie pas à partir d'une altération radicale de soi par l'autre, mais par l'Amour de soi comme *par-don* du mal en soi. *L'être-mal-aimé* doit être aimé, *sup-porté, par-donné* pour rendre possible sa séparation du mal qui le domine dès sa naissance même, pour effectuer l'advenu de *l'être-aimé* en lui, de *l'être-par-donné*. Le *par-don* du mal en soi fait que le *Moi-mal-aimé* devient le *Moi-par-donné* par l'Amour. Dès lors, la transfiguration du Moi par l'Amour advient, et expose le *Moi-aimé* dans le monde comme un *Moi-aimant*, comme un *Moi-par-donné* et par le fait même comme un *Moi-par-donnant*.

La voie est possible, mais paraît impossible pour ceux qui la regardent de loin, de l'extérieur, comme pour ceux qui la pensent comme une idée à déchiffrer pour la comprendre, comme si entre raison thématique et don de soi il fallait choisir. Le don serait ce qui n'obéit pas au principe de la « raison suffisante », car il se doit d'*être* sans raison, sans pourquoi et sans fondement. Le don ne relève même pas de la « raison pratique », il doit rester étranger à toute exigence morale, à toute volonté et peut-être à toute liberté propre ou subjective. Le don est plus que la gratuité, il est un excès de générosité qui peut s'avérer violent et radical, il peut coûter trop cher parce qu'il touche plus que notre chair, il affecte la totalité de notre existence [1] : « Au soir de la vie, on t'interrogera sur l'amour. Apprends donc à aimer l'Amour comme il veut être aimé et laisse là ce que tu es [2] ».

---

1 Selon plusieurs courants des sciences humaines, les motivations qui habitent les donateurs révèlent une quête éperdue de reconnaissance : le don gratuit ne masquerait qu'une recherche, souvent inconsciente, de se faire aimer et être apprécié. Voir à ce sujet Alain Caillé, *Don, intérêt, désintéressement, Ibid.*, p. 265-269 : Caillé, suggère une distinction fort éclairante qui dissocie « l'intérêt à » de « l'intérêt pour », il différencie entre le désintéressement lié au don du désintérêt. Voir aussi sur le même sujet : Georg Simmel, *Philosophie de l'argent*, Paris, PUF/Quadrige, 1987, p. 612.
2 Jean de la Croix, *Œuvres complètes, Les Ecrits Spirituels, Ibid.*, p. 277.

L'être-par-donné ou le *Moi-déjà-aimé* refuse tout bonheur qui le séparerait des souffrances des hommes à cause de l'absence de l'Amour. La pauvreté originaire de l'être est sa plénitude même. Cette dernière ne culmine dans un savoir, mais dans l'offrande de soi qui dépasse toute compréhension, car le don ultime de soi ne peut être objet de compréhension de la part de celui qui l'opère. La vérité de *l'aban-don* de soi est la vérité qui unit l'*avant* avec le don, c'est-à-dire l'Amour avec le mourir. C'est par son *aban-don* que *l'être-déjà-aimé* réconcilie l'Amour avec la mort. A l'opposé du don qui sait combien il donne, le don originaire ou *l'aban-don*, s'opère dans le secret de la perte, et dans la nuit obscure de l'Amour. Ce qui est donné c'est la pauvreté de l'Amour. Quand la pauvreté s'installe en nous, l'Amour est en nous. Si celui qui donne ne sait jamais tout ce qu'il donne, ni quand s'opère en lui le don suprême, et s'il donne sans savoir à qui il donne, est préservée une dimension toujours ouverte de *l'aban-don*. Cette dimension fait que le don originaire comme *par-don* est toujours don de soi avec l'Amour, c'est-à-dire un don du Moi *désapproprié* de soi, *aban-donné* à l'altérité de l'Amour. Une telle perspective échappe à tout principe d'« immanence absolue » comme solipsisme, et ouvre la possibilité d'une pensée du « don » comme *par-don* ou bien comme *aban-don*. Un don donné à partir d'une *mienneté altérée* par l'Amour, à partir d'une *mienneté amourtifiée*, c'est-à-dire donnée jusqu'à mourir par amour et pour lui. C'est l'Amour qui se donne en moi, qui donne mon ipséité même comme signe visible de sa donation.

Que l'Amour se doive de surpasser la vie en la donnant, ne peut, en aucun cas, signifier qu'il doive la méconnaître et l'oublier. *L'être-aimé* ne se réfère pas à la vie comme le signe à son référent ; il *l'aban-donne*. *L'aban-don* est, ici, une épreuve de perte de soi par excellence, il se produit dans la durée vécue, dans le temps *aban-donné,* donné, perdu. Perdre son temps, c'est accepter de donner la vie en lui, en *s'aban-donnant* à l'Amour, origine de toute vie. L'épreuve de la perte de soi est créatrice d'un sens originaire qui émane non de la vie en soi mais de l'Amour origine de toute vie et de tout sens. L'Amour et l'*être-aimé* s'accomplissent tous les deux dans la durée, dans l'*instant* même qui interrompt gravement la tranquillité du temps qui passe, dans une lente et douloureuse maturation où, les erreurs et les échecs participent à cette maturité.

Aimer est une vocation personnelle, ma vocation comme appel de l'Amour en moi. Un appel à un sacrifice de soi en prenant la forme de *l'aban-don de soi*. Le don de soi est essentiel, il exprime un don de quelque chose qui *se donne* en moi ; un don qui m'est très cher mais n'appartient pas à ma chair. Mon engagement, en ce sens, implique le don de ce qui « se donne » en moi selon la volonté de l'Amour qui m'échappe et qui me destitue de ma volonté propre, et par le fait même de tout ce qui peut se donner en moi par moi. Ce qui « se donne » en moi, c'est le don de la vie originaire en moi qui ne m'appartient pas. Le don de la vie originaire en moi constitue une des clés essentielles pour *con-naître* la véritable nature du don. Donner la vie ou bien le temps, c'est donner le don de l'Amour en moi et non plus donner mon propre temps et ma propre vie. Donner le temps ou bien la vie en moi, est une condition nécessaire pour aimer et pour fonder une vraie relation avec soi-même, avec autrui et avec le monde. Car donner la vie, c'est donner l'Amour même origine de toute vie. Quand notre semblable souffre, « endurer le temps » ou bien « endurer la vie » toute entière avec lui, constitue le *don* par excellence. Nous consacrerons notre quatrième et dernière partie pour parler de la notion du temps et son rapport avec le *don* comme *événement de l'avènement* de l'*Amour*.

Le scandale éclate quand la limite de notre résistance se trouve violemment dépassée. L'advenue de la pauvreté de l'Amour devient possible, quand le Moi est désarmé de son orgueil et jeté face à sa pauvreté originaire, là où rien ne lui appartient, là où tout devient « désastre » pour lui parce qu'impossible à restaurer et à reconstituer. Tout est perdu et la perte a déjà eu lieu avant le commencement : tout *commence* par la fin et la fin a déjà commencé, comme si tout était déjà accompli.

2- Ce qu'il y a de plus important qu'être

La pauvreté du *Moi-aimé* le libère de sa dépendance par rapport au monde et par rapport à soi-même. Elle lui impose une *différence originaire* portée par l'Amour et non par l'indifférence. La *dif-férence* entre le *Moi-aimé* et son être se transforme en amour. Personne ne peut comprendre cette *différence* sans amour et sans l'Amour. C'est là le signe, c'est là l'histoire de toutes les histoires, la compréhension de la compréhension. Un seul peut comprendre : celui qui porte le mal de son être comme signe d'amour.

En ce sens, la pauvreté n'est pas une pensée thématique, ni un savoir, mais essentiellement une expérience qui touche toute la vie partagée entre une intimité inquiétante et une étrangeté intime. Parce qu'il y a une *différence originaire* entre le Moi et l'être, la pauvreté devient une nécessité qui précède toute compréhension. Seul l'acte *d'aban-don* du Moi à l'Amour lui permet de franchir cette *dif-férence*. Seul *l'aban-don* peut exposer le *Moi-aimé* à la connaissance de la vérité de l'Amour comme *par-don*. Selon cette vérité, le Moi ne possède que ce à quoi il renonce. L'Amour révèle au *Moi-aimé* la vérité paradoxale de son être : être un *être-déjà-perdu* et en même temps être un *être-déjà-aimé* ; vivre dans le désespoir de la perte et dans la souffrance de l'impuissance et en même temps vivre dans la confiance et dans la patience en l'Amour. C'est là un acte de liberté plein d'amour et une volonté impuissante qui, parce qu'elle est patiente, devient aimante. L'acte même est vécu intensément dans l'acte du *par-don*, qui amène le *Moi-aimé* au-delà de tout choix et de toute volonté de la puissance. De sorte qu'il y a un mystère par rapport à quoi il ne peut y avoir de choix, et pourtant il est un choix. Le fait qu'il n'y a pas de choix est l'expression du *par-don* ou de l'amour avec lequel nous choisissons. Le choix va vers le *non-choix*, la conscience vers la *non-conscience*, la volonté vers une autre volonté, la liberté vers une liberté autrement : L'exigence *du par-don* inconditionné dans l'Amour est l'exigence consciente de quelque chose qui ne peut être effectué consciemment.

Je suis forcé contre ma volonté, et c'est ainsi que je découvre une autre volonté. Le fondement de la volonté n'est pas dans la possibilité de mobiliser le pouvoir de son propre être comme mouvement de possession et de domination car, ainsi, la volonté devient une volonté de puissance. Qu'est ce que la volonté de la puissance sinon une volonté égoïste, impuissante et vaniteuse ? Le fondement de la volonté consiste à pouvoir se mettre en question, à pénétrer en deçà de sa propre condition, à découvrir ce qui échappe à son propre pouvoir. Que signifie cette mise en question ? Le pouvoir de la volonté ne dépend pas d'un effort héroïque, surhumain, ni d'une exigence morale ou même seulement éthique, mais d'une pauvreté originaire et d'une *passiveté* patiente envers la lenteur de l'être, envers son mal par excellence. Le pouvoir de la volonté émane de son impuissance même.

La *dé-mesure* de la perte

La fin ne connaît aucune mesure, car elle est une fin infinie qui ne cesse de recommencer sans jamais finir. Ce qu'elle signifie, c'est la possibilité de l'impossibilité de l'existence sans le *par-don*. Cette possibilité incurable, incessable, incommensurable, est la *monstration* de la pauvreté du Moi comme signe vivant de l'Amour. Malgré sa face négative, inquiétante et effrayante, le caractère indépassable de la pauvreté en moi montre ce que je suis originairement et dévoile le fondement de ma « mienneté » : le *par-don*. Je suis une « mienneté » qui *par-donne* parce que je suis une « mienneté » *déjà-par-donnée*. Le dévoilement révélant essentiellement la *dif-férence* radicale entre le Moi et son être, comme étant le fondement de la misère et de la pauvreté du Moi sur l'Amour, est la détermination la plus foncière de l'existence.

Sous l'emprise constante de sa misère, comme être de perte sans fin, sans arrêt, sans repos ni fuite, et se sentant essentiellement non limité par la mort, le Moi a pour caractère essentiel la perte de soi, un surcroît sur sa propre « facticité[1] » comprise au sens heideggérien. La « Nichtigkeit », le néant, est *trans-percé* par une étrangeté plus intime en lui que lui. Elle le perce et creuse en lui une blessure originaire, une passivité qui le destitue de son absoluité et le jette dans le nulle part de l'« impossible ». Car, qu'est-ce qui fait ici plus de mal ? Est-ce de mourir, ou bien de ne pas pouvoir arrêter de mourir ? Le *par-don*, comme perte finale de ce qui reste de soi sans amour, comme fin dernière de l'être, se substitue au néant ; il est une perte sans néant, un mourir sans fin, sans espoir de finir, ni de sortir, sans fuir, sans jamais dormir. Ce qui caractérise le *par-don*, en ce sens, c'est sa lenteur, ce mouvement sans mouvement, sans espace, ni temps. Une lenteur sans passage, sans espoir, sans finitude. Ce qui caractérise la *mienneté par-donnée*, c'est sa perte même, comme un mourir sans néant, une mort qui a déjà tout perdu même son néant. Je suis ma perte et personne ne peut perdre à ma place, car personne ne peut *par-donner* à ma place. Et pourtant, la

---
1 M. Heidegger, *Was ist Metaphysik, Ibid.*, p. 24-26.

« mienneté » percée par le *par-don* se trouve dispersée dans une étrangeté obscure sans référence, sans intimité, sans monde et sans néant. Elle porte une vie sans néant, une vie vidée de tout sauf de l'« impossible » : *Je suis ma perte, mais ma perte n'est pas mienne, elle est autre chose que moi.* L'être est un projet illusoire de conserver son être. Le projet de l'être est un projet impossible, parce que l'être est le projet de l'« impossible ». Ce n'est plus l'être qui est impossible, c'est l'« impossible » qui est devenu l'être même. Seulement, dans cet approfondissement même, le Moi, écrasé par la perte de tout possible, *s'ex-pose* et se *trans-pose* à une « facticité » déjà habitée par l'Amour, à une pauvreté déjà aimée depuis sa naissance, à un *re-commencement* d'une passivité originaire, ou à un *commencement originaire* d'une *mienneté partagée*, d'une *intimité altérée* par l'Amour comme *par-don*. La conscience humiliée et le narcissisme blessé, ne peuvent plus réduire la vérité de l'être à la connaissance objective, ni à l'illusion du pouvoir du mensonge ; ils sont conduits vers L'Autre, vers l'Amour. Accueillir l'Amour, c'est mettre son propre pouvoir en question. Se mettre en question est un mouvement de réveil qui vient de l'Autre. Ce réveil marque un mouvement de commencement par l'Amour ; il marque le réveil d'une existence qui se saisit selon d'autres conditions que la sienne, c'est-à-dire de son savoir et de son pouvoir ontologique. Ce réveil n'est ni l'« immanence du je pense » et du « je peux », ni la « transcendance » de l'objet et du monde.

L'Amour donne à l'existence ce qui est impossible en elle ; *Il* donne sens à la perte de l'être tout en privant l'être de tout sens possible ontologiquement sans amour. Il fait naître dans l'être même, non le sens de ses possibilités, mais le sens de l'« impossible » en lui. Il déploie en lui les perspectives de sa pauvreté, de son mourir infini, comme perte du possible en lui, comme mourir sans néant, comme *par-don*. Le sens de l'être vient de la perte en lui de tout sens possible ; le sens de l'être vient de l'« impossible ». Le sens de l'être vient du *par-don* qui *par-donne* le mal en lui et qui supporte avec patience l'horreur de sa lenteur comme impuissance. Le sens de l'être, en ce sens, transforme le sentiment d'horreur en une bénédiction, en un *par-don* et en une action de grâce.

Le terme qui doit attirer toute notre attention ici est la pauvreté du « don ». Tout est don et tout don est gravement pauvre. Celui qui le reçoit est lui-même le premier don reçu. Le don engage la dette : *tout lui est dû* ; et par le fait même il engage l'effacement de la dette par la gratuité du don. Puisque l'Amour m'aime, il me fait aimer moi-même, autrui et le monde. Se donner à autrui, c'est donner l'Amour à celui qui en a le plus besoin, à celui qui n'aime pas, c'est lui communiquer le don originaire de l'Amour. Car qui a besoin de l'Amour plus que celui qui vit mal, sans amour, et sans l'Amour ? Celui qui n'aime pas, ce n'est pas celui qui n'a pas besoin de l'Amour, mais celui qui refuse d'aimer selon la volonté de l'Amour, d'entre en communication avec l'Amour, c'est-à-dire celui qui refuse de se donner soi-même, celui qui veut l'Amour sans *par-donner*, sans aimer, celui qui veut la vérité sans l'Amour. C'est le cas du narcissique, de l'orgueilleux et du don Juan, qui promettent l'Amour sans le donner, puisqu'ils ne l'ont jamais possédé. Seul l'Amour a le pouvoir de donner l'Amour, et celui qui n'a pas l'Amour peut prétendre l'avoir, peut promettre de le donner, mais sans jamais pouvoir le donner vraiment.

Aimer c'est se détourner de tout ce qui nous sépare de ce qui est essentiel, de tout ce qui n'est pas selon la volonté de l'Amour. Aimer c'est voir tout à travers l'Amour, se voir soi-même, l'autre et le monde d'une manière originaire, selon un regard aimant, selon le regard du *par-don*. Ce n'est donc pas en se tournant vers l'objectivité, ni vers la subjectivité que nous atteindrons la vérité de l'être, car la seule vérité qui est essentielle, qui importe, à ce niveau, c'est celle qui fonde et donne un sens radical à l'existence même.

L'*Amour* est le sens ultime de la vie du Moi. Toute connaissance concernant l'existence comme sens de la vie doit être précédée et fondée par l'Amour, origine de tout ce qui est. Toute connaissance qui ne se fonde pas sur l'Amour reste vaniteuse, sous le pouvoir de l'indifférence et de l'impuissance de l'orgueil. L'existence est la demeure de la vérité originaire, celle de l'Amour comme origine de toute existence. Elle est toujours tournée vers son origine, le sens de sa vie et la vérité de son être. Il n'y a pas de vérité essentielle touchant la radicalité de l'être si elle n'émane pas de l'Amour. La vérité de l'être est l'Amour qui donne au Moi d'exister, c'est-à-dire d'être un *être-avec-l'Amour,* tout en mourant à son amour-propre. Le Moi qui n'aime pas est un être sans vérité, car il est un être sans origine, un être qui n'existe pas. Il est un manque d'être, un mal-être, un être qui vit mal et qui voit mal car il voit selon le regard du mal qu'il est. Sans l'Amour, l'être est le mal dans le monde ; il représente le mal car il représente l'absence de l'Amour.

La vérité se cherche dans l'Amour, celui qui ne manque de rien. La distance avec lui est infranchissable et en même temps franchie. Le *Moi-aimé* est pauvre comme l'Amour. Sa pauvreté recherche l'Amour sans qu'elle soit dominée par le manque du besoin ; une telle pauvreté est le surcroît de l'Amour. La vérité surgit là où *l'être-aimé* ne s'abîme pas en l'Amour, mais s'unit à lui selon une union jamais achevée, sans mesure, sans fin. Il y va, ici, d'un bouleversement où le sens même de l'existence change, où s'instaure une fracture, une brisure, une rupture radicale, entre l'être et sa propriété, entre la « mienneté » et ce qui est sien en elle. La vérité est là où est le cœur, là où est le désir du Moi. Désirer ici, c'est désirer de ne pas désirer seul ou bien de ne pas désirer selon sa propre volonté mais selon la volonté de l'Amour. La vérité demeure là où notre désir demeure, ce désir radical de ce qu'on doit être : la vérité de l'Amour. Là, réside la vérité de notre être et le sens de notre vie. Cette vérité, on ne peut la connaître qu'en se connaissant avec elle, comme naissant en elle. On ne peut la connaître qu'en se donnant à elle, qu'en l'aimant. Elle se révèle comme vérité intime, personnelle, réelle seulement dans celui qui l'aime, c'est-à-dire celui qui se laisse exister par elle, qui se laisse recommencer avec elle. Je peux choisir le mal par ma propre force, volontairement, mais je ne peux pas aimer seul, sans le don de l'Amour, sans sa présence originaire en moi avant même mon choix volontaire. Désirer l'Amour se fait dans *l'aban-don*, la *passiveté* et dans la pauvreté du *par-don*. Ces termes ne renvoient plus aux dimensions propre de l'être en tant que propriété esseulée ou en tant que « mienneté » solipsiste ; ils se réfèrent aux dimensions d'une altérité originaire en tant qu'elle provient de la survenue originaire de l'Amour.

Les modalités du désir deviennent une certaine présence personnelle comme une épreuve de soi face à un appel originaire survenant comme amour. Un désir personnel qui s'éprouve comme étant le désir de l'Amour : le désir de *par-donner*. Ces modalités ne relèvent plus d'une volonté propre, mais de la volonté de l'Amour. A travers eux, le Moi advient à soi à partir de ce qui lui advient, à partir de l'Amour. Ici, ce n'est pas le Moi qui est la condition de possibilité de son désir d'aimer, c'est l'Amour comme *déjà-donné* originairement qui est la condition de possibilité de tout désir d'aimer. Car avant de désirer d'aimer, il faut *être-aimé* déjà. Avant de donner l'Amour, il faut le recevoir et l'Amour ne peut être donné que comme *par-don*, comme épreuve de *l'aban-don* de soi. Le par-don ne vient pas de moi mais vient à moi comme *appel* déjà prononcé (donné à moi) par l'Amour depuis ma naissance, et c'est par mon *aban-don* que je l'accueille. C'est par mon *aban-don* de soi à l'appel de l'Amour que le « Je » en moi s'unit au *par-don* provenant de l'Amour ; ainsi l'expression : « *Je par-donne* » prend naissance.

Vouloir infiniment, absolument, radicalement, c'est vouloir la vérité originaire, celle qui nous donne à exister avec elle et pour elle. Il se produit une relation absolue avec la vérité, une communication originaire, un rapport originaire qui dévoile la vocation de l'être : le *par-don*. Celui qui *s'aban-donne* à cette relation *s'aban-donne* radicalement à la vérité de son être, puisque cette relation est une relation absolue, originaire, où tout l'être est en jeu, où la totalité du sens de l'être se décide, s'éprouve. L'acte de *par-don* comme épreuve de *l'aban-don* de soi à « l'appel » originaire de l'Amour décide et se décide en même temps par la vérité de l'être. L'Amour, ici, fait naissance en moi d'un *événement* dont je ne suis pas l'origine, ni la mesure.

Ce qui conduit à l'Amour c'est *l'aban-don* de soi

L'épreuve de *l'aban-don* de soi est de l'ordre de l'Amour ; elle est de l'ordre d'une passion non seulement d'obéissance mais surtout *d'aban-don* de soi à une autre volonté que la sienne ; de l'ordre de la confiance en une altérité originaire. Elle est *aban-don* de soi à un autre centre que celui de la « volonté de puissance ». Cette épreuve de soi échappe au temps propre, pour se centrer sur un temps autre, où l'Amour devient le centre de l'*ego*. La volonté propre rencontre son dénuement et son originalité dans son échec même, dans sa blessure ontologique et son insuffisance rationnelle. La surabondance du Moi réside dans sa défaillance et dans son humiliation. De là le double sentiment contradictoire : solitude esseulée et solitude partagée, impuissance honteuse et impuissance aimée. Tant que le *Moi-aimé s'aban-donne* à la volonté de l'originaire en lui, tant qu'il éprouve sa vanité et sa finitude en tant qu'*être-pour-la-perte* et en même temps en tant qu'*être-pour-l'Amour* ; en tant qu'*être-déjà-perdu* et en même temps en tant qu'*être-déjà-aimé*. L'expérience double du *Moi-aimé* est d'ordre événementiel. L'*a-vènement* de l'Amour en soi se révèle comme avènement de soi-même par un Autre et pour lui. Perdre sa propre chair pour dévoiler l'Amour est un geste quotidien.

Ce n'est pas en parlant de l'Amour qu'on aime. Le mot « amour » à force d'être répété, s'use et perd son relief. Ce qui conduit à l'Amour, quel que soit l'aspect sous lequel on y parvienne, c'est toujours la délivrance de soi. Pour se donner soi-même, pour se donner radicalement, il faut nécessairement *s'aban-donner* à la pauvreté radicale de l'Amour. L'acte *d'aban-don* de soi n'est possible qu'à l'instant où l'on est saisi d'émerveillement devant une « présence » dans laquelle on se perd tout entier. On passe alors du visible à l'invisible, du gagné au perdu ; et l'on est délivré et affranchi du *Moi-mal-aimé*. L'acte *d'aban-don* de soi devient possible sous forme d'offrande d'amour : « Et dès que le blé est mûr, on y met la faucille, car c'est le temps de la moisson » (Marc 4 : 29).

Une autre volonté s'impose

Dans l'épreuve, le *Moi-aimé* donne sens à sa vie, devient créateur de sens par son acte *d'aban-don* à l'Amour et par l'expérience de la perte de soi. Mais l'essai personnel pour accéder à cet état ne saurait aboutir sans l'*appel* de l'Autre, sans l'*appel* de l'Amour. L'*appel* se fait dans les deux sens et implique une « réciprocité asymétrique[1] » de don de soi. L'*appel* seul permet de connaître la volonté de l'Autre, il imprègne en nous la sensation de l'Autre et non pas seulement son idée ; sa présence à la fois incomparable et inaliénable, en même temps que le désespoir de jamais le connaître, mais de se connaître à travers lui. En définitive, c'est de l'Amour qu'il s'agit, dans l'impression aussi bien que dans l'expression de soi et de l'Autre. L'Amour c'est l'Autre, cet autre différent du Moi, différent de l'autre personne, différent du Moi se faisant autre. L'Autre c'est l'expérience de l'« infini » en soi, comme dans l'autre, autrui ; *Il* nous donne l'imprévisible, ce qui est originaire en nous dans sa *dif-férence* même avec nous. La nuit obscure, ténébreuse, est l'un des signes qui montre sa présence. Cette dernière échappe à ce qui est habituel, familier, à ce qui se voit dans le jour du monde. La marque de *dif-férence* de l'Amour en soi, est de n'y être pour personne, et de se donner pourtant à chaque personne en particulier : « La sensibilité, même la plus physique, reçoit, comme le sillon de la foudre, la signature originale et longtemps indélébile de l'événement nouveau ».

Par l'*appel* qu'il nous fait subir, l'Amour transforme tout notre être en un *être-de-souffrance, en un être-de-perte,* en une *réponse* vivante. L'appel de l'Autre nous fait perdre toute sensation d'autonomie et de maîtrise de nous-mêmes, pour nous transporter vers un autre ordre : « vers des profondeurs du livre intérieur de signes inconnus ». La présence ténébreuse ou *non-familière* de l'Amour en moi, m'oblige à sortir de mon intimité égocentrique, pour accéder à l'étrangeté d'un Autre plus intime à moi que moi-même. La sortie permet au Moi de ne plus réduire l'Autre au Même, à ce qui est « sien », mais s'ouvre au mystère de l'Autre qui se manifeste comme *dif-férent*. Face à la logique égocentrique, pour laquelle connaître et posséder sont synonymes, l'Autre en soi ne fait que redoubler son étrangeté. Il dépouille le Moi de son illusion d'être un *Moi-par-soi-même,* pour le mettre face à sa nudité ontologique, face à sa réalité originaire comme étant un *Moi-par-un-Autre,* un être impuissant. Seul l'Autre peut libérer le Moi de son emprisonnement, de son enfermement en lui-même. Délivré de lui-même, de son expérience, de ses idées, et de ses habitudes, il sort de lui-même en répondant à l'*appel* de l'Autre, comme don de soi à l'Amour. Ce dernier est le déploiement du Moi renfermé sur lui-même, qui s'extériorise non vers l'extérieur, mais vers les profondeurs de son intimité, vers un monde nouveau, vers une profondeur originaire, où l'origine se déclare comme Amour, comme Autre. L'acte *d'aban-don* de soi est un acte

---

1 Cf. Michel Henry, *Paroles du Christ*, Seuil, Paris, 2002, p. 36-38, 43sq., 46-49. Voir E. Levinas, *Temps et autre, Ibid.*, p. 75 ; du même auteur, *De l'existence à l'existant, Ibid.*, p. 162 sq.

d'amour selon la volonté de l'Amour : « Que sert de donner à l'Amour une chose lorsqu'il demande une autre ? Considère ce que l'Amour veut de toi et accomplis-le. Par là tu procureras à ton cœur plus de satisfaction qu'en lui accordant ce qu'il désire[1] ». Le haineux, par exemple, s'aliène dans l'infini de l'Autre, au lieu de s'y retrouver. Il s'aliène dans une infinité de suppositions destructrices de l'Amour, au lieu d'accueillir l'Autre comme une réponse et comme origine de son propre désir de l'infini. Paradoxalement, la souffrance de l'amour déçu ou le désespoir d'aimer vise la même réalité spirituelle et infinie de la souffrance du *Moi-aimé*. Par contre *l'être-aban-donné ou le Moi-aimé*, espère et croit en cette réalité dont le jaloux désespère.

La confiance comme *patience saturée*

La confiance qui règne sur fond d'angoisse surmontée, dans le retour à l'origine, révèle la nature de la « mienneté » de l'*être-aimé*. Ce dernier chemine sur le chemin du don de soi sans esseulement, sans refus ni haine. La haine, c'est le désespoir en l'Amour dans l'épreuve de la perte, alors que *l'aban-don* c'est la confiance en l'Amour dans l'épreuve de la souffrance et de la perte. La confiance, ici, n'est pas un simple espoir en l'Amour, mais une relation plus profonde avec lui. Car espérer c'est vivre dans l'attente, et dans l'absence de l'être espéré, qu'on espère le voir un jour dans le futur. Alors que la confiance, c'est une sorte d'amour comme *patience saturée,* comme *par-don* en surcroît. Avoir confiance c'est partager l'expérience du « là » avec l'Amour, c'est vivre avec lui dans la plénitude de l'abandon. Avoir confiance en l'Amour c'est avoir la confiance de l'Amour, de sa volonté dans l'instant même et à chaque instant. L'*être-aimé,* confiant, est comme le signifiant inséparable de son signifié, c'est-à-dire inséparable de l'Amour. Pas d'*être-aimé* sans Amour et pas d'Amour sans *être-aimé*. L'*être-aimé* assure la transmission de l'Amour, l'Amour assure l'existence de l'*être-aimé*. L'*être-aimé* existe en transmettant l'Amour dans le temps du monde. Le signifiant se signifie donc doublement lui-même par son *aban-don* à l'Amour, au début, et aux autres, ensuite, par la transmission du don de l'Amour à eux : « Le signifiant se fait signe pour autrui[2] », signe de l'Amour comme don originaire de toute existence et de tout sens à la vie. *S'aban-donner* c'est prendre le risque de sortir de soi, de son intimité, en direction de l'autre, l'étranger, pour l'aimer, en lui transmettant le don originaire de l'Amour qu'il a *déjà-reçu* comme *par-don* à soi et de soi. *L'aban-don* de soi

---

[1] Jean de la Croix, *Œuvres Complètes, Les Ecrits Spirituels, Ibid.*, p. 277.
[2] E. Levinas, *Totalité et Infini, op.cit.*, p. 331.

devient un acte *d'ek-sister*, c'est-à-dire un acte de *s'ex-tasier*, de se *pro-jeter*, de se jeter dans le monde avec l'Amour, comme don de l'Amour, comme signe de sa présence dans le monde. *S'aban-donner* ou se *laisser-être* par l'Amour c'est la preuve sans preuve, ni mesure de l'Amour qui seul peut donner un sens à la vie en donnant d'exister ou *d'ek-sister*. Le *Moi-aimé* n'est plus un Moi pour soi mais un Moi pour l'Amour. Il se reconnaît participant de la condition humaine la plus ordinaire, celle d'être fini, temporel, souffrant, impuissant, un *être-de-perte*, au moment même où il perce le cœur de l'existence par la petite porte de la pauvreté et de l'humilité de l'Amour.

    Paul Claudel, dans le *Soulier de satin*, écrivait : « C'est l'Amour, qui doit me donner les clés du monde ». Par l'Amour, le *Moi-aimé* est devenu un don pour le monde. C'est la donation de l'Amour et non l'intelligence du Moi propre, qui surmonte la vanité de la souffrance et de la mort. Le *Moi-aimé* est l'être humain en qui la demeure de l'Autre a produit un changement radical, un changement qui a révélé sa vocation et le sens de sa vie et de toute vie. Il a retrouvé la vraie vie en lui, une vie *perdue-retrouvée*. Mais pour la retrouver il fait accepter de la donner, de la perdre *déjà*. Elle est *déjà-donnée* parce qu'elle n'est plus rien si elle n'est pas donnée, puisqu'elle est devenue le signe de l'Amour qui précède toute vie et la fonde : « Si je n'ai pas l'Amour, je ne suis rien » (I Co, 13, 2). La vie est *déjà-donnée* au Moi, pour qu'elle soit *déjà-transmise* en lui aux autres, à ceux qui en ont le plus besoin : « Sache bien que l'Amour ne règne qu'en le cœur paisible et désintéressé[1] ». Le don originaire de l'Amour, qu'est la vie elle-même, a donc un sens au-delà du savoir thématique et du calcul des intérêts ; il a une finalité plus humaine et plus réelle. L'acceptation du don originaire, par l'acte *d'aban-don*, ouvre le Moi à la reconnaissance de l'« infini », comme sens de toute vie. L'*aban-don* au *par-don* de l'Amour en soi est ce qui donne au Moi ce qui *déjà* ne lui appartient pas : l'« infini ».

    L'ineffable relation entre l'Amour et *Moi-aimé*, ne peut être révélée dans sa profondeur que par l'expérience réelle et sensible de la *dif-férence* irréductible entre les deux. Selon Kierkegaard « la proximité absolue est dans la distance infinie ». Par *l'aban-don*, on peut sortir de soi-même pour se donner à autrui par le don originaire de l'Autre, qu'est l'Amour. Un tel don originaire ne peut être qu'infini, que *par-don*. D'où l'expression de Proust, qui exprime cette communication intime de Moi(s) séparés, celle des astres dispersés dans le ciel plus différents les uns des autres que ceux qui roulent dans l'infini, mais dont chacun émet son « rayon spécial » et reçoit celui des autres, à travers la force originaire de l'Amour.

---

[1] Jean de la Croix, *Œuvres Complètes, Les Ecrits Spirituels, Ibid.*, p. 277

3- L'amour de l'autre (*l'alter ego*)

La perte est de nature *ex-tatique*

La réalité de l'Amour ne peut révéler sa profondeur, c'est-à-dire sa *dif-férence* et son originalité, qu'à condition que nous ne la comprenions pas par nous-mêmes, mais par l'affection qu'elle produit en nous, comme appel originaire, et qu'elle nous fait éprouver sur elle. C'est là que se manifeste sa réalité la plus profonde et la plus originaire. L'appel de l'Amour motive d'abord le désir, qu'il met en mouvement vers ce qui dans le sensible dépasse et transcende la sensibilité. La transcendance, selon nous, n'est pas un état de supériorité, mais l'entrée dans un mode différent des objets de ce monde. Un mode qui perce plus profondément vers ce qui est *dif-férent*, autre, mystérieux, « unheimlich ». L'existence, en ce sens, se centralise d'une manière qui ne peut être définie par aucun objet propre. Elle ne peut se révéler que par la pénétration dans la *dif-férence* de l'Autre et avec lui. Une telle pénétration est l'acte *d'aban-don* de soi en tant que tel, un acte de confiance en l'Autre dans l'incompréhensible et dans l'affectif, c'est-à-dire dans l'épreuve même de la perte quotidienne de soi. *L'aban-don,* ici, est l'excès de notre existence sur le Moi propre, sur tout ce qui est connu, contrôlable, maîtrisable approprié, et transformé en objet de possession. La transcendance du Moi sur les objets n'est pas une supériorité du sujet sur l'objet, ni une connaissance de l'objet par le « Je transcendantal », mais un pouvoir sans pouvoir de *s'aban-donner* à l'Amour, origine de tout être. La transcendance met la confiance avant la connaissance, la perte avant l'être, *l'aban-don* avant le pouvoir. L'acte *d'aban-don* de soi à l'Amour fonde et donne possibilité à toute transcendance, et par le fait même à toute connaissance.

Ce qui fait qu'exister est autre qu'être, parce qu'être c'est persister dans son être même, alors qu'exister c'est *s'aban-donner* à une origine autre que soi-même, c'est accepter le risque de perdre toute autoréférence et à donner son être à la perte même pour redevenir *l'être-d'aban-don*. Pas d'être sans perte de l'être : le Moi qui souhaite que l'Amour se livre complètement à lui, doit se livrer tout entier à lui, sans aucune réserve. La réalité : *être-donné-perdu* par l'Amour d'avance fonde l'existence du Moi, sa « mienneté » originaire. *Etre-déjà-perdu* signifie que le Moi ne tire pas le sens de son être de lui-même mais d'un Autre, de l'Amour en tant qu'origine du Moi. Le renoncement à toute autonomie et *l'aban-don* à la volonté de l'Amour, s'exprime dans la réalité même, comme amour de soi, d'abord, et comme amour de l'autre et du monde, ensuite. L'autre dans le monde est aimé en tant que « lieu » de la demeure de l'Amour, de son advenue, en tant que don de l'Amour. Seul le *Moi-aimé* peut aimer l'autre dans le monde, car, seul, a le pouvoir de l'Amour ; il est *l'être-par-l'Amour*, le « là » de l'Amour dans le monde, sa demeure. Pour autant qu'il soit origine, l'Amour est présent en toute chose qui existe, dès lors qu'elle existe. La présence, pour laquelle l'Amour donne à sa donation de partager avec lui le don originaire d'exister, est une présence *donnée-perdue, aban-donnée* dans l'instant même de sa manifestation. L'Amour ne peut aimer en nous que, ce consentement à nous retirer pour le laisser se manifester, là où il y a privation d'amour. A l'instant où je dis : je suis, je fais écran, je prive l'Amour de son droit, en tant qu'origine de toute existence, d'aimer. Je dois me retirer pour que l'Amour puisse aimer l'autre dans le monde comme si ma présence est indiscrète, comme si je me trouvais entre deux amants ou deux amis. Si je savais disparaître, paraître comme don de l'Amour, il y aurait union d'amour entre l'Amour et le monde, entre l'Amour et l'autre que moi. Il faut que j'en ai toujours assez de « vide » en moi pour disparaître, ou pour faire paraître en moi ce qui n'est pas moi, ce qui est autre que moi : l'Amour. Je ne désire nullement, que l'autre, dans le monde donné, ne me soit plus sensible, mais que ce ne soit plus à moi qu'il soit sensible. A moi il ne peut dire son mystère qui est pauvre, infiniment pauvre. Que je parte, l'Amour et sa donation, échangeront leur mystère.

Découvrir la *dif-férence* originaire de l'autre

Par l'acte *d'aban-don* de soi à l'Amour, l'autre sujet, autrui, perd sa valeur objective comme objet de satisfaction, pour se transformer en un lieu où l'Amour demeure, en un autre à aimer. L'autre doit devenir *l'être-avec-l'Amour*. Regarder l'autre c'est voir l'Amour invisible en lui, puisque pour le *Moi-aimé* tout devient un lieu pour aimer, un lieu où l'Amour se manifeste avec l'être. L'autre devient l'aimé en personne, indépendamment de son mérite. Le désintéressement selon l'Amour n'est pas celui de la justice, qui est impersonnel et anonyme, mais il est préférentiel à l'égard de l'autre, il le favorise et l'aime au point de devenir injuste. Le particularisme de l'Amour, jusqu'en sa plus généreuse ampleur, aime toujours celui-ci ou celui-là, quel qu'il soit : sa personne devient la demeure incarnée de l'Amour, le là de son avènement. En définitive, on aime toujours quelqu'un, de sorte qu'on n'aime jamais « en général », car celui qui aime tout le monde n'aime personne et celui qui aime une seule personne aime tout le monde. L'Amour s'adresse toujours à une deuxième personne sans laquelle il ne serait que nom vide et concept abstrait. L'Amour, disait Fénelon, n'est pas fait pour aimer, il est fait pour l'aimé. Privé de l'aimé, l'Amour ressemble à un amour qui s'aimerait lui-même, comme « une action sans contenu et une agitation dans le vide[1] ». L'Amour est altruiste à l'égard de tous et à l'instar d'une seule personne. En une seule personne il y a place pour toutes les personnes, une personne qui incarne l'avènement de l'Amour, origine de toute personne. Derrière l'individualité visible, demeure l'Amour originairement invisible.

Le *Moi-aimé* ne choisit pas d'aimer parce que ses motifs sont forts, au contraire, ses motifs sont forts parce qu'il a aimé sans motifs. L'Amour crée l'ordre et improvise la norme, et réinvente à tout instant une légalité nouvelle. Prévenant, loin de respecter les règles d'une justice préexistante, il est lui-même justifiant. Selon ce principe, l'Amour sacrifie déraisonnablement la justice de la loi. C'est l'Amour, ce grave sourire qui éclaire et détend le visage sévère de la justice[2].

Différemment de la logique qui dit : Aimez ceux qui vous aiment et n'aimez pas ceux qui ne vous aiment pas ! Œil pour œil, gifle pour gifle, l'Amour ne rend pas offense pour offense, il donne cent fois plus qu'il reçoit, il pardonne soixante dix fois sept fois. Il ne réclame pas en échange, n'espère rien car son espérance n'attend rien de ce monde. Le *Moi-aimé* aime sans contrepartie, d'un amour désespéré. Il aime son ennemi car la nature de son amour est celle qui aime ceux qui ne méritent pas l'Amour, ceux qui vivent dans l'absence de l'Amour. Un cœur qui dispose de ressources infinies n'a pas besoin d'être remboursé par autre chose que l'Amour qui, seul le ressource. Emporté par la soif de don de soi à l'autre, le *Moi-aimé* prend toujours l'initiative d'aimer et reconstitue son avance, de façon à aimer toujours d'un amour immutuel. Dès lors, tout commence par l'amour aimant. « Toute l'essence de l'Amour est d'aimer [3] ! » L'Amour ne consiste pas à être aimé, mais à aimer ; non à être servis mais à servir. L'Amour, que j'éprouve, mérite seul ce nom d'Amour, le plus beau de tous les noms. Lui seul est origine et premier à prendre l'initiative pour dévoiler le mystère de l'être. Celui qui aime, en ce sens, n'a pas d'ennemi.

L'Amour ne se manifeste qu'à travers une étrangeté adressée au Moi pour découvrir ce qui est autre dans l'autre même. L'autre me fait signe en direction d'autre chose qui n'est pas identifiable en lui, mais fait qu'il existe autrement, qu'il n'est ou paraît être que dans la mesure où il donne lieu à aimer. L'expérience de l'autre est à découvrir, car de tels signes indiquent un cheminement à faire vers une vérité nouvelle montrant que, derrière l'apparence de l'autre se cache l'Autre plus originaire que toute apparence et toute représentation. Une telle vérité transforme la « choséité » de l'autre,

---

1 Jankélévitch, *Les vertus et l'amour*, II, *Ibid.*, ch.VI, 2.
2 *Ibid.*, ch.V.
3 *Ibid.*, ch VIII, X.

son apparence, en signification, en signe de l'« infini ». Pour découvrir l'autre il faut apprendre les signes de sa découverture, de son dévoilement, de ce qui est *dif-férent* en lui. Les signes de sa découverture montrent le chemin vers l'Autre, l'origine de tout étant : l'Amour. Pour découvrir l'autre il faut faire l'expérience de la présence de l'Amour en lui comme *dif-férence*. La présence de l'Amour impose une *dif-férence* originaire avec l'autre ; elle instaure un chemin de vivre dans et avec, dont le commencement et la fin portent les signes de l'Amour.

Incapable de juger tout, même lui-même, à cause de la *dif-férence* originaire qui tombe sur lui et l'isole de tout, le *Moi-aimé* crie : je suis seul, distancié et différencié de tout même de moi-même. Selon Rilke : « Pour celui qui aime, l'amour n'est longtemps, et jusqu'au large de la vie, que solitude, solitude toujours plus intense et plus profonde. L'amour n'est pas dès l'abord se donner, s'unir à un autre. Que serait l'union de deux êtres encore imprécis, inachevés, dépendants ? L'amour, c'est l'occasion unique de mûrir, de prendre forme, de devenir soi-même un monde pour l'amour de l'être aimé […] Le don de soi est un achèvement. » Khalil Gibran, dans *le Prophète*, écrivait:

« Qu'il y ait des espaces dans votre communion /Et que les vents du ciel dansent entre vous / Aimez-vous l'un l' autre / Mais ne faites pas de l'amour une entrave / qu'il soit plutôt une mer mouvante / entre les rivages de vos âmes / Emplissez chacun la coupe de l'autre / Mais ne buvez pas à une seule coupe / Partagez votre pain, mais ne mangez pas de la même miche / Chantez et dansez ensemble et soyez joyeux / Mais demeurez chacun seul / De même que les cordes d'un luth sont seules / Cependant qu'elles vibrent de la même harmonie / Donnez vos cœurs, mais non pas à la garde l'un l' autre / Car seule la main de la Vie / Peut contenir vos cœurs / Et tenez-vous ensemble / Mais pas trop proches non plus / Car les piliers du temple s'érigent à distance / Et le chêne et le cyprès / Ne croissent pas dans l'ombre l'un de l'autre ».

Aimer, c'est se distancier originairement de tout, en commençant par soi-même ; c'est perdre toute comparaison, toute possession, toute identification, toute autorité sur soi-même et sur tout ce qui est autre que soi-même. Aimer c'est exister selon une relation de *dif-férence* qui m'échappe et qui me fonde en même temps ; une *dif-férence* qui brise tout, tout et tout. Le *Moi-aimé* ne se ressemble pas au solipsiste, ni au narcissique, n'est pas un héros, ni un surhomme, n'est pas un génie ni le messie. Il est le pauvre de la pauvreté de l'Amour, le malheureux du malheur, la perte de l'être, le seul de la solitude, l'ennemi *par-donné*. Seul l'Amour est la référence du *Moi-aimé*, car seul vaut tout pour lui. L'Amour n'est pas cet amour où les amoureux sont constamment préoccupés de l'expression extérieure de leur amour. Ici, croit la pauvreté du *Moi-aimé* pareille à la croissance de l'agneau qui doit être immolé : je m'enivre de cette pauvreté qui s'accroît à chaque instant. Amant et Amour sont unis comme pauvreté et Amour sont unis.

L'importance de l'autre vient de l'importance de l'Amour

Savoir maintenir, en soi, une pensée, ce n'est pas la maintenir profonde et puissante, mais c'est l'« offrir » à la pauvreté de l'Amour. Plus pure est l'offrande, plus pure est la connaissance qu'elle attire et procure. Une telle offrande rend le *Moi-aimé* humble et manifeste le secret de son cœur : je suis seul avec l'Amour. Etre seul avec l'Amour ce n'est pas refuser la présence mondaine des étants, ni la relation avec eux, mais c'est rendre l'Amour unique dans son cœur : seul l'Amour est mon trésor, la raison de ma vie et le sens de mon existence. Aimer, c'est voir tout à travers l'Amour et avec lui, c'est être distancié par la *dif-férence* de l'Amour de tout étant. Le *Moi-aimé* est *l'être-avec-l'Amour*, *l'être-selon-la-différence*. Là où est le *Moi-aimé*, l'Amour se manifeste comme *dif-férence* avec la réalité originaire du monde et des autres. La *dif-férence* imposée par l'Amour empêche toute possibilité de choisir l'autre pour soi-même, pour ce qui est visible et mortel en lui : « Vis comme s'il n'y avait dans ce monde que l'Amour et toi, en sorte que rien de ce monde ne séduis ton cœur ». C'est pareil quelque part à la fidélité du mari qui aime profondément sa femme ; il est fidèle à sa femme, non par exigence morale, ni même pas éthique, mais par raison sans raison d'amour. Il ne décide pas d'être fidèle et il ne lutte pas contre la tentation de tromper sa femme, car il n'est séduit par aucune femme. Il est amoureux de sa femme, c'est-à-dire il est devenu *l'homme-avec-sa-femme*, ou bien *l'homme-par-l'amour-de-sa-femme*. Il n'est qu'avec sa femme, n'existe qu'à travers elle et avec elle, il est parce qu'il aime et à force d'aimer. Là où il est, amène l'amour de sa femme avec lui, parce qu'il ne peut plus vivre sans cet amour et sans cette union radicale qui touche toute sa vie, pour la seule raison qu'elle est devenue sa vie. Seul son amour à sa femme le suffit, car cet amour même devient sa vie, son existence, sa nourriture quotidienne.

A quoi sert de vivre sans amour car : « si je n'ai pas l'Amour, je ne suis rien » (1 Co 13, 1-8). Le *Moi-aimé* vit pour l'Amour, sa vie est un don d'amour. Il n'a besoin de rien de ce monde, il est devenu différent de ce monde. Il est déjà habité par la *dif-férence* de l'Amour qui dépasse toute indifférence comme tout intérêt propre. Il vit pour l'Amour et de lui ; rien ne lui suffit sauf l'Amour, car seul l'Amour suffit. La *dif-férence* même empêche toute identification et toute possession puisqu'elle est une *dif-férence* originaire, une *dif-férence* de l'Amour même. Celui qui aime l'Amour *s'aban-donne* à sa *dif-férence* : « Et si quelque chose me contente /

C'est en toi-même que je l'aimais. / Celui qui te ressemble le plus, / Le plus me satisfait / Et celui qui en rien ne te ressemble / En moi rien ne trouverait. / En toi seul je me suis complu, / O vie de ma vie ! / Tu es lumière de ma lumière[1] ».

Le *Moi-aimé* est porté par le pouvoir de l'Amour, un pouvoir qui vise autrui, il le vise dans son impuissance, dans son mal être, dans sa faiblesse et dans sa souffrance dépourvue d'amour. Aimer c'est craindre pour autrui, c'est porter et supporter sa lenteur et son mal d'être qui indiquent une présence dans l'absence de l'Amour. Le mal d'être de l'autre incarne la pauvreté de l'être, et indique une nudité originaire qui cherche d'être couvert par l'Amour, car seul l'Amour peut couvrir la nudité de la faiblesse de l'être, son « mal d'être ». Aimer l'autre serait, par essence, le *dés-intéressement*, la gratuité au-delà de l'égoïsme et de la jalousie de l'être qui ne pense qu'à soi, et persévère obstinément à préserver son être. Le désir de l'autre serait le désir de l'Amour même, sa pauvreté originaire.

Le *Moi-aimé*, en aimant l'autre, aime avec l'Amour et il aime l'Amour avec lui. Aimer l'Amour avec l'autre c'est se donner à l'autre et lui transmettre le don originaire de l'Amour. Aimer l'autre consiste à lui donner soi-même pour possibiliser l'avènement de l'Amour dans son cœur. Aimer l'autre c'est lui donner la possibilité de se *co-naître* avec l'Amour et connaître la vérité originaire de son être comme *être-pour-l'Amour*. Aimer l'autre c'est lui ouvrir les « signes » de l'Amour qui lui donnent la possibilité de voir sa vie autrement, comme venant de l'Amour et en même temps allant vers lui. Aimer autrui c'est lui révéler son origine. Le regard de l'un vers l'autre appelle au don de soi de l'un en faveur de l'autre. Un tel regard révèle déjà une union étrange qui n'est jamais possession, parce qu'elle ne peut jamais exister que sous un nouvel ordre, celui de la *dif-férence* originaire. Ce n'est qu'en donnant soi-même à l'Amour, que le *Moi-aimé* a le pouvoir d'aimer l'autre dans son être véritable, comme *être-par-l'Autre*, comme un *être-pour-l'Amour*. Je ne peux pas aimer autrui tout seul, mais toujours avec l'Amour, avec mon origine. L'Amour est toujours trinitaire. Il faut que l'union joigne le *Je*, le *Tu* et le *Il*, c'est-à-dire moi, autrui et l'Amour.

Saint Augustin notait dans *les Confessions* XIII, 10 : « En effet tu n'aimes pas en lui ce qui est, mais ce que tu veux qu'il soit ». En ce sens, la *dif-férence* de l'autre est préservée, car elle est une *dif-férence* originaire, celle de l'Amour en lui. La vocation du *Moi-aimé* consiste à être un lieu possible de l'avènement de l'Amour dans le cœur de l'autre, c'est de servir son bien aimé (l'Amour) en le transmettant aux autres. Il est bien évident d'ailleurs que l'amour pour l'autre croît dans le cœur du *Moi-aimé*, à proportion de son union avec l'Amour. Plus il aime, plus il désire que

---

[1] Jean de la Croix, *Œuvres complètes, Poèmes*, Paris, Cerf, 2004, p. 161.

l'Amour soit aimé et désiré par tout le monde. Plus ce désir est ardent, plus il travaille dans ce sens : « Ne t'arrête en aucune façon à te demander si tel ou tel est pour toi ou contre toi, mais efforce-toi toujours de plaire à ton *Bien-Aimé*. Demande-lui que sa volonté s'accomplisse en toi. Aime-le beaucoup, tu le lui dois bien[1] ».

L'autre n'est plus un objet de séduction, car personne n'a le pouvoir sur le cœur du *Moi-aimé* que l'Amour seul. L'importance de l'autre vient de l'importance de l'Amour. Le *Moi-aimé* fait de celui qu'il aime un égal de soi, comme ayant la même origine que soi, et il aime dans cette égalité sans attendre d'être aimé en retour par l'autre. L'égalité entre le *Moi-aimé* et l'autre est la mesure de l'Amour même, sa *dé-mesure*. Il aime l'autre et en l'aimant il est aimé par l'Amour même. C'est dans un seul et même mouvement qu'il a trouvé l'Amour et qu'il a trouvé l'autre. Pas d'Amour sans don de soi, et à chaque fois qu'il se donne, il donne l'Amour à l'autre, mais aussi à soi-même. Car la révélation réelle et concrète de l'Amour c'est l'autre même. De fait, la vérité de l'Amour va toujours de l'un à l'autre, de la présence à la présence, du visage au visage et du cœur au cœur. Autrement dit, quand la vérité de l'Amour devient quelqu'un que nous rencontrons, que nous envisageons dans la rue, quand elle devienne une présence partagée, nous n'hésitons plus à *re-connaître* en elle l'originalité de l'autre. Quel plus grand don peut-on donner à l'autre que celui de sa propre personne et de sa propre vie ? Le *Moi-aimé* ou bien *l'être-par-le-don* sera, pour tous ceux qui lui entourent, la condition même de leur approche de l'Amour. L'Amour, pratiquement, c'est nous-mêmes, c'est notre visage où le visage de l'Amour veut *trans-paraître*. C'est toujours à la valeur de notre amour pour l'autre, que se mesure l'advenue de l'Amour.

« Je crois en l'Amour ». Si nous allons au bout de cette merveilleuse expérience, si du moins nous essayons de la vivre, il n'y aura pas besoin d'ajouter autre chose. Car le « Je crois en l'Amour » va de soi si je crois vraiment en l'autre, puisque la valeur de l'autre est toujours, finalement, une *trans-parence* à l'Amour. On ne peut rencontrer l'Amour si l'on ne croit pas en l'autre, si l'on ne sort pas de soi en s'extasiant vers autrui, si l'on ne devient le « lieu » ou tout homme se sent accueilli et aimé par l'Amour. Dans notre histoire, ces deux présences sont indissociables. On ne peut trouver l'Amour sans l'autre, ni l'autre sans l'Amour, ni l'Amour sans soi-même. C'est la même distance, la même *dif-férence* puisque c'est la même origine.

L'Amour ne se réduit pas à une connaissance, ni à une possession mêlée d'éléments affectifs qui lui ouvriraient un plan d'être imprévu. L'Amour ne saisit rien, n'aboutit pas à un concept, n'a ni la structure sujet-

---

[1] Jean de la Croix, *Œuvres complètes, Les écrits spirituels*, Paris, Cerf, 2004, p. 287.

objet, ni la structure moi-toi. L'« éros » ne s'accomplit pas comme un sujet qui fixe un objet, ni comme une pro-jection vers un possible. Son mouvement consiste à aller au-delà du possible[1]. Qui peut donner son être, peut donner telle ou telle de ses possessions. Qui peut donner sa vie, donne à plus forte raison son temps, son corps, sa chair, sa peine et ses biens. Celui qui peut le plus peut le moins et celui qui a le pouvoir de l'« impossible » a le pouvoir sur le possible. Si l'on peut donner sans aimer, il est pour ainsi dire impossible d'aimer sans se donner, et celui qui n'a rien à donner peut encore donner son cœur, sa chair, son temps, sa « mêmeté ». La « mêmeté » n'est plus quelque chose, mais rien ou tout : « Celui qui saura mourir à tout, trouvera vie en tout[2]. »

Tu m'as redonné à moi-même

Le *Moi-aimé* donne tout ce qu'il a pour sauvegarder sa ressemblance, sa demeure, l'union avec l'Amour. Sans l'Amour il n'existe pas, et c'est en aimant l'autre que le *Moi-aimé* demeure avec l'Amour. L'acte de perte de soi est, en même temps, un acte pour demeurer avec l'Amour. L'instant même où le *Moi-aimé* se donne à l'autre dans le temps qui passe, donne au temps de l'autre le pouvoir de passer avec l'Amour. En donnant son temps à l'Amour, *le Moi-aimé* donne en même temps la demeure de l'Amour au temps de l'autre. A chaque instant le *Moi-aimé* est invité à donner la demeure de l'Amour au temps qui passe, en donnant son temps à l'autre.

Le *Moi-aimé*, qui renonce à soi-même dans l'instant même, renonce aussi à l'autre, pour pouvoir lui donner la demeure de l'Amour. C'est en se donnant à l'autre, dans l'instant même du temps qui passe, que l'avènement de l'Amour dans le temps de l'autre devient possible. Le *Moi-aimé* en se donnant à l'autre, lui donne la possibilité de recevoir l'Amour et de devenir à son tour *l'être-avec-l'Amour*. *Trans-mettre* l'Amour dans le monde c'est le donner en se donnant soi-même. C'est en renonçant à soi-même qu'on peut aimer soi-même et c'est en renonçant à l'autre qu'on puisse l'aimer. L'acte de renoncement, comme *aban-don* de soi, est un acte qui rend possible l'avènement de l'Amour.

Aimer c'est aimer avec l'Amour, dans sa présence même. Je ne peux pas être sans aimer et je ne peux pas aimer sans être avec l'Amour, sans renoncer à moi-même, sans *m'aban-donner*. Aimer l'autre c'est lui donner la possibilité d'entrer dans le temps de l'Amour, d'exister comme *être-avec-*

---

[1] E. levinas, *Totalité et Infini, Ibid.*, p. 297.
[2] *Ibid.*, p. 288.

l'Amour. Tout vient de l'Amour et tout retourne vers lui. C'est en aimant qu'on est saisit par l'Amour, qu'on demeure en lui. L'Amour, seul, est capable d'aller vers autrui en tant qu'absolument *dif-férent* de moi. Lui seul a le pouvoir de pénétrer et d'aimer la personne étrangère dans sa différence originaire avec moi, de rendre prochain le lointain, de rendre ami l'ennemi, de rendre présent l'absent, de donner face et nom à l'anonyme, de toucher le cœur blessé de l'autre qui attend l'Amour depuis très longtemps. Quand l'aimé que nous aimons n'est pas aimable, ou quand il est notre ennemi, voilà ce qui s'appelle un amour désintéressé. Etre capable de discerner chez l'autre sa dimension originaire, comprendre qu'elle représente l'essentiel de lui-même, le fond de son être, sa réalité ultime, c'est permettre l'avènement de sa réalité, sa manifestation. Saint-Exupéry disait : « Je n'ai point d'ennemi. Dans l'ennemi, je considère l'ami. Et il le devient ». L'ennemi est l'ami en gestation, et il a besoin de mon *par-don*, d'espérer l'Amour en lui, de lui donner sa chance, de croire qu'il peut changer.

L'Amour fait grandir et émerger chez l'autre tout le bien caché qui n'osait pas se répandre. C'est *là,* avant tout, la merveille de l'Amour. Et voilà que le « monstre » se transforme en *l'être aimé* : si un jour quelqu'un est capable de t'aimer d'amour dans ta laideur et ta difformité, tu retrouveras ton ancienne beauté, celle de ton origine. Ton cœur a été capable de discerner derrière mon visage de monstre l'être merveilleux que j'étais, et le miracle s'est produit : je me sent vivant; tu m'as fait renaître, tu m'as redonné à moi-même. Le *Moi-aimé* est créateur parce qu'il croit à ce qu'il ne voit pas, ne touche pas et ne possède pas. En accueillant l'autre tel qu'il apparaît, l'amour le fait devenir ce qu'il est. Un tel accueil inconditionnel transforme le *Moi-mal-aimé* ou *l'être-sans-amour*, le plus déchu, le plus défiguré, le plus méconnaissable en un *être-avec-l'Amour*, le b*ien-aimé*. Aimer l'autre c'est voir la manifestation de l'Amour en lui, c'est crier : « Te voilà » sublime comme l'Amour.

Le cri de l'amour manifeste la relation originaire entre les humains. L'autre m'arrive du dehors, de loin, séparé par son étrangeté et proche par l'intimité de l'Amour qui pose la relation entre nous. Son extériorité, c'est-à-dire son appel à moi, est le cri de l'Amour en moi, ma vérité même. Son extériorité est mon intériorité, son étrangeté est mon intimité, sa vérité est la vérité de l'Amour en moi, ma vérité altérée par l'Amour. Ce surplus double la vérité et dévoile l'Amour comme possibilité *d'être-avec-l'autre*. La relation amoureuse engendre le surplus sur la « différence ontologique » qui sépare les humains. L'extériorité n'est pas une négation, ni une menace, mais l' « épiphanie de l'Amour », sa demeure. L'Amour vient d'« ailleurs » sans être une nouvelle forme de l'être, mais un nouvel ordre d'être. Il s'adresse à l'être par-delà sa condition ontologique. C'est là que se fait la coupure, le clivage, la *dif-férence*.

On parle d'une rupture d'un autre ordre, une rupture comme *trans-figuration* de l'être même et de sa nature, s'il en a une. On parle de l'Amour qui n'a pas besoin d'être justifié sans doute par ce qu'il est rupture, non avec l'être, mais rupture avec la « différence ontologique ». Une rupture, tout en étant par-delà de la « différence ontologique », se *trans-figure* comme *dif-férence* originaire, une *dif-férence* d'amour. Peut-être est-ce cette *dif-férence* originaire qui fait de l'Amour l'expérience la plus décisive pour celui qui veut comprendre le sens de l'être ? L'Amour ne détruit pas l'être, ne se pose pas comme indifférence avec lui. Au contraire, il intensifie la relation en la transfigurant : « Rien n'est plus attachant que les faiblesses et les défauts : c'est par eux que l'ont pénètre l'âme de l'être aimé, âme constamment cachée par le désir de paraître semblable à tout le monde. Il en est comme d'un visage. Les autres ne voient qu'un visage ; mais soi, l'on sait à quel instant précis la courbe du nez, au lieu de continuer sa ligne idéale, se casse imperceptiblement pour dessiner un nez ordinaire ; on sait que de près le grain de la peau est gros avec des points noirs ; on a trouvé la tâche des yeux qui, par moments, éteint le regard et le millimètre qu'a, en trop, la lèvre pour être distinguée. Ces petites irrégularités, on a envie de les embrasser plus que les perfections, parce qu'elles sont pauvres et qu'elles font que ce visage n'est pas celui d'un autre[1]. »

Aimer l'autre c'est lui rendre sa dignité originaire

Pourquoi l'être se pose-t-il en des personnes singulières ? C'est parce que l'être est amour. L'être ne peut se connaître que si l'on voit en lui les traces de l'Amour, sa donation. On dit, parfois, de quelqu'un : j'aime cet être parce qu'il est aimable. Mais ceux qui ne sont pas aimable qui peut les aimer ? Si ces êtres ne sont pas aimables, n'est ce pas parce qu'ils n'ont pas été aimés ? Il y a dans certains regards un appel angoissé à être aimé. La capacité de répondre à ce cri silencieux et grave, dans un élan de cœur, seul l'Amour peut la donner. Selon Simone Weil, la charité se penche sur ce qui n'est pas, pour le faire être. Selon Louis Bouyer, l'Amour n'aime pas ce qui est aimable, mais il rend aimable ce qu'il aime. L'autre doit être aimé avant d'être aimable. Saint Jean de la Croix notait en ce sens : « Là où il n'y a pas d'amour, mettez de l'amour et vous trouverez de l'amour[2] ». Dans sa lettre 47, adressée à une carmélite de Medina del Campo, il disait : « Aimez beaucoup ceux qui ne vous aiment pas et vous contrecarrent, parce qu'ainsi naît dans le cœur qui en était privé ».

---

1 Marcelle Sauvageot, *Commentaires*, Paris, 1936, p. 46.
2 Jean de la Croix, *Œuvres complètes, Lettre 47*, Paris, Cerf, 2004, p. 1597.

Le *Moi-aimé* a le pouvoir d'aimer tout le monde car il a été déjà aimé par l'Amour et *par-donné* par lui. Celui qui a *par-donné* à soi-même par l'Amour lui-même peut aimer l'autre dans le monde. Seul le *par-don* expose le *Moi-par-donné* vers l'autre. Chacun peut devenir l'*être-par-l'Amour*, une « icône » où se manifeste l'Amour, et le *Moi-par-donné* en est la preuve. C'est là, où le titre d'ennemi tombe, puisque pas d'ennemi pour celui qui aime, car pas d'ennemi pour l'Amour. Plus l'autre est *l'être-sans-amour*, plus la possibilité de l'avènement de l'Amour est grande, puisque l'Amour ne se donne pas à ceux qui le méritent, mais à ceux qui souffre de son absence. Le *Moi-par-donné* ou bien le *Moi-aimé* ne se voit plus et refuse de voir l'autre sans l'Amour. Toute relation avec soi-même et puis avec l'autre doit être fondée dans la *dif-férence* de l'Amour, dans son avènement originaire. Tous les êtres ont la même origine, ce qui fait que toute relation avec l'être doit être originaire ; elle doit être fondée sur cette origine même qu'est l'Amour. L'origine de l'être est la seule richesse de celui qui n'a rien, de l'ennemi, de l'être exproprié, du désapproprié, du totalement dénudé. Son origine, qui n'est d'aucune manière un avoir ou une possession, est la plus inaliénable et la plus inestimable trésor de son ipséité. En raison de son origine, l'ennemi mérite d'être aimé, de devenir l'*aimé*. L'amour de l'ennemi est un amour absurde et même scandaleux selon la volonté de la puissance. Dans cet amour irréciproque, injuste et désintéressé, apparaît sous sa forme la plus aiguë le « surplus », l'élément hors mesure, la folie de la raison, le caractère imprescriptible et injustifiable de l'Amour, l'« impossible ». Chacun, surtout le plus médiocre, le plus méchant, le plus horrible, est, par rapport à tous, l'unique et l'absolument précieux qui est la cime aigue de l'irremplaçable-incomparable. Personne n'a droit à l'Amour, et en même temps, tout le monde mérite d'être aimé. Pas de raison suffisante d'aimer l'un, plutôt que l'autre, ou bien l'un, plus que l'autre. L'amour impur aime mal, car il aime pour autre chose que pour l'aimé, il est ailleurs. Aimer autrui, parce que c'est lui, c'est l'aimer parce qu'on l'aime. L'« ipse » de l'autre est bien la cause de l'Amour, car l'Amour est lui-même et immédiatement l'expérience et le besoin de l'autre.

L'Amour cherche l'autre, le Toi, son cher « ipse », avant même de la connaître : Aimez-moi et vous me connaîtrez! Aimer c'est donner à l'autre la dignité de cause. Si l'amour est un don de soi à l'autre, il est plus encore don de l'autre à soi-même. Selon Paul Claudel le moment le plus enivrant de la vie d'un homme est celui où il apprend qu'on a besoin de lui. Dès qu'on se sent nécessaire, on commence à vivre, à revivre, à exister. L'Amour est une exigence d'amour, une nécessité de révéler un être à lui-même : Les seuls regards d'amour sont ceux qui nous espèrent. Maurice Zundel répète les mots d'une femme pauvre qu'il a rencontré : « La plus grande douleur des pauvres, c'est que personne n'a besoin de leur amitié [...] Personne ne croit que nous, les pauvres, nous avons quelque chose à donner. Personne ne croit à notre dignité, et c'est cela notre plus grande blessure[1] ». Un amour qui n'aime pas le malheur du pauvre, la gravité de sa misère, aime mal, anéanti l'Amour. Selon Gonsalve d'Espagne, un acte de charité sur la terre a plus de noblesse que la vision céleste des bienheureux[2]. L'essence de l'Amour c'est le don de soi à l'autre, à l'aimé qui n'est pas lui-même une raison. L'Amour commence sans raison ; advenant, se justifie lui-même sans raison, ou selon ses propres raisons. L'aimé est *l'être-déjà-aimé*, aimé parce qu'aimé, aimé sans raison, aimé d'un amour désintéressé, injustifié, immérité. « Tout est obstacle quand on haït, mais tout est raison quand on aime[3] ».

La vie de l'être est soumise à une autre origine, celle du don de l'Amour qui est un don de soi, un don de l'être, un don d'être. C'est par ce don originaire que les êtres seront unis. Vouloir mourir ensemble avec l'Amour est la seule volonté originaire, la volonté de notre origine, la volonté de l'Amour. Le vouloir mourir ensemble avec l'Amour fait naître l'ensemble des êtres dans la demeure de l'Amour. Ainsi l'Amour « se fait chair », s'incarne dans le temps qui passe, et devient la demeure de toute ipséité, et par le fait même de toute altérité. Dès lors la « mienneté » se déchire de son esseulement ontologique et se transperce par l'advenu de l'Amour en elle. Elle se transforme en une mienneté altérée, donnée, partagée et enfin *trans-figurée*.

Et c'est là que tout *re-commence*...

---

[1] Dans *Maurice Zundel, Ses pierres de fondation*, Textes choisis et présentés par le père Gilbert Géraud, Anne Sigier, Québec, 2005, p. 122.
[2] Cf. J.-L. Chrétien, *Le regard de l'amour*, Desclée de Brouwer, 2000, p. 219. La controverse avec Eckhart est traduite dans un volume intitulé : *Maître Eckhart à Paris*, Collectif, PUF, 1984.
[3] Jankélévitch, *Les vertus et l'amour*, II, *Ibid.*, ch.VI, V.

CHAPITRE III

La violence de l'*avènement* de l'Amour

1- La folie du commencement

Au commencement

Il ne s'agit que de commencer, on commence par finir, par mourir. L'acte du commencement se créant lui-même à partir de sa fin, à partir de sa perte. Pour commencer, il faut commencer à finir, à mourir. Tel est l'extrême et déchirante épreuve durant laquelle tout sera selon une intimité étrange et une étrangeté intime, selon l'ordre d'une altérité originaire. Un commencement naissant selon une force croissante et une pauvreté radicale. Commencer c'est vouloir la volonté d'un Autre qui commence toujours avant mon commencement. Je n'apprends pas à commencer, mais à continuer ce qui a déjà commencé avant moi sans moi. Mais comment peut-il commencer ce qui n'arrive qu'une fois, la première fois étant aussi la dernière ? Un commencement qui, dans un instant, se montre comme une apparition disparaissante, comme le *premier-dernier* mouvement. Voilà l'« alpha » et l'« oméga », le commencement et la fin. Le commencement est une conclusion définitive, il ne commence que pour terminer et il recommence dès le commencement. Tout est fini en même temps que commencé. Le commencement porte son achèvement, achève sa fin dès son commencement. Rien ne s'achève, rien n'est même pas commencé, sans finir, dans l'instant même. Un commencement que personne ne peut enseigner à personne.

Pour commencer, il suffit de le vouloir, ce que personne ne peut faire à ma place. Pour ce qui est de vouloir, nul ne peut me remplacer : vouloir est une chose qu'il faut faire seul, qu'il faut faire soi-même, dans la parfaite solitude. A cet égard, le pouvoir est donné à tous ; non le vouloir. Le pouvoir est donné dès l'origine, par l'originaire, par l'Amour. Le vouloir, en définitif, doit être fondé par le pouvoir originaire, par l'Amour. Chacun a en soi-même la possibilité de vouloir commencer avec l'Amour et qu'il suffit d'être un *être-déjà-donné* ou bien un *être-par-donné* par l'Amour pour pouvoir commencer. Commencer c'est une affaire personnelle, une vocation intime, une « besogne » qui m'incombe. *S'aban-donner* ou se *laisser-être* un commencement, voilà le propre d'une volonté passionnément passive. Une facile difficulté est d'une douloureuse facilité. C'est la facilité d'une amère et très douloureuse passion, par laquelle, toute ipséité s'avère une « mienneté » irremplaçable, elle tient tout le fardeau de son être à chaque instant du temps qui passe.

Le commencement, dont la seule nature est d'aimer, naît dans le dénuement de *l'aban-don*, dans la patience du *par-don* et dans la générosité du don de l'Amour. Il s'exalte par son absence, sa pauvreté et sa violence. Comment faire pour commencer ? Tu savais avant de savoir, puisque tu cherches. Le *Moi-aimé*, à la recherche de l'Amour, aime sans savoir, sait sans pouvoir dire ce qu'il sait. Et pourtant il sait, car tu l'entends te dire : Je suis à toi et pour toi ; je me réjouis d'être ce que je suis, afin de me donner à toi et d'être tien à jamais.

Le savoir, ici, c'est la féconde conscience de notre insuffisance, impuissance et ignorance face à l'Amour. Une conscience qui aime est celle qui, dans l'humilité, *s'aban-donne* à l'Amour sans chercher à le *comprendre,* puisque l'ignorance dans l'amour est un autre mode de savoir qui échappe à toute conscience prétentieuse. Le savoir, en ce sens, attire le *Moi-par-donné* pour blesser et humilier d'avantage sa conscience ; il l'attire pour le rendre aveugle, ignorant, pauvre, malade et sa maladie est gravement inguérissable. Un tel savoir exige la purification des facultés du *Moi-par-donné,* car l'Amour échappe à toute idolâtrie, il est dur par nature. Le Moi qui cherche le commencement est encore très plein de soi et doit inlassablement se désapproprier, se dénuder et se simplifier d'avantage, en renonçant à tout pouvoir, à tout avoir et à tout savoir. Bienheureux ceux qui ont *faim* et *soif* de l'Amour, car ils attirent l'Amour.

L'Amour est *celui-qui-va* ! Il est toujours en état de nomadisme, il dort à la belle étoile et dans les chemins, nu, déchaux, chétif, couchant « ès portes », sans avoir rien pour reposer sa tête. Commencer c'est finir, c'est laisser mourir, en surcroît et dans un élan infini, toute appropriation et tout pouvoir en soi. Commencer c'est se *laisser-être-porté* à la limite du possible en soi-même : c'est se laisser mourir d'amour.

Face à sa conscience blessée, humiliée, dépouillée de tout, même de soi, et jeté dans le néant de son être, seule la pauvreté de l'Amour commence. Quelque chose d'autre ! Et toujours plus, autrement et plus bas avec l'Amour. Plus bas, où s'effacent, entre le *Moi-aban-donné* et l'Amour, toutes les frontières et se dénouent toute cause et toute mesure, tout intérêt et tout échange, toute appropriation et toute substantialisation. Ils ne sauraient dire ce qu'ils attendent l'un de l'autre, car l'union supprimera l'objet même de l'Amour, pour que les deux ne soient plus qu'un dans le don de soi. « Ah ! Que cette mort est heureuse », s'écrie François de Sales parlant sur les « morts d'amour ». La conscience appelle l'Amour, désire son commencement. Elle l'appelle à fond crie, le veut d'un vouloir passionné et purifié par le feu de l'effacement de soi et de la souffrance. Il faut commencer par le commencement, et le commencement de tout est l'Amour qui inaugure le commencement de la fin, de finir, de mourir, de tout perdre. Il faut de l'Amour pour commencer, pour faire *co-mmencer* dans son propre commencement ce qui ne vient pas de soi. Il faut du pouvoir pour commencer car le vouloir ici reste impuissant, il vient toujours en retard pour commencer. Seul le pouvoir de l'Amour inaugure le commencement ; et pour le faire *Il* a besoin de la volonté du *Moi-aimé,* non parce qu'elle le prépare, mais parce qu'il la nie. L'Amour commence grâce à la volonté et malgré elle. Selon Goethe *rien* de grand ne se fait que « malgré ». Ce paradoxe porte en lui-même une déchirure et une étrangeté ; il est à la fois la tragédie et l'épiphanie. Le pouvoir de l'Amour brise la volonté du Moi et c'est pour cela justement qu'il faut vouloir. Le pouvoir de l'Amour n'advient qu'au moment de la folie de la volonté, du vertige de la raison et de la déchirure de la conscience. Une telle violence rend possible le commencement de l'Amour : « une quiétude matinale succède aux terreurs de la nuit ». Dans l'acte même par lequel elle éclaire, la lumière du jour dissipe les ombres et les fantômes. A vaincre sans danger ni résistance, on triomphe sans l'Amour. Un triomphe sans l'Amour nous révèle la mort au bout de tout, la précarité fondamentale de notre destin et enfin la vanité de toutes nos victoires. Pourtant, la mort qui menace la vie, celle qui cherche le triomphe et l'immortalité, est la vérité même de la vie. La gravité de l'impuissance de notre condition est plus profonde, plus durable et plus intime que la victoire mondaine et instantanée. Elle est notre condition même, et c'est *là* où il faut commencer : Souffrir jusqu'à mourir pour l'Amour vaut mieux que de faire des miracles. Le commencement n'est pas une théorie ; il s'incruste dans la chair et dans le cœur de l'ipséité éprouvée.

L'aurore est la nuit même

L'apparence a la plénitude de la réalité, mais en tant qu'apparence, en tant que visibilité. En tant qu'autre chose qu'apparence, elle est erreur, illusion, confusion et mensonge. L'illusion, concernant les choses de ce monde, ne concerne pas leur visibilité, mais leur valeur, leur sens, leur vérité originaire. Telle est notre condition, nous sommes soumis à ce qui n'a pas de valeur. Seul un nouveau commencement permet de voir les choses autrement, selon un autre ordre que celui de l'apparence. Recommencer, c'est se détacher de ce qu'on possède, de toute apparence illusoire et de toute représentation, c'est chercher non l'apparaître des objets possédés, mais l'origine même de tout apparaître, son énigme. C'est en cela même que réside le prix de ce qu'on nomme l'expérience de la *con-naissance* comme amour de la vérité. Tout ce qui est sans valeur fuit la vérité et la seule valeur des choses c'est leur origine : l'Amour. Ce n'est que par l'Amour qu'on peut *co-naître* la vérité originaire des choses et pouvoir supporter leur apparence. Connaître la vérité des choses, c'est les aimer en dévoilant leur vérité intérieure, invisible. Aimer une chose, c'est voir en elle son invisibilité, son énigme.

En revanche, le *re-commencement* ne peut être saisi pour lui-même, parce que l'ipséité (Selbstheit), qui est le lieu de l'appel, doit être elle-même située en situation *d'aban-don*. Le *re-commencement*, éprouvé comme *aban-don* de soi et ignorance, englobe le renoncement et la confiance, le don de soi-même (Selbst) en faveur du bien-aimé, de l'Amour même, c'est-à-dire en perdant toute référence au « vivre » (Erleben), pour soi, et à la conscience.

La vie n'implique plus un « vouloir être » (conatus) ; elle ne se réfère plus à l'être ou au non-être. Ce qui fonde le « vivre » en elle ce n'est plus l'ipséité elle-même mais le recommencement de l'Amour. L'acte de vivre de l'ipséité, ou l'ipséisation de soi, émane du *re-commencement* de l'Amour, de son arrivage. La vérité de la vie ne coïncide plus avec l'appropriation de l'être, l'« accéder au propre » (appropriement), mais avec le désappropriation de l'être, l' « accéder à l'altération de soi » par *l'aban-don* de soi à l'Amour. La vérité de la vie ne mène pas à un retour à soi comme étant « chez soi », mais fait advenir l'ipséité comme fondée « hors-de-soi ». L'ipséité *s'aban-donne*, en ce sens, à l'événement du recommencement de soi, à ce qui la fonde hors d'elle-même comme propriété. *L'aban-don* reste le dynamisme du commencement d'un autre *re-commencement* de soi. Je suis moi-même sous forme d'un *Soi ipséisé*, demeurant comme *aban-don* de soi à l'Amour qui rend possible mon seul *re-commencement* réel. *L'aban-don* de la vie, comme propriété, signifie, en ce sens, que toute connaissance, comme *retour-à-soi* réflexif et même ontologique, est illusoire, impossible en son principe même, si ce principe voudrait se substituer au *re-commencement* comme *aban-don* de soi. Vouloir retrouver sa vie, comme sens absolu, c'est bien au contraire, d'y renoncer en tant que projet de vie, de maîtrise et d'appropriation de soi.

L'*ipséité aban-donnée* et générée par l'Amour se forme avant toute démarche consciente de thématisation et d'identification de la part de cette dernière. « Je suis la vie qui passe à travers moi et me soulève doucement. C'est une force têtue qui ne me demande pas mon avis et n'a cure de mon découragement, son mouvement en moi ne s'interrompt pas. Je l'éprouve tout étonné et m'abandonne à son irruption triomphale. Ô mon père ! Ô mon sang royal qui fuse à travers moi et me rend à la certitude de ma condition première[1]. »

---

1 Michel Henry, *Le Fils du roi*, Paris, Gallimard, 1981, p. 199 s.

Tout s'arrange, tout passe sauf l'Amour qui ne s'arrange pas, et qui aura la dernière victoire. Cette victoire ne s'accomplit pas à la fin, mais elle s'annonce dès l'origine comme commencement. Le menteur et l'orgueilleux savent cette vérité, mais ne la veulent pas. Pour eux, savoir la vérité c'est autre chose que la vouloir. Le savoir est impuissant face au vouloir. Seul le cœur anime la volonté, car la volonté cherche toujours ce qu'elle aime : Là où est ton cœur, là-bas est ton trésor, et là-bas est ton vouloir. Le menteur et l'orgueilleux, par intérêt et par vanité, veulent autre chose que la vérité. Selon Jankélévitch, la connaissance est l'état de lumineuse passivité qui étale et déploie devant nos yeux tous les aspects d'un problème, sans nous donner les moyens de décider[1]. Seul le choix qui s'accomplit dans les ténèbres de la vérité de l'Amour peut trancher et peut décider, car il a le pouvoir originaire de l'Amour. Le jour est ainsi devant nous, mais la nuit n'est nulle part puisqu'elle est partout, elle est en nous comme nous sommes plongés en elle. La nuit c'est nous-mêmes et nous sommes cette nuit. Nous cheminons au milieu de cette nuit obscure de notre vie éloignée de l'aurore. Le *là* de cette nuit est l'aurore même ; un *là* qui chemine dans le temps, dans l'effort et dans la souffrance. A force d'endurer, le Moi devient le *là* de cette nuit, sa *trans-figuration*.

L'aurore n'est pas l'opposé de la nuit, ni le signe de son absence, n'est pas le lointain, ni l'autre bord de la nuit, mais il est la nuit même. L'aurore ne sort pas de la nuit par genèse progressive, il en jaillit par l'épreuve de *l'aban-don* du *Moi-par-donné*. Toute la vérité tient dans l'épreuve d'*aban-don* de soi comme *par-don* de soi. Et d'abord, c'est à moi de le faire, à moi de commencer, de prendre sur moi la charge d'éclater la transfiguration de la nuit en moi. Pas d'aurore sans nuit et pas de nuit sans lumière. Quand on marche la nuit on croît qu'on est seul, mais on oublie que l'obscurité n'est que la transfiguration préférée de la lumière, sa face purifiée. Il n'y a d'obscurité que partagée, mélangée, anamorphosée avec la lumière. L'invisibilité de la lumière dans la transfiguration de la nuit obscure ne signifie pas son absence, mais la limitation de nos sens : Il faut voir la fleur rouge, cachée sous la dureté de la pierre noire.

Seule est voulante, une volonté forcée par l'Amour

Commencer c'est une affaire personnelle, individuelle, intime, qu'il faut achever soi-même, car personne ne peut la vivre à ma place. Chacun est, comme moi, seul et premier, et enfin irremplaçable. Il y a toujours l'épreuve

---

1 Jankélévitch, *Les vertus et l'amour*, I, *Ibid.*, ch. 2.

de la solitude qui prépare le commencement et toujours plus de patience et de confiance à rester seul. Il n'y a d'important que ce qu'on fait soi-même et sans se faire remplacer : il y a des choses que nulle personne interposée ne peut faire à ma place, je suis l'obligé de moi-même ; le serviteur de l'élection de l'Amour en moi. L'acte le plus solitaire de la vie – *le mourir-sur-soi* - sera aussi celui qui exige le plus grand *aban-don* à l'Amour. L'acte de *mourir-sur-soi,* en ce sens, est un moment de *solitude partagée.* Il est l'éclatement de la plénitude de *l'être-déjà-perdu* et en même temps il est le surcroît de *l'être-déjà-aimé.*

Le *mourir-sur-soi,* ou l'épreuve de *l'aban-don* de soi, est différent du sujet indifférent d'une mort anonyme, ayant été désigné par hasard pour crever. Sa *dif-férence* avec le monde l'isole dans une solitude partagée avec l'Amour. Une solitude différente du monde mais n'est jamais indifférente à lui, car elle a pour origine l'Amour, le don de soi au monde. La *solitude partagée* n'est pas une sagesse mondaine, ni de l'héroïsme, mais bien plutôt une *folie.* Une *folie* qui montre à la sagesse du monde ce qui lui échappe : son *immolation* et par le fait même son *co-mmencement.* La sagesse du monde nous conduit le plus loin possible dans la voie de la décision et même du discernement, mais il y a des choses qu'elle ne peut faire à la place de la *folie.* Elle ne saurait remplacer *l'instant irremplaçable,* l'instant paradoxal de l'advenu de l'Amour. La sagesse du monde apprend à décider, apprend le Moi à devenir sage et non à renier sa sagesse. Elle apprend le Moi à gagner sa vie et non à la perdre : si la sagesse humaine était assez forte pour déplacer les montagnes, elle n'y aurait pas besoin de la *folie.* La *folie* de l'Amour mène le Moi sage vers sa propre immolation, et plus encore lui donne un pouvoir de détachement, un désintéressement à l'égard des richesses et des intérêts insignifiants. Elle lui dévoile le secret d'une patience humble au moment de l'immolation. La *folie* de l'Amour dénude et simplifie le cœur du Moi et le guide vers l'union : tu n'es pas *pro-jeté* dans le monde que pour y être travaillé, comme une pierre qui doit être polie et bien taillée avant d'entrer dans la structure de l'édifice. D'une part, il est affamé, altéré de ce qui lui manque, qui n'est autre que l'union, et d'autre part, la force de l'Amour, qui passionne sa volonté, la rend audacieuse et enflammée. Tant que la conscience plongée dans l'obscurité ne jouissait pas encore de la flamme de la passion amoureuse, elle continue à imprimer en elle le sentiment de sa misère et de son indignité.

La constance du sage « constantia sapientis » n'est que la ténacité d'un vouloir acharné à se vaincre lui-même, mais résigné à subir comme une fatalité inévitable l'ordre du « cosmos ». Tel est le sens de la résignation stoïque qui tombe dans l'indifférence, puisque son caractère est imperturbable, impassable, inflexible, insensible et surtout impersonnel puisque trop personnel. Le mouvement de la *folie* de l'Amour tourne le visage vers l'ennemi, vers l'instant de la perte, l'instant du don de soi, il regarde l'ennemi en face et lui propose l'Amour. La sagesse du monde regarde par derrière son ennemi, ne trouvant pas ce bourreau de soi-même, s'enfuit toujours plus arrière, s'enfonce toujours plus profond dans un monde apparent, superficiel, anonyme, indifférent, qui l'entoure. Sa panique vient de sa non confiance en son ennemi, de son jugement préalable et de son attachement à sa propre vie. Une volonté d'affronter ou de fuir rate l'essentiel dans l'épreuve, car l'ennemi, ici, c'est sa propre face. Il faut plus de pensée pour résister que pour se *laisser-aller*, plus d'effort pour organiser la défense que pour faire tomber toutes les barrières, plus de haine et un cœur inhumain pour tuer l'étranger et l'ennemi, que pour les aimer et les bénir.

Le commencement de l'Amour ne dépend pas d'une volonté qui force, mais d'une volonté forcée à *s'aban-donner* à ce qui la *dépasse*, à ce qui la *surpasse*, à ce qui la *pré-face* et la fonde dans la patience, dans l'humilité et dans la confiance. Seule est voulante, une volonté forcée par l'Amour. Le *Moi-par-donné* est celui qui accueille l'action de l'Amour en lui, se livrant à elle par son *aban-don*. Communiant à cette action par amour, il en reçoit la vie, son commencement. L'Amour oblige à *l'aban-don* de sa volonté propre. Dans sa démarche à la recherche de son origine, la volonté se déchire de son propre et se ramène à l'Amour. Elle n'est jamais plus qu'elle-même que dans le suprême *aban-don* sans réserve. François de Sales parlait en ce sens de « volonté trépassée ». La volonté est dans son essence même « sacrificielle », elle n'est elle-même que si elle renonce à la dimension du « propre », à l'opposé de toute « avarice spirituelle ». C'est pourquoi toute possession lui est impossible. Comme il n'a pas de *soi* qui lui soit propre, le *Moi-par-donné* n'y peut rien, ni attirer à soi ni enfermer en soi, pas plus qu'il ne peut jamais témoigner de soi, étant, toujours, par son être même, la révélation de l'Amour qui l'a uni à soi : « L'amour sans limites qui, ivre de lui-même, et se prenant pour l'être de toute chose, ne voulait rien exclure de lui, se fit amour de tout, du fiable aussi, du malade, et même de l'ennemi[1]. »

Au moment où le *Moi-par-donné* ou le *Moi-aimé* se donne, il ne donne pas de soi, car il a déjà donné le propre de soi à l'Amour. Il n'est plus le propriétaire de son soi, mais le don de l'Amour en soi. Son soi devient, par l'acte *d'abandon,* un don de soi à l'Amour et en même temps un don de l'Amour à soi. Le *soi* du *Moi-aimé* devient un soi de l'Autre en lui, c'est-à-dire un soi de l'Amour. Le don du *Moi-aimé* n'émane pas d'une volonté propre mais d'une volonté autre. Cette volonté autre n'est pas une autre volonté que la sienne, mais une autre volonté que celle du Moi propre. Le *Moi-aimé* n'obéit qu'à une seule volonté, celle de l'Amour. Par son

---

1 M. Henry, *L'Amour les yeux fermés*, Paris, Gallimard, 1976, p. 234.

abandon, il abandonne tout ce qui est sien pour gagner tout ce qui ne se gagne pas. Mourir, perdre, *s'aban-donner* par sacrifice et par amour, relève de l'Amour et non d'une volonté propre.

S'aban-donner pour une cause sans raison suffisante, cela relève soit de la perversité, soit de la *folie* de l'Amour. La tautologie « vouloir vouloir » révèle le caractère abyssal de la volonté. La capacité de commencer par soi-même à se laisser être par une autre volonté - celle qui échappe au joug de l'enchaînement des causes qui sont elles-mêmes effets d'autres causes - est un fond sans fond, un certain « fond inexplicable ». « Vouloir vouloir » ne dit pas un commencement, une initiative, mais la volonté tout court qui commence par finir, par *faire-venir* en soi le débordement sur soi : l'« Unheimlich » comme « Geheimnis ». Fénelon s'exclame : « Ô amour, vous voulez des âmes qui osent tout [...] qui ne disent jamais : je le puis ou : je ne le puis pas. On peut tout en vous ; on ne peut rien sans vous. Quiconque aime parfaitement ne se mesure plus sur soi ; il est prêt à tout et ne tient plus à rien[1] ». La question, ici, n'est pas de ce que l'on peut, mais de ce que l'on veut, car vouloir en cette rare occurrence est pouvoir. En ce sens Maximilien van der Sandt, dans sa *Pro theologia mystica clavis*, écrivait : « Par la volonté je peux tout[2] ».

Le *Moi-aimé* vit par et pour une autre volonté que la sienne. Une volonté d'un Autre qui est d'un autre ordre que celui du Moi propre, une volonté irréductible au Moi propre comme infiniment autre. C'est la volonté qui s'anéantit pour mieux aimer. Le *Moi-par-donné* ne prouve pas l'amour de sa cause mais à s'abandonner par amour sans cause, sans volonté propre, sans décision personnelle. Il est celui qui croît, patiente et *par-donne*, parce qu'il a confiance en l'Amour. La *dif-férence* radicale introduit dans le Moi un écart originaire, irréparable, entre ce qui lui est propre ou son intimité esseulée et appropriée, et l'Autre qui échappe toujours à toute tentation d'assimilation et d'appropriation en lui : chercher son bien aimé dans la perte et l'amour, sans prendre en rien sa jouissance, sans rien goûter, sans rien entendre au-delà de ce qu'il doit savoir. La perte et l'amour sont des conducteurs d'aveugle qui le mèneront par des chemins inconnus, jusqu'aux secrets abîmes de l'Amour.

---

1 Fénelon, *Œuvres, Ibid.*, I, XV, p. 628.
2 Voir M. de Certeau, *La fable mystique*, 1, Paris, Gallimard, coll. "Tel", 1982, p. 233.

Vouloir ne pas vouloir

Il n'y a pas d'Amour si le *Moi-par-donné* ne *s'aban-donne* pas à cœur perdu dans l'éternel présent de sa passion, sans limite de durée. Fénelon appelait « pur amour », cet amour « hyperbolique et maximaliste » qui emplit l'âme entière et la vie entière et le cœur tout entier ; car il aime comme le croyant fidèle aime son Dieu unique de tout son cœur et de toutes ses forces. Ses forces sont ses faiblesses même, sa résolution est son impuissance même, sa foi est son désespoir même, son *aban-don* est sa volonté même : uni à l'Amour, appuyé sans aucun appui. Plus le *Moi-aimé* est passif à l'égard de l'Amour, plus il est agissant à l'égard de ce qu'il doit faire, plus son mouvement est fécond, libre et profond. Passivité devient synonyme de désintérêt, plus encore que d'« apathie ». Les puissances humaines ne sont suspendues que dans la stricte mesure où elles sont encore soumises à l'amour-propre. La « ligature » ou « évacuation » n'est plus nécessaire, à partir du moment où le Moi est entièrement *ordonné* à la volonté de l'Amour. La passivité, en ce sens, est bien le fait d'une activité qui obéit à un autre mode, à un autre ordre, celui de l'Amour. La passivité, comme *aban-don,* n'est donc pas une suspension absolue de la volonté, mais une suspension de ce qui est propre dans la volonté et de toute puissance qui agit en elle sans l'Amour. La passivité est une désappropriation de tout amour-propre, de toute volonté-propre et non une « éradiction » du Moi. Fénelon parle en ce sens de « passiveté » au lieu de « passivité ». Ce qu'on appelle « passiveté » écrit-il, n'est jamais une absolue cessation d'action mais c'est un usage très libre de notre volonté, pour la laisser conduire par celle de l'Amour[1]. Ou encore c'est une détermination positive, absolue et constante de vouloir et de ne vouloir que la volonté de l'Amour. Ce n'est pas la réalité du moi « haïssable », seulement, lorsqu'il désigne l'amour-propre, qui est en question, mais sa place et sa vocation. L'Amour est le « lieu » et le « lien » où le Moi se réconcilie avec lui-même en recevant le *par-don*. Le *Moi-par-donné* s'unit à l'*Amour* de volonté à volonté pour devenir une *mienneté aimée* ou bien une *mienneté par-donnée*, donnée originairement par l'Amour. L'union n'est pas fusion, elle ne se réalise que dans la conservation des deux volontés conjointes, dans ce qu'on appelle une *dif-férence* originaire. Le Moi n'existe que comme mouvement rapporté à lui-même par l'Amour. Il n'est donc question que de ne rien vouloir et de tout vouloir. Ne rien vouloir ne

---

[1] Voir A. le Boulluec, « L''édition des Stromates en France au XVIIe siècle et la controverse entre Fénelon et Bossuet », *Les pères de l'Eglise au XVIIe siècle* (coll.), Paris, Cerf, 1993, p. 427 et sqq.

signifie aucunement la suspension absolue de la volonté mais l'annulation de tous ses objets, de ce qu'elle possède, de ce qui est propre en elle. Maître Eckhart notait, en ce sens: « Rien ne fait véritablement l'homme que le renoncement à sa volonté[1] », mais il faut le vouloir. Si « vouloir tout » et « vouloir rien » peuvent énoncer le même, c'est qu'il ne s'agit que « de laisser faire celui qui fait tout [...] de laisser sa volonté sans mouvement dans la sienne[2] ».

L'*Amour* donne tout au *Moi-aimé* et demande tout de lui, il prend toute la place et occupe la plus longue durée de chaque instant qui passe : le seul Maître de l'amant c'est l'Amour. Dans la *volonté-Amour*, ni le désir, ni l'amour ne sont éteints dans le *vouloir ne pas vouloir*. L'amour véritable, selon François de Sales, ne se manifeste que dans le redoublement de la volonté, où l'Amour se fait volonté d'aimer : « la volonté aime en voulant aimer[3] ». La vie du *Moi-aimé* est le déploiement de l'Amour. Sa présence est le présent même du *Moi-par-donné* qui se donne à chaque instant de sa vie, sans début ni fin, juste *re-commencement*. La présence est le *re-commencement* de l'Amour qui, tant il est là, est infini à chaque instant. L'Amour, au moment où il commence, achève sa fin et finit son commencement en le donnant radicalement et sans mesure. Le *re-commencement* de l'Amour c'est le don radical de soi, son mourir, sa fin même. L'Amour est la fin par ce qu'il est l'origine.

La violence du commencement nous montre le chemin de la *folie* de l'Amour. Tout commencement de l'instauration d'une vie est la fin de cette vie, son mourir, sa donation même. Le mouvement du commencement reprend un sens et épargne à la vie l'effort épuisant qui consiste à *re-partir*, chaque fois, depuis le commencement et depuis la pauvreté de la nudité originaire. C'est là le pouvoir du commencement mais aussi sa faiblesse. Il est à la fois aussi permanant que le possible et aussi absurde que le surgissement, que la transfiguration, que l'événement ; il est enfin la force du *par-don*, son éclatement. Le choix de *s'aban-donner* à la volonté de *l'Amour*, à la perte de soi, n'exige-t-il pas un violent et coûteux sacrifice de soi, un détachement de ses intérêts propres, une humiliation de sa conscience dominante, une purification de son cœur ?

La conscience cessant d'adhérer à soi, comme étant le centre et l'origine de soi, devient profonde, nue, humble et clandestine. Elle se réconcilie avec sa réalité impuissance. Sa résolution émane de son cœur qui refuse le mensonge, la prétention, la jalousie, l'hypocrisie et la haine. La

---

[1] Cité par le P. de Certeau, *op. cit.*, p. 232.
[2] *Ibid.*, p. 233.
[3] François de Sales, *Traité de l'amour de Dieu, op. cit.*, Livre I, chap. IV, p. 363.

prise de conscience arrive brusquement : Ce n'est pas seulement le pouvoir qui me manque, c'est le vouloir. Tout est dans la mauvaise foi, c'est-à-dire dans le for intérieur, dans le cœur vicié, un cœur double : car le for intérieur est l'intimité même du mensonge. Saint Augustin disait que c'est la volonté de tromper (*Voluntas fallendi*) qui fait le menteur. Mentir c'est devenir un autre que soi-même, un étranger à soi-même, une illusion de soi-même, un mensonge. Par une sorte de continuation d'altérité illusoire, le mensonge fabrique des personnes inégales à elles-mêmes, dissemblables d'elles-mêmes. « L'intention du menteur, est d'agrandir l'espace vital de son ego.[1] »

La pureté du cœur émane de son humilité, de son refus du mensonge ; un cœur qui vit de sa pauvreté originaire, de son impuissance, de l'acceptation de soi-même et de la réconciliation avec sa vocation originaire. La pureté du cœur émane de sa « passiveté ». Par contre, la volonté manque du pouvoir non parce qu'elle est *non-puissante, non-pouvante*, mais parce qu'elle est *non voulante*. Elle refuse sa condition, elle refuse de se laisser coincer dans l'insuffisance présente. « Déjoué le jeu d'autrui sans être soi-même déjoué » c'est en ces termes que Balthasar Gracian conçoit le rapport irréciproque et unilatéral de tromperie[2]. Le mensonge nous donne accès à un *pouvoir* qui fait ajourner le vouloir du commencement. Le commencement est là où est le cœur, et seul un cœur pur peut vouloir commencer par le *pardon*. Descartes note, dans la *Quatrième Méditation,* que quoiqu'il semble de pouvoir tromper, soit une marque de subtilité ou de puissance, toutefois vouloir tromper témoigne sans doute de la faiblesse. Le pouvoir démontre la supériorité de la conscience masquée, orgueilleuse, alors que le vouloir en manifeste sa vanité et son incurable impuissance. « Mentir n'est-ce pas abdiquer[3] ? » Le mensonge est la fuite intérieure, le recul face au vouloir commencer, l'«opium » du moindre choix originaire : Le commencement se fait en nous, le mensonge est fait par nous[4].

Recommencer c'est retrouver un fond de pureté originaire qui est en toute mauvaise foi ; c'est remettre à nu le cœur de l'homme, dévoiler sa face originaire. Qui sait si le menteur en nous n'est pas devenu menteur à force d'être solitaire, d'une solitude esseulée par l'absence de l'Amou*r* ; mécompris et mal aimé ? Comme on devient horrible de n'avoir pas été assez aimé. Le Moi est-il insuffisamment aimé parce qu'il été menteur et méchant, ou s'est-il replié sur soi parce qu'il était mal aimé ? Qui peut répondre ? Est-ce une réponse suffit-elle ? Trompeurs et trompés, en définitive on se valent tous ! On est tous finis, impuissant, et mortels. Que tout homme trahi ou trompé

---

1 Jankélévitch, *Les vertus et l'amour*, I, *Ibid.*, ch. 2
2 *Ibid.*
3 René Le Senne, *Le mensonge et le caractère*, Paris, 1939, p. 46 et p. 56.
4 *Ibid.*, p. 7.

fasse son choix ou son vouloir de commencement, au lieu de montrer du doigt la méchanceté de l'autre, le mal de l'être. Au lieu de jeter la première pierre sur la face de l'innocent : *la finitude*, re-commençons le *par-don* de soi par l'Amour. Ce n'est pas si horrible ni honteux d'être faible et impuissant. Vous ne le croyez pas ?

La cause fondamentale du mensonge est le manque de pureté, d'humilité, de gratuité et d'amour. Parce qu'il est l'origine de tout commencement, le pouvoir de tout vouloir, la brisure de tout jugement, la déchirure de toute fermeture orgueilleuse, l'Amour nous fera innocents et purs comme au premier matin d'un monde nouveau. Qu'est ce qu'une volonté qui ne peut être mauvaise ? Est-ce celle qui est bonne ? C'est une volonté qui n'est ni bonne, ni mauvaise, ni volontaire, mais voulante parce qu'elle est aimée. Seule une volonté aimée originairement a le pouvoir de l'Amour pur qui ne juge pas, et cela parce qu'elle voit toujours l'Amour caché sous la dureté d'un cœur en pierre. Dès lors, la vérité du cœur ne s'exhibe pas toujours dans la visibilité de sa dureté : « En arrière des choses se tient la puissance qui les produit. Chaque homme au plus profond de lui-même cache une source secrète[1]. » Dans la prière finale du *Phèdre*, Socrate dans sa laideur demande les dieux d'harmoniser l'extériorité de son avoir avec la beauté intérieure de son être[2]. Deux modes d'être se révèlent : le visible et l'invisible, l'extérieur et l'intérieur, le superficiel et le profond, le familier et l'étrangeté, le gain et la perte, la dureté et le sublime, le mensonge et la pureté. L'épreuve de soi par l'Amour vient séparer les deux modes d'être, les deux mondes différents et creuser une *dif-férence* originaire entre eux.

S'éprouver soi-même : mensonge et sincérité

C'est par les actes qu'on connaît le sérieux et l'authenticité de la bonne volonté : « vous les connaissez de leurs fruits ». « Ce n'est pas ce qui entre dans le cœur qui le rend impur mais ce qui sort de lui ». C'est à l'épreuve de l'expérience de la perte de soi qu'on découvre si un engagement est du bout des lèvres ou bien de la profondeur du cœur. Le héros ne fait pas des conférences sur l'héroïsme, car il est lui-même en personne et immédiatement, le héros des actes héroïques. L'amant n'enseigne pas des théories sur l'amour, car il est lui-même, *en chair et en os*, l'œuvre et l'offrande de son amour. Le souffrant ne parle pas de sa souffrance en donnant des définitions, il est sa souffrance même, sa propre

---

[1] M. Henry, *Philosophie et phénoménologie du corps, Ibid.*, p. 135.
[2] Platon, *Phèdre*, Paris, Flammarion, 1964, 279 b.

agonie. L'épreuve même de la vie, comme perte de soi, clive la volonté de son pouvoir, de son orgueil, de ce qui est propre en elle : son impureté. L'épreuve de l'ipséité expose la volonté au commencement de l'Amour en elle : L'épreuve de *l'aban-don* de soi en est essentiellement le garant de l'éveil de l'Amour en soi, de son *re-commencement*. Le vrai et l'authentique ne sont plus simplement les contraires du faux et de l'inauthentique. Ils manifestent l'énigme de l'être même dans le *là* de ses épreuves quotidiennes, dans le secret de sa finitude et dans le mystère de son immolation. Si nous supposons que l'épreuve de *l'aban-don* de soi parle un tout autre langage, différent dans le principe du langage purement conceptuel et idéel, nous sommes contraints de reconnaître une autre parole, celle qui commence par l'occultation et le silence. Dans sa méconnaissance de l'épreuve de la vie, comme perte de soi, la parole doit se taire, elle qui ressemble à *un vain bruit et un souffle de la voix*. Le silence de la parole est selon Schelling et Kierkegaard : une « sagesse ». Une « sagesse » qui met fin à son commencement dans le monde pour inaugurer, par son silence, le commencement de l'Amour en elle. Ce sont les actes qui comptent, seuls les actes témoignent du vivant et de sa vocation. Quand on pense au malheureux on pense à son malheur ; mais quand on aime ce malheureux on partage et on expérimente avec lui son malheur et on fait tout pour l'alléger.

La pensée garde une distance d'étrangeté et d'indifférence entre celui qui pense et celui à qui elle pense, et cette distance rend l'Amour impossible. L'Amour fait tomber toute distance et toute indifférence en les transformant en un lieu d'accueil, de générosité, de gratuité et de don de soi. Un lieu où le *don* a quelque chose à dire puisqu'il a quelque chose à donner. La pensée pense aux malheureux, mais de loin, en gardant toujours une distance d'étrangeté et d'indifférence qui ne change pas la réalité des choses, mais elle change et échange des idées. C'est pourquoi Tolstoï souffrait de n'être que prédicateur et voulait si passionnément être apôtre et martyr[1]. N'est ce pas le cas de Simone Weil qui disait : « Donner sa chair pour la vie du monde, et recevoir en échange l'âme du monde[2] ». Pour elle, si l'âme du monde ne peut être reçu qu'en donnant sa chair pour la vie du monde, n'est ce pas que la résurrection, du côté de l'homme, suppose le caractère inconditionné de l'amour, comme l'acceptation inconditionnée de la mort ? Pour G. Thibon : « Trop de chrétiens, ignorent que (…) Dieu ne reçoit que ce qu'on lui donne à fonds perdus et que ce fonds qu'il faut perdre sans calcul

---

1 Tolstoï, *Le Royaume de Dieu est en vous, Ibid.*, chap. v.
2 Simone Weil, *Œuvres Complètes*, VI, 2 251 : « Nourrir celui qui a faim (…) Ce je irréductible, qui est le fond irréductible de ma souffrance, le rendre universel ». Voir *OC*, VI, 2 415.

et sans retour, c'est nous-mêmes[1]. » Thibon ajoute : « Il faut savoir mourir inconditionnellement[2]. » Selon Jankélévitch : « Celui qui dit oui, et fait autrement, celui qui n'as pas conforme le faire au dire, celui-là n'est pas un homme, mais un homme de lettres[3] ». La conscience qui ne cesse de parler est la conscience ambivalente, déchirée entre sa lucide intelligence et sa mauvaise volonté ; il y a en elle quelque chose qui est plus fort qu'elle. Le Moi, intérieurement déchiré, n'est plus maître de soi, ni maître chez soi, ne sait plus ce qu'il veut, ne voit pas clair dans son cœur : Je suis plusieurs, je suis légion et peuple d'une multitude virtuelle. L'insincérité avec soi-même ne suppose pas seulement le schisme de la conscience, mais le pluriel des consciences, plusieurs personnes en soi. Le Moi, non sincère avec soi-même, ne lit pas clairement les règles du jeu, il perd la direction du rapport entre le commencement et la fin et il en est la première victime de son : *mal-jouer*. Savoir jouer nécessite de recommencer à mourir, car le jeu, ici, c'est l'enjeu de sa vie elle-même, sa propre vie. Bien jouer l'enjeu de sa vie c'est la prendre au sérieux en *s'aban-donnant* à l'origine de toute vie : à l'Amour. Mal jouer est, en quelque sorte, mal agir, mal vivre, mal être, mal mourir et mal aimer.

La sincérité représente la vérité de ce qu'on est, la vérité de son être et de sa donation. La vérité n'est pas un accord négatif entre l'être et sa souffrance, comme perte interminable de soi, mais, avant tout, un accord d'amour et *d'aban-don* de soi, un accord qui refuse de continuer le jeu de la pensée qui échange des idées pour commencer à mourir sérieusement. Mourir sérieusement consiste à être soi par l'Amour, commencer d'être soi-même autrement : un *être-déjà-perdu* mais en même temps un *être-déjà-aimé*. La vie n'a de sens que maintenant, à l'instant du commencement d'être soi-même hors du commerce et d'échange que l'on consent à une perte en vu d'un gain. C'est dans son cœur, là où le Moi éprouve ce qu'il éprouve et s'éprouve lui-même que se tient le commencement de la vie, comme épreuve et comme vérité sérieuse sans jeux. Le Moi est celui qui *s'éprouve* lui-même et qui se trouve être, du même coup, capable d'éprouver et de sentir tout ce qui l'entoure. « S'éprouver soi-même constitue le propre de la vie[4] », disait Michel Henry. Commencer c'est s'éprouver soi-moi. L'épreuve de soi n'est pas, pour nous, une « auto-affection », une « pure immanence », mais c'est une affection par l'Amour, une immanence purifiée par l'Amour, une immanence altérée, amourtifiée et ex-tasiée comme signe de l'advenu de

---

1 G. Thibon, *L'ignorance étoilée*, Paris, Fayard, 1974, p. 53-54.
2 G. Thibon, *Le Voile et le masque*, Paris, Fayard, 1985, p. 23.
3 Jankélévitch, *Les vertus et l'amour*, I, *Ibid.*, chap. 2, V, « Devenir ce qu'on est ».
4 Michel Henry, *Paroles du Christ*, Paris, Seuil, 2002, p. 19.

l'Amour dans notre cœur, comme signe de son commencement dans notre intimité même, comme signe de l'altération de notre « mienneté » esseulée. L'instant de commencement est l'instant même de l'avènement de l'Amour : il vient inaugurer le commencement de notre vie qui vit par lui et avec lui. Commencer avec l'Amour c'est mourir avec lui, perdre sa vie avec lui, c'est finir avec lui, commencer sa finitude comme *finition* avec lui. Commencer à vivre avec l'Amour c'est commencer à faire mourir cette vie qui n'est qu'une vie qui commence par son achèvement, qui commence par l'Amour comme don total de soi. Par ce commencement tout se fait avec l'Amour, le contre comme le pour. Plus les raisons de ne pas aimer sont fortes plus elles fortifient follement *l'aban-don* de soi à l'Amour. La raison de ne pas aimer et de se méfier devient une raison de plus pour aimer. Aucune épreuve n'ébranlera la force de cet *aban-don* et de cette épreuve même, car cette force tient sa folie de l'Amour même et non du Moi propre. Le *Moi-aimé* ou le *Moi-par-donné* se laisse être *aban-donné* au commencement de son être par l'arrivée de l'Amour. Se laisser être *aban-donné* une fois pour toutes, de ne jamais décroire, car son *aban-don* n'est pas un simple choix mais toute sa vie, le « choix des choix ».

L'aban-don de soi émane d'un cœur pauvre qui ne possède que la pauvreté originaire de l'Amour. Comme le pur amour de Fénelon et le cœur pur de Kierkegaard, le *Moi-aban-donné* aime radicalement, aime pour vivre, aime jusqu'à mourir, aime pour aimer. Le pur amour, selon Fénelon, est un amour sans partage, un amour où nul intérêt ne vient concurrencer l'attachement désintéressé de l'amant à son Bien-aimé. Selon Kierkegaard le cœur pur est un cœur non partagé et l'état d'une conscience sans mélange[1]. Le *Moi-par-donné* achève le commencement de l'Amour à chaque instant de sa perte comme *aban-don* et par le *par-don*. Il commence à laisser achever la vérité de son être, à laisser faire à chaque instant ce que la mort fera une seule fois à la fin de la vie : elle dénude, simplifie, purifie l'ipséité et achève son commencement. *L'aban-don* de soi n'est pas une simple pureté ; il est une purification amoureuse, une vie éprouvée et re-commencée à chaque instant par l'Amour. Oui ! L'Amour est la seule règle, le seul commencement et commencer sans l'Amour c'est mentir.

---

1 Kierkegaard, *La Pureté du cœur, Ibid.*, p. 108.

L'ipséité qui se laisse *re-commencer* la blessure originaire de l'Amour en elle

Le pouvoir de l'Amour rend possible le commencement de la fin ; il est comparable au feu qui purifie et transforme en lui-même. Il donne la hardiesse de toutes les purifications et les épreuves qui mènent vers l'union. Il s'agit d'un pouvoir qui n'est plus celui de l'apparence des choses, mais de la vie qui s'éprouve soi-même avec ses souffrances, son bonheur, et son *aban-don* à ce qui a déjà commencé en elle. Un pouvoir qui se tient dans la profondeur du cœur en opposition à celui qui se tient dans l'apparence du monde. Le cœur dévoile la véritable réalité de l'ipséité qui est originairement pauvre, gravement pauvre comme le pouvoir de l'Amour. Le cœur renverse la logique du monde, la justice de la loi, la responsabilité éthique et dévoile la folie de l'Amour : « Aimez vos ennemis, faites du bien à ceux qui vous haïssent. Souhaitez du bien à ceux qui vous maudissent, priez pour ceux qui vous calomnient. A celui qui te frappe sur une joue, présente l'autre joue. A celui qui te prend ton manteau, laisse prendre aussi ta tunique. Donne à quiconque te demande, et ne réclame pas à celui qui te vole... » (Luc 6, 27-31). Au fond du cœur réside le commencement de notre réalité véritable. Au cœur même de l'Amour repose notre demeure, notre finitude et le mal de l'être qu'on éprouve dès notre naissance. Le *re-commencement* de l'Amour trace un nouveau chemin en dévoilant, dans notre vie, sa dimension la plus profonde, invisible, cachée, secrète, «unheimlich». Le *re-commencement* de notre vie tient à ceci que l'Amour demeure dans le secret de notre dimension la plus profonde, la plus originelle. Dans l'invisible, dans la nuit obscure, le *secret* - cette dimension profonde, mystérieuse et impénétrable – traverse le cœur en le blessant. Une telle blessure n'est rien d'autre et rien de moins que celui de l'*appel* de l'Amour, de sa *folie*. Au sein de l'invisible, un abîme vient de se creuser, un nouveau rapport est posé : « Quelles que soient les merveilles qui lui sont dévoilées, elle doit toujours le regarder comme caché et le chercher dans sa retraite, en disant : « Où es-tu caché[1] ? »

L'ipséité blessée, par la traversée de la folie de l'Amour au fond de son intimité, ne se rapporte plus au monde et aux autres, non plus à elle-même dans le secret de ses pensées et de ses actes ; elle est soumise au regard blessant de l'Amour. Le *Moi-par-donné* ne peut être lié à lui-même, ou bien au monde, et aux autres qu'en *se* laissant être traversé par le regard blessant de l'Amour, qui définit depuis l'origine la condition originelle de

---
[1] Jean de la Croix, *Œuvres complètes*, *Le cantique spirituel A*, *Ibid.*, p. 360.

l'ipséité. Une telle condition, déjà oubliée, occultée, rejetée, n'est jamais abolie. Toute ipséité est un don de l'Amour et de lui seul. Aucune ipséité n'a le pouvoir de s'apporter elle-même dans la vie, d'être origine de soi-même. Elle ne serait tenir cette vie d'une autre ipséité telle qu'elle, aussi impuissante qu'elle, de se donner la vie à elle-même. Seule une ipséité traversée par la blessure originaire de l'Amour détient la capacité de s'apporter elle-même dans la vie et de communiquer son souffle ou sa blessure originaire à tous ceux qu'elle fait vivre. L'ipséité unique et gravement blessée par la folie de l'Amour est amour.

L'Amour jaillit du vouloir profond du cœur blessé et aimé de l'ipséité visitée. C'est bien l'ipséité visitée par l'Amour qui aime réellement, ou plutôt qui se laisse *re-commencer* l'Amour en elle, et à chaque fois, plus intensément. Face à cela s'éclate la possibilité de *l'a-vènement* de la « mienneté » originaire, d'une « mienneté » accueillit par l'Amour, de ce qu'on appelle une « mienneté » amourtifiée, *trans-figurée* par la blessure de la folie de l'Amour en elle.

A la rupture brutale des liens sociaux, mondains, à la décomposition générale des relations humaines, s'exalte leur recomposition, leur *re-commencement* selon l'ordre de l'Amour : Vous êtes les Fils de l'Amour. Vous n'avez qu'une seule et même origine, vous n'avez qu'un seul et même Père. De telles relations ne peuvent plus se comprendre à partir de l'image mondaine que les hommes donnent d'eux-mêmes, d'après leur manière de voir et de représenter eux même et le monde. L'accueil intérieur et originaire de tous les vivants émane d'une seule origine, d'un seul Père : l'Amour. Loin d'être autonome, l'ipséité dépend de l'accueil intérieur de l'Amour ; elle n'existe que par cet accueil même, ne se comprend que par lui. L'accueil de l'Amour donne le pouvoir de se donner à soi-même une origine et par conséquent de la donner à tous les vivants. Telle est le commencement du Moi et de sa condition originaire ; il est un être donné par l'Amour et « engendré » dans la vie comme accueil de l'Amour en soi. L'accueil originaire « ipséise » l'ipséité aussi longtemps qu'elle aime, aussi longtemps qu'il lui reste du temps à tout donner, à tout perdre. L'ipséité accueillit par l'Amour n'est autre que sa générosité, sa donation originaire. Son origine se tient en l'Amour, sa nature provient de celle de l'Amour. Engendrant l'ipséité comme un don, lui donnant une vie qui n'existe qu'en lui, l'Amour lui a donné la même nature que la sienne : celle de l'offrande de soi. C'est ainsi que l'Amour a fait de l'ipséité son « image et sa ressemblance » (Genèse 26) : « Celui qui veut sauver sa vie la perdra ; mais celui qui perdra sa vie pour moi la sauvera » (Luc 9, 24). Et encore : « Celui qui veut me suivre, qu'il renonce à lui-même, qu'il prenne sa croix chaque jour et qu'il me suive » (Luc 9, 23). Celui qui ne prend pas sa croix et ne me suit pas, n'est pas digne de moi, refuse d'être à ma ressemblance : une offrande de soi. L'homme répondit : « permets-moi d'aller d'abord enterrer mon père. » Mais l'Amour lui répliqua : « Laisse les morts enterrer les morts. Toi, va annoncer le règne de l'Amour ». « Celui qui met la main à la charrue et regarde en arrière n'est pas fait pour le Royaume de l'Amour » (Luc 9, 57-62).

Une autre vérité plus originaire et plus essentielle que celle du monde visible et de sa représentation, se trouve dévoilée. Nous apparaissons dans la lumière de ce monde, ensuite nous sommes ouverts à lui et à tous ceux qui se montrent en lui. Cet univers du visible exhibe, en lui, notre réalité originaire, laquelle réside dans le *secret* où l'Amour nous *en-visage*. Vivre, consiste en ceci : commencer à aimer à force de mourir, à force de *s'aban-donner* à la volonté de l'Amour. Selon Jean de la Croix : « Là où il n'y a pas d'amour, mettez de l'amour, et vous recueillerez de l'amour[1]. »

---

[1] Jean de la Croix, *Œuvres complètes, Ibid.*, Lettre 47, écrite le 6 juillet 1591, cinq mois avant sa mort, à Marie de l'Incarnation.

2-Le mouvement infini de l'Amour

Le cœur seul « horizon »

L'amourtification, ou la *trans-figuration* de soi par la blessure de la folie de l'Amour, ne se fait pas dans la lumière du jour mais dans la nuit obscure, dans l'invisibilité, l'occultation, la solitude, la veille, la confiance et le *par-don*. Elle se fait dans un cœur *aban-donné* à la volonté de l'Amour.

Il s'agit toujours d'un état de choses ou de phénomènes qui relèvent de l'expérience commune, d'aller vers ce qu'on ne connaît pas ou qu'on ne voit pas encore, sinon à travers un voile comme une image obscure dans un miroir. Entendre, écouter, voir, regarder, veut dire pour nous entendre avec les oreilles et voir avec les yeux. Le sens de l'ouïe entend ce qui résonne hors de nous, dans le monde : les sons, les bruits de ce monde. De même avec la vue on ne voit que ce qui devient visible devant nous, dans le monde. Nos sens sont autant de pouvoirs qui nous jettent au monde, nous ouvrant à lui et à tout ce qui se montre en lui, hors de nous. L'apparaître n'est autre que l'apparaître du monde.

Totalement différente est la manifestation de l'Amour. Saint Augustin disait : « Je ne te trouvais pas Seigneur, parce que je te cherchais mal : je te cherchais au-dehors, et tu étais au-dedans[1]. » L'Amour se manifeste dans une *dif-férence* originaire avec nos sens et nos représentations ; Il se manifeste dans le silence de *la nuit obscure* des sens. Ce n'est pas un silence où il n'y a pas de bruit, c'est un silence où il ne peut pas y en avoir parce que, là où il s'établit, aucun sens n'est à l'œuvre[2]. Ce silence n'est pas celui du *mutisme*, c'est celui en lequel parle la vérité de l'Amour au cœur des hommes, dès leur naissance, et en mouvement infini : « Le cœur est la seule définition adéquate de l'homme[3] ». Le pouvoir de l'Amour s'exerce sur le cœur, visant à produire en lui une transformation radicale, une purification. Il s'agit de l'établissement de la relation originaire du Moi à l'Amour. Qui touche le fond de la pauvreté originaire n'a plus rien à perdre, car on ne peut tomber plus bas que le bas : n'est ce pas dans la nuit la plus noire que s'éclate le jaillissement de l'aurore ? Plus l'Amour nous emplit, moins il nous rassasie. Plus grande la vulnérabilité plus profonde et plus étendue la blessure de l'Amour. L'Amour n'est jamais dégoûté d'aimer,

---

1 Saint Augustin, *Les Soliloques,* chap. 31, cité par Jean de la Croix, *Œuvres complètes, Ibid.*, p. 361.
2 Michel Henry, *Paroles du Christ*, Paris, Seuil, 2002.
3 *Ibid.*

il est inépuisable comme la perte qui perd pour vivre et qui vit de sa perte. Ici, pas de peu et de trop, pas de plus ou de moins ; ici jamais trop, jamais assez. La mesure de l'Amour, dit saint Augustin, est d'aimer sans mesure. Tout de suite ou jamais, l'Amour commence par lui-même et finit en se donnant infiniment à moi-même. Il dévoile ma vocation de dépouillement, de l'abnégation radicale de moi-même, de mourir jusqu'à aimer. Le voilà son enracinement dans le Rien, dans le rien du cœur que les ascètes l'appellent mortification, parce qu'il est mort à soi-même. Le verbe être, qui copulatif ou ontologique, se rapporte à quelque chose, ici, se rapporte absurdement à autre chose, à l'absence de toute chose, à la perte de l'être même : « Je suis rien (...) Mon être s'abîme dans l'océan du Rien[1] ». Le désir de l'« impossible » détruit tout objet, il ne cherche que le rien: « Mon cœur s'est enflammé et mes reins ont été changés, j'ai été réduit à rien et je n'ai plus su[2]. »

Avec son avoir propre, le Moi, à la limite, perd son être propre, perd son soi-même propre. L'ipséité est en quête de son *ipse* et ne le trouve plus. L'ipséité se trouve, chez Fénelon, non seulement « expropriée » de ses propriétés, mais « énucléée » de son noyau ontique, d'où le terme : « désappropriation de la volonté ». Le Moi qui commence son chemin de purification n'est plus soi-même, il est un autre et toujours *dif-férent* que soi. Il n'est plus rien sans l'Amour : en sa subordination totale à l'Amour, dans sa plus extrême humilité et dépouillement, s'accomplit son identité avec lui. Il est ce qu'il n'est pas et n'est pas ce qu'il est, il est lui-même autrement et par un Autre. Sous la demeure de l'Amour le Moi s'anéantit et ne connaît plus que l'Amour : « Tout ce qui est à moi est à toi comme tout ce qui est à toi est à moi » (Jean 17, 10).

La négation de soi n'est pas un refus de soi, ni une inclinaison évasive et une haine de soi. S'il accepte sa perte, si le *Moi-éprouvé* tend vers son mourir, c'est pour commencer à être selon son origine : un don de soi comme l'Amour et avec lui. L'intention du *Moi-par-donné,* qui commence à être selon la volonté de l'Amour, n'est pas de se sentir humilié, de se torturer et de se faire souffrir. Son *aban-don* n'a rien à avoir avec la cruauté masochiste et maladive animée par la haine et le refus de tout. Il cherche l'union avec l'Amour, il veut aimer l'Amour tout en demeurant aimé par lui. Il accepte sa perte au nom de l'Amour. Il est, en cela, de même nature que l'Amour qui meurt pour vivre, jamais assez ! Jamais trop ! Toujours d'avantage à l'infini ! Il faut que les amants s'aiment de plus en plus. Plus ils s'aiment, plus ils se donnent et plus ils se donnent, plus ils vivent de cette

---

[1] Jankélévitch, *Les vertus et l'amour*, I, *Ibid.*, chap. 4, IV.
[2] La Bible, Traduction selon les textes originaux hébreu et grec, Editions du Cerf, Paris, Psaume 72, 21-22, 1973.

donation accélérée jusqu'à l'infini, de ce surcroît de l'Amour même, plus loin que tout horizon, ou, comme le dit Fénelon, « plus bas que toute bassesse ». La bassesse est l'humiliation du Moi convertie en humilité et exposé par son impuissance à la simplicité de son cœur. Le *laisser-être-aban-donné* à l'Amour est la condition absolue d'un cœur humble et le commencement pur de sa *trans-figuration*.

L'Amour a blessé son cœur, le mettant tout en flammes, telle est la témérité de l'Amour. La douleur du *Moi-blessé* ne vient pas de sa blessure, au contraire, il éprouve pareille blessure comme sa vraie santé et le sens de sa vie. L'origine de sa douleur c'est que l'Amour le laisse en proie à son martyre et ne le blesse pas de façon à lui ôter la vie. Ce qui lui permettrait de se joindre à lui et de le voir clairement et à découvert en amour amoureux. La blessure est si délicieuse et en même temps si mortifiante pour le *Moi-aimé*. Elle lui fait mourir sans cesse, de milles morts sous des traits si désirables, parce qu'elle lui fait sortir de lui-même et entrer en l'Amour, s'unir définitivement à lui : « Mais à ta suite, en criant, je sortis. Hélas, vaine poursuite[1] ! »

Au commencement correspond le seul impératif inconditionnel qui est l'impératif d'aimer. Avec cela tout est dit. En sorte qu'au delà du commandement d'amour il y a encore l'Amour et toujours l'Amour. Il est le commencement et la fin, l'infini et l'ultime, le centre et toute extrémité, plus intime à soi-même tout en gardant une *dif-férence* absolue avec soi-même : « Au soir de la vie, on t'interrogera sur l'Amour[2]… ». Dans l'Amour l'union entre le *don-aimé* et *l'amour-donné* est inépuisable et irremplaçable, car elle exige le don de l'Amour à soi et elle demeure à travers le don de soi à l'Amour. Tout ou rien, maintenant ou jamais, ici ou nulle part. L'Amour ne reconnaît qu'une seule mesure : l'inépuisable et l'incommensurable. Si l'Amour aimait jusqu'à un certain point, seulement, l'appellerait-on amour ?

Aimer à force de mourir

Le *Moi-par-donné* aime jusqu'à en mourir, et la mort, en ce sens, est son ultime et seule non limite, son *re-commencement* de soi. Il meurt à force d'aimer et il aime à force de mourir. La mort est le commencement et la fin sans fin du *Moi-par-donné* ; elle est sa vie même, son nom, son extase, sa résurrection. Pas d'Amour sans mourir, car pour aimer il faut mourir. Une fois de plus tout est dans le commencement de l'Amour : rien n'y est si l'Amour n'y est pas, et si l'Amour y est, tout est transfiguré par la perte de

---

[1] Jean de la Croix, *Œuvres complètes, Le cantique spirituel A, Ibid.*, p. 364.
[2] *Ibid., Paroles de lumière et d'amour*, p. 58.

soi, par le don total de sa vie: « Agapè qui fait battre le cœur ; qui habite non pas l'homme commun, l'homme-cymbale, mais le martyr qui recommence à chaque instant son amour[1] ». Un amour pur qui selon saint Bernard est un amour sans tache, ni mélange de recherche personnelle ; un amour qui commence par l'Amour[2], qui commence par lui-même. Il est extrême et suprême en soi : « Je suis réduite... je suis réduite... Non, je n'aurais jamais cru qu'on pouvait tant souffrir... jamais, jamais ! [...] Si c'est là l'agonie, qu'est ce que c'est que la mort?... Oh! C'est bien la souffrance pure parce qu'il n'y a pas de consolation. Non, pas une[3] ». Selon Simone Weil : « Il ne faut pas pleurer pour ne pas être consolé ».[4] Il n'existe aucune consolation à ce genre de souffrance, car rien ne peut compenser une vie déjà perdue. Rien ne peut compenser une larme d'un seul enfant, pour reprendre les termes d'Ivan Karamakov[5]. La souffrance pure est légitime pour celui qui se laisse être aimé ; souffrance qui est condition et non pas obstacle, pour s'unir à l'Amour. La souffrance pure conduit à la pureté de l'Amour. Elle est le signe que le cœur n'a ni cherché, ni fui la souffrance, qu'il a échappé à ces deux tentations. C'est le cœur qui sent l'Amour et non pas la raison, et sentir l'Amour par le cœur c'est souffrir sans consolation possible. La souffrance du cœur n'a pas de consolation. C'est l'essence même de sa réalité. Il faut l'aimer dans sa réalité, qui est absence de consolation et même absence de guérison. Autrement, on n'aime pas. Le secret de l'Amour ne demeure pas dans la souffrance mais dans l'absence de consolation. C'est précisément parce que je suis dans l'Amour que je souffre, mais aussi c'est parce que je souffre que je suis dans l'Amour. Selon M. Henry : « Quand quelqu'un souffre, la souffrance s'empare de tout son être, il n'est rien d'autre qu'elle[6]. » Si ma souffrance est dans l'Amour et par amour, elle devient elle-même amour : « Tu étais, dit Lucile, plus semblable à moi que moi-même, plus profond en moi que moi-même[7]. » Me voici donc seul : « La souffrance est mon unique compagne. C'est une femme captative et qui me veut tout à elle[8]. » « Sur tout ce que j'aime elle a posé sa marque indélébile et sur mon front un bandeau noir. Rien n'arrive jusqu'à moi, rien ne pénètre dans mon cœur sans sa permission. »

---

1 Jankélévitch, *Les vertus et l'amour*, II, *Ibid.*, chap. VI.
2 La Bruyère, *Les Caractères*, ch. IV : « Du cœur ».
3 Sainte Thérèse de l'enfant-Jésus et de la Sainte-Face, *J'entre dans la vie, derniers entretiens*, Paris, Pocket, Ed. du Cerf, 1999, p. 224.
4 Simone Weil, *Cahiers II*, *Ibid.*, p. 146.
5 *Ibid.*, p. 189.
6 M. Henry, *Philosophie et phénoménologie du corps*, *Ibid.*, p. 201.
7 M. Henry, *Le fils du Roi*, *Ibid.*, p. 206.
8 *Ibid.*, p. 199.

Le « désintéressement » selon Fénelon, le « cœur pur » selon Kierkegaard, « l'amour sans mesure » selon saint Augustin, sont trois manières différentes d'exprimer l'impérative catégorique et intransigeante d'un amour qui aime sans réserves ni partages, sans limites ni mesures. La seule mesure d'un tel amour est la démesure[1], il ne connaît qu'une place : le *par-don*, ne veut jamais qu'un seul gain : l'Amour : « Vois donc, je t'ai gravée sur les paumes de mes mains » (Is 49, 16). C'est parce qu'il porte en lui un vœu d'éternité que l'Amour devient : originaire. L'Amour originaire et passionné ne pose pas de conditions, il ne formule pas des restrictions ; d'abord il aime et enfin il aime encore. Un amour impartialement articulé qui aime ceci et déteste cela, qui négocie et qui s'arrête à mi-chemin n'est pas un amour pur et ne l'a jamais été. Le pur amour culminant à l'apogée de sa descente ne tolère pas des compromis entre le oui et le non, entre le tout ou le rien, il est une pauvreté à l'infini pour cent.

Le *Moi-par-donné s'aban-donne* radicalement dans son amour démesuré, jusqu'à l'extrême limite du possible, que sa finitude lui révèle, et qui est sans exception pour tout les hommes : la mort. Aimer jusqu'à mourir et mourir jusqu'à aimer : un seul et même mouvement qui transfigure le commencement par sa fin et la fin par son commencement : Commencer par l'Amour au point de mourir d'amour pour lui. Telle est l'absurdité de l'Amour originaire et de son étrangeté inquiétante. Sans raison d'aimer l'Amour trouve dans sa déraison même une raison concrète, nécessaire et suffisante pour aimer infiniment. Ce que l'Amour a donné inexplicablement, radicalement et paradoxalement, le donne toujours sans finir ; plus il donne, plus il donne encore. Dans le don suprême de l'Amour se dévoile l'acte du *par-don* comme acte de mourir pour l'amour de l'autre. Un acte qui se retire tout en s'offrant, de telle sorte que la donation se reflue vers son origine, elle termine en débutant, elle finit en commençant : C'est de l'Amour que je suis sorti et que je viens et c'est à lui que je retourne. C'est au don de l'Amour que l'amant est fidèle, ce don, en lequel, il est donné à lui-même ; c'est au dynamisme du don originaire de l'Amour en lui qu'il *s'aban-donne*. Il a, en quelque sorte, mobilisé ce qui demeure, désormais, en son cœur comme un acquis : *le don de soi*. La donation de la vie en lui est un don qui le précède toujours et le tient proprement pour rien.

La donation, ici, inaugure un ordre nouveau, un ordre d'amour qui a son sens en lui-même, son premier mouvement est aussi le dernier mouvement ; en elle l'« oméga » rejoint l'« alpha ». L'Amour prononce le mot de la fin avec *l'aban-don* du commencement. Le *Moi-aban-donné* se démet du « propre » et ne réserve rien pour lui. La marque de son renoncement est sa propre perte, il ne résigne plus seulement ses

---

1 Jankélévitch, *Les vertus et l'amour*, II, *Ibid.*, chap. VI.

possessions, mais son être même : « Eros » ne quittait que le mien, « Agape » sacrifie son moi, *aban-donne* l'ipséité de son « ipse ». « N'ayez rien », insiste Fénelon, puisque l'avoir empêche l'Amour, empêche la perte radicale de soi : « Qui ajoute au mot d'être diminue le sens loin de l'augmenter ; plus on ajoute, plus on diminue, car ce qu'on ajoute ne fait que limiter ce qui était dans sa première simplicité sans restriction[1] ». L'Amour transporte le *Moi-aban-donné* à tel point qu'il l'arrache à son être propre, à ses inclinations, à ses possessions et lui fait quitter tout pour son Bien-aimé.

Le sacrifice de soi rend possible la réconciliation entre la folie de l'Amour avec sa violence. « Violence amoureuse », « vive flamme d'amour », feu de l'Amour auquel nul amant n'échappe ; « aiguillon » de l'Amour perçant, qui pénètre jusqu'à l'intime *fin fond* de la volonté, jusqu'elle meurt d'amour. La mort est la limite extrême de la violence de l'Amour : « O mort amoureusement vital, ô amour vitalement mortel[2] ! ». Le *Moi-aban-donné* perd de sommeil, le manger et le boire, et il est ardent à l'infini, toujours hanté du désir d'aimer d'avantage[3]. Un élan infatigable le porte au-delà de tout repos et de toute stagnation comme le feu qui brûle par le mouvement continuel, et qui a besoin d'un aliment pour, sans cesse, le consumer. Marcel Proust parle de cette angoisse de l'amour, le désir de quelque chose de plus qui ôte la sensation d'aimer. Saint Jean de la Croix note : « Il pleure, non d'être blessé d'amour / Et de se voir en telle affliction, / Au cœur pourtant il a été frappé; / S'il pleure, c'est de se voir oublié[4] ». L'Amour fait la conquête de l'ipséité aimée, puis, il *l'aban-donne*, il la laisse complètement seule face à sa purification, à sa *trans-figuration*. C'est à travers les ténèbres qu'elle doit atteindre ce qu'elle aime. Il n'en demeure pas moins frappant que le chemin le plus obscur et le plus dur est aussi le plus sûr. La séparation, quoique souffrante, est participation active à la *dif-férence originaire* entre l'Amour et l'ipséité aimée, *dif-férence* qui est aussi communion. Etre *aban-donné* par l'Amour est nécessaire pour la survie de l'ipséité aimée, car si l'Amour ne lui abandonnait pas, elle n'atteignait jamais son union avec lui.

---

1 Dans Henri Gouhier, *Fénelon philosophe*, *Ibid.*, chap. III, 4.
2 François de Salle, *Traité de l'amour de Dieu*, *Ibid.*, VII, 13. Voir aussi Kierkegaard, *La pureté du cœur*, *Ibid.*, p. 156.
3 François de Salle, *Traité de l'amour de Dieu*, *Ibid.*, VI, 15.
4 Jean de la Croix, *Œuvres complètes, Poèmes*, *Ibid.*, p. 147.

Se *laisser-tomber* dans la *dé-mesure* de l'Amour

La loi de l'alternative et la logique du choix montrent qu'on ne peut tout avoir, ni contenter tout le monde à la fois, ni réaliser ensemble tous les possibles, mais qu'il faut toujours perdre quelque chose, sacrifier l'espoir d'un cumul, accepter de laisser perdre des possibles. Ce sacrifice est constitutif de l'existence elle-même, de la plénitude de l'être comme *être-déjà-perdu* mais aussi de l'avènement de l'Amour, de son arrivage. Exister veut dire perdre, nier, sacrifier, car nul ne peut persévérer, ni posséder son être. L'existence, en ce sens, résulte d'une sorte *d'effilement continue* à la faveur du quelle l'ipséité s'affirme en se rétrécissant. Etre tout, partout, toujours, c'est n'être plus personne, nulle part, jamais ; et vice versa, pour être quelqu'un, ici et maintenant, il faut renoncer à être un autre, ailleurs et plus tard. On ne gagne qu'en perdant et le seul gain dans cette vie n'est que la perte totale de soi dans l'instant même qui forme son temps, son histoire et le sens radical de sa vie. Celui qui donne sa vie la perd et il ne peut rien recevoir en échange, car il n'y aura après le sacrifice, plus personne pour recevoir. Il donne ce qui en aucun ne lui sera rendu, et jamais ne sera remplacé cet *unique* soi-même : sa « mienneté » *aban-donnée*.

La perte de soi n'appartient pas à l'ordre « quidditatif » du plus et du moins, mais de l'ordre du *tout-ou-rien*, du tout pour le tout ou du rien pour le rien. Perdre soi-même, c'est *s'aban-donner* dans les ténèbres du renoncement absolu de tout système de référence. L'âme ne va-t-elle, disait saint Jean de la Croix, en sureté dans l'obscurité ? La seule place qui nous convienne étant celle du rien ; ce rien est notre origine, notre centre, et dans lequel nous devons nous *laisser-tomber*. Perdre soi-même, ne sacrifie-t-il pas tous les possibles simultanément et globalement ?

La perte de soi s'ouvre, en ce sens, à la perdition totale en acceptant et en voulant la diminution appauvrissante de toute référence à soi ou au monde. Par contre *l'aban-don* de notre existence nécessite la présence de l'Amour qui, seul, rend possible un tel acte radical. Notre existence est notre tout et échanger tout contre rien c'est bien la limite absurde et paradoxale de l'échange, car c'est donner sans recevoir, donner selon les conditions de l'« impossible ». Pour admettre la mortification de tout ce que l'on est et le don total de soi à l'Amour, il faut un extrême amour dans l'instant même. Il faut aimer pour que la volonté en nous puisse franchir le seuil du commencement pour achever la fin, là où commence le rien Absolu de l'Amour : « Quand l'âme est vide et désappropriée de toutes choses, quand elle se tient dans la parfaite pauvreté d'esprit, il est impossible que l'Amour manque de se communiquer à elle[1].» On peut s'adapter à l'ordre nouveau quand il y a certains rapports de similitude avec l'ordre ancien et quand on peut se le représenter à partir de l'ordre ancien. Mais quand il s'agit du *tout-autre* ordre, où l'ipséité sacrifie, non seulement ses droits, mais aussi son être, la continuité est brisée : « *Aucun homme ne peut servir deux maître, tout royaume divisé contre lui-même doit périr »*. Une rupture tranchante avec notre mode de représentation vient installer le voile de la nuit obscure, de l'absurde, de l'inexplicable, de l'imprévisible discontinuité, où l'instant sacrifiant le temps devient absolu. L'« impossible » enfin accompli *:* « J'aborde une sphère inconnue, / Et j'y demeure en ignorance, / Mais surpassant toute science. / Où étais-je? Je l'ignorais, / Et cependant, introduit là, / Sans savoir où je me trouvais, / Je compris de très grandes choses; / D'en parler j'en suis incapable, / Car je serai dans l'ignorance, / Au-dessus de toute science[2]. »

Mourir pour rien ni personne, mourir pour mourir en général, ce n'est pas *mourir-avec* l'Amour, mais suicide. La tentation du néant, l'aveuglement désespéré, l'absurdité du suicide est ce qu'on peut trouver de plus opposé au sacrifice par amour. Le sacrifice que l'Amour exige n'est pas une démission stérile, ni une fuite, ni même pas une vengeance ; il est un acte d'amour et de confiance. Mourir avec l'Amour c'est beaucoup mieux que de vivre sans amour. Il n'y a de sacrifice que celui qui est originaire, selon l'exigence de mon origine, celle de l'Amour. Tout le paradoxe de l'Amour tient à la folie du *Moi-aban-donné* qui fait désirer la possibilité de l'« impossible », l'embrase et *s'aban-donne* à lui dans l'éclair aveuglant de la suprême *dif-férence* originaire. La possibilité de l'« impossible » fait signe à sa manière, que la démesure est la seule mesure, que l'impossible est le seul possible de l'Amour. L'Amour donne au *Moi-aban-donné* d'oser ce qui le dépasse[3], et rien ne pourra l'arrêter puisque c'est l'Amour même qui l'anime.

Les conditions du don absolu émanent de l'origine de tout don, de l'Amour même. Le seul don absolu est celui de sa vie, celui qui s'accomplit, à fur et à mesure, à chaque instant de la vie jusqu'au moment de l'union. Cette dernière est l'achèvement de *l'aban-don* de soi à la volonté de l'Amour ; elle est l'événement qui rend possible la plénitude de l'être

---

1 Jean de la Croix, *Vive flamme d'amour*, III, 3, *Œuvres complètes*, trad. Cyprien de la Nativité de la Vierge, Paris, 1967, p. 782.
2 Jean de la Croix, *Œuvres complètes, Poèmes, Ibid.*, p. 129.
3 Jean-Louis Chrétien, *Le regard de l'Amour*, Desclée de Brouwer, Paris, 2000, p. 24.

comme donation pure. L'union porte, en elle-même, la mort de l'être et sa résurrection. Elle n'est pas un simple retour à notre état intérieur, mais une radicale transformation de tout notre être pour le rendre « capable » de l'Amour, capable d'être la *trans-figuration* de la plénitude de l'Amour dans le temps du monde. L'union est l'extase de l'Amour, sa donation originaire.

La vie et la mort s'extasient en surcroît

Rien ne va être pire que d'être condamné à vivre sans pouvoir mourir, sans pouvoir se donner. Rien ne va être pire que d'être sans origine, mal être, être une négation de l'être en refusant que l'être devienne une donation de l'Amour. Rien ne va être pire que je ne puis manger le pain des pauvres sans avoir une part dans leur effort de mourir, dans leur désir de donner la vie : J'ai peur que cela ne m'arrive pas, j'ai peur de manquer, non ma vie, mais ma mort, car ma vie commence là où commence ma perte, mon mourir. « Le pain que je donnerai, c'est ma chair donnée pour que le monde ait la vie » (Jean 6, 47-57). Ne plus pouvoir vivre quand le don de la vie est devenu impossible, mourir pour vivre avec l'Amour, n'est-ce pas l'ultime vérité de *l'être-déjà-perdu* ?

Il doit y avoir un instant où la folie d'amour est la seule raison d'être. Cet instant est celui qui unie la naissance avec la mort dans l'événement de l'avènement de l'Amour, dans l'instant de la *trans-figuration* de soi. L'être tout entier est atteint un instant, il n'y reste aucune place à autre chose que la pauvreté de l'Amour, sa donation. Il faut arriver jusqu'à là pour qu'il y ait *trans-figuration*. Il n'y a plus après cet instant que présence selon un autre mode d'existence, celui de la perte radicale de soi ; un mode où seule l'avènement de l'Amour dans le temps du monde importe. L'être tout entier devient perte, mourir, une donation pure, et la plénitude de l'être, c'est-à-dire l'ultime manière d'être dans la vérité originaire devient offrande et immolation de soi pour donner au monde l'avènement de l'Amour. Guérir selon la folie de l'Amour c'est faire plaie sur plaie et blessure sur blessure jusqu'à ce que le cœur en vienne à n'être plus qu'une *plaie d'amour*. Ce n'est pas la mort qui viendra me chercher, c'est l'Amour. L'Amour viendra chercher la mort en moi, ma mort, ma perte, mon être amourtifié. L'amourtification de mon cœur, de ma « mienneté », de mon ipséité, n'est que le signe de l'avènement de l'Amour en moi, de sa demeure finale et définitive dans mon cœur, où ma vie et ma mort s'extasient et se manifestent comme « épectase » en surcroît, c'est-à-dire en Désir infini et illimité: « Je n'ai pas d'œuvres ! Il ne pourra donc pas me rendre « selon mes œuvres » [...] Eh bien ! Il me rendra « selon ses œuvres à lui[1] ». Voilà la vraie face de la « facticité » et la raison originaire de sa blessure ontologique. Vivre pour l'Amour à en mourir est l'unique désir du *Moi-amourtifié*, le seul cri de son cœur : « Je vais bientôt mourir; mais quand ? Oh ! Quand?... Cela ne vient pas ! Je suis comme un petit enfant à qui l'on promet un gâteau : on lui montre de loin; puis, quand il s'approche pour le prendre, la main se retire... Mais, au fond, je suis bien abandonnée pour vivre, pour mourir[2]... ». Selon Bergson, se donner un peu coûte beaucoup ; se donner beaucoup coûte peu ; se donner tout entier ne coûte plus rien. Face à cela l'attente devient plus pénible et plus violente que la renonciation définitive : « Je meurs de ne pas mourir » disait Thérèse d'Avila. Jean de la Croix notait : « Hélas vaine poursuite ! Au moment où je croyais te saisir, je ne t'ai point rencontré, je me suis trouvée vide, dégagée de tout pour l'amour de toi, douloureusement suspendue au milieu des bourrasques de l'amour, sans appui ni de ton côté ni du mien ». Nous trouvons dans les *Cantiques des Cantiques* les paroles suivantes : « Je me lèverai ; et je ferai le tour de la ville, je chercherai par les rues et les places celui qu'aime mon âme. Je l'ai cherché et je ne l'ai pas trouvé » (Ct 3, 2).

La vie devient à la fois l'épreuve et l'offrande, elle nous dévoile notre propre dénuement, comme elle accroît d'avantage en nous le don de soi. La vocation de la vie en, ce sens, c'est de transformer l'épreuve de la perte en soi en offrande de soi. Dans cette épreuve, le dénuement de soi se transforme en un lieu où l'Amour vient se tenir. Si l'épreuve du dénuement doit être transformée en offrande, cette dernière ne sera telle qu'en ne cessant jamais d'être une épreuve. Celui qui s'offre n'a rien à offrir, car il est devenu pour lui-même comme un vase perdu, sans valeur et sans utilité. Ce qui est important pour le *Moi-aban-donné* ce n'est plus soi-même mais son bien-aimé, l'Amour : « Je ne désire pas plus mourir que vivre; c'est-à-dire que, si j'avais à choisir, j'aimerais mieux mourir; mais, puisque c'est le bon Dieu qui choisit pour moi, j'aime mieux ce qu'il veut[3] ». C'est ce qui fait que j'aime. A celui qui sait une fois pour toutes, qu'il ne peut rien, tout est désormais possible. Qui a tout laissé n'a plus rien à perdre, ni plus rien à donner, n'a plus rien de lui en quoi il puisse se perdre ou bien se donner, n'a plus rien en lui qui puisse le perdre pour pouvoir le donner. Le *Moi-aban-donné* n'hésite plus, car rien ne lui appartient ; ne prévoit rien, car tout ce

---

1 Sainte Thérèse de l'Enfant-Jésus et de la Sainte-Face, *J'entre dans la vie, derniers entretiens*, Paris, Pocket, Ed. du Cerf, 1999, p. 28.
2 *Ibid.*, p. 32.
3 *Idem.*, p. 34.

qu'il pouvait voir de ce qu'il est a cessé de s'en préoccuper. Selon l'Amour, l'épreuve de la perte de soi forme le surcroît de l'offrande de soi et de sa *trans-figuration*. Il n'y a pas d'éclat plus haut que celui qui jaillit de la nuit obscure de l'Amour, et seul pourra en resplendir qui s'y sera exposé. Il n'est donné qu'à ceux qui sont nus, gravement pauvre, il ne revêt que ceux qui n'ont plus rien. Pour être revêtu de l'éclat même de l'Amour il faut renoncer à le faire jaillir par nous-mêmes. Ce n'est pas à sa propre lumière, mais à celle de l'Amour qu'il lui faut marcher. La splendeur du Moi c'est la lumière obscure de l'Amour en lui: « Oh, nuit qui fus ma conductrice ! / Oh, nuit qu'à l'aube je préfère ! / Oh, nuit qui sus si bien unir / L'Amant avec la bien-aimée, / L'amante en l'Amant transformée[1] ! » C'est à propos d'Abraham appelé à sacrifier Isaac son fils unique (Genèse 22, 1-19) qu'Augustin écrivait : « La plupart du temps, l'âme humaine ne peut arriver à se connaître elle-même si ce n'est dans la réponse qu'elle fait à l'épreuve qui interroge ses forces non pas verbalement mais expérimentalement[2] ». Il ne s'agit pas que le Moi donne une réponse pour passer à autre chose ; il n'a pas à donner une réponse, il a à être l'appel de l'Amour en soi, sans oui, sans non, donner tout ou rien. La seule parole ici est celle de *l'aban-don* de soi qui étant déjà réponse, peut rétablir le *dia-logue* avec l'Amour. L'Amour advient par une violence qui déchire l'ancien pour édifier le nouveau. La déchirure et la perte sont les signes de l'avènement de l'Amour. C'est pourquoi l'épreuve devient un gage de patience, de confiance et d'offrande de soi. L'épreuve, dans sa violence même, instaure *l'appel* originaire de l'Amour : « Etes-vous résignée à mourir ? Je lui ai répondu : Ah ! , je trouve qu'il n'y a besoin de résignation que pour vivre. Pour mourir, c'est de la joie que j'éprouve[3]. » Ni accidentelle, ni passagère, ni fatale, l'épreuve de la perte de soi est constitutive de l'existence humaine en tant qu'elle est en chemin vers sa vérité originaire. Si notre cœur nous condamne, l'*Amour* est plus grand que notre cœur. La pensée que la pire des épreuves est l'absence de l'épreuve prend sa vérité uniquement dans un *dia-logue*, dans une relation de vérité intime de l'Amour et du *Moi-amourtifié*. L'Amour emporté par sa violente donation doit tout d'abord ouvrir l'espace où il peut être reçu : *le cœur*. D'une part, l'accent, ici, porte sur le Moi qui ne doit pas déchiffrer l'épreuve de la perte de soi comme le signe de sa condamnation et de sa vanité ; dans l'autre, l'accent porte sur l'Amour à l'œuvre dans le cœur de son bien-aimé. Que nous ne puissions nous perdre appartient à l'essence de la perte, à son origine.

---

1 Jean de la Croix, *Œuvres complètes, Poèmes*, Paris, Cerf, 2004, p. 119.
2 Saint Augustin, *De civitate Dei XVI*, 32 BA, t. 36, trad. Combes, Paris, 1960, p. 293.
3 Sainte Thérèse de l'Enfant-Jésus et de la Sainte-Face, *J'entre dans la vie, derniers entretiens, Ibid.*, p. 42.

Dès lors, qu'elle s'est donnée à nous dès notre naissance, l'épreuve de la perte de soi rend possible, par sa violence, l'avènement de l'Amour : « En vérité, en vérité, je vous le dis : Si le grain de blé étant tombé à terre ne vient à mourir il demeure seul, mais s'il meurt, il porte beaucoup de fruit[1] ». Perdre c'est se perdre. Seule la perte de soi permet d'être soi selon notre origine : un *être-déjà-perdu*. La perte se rapporte et toujours intensément à son origine : l'Amour. Ni la fuite, ni le refus, ni l'oubli, ne sauraient échapper à ce qui forme leur condition même de possibilité. Projet possible et impossible à la fois, car il révèle, pour chacun de nous, de ce qui est le plus intime en nous, de notre vocation et du sens de notre vie. D'autre part, il révèle ce qui est le plus étranger à nous : la *dif-férence* originaire de l'Amour.

Ce n'est pas la perte qui constitue la vanité de l'être humain et son mal d'être, mais la façon dont le Moi cherche à s'enfermer en elle en la séparant de son origine. C'est parce qu'il se refuse à se communiquer avec son origine, à reconnaître pour sienne cette perte, dont il cherche sans fin à se défaire, que le Moi tombe dans le désespoir de la vanité de son être comme *être-déjà-perdu*. Son refus de soi, comme être de perte, vient d'un refus de son origine, et c'est ainsi qu'il devient *l'être-mal-aimé*. Ici, toute ouverture et toute rencontre menacent non pas l'intégrité du Moi mais sa désintégration. Il ne veut pas *co-exister* avec l'Amour parce qu'il ne veut pas exister selon la volonté de l'Amour. Nul ne peut connaître la perte que *l'être-déjà-perdu* et nul ne peut dépasser la vanité de sa propre perte que *l'être-déjà-aimé*. *L'être-déjà-perdu* ne s'identifie pas à sa perte mais à la vérité originaire de sa perte : à l'Amour.

Rendre possible ce projet originaire revient à *se-laisser* éclater la perte de soi dans l'espace de l'« impossible », dans la demeure de l'Amour. C'est en se laissant vaincre que l'Amour advient en nous : «Je me demande comment je ferai pour mourir. Je voudrais pourtant m'en tirer « avec honneur »! Enfin, je crois que cela ne dépend pas de soi[2] ». Nous ne pouvons nous frayer le chemin vers l'Amour qu'à travers la violence de l'épreuve de la perte de soi. Perdre un peu c'est aimer peu ; perdre beaucoup c'est beaucoup aimer ; perdre tout c'est devenir l'« icône » de l'Amour : « Père, pourquoi m'as-tu abandonné ? ».

---

1 La Bible, Traduction selon les textes originaux hébreu et grec, Editions du Cerf, Paris, Jean 12, 24-25.
2 Sainte Thérèse de l'Enfant-Jésus et de la Sainte-Face, *J'entre dans la vie, derniers entretiens, Ibid.*, p. 43.

3- Mourir d'amour

Ton absence est ma blessure

La perte devient Désir. Le Désir ne lutte pas pour se satisfaire, il n'est comblé que de se creuser toujours d'avantage. La perte fait brûler, par la flamme de l'Amour, tout ce qui, en nous, ne désire pas comme l'Amour. L'identité de ce combat se présente par l'épreuve de la perte de soi ; elle ne change pas l'Amour mais celui qui perd. Le changement *trans-forme* et *trans-figure* l'ipséité *aban-donnée* en offrande d'amour, c'est-à-dire en « eucharistie », au sens grec « d'action de grâces ». L'ipséité *aban-donnée* lutte pour sa propre « eucharistie », pour ouvrir en elle l'espace et l'instant du commencement. L'offrande d'amour n'ouvre pas la possibilité mais elle s'ouvre à la possibilité en quoi *l'être-déjà-perdu* se trouve *déjà-aimé* depuis sa naissance. La vérité propre de la perte de soi c'est l'altération de notre être par la demeure de l'Amour. La force de la perte n'est autre que la force où l'Amour est fort dans notre faiblesse, est tout dans notre dénuement, est résurrection dans notre mort. Cette faiblesse saturée par *l'aban-don* de soi est le signe de l'offrande du *Moi-par-donné* à la volonté de l'Amour ; elle est le signe de son amourtification. Le *Moi-amourtifié* se transforme en un lieu où l'Amour passe le reste de son éternité. La perte de soi commence toujours par l'Amour et se termine toujours avec l'Amour : « Que me fait la mort ou la vie ? Mon seul bonheur c'est de t'aimer[1] ». Se *con-naître*, ce n'est pas rester en soi, ni chez soi, mais toujours revenir à Toi (l'Amour) origine de toute connaissance de soi. Le Moi qui proclame : « je suis » apprend à distinguer dans cet énoncé, le « je » qui n'est rien et le « suis » qui renvoie à l'Amour, son origine. Ainsi le « je » proclame : « Te voilà » la raison de ma vie. L'Amour révèle le mystère de mon être et le sens originaire de ma vie. Je me connais pour la première fois en regardant *l'être-déjà-perdu*, en moi, par les yeux de l'Amour : « Je ne crains pas le Voleur… Je le vois de loin, je me garde bien de crier : Au voleur ! Au contraire, je l'appelle en disant : Par ici ! Par ici[2] ! » Thérèse de l'Enfant-Jésus ajoute : « Je suis comme un petit enfant, sur la voie du chemin de fer, qui attend son papa et sa maman pour le mettre dans le train. Hélas ! Ils ne viennent pas, et le train part ! Mais il y en a d'autres, je ne les manquerai pas tous[3]… ». Elle ajoute : « Le bon Dieu veut

---

1 Sainte Thérèse de l'Enfant-Jésus et de la Sainte-Face, *J'entre dans la vie, derniers entretiens, Ibid.*, 119.
2 *Ibid*, p. 47.
3 *Idem*.

que je m'abandonne comme un tout petit enfant qui ne s'inquiète pas de ce que l'on fera de lui [...] Je suis contente de tout ce que le bon Dieu fait, je ne désire que sa volonté[1] ». Dans le même sens Jean de la Croix note : « Je suis à toi et pour toi : je me réjouis d'être ce que je suis, afin de me donner à toi et d'être tien à jamais[2]. »

Le *Moi-amourtifié* n'appelle pas la fin de son labeur mais la fin de son œuvre, et son œuvre c'est l'Amour. C'est de cette œuvre qu'il attend la fin, c'est-à-dire l'union avec son Bien-aimé. Tant qu'il n'a pas atteint cette union il reste dans un état où Job déclarait : « [...] ainsi j'ai passé des mois vides et des nuits de souffrances. Si je dors, je me dis : Quand me lèverai-je ? Et puis, j'attends le soir, rempli de douleurs jusqu'aux ténèbres[3] ». Blessé par son anxiété de joindre l'Amour et en même temps nul autre que son Bien-aimé n'est capable de le satisfaire, il incline et exauce l'Amour de lui donner le remède à son mal : « Mon âme est exilée, le Ciel est fermé pour moi et du côté de la terre, c'est l'épreuve aussi[4] ». « Je me promènerai dans les flammes en chantant le cantique de l'Amour[5] ».

J'aime mieux mourir mais je ne me réjouis de la mort que parce qu'elle est la volonté de l'Amour en moi. Bien souvent quand je le puis, je répète mon offrande à l'Amour : « La croix est le lit de mes épouses, c'est là que je te ferais consommer les délices de mon amour[6] ». L'union à l'Amour est l'accomplissement plénier du désir du *Moi-amourtifié*. Tout est amour avec l'*Amour*, car celui qui *s'aban-donne* à l'Amour devient un avec lui. Ainsi « l'épouse y est entrée ». Dedans il est impossible de cacher l'Amour si c'est vraiment de l'amour. Selon Thérèse d'Avila : « l'Amour est plus ou moins fort, et il se manifeste selon sa force. S'il est faible, il se montre faiblement ; s'il est fort, fortement; mais qu'il soit fort ou faible, dès qu'il y a amour, on le reconnaît toujours[7] ». Jean de la Croix affirme : « Celui que l'amour a blessé / Qu'a touché la divine Essence, / A vu son goût se transformer / Et rien ne le peut satisfaire / Tel un malade en fièvre ardente / Repousse l'aliment offert. / Il réclame un je-ne-sais-quoi / Que son cœur brûle d'obtenir[8] ».

---

[1] *Ibid,* p. 48.
[2] Jean de la Croix, *Œuvres complètes: Vive flamme B, 3,10,* Cerf, Paris, 2004,
[3] La Bible, Traduction selon les textes originaux hébreu et grec, Editions du Cerf, Paris, 1973, Job 7, 2-4.
[4] Jean de la Croix, *Ibid.*, p. 53.
[5] *Ibid.*, p. 67.
[6] *Ibid.*, p. 126.
[7] Thérèse d'Avila, *Chemin de la perfection*, ch. 40, dans Jean de la Croix, *Œuvres complètes, Ibid.*, p. 40.
[8] Jean de la Croix, *Œuvres complètes, Ibid.*, Glose « *a lo divino* », 13.

Pour le *Moi-amourtifié* le seul but de la vie est de retrouver la présence de l'Amour dans son cœur et de s'unir à elle. Une seule voie s'avère originaire : le *rien*, passage nécessaire pour s'unir à l'Amour. L'attente attend sa fin, son achèvement, sa mort. Les êtres n'accèdent à leur vérité qu'en se perdant, qu'en rendant ce qui leur a été donné : la perte d'une chose l'éternise, la mémoire d'un homme ne s'éternise que par sa mort. Il n'y a aucun être qui, en devenant incorruptible par sa propre perte, ne nous apprenne que notre anéantissement et notre perte est ce qui nous rend incorruptibles. Ce à quoi le Moi est appelé c'est à se retrouver dans l'Amour. On passe de l'Amour comme don à soi à l'Amour comme *aban-don* de soi. Ce passage culmine dans une mise en soi hors de soi, dans une *entrée ek-statique* au sens propre du terme. Il convient donc au Moi de *s'aban-donner* à la non-mesure de sa perte, de céder à l'attraction et à la pesanteur qui l'attirent vers le fond, vers le don originaire de l'Amour. Par son engagement, le Moi commence à tomber, à perdre à une vitesse de plus en plus accélérée. Il faut aller plus loin, entrer dans le courant de la perte, du don total de soi, dans l'autre scène. Ici, l'autre scène n'est pas l'« inconscient » freudien, mais le « lieu » d'une conscience qui n'est plus sienne, qui ne se réfléchit pas, qui ne prend pas appui sur soi pour s'objecter autre chose. Un « lieu » où la conscience dépouillée a retrouvé son identité : ce lieu vivant de l'Amour à lequel elle participe pleinement. « On est heureux de mourir après avoir passé sa vie dans l'amour[1] ». La conscience ne se rend pas compte du travail profond qui s'accomplit obscurément en elle. Elle sent qu'elle a beaucoup perdu, elle aurait le sentiment d'une douleur partout, car ses facultés étant soumises une à une aux plus dures épreuves de *l'aban-don* de soi. Malgré toutes ces épreuves le *Moi-aimé* cherche avec infiniment plus d'ardeur son Bien-aimé. Dans un autre poème, Jean de la Croix écrit : « Je vis, mais sans vivre en moi-même / Et mon espérance est si haute, / Que je meurs de ne pas mourir. / Déjà je ne vis plus en moi, / Et sans mon Dieu je ne puis vivre; / Privé de lui, loin de moi-même, / Que pourra donc être ma vie ? / A mille morts je la compare, / Car j'attends ma vie, ma vraie vie, / En mourant de ne pas mourir ».

La privation du Bien-aimé retrace son image dans le cœur brûlé d'une manière si vive et si profonde. Cherchant l'union d'amour le *Moi-aimé* vit pour son Bien-aimé. La ressemblance, que l'Amour opère au moyen de la transformation des amants, est pure. Chacun d'eux semble être l'autre, et tous les deux ne font qu'un. La raison en est que dans l'union et la transformation d'amour ils se donnent l'un à l'autre, ils s'abandonnent l'un à l'autre, ils s'échangent l'un pour l'autre dans la pauvreté originaire qui les rassemble

---

1 *Ibid.*, p. 232.

jusqu'à l'union finale inaugurée par la mort. Ils échangent la donation de soi d'une façon à vivre réciproquement l'un par l'offrande de l'autre, et que l'un et l'autre ne font plus qu'un transformés en *ipséité partagée*. Saint Paul disait : « Je vis, non plus moi, mais le Christ en moi[1] ». Il vivait encore mais non plus de sa vie propre, parce qu'il était transformé dans l'Amour. Ce n'est plus lui qui vit, mais l'Amour en lui. La vie du *Moi-aimé* et la « Vie » du Bien-aimé ne sont plus qu'une même vie par union d'amour. Tous ceux qui ont pénétré en l'Amour vivront la « Vie » de l'Amour. La pénétration en l'Amour rend possible son avènement dans le cœur du *Moi-aimé*. L'Amour inspire sa connaissance obscure comme un « rayon de ténèbres[2] » selon la parole de Denys l'Aréopagite. Une telle inspiration est comme une « mélodie silencieuse[3] » sans bruit de voix, vide de toute forme, de toute représentation. L'Amour « inspire » sa connaissance amoureusement sous forme d'« accroissement » d'amour. Par l'« accroissement », une fois arrivé à la nudité, au dépouillement de toute représentation et de toute possession, le cœur s'embrase d'un feu d'amour qui croît et décroît, sans qu'il y soit pour rien : « Mon Bien-aimé a passé sa main par l'ouverture, et mes entrailles se sont émues à son attouchement » (Ct 5, 4).

L'« accroissement » par lequel le *Moi-aimé* demeure comme ravi et absorbé dans l'Amour, et comme ne faisant plus qu'un avec lui, ne lui permet pas de s'arrêter à quoi que se soit de mondain. Il se trouve comme étranger au niveau de son cœur, à toutes choses et plus encore à lui-même comme entièrement réduit et tout fondu en amour. Tant que dure la *trans-formation*, embrasé et changé en amour, il est comme anéanti pour tout ce qui n'est pas l'Amour. Il ne connaît plus autre chose que l'Amour. Le cœur qui se trouve tout imprégné de l'Amour se livre volontairement et tout entier à la pauvreté de son Bien-aimé. Résolu de lui appartenir totalement et de ne jamais garder en lui quoi que se soit qui lui soit étranger, il *s'aban-donne* et se donne à l'Amour, il se parfait en ce qu'il défait de lui-même par et pour l'Amour. Job affirme que : « Quand même Dieu me tuerait j'espérerais encore en lui ». Selon la petite Thérèse : « Souffrir c'est justement ce qui me plaît de la vie[4] ». Dirigé vers l'Amour le *Moi-aimé* est éprouvé par l'Amour au point qu'il n'a même pas de premiers mouvements contraires à la volonté de l'Amour : « Mon âme s'emploie toute entière, / Avec mon fonds, à son service ; / Je ne garde plus de troupeau, / Je n'ai plus aucun autre office, / Car

---

1 La Bible, Traduction selon les textes originaux hébreu et grec, Editions du Cerf, Paris, 1973, Galates 2, 20.
2 In Pseudo-Denys, *De Mystica Theologia*, c. 1, δ 1, PG 3, p. 999, dans Jean de la Croix, *Œuvres complètes*, La nuit obscure, *Ibid.*, p. 982.
3 Jean de la Croix, *Œuvres complètes*, Le cantique spirituel A, *Ibid.*, p. 422.
4 *Ibid.*, p. 95.

l'amour désormais est mon seul exercice[1] ». Lorsque le cœur est embrasé de l'Amour, toutes les facultés de son être, qu'il s'agisse d'agir ou de souffrir, servent à l' « accroisement » de l'Amour. Là, tout se réduit à aimer, toutes les facultés du *Moi-aimé* n'agissent plus que par l'Amour, tout ce qu'il fait il le fait par amour. Toute sa souffrance est pénétrée par la saveur de l'Amour: Tout ce qui est amer et pénible je le veux à cause de toi ; tout ce qui est doux et savoureux je le veux pour toi. Celui qui est vraiment épris renonce à tout ce qui n'est pas l'objet de son amour ; il se perd pour se mieux retrouver dans l'Amour. Il s'est perdu à lui-même en ne faisant plus aucun cas de soi, ni d'aucune autre chose pour ne plus envisager que le Bien-aimé. Il s'est *abandonné* à l'Amour sans plus songer à son intérêt propre, sans se chercher lui-même en rien. En plus il s'est perdu pour toutes choses, ne donnant plus son estime à aucune d'entre elles et ne faisant cas que de ce qui est à l'image et à la ressemblance de son Bien-aimé ; c'est là se perdre. Aimer c'est devenir l'image de l'Amour, sa ressemblance. Celui qui est épris de l'Amour ne vise pas à autre chose, il ne cherche ni gain, ni récompense, il n'aspire qu'à tout perdre et à se perdre lui-même pour l'amour de son Bien-aimé. D'où la parole de saint Paul : « Ma mort pour le Christ est un gain. » (Ph.1, 21). Celui qui ne sait pas se perdre pour l'Amour, il se perd seul, sans l'Amour : « Celui qui voudra sauver son âme la perdra, et celui qui la perdra à cause de moi la gagnera » (Mt16, 25). Le mouvement qui porte à la perte de soi doit venir de l'Amour. S'il ne nous avait regardés et aimés le premier, s'il ne s'était abaissé jusqu'à nous, notre cœur ne l'eut pas retenu prisonnier. Notre vol est trop bas pour capturer l'aigle des sommets. C'est cet aigle qui s'abaisse à nous regarder et à tomber très bas pour nous aimer : « Tu as blessé mon cœur, ma sœur, mon épouse, tu as blessé mon cœur d'un seul de tes yeux et d'un seul cheveu de ton cou. » (Ct 4, 9).

Sale, mais tu m'aimes

Aimer d'amour, c'est doubler l'amour, c'est aimer à deux : « Je suis noire, mais je suis belle, filles de Jérusalem. C'est pour cela que le Roi m'a aimé et m'a fait entrer dans sa chambre nuptiale » (Ct.1, 4 [5] et 3 [4]). Je suis perdu sans rien avoir que mon cœur qui court derrière son Bien-aimé. Je suis noire comme le néant qui n'a rien à donner à l'Amour que sa perte originaire, son impuissance. Mais il m'a rendu ma dignité originaire, ma beauté perdue, il m'a regardé et il m'a aimé. Il m'a *trans-formé* en son image en arrêtant sur moi son regard. Quand mon impuissance transformée *s'abandonne* à la puissance de l'Amour, elle est revêtue de sa force même, de sa

---

1 *Ibid.*, p. 445.

beauté. Elle se sépare de tout pour l'Amour. Son cœur s'enflamme, blessé d'amour dans la solitude à laquelle il s'est voué pour lui : « Je la conduirai dans la solitude, et là je lui parlerai au cœur[1] ». Parler au cœur c'est l'aimer, car le cœur ne connaît que l'Amour. Parler au cœur c'est le rassasier, car le cœur ne se rassasie de rien qui soit moins que l'Amour. L'union, où nul ne peut en cette vie pénétrer dans les mystères de l'Amour sans être amourtifié, *trans-figuré* par la blessure de la folie de l'Amour, *trans-formé* en amour, devenir un avec lui, se vider de tout pour être *trans-percé* originairement par son Esprit. Cette œuvre n'est pas proprement mienne, elle est commune avec mon Bien-aimé : « Lève toi, hâte-toi, ma bien-aimée, mon unique beauté, et viens dans les trous de la pierre, dans la caverne de la muraille[2] ». Ce qui fait souhaiter au *Moi-aimé* d'entrer dans les cavernes de l'Amour c'est l'espoir de perdre tout comme l'Amour. Ressembler à son Bien-aimé, autant qu'il est possible en cette vie et autant qu'il a aspiré à s'unir à lui, est la fin ultime de son cœur. Il est éveillé et trans-percé par l'immense amour de son Bien-aimé et il ne veut pas l'aimer moins intensément et moins purement. Il aspire à cette égalité de don de soi entre lui et l'Amour et à la totale transformation de sa volonté en celle de l'Amour. Les deux volontés seront unies par deux actes de don de soi formant une seule offrande d'amour. Une fois que la volonté du *Moi-aimé* est transformée par la volonté de l'Amour, il n'y aura plus que la volonté de l'Amour. Mais cela ne veut pas dire que la volonté de l'amant soit annulée : elle sera devenue volonté de l'Amour, volonté *aimante* et *aban-donnée*. Il aimera l'Amour autant qu'il est aimé par lui, puisqu'il aimera par la volonté de l'Amour : « [...] Il supplée ce qui manque en elle, parce qu'elle a été transformée en amour avec lui[3] ». L'Amour se donne au *Moi-aimé* en infusant dans son cœur le don originaire et en lui révélant le mystère de l'Amour : son Visage. En nous aimant le premier et cela dès notre origine, l'Amour nous apprend à l'aimer comme il nous aime, à le regarder en face. Il se donne à nous amoureusement et infiniment, *Il* se fait don pur à notre cœur pour que nous aimions par son amour. Il meurt pour nous donner la vie, pour nous donner son amour : je suis le don pur de l'Amour, sa Face, son Visage, son Icône.

Dès sa naissance, l'être est baigné d'amour, il communique le don pur de la vie secrètement dans son cœur. L'être a déjà reçu la pureté originaire, dans l'instant même de sa naissance, alors qu'il en deviendra conscient au moment de son union avec l'Amour : Ce qu'en un autre jour

---

[1] La Bible, Traduction selon les textes originaux hébreu et grec, Editions du Cerf, Paris, 1973, Osée 2, 14 [16].
[2] *Ibid.*, Ct 2, 13-14.
[3] *Ibid.*, Romains, 5.

déjà tu me donnas. L'Amour ayant daigné rendre l'être et lui ayant donné originairement une union avec lui, cela rend possible sa *trans-figuration* en *Icône d'amour*, en *donation partagée*, en *eucharistie* : « Que je sois tellement transformée en ta beauté, que je te devienne semblable, en sorte que, nous contemplons l'un l'autre, chacun de nous voie dans l'autre sa propre beauté, qui ne sera que ta seule beauté, mon Bien-aimé. Ainsi je me verrai dans ta beauté et tu me verras dans ta beauté. Ainsi, dans ta beauté je paraîtrai toi-même et tu paraîtras moi-même. Ma beauté sera ta beauté et ta beauté sera ma beauté[1] ».

    L'aban-don de soi, une fois obtenu, rend l'être donné conforme à l'Amour, comme le charbon embrasé est conforme au feu. Il rencontre l'Amour, le contemple face à face, l'aime de tout son cœur : « O nuit de vrai bonheur ». Pour que le cœur soit disponible au plus pauvre (l'Amour) il faut qu'il repose sur le pur néant, le rien, la perte originaire. Comme le cœur amourtifié se trouve au fond de sa pauvreté il faut qu'il *s'aban-donne* au néant de soi là où demeure la pauvreté de l'Amour. La pureté du détachement ne peut rien demander, car celui qui demande désire obtenir quelque chose, ou que la perte lui enlève quelque chose. Or le cœur amourtifié ne demande rien et n'a rien non plus. Son désir n'est rien d'autre que d'être conforme à l'Amour et l'Amour n'est rien qu'une pauvreté originaire. Voilà tout son désir. Quand il parvient à cette union, il perd tout même son nom, car l'Amour l'attire vers lui pour le donner un autre nom : « Amour ». En sorte qu'il n'est plus rien en soi pour redevenir l'Amour vivant dans le monde, pour *trans-figurer* le monde.

    Selon Maître Eckhart, l'âme a une entrée secrète dans la nature divine où toutes choses ne sont plus rien pour elle. Sur terre cette entrée n'est rien d'autre que le pur détachement. Lorsque le détachement parvient à sa fin, à son mourir final, à sa perte radicale, sa connaissance le rend « inconnaissant », l'amour le rend non aimant et la lumière le rend ténébreux. L'Amour, sans jamais l'oublier, est le mobile de toute l'aventure. Maintenant c'est le Bien-aimé qui agit par l'amant, en lui l'union est totale mais jamais définitive tant que le monde est en gémissement. Disons que c'est, désormais, pour le *Moi-aimé* une surabondance de vie, c'est un immense élan, c'est une poussée irrésistible qui le jette dans les plus vastes chantiers d'amour. L'effort reste indispensable et aussi l'endurance et *l'aban-don* de soi. Mais ils viennent tout seuls, ils se déploient d'eux-mêmes dans un cœur à la fois agissant et « agie », dont la liberté coïncide avec l'activité du don de soi. Ils représentent une énorme dépense d'énergie, mais cette énergie est fournie en même temps que requise, car la surabondance de vitalité, que le

---

1   Jean de la Croix, *Œuvres complètes*, *Le cantique spirituel A*, *Ibid.*, p. 505.

Moi-aimé réclame, jaillit d'une source originaire, celle de la Vie. Et comment exprimer l'inexprimable ? Par l'acte d'*aban-don de soi* qui est en soi une expression de l'« Inexprimable » rendu vérité, rendu amour dans le monde, parmi les hommes. Il a expérimenté la vérité coulé en lui, de sa source, de son origine, comme une force agissante pour conquérir le monde.

Envoyé pour t'aimer dans le monde

Nous parlons d'*aban-don* de soi qui rend le cœur libre et vide de toutes représentations. En pareil cas, les choses de ce monde n'occupent point le cœur et ne lui nuisent point, par ce qu'elles ne pénètrent pas en lui, ne le séduisent plus, mais elles l'affectent toujours et l'appellent à aimer d'avantage. L'affectivité est la source même de notre capacité d'aimer le monde et de se donner à lui. On est des êtres dans le monde mais on a le cœur *dif-férent* du monde. L'affectivité est une faculté fondamentale pour aimer, d'où la nécessité de laisser l'Amour la purifier. Si le cœur refuse de *s'aban-donner* à l'Amour, il se réfère à une autre source pour s'alimenter, pour combler sa soif d'être aimé : le monde de représentation. En *s'aban-donnant* à l'Amour, je permets son avènement dans mon cœur pour purifier mes facultés affectives, en les comblant par son advenue. Le monde est un don de l'Amour qui donne de soi ce qui est bon. Le monde est la donation de l'Amour, il est un lieu pour recevoir l'Amour et non pour le réfuter. L'égoïsme et l'orgueil du *Moi propre* transforment le monde en une fin en soi, en une idolâtrie qui refuse l'Amour comme origine. « Ce n'est pas ce qui entre dans le cœur de l'homme qui le rend impur mais c'est ce qui sort de lui ». C'est l'impureté du cœur qui rend le monde impur, *anti-Amour*. On aime le monde en renonçant non au monde mais à notre vision impur qui émane d'un cœur impur. Le dénuement et le renoncement doivent commencer là où le cœur est. Ce n'est pas en détestant le monde et en le jugeant, comme mauvais et impur, qu'on aime plus l'Amour. C'est en aimant le monde pour l'Amour et avec lui que le monde se transforme en une demeure pour son avènement. Aimer le monde c'est s'unir à lui en se perdant soi-même pour faire advenir l'Amour. Aimer l'Amour c'est achever son œuvre originaire : sa donation pure. Le cœur qui n'est pas amourtifié tout entier dans le seul désir de l'Amour ne peut pas aimer comme l'Amour et selon sa volonté. David disait dans le psaume 58 : « Je garderais pour toi ma force », c'est-à-dire je recueillerai en toi seul la force de mon désir. Le désir du cœur non amourtifié, non purifié jusqu'à la mort par l'Amour, affaiblit le cœur et le rend impuissant, et par le fait même affaiblit la volonté et la rend non aimante donc non voulante : « Car si vous voulez posséder quelque chose dans le tout, vous n'avez pas purement votre trésor en l'Amour[1] ». Ce n'est pas assez pour surmonter la violence du manque et du besoin de possession, dont les affections sont si violemment attirées vers les objets sensibles, d'aimer l'Amour entre autres choses. Il fallait que le cœur fût enflammé de mourir d'amour car celui qui cherche à s'unir à l'Amour doit avant tout croire que l'« Amour seul suffit ». Aimer l'Amour c'est faire mourir en-soi tout ce qui est autre que l'Amour. Mourir sur soi c'est faire participer la totalité de son être à l'œuvre salutaire de l'Amour. Aimer l'Amour c'est s'unir à lui et uniquement à lui. Cette union touche la totalité du Moi et non seulement sa partie spirituelle, invisible. Le corps, ici, n'est pas une prison pour le Moi, ni la partie corrompue dont il faut se débarrasser, il est sa « mienneté », sa réalité, son intimité, ce qui définit son identité, ce qu'il est : un *être-dans-le-monde*, un *être-déjà-là*, un être-*pour-la-mort*, un *être-pour-la-perte* : « je suis mon corps ». Le monde ne peut être sauvé que par l'Amour mondanisé, rendu mondain, temporel, humain, corporel, « Fils de l'homme ». En tant qu'être mondain, mon union avec l'Amour se réalise au niveau de ma chair, à ce qui peut mourir en moi. Seul celui qui peut me sauver de ma vanité peut toucher mon cœur, peut m'aimer dans mon intimité, dans ce que je suis vraiment : impuissant. Seul un *être-déjà-perdu* peut faire l'expérience du mourir sur soi et, par le fait même, s'ouvrir à l'Amour, devenir *l'être-déjà-aimé*. Seul qui peut mourir peut être sauvé, peut être aimé, peut être ressuscité. La mort est le seul moyen pour s'unir à l'Amour dans ce monde. Etre ce que je suis c'est devenir un *être-déjà-là*, c'est-à-dire un être de perte qui cherche un sens à sa perte, à *l'être-pour-la-mort* en lui. Celui qui peut toucher ma mort peut toucher mon cœur, car mon cœur est là où est le sens de ma vie. Toucher ma mort c'est toucher ma « mienneté », ce que je suis : un *être-de-perte,* un *pauvre mortel*. A chaque instant de ma vie j'expérimente ma perte, je perds ce qui reste de ma vie, ce que je suis. Je perds ce qui m'est le plus cher, je perds ma *chair* et c'est pourquoi je suis humain, un être-là, un être dans le monde. Celui qui peut toucher ma perte peut toucher mon cœur, ce que je suis originairement. Si l'Amour est l'origine de l'être, il doit advenir là où l'être demeure, dans le monde temporel, là où les êtres célèbrent leur perte sous le soleil du soir. L'Amour sauve le monde, dans le monde, par ce qui est originaire dans le monde : sa perte, son impuissance. L'union de l'Amour avec le monde s'accomplit dans le cœur de l'homme, à l'instant de son *aban-don* de soi. Par son *aban-don* le Moi se transforme en amour et l'Amour en lui devient humain, mondain, temporel. L'Amour consumant, n'est plus simplement l'amour d'un homme qui aime par ses propres forces, car c'est l'Amour même qui aime en lui et

---

1 Jean de la Croix, *Œuvres complètes*, *La montée du carmel*, *Ibid.*, p. 628.

avec lui. Il ne prolonge pas un instant, il ne dérive pas d'une idée, car ce n'est ni du sensible ni du rationnel. C'est l'un et l'autre implicitement et c'est beaucoup plus effectivement. Un tel amour est l'origine même de la sensibilité et de la raison, comme du reste des choses. Sa direction est celle même de l'élan de la vie comme de son achèvement, de son commencement comme de sa fin. Il est un élan partagé et donné d'avance au monde et à tout le monde. Sa donation est un mouvement originaire de ce qui est, par définition, un arrêt, une perte de ce qui est, par définition, un gain et une possession. Selon Bergson : « L'expérience montre que si, de deux tendances contraires, l'une a grandi au point de vouloir prendre toute la place, l'autre s'en trouvera bien, pour peu qu'elle ait su se conserver : son tour reviendra, et elle bénéficiera alors de tout ce qui a été fait sans elle, qui n'a même été mené vigoureusement que contre elle[1] ». L'élan d'amour, qui portait le *Moi-aimé* à se donner au monde, se concentre sur une vocation très grande, puisqu'elle cherche à conquérir le monde. Cette vocation est très difficile puisqu'elle demande la perte de soi, mais limitée puisqu'elle est temporelle. D'autres efforts viendraient, d'autres étaient d'ailleurs déjà venus. Tous seraient convergents, puisque l'Amour en faisait l'unité et l'origine. Par le *Moi-aimé* le monde obtiendra ce que l'Amour voudra lui donner. Il s'agit pour lui de transformer radicalement le monde, en commençant par donner soi-même à une seule personne, à l'autre, cet *être-là* qui a tant cherché l'Amour sans le trouver vraiment. Il est une pauvreté originaire capable de marcher à la conquête du monde.

Le monde n'est plus l'étranger par excellence où, chacun se trouve jeté seul par sa naissance face à sa vanité. Il est un monde familier où les êtres se réunissent sous le même toit de leur origine, sous le toit de l'Amour : « Ainsi il n'est personne dans le genre humain à qui l'on ne doive amour, non pas en raison d'une affection réciproque, mais en raison de l'appartenance même à une communauté de nature ». (Ep. CXXX, 13) : « Ita nemo est in genere humano cui non dilectio, et si no pro mutua caritate, pro ipsa tamen communis natural societate debeatur[2] ». Séparé, le Moi est impuissant, il ne peut agir qu'avec les autres ou contre eux, qu'avec soi-même ou contre lui-même, qu'avec l'Amour ou contre lui. Ce n'est que dans le rapport originaire et dans la vocation de mourir ensemble que l'Amour de l'autre et du monde devient possible. L'Amour est le signe, sans équivoque, d'un horizon d'universalité qui rend possible la communauté humaine comme aimer et mourir ensemble. Dans l'Amour, le paradoxe du Moi, de

---

1 Henri Bergson, *Œuvres, Les deux sources de la morale et de la religion, ch. III, La religion dynamique*, PUF, Paris, 1959, p. 1177.
2 Hannah Arendt, *Le concept d'amour chez saint Augustin, Ibid.*, p. 76.

l'Autre et du Nous, trouve son accomplissement. L'Amour, là et à chaque instant, est le créateur de la communauté des « ego » ; *Il* contribue à tresser une relation originaire qui unit le Moi au monde et aux autres. L'Amour accomplit ce miracle d'aimer le monde et tout le monde en chaque personne, car rien n'est plus intimement apparent au Moi que le Toi, et en même temps rien n'est plus mystérieux. Ce n'est pas la communauté, ou la société, qui explique physiquement et motive l'Amour mais à l'inverse c'est l'Amour originaire qui fonde la communauté. Selon Teilhard de Chardin : « Sous les forces de l'amour, ce sont les fragments du monde qui se recherchent pour que le monde arrive. » Si le multiple est la grande question, l'Amour en est la réponse. Le monde est fait d'amour, tissé d'amour, pétri d'amour. L'énergie originaire qui constitue la texture du monde c'est l'Amour. C'est par là qu'un nouveau monde fondé par l'Amour prend naissance. Le monde de l'Amour est ce monde qui ne peut exister que par nous, qui ne peut pas exister sans nous. Ce monde tient tout de nous à condition que nous-mêmes nous soyons passés par une nouvelle naissance, c'est-à-dire devenir des êtres avec l'Amour. Le sens profond du monde c'est de ne pas le subir, de n'être pas confronté avec lui comme avec une chose. Le monde tient sa légitimité et son existence au moment où on le déprend de toute limite, pour que nous soyons devant lui, devant une réalité où on ne peut pas ne pas être émerveillé. Le monde d'Amour est celui que nous pouvons contempler, que nous pouvons aimer et admirer, dont nous pouvons faire offrande. A qui ? A la *Présence* qui s'atteste en nous comme pure gratuité, car nous ne pouvons l'atteindre effectivement qu'en devenant nous-mêmes pure offrande, qu'en passant du Moi possessif vers le *Moi-perdu*, vers le *Moi-aimé*, vers le *Moi-donné*, vers le *Moi-amourtifié* et par le fait même vers le *Moi-témoin* : Je suis un témoin d'Amour dans le monde.

Les mots sont chargés de sens et le langage devient un témoignage profond du mystère du Moi. C'est l'instant de la parole créée par un sens nouveau qui la précède, la fonde et la conduit ensuite vers la réalité vécue et temporelle. La parole du témoin est profondément réelle, intime, et temporelle. Une telle parole ne parle pas de nous mais parle en nous et nous parlons en elle : à travers nous elle se manifeste comme événement, elle devient Vérité. Elle se fait en nous par le partage de nos paroles et le partage de notre amour dans le temps du monde : « aimez ce que jamais on ne verra deux fois ». La parole devient, ici, une parole originaire, une parole de la parole, une parole avant la parole, une parole de l'Amour, une parole aimante, une parole vivante et vivifiante. La force du langage dépend du sens qui l'accompagne et le fonde. Ce sens humain rempli d'amour seuls peuvent le partager des *êtres-pour-l'aban-don*, passionnés face aux incertitudes et aux tribulations de la vie réelle et de la mort. C'est par l'épreuve quotidienne de la perte que la parole a un sens, qu'elle a quelque chose à dire, une expérience à vivre, un mystère à révéler, une vérité à témoigner, un être à donner. « C'est notamment de cet emplissement, de cet accomplissement, de cette plénitude que les dieux manquent. Les dieux manquent de ce couronnement qu'est enfin la mort[1] ». L'Amour brille sur les justes et sur les injustes, *Il* se fait nécessité. Aimer c'est accepter d'être soumis à la nécessité de l'Amour et venir obéir aux commandements de l'Amour, à *s'aban-donner* à sa volonté : aimer la nécessité universelle. Etre disposé à la volonté de l'Amour c'est accepter de se *laisser-être* selon un nouveau commencement, un *re-commencement* d'être sans savoir comment, quand, ni même pas où. Je ne peux pas faire autrement, car la disposition en moi n'est plus une activité volontaire, ni même pas involontaire, mais une activité confiante en l'Amour : « J'étais nu et vous m'avez habillé ». L'Amour accompli, malgré moi, en moi est pur. Selon saint Augustin l'amour pur échappe complètement à la volonté. Que le Moi propre en moi disparaisse, de telle sorte que l'Amour au moyen de mon obéissance, ma confiance, ma patience et mon *aban-don* aime le monde. L'Amour ne peut pas venir de mon effort, il vient toujours de mon obéissance, de mon *aban-don* et de mon impuissance *sup-portée* et aimée. Il advient de ma « facticité » originaire qui ouvre la possibilité de l'avènement de mon origine. Nous ne pouvons le saisir qu'en devenant nous-mêmes une intimité, une offrande, une source de don de soi, un commencement à nous-mêmes et à tout le monde. Le vide de l'Amour, plus plein que la plénitude de l'être, advient subitement pour vider sa donation, se vider en nous, *re-commencer* sa générosité.

L'Amour est mondanisé par l'*aban-don* du *Moi-aimé* qui meurt pour faire advenir l'Amour dans le monde, car il est le cœur du monde. C'est dans le cœur du *Moi-aban-donné* que l'Amour se mondanise, se temporalise, s'humanise. Le salut du monde prend naissance dans le cœur *aban-donné*. Il a pour vocation d'ouvrir tout simplement une nouvelle possibilité où, d'autres hommes peuvent toujours espérer en l'Amour. La vocation du *Moi-aban-donné* c'est de rendre possible la transformation du monde en une « eucharistie aimante », c'est rendre grâce à l'origine du monde, c'est rendre le monde à l'Amour.

« Mon sort dépend de ton visage » (Ps 16, 2) et celui qui voit ton visage ne peut que mourir d'amour.

---

1 Peguy, *Œuvres en prose* (1901-1914) « Bibliothèque de la Pléiade », Gallimard, Paris, 1961, Dialogue de l'Histoire et de l'âme païenne (clio I), p. 261.

QUATRIÈME PARTIE

Le temps comme événement de l'avènement de l'Amour

Dans la quatrième et dernière partie nous abordons la problématique du temps comme étant un événement de l'avènement de l'Amour. Le temps est bien le « rythme » de l'arrivage de l'Amour. Un tel arrivage est bien une demeure qui donne au temps de se présentifier, à chaque instant, par la donation de l'Amour. Le temps, en ce sens, est-il toujours l'œuvre d'une promesse qui manque son arrivage ? Ou bien il est considéré comme étant la saturation de l'instant qui ne se suffit plus à lui-même et qui s'expose dans l'instant suivant pour transporter la continuation de l'arrivage de ce qui n'arrête pas à venir, comme étant un événement qui *re-commence* tout et qui donne au temps son *re-commencement* ? Est-ce que c'est contre la continuité et l'appropriation de soi que le temps s'impose-t-il, et impose son rythme au monde ? Ainsi se produit-il selon un temps brisé, discontinu, comme une temporalité de la *cassure de soi,* du *clignotement, de l'interruption* de ce qui se donne, et tout cela dans un commencement originaire qui assure l'écartement et la *dif-férence* en soi ? L'être donné est-il *déjà perdu* temporellement, déjà écarté de soi et jeté dans l'absence non de l'être mais de sa substantialisation ? Dès lors, l'effacement de soi reste-t-il une aliénation de l'être ou bien se transforme-t-il en une refondation de soi selon l'arrivage temporel de la pauvreté originaire de l'Amour ?

L'aporie du temps, pour nous, n'est pas perte et négation, ni une simple expérience d'écoulement et d'interruption, mais elle est toujours saturation d'espoir. L'espoir, en ce sens, n'espère plus, mais *re-commence* à chaque instant l'arrivage de l'Amour dans le temps. Mais dans l'instant saturé par l'arrivage de l'Amour le temps sort-t-il de sa fatigue, de son anonymat et de sa vanité, pour témoigner d'un événement originaire de soi? Le temps, comme *rythme* de l'arrivage de l'Amour, devient-il, en ce sens, l'incessante reprise de lui-même à partir d'un *re-commencement* originaire qui l'a déjà et depuis toujours expulsé de lui-même? Expulsé ou déporté à la limite de la rupture, le temps de l'Amour est-il ex-posé, ici, par le même dynamisme, à un *re-commencement* qui a déjà commencé ? Le temps de la limite de soi, toujours déjà en surcroît, reste-t-il le temps pensé à partir de la mort, ou bien un temps pensé à partir de soi ? L'extase première est-elle, ici, le dépassement du propre ou bien la mort ? Est-ce c'est la mort qui ouvre l'avenir authentique ou bien au contraire c'est dans l'a-venir authentique de l'Amour toujours déjà-là, que la mort peut-elle être dévoilée, ou bien peut-elle laisser dévoiler en elle un temps nouveau ?

Nous essayerons de voir si le temps restera toujours aussi et d'abord le revenant de l'Amour en soi, c'est-à-dire de la promesse de l'arrivage d'une ipséité *aban-donnée*, aimée avant d'être née.

CHAPITRE I

L'être dans le là doit mourir

« Tout changement par nature est extatique[1] » disait Aristote, avant de montrer que, par lui-même, le temps est plutôt cause de destruction que de génération. L'extase du changement nous arrache à nous-mêmes et nous fait être hors de nous, nous qui, perpétuellement expulsés de nous-mêmes, sommes ce que nous n'étions pas et ne sommes plus ce que nous étions. Partir c'est mourir un peu. Cette extase est la première mort, sa possibilité est la première mortalité. Où se découvre le changement, écrit saint Augustin, « il s'est produit une sorte de mort ; c'est une mort en effet que de ne pas être ce qu'on fut[2] ». Le changement est toujours un mourir, une perte par laquelle je meurs à quelque chose de moi-même, et j'expérimente la dérobade de mon être, cet être qui m'échappe dans l'instant même de ma perte. Vivre d'une vie muable c'est vivre d'une vie mourante, d'une vie qui n'est toujours naissante qu'en étant toujours aussi à l'article de la mort.

Le sens de la mort est, dès la naissance, interprété comme fin de *l'être-au-monde*, anéantissement. D'un bout à l'autre, l'ontologie, la compréhension de l'être et du néant, reste source de tout sens. La mort n'est pas, quelque part, dans le temps, mais le temps est originairement pensé à partir de la mort. C'est par la mort qu'il y a temps et qu'il y a *Dasein*. La mort, comme anéantissement, marque « l'être-là ». Elle implique, comme référent, un temps semblable à une longueur qui se prolonge infiniment avant la naissance et après la mort. Le temps compte et on le compte dans la vie quotidienne: c'est la quotidienneté même. Il y a donc un temps profond ou originaire derrière le temps linéaire, qui ne s'entend qu'à partir de la mortalité. Mourir n'est une réalisation, mais le néant de toute réalisation. En ce sens, sans recourir aux notions quantitatives du temps, s'ouvre l'avenir et une notion originaire du temps. La temporalité est *ek-stase* vers l'avenir, celle-ci est *l'ek-stase* première. L'*ek-stase* vers l'avenir c'est encourir la mort en l'anticipant. Encourir la mort c'est encourir une possibilité comme

---

1 Aristote, *Physique*, IV, 13, 222 B 16.
2 Saint Augustin, *Homélies sur l'Evangile de Jean*, 23, 9, éd. et trad. Berrouard, Paris, 1977, BA, t.72, p. 380-381.

possibilité, c'est *être-au-devant-de-soi*, être un projet de l'être, être en question. Tel est le chemin de *Sein und Zeit*. A ce projet de l'être tout semble être réduit : le *Dasein*, le sens, le temps, la mort, la compréhension, même l'éternité puisque, pour Heidegger, l'éternité est une modalité du temps fini, elle dérive du temps originaire. Le temps originaire est « mode d'être » de l'être fini. La temporalité se définit par la relation avec le néant. C'est à la finitude de l'existence humaine vouée à être que le temps doit son originalité, comme temporalisation, à partir de l'avenir. *L'être-pour-la-mort* est le plus propre du *Dasein*, c'est l'angoisse où advient l'« imminence » du néant qui est la modalité la plus authentique de l'humain. Dès lors, le désir le plus profond est désir d'être, de persévérer dans l'être, et la mort est toujours prématurée. La mort c'est un mode d'être, et c'est à partir de ce mode d'être que surgit le *pas-encore*, une autre possibilité. Avoir à être c'est avoir à mourir. « Dès qu'un homme vient au monde, il est assez vieux pour mourir[1]. » Le *Dasein* a à être, mais avoir à être est aussi avoir à mourir. La mort, comme fin, est la possibilité de l'impossibilité de persévérer dans son être, de s'« approprier » son être. La « facticité » est ainsi retrouvée.

L'angoisse du Moi, dont il est question dans la réflexion, est une peur de ne pas avoir le temps ; il a besoin de suffisamment de temps avant de mourir pour achever son être, pour être ce qu'il a besoin d'être, ce qu'il espère être. Son rapport avec son être est un rapport de besoin et de manque ; il est l'être manqué parce qu'il manque l'être, il n'est pas. Pour lui, être c'est être toujours satisfait, sans manque ni besoin. Et puisqu'il n'a jamais vécu un tel état de satisfaction continuelle et définitive, il se sent toujours en insécurité, en état de peur et d'angoisse afin de mourir avant d'être un être plein, total, parfait, satisfait. La peur de rater sa chance d'avoir son être, de le posséder, ou bien le besoin de vivre dans l'« avoir » montre clairement pourquoi le Moi est un être de souci et d'impuissance : je suis condamné à mourir sans savoir l'heure ni les conditions ! Je mourrai sans doute, mais plus tard et ailleurs, un jour sans date, en tout cas pas à cet instant, ce n'est pas encore pour cette fois. Pour la suivante ? Je n'espère pas, mais je sais que plus tard. Non, mon heure n'est pas encore venue, non, mon tour n'est pas encore arrivé ; c'est encore tôt, non ? De toutes manières, la mort n'est jamais pour cette fois-ci, mais toujours la prochaine, un jour ou l'autre, mais jamais aujourd'hui. Et si la mort m'oubliait ? Et si elle ne veut, peut-être, plus de moi ? Tous les espoirs sont permis même les plus inhumains. Par ailleurs, le Moi décidait, pour rendre sa vie tolérable, vivable, moins dure, de ne pas aller au fond des choses, à l'origine de la vérité ; il préfère ne plus

---

1 Citation de *Der Ackermann aus Böhmen* (*Le Paysan de Bohême*); cité par Heidegger, dans *Sein und Zeit, Ibid.*, δ 48, p. 182 (p. 245 du texte allemand).

vivre à fond pour ajourner la mort et toute angoisse jusqu'au fond de l'oubli. Car s'il pensait à fond la vérité de la vie, qui est un surcroît sur l'idée de la mort certaine, il ne supportait plus de vivre. La mort doit être ajournée, remise à la fois suivante, infiniment suivante, elle se rapporte toujours aux autres, au prochain et au lointain. L'application de réalité de la mort à mon *ipséité-propre* est écartée.

Pour Bloch, l'angoisse de la mort vient du fait de mourir sans achever son œuvre, son être. C'est dans un monde inachevé que nous avons l'impression de ne pas achever notre œuvre. Bloch ne veut pas ignorer le noyau obscur de la subjectivité à laquelle la nature s'oppose. Il reproche à Bergson et aux philosophies de l'élan vital d'avoir négligé cette singularité de subjectivité. L'œuvre de l'homme n'est pas à la mesure de l'utopie de son être. Il y a échec dans toute vie et la mélancolie de cet échec est la façon de persévérer dans l'être qui reste toujours inachevé. Mélancolie qui ne dérive pas de l'angoisse comme chez Heidegger. C'est au contraire l'angoisse de la mort qui serait une modalité de la mélancolie. La peur de mourir, c'est la peur de laisser une œuvre inachevée, et donc de n'avoir pas vécu[1].

L'angoisse de manquer sa vie, de ne pas *l'avoir* comme un objet qu'on gagne, reste le signe de la vanité du Moi qui vit sans vivre, qui est sans exister, qui souffre sans dignité, qui meurt sans mourir. Il promet ce qu'il ne peut pas donner, de donner ce qu'il n'a pas. Celui qui vit sans la vie meurt sans vivre et sans mourir. La vie sans vivre, est une déception essentielle.

Naître c'est être *déjà-perdu*

La faillibilité humaine est l'un des thèmes fondamentaux de la vie qui s'exprime essentiellement par l'expérience étrangement intime de la souffrance, témoignant, sans arrêt, d'une épreuve insurmontable, indépassable, inguérissable, celle de la perte : « Je me dis qu'il n'est sans doute pas mauvais que s'écarte ainsi de nous, progressivement, une terre qu'on aurait sinon trop de mal à quitter – qu'on aurait trop de mal à quitter tout d'un coup[2] ». L'épreuve de la perte de soi dévoile le paradoxe de l'ordre humain comme étant une fusion de l'*intime et de l'étranger*. Une telle épreuve est comme l'ombre de plus en plus réel et vrai, d'une étrangeté qui vient chaque jour demander au Moi de perdre un peu plus sa chair et ce qui

---

1 E. Bloch, *Traces,* trad. H. Hildenbrand et P. Quillet, Paris, Gallimard, 1968, pp. 235-238. Voir E. Levinas, *Dieu, la Mort et le Temps, Ibid.*, p. 116.
2 Dans Eric Marty, *L'écriture du jour. Le Journal d'André Gide*, Seuil, 1985, p. 178.

l'est le plus cher : « Fatigué par plusieurs nuits d'insomnie, je me sens, par moment, à bouts de force, et vieilli jusqu'au désespoir [1] ». Perdre c'est se détacher d'une image de soi métamorphosée par l'écart du temps. Perdre c'est vivre selon un temps étrangement inquiétant. La perte en moi m'insère *déjà* dans un temps *déjà-perdu* pour moi. *Déjà-perdu* parce que n'ayant ni présent ni avenir. Un *être-déjà-perdu* c'est quelqu'un qui ne cesse de mourir sans jamais finir, ne cesse d'appartenir à une *ek-sistence* déjà manquée d'espoir, déjà manquée d'être, déjà manquée de plénitude de soi. Ce qui est plus difficile que mourir - puisque au lieu de renoncer une fois, il s'agit d'une perte non seulement quotidienne, mais instantanée, un amoindrissement de soi sans finir et à chaque instant: Il n'y a qu'une longue tristesse dans la caducité croissante. Une tristesse affreuse car elle s'accroche déjà à l'ipséité dès son surgissement temporel et fait ralentir son passage, aggraver sa blessure originaire, son « mal d'être ».

Selon Pascal, tout ce que je sais est que je dois bientôt mourir, et mourir seul. Tout est « fluence », « tourbillon », ou chute menaçante dans ce monde. Tout est incertain, changeant, vacillant : les choses, les hommes, les institutions. Tout branle avec le temps. Tout le fondement de l'être craque et la terre s'ouvre jusqu'aux abîmes. Il ajoute : « Je vois ces effroyables espaces de l'univers qui m'enferment et je me trouve attaché à un coin de cette vaste étendue, sans que je sache pourquoi, je suis placé en ce lieu plutôt qu'en un autre, ni pourquoi ce peu de temps qui m'est donné à vivre m'est assigné à ce point plutôt qu'à un autre de toute l'éternité qui m'a précédé et de toute celle qui me suit[2]. » Selon saint Augustin tout est incertain dans une vie humaine, la mort seule est certaine. Mais la mort, c'est la mort de chaque jour, où la mort finale est cachée, mais elle n'est pas loin (Sermons 154). La vie terrestre est une vie mortelle. La temporalité de cette vie est telle qu'aucune présence vraie ne peut s'y constituer. A chaque instant le monde se ruine. L'instant meurt en naissant. Le passé dévore l'avenir, avant qu'une

---

1 *Idem.*
2 Pascal, *Pensées*, I, LV, *Ibid*. A Malraux, dans son roman *La lutte avec l'ange*, reprendra cette pensée de Pascal : « Qu'on s'imagine un nombre d'hommes dans les chaînes, et tous condamnés à mort dont les uns étaient chaque jour égorgés à la vue des autres ; ceux qui restent voient leur propre condition dans celle de leur semblables, et se regardant les uns les autres avec douleurs et espérance attendent leur tour : c'est l'image de la condition humaine ». Pour Pascal, l'angoisse, qui anime toute recherche d'une vie authentique, et la liberté, qui est la condition première de celle-ci, ne font qu'exprimer l'ambiguïté radicale de l'homme. Ainsi Pascal s'interroge : « Que dois-je faire ? Je ne vois partout qu'obscurité. Croirai-je que je ne suis *rien* ? Croirai-je que je suis Dieu ? ».

existence présente puisse se réaliser en durant[1]. « Je me reposais dans l'amertume », dit-il. Puis il découvre l'antinomie interne de son état : « Il y avait en moi en même temps un dégoût très grave de vivre et une peur de mourir[2]. »

Chacun doit prendre sur soi le fardeau de sa perte, jusqu'à sa pauvreté radicale inaugurée par la perte finale, par la mort. La « mort » est toujours ma mort, ma perte, mais ce qui est réellement grave en elle c'est qu'elle me tombe dessus et me montre ce qui *meurt* en moi, ce qui *se perd* en moi, ce que je ne veux pas voir et expérimenter et cela depuis longtemps. Elle n'a cessé de violer mon intimité et cela depuis, déjà, ma naissance. L'effet de se pouvoir mourir dans l'instant même qui passe ferait toujours partie de mon être. Une partie qui dissocie mon être, le décompose, le dénude et le livre au silence *in-fini* de sa perte. Un silence lourd, violent, lent, interminable ; sa seule réponse c'est qu'il est « sans-réponse[3] ». Mourir ! Mais qu'est ce que la mort ? Un autre que moi, le *dif-férent* de moi qui s'exprime au point d'être celui qui me porte de l'intérieur. A aucun moment je ne puis être tranquillement pour moi. Mais comment penser le Moi dans son identité, son intimité, son unicité, ou comment penser sa « mêmeté » face à l'autre en soi, face au temps de la mort ?

Le Moi n'est jamais égal à lui-même, car il est en écart avec lui-même et en retard par rapport à son origine. Etre en retard sur soi-même c'est être né, c'est être en retard par rapport à sa naissance : je ne suis pas l'origine de moi-même, cette origine qui définit presque toutes les possibilités. Le retard sur soi-même est une caractéristique fondamentale qui dévoile l'arrivée de l'être dans ce monde comme *déjà* en retard : je ne peux plus décider à exister ou pas, à jouer ou pas mon existence. Le Moi est *l'être-jeté* (Geworfenheit[4]) dans le monde, son *être-là* est un fait accompli, déjà fait et pas de retour en arrière. La vérité : je suis « jeté » (*werfen*) caractérise la « facticité » du *Dasein,* son « factum[5] ». Parce que le Moi se découvre dans un écart originaire avec son origine, il se découvre comme étant la conséquence de son origine et non le conséquent, la donation de son origine et non le donataire. Il se découvre déjà donné, en retard par rapport à son origine, à l'Autre en soi. Dans la « Stimmung » a lieu une ouverture qui devance toute connaissance et tout « Erlebnis ». Ce qui caractérise le

---

1 Saint Augustin, *Confessions,* XI, 21, Bibliothèque Augustinienne, 1982.
2 *Ibid.*
3 Emmanuel Levinas, *Dieu, la Mort et le Temps,* Figures/Grasset, Paris, 1993, p. 20.
4 M. Heidegger, *Sein und Zeit , Ibid.*, p. 114.
5 *Idem.*

dévoilement ce n'est pas la pleine lumière de l'origine, mais précisément une « facticité » et une « opacité » irréductibles et dures à porter. Ouvert ne veut pas dire reconnu en tant que tel, mais se montre dans l'obscurité de l'épreuve de soi. Voilà dans sa provenance et dans sa direction ce que *l'être-déjà-perdu* « est ».

Dans le sentiment angoissant et effrayant, face à la perte de soi, les apparences se déchirent et dédoublent le Moi en un *Moi-déjà-fatigué* pour vivre et un *Moi-déjà-fatigué* pour mourir. La donation de soi vient toujours en retard selon une fatigue originaire pour faire tomber la donation même dans le trou de l'aliénation et de la brisure de soi : en non-donation ou bien en une donation fatiguée, déjà brisée. La bonne nouvelle est déjà une malédiction. C'est dans ce sens que le monde environnant sombre dans l'insignifiance face à la déchirure originaire, insurmontable[1]. Ici tout glisse, se bascule, plus rien n'est stable, mouvement sans arrêt[2]. L'affection ouvre le *Moi-déjà-perdu* en son *être-fatigué* de sa *brisure originaire*, selon la guise d'un détournement qui l'esquive. L'affection n'est réductible ni à un acte de perception, ni à une réflexion ; elle mène le *Moi-déjà-perdu* face à ce qui s'empare de lui et l'humilie gravement. L'*être-déjà-fatiguée* de sa *brisure-originaire* s'angoisse d'une angoisse au sujet de son *pouvoir-être* le plus personnel. C'est ce qui fait que la structure de la fatigue désigne la compréhension de l'être dans le *là*, comme toujours référée à la brisure de soi, et se comprenant à partir d'un temps infidèle et humiliant. Le mode d'existence, la manière d'être, la vie quotidienne sont pris pour la réalité même de la vie. L'analyse se fait à partir de la vie quotidienne, à partir d'une existence non-propre, non-mienne, non-voulue, éprouvée. Dans le temps quotidien l'unité du Moi n'apparaît que lorsque le temps de chaque vie s'achève, comme brisure de soi, jusqu'à l'éclatement définitif de la substantialisation de soi. Il y a dans la structure de l'être même une incessante « non-clôture » de son absentement. La « non-clôture » montre le manque de l'être, un manque qui appartient à l'être comme brisure de l'être même, comme non-projet d'être, comme *désespoir originaire*.

Le Moi est identité de soi-même qui se ferait de par l'impossibilité de se faire remplacer. Personne ne peut perdre à sa place, et l'unité de son être se fait en assimilant et en s'ouvrant à une identité qui doit se risquer dans l'éventualité de la vanité et de la perte de soi. Au lieu de se laisser décrire dans son événement propre, la mort nous défigure le visage, nous porte dès l'instant même de notre naissance et nous jette dans un temps anonyme, dans le risque de perdre tout sans savoir pourquoi. C'est à partir de l'instant même de la relation originaire avec la mort, et dès l'instant même de l'éclatement de

---

1 M. Heidegger, *Sein und Zeit*, *Ibid.*, p. 343.
2 M. Heidegger, *Was ist Metaphysik ?*, *Ibid.*, p. 18.

la perte de son être, que le temps va devoir s'exposer. La seule réponse face à la perte de soi est une réponse qui préfère se taire, une réponse qui appartient à une dimension autre où, la connaissance est réduite à son ignorance et à sa pauvreté originaire : la parole est pauvre comme le silence. Selon Fink, la mort est la fin de la compréhension de l'être, fin du néant alternant avec l'être. S'ouvrir à l'événement de la mort demande un *re-commencement* de soi, un retour à l'origine, à ce qui est plus ancien que le temps, à ce qui est *dif-férent* de toute connaissance qui cherche des réponses, à ce qui est plus pauvre que l'anéantissement de l'être. *Non-savoir* qui se traduit dans l'expérience du Moi de sa propre ignorance et dès l'instant même de sa naissance, dans le commencement de sa perte et dans l'éclatement de son mourir. Un commencement lent, très lent, puisqu'il est sans arrêt, sans repos, sans visage, sans réponse, sans consolation, rien qu'une ouverture sur ce qui n'apporte aucune possibilité de dérobade. Tout cela doit être repris dans une autre modalité, celle qui, avec le commencement de l'être, donne la possibilité de sa fin. C'est avec la naissance que tout a déjà commencé.

Naître, un événement qui inaugure un exode vers la mort dans le désert de la perte de soi. Naître c'est commencer déjà à mourir, recommencer l'acte de la mort qui vient inaugurer le temps déjà perdu en soi. La naissance c'est l'inauguration d'un temps anonyme qui vient effacer les traces de l'être, de ce qui est identique en lui. Le temps de la naissance se réclame comme représentant, au fur et à mesure, de l'autre face du visage de l'être, le double de son intimité déjà perdue. Il s'est personnalisé comme l'autre en soi, celui qui efface ce qui est propre dans l'intimité de l'être. Il l'oblige à marcher là où il ne veut pas aller, le force en violant son intimité et son autonomie, l'affecte gravement en le blessant et en creusant dans sa chair une impossibilité de guérison. L'impossibilité de guérison serait comme le toujours du temps, la durée du temps. Le temps est la durée d'une maladie inguérissable appelée : la perte, sa propre perte, ce qui se perd en soi : sa « mienneté » comme intimité déjà brisée et sa brisure est un « traumatisme ». Dans sa perte, sa peine, son souci et sa souffrance, le Moi s'affecte par le poids de l'existence qu'implique sa « mienneté ». Il se découvre comme constitué par la perte de soi, une constitution que l'extase de la jouissance n'arrive pas à surmonter. L'expérience tragique de la perte, à tous ses degrés, est une impossibilité de se détacher de l'instant même qui dévoile la vérité de l'être : je suis un être manqué de mon origine, je suis un *être-déjà-perdu* selon une *fatigue originaire*. L'expérience de la perte est l'irrémissibilité même de l'être comme une passivité originaire. Le contenu de la perte se confond avec l'impossibilité de se détacher de la « facticité » de l'être, de fuir l'horreur d'être, le mal de l'être. Il y a dans la perte une absence de toute fuite, une passivité endurée selon un retard et un désespoir originaire. Toute la pesanteur de la perte est dans l'impossibilité de tranquillité et dans l'insuffisance du divertissement et de la fuite. La perte s'impose comme une lumière qui fait mal non seulement aux yeux mais à la totalité de l'être, puisque c'est une lumière qui jaillit de l'intérieur de l'être et non de ce qui est extérieur à lui. Une lumière qui jaillit de l'intérieur, tout en marquant une *dif-férence* originaire avec le même, avec la « mienneté » ontologique, avec le « déjà-vu ». Comment ? Il n'y a pas seulement le savoir d'une conscience souffrante de la dureté de sa perte ; ici, l'épreuve même impose sa « distature ». La perte, en elle-même, comporte une vérité plus déchirante encore que la souffrance causée par la perte dite ontologique. Une autre vérité s'expose et expose *l'être-déjà-perdu* à ce qui dépasse en lui le néant de sa facticité. L'impuissance du Moi n'émane pas seulement de sa perte, en tant que fait constitutif de son être dans un sens ontologique, mais sa monstration est réfractaire d'une *étrangeté inquiétante* plus intime à soi que soi-moi, à laquelle retourne la vérité originaire de son être.

L'inconnu de la perte signifie que la relation, même, avec la perte de l'être ne peut se faire dans la lumière du pouvoir de l'être et de sa résolution, mais dans la nuit obscure et passive de l'épreuve de soi. Le Moi est face à ce qui ne vient pas de lui, à ce qui est « unheimlich » en lui, à ce qui émane de lui tout en étant plus intime que lui. L'exposition de la vérité originaire du Moi s'annonce par un départ de soi éclaté par l'expérience de la perte, et par un retour à soi qui se fait dans une « passiveté » abondante, dans l'épreuve de soi.

Le pouvoir du Moi sur son être se fait par l'intermédiaire de la lumière extérieure, activité de la volonté de la puissance et de la jouissance de l'appropriation. L'objet que je rencontre doit être compris, construit, et dominé par moi. Dans la lumière extérieure, le Moi est dans une lutte active pour assurer son droit à dominer le monde, son être et son destin même. Alors que la perte de soi annonce un événement par rapport auquel le Moi n'est plus chez soi, ou au moins n'est plus seul en soi. Son intimité est exposée à une étrangeté plus intime à soi que soi-même, et sa « mienneté » n'est plus une appropriation de son être, mais une perte de tout pouvoir sur son être, un effacement de soi, un effondrement de tout pouvoir sur son être : un *désastre ontologique*. Dès lors, une culpabilité infinie et insupportable s'annonce. La culpabilité, ici, fait éclater la déchirure et la mutilation du Moi, son « mal d'être », sa lutte entre ce qui lui appartient et ce qui lui échappe, entre ce qui lui est « familier » et ce qui lui est « non-familier », étranger. Une déchirure entre la possession et la perte de son être, entre le visible et l'invisible, entre la lumière et la nuit obscure, *re-commence*.

Un mouvement de conversion

Dans le miroir, Narcisse voit sa beauté, identique à la nature pourtant différente, un mélange de paradoxe : de violence et de douceur, de beauté et de laideur, de force et de faiblesse, de simplicité et de complexité, de visibilité et d'invisibilité, de vie et de mort, de soi et de ce qui autre en soi. Le paradoxe manifeste, ici, la « mienneté » du Moi dans son originalité : Ainsi, se réfracte sa vraie beauté. Le paradoxe fait de notre mort autre chose qu'un « verenden », pour reprendre le mot de Heidegger, qu'un finir seulement animal : « Seul l'homme meurt. L'animal prend fin[1] ». La gravité de la mort ne lui vient pas uniquement de sa possibilité, de son intimité, mais elle surgit du plus intime et du plus étranger de son cœur, au fond de son intimité. La mort est grave parce qu'elle réfracte une altérité au sein même de ce qui est le plus intime en soi. La mort témoigne du mystère originaire qui altère la « mienneté » et l'affecte depuis sa naissance.

Ce n'est pas la mort qui constitue la « mienneté », c'est le mystère originaire qui n'a cessé depuis longtemps de destituer la mort de tout pouvoir ontologique et de briser tout ce qui est intime selon la conscience de soi et tout ce qui peut être approprié et maîtrisé par elle. L'événement de la mort est le signe de l'avènement d'un mystère « unheimlich » qui n'a cessé d'altérer la « mienneté » et de l'exposer face à ce qui réfracte son opacité. Toute épreuve est épreuve de perte de ce qui est intime pour soi. La perte, en ce sens, ne se borne pas à la perte biologique, ni même pas à celle dite ontologique. Elle s'identifie avec toute mise à l'épreuve de la liberté décidant de soi face à la possibilité de sa propre perte, d'une perte du pouvoir de cette liberté même. Nous sommes voués à la mort qu'elle que soit la vie que nous menions. Dès lors, la vie n'est plus que cheminer vers la mort, apprendre à mourir, où il n'est permis à personne de s'arrêter, ni de ralentir car « dès l'instant que l'existence commence dans le corps, on est dans la mort[2] ». La perte n'expose pas seulement à la nécessité de devoir mourir un jour, mais à une mort incessante qui a déjà commencé en soi dès le commencement de son être, dès l'événement de la naissance. Selon Heidegger, c'est le surgissement de la dernière possibilité de l'existence par le *Dasein* qui rend précisément possibles toutes les autres possibilités, qui rend par conséquent possible le fait même de saisir une possibilité, c'est-à-dire l'activité et la

---

[1] M. Heidegger, *Vortrage und Aufsatze*, Pfullingen, 1978, p. 171, trad. fr. *Essais et conférences*, Paris, 1958, p. 212.
[2] Saint Augustin, *La Cité de Dieu*, XIII, 23, BA, t. 35, p. 273.

liberté¹. Pour lui la mort est un événement de liberté et *l'être-pour-la-mort* dans l'existence authentique est une lucidité suprême et, par là, une puissance suprême. Par contre, selon l'épreuve de la perte, le Moi nous semble arriver à la limite du possible. Il se trouve éprouvé, écrasé, dépassé, manqué, effondré et par le fait même passif. La mort est, en ce sens, la limite de la volonté de puissance, sa brisure. Elle se donne toujours à nous dans la dimension de l'étranger, celle qui précède et déborde le possible en même temps. Le possible vient ajourner l'événement de la mort et son avènement; alors que l'épreuve de la perte vient déstabiliser la limite de cet ajournement en l'exposant à la tragédie de l' « instant » où tout se passe en moi sans moi et malgré moi.

Le commencement de soi doit commencer d'un lieu où quelque chose d'absolument inconnaissable - c'est-à-dire étranger à toute lumière thématique - rendant impossible toute possibilité de fuir sa réalité d'être. Le commencement, ici, vient inaugurer la *passiveté de l'être* : cet état où l'ipséité est altérée par ce qui la sépare de toute activité et même de toute passivité dans un sens subjectif. Il y a dans l'épreuve de la perte, au sein de laquelle nous avons éprouvé ce qui nous dépasse, un retournement de l'activité et même de la passivité du Moi en « passiveté », ou bien en passivité originaire. L'insaisissable perte en soi inaugure le commencement de l'être en tant *qu'être-déjà-perdu*. Le maintenant de l'être montre ce qui a déjà commencé en lui sans lui. Il montre une *dif-férence* ontologique entre le Moi et son origine ; une distance qui impose une *dif-férence originaire* entre eux un *In-fini*. C'est ce qui fait que la relation avec la mort n'est pas un savoir sur la mort, et cela à travers la mort d'autrui, ni l'expérience de la mort dans sa façon même d'anéantir l'être.

La perte n'est donc jamais assumée, car le moment d'où elle vient appartient déjà au passé sans être limitée exclusivement à lui. Son surgissement assure son appartenance au temps, mais aussi réclame un surplus qui échappe au passage du temps, à son écoulement ontologique. De l'impossibilité d'assumer la perte de soi, de la non possibilité de gagner son être et d'une impuissance originaire d'appropriation du temps, émerge le « désastre » de l'ipséité, sa réalité originaire. Le temps de l'être devient la limite de sa puissance, la fin de son autonomie, l'effondrement de tout projet ontologique. Le possible pour l'être devient impossible pour le temps et l'impossible pour l'être devient possible pour le temps. Ce qui est essentiel à l'approche de la perte c'est qu'elle n'annonce pas seulement une réalité contre

---

1 Selon Emmanuel Levinas la mort chez Heidegger n'est pas comme le dit M. Wahl, « l'impossibilité de la possibilité », mais « la possibilité de l'impossibilité ». La différence, pour Levinas, a une importance fondamentale. Dans *Le temps et l'autre*, Quadrige/PUF, Paris, 1991, p. 92.

laquelle nous ne pouvons rien, contre laquelle notre puissance est insuffisante, mais surtout qu'elle est la réalité même de notre être, notre intimité, notre « mienneté » altérée par ce qui est différent en nous. C'est que dès le commencement de notre être on ne peut pas pouvoir autrement ; c'est cela justement que le Moi est sans pouvoir. La perte de soi c'est l'impossibilité d'avoir son être comme projet, de le voir comme un projet d'investissement, une propriété, un pouvoir, une authenticité. Mon être m'échappe et tient son pouvoir de quelque chose qui est absolument autre, quelque chose portant l'altérité qui brise toute « mêmeté » ontologique. La structure de mon être est une structure altruiste, elle est fondée par un Autre. L'Autre a une emprise sur mon être, il a un pouvoir sur moi. Il n'est pas un autre moi-même, ni autrui en tant qu'« alter ego », un autre sujet, mais il est l'Autre en moi-même, mon origine, l'« infini », l' « impossible ». Il n'est pas l'inconnu, mais l'inconnaissable, l'insaisissable, le non maîtrisable, le *dif-férent*. Son altérité n'est pas une extériorité, c'est-à-dire un objet de représentation, ni même pas une immanence pure qui s'identifie à moi-même. Il est une *intériorité transcendante* ou une intimité étrangère ou une étrangeté intime : un mystère intime malgré la gravité de son étrangeté. Il est le mystère de mon être, son origine ; un mystère qui n'est pas thématisation, ni intentionnalité. Comme si le mystère émane d'un lieu *dif-férent* des formes apparaissantes, *dif-férent* de l'être et du paraître et en cela précisément pouvait se dire originaire. L'Autre, tout en brisant mon être le confirme. Il me *destitue* pour me *restituer* originairement, pour faire éclater en moi ce qui me rend unique.

Le Moi qui n'a plus aucune possibilité à s'approprier son être s'ouvre à un autre caractère de l'existence, celui de l'*altérité originaire*. La « monstration » de cette *ek-sistence*, de cette existence *altérée* se manifeste selon les critères d'un autre ordre, celui du don de soi, de *l'aban-don* à l'Autre en soi. La *passivité originaire* est la figure même de l'être. Une figure qui ne se décide pas par soi, mais qui tombe sur soi et s'empare de soi. Une figure originaire qui est, en même temps, la figure de l'Autre en soi, son origine, son histoire altérée, le temps dans lequel il est situé et constitué comme perte de soi, comme *don* et comme générosité originaire.

Parler du temps c'est parler d'une durée partagée entre le Moi et son origine. Un temps qui vient aliéner l'existence du Moi et percer son être par une étrangeté inquiétante reste-t-il son temps ? Si le temps ouvre une issue à l'Autre, ne va-t-il pas briser l'intimité du Moi, sa constitution personnelle ?

La passivité originaire est la figure même de mon être

La relation avec le temps, la présence du temps dans le présent du Moi semble encore s'accomplir dans le face-à-face avec ce qui précède le temps et fonde son passage. Quand on enlève au Moi tout pouvoir, sa présence perd toute autonomie sur son lien avec soi-même. Il se trouve comme pure impuissance face à ce qui l'échappe et le constitue comme un autre par rapport à soi-même. Le temps n'est pas la limitation de l'être, mais sa relation avec l'« illimité », avec l'origine de l'être. La mort n'est plus anéantissement, elle est un événement qui rend possible l'avènement de l'Autre, l'origine de l'être. La durée du temps, en ce sens, rend possible la monstration de l'originaire sous un mode *dif-férent* de celui de la représentation et de l'anéantissement. La perte de soi fait élargir les dimensions de la « mienneté » au-delà des horizons ontiques et ontologiques. Elle oblige à un élargissement de l'ipséité en-deçà des extrémités du Même en elle. Un élargissement comme déchirure et brisure de l'intimité de la « mienneté », ce qui est « sien » en elle et l'ouvre à l'« impossible » qui fait effondrer toute référence à soi. La monstration de soi se détermine dans le présent, dans la mesure où elle n'est pas limitée par lui. Quand on enlève au présent toute autonomie, le temps s'ouvre à une nouvelle réalité. On essaye de comprendre la réalité originaire du temps comme ouverture à ce qui échappe au pouvoir du Moi, à ce qui dépasse son présent et même sa présence comme intimité et comme appropriation de soi. Le temps devient la dimension même qui réconcilie le Moi avec son origine ; il est le mouvement qui ouvre la perte du Moi à sa plénitude. Comment?

L'étrangeté du temps ne laisse au Moi aucun pouvoir propre, le destitue de sa « mêmeté » et le restitue comme passivité originaire. Il y a une *dif-férence originaire* entre le Moi et l'altérité du temps. L'étrangeté d'une telle *dif-férence* oblige le Moi à une affection sans fuite mais aussi absolument sans pouvoir. Éprouver la *dif-férence* c'est entretenir avec l'altérité du temps une relation qui maintient dans la « mienneté » du Moi son étrangeté, son altération, sa perte même. Autrement dit, le Moi-*déjà-perdu* n'a d'autre choix que de s'affronter au temps, à son étrangeté intime. La dimension du temps ouvre l'intimité du Moi à l'étrangeté de sa perte originaire. Dans l'affrontement réside la vocation du temps et son importance par rapport à soi. Un affrontement qui se manifeste originairement comme œuvrant et comme l'ouverture même de la dimension du mystère. Un affrontement étrange qui exige l'arrivée du *re-commencement* de « l'effondrement » de tout pouvoir sur soi. Un

« effondrement » qui *re-commence* en soi l'obligation à *l'aban-don* de soi selon les exigences d'un effacement de soi interminable, incessable et infatigable. Un effondrement qui fait commencer en soi un effroi étrangement inquiétant qui destitue le Moi de son orgueil narcissique et de sa volonté de puissance. C'est un affrontement avec ce qui se dérobe à jamais pour conserver son altérité et son étrangeté, et surtout pour protéger l'ipséité de toute aliénation comme de toute appropriation et, par le fait même, pour assurer son originalité.

Un affrontement s'impose malgré que les exigences de l'être-*déjà-perdu* s'exposent trop tôt sur le front de l'ipséité. Un affrontement à mort qui situe les ennemis face à face où l'un doit mourir et l'autre doit continuer à affronter et à mener l'ipséité fatiguée et gravement blessée vers son effondrement temporel. Affronter soi-même c'est s'ipséiser et viser l'effondrement de soi avant même l'affrontement, car le *déjà-perdu* est l'origine de l'ipséité, son désastre originaire. L'effondrement de l'ipséité achève l'affrontement avant son arrivage. Avant d'affronter le temps, l'ipséité s'oblige à un affrontement de soi comme effondrement de soi. L'effondrement de soi inaugure l'arrivée de l'affrontement temporel. L'ipséité s'efface temporellement et du même événement se donne la face. L'événement temporel de l'ipséité est l'avènement de sa face déjà effacée, l'arrivée de l'effacement de sa face et de toutes ses façades. L'ipséité naît de son effondrement et l'affrontement n'est plus conflit mais accueil de soi comme un soi *déjà-perdu*.

L'affrontement, dans son étrangeté, se dévoile comme un accueil de soi selon les dimensions d'un nouvel ordre, celui qu'on appelle : l'ordre de *l'aban-don* de soi. Cet ordre est le mieux capable de préserver l'originarité de la relation entre l'ipséité et son altération. L'affrontement du temps, en ce sens, est le mouvement de l'accueil de soi qui consiste à se retirer dans une intériorité éprouvante, un retirement opposé au mouvement de la conscience. Une telle relation n'est pas une lutte entre deux consciences, ni une fusion, ni même pas une connaissance. C'est une relation d'amour fondée sur une *différence originaire* entre le Moi et le temps. Là où tous les possibles sont impossibles, là où la perte est une brisure de toute appropriation de soi, il est encore *le Moi-aimé* par le temps, l'autre face de l'Amour. Le temps n'est pas une possibilité ontologique, n'est pas une initiative volontaire du « sujet transcendantal » ; il est ce qui fait advenir dans l'intimité de l'ipséité la perte de tout ce qui n'émerge pas en elle de l'Amour comme *aban-don* de soi. L'ipséité est débordée par une intériorité temporelle, étrangement inquiétante, qui dégrise l'espace intime de soi et le prive même de tout espacement, de tout lieu intime, de toute substantialisation et de toute appropriation de soi ; tout « chez soi » est brisé. Le temps comme intériorité inquiétante est, par définition, ce qui vide l'ipséité de tout fondement, de toute possession, de toute substance. Une intériorité qui suspend l'ipséité entre le vide et le rien, entre la perte en soi et *l'aban-don* de soi. L'ipséité se doit de *s'aban-donner*, se donner en refusant de se donner, car ce qui donne fait perdre, et la donation de soi est *déjà-perdu* malgré soi par l'effondrement originaire de soi. L'obligation à *l'aban-don* de soi fait *re-commencer* le surgissement de l'accueil de soi et, par le fait même, fait commencer l'arrivage massif d'une ipséité temporelle. Ce n'est que de l'intérieur que s'annonce l'arrivage de l'ipséité temporelle. Un arrivage qui annonce à son tour le surgissement de l'effondrement de soi, du « désastre » ontologique de soi, et le surgissement du temps de *l'aban-don* de soi. De cette épreuve de l'ipséité s'ex-pose la temporalité, se fait jour. Le temps *ek-centre* l'ipséité de ses limites en se confrontant à la non-limite, au « lieu » même où la temporalité est le temps de l'effondrement de soi et par le fait même de l'accueillement de soi sans bord ni clôture, sans limite ni mesure, sans achèvement et sans repos.

    On cherche, ici, une immanence temporelle d'une ipséité retournée vers le mystère de son origine qui unie son passé avec son *a-venir*. Dans la confrontation avec le temps est intégralement maintenue la *dif-férence originaire* entre le passé, comme étant l'origine qui donne à l'ipséité son « effondrement » de soi, le présent, comme affrontement entre l'ipséité et son « accueillement » de soi, et *l'a-venir,* comme « *aban-don* » de soi à l'arrivage temporel de l'Amour.

    Il ne s'agit pas, pour nous, de chercher une preuve de l'existence d'un au-delà susceptible de calmer l'angoisse de *l'être-là* devant la mort, mais de dévoiler qu'au sein même de la « facticité » du Moi, au sein de sa passivité originaire, il y a autre chose que la vanité, que l'anéantissement et autre chose que la réduction du Moi à *l'être-pour-la-mort* dans un sens ontologique. Ce n'est pas un espoir rationnel ou un espoir « a priori », ni un vouloir survivre ou un vouloir mourir que notre travail dévoile, mais une toute autre conjonction de sens, un sens originaire, un *avant* qui change les règles du jeu, les perspectives de vision et les modes de compréhension. Un *Sens* originaire qui advient à travers la *fidélité* du temps et l'accueillement de soi par l'Amour en soi.

    Dans le temps fini, qui passe, qui coule, s'ouvre une autre dimension d'originarité qui n'est pas un dépassement, ni une réduction du temps fini. Cette dimension porte un autre sens que le temps fini ou infini. L'autre sens ne défait pas le néant de la mort, ne cherche pas un espoir caché d'immortalité, mais a pour vocation de réconcilier la mort avec la vie, la fin avec le commencement, l'être avec sa perte, la « facticité » avec *l'aban-don*, l'ennemi avec l'Amour. Un sens par rapport auquel, être, temps et mort se dévoilent dans une autre dimension que celle du pouvoir, de l'appropriation et de la compréhension. Nous sommes originairement liés à ce qui vient avant nous, à un sens originaire qui échappe à toute obligation morale du devoir, à tout espoir qui attend dans le temps un salut qui ne vient souvent que d'un phantasme idolâtrique, et de la fuite de sa propre vocation.

L'espoir du caractère rationnel d'une vertu s'accordant avec le bonheur cherche toujours la persévérance dans l'être, le salut intéressé. Pour que le *Bien* soit parfait et pour que le bonheur ne soit pas « l'opium du peuple », il faut une pauvreté originaire qui dénude la conscience de tout espoir, de toute attente et de tout intérêt même positif. Il faut un temps qui inquiète la conscience de soi et qui ouvre dans son intimité même un espace d'étrangeté, une surface de « désastre » ontologique et même éthique. Une pauvreté contre tout savoir animé par un désir de se survivre, sans minimiser le rôle de la Raison. La connaissance est toujours à la mesure de ce qu'elle connaît et la relation avec quelque chose de *démesuré* est désespoir. La pauvreté originaire doit être expérimentée comme une temporalité du désespoir, une temporalité étrange qui émerge du *non-sens* donné par soi. Pauvreté, comme relation avec un *surcroît* qui précède l'être et le fonde autrement, qui ne pourra jamais être affirmé comme existant, ou être compris par la raison thématique. A partir de là se penserait une ipséité qui s'expose à partir d'un Autre en elle, à partir de la perte de sa propriété même. A partir de là on peut parler du temps ou bien on peut laisser le temps originaire parler le langage de l'Amour à travers nous.

Le temps de l'ipséité, comme *aban-don* de soi à l'Amour en soi, n'est plus le temps pensé à partir de la mort, ni un temps pensé à partir de soi. L'*ek-stase* première est, ici, le dépassement du propre et non plus la mort. Ce n'est plus la mort qui ouvre l'avenir authentique, au contraire, c'est dans *l'a-venir* authentique que la mort peut être dévoilée, ou bien peut laisser dévoiler en elle ce qui est plus originaire qu'elle : l'Amour.

CHAPITRE II

La demeure de l'Amour dans le temps qui passe

Le rapport *Moi-temps*

Le fait de se trouver *déjà-là* comporte en soi l'après. Le Moi vient après, il est postérieur à la réalité dans laquelle il se trouve lui-même. Toute recherche de soi et toute découverte de soi repose sur le fait qu'en tant qu'*être-là* il est introduit dans la temporalité du temps qui passe, il vient après le commencement du temps, en retard par rapport à son origine. C'est dans l'après que se fonde sa dépendance du temps et de l'*avant* qui lui échappe et qui lui inquiète. Le Moi, en tant *qu'être-là,* est un être temporel, un être qui passe, un être de perte. Il est renvoyé par le temps à l'origine véritable, à *l'avant originaire*. L'*avant* est né de la relation *Moi-temps*. Le Moi, introduit déjà dans le temps, se cherche comme celui qui est postérieur à son être. La recherche de soi-même mène à la recherche de l'*avant*, de l'origine même du Moi, de l'*avant originaire*. L'expérience première du Moi est l'expérience d'une étrangeté intime, dans le temps, de son retard par rapport à son origine ; c'est l'expérience du retard de son être par rapport à son origine ; le rapport *Moi-temps* le montre bien. Le Moi est « jeté » dans le monde par naissance et il est « jeté » hors du monde par la mort. La recherche de soi a donc deux lignes directrices limitées dans le temps qui passe : la naissance et la mort, le « pas encore et le déjà-plus » selon les termes de saint Augustin dans *Confessions* XI, 17. La mort survient le jour où le tarissement du futur immobilise à jamais la « futuration » : « L'avenir épuise la marge du possible réduite à zéro annulent enfin notre innocence ; toute nouveauté est alors passée en ancienneté, tout est derrière et plus rien n'est devant ; par l'effet d'une *futuration* qui est du même coup prétérition, le pas-encore *(nondum),* avec toutes ses possibilités, *s'est entièrement « passéisé », actualisé, déposé dans les régions basses du déjà-plus (jam non)* [1] ». Le Moi est l'être vers une fin, il est *l'être-pour-la-mort* selon Heidegger ; il a une fin parce qu'il a un début. Si le commencement signifiait l'entrée dans le monde, la fin, elle, signifie qu'il faut en ressortir. Ce qui montre l'origine de l'interrogation du Moi sur le sens de sa vie, c'est que son être est un être passager qui passe avec l'écroulement du temps, il est mortel.

---

1 Jankélévitch, *L'innocence et la méchanceté*, Paris, Flammarion, 1986, p. 358.

C'est parce que la vie a une fin, et une fin telle qu'elle est déjà donnée avec le commencement que le Moi se trouve en retard, en écart avec soi-même. C'est parce qu'il y a rapport entre le commencement et la fin que le Moi se rend attentif à sa *dif-férence* originaire avec le temps.

La conscience du Moi ne devient mûre, mature, que par son humiliation, qu'au moment de sa perte, au moment où elle devient consciente qu'elle ne peut pas tout contrôler, surveiller, achever et s'approprier. Pourquoi ? Parce qu'il y a un moment où la fatigue et la vieillesse de la temporalité empêchent la conscience de veiller, et la guident vers sa perte, vers une passivité incontrôlable : « Quelques instants de somnolence, de rêvasserie ou de relâchement, quelques plages d'inconscience et d'inattention temporaire, suspendant de loin en loin notre vigilance, suffisent à faire de la conscience la plus consciente une dupe toute désignée ; la menace perpétuelle de l'assoupissement expose sans cesse aux surprises cette faible conscience que guette la fatigue[1] ».

La mort comme fin de la vie renvoie le Moi à une autre origine que soi-même. Pareil, la naissance comme commencement de la vie renvoie le Moi à une autre origine que soi-même. Dans ce double revoie, le Moi se découvre comme *être-de-perte*, commençant par la première perte : sa naissance, et se terminant par la dernière perte : sa mort. Ce double revoie décentre le Moi de son intimité propre et le jette face à une inquiétante étrangeté qui déstabilise la radicalité de son être. Le Moi est renvoyé vers sa pauvreté originaire, il est un *être-déjà-perdu* et cela depuis sa naissance même[2].

Pour qui ne meurt aucun jour en particulier, ne vit aucun jour en particulier ; pour qui doit simplement mourir en général, doit simplement vivre en général, sans « meinneté », sans visage, juste vivre comme *ombre* d'un être qui n'a jamais existé parce qu'il n'a jamais pris au sérieux la vérité de son être. La vérité de la mort est devenue comme n'importe quel danger déterminé, chose parfaitement évitable à laquelle il n'est jamais absurde d'échapper, avec laquelle il est toujours possible de mentir. Le Moi n'est que dans la mesure où le double renvoie lui revoie à une seule origine celle de son altération, à une seule vérité, à un seul événement celui de sa perte, de

---

1 *Ibid.,* p. 359.
2 Schelling, appelle « Erinnerung » ce processus circulaire en vertu duquel la fin revoie au commencement. Swedenborg, parlait aussi de cette « Erinnerung », quand il décrivait le passage de l'innocence enfantine, qui est innocence angélique ou céleste, qui est innocence interne, c'est-à-dire sagesse. Voir sur ce sujet : Daillant de la Touche, *Doctrine de la Nouvelle Jérusalem céleste*, Stockholm, 1788, p. 299-304. Voir aussi Jankélévitch, *L'innocence et la méchanceté, Ibid.,* p. 375-376.

son mourir à chaque instant. La perte de soi est à la fois le moyen de vivre et l'empêchement de vivre. La perte de soi est la condition de la vie et paradoxalement elle est la négation de la vie, le signe de sa cessation. La négation, ici, est la fonction de la limite, la limite donnant un nom à ce qu'elle limite : l'*être-déjà-perdu*. Tout est perdu, tout est sauvé ce soir ! Fénelon parlant du pur amour désespéré ajoutait : « Tout est perdu, et c'est par là même que tout est gagné[1] ». *L'être-déjà-perdu* préside à l'instauration ou à la fondation de l'être ; le vivant n'est vivant qu'à condition d'être non seulement mortel, mais *déjà-perdu*. Il est vrai que ce qui ne vit pas ne meurt pas, mais c'est parce que ce qui ne meurt pas ne vit pas. Il n'y a de vivant que ce qui meurt, ou ce qui vit est ce qui peut mourir[2].

Sans la mort la vie ne méritera pas d'être vécue. Maudite est la vie qui ne sait pas mourir. La mort qui est la vraie vie nous débarrasse d'une vie qui était la vraie mort. Selon Epictète, une vie « sempiternelle », une existence indéfiniment étirée serait la forme la plus caractéristique de la damnation, car c'est en enfer que les créatures sont condamnées à l'insomnie perpétuelle et au supplice de l'ennui sans fin. L'enfer c'est l'impossibilité de mourir, car il est l'impossibilité d'aimer. Seul qui aime peut mourir et seul qui meurt peut vivre. Le mourir avec l'Amour est ce qui rend possible la vie mortelle ou la vie avec la mort. Le vivant vit de son mourir, de sa perte, de ce qui se donne en lui. La mort est l'absolu empêchement de tout empêchement de retour vers l'*avant*, vers l'origine, vers l'Amour. Celui qui vit en mourant est celui qui meurt en aimant, il connaîtra plutôt une union originaire de mort et de vie. L'origine de cette union c'est l'Amour, ce qui vient *avant* la vie et la mort. Le pouvoir vivre et le pouvoir mourir sont des pouvoirs de l'Amour qui rend possible tout pouvoir de don de soi. Rien ne peut sauver le Moi de la vanité de sa condamnation qu'un *avant originaire*. Renvoyé à son origine le Moi *s'aban-donne* à une autre possibilité d'être, à *l'être-par-donné,* donné amoureusement à l'Amour. Le renvoie originaire du *Moi-par-donné* provoque l'union du commencement avec la fin, de la naissance avec la mort, de la perte avec le sens de la perte. La continuation de la perte s'assure un nouveau départ grâce au commencement qui porte en soi la fin. La perte de soi n'est pas le feu de paille, l'éphémère flambée de l'émotion, ni l'un des jeux du destin, elle devrait être la flamme durable qui porte ce qui est originaire, ce qui unit le commencement avec la fin, la naissance avec la mort. La perte de soi révèle une possibilité permanente de l'Amour dans le temps, une aptitude naturelle à *l'aban-don* de soi. La possibilité pour le Moi de tenir son identité d'ailleurs que de la persévérance dans son être, d'ailleurs à l'attachement à l'être, ne peut se réaliser que si le

---

1 Fénelon, *Œuvres complètes*, Paris-Lille-Besançon, 1850, VI, p. 129.
2 Jean Wahl, *Traité de Métaphysique, Ibid.*, p. 304.

Moi se décentre de toute préoccupation de soi, de toute appropriation de son être. Ce vers quoi la vie se précipite est identique à son origine. La mort comme la vie indique au Moi son origine. Tout en indiquant au Moi son origine, la vie comme la mort portent un nouveau sens. Pour que la mort puisse devenir un lieu de sens originaire il faut d'abord que le Moi découvre cette origine dans sa *dif-férence*. La mort fait découvrir au Moi l'étrangeté de sa vie, et par le fait même le renvoie à son origine. Par cette découverte la mort détache le Moi de soi-même, le libère, le décentre de son orgueil, de son projet d'être et de s'approprier son être et le projette dans un autre centre, dans une autre origine, dans ce qui est déjà-donné à lui/sans lui. Ce qui caractérise la « facticité » chez Heidegger c'est qu'elle est non seulement assumable dans un projet, mais compréhensible toute entière et sans reste à la lumière de celle-ci. Grâce à la « résolution » le *Dasein* a la possibilité de tenir rassemblés dans l'instant, la naissance, la mort et leur entre-deux, c'est-à-dire sa temporalité finie toute entière[1].

Ici, grâce à *l'être-aban-donné,* la vie se réconcilie avec le temps de la mort, pour préparer la donation de l'Amour : l'avènement de *l'être-par-donné*. En brisant la séparation et la lutte entre la vie et la mort, le commencement et la fin sont devenus les signes temporels d'un seul événement, celui de *l'a-vènement* de l'Amour dans le temps de l'être. Le temps de l'Amour appartient à une temporalité intemporelle, à une durée insaisissable, à ce qu'on ne peut stabiliser, établir, appréhender, prendre et comprendre. On parle d'un temps ou le temps de l'être ne peut saisir, concevoir, entendre, maîtriser, nier ou dénier. La contradiction et le paradoxe, l'arrêt et la brisure de la continuité du temps de l'être doivent être endurés dans l'instant même où l'Amour advient. L'instant aimé ou bien l'instant où l'Amour advient nous met en rapport avec l'altérité absolue dont l'Amour est ici le nom. L'altérité absolue met en jeu le flux du temps et le projet de l'être tout entier. L'advenue de l'Amour appelle le temps à trahir tout ce qui dure en lui, son flux même. La généralité universelle du temps, sa manifestation en général, doit être sacrifiée au nom de l'originalité de l'« instant » de l'advenue de l'Amour en lui. La monotonie ou l'anonymat du temps du monde, où ses instants se valent, doit être substitué par un « instant » qui fait face à l'Amour, qui *s'aban-donne* à l'Amour, qui prend la face de l'Amour.

L'Amour ne se contente pas d'un temps composé d'instants séparés, imposés à un Moi qui les subit pour perdre dans l'instant suivant, aussi impersonnel que le premier, ce qui lui reste pour vivre. *L'instant aimé* n'annonce plus qu'un simple avenir, il témoigne d'un *a-venir* déjà-là de l'Amour. L'espoir n'appartient plus à l'avenir anonyme du temps du monde,

---

1 Heidegger, *Sein und Zeit, Ibid.*, p. 310, tr. fr. p. 220.

mais il est le *déjà-là* de l'instant de l'Amour, sa face, sa demeure. L'avenir ne vient que par ce qui advient à partir du *déjà-là*, à partir de l'instant de l'arrivée de la face de l'Amour. L'avenir ne se contente plus d'un temps composé d'instants séparés et anonymes, car il est le fruit d'une présence déjà donnée par l'arrivée de l'Amour. L'avenir n'est pas l'œuvre d'une promesse qui manque son arrivée, il est là le surcroît d'un arrivage qui a déjà commencé sans jamais finir avec son arrivée.

Le présent est bien le temps de l'arrivée de l'Amour. Un arrivage qui est bien une demeure donnant au présent de se présentifier à chaque instant par la donation de l'Amour. Il est la saturation de l'instant qui ne se suffit plus à lui-même et qui s'expose dans l'instant suivant pour *transporter* la continuation de l'arrivée de ce qui n'arrête pas à venir comme étant un événement qui *re-commence* tout et qui donne au temps son *re-commencement*. L'espoir en ce sens n'espère plus, il *re-commence* à chaque instant l'arrivée de l'Amour dans le temps. L'espoir ne vient pas du temps comme avenir, mais de la saturation de l'instant par l'arrivée de l'Amour toujours déjà-là. C'est dans l'instant saturé par l'arrivée de l'Amour que le temps sort de sa fatigue, de son anonymat et de sa vanité pour témoigner d'un événement eschatologique. Le temps de l'Amour est une incessante reprise de lui-même à partir d'un *re-commencement* originaire du don de soi. Le temps de l'Amour, porté à la limite de l'effondrement de soi, expose l'ipséité temporelle à un *re-commencement* de soi qui a déjà commencé en elle depuis son ipséisation originaire.

La naissance et la mort deux événements d'un seul mystère

Le temps comme le sol nourricier porte ses fruits spontanément : d'abord une herbe, puis un épi, puis de blé plein d'épi, et ensuite la moisson est toute prête pour mourir, en se donnant comme nourriture à ceux qui ont faim. Le cultivateur jette la semence en terre et pour le reste il suffit à la continuité de la croissance de la perte en soi : la glèbe et la saison se chargent de tout. La perte de soi est ce sur quoi nous n'avons pas directement agi, dont nous sommes les spectateurs impuissants ; elle se déroule sans la participation de la volonté. Notre initiative s'est retirée d'un processus auquel nous nous contentons maintenant d'assister et qui développe tout seul l'enchaînement de ses moments successifs. Notre toute puissante volonté est une volonté impuissante. Dans *l'Éthique à Nicomaque* Aristote notait : « Dans le cours de la vie adviennent beaucoup de changements et d'événements fortuits de toute sorte[1]. » Avec l'événement

---

1 Aristote, *Éthique à Nicomaque, Ibid.*, A, 1100 *a* 5-6.

« tout est changé », « tout a changé de face », ce qui est modifié c'est l'identité du Moi, ce qui est identique en lui, ce qui peut être approprié. Le temps, en ce sens, serait la communication continue de croissance et de mouvement de l'être vers sa perte, vers *l'être-déjà-perdu* en lui d'instant en instant. Le temps assure la continuité du mouvement de l'être vers sa plénitude comme perte totale de soi. Il me rendra plus intime et plus dolente ma destinée mortelle : la plénitude de ma perte. Le temps est, en ce sens, le rythme de la perte en soi ; il représente la tension originaire de l'être qui apparaît comme déjà disparu. Le temps est ainsi la forme de l'apparition de l'être déjà disparu. Il s'agit d'une forme qui brise la continuité de l'être à l'instant même de son apparition. Le rythme du temps est ce qui menace l'apparition et la comble de sa propre disparition. Nous ne pouvons atteindre l'origine de notre être qu'à travers la tension déchirante de notre identité double : vouloir gagner son être sans le pouvoir et en même temps pouvoir perdre son être sans le vouloir. Il n'y a tension paradoxale dans notre identité double que parce que l'Amour est l'origine de notre être. Au sens où l'Amour donne sens à la perte même, au temps qui témoigne et assure la destinée émerveillement mortelle. Il atteint toujours le tout de la vie, parce qu'il atteint d'abord le sens. Le paradoxe de l'être est le paradoxe même de l'Amour : il est sa donation même, il demeure dans sa perte et de sa perte même comme don de soi. Il demeure parce qu'il n'a rien à perdre et en même temps il est un don continuel de soi : un sens pur. Tant que l'Amour se donne, et par ce qu'il donne, demeure un don continuel de soi, le don de sa demeure et la demeure de sa donation. L'Amour est par essence sacrificiel. La perte de l'être maintient l'être dans son ipséité, comme elle assure sa vérité, car le paradoxe en ce point ne fait qu'un avec la vérité. Si la vérité de l'être c'est l'Amour, et si la vérité de l'Amour c'est le don continuel de l'être, la vérité de l'être devient le don continuel de soi, *l'aban-don* à la perte totale de soi, un mourir dans le temps de l'Amour. Etre signifie être *l'être-pour-la-mort* et en même temps être *l'être-pour-l'Amour*. En bouleversant son propre contexte, c'est-à-dire en modifiant la totalité articulée et hiérarchisée des possibles, à partir de laquelle toute compréhension de soi a lieu, l'Amour altère et menace toute identité. L'Amour est le rythme d'un temps qui surprend l'apparition de l'être et l'empêche de retomber, de se figer dans l'appropriation et dans l'identification de soi comme propriété. Le rythme du temps réveille l'être de son insomnie ontologique et assure qu'il veille sur la demeure de la perte originaire en lui. Le rythme de l'Amour est un temps fort, il force l'être à disparaître. La perte de soi est ainsi le rythme du temps et le don de soi est ainsi le rythme de l'Amour. Le temps, ainsi compris, est une violence faite à l'impératif catégorique de la persévérance dans l'être. Il représente un surplus par rapport à ce qui est, il est l'achèvement de l'être comme être pour la perte, comme être qui assure son être en le perdant. Le temps est l'achèvement de la disparition de l'être, de la perte de soi, et l'Amour est l'achèvement de *l'aban-don* de l'être, du don de soi. Dans le temps de l'Amour le Moi est et n'est pas en même temps, il est vivant et il meurt à chaque instant. L'Amour donne la vie et prend la vie, *Il* détruit et engendre et cela selon son rythme. Dans le temps de l'Amour la mort n'est pas plus importante que la naissance, ni la naissance n'est moins irrationnelle que la mort. La naissance et la mort forment deux événements d'un seul mystère celui de l'Amour comme origine de l'être et comme origine de sa perte. L'événement de la naissance n'atténue pas l'irrationalité de la mort, mais elle la rend encore plus absurde en la renvoyant à son origine, à l'absurdité de la vérité de l'Amour. Dès lors le temps de la vie a un sens ; il est orienté vers *l'a-venir* de l'Amour qui est inépuisable avènement de l'effondrement de soi comme *aban-don* de soi. Le temps de la mort a aussi un sens, mais un sens renversé. Il est orienté vers le *déjà-là* de l'Amour, il advient comme impossibilité d'approprier son être et comme impossibilité de ne pas se laisser perdre son être, de ne pas se laisser advenir l'*avant* originaire en soi. La perte en soi comme avènement de *l'aban-don* de soi ouvre la possibilité de la réconciliation entre la naissance et la mort. Le merveilleux événement de la naissance comme don de l'être va de soi, puisqu'il est dirigé dans le sens de l'affirmation originaire de soi comme *aban-don* de soi.

La vie de l'être pouvait ne pas commencer ; mais du moment qu'elle a commencé elle doit continuer selon les conditions de l'origine de l'être, selon le rythme de l'Amour. La vie ne reçoit de sens qu'en se laissant être *trans-portée* par le temps de l'Amour où *l'aban-don* de soi achève sa donation, où l'ipséité se donne ou s'« adonne ». Seule *l'aban-don* de soi comme signe de l'Amour donne à *l'être-déjà-perdu* un *sens*. Une vie dépourvue de signification n'est pas un néant, mais une vanité. La vie ne commence qu'avec le mourir qui l'anime et la donne à vivre autrement, à devenir une signification. Ce qui meurt dans la vie maintient ce qui est vivant en elle, ce qui lui donne à vivre. La vie commence par sa fin et finit en commençant ; elle commence et finit avec l'Amour. Qui trouve l'Amour trouve la vie et qui trouve la vie s'ouvre au mourir en elle, s'ouvre à son appel : « Vivant ! Tu dois mourir ».

Le *temps-par-l'Amour*

L'événement de la perte de soi, comme *aban-don* de soi à l'Amour, ouvre un nouveau monde, dévoile une nouvelle vie pour celui à qui il advient, où il survient. C'est pourquoi sa survenue brise le Moi comme identité, comme identique, et ouvre en lui des possibilités qui n'étaient aucunement préfigurées en lui et, par là, donne un sens irréductible à sa propre perte, à sa propre vie. Par contre, ayant reçu l'être, le Moi propre veut retenir et garder ce qui lui a été une fois donné ; il s'accroche désespérément à ce *don* et ne le lâche plus comme une possession ou bien comme une propriété. Il ne sent nullement obligé de la rendre pour la cause que ce qui a été donné à lui sans lui ne peut être rendu sans lui. Si ça ne revient pas à lui d'accepter l'« alpha », refuser l'« oméga » ça lui concerne. Les hommes, en général, ne trouvent pas si scandaleux que l'existence actuelle n'ait pas toujours existé : le scandale est de cesser d'exister. Ce qui nous paraît inadmissible ce n'est pas que l'histoire passée se soit faite sans nous, c'est qu'il y ait plus tard un monde dont nous ne ferons pas partie.

L'événement de la perte de soi arrive toujours subitement pour tout changer et pour tout *re-commencer*. Il supprime, en un instant, tout refus de donner l'être, de le perdre, il vient mener l'être vers *l'avant,* vers son origine, vers son achèvement. L'instant de l'avènement de la perte, et cela depuis que les mortels perdent, est toujours aussi scandaleux parce qu'il est radical, parce qu'il rend impossible toute possibilité de fuir la vérité de l'être. Etre ce n'est pas continuer d'être immuablement et hors du temps. Etre c'est perdre, c'est apprendre à être mortel, c'est comprendre que vivre c'est mourir, c'est apprendre à marcher selon le « rythme » du temps. La « facticité » représente pour toute continuation une possibilité de cessation. L'idée même de continuation n'implique-t-elle pas une continuation de perte, une continuation à être un *être-déjà-perdu* ?

Telle est la dérision de la mort, elle est la vérité la plus réelle de l'être, elle est l'événement qui rend possible l'avènement de la plénitude de l'être comme être selon son origine, comme l'*être-déjà-perdu* parce qu'il est *l'être-déjà-aimé*. Ce qui est déjà perdu précède l'être et le constitue selon les conditions de son origine, selon les conditions de l'Amour. L'irrévocable de l'être qui a commencé et ne devrait jamais finir se heurte à l'irrévocabilité absurde de sa perte, de sa cessation, de son effondrement et de sa disparition. L'ici et le maintenant dont la dialectique hégélienne s'efforce de démontrer le vide et le néant, deviennent ici et maintenant la vérité de l'Amour dans le temps de l'être. Il n'y a de l'être que dans le là de l'Amour, dans l'instant rythmé du temps où l'être est *déjà-perdu*. Le temps dont il est question n'est plus que quantitatif, que succession d'années, il est l'« instant » habité par la demeure de l'Amour, par sa donation, il est le *temps-par-l'Amour*. Le *temps-par-l'Amour* n'est pas une incertitude objective, ni même pas une certitude subjective, celle de la conscience de soi, il est le temps de la *trans-figuration* de l'ipséité en un soi *aimé-donné*. Le *temps-par-l'Amour* c'est le temps du *Moi-aimé*, de *l'être-par-donné*; il est l'instant du dévoilement de la vérité de son être comme dévoilement de la vérité de l'Amour en lui. Le temps de l'Amour échappe à toute connaissance objective pour se révéler comme une expérience de l'ordre de *l'aban-don* de soi qui échappe à son tour à toute connaissance subjective et à toute attente de quelque chose. Le temps n'est plus le temps du Moi, c'est-à-dire son temps, mais le temps de l'Amour en lui. Le temps pour le *Moi-aimé* est celui de l'Amour, un temps de don, un temps de mourir, un temps originaire et infini au cœur même du fini. En ce sens donner son propre temps devient absurde puisque le temps ne lui appartient pas, puisque rien n'est sien. Dès lors, le Moi ne donne pas son temps, mais il se *laisse-être-donné* par le temps, il s'*aban-donne* au temps, il devient la donation du temps de l'Amour. L'expérience du temps est une expérience *d'aban-don* de soi à l'Amour en-deçà de la vanité de l'être, en-deçà de sa peur de perdre et par le fait même de sa peur de mourir. Croire en l'Amour c'est faire confiance au temps qui reste toujours un temps qui mène vers le mourir, vers la perte de tout ce qui est différent de l'Amour. Faire confiance au temps c'est aimer, puisque en ce sens seul le temps mène vers l'Amour. J'ai confiance au temps pour la simple raison qu'il ne m'a jamais trompé. Le *temps-par-l'Amour* est fidèle, il est un temps pour aimer tout en étant, en même temps, un temps pour mourir, car aimer c'est mourir et mourir c'est aimer. Le temps devient le « rythme » de l'Amour, le « lieu » de sa donation et le « signe » de sa fidélité.

Consentant à dévoiler la vérité de l'être, l'Amour conduit l'ipséité vers l'achèvement de la possibilité de la *trans-figuration* de son être dans sa double dimension. Rendant possible l'advenu d'un devenir, l'Amour va dans le même sens de l'à-venir : « l'Amour dégèle l'avènement de quelque chose – car il accepte que quelque chose advienne, et stimule à fond la succession passionnante des événements[1] ». Ces événements de perte ou ces événements de mourir ouvrent *l'être-déjà-perdu* à un autre mode d'être, à un re-*commencement* d'être autrement par l'Amour dans l'instant même de sa perte et à chaque instant. Le devenir soi-même devient l'à-venir de l'Amour en soi-même. En ce sens l'Amour active et rend possible l'achèvement de ce qui a déjà commencé en soi depuis sa naissance : le don de soi. L'Amour inaugure l'accomplissement du commencement de soi par le recommencement de la perte en soi comme don de soi par amour. La perte de soi est en effet l'œuvre par laquelle l'ipséité se survit à elle-même en s'affirmant à chaque instant par l'Amour comme don de soi. La perte de soi anime et active l'altération du Même et remet en question la possession de l'être et l'orgueil du Moi. Tout en imposant une *dif-férence* originaire, l'instant de *l'aban-don* de soi crée une union entre l'aimant et l'aimé, entre l'ipséité et l'*Amour*. Le *Moi-aban-donné* repose sur le fait que l'Amour se

---

1 Jankélévitch, *La Mort*, Paris, Flammarion, 1997, p. 430.

différencie avec lui, car l'origine de *l'aban-don* de soi est la *dif-férence* de l'Amour. Le Moi n'est que par la *dif-férence* originaire imposée par l'Amour. La semence n'est possible qu'à la condition de son mourir, de son immolation, de sa perte ; qu'à la condition qu'elle ne reste plus semence, qu'elle devienne autre chose qu'elle-même, autrement, différente. Tout cela passe par le temps et le temps est toujours fidèle.

CHAPITRE III

L'Amour donne vie au temps comme il donne du temps à la vie

Ce qui compte c'est l'*instant* même qui porte l'Amour

Tout se passe comme si l'avènement de l'Amour était trop violent pour un cœur d'homme ; il faut qu'il se développe selon le temps du temps. Le temps devient, pour l'avènement de l'Amour, la dimension normale. Il est le signe de l'avènement de l'Amour à chaque instant de la vie factice du Moi temporel. Ce qui compte c'est l'instant même qui porte l'Amour et, par le fait même, qui décide de la nature du mouvement du temps, de l'éclatement de l'Amour en lui. Dans l'instant le « demeurer » et le « passer » coïncident, et, dans cette coïncidence, le temps prend naissance au cœur de l'Amour. L'instant n'est que la demeure de l'Amour dans le temps qui passe. L'Amour exige une temporalité de l'instant. Mais comment, en ce sens, le passer demeure et le demeurer passe ?

Demeurer est déjà passer ; la demeure est déjà action dès l'origine du temps car elle est un don. La demeure est le don originaire de l'Amour au temps. La demeure est le don qui met le temps en action, en mouvement de *re-commencement* et d'achèvement. La demeure ou le don de l'Amour donne vie au temps comme elle donne du temps à la vie. Le double don donne à la vie sa temporalité et donne au temps sa vie, c'est-à-dire son mouvement selon un sens originaire. Ce qui est en commun entre la vie et le temps c'est la demeure de l'Amour comme double don, comme ipséité doublement donnée. La demeure de l'Amour est la donation de l'ipséité, une donation identique, une identité. La demeure de l'Amour est la donation de l'identité qui unit la vie avec le temps. L'identité, comme donation de l'Amour, est ce qu'on appelle : une ipséité amourtifiée, *trans-figurée* en une présence *abandonnée,* donnée par l'Amour temporellement et à chaque instant. L'ipséité qui reçoit son identité par son *aban-don* de soi à l'Amour est une identité altérée par l'Amour, une identité identifiée, à chaque instant, comme étant la donation de l'Amour dans le temps qui passe. L'ipséité identifiée par *l'abandon* de soi à l'Amour dévoile le mystère du Moi double, ou le double mystère de la naissance et de la mort, de la vie et du temps, de l'*avant* et de l'*après*. Les deux événements mystérieux les plus impénétrables qui soient de la vie s'accomplissent simultanément à l'instant même de l'identification de l'ipséité par l'Amour comme *aban-don* de soi. La gravité de la mort de *l'être-déjà-perdu*, qui se découvre impuissant face à sa perte, se découvre, essentiellement, à l'instant où l'ipséité *s'aban-donne* à son effondrement pour que le monde se transfigure : « Tout est nouveau aujourd'hui ; la verdure, le soleil et la fleur, tout sera encore nouveau demain. Il n'y a que l'homme qui se fasse vieux, tout se fait plus jeune autour de lui chaque jour[1] ».

    Si la mort ne fait que renvoyer à l'Amour comme origine de toute existence, l'existence ou la vie elle-même est nivelée, et peu importe qu'elle soit brève ou longue. Personne ne saurait exister sans aimer, car l'Amour, dont dépend l'existence, est là avant que le Moi n'ait à choisir d'aimer. L'acte de choisir dépend lui-même encore de l'*avant* et cela n'est possible qu'en raison d'un don préalable de l'Amour même : « Il nous a aimés le premier et nous a donné à l'aimer[2] ». L'instant du choix doit être donné par la folie de l'Amour qui donne la possibilité au Moi de saisir son être comme *être-aban-donné*, comme renoncement à soi dans l'instant même de son surgissement. Et pour autant que le *don* vient de l'Amour, est amour même, le Moi réalise qu'il n'appartient plus à lui-même, ni au monde, mais à l'Amour. La naissance comme la mort renvoient à l'Amour dans le monde temporel. La perte anéantit non seulement toute possession du monde, mais aussi tout désir d'aimer sans l'Amour ou d'aimer autre chose que l'Amour. L'amour de l'Amour constitue précisément notre mort au monde et notre vie pour l'Amour. La vie comme la mort rend possible la manifestation temporelle de l'Amour. La mort, en tant que limite extrême du futur, est aussi la limite extrême du pouvoir du Moi sur sa vie. Elle n'est source de désespoir et de vanité que là où le Moi ne découvre pas qu'il dépend de son origine. C'est quand on cesse de croire à l'Amour que la mort devient un obstacle absolu et source de désespoir et de vanité. Par contre, quand on recommence à croire à l'Amour, la possibilité de tous les possibles fait à nouveau battre le cœur indifférent du *Moi-perdu* dans l'oubli et dans la fuite de la vérité de son être. La mort et la naissance ont pour mission, ou pour vocation, d'amener à cette découverte. Croire en l'Amour n'est possible qu'au moment où la séparation entre vouloir et pouvoir est effectuée, de sorte que le Moi découvre qu'avoir tout n'est pas possible. La séparation est le signe de l'état du Moi qui n'a pas en son pouvoir son être propre. Comme le Moi ne peut pouvoir, il devient « capable » de son origine, il s'ouvre à l'expérience première de son être *déjà-perdu*. Dans la perte même de son pouvoir et de son autonomie, l'expérience de l'origine s'ouvre. L'autonomie,

---

[1] Jankélévitch, *La Mort*, Paris, Flammarion, 1997, p. 447.
[2] Augustin, *Les Confessions*, *Ibid.*, IX, 9.

parce qu'elle est orgueil, rate l'instant de l'avènement de l'Amour. Refusant la relation originaire, l'orgueilleux fuit la réalité de son être. En somme, l'identification de soi par l'Amour s'annonce toujours comme une énigme qui forme à la fois la clef et le chiffre. L'identification de soi par l'Amour se manifeste, à la fois, par l'expérience de la perte de soi, à chaque instant, et, ensuite, par le surgissement de soi dévoilant une tâche temporellement inépuisable. L'incompréhensibilité initiale de la perte temporelle et le surcroît d'un sens originaire sont liés et indissociables. Cette liaison paradoxale ouvre l'espace de l'« instant » où tout commence.

L'*instant* où tout commence

Il y a d'abord un « instant » où le soi sans amour reçoit le don de l'Amour. C'est le moment où l'ipséité fait un saut, se *pro-jette, s'abandonne* au temps de l'Amour. Un « instant » originaire où l'Amour donne à l'ipséité une origine, un fondement, un lieu d'être et un sens crucial à sa vie comme à sa mort : C'est l'instant de la naissance de l'ipséité, de son identification par l'Amour, de sa *trans-figuration.*

Au moment où l'ipséité accepte l'humiliation de son orgueil, elle se laisse être par un Autre, par l'Autre en elle, par l'Amour. C'est l'« instant » même où le soi annonce la pleine défaite de son orgueil qu'il annonce la pleine présence de l'altérité originaire comme *dif-ference*. La double annonce se fait dans l'« instant » où l'ipséité se trouve arracher de son solipsisme et de son mensonge pour être *pro-jeté* face à sa réalité originaire. C'est un « instant » d'éveil et de veille, *un re-naître-avec*. C'est pareil - dans sa radicalité et dans le changement qu'il fait – à un moment où il y a passage d'un état à un autre, d'un temps à un autre, d'un monde à un autre, du *non-être* à *l'être-par-donné*. Ce changement dans l'« instant » même est un changement radical, un événement qui bouleverse tout parce qu'il a une autorité sur tout. L'*instant événementiel* appartient au temps qui « ne s'étend pas en longueur, mais en profondeur » selon les termes de Kierkegaard. Un temps qui s'étend vers le bas, en bas où il rejoint la misère du Moi, sa souffrance et sa pauvreté. C'est un temps qui se creuse et qui rejoint le don originaire de l'Amour pour l'actualiser, pour l'effectuer, pour le présentifier dans le cœur de l'ipséité en épreuve. Ne plus pouvoir vivre quand le don de la vie est devenu impossible, mourir pour vivre avec l'Amour n'est-ce pas l'ultime vérité de l'ipséité ?

La présence de l'Amour n'est pas une présence représentée par la conscience, ni par la connaissance thématique, ni même pas une absence pure. Cette présence est originaire, elle se manifeste selon un mode de *différence*, selon une relation *ex-tatique* partagée par un don de soi mutuel entre l'ipséité et l'Amour, et cela se passe à chaque instant du temps. Le temps serait à penser à partir de la relation entre l'ipséité et son origine, entre le Moi qui *s'aban-donne* et l'Amour qui se donne. Le temps devient le rythme de la manifestation d'une demeure doublement *ex-tatique*, une demeure qui vit de ce qu'elle donne, une demeure remplie par une pauvreté originaire partagée entre l'ipséité et l'Amour, une demeure qui *par-donne* la facticité de l'être et la donne à l'Amour. Le Moi, tout entier, est atteint un instant ; il n'y reste aucune place à autre chose que la pauvreté de l'Amour. Il faut arriver jusque là pour qu'il y ait *trans-figuration*. Il n'y a plus après cet « instant » que présence selon un autre mode d'existence. Un mode où seul l'avènement de l'Amour dans le temps du monde importe. L'« instant » inaugure le temps de l'Amour, le commencement d'une histoire d'amour entre deux, entre l'ipséité blessée et son origine, entre le *Moi-déjà-perdu* et l'Amour. Un instant originaire où le Moi *s'aban-donne* à l'Amour, où tout se fait à deux. Il appartient à l'ipséité de décider de l'« instant » de son existence, de l'« instant » de se laisser appartenir au temps de l'Amour. Le temps de l'Amour commence où tout recommence dans la vie du Moi qui a accepté de se laisser être par l'Amour et avec lui. L'« instant », en ce sens, n'est pas une simple détermination du temps, car l'essence du temps c'est de passer, alors que l'essence de l'« instant » c'est la demeure de l'Amour qui se donne sans passer. Le passage de l' « instant » est un passage qui n'appartient pas au temps du monde qui passe, mais à son origine. Un tel passage appartient à l'origine du temps qui donne au temps du monde la possibilité de passer tout en demeurant autre chose que son passage. L'essence de l'« instant » ce n'est pas le déroulement du temps et son écroulement, mais c'est le don de l'Amour qui précède et qui fonde le déroulement du temps qui passe, en laissant passer à travers lui la possibilité de la manifestation de l'Amour, son avènement dans le monde. Le temps, malgré son écroulement, demeure autre chose que son passage. Toute altération de l'identique retrouve, en ce sens, l'identité dans une *co-présence* avec l'Amour.

Le temps de l'Amour fait irruption dans le temps du monde en creusant dans son passage même un enchaînement d'*aban-don* où l'*avant* donne au présent un avenir. Tout se réduit à l'« instant » où le Moi se donne radicalement à la volonté de l'Amour en acceptant de perdre son temps en se jetant dans le temps de l'Amour. A cet « instant » se dévoile une nouvelle structure temporelle, celle de la compénétration entre ce qui passe et ce qui demeure, entre *l'être-déjà-perdu* et *l'être-déjà aimé*. C'est dans sa démarche temporelle, *ex-tatique*, que la volonté du Moi découvre son origine laquelle s'identifie avec l'Amour. Par cette découverte, le Moi se découvre lui-même comme étant l'être ramené à l'Amour ; il n'est plus lui-même que dans son *aban-don* sans réserve, dans sa perte temporelle. L'origine du Moi se dévoile comme étant de nature *ex-tatique* ; une origine temporellement sacrificielle. Sans intervention d'un quelconque volontarisme, la vérité ontologique de l'être est conditionnée par un temps qui fait marche *en dedans*, vers ce qui donne à l'ontologique la possibilité de dépasser ce qui est propre dans l'être, de dépasser la nécessité de s'approprier. Le dépassement de l'être fait partie de la manifestation de l'être. Le passage du temps donne la possibilité à l'être de dépasser ce qui est propre en lui pour laisser manifester ce qui est Autre que lui. La *co-présence* avec l'Amour met en question l'identité où se définit l'essence de l'être. La déchirure du Même par l'avènement de l'Amour permet une présence immuable, une durée au cœur de ce qui ne dure pas. Une durée qui demeure au cœur même du temps qui passe ; une durée qui fonde le temps non sur l'être, mais sur l'Amour. La durée, ici, n'est pas la durée du temps du monde mais la durée de l'Amour dans le cœur de l'ipséité temporelle. Ce qui maintient la durée du temps c'est la demeure de l'Amour en lui. Le temps devient originaire à l'instant où le *Moi-aimé s'aban-donne* à la volonté originaire de l'*Amour*. On parle de la conversion du temps.

Le temps de l'Amour ne change pas son mouvement, mais le *sens* de son mouvement, de son orientation et de sa fin. Ce qui n'est possible que si l'on a élaboré un nouveau mode d'être qui ouvre le surcroît de l'originaire, celui qui permet la désappropriation de l'être et par le fait même la conversion de la compréhension du temps. La désappropriation de l'être coïncide avec l'achèvement de l'*inachevé* en lui. Le nouveau mode d'être met en question l'identité où se définit l'essence de l'être. Il est nécessaire de repenser le déchirement de la « mienneté » ontologique sous un autre angle. La récurrence de l'identification de la « mienneté », c'est de subir toute perte de soi au point de pâtir, c'est-à-dire de souffrir une assignation sans dérobade, sans possibilité de fuite ni de divertissement dans le monde de représentation. Une « mienneté » déchirée par l'Amour signifie tout juste l'impossibilité de se tenir en soi en repos, toujours perte, don de soi jusqu'à sa *trans-figuration* temporelle. Le temps, plutôt que courant des contenus de la conscience, est la passion, le mouvement, l'énergie de la perte de soi, de *s'aban-donner* à l'Amour. La durée du temps vient de l'impossibilité de l'identification du Moi avec son origine et de la manifestation de la *dif-férence* originaire qui n'est pas indifférence, mais Amour : La version se tourne vers, mais autrement. La durée incessante de la *dif-férence* originaire entre le Moi et l'Amour est ce qui précède et prévient toute initiative et s'annonce de soi-même comme l'origine de son propre sens, de son propre temps. Le dessaisissant de tout vouloir possessif fait plonger le Moi dans un *re-commencement* de soi : un *soi trans-figuré, trans-formé* qui constituent, à chaque instant, l'événement de l'avènement de l'Amour. Pour pouvoir survenir dans sa nouveauté incomparable comme événement de l'avènement de l'Amour, l'« instant » doit instaurer un commencement que rien ne précède et qui ne procède de rien. Le surgissement de l'« instant » ne commence pas dans le temps, mais c'est le temps qui commence par le surgissement de l'instant à partir de soi, à partir de rien. L'instant surgit de rien et le rien, ici, c'est l'Amour. L'instant advient de l'avènement de l'Amour et l'Amour advient à partir de soi, à partir de sa pauvreté originaire, à partir de rien. Rien ne commence absolument sans commencer à partir de rien et le rien absolu est l'Amour.

Inévitable est l'advenue du temps de l'Amour

Il y a dans tout cela une invitation à penser la mort à partir du temps et le temps à partir de l'Amour et non plus le temps à partir de la mort. Pour quelle raison ? Le temps, en ce sens, n'est plus une destruction de soi mais l'événement de l'avènement de l'Amour, de son arrivage en soi. Cela n'enlève rien au caractère inéluctable de la mort, mais ne lui donne pas la possibilité d'être la source première de tout sens. La mort ne commence pas dans la mort, ni dans le temps mais dans l'Amour. Cela nous invite à penser la mort ontique et même ontologique comme des moments de la signification originaire de l'événement de la mort comme un signe de l'avènement de l'Amour, un signe qui déborde la mort elle-même puisqu'il la précède et la fonde. L'Amour n'est pas contre la mort ni plus fort qu'elle, car le rapport entre les deux n'est pas un rapport de force, ni de lutte, mais un rapport de don mutuel. D'ailleurs selon le *Cantique des cantiques* (VIII, 6), l'amour n'est pas plus fort que la mort, mais il est « fort comme la mort ». *L'être-pour-la-mort* est *l'être-pour-l'Amour*, car pas d'amour sans mourir et pas de mourir sans amour. Aimer c'est tout donner et mourir c'est donner tout. Le don de soi reste l'expression ultime de l'Amour et de la mort même. La mort, en ce sens, se révèle comme l'évènement de l'avènement de l'Amour par excellence. Elle devient un acte originaire qui a pour vocation non d'arrêter le temps du désir et de l'espérance, mais transporter le désir et l'espérance même en-deçà du sujet et de son temps pour les insérer dans le temps de l'Amour.

Vaut-il mieux, comme disait Héraclite, mourir de la vie, c'est-à-dire mourir à force de ne pas vouloir mourir, ou vivre de la mort ? On remarque que la mort est la seule issue dans les deux cas. Le Moi sans la mort, sans perdre, vit dans l'illusion de l'être. Car être c'est mourir, c'est perdre tout, et la perte ultime c'est la mort. Inévitable est l'advenue de la mort, en cela la vérité de l'être est perte. Une vie qui n'accepte pas la mort et qui prétend être dès maintenant éternelle est l'ennemie de la vie. L'advenue de la mort se manifeste comme un évènement de l'avènement de l'Amour, comme un don originaire qui mène le Moi à se libérer du fardeau de sa dette originaire, de l'écart entre le Moi et son origine. Par la mort, comme révélation et achèvement du sens de l'histoire de la perte de chaque personne, l'Amour donne au Moi le don de l'existence. Seul la mort assure la transfiguration de l'être car seul celui qui meurt par amour aime et seul celui qui aime a le pouvoir de mourir. Seule la mort mène le Moi vers l'avant, vers son origine. Le Moi qui accepte sa perte avec l'Amour refuse de réduire sa mort à une simple mortification, de réduire l'instant mortel aux petites morts de la continuation. La vie étant une mort continuée, la mort serait par l'Amour une *sur-vie* qui fait passer le Moi de la vie mourante à la mort vivante, d'une vie mélangée de mort à une mort mélangée de vie. Tout est perdu, tout est sauvé ce soir ! « Tout est perdu, et c'est par là même que tout est gagné[1] ».

Avec l'Amour il n'y a plus ni vie sans mort ni mort sans vie, mais une union originaire. La mort, en ce sens, mène les plus inconscients, les êtres de fuite et de l'oubli à prendre conscience de la gratuité et de l'étrangeté profonde de la vie ; étrangeté et gratuité qui échapperaient à la naïveté hypocrite du sens commun. Dans sa brutalité inexplicable, la mort met en lumière la gratuité de la naissance, comme elle réveille les endormis en les suscitant à ressentir l'étrangeté du fait que quelque chose existe plutôt que rien. Il y a quelque chose d'inexplicable où la vie s'enracine, qui fait de la vie elle-même un mystère et unit la vie à la mort comme à sa condition, qui rend les deux contradictoires tragiquement unis l'un à l'autre. En sorte que la vie et la mort sont deux événements d'un seul Mystère celui de l'Amour. Si l'Amour comme le dit le *Cantique des cantiques* soit « fort comme la mort », n'indique pas seulement qu'il est autant de puissance, mais aussi qu'il possède la même puissance de séparation, séparant de tout ce qui n'est pas lui. L'Amour, comme la mort, veut tout, prend tout et il n'unit qu'en arrachant, qu'en déchirant ce qui n'est pas comme lui : don total de soi. Saint Augustin commente cette même parole du *Cantique* en disant que : « la charité même tue ce que nous fumes, pour que nous soyons ce que nous n'étions pas ; l'amour opère en nous une certaine mort ». L'épreuve de la démesure peut nous faire vivre et mourir démesurément. Ce genre d'épreuves nous ouvre à l'« impossible », à ce qui nous est impossible et ne l'est pas à l'Amour. Elles nous arrachent aux puissances possibles de la vanité et nous jettent au cœur de l'« impossible ». Tout amour est, ici, déplacé, il n'est plus possible ni impossible, mais l'« Impossible ». Nous aimons en chemin, en route, mais l'Amour lui-même est ce qui dans le

---

1 Fénelon, *Œuvres complètes*, Paris-Lille-Besançon, 1850, VI, p. 129.

chemin ne passe pas parce qu'il n'est pas une étape possible vers autre chose, il se trouve déjà au terme dont il participe. Où finit le possible dans la chose même, là, aussitôt, l'Amour peut commencer. L'Amour commence où finit le possible. Le commencement de l'Amour est le signe de l'achèvement du possible, sa perte même. Il est donc essentiel d'affirmer la présence et la continuité de l'Amour en tout état de l'être temporel ou de l'être mortel. La force avec laquelle s'affirme le déjà-là de l'Amour ne constitue pas une façon de mesurer ou de faire passer, mais de demeurer sans mesure, de faire saturer toute mesure par ce qui lui échappe. Ainsi parvenir est toujours cheminer vers sa *trans-figuration*.

Naissance et mort, commencement et fin, sont les événements de l'avènement de l'Amour dans la vie des êtres temporels. La naissance incarne le mystère de l'Amour, la mort l'humanise. Ce mystère humanisé est l'unique apparition de l'ipséité qui se révèle en apparition disparaissante, justement parce qu'elle est la demeure du mystère de l'Amour. Ce mystère appelle le Moi à exister et c'est par une réponse sans répondre, c'est-à-dire une réponse par *aban-don* - comme signe et acte d'ouverture et d'acceptation de cet appel - qu'il devient *l'être-par-donné*. Celui qui refuse d'aimer refuse d'exister. Et celui qui n'existe pas ne meurt pas. Exister c'est *ek-sister*, se jeter hors de son solipsisme pour être transporté par l'Amour vers l'autre bord, vers l'achèvement de *l'être-déjà-perdu* : « Tu donnes la mort comme tu donnes la vie, et personne ne peut s'échapper de ta main ». (Dt 32, 39).

Le haineux a son temps

Refuser de perdre son être c'est avoir l'envie de posséder l'infini en soi et dans les autres, l'envie de posséder l'Amour. Aimer sans amour et demander l'amour des autres sans être prêt à s'abandonner à leur don, c'est haïr l'Amour et tous ceux qui font sa volonté. Haïr c'est haïr l'Amour en soi-même, refuser toute *dif-férence* originaire entre soi-même et l'Autre, refuser que l'Amour vienne l'aimer quand il veut et comme il veut. Haïr, c'est refuser toute autorité et toute liberté que l'Amour peut exercer envers celui qui hait et aussi envers les autres, puisque les autres pour lui sont des « alter-ego », des autres moi à son propre service, des objets de possession. Pour lui pas de place pour une autre volonté que la sienne, car pas de place pour une autre origine de soi-même que la sienne. Haïr c'est fabriquer son existence, donc c'est fabriquer l'Amour, c'est aimer malgré l'Amour et sans lui, et c'est ce qu'on appelle la haine, dont l'Amour est son seul et unique ennemi. La haine enferme le haineux dans un monde illusoire fabriqué par lui et en lui ; elle le livre malgré lui à un temps mortel, c'est-à-dire à une réalité qui s'impose à lui et lui montre ce qu'il est vraiment : un *être pour-la-mort*. Mais la mort ici est dépourvue de toute existence, c'est-à-dire de tout don originaire de vie, puisque le haineux n'existe pas car il n'aime pas. D'où son être est un être sans origine, sans amour. *L'être-pour-la-haine* est un être de vanité parce qu'il est un être sans commencement ni fin, un être sous la domination d'un temps *inhumain* qui passe et qui se perd dans le néant de la vanité. Il est condamné à mourir sans exister, à subir la perte de son être malgré lui et sans lui ; il est *l'être-pour-la-mort* sans l'Amour, il est l'être qui meurt à force de ne pas vivre. *L'être-de-vanité* c'est l'être de l'indifférence et de la non-différence, où la vanité reste son seul et unique monde, son dernier choix et sa dernière parole. Vivre sans aimer c'est vivre pour haïr, c'est vivre sans vie dans une dette originaire, écrasante et insupportable ; isolé dans un monde de solipsisme et de désespoir. Haïr c'est vivre seul sans origine pour être l'ennemi de la vie, de toute existence, de tout don, de l'Amour et surtout de soi-même.

Le haineux a son temps, un temps mortel qui passe sans infini, sans origine et sans sens. Le temps du haineux est un temps de haine, un temps sans existence et sans dignité humaine. Un temps inhumain est celui qui passe sans commencer et sans jamais finir, puisque seul un temps humain peut commencer et peut finir, car il est habité par une demeure qui échappe à la vanité du passage du temps. Un temps sans *l'être-par-donné* est condamné à passer sans amour, à s'anéantir dans le néant de la vanité. Un temps sans amour, c'est ce qu'on appelle l'« enfer ».

Par contre le *Moi-aimé* est toujours *l'être-pour-la-mort* mais il l'est avec l'Amour : « Tu me donnes la mort : en vie elle est changée[1] ». Il entre dans le temps infini de l'Amour qui n'ajourne pas la mort, ni la refuse, mais la radicalise et la transfigure pour qu'elle devienne un événement de don de soi pour l'Amour et avec lui, dans l'instant même qui passe. La mort pour le *Moi-aimé* devient un acte de don de soi non à la mort en tant que telle, mais à l'Amour comme origine et sens de la vie et de la mort. Tout vient de l'Amour et tout revient à lui. La vie pour lui est une suite de don de soi et de mourir à chaque instant pour l'Amour et avec lui. Car rien n'est origine et fin en soi que l'Amour. La vie et la mort ne sont pas des fins en soi, mais des évènements qui portent le don originaire de l'Amour, son avènement à travers le temps qui passe. Ce qui fait que la vie intérieure, comme vie avec l'Amour, se transforme en une existence résistant à un destin qui consisterait à devenir « rien que passé ». La vie amoureuse ou bien la vie avec l'Amour est le refus de se transformer en une passivité négative ou réductrice du rôle originaire du Moi et de son originalité. La Mort ne se réduit plus à la fin d'un être : « Le mourir est angoisse, parce que l'être en mourant ne se termine pas

---

[1] Jean de la Croix, *Œuvres complètes*, *Vive flamme d'amour A*, Strophe 1, *Ibid.*, p. 1126.

tout en se terminant¹ ». La vie entre la naissance et la mort n'est ni folie, ni absurdité, ni fuite, ni lâcheté. Elle se dévoile dans une dimension autre où elle a un sens nouveau, un sens qui triomphe sur la mort comme négation et comme néant. Le refus du *Moi-aimé* à se limiter à un temps commun, objectif ou historique, le ramène à un temps unique, personnel, intérieur, partagé avec l'Amour.

Il faut mourir jusqu'à aimer car, en acceptant sa mort continuelle le *Moi-par-donné* s'ouvre au mystère de l'Amour. Par son *aban-don* continuel, le *Moi-par-donné* se libère de la vanité de son être fini pour s'ouvrir à l'infini demeurant, dès l'origine, dans son intimité, dans sa finitude sublime et toujours bénite. Ainsi la malédiction devient bénédiction.

L'Amour appel le *Moi-aimé* et dévoile sa demeure dans ses profondeurs, là où *l'aban-don* à l'Amour est un acte de mourir par excellence et *l'aban-don* à la mort est un acte d'amour par excellence : Cette idée de la mort s'installa définitivement en moi comme fait un amour. En acceptant sa condition, comme étant un être temporel, un *être-pour-la-mort*, un *être-déjà-perdu*, le Moi devient *l'être-pour-l'Amour*, *l'être-déjà-aimé*. Telle est peut-être « la révélation de la mort » que Leonid Andeiev nous apporte dans son *Récit des sept pendus*, l'un des sept condamnés, découvre à l'instant de mourir : « Il aperçut soudain et la vie et la mort et il fut stupéfait par la splendeur du prodigieux spectacle. C'était comme il cheminait sur la crête d'une haute chaîne de montagnes, aussi étroite que le tranchant d'un couteau : d'un côté il voyait la vie, et de l'autre la mort, et la mort et la vie ressemblaient à deux océans étincelants et profonds, confondus à l'horizon en une seule étendue illimitée [...] Et abolissant les murs, l'espace et le temps par l'impétuosité d'un regard qui pénétrait toutes choses, il regarda largement là-bas quelque part dans la profondeur de la vie qu'il quittait² ».

Là où il faut chercher le temps

Pour penser la vérité et le sens de la vie il ne faut pas s'attacher au modèle de « remplissement », où vient aboutir toute une histoire de la raison thématique. Selon la logique de la raison thématique le sensé est le pleinement possédé, il est ce qui se donne, comble et satisfait, ce qui est égal à ce qu'on attend de lui, ce qui peut être tenu et contenu, ce qui est un résultat. Rationalité d'une pensée pensant à sa mesure, à la mesure de ce qui est mesurable en elle puisque possédé par elle. La vérité de la vie ne signifie

---

1   E. Levinas, *Totalité et Infini, Ibid.*, p. 49.
2   Leonid Andreiev, *Récit des sept pendus, Ibid.*, δ 10.

que la vanité de la question, le défaut de la réponse, l'insuffisance de l'identité et, par le fait même, elle marque l'ouverture à ce qui excède la pensée mesurante. C'est parce que la vérité excède la pensée qu'elle marque le manque en elle, son insuffisance et son impuissance. La vérité de la vie est le témoin de la passivité de l'être donné face à la donation originaire en lui.

On se demande si la vérité de la vie ne signifie pas endurer passivement, endurer d'une « passiveté », puisque son « remplissement » vient du commensurable en elle, de celui qui n'a qu'une seule mesure, la « non-mesure ». Une « passiveté » plus passive que toute passivité, puisque ce qui conte en elle ce n'est pas sa facticité impuissante mais la *dé-mesure* de l'Amour. Le surcroît n'est que l'éclatement de la perte de la « mêmeté » de l'être, de son tout, tout et tout. Ce qui compte, ici, c'est l'éclatement de la pauvreté de l'Amour dans le cœur de la facticité de *l'être-déjà-perdu. Déjà-perdu* au sein du temps du monde pour assurer la durée du temps de l'Amour comme sens de tout temps humain. Une durée dont le prix est inassumable puisqu'il est incessable. La durée du temps de l'Amour serait la relation d'amour ou l'union qu'aucune *pré-position* ne saurait finir ou définir. La durée amoureuse est dure puisqu'elle est une attente sans attendu, un temps sans mesure, un don pur sans retour. Situation où l'Amour blesse sa donation par un Désir qui la tue plusieurs fois sans jamais mourir. La blessure est un signe que l'ipséité n'est pas ce à quoi se réduit toute sa signification. Le soi contenant plus qu'il ne peut contenir c'est cela la blessure originaire qui évite toute guérison. Quelle signification réelle prendra-t-elle cette blessure ?

La durée du temps peut se montrer continuité de cette blessure, son « épectase ». La réalité blessée originairement est à elle-même sa propre guérison : sa propre immolation. La réalité ne peut guérir l'ipséité de sa blessure que par l'éclatement de la perte en elle, que par le surcroît de la folie de l'Amour dans sa facticité, dans sa perte incessante. Le « dans » indique à la fois l'intériorité et l'impossibilité de l'intériorité comme l'exprime Levinas. Le « dans » implique un éclatement de l'identité, une déchirure de la « mêmeté », une blessure de l'ipséité. Une transformation se fait, une conversion prend lieu. L'Amour est dans le cœur du Moi mais en même temps c'est le Moi qui est au cœur de l'Amour. En anglais on utilise l'expression : « Im in love », je suis dans l'Amour. C'est de ce genre d'intériorité qu'on parle. Le « dans » doit être pensé en dehors des mesures de l'être et du néant, pensé comme modalité où le moins inquiète le plus, où le rien est la mesure du tout, où la pauvreté est un surcroît sur la richesse, où l'impuissance a du pouvoir sur le pouvoir de la puissance, où la finitude est la beauté du mortel et sa *trans-figuration*. Le paradoxe, ici, est le signe de l'avènement de l'Amour au moment de l'éclatement de l'absurdité de la mort. Une mort par amour, partagée entre ceux qui donnent tout pour ne retenir que la perte en soi. Cette donation pure, la condamnation à mort, constitue ce qui rend possible la gratuité de l'Amour, son avènement, sa demeure. La gratuité et la pauvreté originaire sont la demeure de l'Amour, sa manifestation. Une telle vérité pauvre, trop pauvre pour être supporté par l'être, se met à découvert. La nudité de cette découverture n'est pas une propriété, ni ce que l'être peut supporter mais le support même de l'être, son *par-don*. La conscience - où se produisent les connaissances, les réponses et les résultats - serait un bruit insuffisant pour faire éclater le vrai sens de l'être, sa vérité originaire. Le temps serait ainsi l'éclatement du surcroît de la donation originaire au cœur même de l'être temporel, de *l'être-là*, de *l'être-déjà-perdu* ; au cœur même de la blessure de la conscience. Le temps est mesuré par la démesure de l'Amour. Cette façon est une façon d'endurer la demeure de l'Amour dans le monde qui doit mourir.

Penser le temps indépendamment de la mort est impossible. Décrire le temps indépendamment du néant de la fin que la mort peut signifier est possible. Penser la mort en fonction du temps sans voir en elle uniquement le projet même du temps est possible. Penser le sens du temps tout en reconnaissant à la mort une *dif-férence* originaire par rapport au néant issu de la simple négation de l'être est possible. Pour dégager la signification de la mort et de la durée du temps, il faut surpasser l'image mobile de l'éternité immobile, dépasser l'idée de « flux » et celle de *l'être-pour-la-mort* dans sa réduction ontologique du temps pensé à partir de l'être et du néant.

La mort n'appartient pas au monde, elle est un scandale pour le monde, elle fait entrer le monde dans sa crise finale, celle de sa fin, du sens de son commencement. La mort soulève de ce qui est *dif-férent* au monde, elle échappe au néant issu de la vanité du monde. Ce monde qui reste toujours lié au geste intentionnel de la négation et garde ainsi la trace de l'être non originaire. La mort ne soulève pas d'une modalité de la conscience prétentieuse, elle émane d'une couche plus profonde que la conscience, différente de toute définition psychique de l'inconscient. La mort appartient à un événement originaire, celui de l'avènement de l'Amour.

Perfection et défaillance, gain et perte, puissance et facticité, vie et mort : rien ne suffit au Moi que ce à quoi il ne peut suffire. Rien ne comble son désir que ce qui précisément fait plus que le combler et de toute part le déborde. Notre désir de l'« infini » porte sur l'« infini » lui-même et non sur ce que de lui nous pouvons contenir ou retenir. Il porte sur ce qui dans la satisfaction même excède ses propres limites sans lui donner ce qu'il a désiré mais plus que ce qu'il peut désirer. L'Amour ne répond à notre attente qu'en la dépassant et la dessaisissant ; c'est lui qui nous donne de le désirer d'un désir qui s'extasie lui-même pour se transformer en une « épectase » selon le terme de Grégoire de Nysse. Un tel désir ne peut se satisfaire d'une saisie finie de l'« infini », ni d'être comblé par une réception finie de l'« infini ». Il se porte vers ce qui ne peut être contenu ni embrassé. L'épouse des *Cantiques* « apprend des gardes qu'elle est éprise de celui qui est inaccessible, et qu'elle désire celui qui est insaisissable[1]. » La blessure d'amour que nous avons reçu dès notre naissance l'est pour toujours[2], et il est transfigurant que ce que l'« infini » blesse ainsi il ne puisse pas le guérir, mais seulement le blesser d'avantage. La récompense de l'Amour est d'aimer plus encore. Pour Angelus Silesius un cœur malade d'amour ne guérira pas avant que l'Amour ne l'ait tout entier transpercé et blessé. C'est le seul remède de l'Amour. Le mode propre de l'Amour est précisément de pouvoir être à chaque instant autre que lui-même et toujours en surcroît. Seul celui qui aura tout perdu pourra donner encore, seul *l'être-déjà-perdu* donnera le temps de l'Amour.

Le temps compris, ainsi, devient le dynamisme de ce qui se donne dans le refus et dans l'impossibilité de garder ce qui se donne. Il n'y a pas « manque de générosité » mais paradoxalement il y a une « générosité du manque », une saturation même de ce qui manque son appropriation, une générosité de pauvreté, une générosité pauvre parce que quand le temps donne il donne tout, il se donne.

L'enjeu enfin est l'épreuve du temps lui-même, de sa générosité risquée même, d'un risque de soi saturé. Il n'y a pas de temps sans générosité et la générosité du temps annonce l'arrivage de la saturation de la pauvreté originaire de l'Amour. Ce n'est que dans le risque de la générosité du temps que la présence de soi se donne par Celui qui la donne en l'effaçant, en la livrant à son « désastre » : à son amourtification.

« Là bas » il faut aller chercher le temps...

---

[1] *La colombe et la ténèbre*, trad. Canévet, Paris, 1967, p. 183. Cf. P. Daniélou, *Platonisme et théologie mystique*, Paris, 1953, p. 291 sq.
[2] *Ibid.*

Conclusion générale

Le lien entre la réflexion sur le « Je pense » et le « Je suis » en tant qu'acte d'exister ouvre un nouveau champ d'expérience et une nouvelle vision de la réalité. Ce qui rend possible l'appropriation du « je pense, je suis », n'est ni un énoncé empirique, ni un énoncé rationnel, mais autre que l'un et l'autre, une épreuve de perte de ce que *je suis*, une désappropriation de soi, un : Je suis par un Autre, je suis par la perte en moi, un : je perds, donc je suis. La compréhension de l'être déborde l'attitude théorique pour toucher l'événement humain dans toute sa réalité. L'événement humain signifie que la situation initiale, d'où la « mienneté » émerge, est la perte de ce qui est « sien » en elle : Je suis déjà-perdu et déjà-séparé du centre de mon existence. Je suis ma propre perte et ma perte est sans limite, sans mesure et sans arrêt. Je suis ma perte et ma perte est à l'infini.

Etre une perte à l'infini signifie exister selon un acte de perte sans limite et par conséquent selon une origine, c'est-à-dire un commencement qui m'oblige à commencer comme étant un *être-déjà-perdu*, une finitude à l'infini. Une finitude qui est une négation incessante, à un degré infini et par conséquent une infinie limitation : un commencement. Sans l'origine tenant son identité de soi l'« infinition » ne serait pas possible. L'« infinition » m'oblige à être selon ma finitude tout en imposant une distance originaire, une *dif-férence* entre moi et l'être qui m'oblige à être. La *dif-férence* à l'égard de l'être, tout en restant collé à lui, se produit comme paradoxe au sein de la conscience de soi, un paradoxe entre le fini et l'infini en soi, entre le pouvoir et l'impuissance, entre l'intime et l'étranger, entre le possible et l'« impossible » : « Un mouvement qui se fait lui-même et qui pourtant ne se fait pas lui-même, mais fait le vide dans lequel il se meut : son vide est sa possibilité de mouvement.[1] »

En rattachant l'être à sa perte - l'être étant son enchaînement à soi-même - nous pouvons comprendre dans quel sens le monde et notre existence dans le monde constituent une démarche fondamentale de l'ipséité. Une démarche fondamentale pour se découvrir en tant *qu'être-déjà-perdu*, pour traverser le point de départ de son être et faire le chemin de retour à soi. *Déjà-perdu* telle est la pauvreté originaire de l'être, sa constitution même. En

---

1 M. Heidegger, *GA,* bd. 61, p. 131.

tout temps, à chaque instant, il se produit dans l'être une identité en mouvement, un changement permanent, une perte sans arrêt : un avènement de soi. *Déjà-perdu*, tel est le fondement de sa vie, le sens de son existence, sa « mêmeté » originaire. La perte de soi refuse toute possession car elle est en soi une *anti-possession* ; elle refuse toute stagnation tant que le mouvement est sa nature. Ce qui mène à dire que dans l'existence quotidienne, dans le monde, la structure ontologique du Moi se trouve dans une certaine mesure brisée et surmontée : entre le Moi et le soi apparaît une *dif-férence* originaire. Le Moi propre ne retourne pas à soi immédiatement, il doit passer par une altérité originaire. Le Moi se sépare de lui-même et la perte est la condition de cette possibilité. En ce sens, notre vie quotidienne est déjà une condition nécessaire pour se libérer du projet ontologique qui cherche à posséder son être, à s'approprier l'être qu'il est. La luminosité de l'être ne montre pas sa vérité mais son occultation. Elle montre une étrangeté foncière, ce par quoi quelque chose est autre que l'être mais déjà comme s'il sortait de lui. L'extériorité de la lumière ne suffit pas à la libération du Moi de sa « facticité » originaire.

A travers la *dif-férence* originaire, l'être, tout en étant, est autre chose que son être, autre que son « étantité » ; il est une demeure en suspens, et peut à tout instant être un nouveau commencement, commencer à être autrement. Ce commencement est un *re-commencement* à être en-deçà de tout définitif et de toute totalisation. L'en-deçà, ici, se produit comme relation avec une altérité originaire, avec l'Autre, l'« avant » qui dévoile la vérité originaire de l'être. L'Autre brise la totalisation pour s'engager dans la finitude et dans le temps de l'être. L'être est à la fois cet engagement et ce dégagement : « Un être capable d'un autre destin que le sien est un être infini ».

A travers le définitif d'une mort inévitable, la perte de l'être s'expose non seulement à la fin de l'être mais aussi à son surgissement, à son *re-commencement* originaire. Le *re-commencement* – la manière d'être autre tout en étant soi-même – exige une discontinuité, une interruption, une cassure de la persévérance dans l'être, une brisure de l'appropriation de l'être, une perte de l'être comme possession. Le re-*commencement* rend possible une relation avec l'*avant* recommencé dans un retour libre de toute liberté égoïste et solipsiste, et de toute volonté puissante et arrogante. Ce retour n'est pas un triomphe mais une défaite, une humiliation, une perte radicale de l'ordre naturel des choses, une inversion de la logique ontologique de l'être et de la volonté de puissance. Ce retour répète en quelque sorte l'événement de l'être sous les exigences d'un ordre nouveau, sous le regard de l'Amour qui fait advenir en lui ce qu'il est déjà : une pauvreté originaire.

La vie ne saurait devenir le chemin de la plénitude de l'être, que si, dans sa lutte contre sa propre perte, elle rencontre un événement qui la destitue de son impuissance ontologique, en radicalisant sa perte et en traversant avec elle un chemin inverse, tout en recommençant en elle un nouvel ordre. Un nouvel ordre qui s'annonce par l'expérience de la destitution de la conscience de son autonomie prétentieuse, par l'expérience de la réduction de la conscience et de son humiliation. Par contre, le sens de l'être n'est pas réduit au mal de l'être, ni au traumatisme de la naissance, ni même au déterminisme ontologique de la mort. Il est la conversion en soi du mal d'être, de la fatigue d'être, vers un dynamisme qui oblige à sup-porter l'être et à avoir de la patience envers sa lenteur et son impuissance originaire. Ce n'est pas l'évasion de l'être qui sauve l'ipséité, mais son « acculation » même, porter le mal de l'être et le sup-porter. C'est en *pardonnant* au mal de l'être en soi, que la conversion advient comme ipséisation de soi, comme réconciliation avec soi, comme *aban-don* de soi à l'Amour en soi. L'Amour en soi n'est, en son fond, que la conversion de la honte et de haine de l'être comme malédiction, vers le *par-don* de l'être comme bénédiction. La conversion s'oppose à l'évasion de l'être comme « extase » et s'impose comme réconciliation avec l'être comme « instase », comme retournement à l'intérieur de soi, comme *aban-don* de soi à l'Amour origine de soi.

Le problème n'est pas l'évasion de l'être, mais sa conversion, le dégagement de l'être de sa propre emprise, de son autarcie, de son orgueil et de son égoïsme. C'est une manière d'échapper, non à l'être, mais à sa tyrannie. Une telle expérience nécessite un passage de la vérité qui montre et démontre directement à une vérité qui ne montre qu'autant qu'elle en remontre à celui qui la reçoit. Le critère pour accéder à la vérité se modifie-t-il : à l'évidence du découvrement se substitue l'excès du recouvrement, le surcroît de *l'aban-don* et par le fait même l'avènement de l'Amour. Je ne peux répondre à l'avènement de l'Amour qu'en lui offrant « mon être ». Et je ne pourrais jamais justifier ce sacrifice, je devrais toujours s'approfondir à son sujet. Je serais toujours au secret, tenu au secret à ce sujet parce qu'il n'y a rien à dire, parce que se donner est autre chose que dire et parce que ce que je donne ne m'appartient pas.

Le sacrifice à l'Amour vient saturer toute possibilité de dire ou même de donner, pour laisser au temps suffisamment de temps pour répondre sans réponse, sans rien dire et sans rien donner. La réponse n'a pas besoin de parole, ni de concept, ni une raison suffisante ni quelque chose à donner. Il faut répondre là où il n'y a plus de mot à dire, ni raison à demander, ni temps à donner, ni un propre à abandonner. La réponse a déjà passé à l'acte, elle a déjà renoncé à l'espoir, sans pourquoi, rien est en secret.

Elle ne reconnaît aucune dette, aucun devoir devant les hommes parce qu'elle est en rapport immédiat avec l'Amour. Un rapport sans rapport puisque tout rapport avec l'Amour est dissymétrique. La réponse ne peut donc rien dire aux hommes qui espèrent et croient en une parole ; le don ne peut rien offrir à ceux qui attendent quelque chose. Même si elle leur parle, la réponse ne peut rien leur dire, car elle parle une langue qui s'exprime par ce qui sature la parole et la jette face à son bourreau, face à un *temps sacrificiel.* Étrange langue qui ne consiste ni à dire, ni à ne pas dire : « Il ne profère donc pas un mensonge, mais il ne dit pas non plus quelque chose, car il parle en une langue étrangère[1]». Telle est en effet la condition paradoxale de toute réponse à l'appel de l'Amour. Elle ne peut se déduire d'un savoir dont elle serait seulement l'effet ou la déduction. Etant en rupture avec le savoir, sa manifestation s'expose au moment où la nuit tombe et où le silence est le seul bruit. Elle se manifeste dans un *instant altérée,* où l'altération appartient à la pauvreté de l'Amour, à sa nudité, à sa seule vérité : *le pardon*, sa face unique.

    La réponse n'est que l'étrangeté du *par-don* qui *par-donne* le passé sans l'oublier, ni le refuser, mais l'accepter, l'aimer, le sup-porter et le réconcilier avec le présent. Le *par-don* permet de voir dans le passé mal vécu un surplus, une exigence de guérison. Il ajoute du nouveau à l'être, de l'absolument nouveau. C'est avec le *par-don* que l'être *re-commence*, s'expose à *l'a-venir*, à un venir à soi par l'Amour en soi. L'« instant » du *par-don* perce l'esseulement du passé et l'ouvre à la possibilité de l'advenue de l'avenir en lui. *Re-venir* à soi c'est faire venir en soi un *aban-don* originaire qui fait *re-commencer* à être selon les exigences de l'ordre de l'Amour. L'Amour est le non-définitif du définitif, altérité toujours re-commençante de l'accompli, l'origine de ce *re-commencement*, sa force et sa donation. Il faut une brisure pour répondre et un *re-commencement* du don à travers la brisure même. L'être ne se produit plus comme totalité. Il est une pauvreté qui recommence à être après avoir tout perdu, pour *re-commencer* à donner ce qu'il a déjà reçu de l'Amour : *le par-don*. Etre soi pour *l'être-par-donné* c'est donc être la capacité originaire de l'Amour, c'est être capable de l'Amour, rendre l'Amour capable en soi ; enfin c'est donner à l'Amour le pouvoir de rendre possible la *trans-figuration* du *Soi*. Etre soi se manifeste par l'épreuve de *l'aban-don* de soi à la capacité originaire de l'Amour. Etre soi c'est être le *par-don* de l'Amour. En ce sens, ce n'est plus le mal de l'être qui fait son temps mais c'est la donation de l'amour en lui, l'infini *par-don* de soi : un nouveau commencement, une résurrection. La résurrection de *l'être-par-donné* constitue l'événement originaire du temps, sa transfiguration. Mort et résurrection constitue le temps comme l'événement

---

1 Søren Kierkegaard, *Crainte et tremblement, op. cit.*, p. 2004.

de l'avènement de l'Amour, son incarnation dans le cœur de l'être. Le recommencement dans le temps qui passe se fait dans un temps qui porte un sens nouveau. Le passage même du temps assure la transmission de la donation originaire de l'Amour à tous ceux qui appartiennent au temps, aux fils et aux filles du temps, à cette famille temporelle, *par-donnée* et ressuscitée par l'Amour. Le recommencement exige un temps nouveau achevé sans être défini mais infini. L'achèvement du temps n'est pas sa fin mais son *re-commencement* ou bien le commencement de l'Amour en lui, sa résurrection.

Le *par-don,* voué au secret, ne se transmet pas d'un instant en un autre. En ce sens il n'a pas d'histoire, ni de temps. Son intransmissibilité se lie au secret qui doit toujours recommencer à répondre, à s'engager, à se donner, à *par-donner*, à se sacrifier par amour. *Par-donner* c'est inaugurer un *re-commencement* temporel du secret de l'Amour. À quoi parvient-il cependant ? À briser tout mauvais-infini empêchant l'Amour à se révéler comme : « Fils de l'homme ». C'est le secret de tous les secrets qui voit dans le secret en moi, mais je ne le vois pas, je ne le vois pas me voir, bien qu'il me voie au plus secret de moi. Là se tiendrait peut-être le « secret du secret » qui n'appartient à personne, il n'est jamais accordé à un « chez soi » comme « ego cogito ». Il me tient en main et me mène là où *Il* demeure : là où mon cœur est ; une demeure où le *par-don* et *l'aban-don* engendre le *Moi-déjà-aimé*.

Notre travail s'énonce ainsi comme une tentative de la fondation phénoménologique de la dialectique entre le possible et l'impossible, entre l'immanence et la transcendance, entre l'ipséité et l'Amour. Le « possible », c'est la « mienneté » comme « facticité » ontologique, c'est l'*être-déjà-perdu,* blessé et fatigué dès sa naissance même. L'« impossible », c'est le mouvement originaire de l'ipséisation de soi par la pauvreté de l'Amour; c'est l'*ère-déjà-aimé* ou bien l'ipséité *aban-donnée*. Tout amour est déplacé, il n'est plus possible ni impossible, mais l' « impossible ». L'« impossible » n'est pas la fin du possible, mais son *re-commencement* selon l'ordre de l'Amour. L'« impossible » est le possible « saturé » par l'avènement temporel de l'Amour.

Le mouvement « asymptotique » de la vérité de l'être, c'est-à-dire le rapprochement radical et la distance radicale entre l'être et l'Amour, s'accomplit ainsi : Le rapprochement se fait « *aban-don* de soi », un lieu d'ipséisation de soi sans appropriation, sans substantialisation, sans représentation et sans pouvoir sur soi. La proximité radicale de la perte de soi et de l'arrivage de la pauvreté originaire de l'Amour laisse actif le dynamisme de *l'aban-don* de soi, selon un rythme temporel de l'ipséisation de soi qui ne se confond plus avec l'identité comme « mêmeté », ni avec la « mienneté » comme solipsisme et comme pouvoir, ni avec l'altérité comme éthique. Dans ces conditions, l'Amour comme *aban-don* de soi se dévoile comme mouvement intérieur de l'ipséisation de soi dans lequel l'immanent et le transcendant, le possible et l'impossible se conditionnent et se renforcent « sans confusion, ni fusion, sans division, ni séparation ».

BIBLIOGRAPHIE

Ouvrages

Anne Chantal, *L'amour dans la pensée de Søren Kierkegaard*, pseudonymie, éros psychique, Paris, l'Harmattan, 1993.
Anne Christine, *Kierkegaard et le don*, thèse sous la direction de Jean-François Marquet, Paris IV, 1998.
Arrien Sophie-Jean, *Vie et logos : le phénomène de la vie du jeune Heidegger* (1919-1923) ; sous la direction de Jean-Luc Marion, Thèse de doctorat : Université Paris IV- Sorbonne, Paris, 2003.
Anne Robert Turgot, *Réflexions sur la formation et la distribution des richesses*, Paris, GF, 1997.
Aristote, *Éthique à Nicomaque*, Paris, GF-Flammarion, 1992.
Aristote et saint Thomas d'Aquin, journée d'études internationales, Louvain, Publications Universitaires de Louvain, 1957.
Aristote, *La Métaphysique*, trad. Tricot J., editio minor de 1933, Paris, Vrin, 1991.
Alain Laurent, *L'individu et ses ennemis*, Paris, Pluriel/Inédit, Hachette, 1987.
André Clair, *Sens de l'existence*, Paris, Armand Colin, 2002.
André Clair, *Métaphysique et existence*, Essai sur la philosophie de Agamben G., *La position de la facticité*, In Heidegger. Questions ouvertes, Actes du Colloque organisé par le collège international de philosophie, Paris, Ed. Osiris, 1987.
Agemben G, Valeria Piazza, *Le concept de l'amour chez Heidegger*, Paris, Rivages, 2003.
Arendt Hannah, *Le concept d'amour chez Augustin* ; essai d'interprétation philosophique, Trad. Par Astrup Anne-Sophie, Paris, Deux temps, Tierce, 1991 ; Paris, Payot et Rivages, 1999.
Arendt Hannah, *Young-Bruehl, For love of the world,* New Haven and London, 1984. Les lettres ont été publiées en 1998 (Hanna Arendt, M. Heidegger, Briefe, 1925-1975, Klostermann, Frankfort-sur-le-Main, 1998; traduit en français par Pascal David, Gallimard, Paris, 2002).

Artaud A., *Le théâtre et son double,* coll. « Métamorphoses », Paris, Gallimard, 1938.
Andruzac Christophe, *La contemplation métaphysique et l'expérience mystique*, Paris, Dervy-Livres, c1980.
Andreas-Salomé Lou, *L'amour du narcissisme,* Textes psychanalytiques, traduit de l'allemand par Isabelle Hildenbrand, Ed. Gallimard, Paris, 1980.
Bataille G., *La Part maudite*, Paris, éd. De Minuit, 1949.
Braunstein N., *La jouissance*, un concept lacanien, Point hors ligne, 1992.
Bernet R., *La vie du sujet*, Paris, PUF, 1994.
Bloch E., *Traces*, trad. H. Hildenbrand et P. Quillet, Paris, Gallimard, 1968.
Baudelaire, Fusées XI, *Œuvres complètes*, "Pléiade", éd. Le Dantec, Pichois, Paris, 1966.
Borel Alain, *Hegel et le problème de la finitude*, Paris, Le Pensée Universelle, 1972.
Brague Rémi, *Aristote et la question du monde : essai sur le contexte cosmologique et anthropologique de l'ontologie*, Paris, PUF, 1988.
Barraud Henri-Jean, *Freud et Janet*, éd. Privat, 1971.
Breton Stanislas, *La pensée du rien*, Pharos, Kampen, 1992.
Bowlby J., *Attachement et perte, 1 : L'attachement*, Paris, PUF, 1978.
Bowlby J., *Attachement et perte, 2 : La séparation, angoisse et colère*, Paris, PUF, 1978.
Bowlby J., *Attachement et perte, 3 : La perte, Tristesse et dépression*, Paris, PUF, 1984.
Biroult Henri..., *Heidegger et l'expérience de la pensée*, Paris, Gallimard, 1978.
Bachelard G., *L'intuition de l'instant*, Paris, Conthier, 1975.
Brihat Denise, *De l'être ou rien : Heidegger et philosophie de l'être*, Paris, Téqui, 1988.
Bernanos, *Journal d'un curé de campagne, Œuvres romanesques*, Bibliothèque de la Pléiade, Gallimard, Paris, 1961.
Beaufret J., *Dialogue avec Heidegger*, t.3, Paris, Ed. De Minuit, 1974.
Bousquet François, *Le Christ de Kierkegaard. Devenir chrétien par passion d'exister*, Paris, Desclée, 1999.
Bruaire Claude, *Expérience mystique et métaphysique,* Paris, Cerf, 1987.

Boltanski Luc, *L'amour et la justice comme compétences*, Paris, 1990.
Blanchot Maurice, *L'attente, l'oubli*, Paris, Gallimard, 1962.
Blanchot Maurice, *La folie du jour*, Montpellier, Fata Morgana, 1973.
Blanchot Maurice, *Le pas au-delà,* Paris, Gallimard, 1973.
Blanchot Maurice, *L'Ecriture du désastre*, Paris, Gallimard, 1980.
Blanchot Maurice, *L'entretien infini*, Paris, Gallimard, 1969.
Buber Martin, *Je et tu*, tr. Fr. G. Bianquis, Paris, Aubier, 1969.
Bacqué Marie-Frédérique, *Apprivoiser la mort*, Paris, Odile Jacob, 2002.
Caron Maxence, *Heidegger ; Pensée de l'être et origine de la subjectivité*, Paris, Cerf, La nuit surveillée, 2005.
Calin Rodolphe, *Levinas et l'exception du soi*, Paris, Épimétée/Puf, 2005.
Caputo John D., *The Prayers and Tears of Jacques Derrida : Religion without Religion,* Bloomington : Indiana University Press, 1997.
Comparot André, *Amour et vérité*, Paris, Klincksiek, 1983.
Chrétien Jean-Louis, *L'antiphonaire de la nuit*, Paris, L'Herne, 1989.
Chrétien Jean-Louis, *L'inoubliable et l'inespéré*, Paris, Desclée de Brouwer, 1991.
Chrétien Jean-Louis … [Et al] ; *Phénoménologie et théologie,* Présentation de Jean-François Courtine, Paris, Critérion, 1992.
Chrétien Jean-Louis, *Le regard de l'amour*, Paris, Desclée de Brouwer, 2000.
Chrétien Jean-Louis, *L'appel et la réponse*, Les Editions De Minuit, Paris, 1992.
Chrétien Jean-Louis, *De la fatigue*, Les Editions De Minuit, Paris, 1996.
Chambon Christian, *Logique de la finitude*, Strasbourg, P.U.S, 1990.
Canciani Domenico, *L'intelligence et l'amour. Réflexion religieuse et expérience mystique chez Simone Weil*, Paris, Beauchesne, 2000.
Chaumon Franck, *Lacan : La loi, le sujet et la jouissance*, Michalon, Paris, 2004.
Ciaramelli Fabio, *Transcendance et éthique, essai sur Levinas*, Bruxelles, Ed. Ousia, 1989.
Colette Jacques, *Kierkegaard. Existence et éthique*, Paris, PUF, 1997.
Caillé Alain, *Anthropologie du don, De l'idée d'inconditionnalité conditionnelle,* Desclée de Brouwer, Paris, 2000.
Caillé Alain, *Intérêt et désintéressement. Bourdieu, Mauss, Platon et*

quelques autres, Paris, Editions La Découverte/Mauss, 1994.
Caillé Alain, *Don, intérêt, et désintéressement*, La découverte, Paris, 1994.
Cournut J. (1977), *L'inquiétante étrangeté de l'interprétation*, Paris, Aubier, Montaigne, in Journée Confrontation, 1976.
Courtine Jean-François, *Phénoménologie et métaphysique*, J.-L. Marion et G. Planty-Bonjour (éd.), Paris, PUF, 1984.
Courtine Jean-François, *Heidegger et la phénoménologie*, Paris, J. Vrin, 1990.
Courtine Jean-François, *Les problèmes fondamentaux de la phénoménologie*, Paris, Gallimard, 1985.
Corman Louis, *Amour et Narcissisme, de l'Amour de Soi à l'Amour d'Autrui*, Ed. Jacques Grancher, Paris, 1993.
Chabot Jacques, *L'autre et le moi chez Proust*, Paris, Honore Champion, 1999.
De Certeau M., *La fable mystique*, 1, Paris, Gallimard, coll. "Tel", 1982.
Dostoievsky F.M., *L'Idiot,* trad. G. et G. Arout, Paris, Ed. Du Livre de poche, 1972, t. I.
Dostoïevski, *Les Frères Karamazov*, Club français du livre, 1963, traduction de Boris de Schloezer.
David Ch., *L'homme au double*, in Schumann, coll. « Génies et réalité », Hachette, 1970.
Descartes René, *Œuvres*, Bibliothèque de la Pléiade, Paris, Gallimard, 1953.
Dreyfus Hubert L., *Being-in-the-World. A commentary on Heidegger's "Being and Time"*, Division I, Cambridge Mass./London, The MIT Press, 1991.
Derrida Jacques, *Origine de la géométrie,* Introduction, Paris, P.U.F., 1974.
Derrida Jacques, « *Spéculer sur Freud* », in *La carte postale*, Aubier-Flammarion, 1980.
Derrida Jacques, *La voix et le phénomène,* Paris, PUF, 1983.
Derrida Jacques, *La main de Heidegger,* in *Psychè. Inventions de l'autre*, Paris, Ed. Galilée, 1987
Derrida Jacques, *Donner le temps*, Paris, Galilée, 1991.
Derrida Jacques, « *Donner la mort* », in *L'éthique du don* ; Jacques Derrida et la pensée du don, Paris, A.M. Métailié, 1992.

Derrida Jacques, *De l'hospitalité*. Anne Du Furmantelle invite Derrida Jacques, Adieu à Emmanuel Levinas, Paris, Galilée, 1997.
Dufoyer Jean-Pierre, *La naissance et le développement de la personnalité*, Paris, PUF, 1976.
De Solemne Marie, *Entre désir et renoncement*, Paris, Dervy, 1999.
Diel Paul, *La peur et l'angoisse*, Paris, Payot, 1985.
Dordrecht Richard, *Heidegger et le problème du néant*, Boston, Lancaster, M. Nijhoff, 1987.
Deleuze Gilles, *Proust et les signes*, PUF, Paris, 1971.
Dastur Françoise, *Heidegger et la question du temps*, Paris, PUF, 1990.
Dastur Françoise, *La mort ; essai sur la finitude*, Paris, Hatier, 1994.
De Nysse Grégoire, *La colombe et les ténèbres*, trad. Canévet, Paris, 1967.
De Nysse Grégoire, *Le Cantique des cantiques*, texte présenté par Hans- urs von Balthasar ; trad. de Christian Bouchet, ... et Monique Devailly, ..., notes et guide thématique d'A.-G. Hamman, Paris: Migne, 1992, Le Poiré-sur-Vie.
Dreyfus Ginette, *La Volonté selon Malebranche*, Paris, Vrin, 1958.
Darbon André, *Philosophie de l'expérience*, Paris, PUF, 1946.
Declève Henry, *Heidegger et Kant*, La Haye, M. Nijhoff, 1970.
Delacroix H., *Les grands mystiques chrétiens*, Paris, PUF, 1938
Falque Emmanuel, *Le passeur de Gethsémani, Angoisse, souffrance et mort. Lecture existentielle et phénoménologique*, La nuit surveillée, Cerf, Paris, 1999.
Falque Emmanuel, *Métamorphose de la finitude, Essai philosophique sur la naissance et la résurrection*, La nuit surveillée, Cerf, Paris, 2004.
Forthomme Bernard, Hatem Jad, *Madame Guyon: Quiétude d'accélération"*, Beyrouth, Cariscript, 1997.
Forthomme Bernard, Hatem Jad, *La charité de l'infinitésimal*, Paris, Cariscript, 1994.
Foment Marc, *Solitudes : de Rimbaud à Heidegger*, Paris, Ed. Galilée, 1989.
Franck Didier, *Chair et corps. Sur la phénoménologie de Husserl*, Paris, Ed. de Minuit, 1981.
Freud Sigmund, *L'inquiétante étrangeté et autres essais*, Paris, Gallimard, 1985.

Freud Sigmund, *Deuil et mélancolie*, trad. J. Laplanche et J.-B. Pontalis, Métapsychologie, Paris, Gallimard, 1968.
Freud Sigmund (1911), Lettre à Jung du 13 octobre 1911, in *Correspondances* S. Freud - C. Jung, t. II, 1910-1914, Paris, Gallimard.
Freud Sigmund, *La vie sexuelle*, PUF, 1969.
Freud Sigmund, *Cinq leçons sur la psychanalyse*, Petite Bibl. Payot, 1978.
Freud Sigmund, *Trois essais sur la théorie de la sexualité*, Idées/Gallimard, 1971.
Freud S., *Totem et Tabou, Animisme, magie et toute-puissance des pensées*, 2ème partie, Petite Bibliothèque Payot, Paris, 1984.
Flaubert, Lettre à Georges Sand, 4 décembre 1872, in *Correspondance*, Paris, L. Conard, 1926-1954, vol. 6.
Gide André, A Juliette Gide, vendredi [25 mars 1892], *Correspondance avec sa mère 1880-1895*, éd. Claude Martin, Gallimard, 1988.
Gide André, *Si le grain ne meurt*, Souvenirs et Voyages, Paris, Gallimard, Bibliothèque Pléiade, 2001.
Garrigues J.M., Maxime *le Confesseur, La charité avenir de l'homme*, Paris, 1976.
Gelven Michael, *A commentary on Heidegger's Being and Time. A section-by-section Interpretation*, New York, 1970, trad. franc. "Etre et temps" de Heidegger. Un commentaire littéral, Bruxelles, Ed. Mardaga, 1970.
Garrigou-Lagrange R., *L'amour de Dieu et la croix de Jésus, Problème de l'amour et les purifications passives d'après les principes de saint Thomas d'Aquin et la doctrine de saint Jean de la Croix*, Tome I, les éd. Militia, Montréal, en collaboration avec les éd. Du Cerf, Paris, 1953.
Gabellieri Emmanuel, *Etre et don : Simone Weil et la philosophie*, Louvain, Peeters, 2003.
Greisch Jean, *Penser l'histoire après Hegel et Nietzsche. L'herméneutique philosophique face au défi de la déconstruction*, in *L'institution de l'histoire. 1 : Fiction, ordre, origine*, Paris, Cerf-CERIT, 1989.
Greisch Jean, *Ontologie et temporalité : esquisse d'une interprétation intégrale de Sein Und Zeit*, Paris, PUF, 1994.

Greisch Jean, *Heidegger et Lévinas interprètes de la facticité*, in *Emmanuel Levinas : Positivité et transcendance, suivi de Lévinas et la phénoménologie*, sous la direction de J.-L. Marion, Paris, PUF, 2000.
Granel Gérard, *Le Sens du temps et de la perception chez Husserl*, Paris, Gallimard, 1968.
Green A. (1982), *Le Moi mortel, immortel, in Narcissisme de vie, narcissisme de mort*, Paris, Editions de Minuit, 1984.
Gummar Hult Gren, *Le commandement d'amour chez Augustin*, Paris, Vrin, 1939.
Godbout J.T., *L'Esprit du don*, Paris-Montréal, La Découverte, 1992.
Godbout J.T., *Le langage du don*, Montréal, Fides, 1993.
Godbout J.T., *Le don, la dette, l'identité*. Homo donator versus homo oeconomicus, La Découverte/Mauss, Recherches, 2000.
Haar Michel, *Heidegger et l'essence de l'homme*, Grenoble, Coll. Krisis, J. Millon, 1990.
Haar Michel, *La philosophie française entre phénoménologie et métaphysique*, Paris, PUF, 1999.
Henry Michel, *L'essence de la manifestation*, 2 vol., Paris, PUF, 1963.
Henry Michel, *Philosophie et phénoménologie du corps*, Paris, PUF, 1965.
Henry Michel, *Généalogie de la psychanalyse*, Paris, PUF, 1990.
Henry Michel, *C'est moi la vérité. Pour une philosophie du christianisme,* Paris, Le Seuil, 1996.
Henry Michel, *la parole de la vie,* Sous la direction de Jad Hatem, Ouverture philosophique, L'Harmattan, Paris, 2003.
Henry Michel, *l'épreuve de la vie,* Sous la direction d'Alain David et de Jean Greisch, La nuit surveillée, Cerf, Paris, 2001.
Henry Michel, *Incarnation, une philosophie de la chair*, Paris, Le Seuil, 2000.
Henri-Bernard Jean-Louis, *Vergote, Sens et répétition. Essai sur l'ironie kierkegaardienne,* Paris, Cerf-Orange, tome 2, 1982.
Hamann Aimé, *L'abandon corporel au risque d'être soi*, Les éditions de l'homme, Québec, 1993.
Hegel, *Encyclopédie des sciences philosophiques*, troisième édition de 1830, traduction Bernard Bourgeois, Paris, Vrin, 1970.
Hegel, *Leçons sur l'histoire de la philosophie*, trad. P. Garniron, Paris, Vrin, 1971.
Hegel, *Science de la logique*, (éd. De 1812), trad. P.-J. Labarriere et G.

Jarczyk, Paris, Aubier-Montaigne, 1972.

Hegel, *Phénoménologie de l'Esprit*, texte présenté, trad. et annoté par Bernard Bourgeois, Paris, J. Vrin, 2006.

Hyde Lewis, *The Gift, Imagination and the erotic Life of Property*, Vintage Books, 1979.

H. Codere, *Fighting with Property. A study of Kwakiutls Potlatching and Warefare*, 1792-1930, New York, J. J. Augustin, 1950.

Heidegger, *Vom Wesen des Grundes, in Wegmarken,* Frankfurt am Main, Klostermann, 1967; trad.fr.: Ce qui fait l'être-essentiel d'un fondement ou "raison", par Henry Corbin, in Questions I, Paris, Gallimard, 1968.

Heidegger, *Kant und das Problem der Metaphysik*, Frankfurt am Main, Klostermann, 1973; trad. fr. : Kant et le problème de la métaphysique, par Alphonse De Waehlens, et Walter Biemel, Paris, Gallimard, 1953.

Heidegger, *L'Être et le Temps*, trad. Boehm et de Waelhens, Paris, Gallimard, 1964.

Heidegger, *Introduction à la Métaphysique*, Paris, Gallimard, 1967.

Heidegger, *Chemins qui ne mènent nulle part,* trad. Brokmeier, Paris, Gallimard, 1962.

Heidegger, *Raison et finitude*, Cambay, Louvain-la-Neuve, 1983.

Heidegger, *Aristote, Métaphysique, [thêta] 1-3, de l'essence et de la réalité de la force*, traduit de l'allemand par Bernard Stevens et Pol Van De Velde, Paris, Gallimard, c 1991.

Heidegger, *Les concepts fondamentaux de la métaphysique : monde, finitude, solitude,* traduit de l'allemand par Daniel Panis, Paris, Gallimard, 1992.

Heidegger : *l'énigme de l'être*, Coordonné par Jean-François Mattei, Paris, P.U.F., 2004.

Heidegger, *1919-1929 De l'herméneutique de la facticité à la métaphysique du Dasein* : actes du colloque organisé par Jean-François Marquet (Université de Paris-Sorbonne, Novembre 1944), édités par Jean- François Courtine, Paris, Vrin, 1996.

Hume, *Traité de la nature humaine*, trad. Leroy A., Paris, Aubier, 1973.

Husserl, *Méditations cartésiennes*, trad. G. Peiffer et E. Levinas, Paris, Vrin.

Husserl, *Idées directrices pour une phénoménologie*, I, trad. Paul Ricœur, Paris, Gallimard, 1950.
Husserl, *Le sens du temps et de la perception*, Paris, Gallimard, 1968.
Husserl, *La crise des sciences européennes et la phénoménologie transcendantale,* trad. G. Granel, Paris, Gallimard, 1976.
Hénaff Marcel, *Le prix de la vérité : le don, l'argent, la philosophie*, éd. du Seuil, Paris, 2002, Ouvertures 2.
Jean de la Croix, Vive flamme d'amour, III, 3, *Œuvres Complètes*, trad. Cyprien de la Nativité de la Vierge, Paris, 1967.
Jean de la Croix, *Œuvres complètes*, Poèmes, Paris, Cerf, 2004.
Jean de la Croix, *Œuvres complètes*, Les écrits spirituels, Paris, Cerf, 2004.
Jean de la Croix, *Œuvres complètes*, Lettre 47, Paris, Cerf, 2004.
Jarczyk Gwendoline, *Au confluent de la mort : L'universel et le singulier dans la philosophie de Hegel*, Ellipse, Paris, 2002.
Janicaud Dominique, *Le tournant théologique de la phénoménologie française*, Combas, Ed. De l'Eclat, 1991.
Janicaud Dominique, « *L'analytique existentiale et la question de la subjectivité* », in J.-P. Cometti et D. Janicaud (éd.), Etre et Temps de Martin Heidegger. Questions de méthode et voies de recherche, Marseille, « sud », 1989.
Janiaud Joël, *Singularité et responsabilité : Kierkeggard, S. Weil, Levinas*, Paris, H. Champion, 2006.
Jung C. G., *L'homme à la découverte de son âme,* Action et pensée, Genève, 1940.
Jung C. G., *Essai d'exploration de l'inconscient*, éd. Robert Laffont, 1964.
Jolivet R., *Les doctrines existentialistes, de Kierkegaard à J.-P. Sartre,* Paris, 1948.
Jankélévitch, Le *Je-ne-sais-quoi et le Presque-rien, La volonté de vouloir,* 3, Ed. du Seuil, Paris, 1980.
Jankélévitch, *Les vertus et l'amour*, I, II, Paris, Flammarion, 1986.
Karsenti B., *L'homme total. Sociologie, anthropologie et philosophie chez Marcel Mauss*, Paris PUF, 1997.
Kafka, *Œuvres complètes*, Paris, Gallimard, Bibliothèque de la Pléiades, 1984.
Kristeva Julia, *Histoires d'amour*, Denoël, 1983.

Kant, *Critique de la Raison pure*, Œuvres philosophiques I, Paris, Bibliothèque de la pléiade, 1985.

Kant, *Critique de la faculté de juger*, Trad. A. Philolenko, Paris, Vrin, 1974.

Kant, *Fondement de la métaphysique des mœurs*, Paris, Delagrave, 1967.

Kierkegaard, L'alternative, vol. 1 et 2, *Œuvres complètes*, tr. Fr. P. H. Tisseau et E. M. Jacquet-Tisseau, Paris, Editions de l'Orante, t. III-IV, 1970.

Kierkegaard, *Kire opbyggelige Taler*, 1843, trad. Par Nelly Viallaneix, Quatre discours édifiants, Paris, Aubier-Montaigne, 1970 (rassemblés par N. Viallaneix sous un titre non kierkegaardien mais lié à la thèse qu'elle-même soutenue sur ce thème : Hâte-toi d'écouter).

Kierkegaard, *Les soucis des païens*, I, Paris, Foi vivante, Ed. Delachaux et Niestle, 1967.

Kierkegaard, *Dans la lutte des souffrances*, II, Paris, Foi vivante, Ed. Delachaux et Niestlé, 1968.

Kierkegaard, *Pensées qui attaquent dans le dos,* III, Paris, Foi vivante, Ed. Delachaux et Niestlé, 1968.

Kierkegaard, *Pour la communion*, IV, Paris, Foi vivante, Ed. Delachaux et Niestlé, 1968.

Kierkegaard, Crainte et tremblement, *Œuvres complètes*, t. V, Paris, Éd. de L'orante 1972.

Kierkegaard, Le concept d'angoisse, *Œuvres complètes*, t. VII, Paris, Éd. de L'orante 1973.

Kierkegaard, Stade sur le chemin de la vie, *Œuvres complètes*, t. IX, Paris, Éd. de L'orante, 1978.

Karsenti Bruno, « Marcel Mauss ». Le fait social total, Paris, PUF, 1994

Komter Aafka, *The gift*: interdisciplinary perspective, Amsterdam University Press, 1996.

Kolm Serge-Christophe, *L'homme pluridimensionnel*, Paris, Albin Michel, 1986.

La Rochefoucauld, Maximes, 105, éd. De 1664, in *Œuvres complètes*, Paris, Gallimard, coll. "Bibliothèque de la Pléiade", 1964.

Leduc-Fayette Denise, *Fénélon et l'amour de Dieu*, PUF, Paris, 1996.

Leduc-Fayette Denise, *De la volonté-cœur, dans Pascal au miroir du XIXe siècle*, Paris, Mame-Ed. Universitaites, 1994.

Leduc-Fayette Denise, *Fénélon, philosophie et spiritualité*, Actes du colloque organisé par le Centre d'Etude des Philosophes Français, Sorbonne, 27-28 mai, 1994, A la mémoire de Henri Gouhier (1898-1994). Droz, Genève, 1996.
Leibniz, *La Monadologie*, Paris, Delagrave, 1968.
Leibniz, *Trois dialogues mystiques*, Paris, Vrin, 1985.
Levinas Emmanuel, *Totalité et Infini*, Paris, La Haye, Nijhoff, *1961.*
Levinas Emmanuel, *Autrement* qu'être ou au-delà de l'essence, La Haye, Nijhoff, 1974.
Levinas Emmanuel, *Noms propres,* Fata Morgana, Montpellier, 1976.
Levinas Emmanuel, *Humanisme de l'autre homme*, Fata Morgana, Montpellier, 1978.
Levinas Emmanuel, *Le temps et l'autre*, Paris, PUF, coll. « Quadrige », 1983.
Levinas Emmanuel, *Théorie de l'intuition dans la phénoménologie de Husserl*, Vrin, Paris, 1984.
Levinas Emmanuel, *De l'existance à l'existant*, Vrin, Paris, 1984.
Levinas Emmanuel, *Difficile liberté*, Albin Michel, Paris, 1984.
Levinas Emmanuel, *Autrement que savoir*, Paris, Oisiris, 1987.
Levinas Emmanuel, *Entre nous. Essais sur le penser-à-l'autre*, Paris, Grasset, 1991.
Levinas Emmanuel, *Dieu, la mort, et le temps*, Paris, Crasset, 1993.
Levinas Emmanuel, *En découvrant l'existence avec Husserl et Heidegger*, Paris, Vrin, 2001.
Levinas Emmanuel, *Transcendance et intelligibilité*, Genève, Labor et Fides, 1996.
Levinas Emmanuel, *Questions de phénoménologie*, Paris, PUF, 2000.
Lévy- Strauss C., *L'Homme nu* : « Finale », Paris, Plon, 1971.
Ludwig Feuerbach, *Pensées sur la mort et sur l'immortalité*, éd. Pocket, Paris, 1997.
L.-B. Geiger, *Le Problème de l'amour chez saint Thomas d'Aquin*, Paris-Montréal, 1952.
Le Pichon Xavier, *Aux racines de l'homme ; de la mort à l'amour*, Paris, Presse de la Renaissance, 1997.
Locke, *Essai philosophique concernant l'entendement humain,* II, reed. De la 5eme édition de la traduction Coste par Naert E, Paris, Vrin, 1972.
Luhman Niklas, *L'amour comme passion*, Paris, Aubier, 1990.

Lacoste Jean-Yves, *Expérience et absolu: questions disputées sur l'humanité de l'homme,* Paris, PUF, 1994.
Leschi Jeanne, *Expérience mystique et métaphysique*, Paris, Cerf, 1987.
Lonergan Bernard, *L'Insight, Etude de la compréhension humaine, Bellarmin,* Traduit de l'anglais par pierre Lambert, Québec, 1996.
Lacroix Xavier, *Le corps de chair*, Paris, Cerf, 1992.
Lacroix Xavier, *Les mirages de l'amour*, Paris, Bayard Editions Centurion, 1997.
Le don : Colloque interdisciplinaire : Théologie, Philosophie, Psychologie, Sociologie, sous la direction de Jean-Noël Dumont avec la participation de Jean-Luc Marion, Lyon, Le Collège Supérieur, 2001.
Mauss Marcel, *Essai « sur le don »*, Paris, PUF, Quadrige, 1993. Essai sur le don, d'abord paru dans L'Année sociologique, 1923-1924, puis repris dans Sociologie et anthropologie, Paris, 1950, puis 1995 pour la deuxième édition.
Mauss Marcel: « Ce système suppose 1/ l'obligation de donner ; 2/ l'obligation de recevoir ; 3/ l'obligation de rendre », in *L'obligation à rendre les présents, Œuvres* (éd. V. Karady), t.3, « Cohésion sociale et divisions de la sociologie », Paris, 1969.
Marcel Mauss, « Repères pour une histoire de la naissance de la grâce », La Revue du Mauss semestrielle, n. 1, 1993.
Misrahi Robert, *La jouissance d'être : le sujet et son désir, essai d'anthropologie philosophique*, Paris, encre marine, 1996.
Malebranche, *Œuvres complètes*, Traité de l'amour de Dieu, t. XIV, Paris, Vrin, 1978.
Malebranche, *Entretiens sur la métaphysique et sur la religion, suivis des entretiens sur la mort,* Paris, Vrin, 1948.
Morin Edgar, *L'homme et la mort*, Essais, éd. du Seuil, 1970.
Marty Eric, *L'écriture du jour. Le Journal d'André Gide*, Seuil, Paris, 1985.
Marcel Gabriel, *Position et Approches concrètes du mystère ontologique*, Paris, 1949.
Marcel Gabriel, *Etre et Avoir*, Paris, Aubier, 1968.
Marcel Gabriel, *Du refus à l'invocation,* Paris, 1940.
Michaud Ginette, *Tenir au secret (Derrida, Blanchot)*, Galilée, Paris, 2006.

Michaud Ginette, « *Psychanalyse, littérature, déconstruction : l'impossible en partage »,* dans René Major (dir.), États généraux de la psychanalyse, Juillet 2006, Paris, Aubier, 2003.
Marion Jean-Luc, *Sur l'ontologie grise de Descartes*, Paris, Vrin, 1975.
Marion Jean-Luc, Fédier F., Levinas E. [Etc.], *Heidegger et la question de Dieu ;* recueil préparé sous la direction de Richard Kearney et Joseph Stephan O'Leary, Paris, B. Grasset, 1980.
Marion Jean-Luc, *Prolégomènes à la charité*, Paris, Ed. de la Différence, 1986.
Marion Jean-Luc, *L'idole et la distance*, Paris, Grasset, 1977, 2e éd. 1989.
Marion Jean-Luc, *Réduction et donation : recherches sur Husserl, Heidegger et la phénoménologie*, Paris, PUF, 1989.
Marion Jean-Luc, *La Croisée du visible,* Editions de la Différence, Paris, 1991.
Marion Jean-Luc, *Etant donné. Essai d'une phénoménologie de la donation,* Paris, PUF, 1997.
Marion Jean-Luc, *De surcroît. Etudes sur les phénomènes saturés*, Paris, PUF, 2001.
Marion Jean-Luc, *Phénomène érotique*, Paris, Grasset, 2003.
Marion Jean-Luc, *Philosophie,* Les Éditions de Minuit, n. 78, premier juin 2003.
Max Huot Longchamp, *Lecture de Jean de la Croix*, Paris, Beauchesne, 1981.
Manfred Frank, *L'ultime raison du Sujet*, Le génie du philosophe, Actes Sud, 1998.
Maldiney Henri, *Penser l'homme et la folie. A la lumière de l'analyse existentielle et de l'analyse du destin,* Grenoble, Jérôme Million.
Maldiney Henri, *une phénoménologie à l'impossible*, Sous la direction de Serge Meitinger, coll. Phéno, Le Cercle Herméneutique, 2002.
Maritain Jacques, *Quatre essais sur l'esprit dans sa condition charnelle*, Paris, Alsatia, 1956.
Malraux, *La condition humaine, Œuvres Complètes*, t. I, « Bibliothèque de la Pléiade », Gallimard, Paris, 1989.

Maraguianou Evangelie, *L'amour et la mort chez Platon et ses interprètes*, Thèse, Lille, Atelier national de reproduction de thèse, 1990.

Mayivangwa Belela, *De la communication avec l'Autre à la réalisation de soi : méditation métaphysique sur l'homme selon Karl Jaspers*, Roma, Pontificia Universita Lateranense, 1985.

Maupassant, *Sur l'eau*, 10 avril, Dans Sollier, les phénomènes d'autoscopie, Paris, Félix Alcan, 1913.

Micheline Tison-Braun, *L'introuvable origine*, Librairie Droz, Genève, 1981.

Merleau-Ponty Maurice, *L'institution, la passivité*. Notes de cours au Collège de France (1954-1955), Belin 2003, surtout la partie de la passivité, p. 157- 294.

Merleau-Ponty, *Phénoménologie de la perception*, Paris, Gallimard, 1945.

Marx K., *Manuscrits de 1844,* in *Œuvres*, t. II, Économie 2, trad. fr. de M. Rubel, Paris, Gallimard, coll. « Bibliothèque de la Pléiade », 1968.

Neyraut-Sutterman M.-T., *Dostoïevski et Flaubert : écritures de l'épilepsie*, Paris, PUF, 1993.

Nancy J.-L., « L'amour en éclats », Alea. N.7, 1986.

Nancy J.-L., *L'expérience de la liberté*, Paris, Galilée, 1988.

Nancy J.-L., *Corpus*, Paris, Métailié, 2000.

Naert E., *Leibniz et la Querelle du pur amour,* Paris, Vrin, 1959.

N. Braunstein, *La jouissance, un concept lacanien*, Point hors ligne, 1992.

Neue Folge der Vorlesungen zur Einfuhrung in die Psychanalyse. Aus: Sigmund Freud *gesammetlte werke*, Band XV, S. Fischer Verlag Gmbh, Frankfurt am Main. Nouvelles conférences sur la psychanalyse, traduit de l'allemand par Anne Berman, Idées/Gallimard, Pris, 1936.

On the Gift : a discussion between Jacques Derrida and Jean-Luc Marion, moderated by Richard Kearney", (dans God, the Gift and the postmodernisme, John D. Caputo et Michael J. Scanlon éd., Indiana University Press, 1999).

O. Hirschmann Albert, *Les passions et les intérêts*, Paris, coll. Sociologie, 1980.

Odier D. et Smedt M., *Les mystiques orientales*, Paris, Bibliothèque de l'irrationnel, 1972.

Piny Alexandre, *La Suite du pur amour ou la Manière et le Secret pour aimer Dieu en souffrant et pour toujours aimer en souffrant*, Paris, 1682.

Pedemonte Feu, Bonaventura, *Le sujet convoqué: étude transversale de la pensée de Buber, de Rosenzweig, de Lévinas, de Marion et de Ricœur...*, Thèse de doctorat sous la direction de Jean Greisch, Institut Catholique de Paris, Faculté de philosophie, 1995.

Proust M., *A la Recherche du temps perdu*, Bibliothèque de la Pléiade, Gallimard, Paris, 1954.

Péguy C., Notre jeunesse, in *Œuvres en prose* [1908 – 1914], Paris, Gallimard, coll. « Bibliothèque de la Pléiade », 1992.

Poirie François, *Emmanuel Levinas*, Besançon, Editions La Manufacture, 1992.

Petrosino Silvano, *La Vérité nomade*, Paris, La Découverte, 1984.

Platon, *Le banquet-phèdre*, GF-Flammarion, paris, 1964.

Platon, *La République*, Garnier-Flammarion, Paris, 1967.

Platon, *Apologie de Socrate, Criton-Phédon*, GF-Flammarion, Paris, 1989.

Poulet G., « *Fénélon et le temps* », *Etudes sur le temps humain*, IV, Autour de l'instant, Paris, Plon, 1968.

Pouget Pierre-Marie, *Heidegger ou le retour à la voix silencieuse*, Lausanne, L'Age d'Homme ; Paris, [Centre de diffusion de l'édition], 1975.

Pirenne Henri-Edouard, *Sur l'angoisse métaphysique : essai de philosophie de la philosophie*, Bruxelles, M. Lamertin, 1934.

Rousselot P., *Pour l'histoire du problème de l'amour au Moyen-Âge*, Münster, 1908.

Ricoeur Paul, *Soi-même comme un autre*, Seuil, Paris, 1990.

Ricoeur Paul, *A l'école de la phénoménologie*, Paris, Vrin, 1993.

Ricoeur Paul, *Temps et récit*, Seuil, Paris, 3vol, tome III, 1985.

Ricœur Paul, « Heidegger et la question du sujet », in *Le conflit des interprétations*, Paris, 1969.

Richter Jean-Paul, *Le Titan*, tr. fr. par Philarète Chasles, Paris, A. Ledoux, 1834-1835, 4 tomes, 2 vol.

Raphaële George, *Eloge de la fatigue, précédé de Les nuits échangées*, Paris, 1985.

Reiner-Maria Rilke, *Werke*, Frankfort, 1982, t. V ; trad. fr. par M. Betz, Paris, 1980.

Rank Otto, *Le traumatisme de la naissance*, Paris, Payot, 1976.
Rank Otto (1914), *Don Juan et le double*, in Etudes psychanalytiques, Paris, Petite Bibliothèque Payot, 1973, 187 (réimpression, 1932).
Rosset Clément, *Le réel et son double*, Folio/Essais, Paris, Gallimard, 1976.
Sebbah François-David, *L'épreuve de la limite, Derrida, Henry, Levinas et la phénoménologie*, Collège Internationale de Philosophie, PUF, Paris, 2001.
Sallis John, *Délimitations. La phénoménologie et la fin de la métaphysique,* Paris, Aubier, 1990.
Spinoza, Philosophie de l'amour, Sous la direction de Chantal Jaquet, Pascal Sévérac et Ariel Suhamy, Publications de l'Université de Saint-Etienne, 2005.
Stendhal, *De l'Amour*, coll. Folio, Gallimard, Paris, 1980.
Steigler Bernard, Aimer, s'aimer, nous aimer, Paris, Galilée, 2003.
Souche-Dagues Denise, Du logos chez Heidegger, Grenoble, J. Million, 1999.
Souche-Dagues Denise, « Une exégèse heideggérienne : le temps chez
Stafford-Clark D., *Ce que Freud a vraiment dit*, éd. Stock, Paris, 1967.
Sophocle ; « Œdipe roi » ; « Œdipe à Colone » ; « Antigone », trad. et commenté par Jacques Lacarrière, Paris, Éd. Du Félin, 1994.
Spenle Anna-Marie, Psychologie du conflit, Ed. Universitaires, 115, Paris 6, 1970.
Simmel Georg, *Philosophie de l'argent*, Paris, PUF/Quadrige, 1987.
Turgot Anne Robert, *Réflexions sur la formation et la distribution des richesses*, Paris, GF, 1997.
Thibon G., *Le Voile, et le masque*, Paris, Fayard, 1985.
Thibon G., *L'illusion féconde*, Paris, Fayard, 1974.
Thibon G., *La crise moderne de l'amour*, Paris, Ed. Universitaires, 1953.
Thomas Jean-François, *Simone Weil et Edith Stein : Malheur et souffrance*, Ed. culture et vérité, Paris, 1988.
Thomas Louis-Vincent, *Anthropologie de la mort*, Paris, Payot, 1975.
Terestchenko Michel, *Amour et désespoir, de François de Sales à Fénélon*, Inédit, Essais, Paris, éd. Du Seuil, 2000.
Tauxe Henri Charles, *La notion de la finitude dans la philosophie de Martin Heidegger*, Lausanne, L'Age d'homme, 1971.
Teretschenko Michel, *La querelle du pur amour, Bossuet et Fénelon*,

thèse Sorbonne, deux tomes, 1994.
Urs Von Balthasar Hans, *L'amour seul est digne de foi*, Paris, Aubier, 1966.
Urs Von Balthasar Hans, *Cordula ou l'épreuve décisive*, Paris, Beauchesne, trad. De la deuxième édition, 1968.
Volpi F., Dasein *Comme Praxis : l'assimilation et la radicalisation heideggérienne de la philosophie pratique d'Aristote,* Dordrecht, Kluwer Academic Publishers, 1988.
Volpi F., MatteiJ.-F., Sheehan Th, *Heidegger et l'idée de la phénoménologie*, Dordrecht ; Boston : Kluwer Academic publishers, 1988.
Walter Biemel, *Phénoménologie et métaphysique*, Publié sous la direction de Jean-Luc Marion et Guy Planty-Bonjour, Paris, PUF, c1984.
Winnicott D.W., « *Rêver, fantasmer, Vivre* », *dans jeu et réalité*, L'espace potentiel, coll. « Connaissance de l'inconscient », Gallimard, Paris, 1971.
Wahl Jean, *Introduction à la pensée de Heidegger*, Paris, biblio-essais, 1998.
Wilde Oscar, *Le Portrait de Dorian Gray*, Livre de Poche, Stock, Paris, 1983.
Zarader Marlène, *L'être et le neutre. À partir de Maurice Blanchot*, Lagrasse, Verdier, 2001.
Zarader Marlène, *La dette impensée, Heidegger et l'héritage hébraïque*, Paris, Ed. du Seuil, 1990.

Revue et articles

André R. (1991), Devant le miroir. « L'œil », dans *Etudes psychothérapiques*, 3, p. 185-193.
« Aux confins du créé et de l'incréé : les dimensions de l'Epectase chez Grégoire de Nysse », Levy Antoine, *Revue des sciences philosophiques et théologiques,* 84, 2000, p. 247-274.
« Amour et désir chez saint Jean de la Croix », M.S. Rollan, *NRT*, 113, 1991, p. 498-515.
« A propos des études mystiques du Père Joseph Maréchal », X. Tilliette, *NRT*, 122, 2000, p. 533-546.
Beharriel F.J., Freud's « Double », Arthur Schnitzler, In *Journal of the*

American Psychoanalytic Association, vol. 10, n. 4, p. 722-730.

Bonfils B. (1989), « Penser le double. Essai sur la dissociation psychique », In *Evolution psychiatrique*, 54, 1, p. 77-92.

Celerier M.C., (1993), « Le stade du miroir », *Topique*, n.30, p. 127-146.

Catherine Couvreur, « Les "motifs" du double, Le Double », *Monographies de la revue française de psychanalyse*, Paris, PUf, 1995, p. 19-37.

Caputo John D., Philosophie, « Apôtres de l'impossible : sur Dieu et le don chez Derrida et Marion », *Les éditions de Minuit*, numéro 78, 1er juin 2003, pp. 33-51.

Ciaramelli Fabio, « De l'évasion à l'exode. Subjectivité et existence chez le jeune Lévinas », *Revue philosophique de Louvain*, Tome 80 (Quatrième série, n. 48), nov. 1982.

César et Sara Botella, « La dynamique du double, Le Double », *Monographies de la revue française de psychanalyse*, Paris, PUf, 1995, p. 65-82.

Dunod. Green A. (1973), « Le double et l'absent », In *La déliaison*, Paris, Les Belles Lettres, 1992, p. 43-67.

Derrida J., « « Il faut bien manger »ou le calcul du sujet. Entretien (avec J.-L. Nancy) », In *Confrontation*, n. 20, Paris, 1989.

Dorey R. (1988), « Le statut du sujet et l'épreuve de réalité dans l'expérience de l'inquiétante étrangeté », In L'inquiétante étrangeté, *Cahiers pour la recherche freudienne*, n.3, Paris, Centre de recherches et études freudiennes, p. 7-16.

« De la certitude au dénuement ; Descartes et Jean de la Croix », J.Y. Lacoste, *NRT*, 113, 1991, p. 516-534.

« De la reconnaissance : don, identité et estime de soi », *Revue du Mauss semestrielle*, Paris, La Découverture, 2004.

« Deux veilleurs du nocturne : Freud et Heidegger. Ce que parler veut ne pas dire », Raymond Lamboley, dans *Grammatica*, Hiver 1997, Mathema.

« Edith Stein : Critique de Martin Heidegger », In *Les Etudes Philosophiques*, N.3, 1990, p. 90-107.

« Edith Stein et la philosophie chrétienne », In *Grégorianum* 71, 1, 1990, p. 97-113.

Freud S. (1940), « Le clivage du moi dans le processus de défense », In *Nouvelle Revue de psychanalyse*, 1970, n. 2, p. 25-28.

« Fichte et la mystique chrétienne », Emilio Brito, *NRT*, 124, 2002, p. 193-217.

Green A. « Le double double : ceci et cela », In *La déliaison*, Paris, Les Belles Lettres, 1992, p. 299-311.

Green A., « Le double et l'absent », In *La déliaison*, Paris, Les Belles Lettres, 1992, p. 43-67.

Granel G., « Lacan et Heidegger », In *Études*, Galilée, 1995.

Hyppolite J., « Ontologie et métaphysique chez Martin Heidegger », i

« Heidegger et Lévinas : La question du Dasein », Colléony Jacques, In *les Etudes Philosophiques*, n.3, 1990, p.113-131.

«Immanent, Transcendent and subsistent Esse », B. Reichman James, In *The Thomiste*, 38, 1974, p. 332-369.

Jean-José Baranes, « Double narcissique et clivage du moi. Le Double », *Monographies de la revue française de psychanalyse*, Paris, PUf, 1995.

Kofman S. (1974), « Le double e(s)t le diable », In *Revue française de psychanalyse*, 38 (1), p. 25-26.

« Le sujet en dernier appel », Jean-Luc Marion, *Revue de métaphysique et de morale*, 1991/1.

« L'expérience du néant et la relation à l'être selon Augustin et Heidegger », Michel Terestchenko, Dossier H, *Saint Augustin*, Paris, L'Âge d'Homme, 1988.

« L'âme et l'amour selon Malebranche », Jean-Louis Vieillard-Baron, In *Les Etudes Philosophiques*, n.4, Octobre-décembre, 1996.

« Le spirituel dans l'homme et l'ontologie », Colette Jacques, In *Les Etudes Philosophiques*, N.4, 1990, p. 137-149.

« L'ultime du savoir et la rencontre de l'Ultime », Jean Ladrière, In *Archives de philosophie*, Avril-Juin, 2000, Cahier2, Tome 63, p. 183-194.

« Le Dieu extrême » de la phénoménologie. Husserl et Heidegger », Dastur Françoise, In *Archives de philosophie*, Avril-Juin, 2000, Cahier 2, Tome 63, p. 195-204.

« La conscience est-elle créatrice de la vérité ? », dans *La Vérité*. Actes du XIIeme congrès de sociétés de philosophie de langue française, Louvain/Paris, 1964, p.28-32.

« Le devenir de la vérité de Hegel à Heidegger », Flam L., dans *La Vérité*. Actes du XIIeme congrès de sociétés de philosophie de langue française, Louvain/Paris, 1964.

« L'être devant la pensée interrogatoire », Marcel G., dans *Bulletin de la société française de philosophie*, 52, 1958, p.1-42.

« L'objet de la métaphysique est-il le même pour Heidegger et Thomas d'Aquin ? », Antoine Côté, In *Revue des sciences philosophiques et théologiques*, 84, 2000, p. 217- 246.

« Lettre ouverte à Marcel Mauss touchant le désintéressement, Jacques Derrida et l'esprit de Dieu », In *La Revue du Mauss semestrielle*, n.2, 2e semestre, 1993.

« Le double » sous la direction de C. Couvreur, A. Fine, A. Le Guen, *Monographies de la Revue française de psychanalyse*, Paris, PUF, 1995.

R. Dorey, (1988), « Le statut du sujet et l'épreuve de réalité dans l'expérience de l'inquiétante étrangeté », In *L'inquiétante étrangeté, Cahiers pour la recherche freudienne*, n.3, Paris, Centre de recherches et études freudiennes, p. 7-16.

Racamier C. (1991), « Souffrir et suivre dans les paradoxes », *Revue française de psychanalyse*, n .4, p. 893-906.

Rank Otto (1914), « Don Juan et le double », In *Etudes psychanalytiques*, Paris, Petite Bibliothèque Payot, 1973, 187 (réimpression, 1932).

Ritz J.-J. (1991), « Clivage et jeu du double dans les représentations de la mort », *Topique*, 48, p. 275-293.

S. Morgenstern, « La pensée magique chez l'enfant », *Revue française de psychanalyse*, 1937, p. 112.

« Seperation anxiety », Bowlby J., In *International Journal of Psychoanalysis*, 1960, 41, 89-113.

« Sur la philosophie d'Emmanuel Levinas », Chalier Catherine, In *Archives de la philosophie*, Cahier 2, Tome 63, Avril-Juin, 2000, p. 273-278.

« Sur la personne humaine au XIII s. d'Ed. H. Weber », A. de Libera, In *Revue des sciences philosophiques et théologiques*, Paris, 1997, p. 241-254.

« Sur la mystique naturel », Gottier G., In *Revue thomiste,* Janvier-Juin, 2001, p. 287-311.

« Sur la notion de subsistance », Maritain J., *Revue thomiste*, 54, 1954, p. 242-250.

« The nature of love », Harlow H.F., *American Psychologist*, 1958, 13, 673-685.

Table des matières

Introduction	p.9

PREMIÈRE PARTIE : L'ipséité transie par un autre

CHAPITRE I : Du double Moi à l'*Autre* en moi	p.23
1- Le double et la crainte de mourir	p.23
- La conscience de la mort	p.23
- A la recherche de ce qui rend double	p.27
- La double perte	p.31
- L'épreuve de la perte de soi	p.37
- Penser la mort ou bien la mort comme pensée	p.40
2- Le double et le narcissisme	p.51
- Sa propre beauté	p.51
- L'éveil de la naissance ou la première expérience	p.53
- Une *inflation* du Moi	p.57
- La blessure narcissique	p.60
- Autre que la *pulsion sexuelle* : la *pulsion du pouvoir*	p.63
- Le besoin de *jouir* est à l'origine de tout pouvoir	p.66
- Le *Désir* comme surcroît sur le besoin de la jouissance	p.71
3- Le Moi double en crise	p.74
- Le double qui attaque son propre fonctionnement	p.74
- Il est profondément blessé et sa blessure est incontournable	p.76
- Le narcissisme comme impossibilité d'aimer	p.78
- Le seul moyen de vaincre la contingence est de se donner la mort	p.82
CHAPITRE II : Un écart originaire entre le Moi et son origine	p.89
1- A quoi sert d'être si l'être n'est plus *chez soi* ?	p.91
- L'indépassable en moi	p.91
- L'intolérable de la souffrance aliène tout pouvoir propre	p.93
- Je suis fatigué, je ne peux plus	p.95
- Il faut chercher un sens au *mal d'être*	p.98

2- Le manque incurable de l'Autre — p.102
- Chercher un sens au *mal d'être* n'est plus le plus important pour moi — p.102
- Être selon une étrangeté originaire — p.105

3- Une altérité étrange qui vient briser l'intimité du Moi propre — p.108
- Le double est l'unité même du Moi — p.108
- Avant de trouver ce qui les unit ils doivent dé-couvrir ce qui les séparent — p.110
- Le signe de la « découverture de soi » — p.114

DEUXIÈME PARTIE : Le Moi à l'épreuve de la *dif-férence*

CHAPITRE I : Le chemin de soi à soi passant par l'Autre — p.119

1- Le *décentrement* de la conscience — p.119
- La pensée est-elle la seule référence qui affirme l'existence? — p.119
- L'être dans le monde comme fondement de toute connaissance — p.125
- L'existence comme facticité — p.130
- L'énigme d'*être* — p.133
- Le mouvement du Soi surgissant de l'excès de ses propres limites — p.138

2- Le Moi se découvre comme *déjà-perdu* — p.143
- L'être est le poids du *Dasein* — p.143
- Une incessante *non-cloture* du *Dasein* : l'énigmatique — p.146
- Ce qui m'oblige autrement que mon choix — p.150
- La mienneté comme signe de la non-propriété — p.153

3- Autrement que persévérer dans son être — p.156
- *L'être-soi* du *Dasein* — p.156
- Une dimension de non-présence à soi — p.160
- L'*instituable* échappe au solipsisme — p.163
- La mienneté et le mouvement de son altération — p.167
- Le désir en excès d'intentionnalité — p.171

CHAPITRE II : L'ipséité mise à l'épreuve — p.175

1- L'épreuve de la blessure originaire — p.175
- Une étrangeté qui clive la puissance du Moi — p.175
- Un renversement qui fait découvrir au Moi un double abîme — p.178

2- Le paradoxe originaire de l'ipséité — p.182
- la perte comme condition de possibilité de tout rapport à soi — p.182
- Se cacher est interdit ; fuir est impossible — p.184
- Le Désir comme donation originaire de l'ipséité — p.186

3- La souffrance d'une *dif-férence* inconsolable — p.191
- Comprendre l'être pose la question de la compréhension
de l'Amour — p.191
- Com-prendre mal l'Amour — p.196
- La pauvreté derrière les frontières de l'orgueil — p.199
- La brisure de l'orgueil — p.202
- Aimer sans amour — p.204
- Les signes de la non-vérité — p.206
- La *dif-férence* oblige — p.211
- *Déjà-perdu* — p.213
- Une question sans réponse — p.217

CHAPITRE III : Connaître l'Autre c'est l'aimer — p.222

1- *L'aban-don* est le commencement de l'Amour — p.222
- *L'aban-don* de soi est la condition originaire de l'être — p.222
- L'intériorité partagée — p.225
- Franchir le seuil du propre — p.228

2- La blessure qui perce l'esseulement de l'intimité — p.231
- Etre *(en)* soi — p.231
- Il s'agit d'une altération et non d'une aliénation — p.234
- Te voilà — p.239
- L'impuissance de la passivité cache une volonté puissante
et orgueilleuse — p.241
- Etre encombré et écrasé par sa propre puissance — p.245
- *Re-poser* le ratage par l'amour du mal — p.248
- Le *mal d'être* comme *dynamisme* de conversion — p.250

3- Seul l'Amour dévoile le mystère du Moi — p.254
- Ce qui est *déjà-donné* à moi dès ma naissance — p.254
- La percée de la patience — p.256
- La découverte d'une autre face en moi — p.258
- Re-commencer avec *Celui* qui m'a fait — p.260

TROISIÈME PARTIE : Ce qui survient autrement que le possible

CHAPITRE I : Et si le donné était soi-même ?   p.275

1- le don face aux exigences des intérêts   p.275
- Échange et réciprocité   p.275
- Le don et la justice   p.280
- Le don face à la *jalouissance* de l'autre   p.285

2- Le don de l'*Amour* ignore le *contre-don*   p.291
- Le don sans prix   p.291
- Le don est d'une autre nature   p.295
- Donner à fond perdu   p.306

CHAPITRE II : Une pauvreté qui rend possible l'a-vènement de la vérité originaire   p.313

1- Un autre mode de *soi*: la pauvreté « remontrante »   p.313
- Le lieu du dévoilement   p.313
- Je suis un *soi* identifié par l'Amour   p.317
- On n'est jamais pauvre tant qu'on le sait   p.321
- La patience comme admiration de la donation originaire de l'Amour   p.322
- Une pauvreté *en soi* sans oubli de soi   p.324

2- Ce qu'il y a de plus important qu'être   p.328
- La *dé-mesure* de la perte   p.329
- Ce qui conduit à l'Amour c'est l'*aban-don* de soi   p.333
- Une autre volonté s'impose   p.333
- La confiance comme *patience saturée*   p.335

3- L'amour de l'autre (*l'alter ego*)   p.337
- La perte est de nature *ex-tatique*   p.337
- Découvrir la *dif-férence* originaire de l'autre   p.338
- L'importance de l'autre vient de l'importance de l'Amour   p.341
- Tu m'as redonné à moi-même   p.344
- Aimer l'autre c'est lui rendre sa dignité originaire   p.346

CHAPITRE III : La violence de l'avènement de l'Amour   p.349

1- La folie du commencement   p.349
- Au commencement   p.349
- L'aurore est la nuit même   p.351
- Seule est voulante une volonté forcée par l'Amour   p.353
- Vouloir ne pas vouloir   p.357
- S'éprouver soi-même : mensonge et sincérité   p.360
- L'ipséité qui se laisse *re-commencer* la blessure originaire de l'Amour en elle   p.364

2- Le mouvement infini de l'Amour   p.367
- Le cœur seul « horizon »   p.367
- Aimer à force de mourir   p.369
- *Se laisser-tomber* dans la *dé-mesure* de l'Amour   p.373
- La vie et la mort s'extasient en surcroît   p.375

3- Mourir d'amour   p.379
- Ton absence est ma blessure   p.379
- Sale, mais tu m'aimes   p.383
- Envoyé pour t'aimer dans le monde   p.386

QUATRIÈME PARTIE : Le temps comme événement de l'avènement de l'Amour

CHAPITRE I : *L'être dans le là* doit mourir   p.393

- Naître, c'est être déjà-perdu   p.395
- Un mouvement de conversion   p.401
- La passivité originaire est la figure même de mon être   p.404

CHAPITRE II : La demeure de l'Amour dans le temps qui passe   p.409

- Le rapport *Moi-temps*   p.409
- La naissance et la mort deux événements d'un seul mystère   p.413
- Le *temps-par-l'Amour*   p.415

CHAPITRE III : L'Amour donne vie au temps comme il donne du temps à la vie   p.419

- Ce qui compte c'est l'*instant* même qui porte l'Amour	p.419
- L'*instant* où tout commence	p.421
- Inévitable est l'advenue du temps de l'Amour	p.424
- Le haineux a son temps	p.426
- Là où il faut chercher le temps	p.428
Conclusion générale	p.432
Bibliographie	p.439
Ouvrages	p.439
Revues et Articles	p.455
Table des matières	p.459

L'Harmattan, Italia
Via Degli Artisti 15 ; 10124 Torino

L'Harmattan Hongrie
Könyvesbolt ; Kossuth L. u. 14-16
1053 Budapest

L'Harmattan Burkina Faso
Rue 15.167 Route du Pô Patte d'oie
12 BP 226
Ouagadougou 12
(00226) 76 59 79 86

Espace L'Harmattan Kinshasa
Faculté des Sciences Sociales,
Politiques et Administratives
BP243, KIN XI ; Université de Kinshasa

L'Harmattan Guinée
Almamya Rue KA 028
En face du restaurant le cèdre
OKB agency BP 3470 Conakry
(00224) 60 20 85 08
harmattanguinee@yahoo.fr

L'Harmattan Côte d'Ivoire
M. Etien N'dah Ahmon
Résidence Karl / cité des arts
Abidjan-Cocody 03 BP 1588 Abidjan 03
(00225) 05 77 87 31

L'Harmattan Mauritanie
Espace El Kettab du livre francophone
N° 472 avenue Palais des Congrès
BP 316 Nouakchott
(00222) 63 25 980

L'Harmattan Cameroun
Immeuble Olympia face à la Camair
BP 11486 Yaoundé
(237) 458.67.00/976.61.66
harmattancam@yahoo.fr

Achevé d'imprimer par Corlet Numérique - 14110 Condé-sur-Noireau
N° d'Imprimeur : 58822 - Dépôt légal : mars 2009 - *Imprimé en France*